AF522765

Persisch

ohne Mühe

Die Methode für jeden Tag

Persisch
ohne Mühe

von

Dominique HALBOUT &
Mohammad-Hossein KARIMI

Deutsche Übersetzung und Bearbeitung von
Daniel KRASA & Susanne GAGNEUR

mit fachkundiger Beratung und Unterstützung von
Dr. Martin FRIPERTINGER

Zeichnungen von
J.-L. GOUSSÉ

Körnerstraße 12
50823 Köln
Deutschland

ISBN 978-3-89625-031-5

Der Assimil-Verlag
bietet folgende Sprachkurse an:

Grundkurse Niveau A1–B2 / Reihe "ohne Mühe"

Amerikanisch • Arabisch • Brasilianisch
Bulgarisch • Chinesisch • Chinesische Schrift
Dänisch • Deutsch (als Fremdsprache) • Englisch
Finnisch • Französisch • Griechisch • Hindi
Indonesisch • Italienisch • Japanisch • Kanji-Schrift
Koreanisch • Kroatisch • Latein • Luxemburgisch
Niederländisch • Norwegisch • Persisch • Polnisch
Portugiesisch • Rumänisch • Russisch • Schwedisch
Spanisch • Suaheli • Thai • Tschechisch
Türkisch • Ungarisch • Vietnamesisch

Vertiefungskurse Niveau B2–C1 / Reihe "in der Praxis"

Englisch • Französisch • Italienisch • Russisch • Spanisch

Weitere Sprachkurse in Vorbereitung

... Aktuelles und weitere Infos unter **www.AssimilWelt.com**

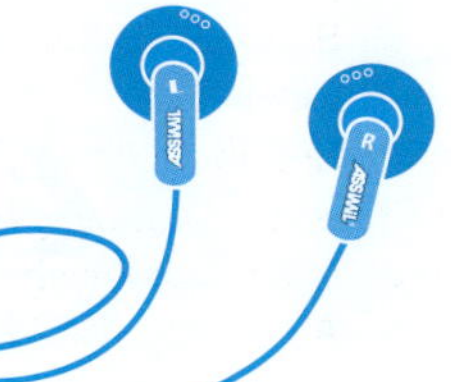

Die Tonaufnahmen

mit den fremdsprachigen Texten aller Lektionen und Verständnisübungen aus diesem Kurs – insgesamt 180 Min. Spieldauer – können Sie im Internet oder bei Ihrem Buchhändler bestellen:

فارسی

4 Audio-CDs ISBN 978-3-89625-181-7
MP3-Audiodateien ISBN 978-3-89625-681-2

Wichtiger Hinweis

Hier finden Sie die Kurseinleitung und die Erklärungen zur Lernmethode. Die eigentlichen Lektionen jedoch starten – entsprechend persischsprachiger Veröffentlichungen – **ganz hinten im Buch**, da nach unserem Verständnis Persisch "von hinten nach vorne" gedruckt und gelesen wird.

VORWORT

Sie haben sich entschlossen, Persisch zu erlernen? Gratulation, denn die Kenntnis dieser wunderbaren Sprache ermöglicht Ihnen den Zugang zu einem beeindruckenden Kulturkreis.

Etwa 120 Millionen Menschen sprechen Persisch als Mutter- oder Zweitsprache, und es ist die offizielle Amtssprache der Islamischen Republik Iran, wo es gewöhnlich فارسی [*fårßī*] Farsi genannt wird. Doch auch das in Afghanistan gesprochene دری Dari (neben پستو Paschto ist es hier die Amtssprache) ist mit dem Farsi fast identisch und weist nur geringe Unterschiede in Aussprache und Vokabular auf. Doch auch außerhalb von Iran und Afghanistan finden sich persischsprachige Minderheiten, z. B. im Kaukasus, in den Golfstaaten und Zentralasien. Speziell in Tadschikistan wird eine abgewandelte Form des Persischen gesprochen, die sich v. a. dadurch unterscheidet, dass man Tadschikisch nicht mit dem arabisch-persischen, sondern dem kyrillischen Alphabet schreibt.

Apropos Schreibung: Mit dem Eintreffen der Araber im 7. Jahrhundert n. Chr. begann der Islam, sich auf dem Gebiet des heutigen Iran zu verbreiten, und dadurch fanden sowohl das arabische Alphabet – mit einigen persischen Sonderzeichen versetzt – und zahlreiche arabische Lehnwörter Eingang in die persische Sprache. Ab dem 9. Jahrhundert bezeichnet man diese Sprache als das Neupersische, das auch heute noch die Basis des Farsi und Dari bildet und eine überbordende Literatur hervorbrachte. Rumi, Omar Chajjam, Hafes, Sa'di oder Ferdousi, die großen Namen der persischsprachigen Schreib- bzw. Dichtkunst, erfreuen sich längst auch in Übersetzungen größter Beliebtheit und haben die Weltliteratur nachhaltig geprägt.

Die älteren Sprachstufen wie das Mittelpersische (etwa ab 150 v. Chr.) und das davor gesprochene Altpersische waren die Umgangs- und Regierungssprachen zahlreicher Großreiche wie u. a. der Achämeniden, der Skythen, der Arsakiden oder der Sassaniden. Wichtig in diesem Zusammenhang ist, dass das Persische eine indoeuropäische Sprache ist und hier ebenso wie das Kurdische und das zuvor angesprochene Paschto zum Zweig der iranischen Sprachen gehört. Das bedeutet, dass Persisch u. a. auch entfernt verwandt ist mit dem Deutschen, dem Englischen, den romanischen, slawischen und nordindischen Sprachen. Zwar mag Sie dies anfangs erstaunen, doch wer Wörter wie پدر [*pedar*] "Vater", مادر [*mådar*] "Mutter", برادر [*barådar*] "Bruder", دختر [*dochtar*] "Tochter" oder نام [*nåm*] "Name" näher betrachtet, der wird schnell Parallelen zu den genannten Sprachen erkennen. Auch die Grammatik ist erkennbar indoeuropäisch und für einen Deutschsprachigen deutlich leichter zu erlernen als z. B. die des Arabischen oder des Türkischen.

Wie bereits erwähnt, wurde das Persische stark vom Arabischen beeinflusst, und man kann heute sagen, dass fast 50 % des Wortschatzes arabisch geprägt sind. Auch haben das Französische im Persischen und das Englische im Dari ihre Einflüsse hinterlassen. Dafür hat das Persische über Jahrhunderte viele weitere Sprachen Klein- und Zentralasiens sowie des indischen Subkontinents geprägt, und dort sind seine Spuren zu finden. Dies hängt damit zusammen, dass das Persische unter den Moguln in Indien, aber auch bei den Osmanen, als Bildungs-, Hof-, Literatur- und Verwaltungssprache weit verbreitet war, während das Arabische eher bei religiösen Anlässen gebraucht wurde.

In Iran ist Persisch die unangefochtene Alltagssprache, auch wenn einige Minderheiten andere Sprachen wie Luri, Mazanderanisch, Gilaki, Kurdisch u. a. sprechen. In Afghanistan beherrschen etwa 80 % der Bevölkerung Dari, und es wird besonders im Norden und Nordwesten von der Mehrheit der Einheimischen gesprochen, doch auch anderswo im Land ist es die meistverbreitete Verkehrssprache.

Wo auch immer Sie sich also in Iran oder Afghanistan oder teilweise in Tadschikistan aufhalten, mit Ihren Persischkenntnissen werden Sie überall willkommen sein und noch mehr in den Genuss der ohnehin so reichen orientalischen Gastfreundschaft kommen. Viel Spaß dabei und eine gute Reise in die faszinierende Welt des Persischen!

Inhaltliche, sachliche und orthografische Fehler sind trotz größter Sorgfalt leider nie auszuschließen. Sollten Sie solche Fehler feststellen, so würden wir uns freuen, wenn Sie uns diese mitteilen. Kommentare, Verbesserungsvorschläge und auch Kritik nehmen wir gerne entgegen.

DANKSAGUNG

An dieser Stelle bedanken wir uns besonders herzlich bei Herrn Dr. Martin Fripertinger für seine fachkundige Beratung und seine überaus engagierte Mitarbeit an diesem Lehrwerk.

PERSISCH – AMTSSPRACHE IN IRAN, AFGHANISTAN UND TADSCHIKISTAN

TÜRKEI
Tabris
Ardebil
Kaspisches Meer
TURKMENISTAN
Qaswin
Tehran
Schahrud
Nischapur
Tus
Maschhad
Hamadan
Kermanschah
Ghom
Kaschan
AFGHANISTAN
IRAN
IRAK
Isfahan
Na'in
Yazd
Ahwas
Persepolis
Kerman
Schiras
KUWAIT
Bam
Bandar Abbas
SAUDI-ARABIEN
Persischer Golf

INHALT

PERSISCH OHNE MÜHE MIT ASSIMIL

Das in diesem Kurs vermittelte Persisch basiert auf der Standardsprache, wie sie heute in Iran und Afghanistan geschrieben und in neutralen und förmlichen Kontexten gesprochen wird. Es handelt sich dabei um das فارسیِ رسمی [*fårßī-je raßmī*] bzw. دریِ رسمی [*darī-je raßmī*] genannte moderne Standardpersisch, das iranische und afghanische Kinder in der Schule lernen und das im Fernsehen, im Rundfunk und in allen offiziellen Situationen verwendet wird. Daneben finden sich zahlreiche lokale Dialekte, die sich in unterschiedlichem Umfang von dieser Standardsprache unterscheiden. Hier ist besonders die in Teheran gesprochene Mundart namens لهجهٔ تهرانی [*lahdĵeh-je tehrånī*] zu erwähnen, da sie sich in weiten Teilen Irans durchgesetzt hat und praktisch überall verstanden wird. Der Teheraner Dialekt gilt als modern und angesagt und wird auch oft in Werken der durchaus empfehlenswerten iranischen Filmindustrie verwendet. Bei dieser Sprachvariante finden einige bedeutende Lautwandel statt, und es werden zahlreiche grammatikalische Strukturen vereinfacht. Lektion 42 geht auf die Unterschiede zwischen der Standardsprache und der Teheraner Mundart ein. In Afghanistan basiert die gängige Aussprache auf der Mundart Kabuls لهجهٔ کابلی [*lahdĵeh-je kåbolī*], doch sind die Unterschiede zur Schriftsprache geringer als in Iran. Die wichtigsten Besonderheiten des Dari behandelt die Lektion 19. Mit dem hier Gelernten werden Sie keine Schwierigkeiten haben, auch gesprochene Varietäten des Persischen zu verstehen. Insgesamt erlernen Sie in diesem Kurs einen Wortschatz ca. 2.300 Wörtern.

PASSIVE UND AKTIVE PHASE

Wie alle Assimil-Kurse gliedert sich auch dieser Kurs in eine passive und eine aktive Phase (auch "Zweite Welle" genannt). Bis Lektion 42 lernen Sie zunächst passiv: Sie sollen lediglich verstehen, was Sie lesen und hören. Hören Sie möglichst oft die Tonaufnahmen an, machen Sie sich mit der Aussprache vertraut, lesen Sie die Anmerkungen und absolvieren Sie die Übungen. In dieser Phase bilden Sie noch keine Sätze in der Fremdsprache, sondern sammeln lediglich passive Kenntnisse an.

Mit Lektion 43 beginnt die "aktive Phase" oder auch "Zweite Welle", für die Sie dann täglich einige Minuten mehr einplanen müssen. Sie finden hierfür am Ende jeder Lektion den Hinweis, welche Lektion Sie im Zuge der "Zweiten Welle" aktivieren sollen. Das bedeutet: Nachdem Sie Ihre aktuelle Lektion wie gewohnt passiv studiert haben, gehen Sie zurück zu der angegebenen Lektion und arbeiten diese aktiv durch, d. h. Sie versuchen, den deutschen Dialog auf der linken Buchseite – wie ein Dolmetscher – auf Persisch wiederzugeben, wobei Sie die rechte Buchseite zudecken. Dies üben und wiederholen Sie so lange, bis Sie den Text korrekt in die Fremdsprache übersetzen können. Sie können (und sollten) ebenso mit der Verständnisübung der jeweiligen Lektion verfahren, d. h. auch hier versuchen, die deutschen Sätze auf Persisch wiederzugeben. Zur Kontrolle finden Sie jedes Mal die fremdsprachigen Sätze auf der gegenüberliegenden Buchseite. Sie können diese Übung zur "Zweiten Welle" natürlich auch schriftlich absolvieren, speziell dann, wenn Sie sich mit der arabisch-persischen Schrift beschäftigen möchten.

Im Laufe dieser "Aktivierung" werden Sie angenehm überrascht sein, wie viel Wortschatz und Strukturen Sie bereits – ohne Mühe und intuitiv – passiv "assimiliert" haben. Darüber hinaus werden Sie feststellen, dass Sie Ihre bislang erworbenen Kenntnisse vertiefen und festigen und gleichzeitig Ihren Wortschatz erweitern. Zusätzlich zeigt Ihnen die "Zweite Welle" aber auch eventuelle Schwierigkeiten auf, und Sie werden so herausfinden, was Sie noch einmal wiederholen müssen.

AUFBAU DER LEKTIONEN

Die Lese- und Schreibrichtung des Persischen verläuft von rechts nach links. Das bringt es mit sich, dass persischsprachige Veröffentlichungen, seien es Zeitungen, Zeitschriften oder Bücher, nach unserem Verständnis "andersherum" gedruckt sind, also "hinten" beginnen. Analog hierzu und damit Sie von Anfang an in die Denkweise des Persischen eintauchen können, haben wir dies auch bei dem vorliegenden Lehrbuch umgesetzt. Sie finden zwar "vorne" im Buch die vorliegende Einleitung, Lektion 1 jedoch beginnt "hinten". Die einzelnen Elemente der Lektionen sind:

1. Lektionstext

Auf der rechten Seite steht der persische Lektionstext, auf der linken Buchseite die deutsche sinngemäße und darunter in runden Klammern (...) die wörtliche Übersetzung, die Ihnen vor allem zu Beginn das Verständnis erleichtern soll. Satzteile oder Ausdrücke im Deutschen, die im persischen Text nicht vorhanden sind, jedoch für das Verständnis oder für die Syntax des Deutschen wichtig sind, sind mit eckigen Klammern versehen: [...].

Bis Lektion 42 sind im persischen Lektionstext die einzelnen Buchstaben abwechselnd **schwarz** und **blau** eingefärbt. Das hilft Ihnen, die Buchstaben voneinander zu unterscheiden.

In den ersten 20 Lektionen wird der Lektionstext zweimal abgedruckt. Beim ersten Mal werden in den dazugehörigen Anmerkungen grammatikalische und strukturelle Phänomene erklärt, beim zweiten Mal geht es um Aussprache und Schrift.

Ab Lektion 22 wiederholen wir nicht mehr den kompletten Lektionstext mit der Umschrift, sondern nur noch die Sätze, zu denen es Anmerkungen zu Schrift oder Aussprache gibt.

Im persischen Dialog verweisen eingekreiste Zahlen am Satzende auf die Anmerkungen (siehe Punkt 4.).

2. Vereinfachte Lautschrift/Aussprache

In den ersten sechs Lektionen finden Sie unter jedem persischen Satz die dazugehörige vereinfachte Lautschrift. Die Buchstaben, die in der persischen Schrift geschrieben werden (Konsonanten und lange Vokale), sind **schwarz** gedruckt; die Buchstaben, die gesprochen, jedoch nicht geschrieben werden (kurze Vokale), sind **grau** gedruckt (siehe hierzu Abschnitt "Besonderheiten bei der Aussprache" weiter unten).

Ab Lektion 8 steht die Lautschrift in einem separaten Absatz unter dem Lektionstext. Die Lautschrift wird ab Lektion 50 schrittweise reduziert, d. h. es werden nur noch neue und komplizierte Wörter in phonetischer Umschrift dargestellt.

Bei der Lautschrift handelt es sich nicht um das sog. "internationale phonetische Alphabet (IPA)", sondern um eine speziell von ASSIMIL entwickelte Phonetik, die Sie relativ spontan lesen können und die Ihnen die Aussprache des Persischen erleichtern soll. Wie Sie die phonetische Umschrift lesen, wird in der vorliegenden Einleitung im Absatz "Die Aussprache des Persischen" bzw. unter "Tabelle der Laute des Persischen" erläutert.

3. Umschrift (Erkennungshilfe)

In den ersten 34 Lektionen finden Sie überall dort, wo die Lektion ein zweites Mal abgedruckt ist, unter jedem Satz eine Umschrift des persischen Satzes. Sie besteht zu einem großen Teil aus Großbuchstaben und ist spiegelverkehrt gedruckt. Die Umschriftbuchstaben sind ebenso wie die persischen Buchstaben abwechselnd **schwarz** und **blau** gefärbt. Kurze Vokale, die gesprochen, aber nicht geschrieben werden, werden in **Grau** dargestellt.

Die Leserichtung der Umschrift verläuft – analog zur persischen Schrift – von rechts nach links.

Die Umschriftbuchstaben haben den Zweck, Ihnen das Erkennen der persischen Buchstaben zu erleichtern. Sie sind also keine Aussprache-, sondern eine Art Entzifferungshilfe. Die Umschrift ist nicht mit der vereinfachten Lautschrift (siehe Punkt 2.) zu verwechseln!

4. Anmerkungen

Eingekreiste Zahlen im persischen Lektionstext verweisen auf die Anmerkungen, die immer auf der gleichen Buchdoppelseite zu finden sind; das erspart Ihnen umständliches Hin- und Herblättern.

Die Anmerkungen enthalten in aller Kürze wichtige Informationen zum Verständnis des jeweiligen Satzes, eines Satzteils oder eines Wortes bzw. deren Grammatik, ergänzenden Wortschatz, Synonyme und Antonyme zu bestimmten Wörtern. In den Lektionen, in denen der Lektionstext zweimal dargestellt ist, beschäftigen sich die Anmerkungen beim ersten Mal mit Grammatik und Struktur des Persischen, beim zweiten Mal stehen Aussprache und Schrift im Vordergrund.

5. Übung 1: Verständnisübung mit Lösung

Die 1. Übung jeder Lektion ist eine aus wenigen persischen Sätzen bestehende Verständnisübung, in der das Vokabular der aktuellen Lektion und der letzten Lektionen wieder aufgegriffen und in einen anderen Kontext eingebettet wird. Anhand dieser Übung können Sie feststellen, ob Sie den bisher kennengelernten Wortschatz verstanden und assimiliert haben. Die deutsche Übersetzung der Übungssätze finden Sie auf der gegenüberliegenden Buchseite. Die einzelnen Sätze der Verständnisübung sind ab der zweiten Lektion vertont. Die Pause zwischen den einzelnen Sätzen können Sie dazu nutzen, den Satz nachzusprechen.

6. Übung 2: Lückentextübung mit Lösung
Die 2. Übung jeder Lektion ist eine Lückentextübung, die ebenfalls auf bislang kennengelerntem Vokabular und bekannten Strukturen basiert. Hier sind auf der Grundlage der angegebenen deutschen Sätze fehlende Wörter in die darunter stehenden persischen Sätze einzusetzen.

Bis Lektion 20 werden die fehlenden Wörter in Lautschrift eingesetzt, wobei Lerner mit Vorkenntnissen selbstverständlich auch das Schreiben der Buchstaben in arabisch-persischer Schrift üben können. Ab Lektion 22 werden die "Lückenwörter" in arabisch-persischer Schrift eingegeben. Hierbei werden die fehlenden Buchstaben durch graue Felder dargestellt, deren Breite der Breite des jeweils zu ergänzenden persischen Buchstabens entspricht.

Die Lösung zu dieser Übung, d. h. die Wörter, die Sie einsetzen müssen, finden Sie auf derselben oder der nächsten Buchdoppelseite in arabisch-persischer Schrift und bis Lektion 48 ebenfalls in Lautschrift.

7. Übung 3: Schreibübung
Bestimmt möchten Sie auch das Schreiben der persischen Buchstaben und Wörter lernen. Hierbei helfen Ihnen die Umschrift (siehe Punkt 3.) und vor allem die Schreibübung, die bis Lektion 27 angeboten wird und die genauestens die Schreibweise und Strichführung der persischen Buchstaben, jeweils an Ihnen bekannten Wörtern, demonstriert. Sie können die Buchstaben zunächst in die Luft "malen"; für weitere Übungen sollten Sie sich einen weichen Bleistift und ein Übungsheft zulegen, am besten mit kariertem Papier.

8. Wiederholungslektionen

Jede 7. Lektion ist eine Wiederholungslektion. Hier wird in systematischer Form die Grammatik der sechs vorangegangenen Lektionen wiederholt, vertieft und anhand von Beispielen erläutert. In diesen Lektionen finden Sie u. a. auch Konjugations-, Deklinations- und Wörterlisten, die Sie vielleicht in den Lektionen vermisst haben. Jede Wiederholungslektion schließt mit einer Verständnisübung ab, wie Sie sie aus den normalen Lektionen kennen; diese Übung ist auch vertont. In den letzten Wiederholungslektionen finden Sie auch andere Übungstypen vor.

9. Landeskundliche Anmerkungen

Zur Auflockerung des Lernstoffs und als Zusatzinformation zu bestimmten landeskundlichen Gegebenheiten finden Sie am Ende einiger Lektionen eine kurze Anmerkung, die Hintergrundwissen zu bestimmten Themen des persischen Kulturkreises vermittelt.

10. Illustrationen

Schenken Sie auch unseren liebevoll gestalteten Illustrationen ein wenig Aufmerksamkeit. Jede Zeichnung bezieht sich auf einen Satz aus der jeweiligen Lektion. Vielleicht helfen Ihnen diese Illustrationen, sich bestimmte Ausdrücke und Wendungen besser zu merken, weil Sie sie mit einem Bild bzw. einer Situation verbinden können.

11. Tonaufnahmen

Sie können mit dem Buch alleine lernen, wir empfehlen Ihnen dennoch dringend, die zugehörigen Tonaufnahmen zu erwerben. Sie enthalten sämtliche persischen Lektions- und Verständnisübungstexte. Auch die Zitate, die sich am Ende mancher Lektionen befinden, sind vertont.

Professionelle Sprecherinnen und Sprecher gewährleisten eine hohe Authentizität in Aussprache, Betonung und Satzmelodie. Zu Beginn werden die Lektionstexte langsam gesprochen. Im Laufe der Lektionen steigert sich das Sprechtempo, bis hin zu dem Persisch, das Sie in persischsprachigen Ländern oder von Muttersprachlern hören.

ARBEITSWEISE

1. Lesen Sie zunächst die vorliegende Einleitung, vor allem die Lautbeschreibungen, aufmerksam durch.
2. Hören Sie sich Ihre aktuelle Lektion auf den Tonaufnahmen mehrmals hintereinander an, und vergleichen Sie die Aussprache mit der vereinfachten Lautschrift unter dem Lektionstext. Wenn Sie sich auch mit der persischen Schrift beschäftigen möchten, so vergleichen Sie die Buchstaben mit der Umschrift (siehe oben unter Punkt 3).
3. Vergleichen Sie jeden persischen Satz mit seiner Übersetzung auf der gegenüberliegenden Seite, und versuchen Sie anhand der wörtlichen Übersetzung, den persischen Satzbau nachzuvollziehen.
4. Wenn es zu einem Satz Anmerkungen gibt, so lesen Sie diese.
5. Hören Sie sich dann die Lektion erneut an. Sie können versuchen, den persischen Text Satz für Satz laut mitzulesen, aber beachten Sie: Als Anfänger sollten Sie sich auf keinen Fall wegen der Aussprache unter Druck setzen. Akzeptieren Sie, dass Ihr Ohr in diesem Stadium noch nicht an die typisch persischen Laute gewöhnt ist und dass Sie einige Zeit brauchen werden, um sie auszusprechen.
6. Versuchen Sie, jeden Satz so oft laut zu lesen, bis Sie ihn wiederholen können, ohne ins Buch zu sehen. Lassen Sie sich nicht dadurch beirren, dass Ihre Aussprache nicht 100%ig mit der der Sprecher übereinstimmt.
7. Hören Sie sich die Lektion noch einmal komplett an.
8. Wenn Sie den gesamten Lektionstext verstanden, sich mit der Aussprache vertraut gemacht und die Anmerkungen gelesen haben, absolvieren Sie die Verständnisübung.
9. Arbeiten Sie anschließend die Lückentextübung durch, am besten schriftlich und natürlich ohne zwischendurch auf die Lösung zu sehen!
10. Wenn Sie auch das Schreiben der persischen Buchstaben und Wörter erlernen möchten, so können Sie dies in der Schreibübung trainieren.

11. Gehen Sie erst dann zur nächsten Lektion über, wenn Ihnen die aktuelle Lektion keine Schwierigkeiten mehr bereitet!

DIE AUSSPRACHE DES PERSISCHEN

Das arabisch-persische Alphabet besteht aus 32 Buchstaben: 29 Konsonanten (Mitlaute) und drei Vokale (Selbstlaute). Streng genommen wird auch der **hamseh** ء genannte Stimmabsatz als zusätzlicher, 33. Buchstabe, gezählt. 29 dieser Buchstaben sind arabischen Ursprungs. Vier Buchstaben wurden ergänzt, um die spezifischen Laute des Persischen wiederzugeben. Die arabisch-persischen Buchstaben geben – wie unsere lateinischen – die Laute der Sprache wieder, und obwohl sie anfangs exotisch und kompliziert aussehen mag, ist die arabisch-persische Schrift ohne Probleme zu erlernen.

Auch das Einüben der persischen Aussprache wird Ihnen mit der Assimil-Methode ohne große Mühe gelingen. Es ist unser Ziel, Ihnen die Aussprache des Persischen mit den Mitteln der intuitiven Assimilierung auf eine natürliche Weise, spontan und ohne übermäßigen zeitlichen Aufwand näherzubringen. Hierzu stehen Ihnen zwei wichtige Hilfsmittel zur Verfügung: zum einen die vereinfachte Lautschrift, zum anderen die Tonaufnahmen, die Sie von Lektion zu Lektion bei Ihrem Persischstudium begleiten werden.

Die vereinfachte Lautschrift

Die speziell auf den deutschsprachigen Lerner abgestimmte Assimil-Lautschrift stellt eine ausgezeichnete Hilfe auf dem Weg zur problemlosen Artikulation des Persischen dar. Sie enthält größtenteils die Ihnen bekannten Buchstaben des lateinischen Alphabets und daneben einige Sonderzeichen zur Darstellung der persischen Laute, für die es kein Pendant im lateinischen Alphabet gibt. Sie bringt Ihnen so über das bekannte Lautspektrum die Lautpalette der persischen Sprache ganz leicht näher und ist eine ideale Hilfestellung für die Aussprache. Sie ist durchgehend durch kursiv gedruckten Text in eckigen Klammern ([*Laut*]) gekennzeichnet. Wir haben uns bemüht, diese Lautschrift so einfach wie möglich zu gestalten, damit Sie sie ohne große Anstrengung und relativ spontan lesen können.

Mit unseren Ausspracheerklärungen und durch häufiges und aufmerksames Anhören der Tonaufnahmen werden Ihnen auch die noch fremden Laute schon nach kurzer Zeit problemlos über die Lippen kommen.

Beachten Sie, dass wir ganz bewusst nicht die internationale Lautschrift (IPA) benutzen, da diese schwer zu lesen und überdies vielen Lernern nicht vertraut ist. Auch verzichten wir auf die Lautschrift der Deutschen Morgenländischen Gesellschaft (DMG), die zwar in zahlreichen Veröffentlichungen verwendet wird, uns aber für den deutschsprachigen Anfänger zu komplex und wissenschaftlich erscheint.

TABELLE DER LAUTE DES PERSISCHEN

Wir geben Ihnen hier nun eine Übersicht über die in diesem Kurs verwendeten Lautschriftzeichen mit jeweiliger Ausspracheanleitung. Für die Laute, die auch im Deutschen existieren, finden Sie deutsche Beispielwörter. Für einige Laute gibt es keine deutschen Beispielwörter; halten Sie sich in diesen Fällen an die Lautbeschreibung.

Besonderheiten bei der Aussprache

Beachten Sie bitte die im Folgenden genannten Besonderheiten bei der Aussprache der persischen Laute. Es sei vorweggenommen, dass auch das arabisch-persische Alphabet Konsonanten und Vokale unterscheidet. Die korrekte Aussprache beider ist wichtig, um problemlos verstanden zu werden. Die Hauptschwierigkeit liegt in der Aussprache der Vokale, denn diese werden nur geschrieben, wenn es sich um lange Vokale ([*å*], [*ī*] und [*ū*] bzw. [*ou*]) handelt, während [*a*], [*e*] und meistens auch [*o*] bzw. das Fehlen von Kurzvokalen zwischen zwei Konsonanten nicht eindeutig im Schriftbild dargestellt werden und man folglich ein Wort kennen muss, um es richtig lesen und aussprechen zu können. Zwar gibt es sog. "Vokalisationszeichen", die die oben genannten Kurzvokale markieren können, doch verwendet man diese nur dort, wo die Gefahr eines Missverständnisses besteht. Wir gehen in Lektion 7 näher auf diese Zusatzzeichen, **fatheh** فتحه [*a*], **kaßreh** کسره [*e*] und **sammeh** ضمّه [*o*], ein, wobei speziell das **kaßreh** wichtig ist, da es auch das für das Persische typische **Esåfeh** اضافه markiert. Beim **Esåfeh** handelt es sich um eine Verbindung zwischen einem Substantiv und einem Attribut – mehr dazu ebenfalls in den Lektionen.

Betonung und Satzmelodie (Intonation)
Die Betonung des Persischen stellt keine größeren Schwierigkeiten dar.

• Grundsätzlich werden im einem Wort jeweils die Vokale [*å*], [*ī*] und [*ū*] betont, also z. B. تهران [*tehr**å**n*] "Teheran". Kommen in einem Wort mehrere dieser Vokale vor, betont man in der Regel den letzten, z. B. ایران [*īr**å**n*] "Iran". Ausnahmen zu dieser Regel sind bestimmte Präfixe (Vorsilben), die vor allem die Verben betreffen, sowie Pluralsuffixe, die die Betonung immer auf sich ziehen.

Wir möchten Sie mit den Ausnahmen zu diesen Grundregeln nicht zu sehr verwirren. Normalerweise entwickelt man recht schnell ein Gespür für die richtige Betonung, und in der Regel sollte eine falsche Betonung auch nicht das Verständnis bei Muttersprachlern trüben.

Äußerst wichtig im Persischen – ja vielleicht sogar wichtiger als die korrekte Betonung – ist außerdem die Satzmelodie, mit der man beim Sprechen bestimmte Teile des Satzes hervorhebt. Sie werden schnell feststellen, dass Iraner einen sehr speziellen Singsang haben, wenn sie bestimmte Satzteile besonders betonen möchten. Dies ist zum Beispiel in Fragesätzen der Fall, denn oftmals kann man den Unterschied zwischen Frage- und Aussagesatz nur anhand der Intonation feststellen. Im Fragesatz steigt bei dem Wort, nach dem gefragt wird, die Stimme deutlich an. Wir kennen dieses Phänomen auch aus dem Deutschen.

Fazit: Hören Sie sich in jeder Phase Ihres Studiums sehr sorgfältig die Tonaufnahmen an. Scheuen Sie sich nicht, die Sprecher zu imitieren und dabei auch betonte Satzteile mit gegebenem Nachdruck zu artikulieren.

Zum besseren Verständnis erklären wir hier kurz einige der in der Tabelle enthaltenen wichtigen Ausdrücke.

• stimmlos/stimmhaft
Ein stimmloser Laut wird nur durch Luftausstoß hervorgebracht;

die Stimmbänder vibrieren nicht. Stimmhafte Laute werden unter Einsatz der Stimmbänder erzeugt, und es erfolgt fast kein Luftausstoß. Sie können dies gut nachvollziehen, wenn Sie laut und ganz langsam das Wort "Loch" sprechen und dabei Ihren Kehlkopf berühren. Halten Sie das **L** lang an, und Sie merken, dass Ihr Kehlkopf vibriert. Dieser Laut ist also stimmhaft. Halten Sie auch beim **ch** den Laut lang an, und Sie werden merken, dass Ihr Kehlkopf nicht vibriert. Dieser Laut ist folglich stimmlos.

• Reibelaut
Ein Reibelaut ist ein Konsonant, bei dessen Bildung die Zunge und die Schneidezähne eine Art Engstelle bilden, durch die die ausströmende Luft verwirbelt wird. Bei den im Persischen vorkommenden Reibelauten handelt es sich vor allem um sogenannte Zischlaute. Reibelaute können sowohl stimmhaft als auch stimmlos sein.

• Schwinglaut
Schwinglaute zeichnen sich dadurch aus, dass die Zungenspitze und/oder das Gaumenzäpfchen durch einen verstärkten Luftstrom im Mund zum Flattern gebracht werden. Durch die entstehenden Luftverwirbelungen vibriert die Zunge leicht. Im Persischen ist besonders der vibrierende **r**-Laut wichtig, den man bei uns oftmals als "gerolltes r" bezeichnet.

Sehen Sie sich die folgende Liste sehr gründlich an, bevor Sie mit Lektion 1 beginnen, und benutzen Sie sie vor allem in der ersten Zeit immer wieder zum Nachschlagen. Lesen Sie auch anfangs immer wieder die hier aufgeführten Aussprachebeschreibungen, und versuchen Sie, die Erklärungen beim Anhören der Tonaufnahmen nachzuvollziehen.

Achtung: Das arabisch-persische Alphabet verfügt über eine Reihe von Buchstaben, die zwar unterschiedlich geschrieben werden, aber eine identische Aussprache haben! Dies hängt damit zusammen, dass diese Buchstaben im Arabischen unterschiedlich klingen, im Persischen die Aussprache jedoch vereinfacht wurde, während man die arabische Originalschreibung weitestgehend beibehielt.

Persischer Buchstabe (isolierte Form)	Lautschrift	Buch-staben-name	Aussprachebeschreibung/ Deutsches Beispielwort
ا / آ	[*å, a, e, o*]	**alef**	In der Wortmitte / am Wortende: *å*. Offenes o wie in "Sp<u>o</u>rt" und lang gesprochen. *Nur* am Wortanfang: *a, e, o* (**alef** kann auch als Vokalträger für [*e*] und [*o*] fungieren.)
ب	[*b*]	**be**	Stimmhaftes [*b*] wie in "<u>B</u>ad".
پ	[*p*]	**pe**	Wie deutsches [*p*] in "<u>P</u>ark".
ت	[*t*]	**te**	Stimmloses [*t*] wie in "Teig" oder "<u>T</u>ante".
ث	[*ß*]	**ße**	Stimmlos gesprochenes [*ß*] bzw. [*ss*] wie in "Stra<u>ß</u>e" oder "Ga<u>ss</u>e".
ج	[*dĵ*]	**dĵīm**	Ähnlich wie der deutsche Reibelaut [*dsch*] in "<u>Dsch</u>ungel" oder "<u>J</u>eans", aber mit weniger Betonung auf dem [*d*].
چ	[*tsch*]	**tsche**	Wie deutsches [*tsch*] in "Qua<u>tsch</u>" oder "<u>Tsch</u>ad". Hierbei handelt es sich um einen sog. Reibelaut.
ح	[*h*]	**he dĵīmī**	Wie [*h*] in "<u>H</u>alt" oder "<u>H</u>emd". Gelegentlich wird dieser Laut auch stumm gesprochen.
خ	[*ch*]	**che**	Deutsches Rachen-[*ch*] wie in "Kra<u>ch</u>" oder "Da<u>ch</u>".
د	[*d*]	**dāl**	Stimmhaftes [*d*] wie in "<u>D</u>onau".
ذ	[*s*]	**sāl**	Stimmhaft gesprochenes [*s*] wie in "<u>S</u>enf" oder "Ro<u>s</u>e".

Persischer Buchstabe (isolierte Form)	Lautschrift	Buch-staben-name	Aussprachebeschreibung/ Deutsches Beispielwort
ر	[*r*]	**re**	Mit der Zungenspitze gerolltes [*r*] (sog. Schwinglaut). Dieser Laut wird erzeugt, indem die Zungenspitze an den vorderen Gaumen gelegt und durch einen verstärkten Luftstrom im Mund zum Flattern bzw. Vibrieren gebracht wird.
ز	[*s*]	**se**	Stimmhaft gesprochenes [*s*] wie in "Senf" oder "Rose".
ژ	[*ĵ*]	**ĵe**	Stimmhafter Reibelaut [*sch*] wie in französischen Lehnwörtern, z. B. "Journalist".
س	[*ß*]	**ßīn**	Stimmlos gesprochenes [*ß*] bzw. [*ss*] wie in "Straße" oder "Gasse".
ش	[*sch*]	**schīn**	Deutscher Reibelaut [*sch*] wie in "Schule".
ص	[*ß*]	**ßād**	Stimmlos gesprochenes [*ß*] bzw. [*ss*] wie in "Straße" oder "Gasse".
ض	[*s*]	**sād**	Stimmhaft gesprochenes [*s*] wie in "Senf" oder "Rose".
ط	[*t*]	**tā**	Stimmloses [*t*] wie in "Teig" oder "Tante".
ظ	[*s*]	**sā**	Stimmhaft gesprochenes [*s*] wie in "Senf" oder "Rose".
ع	[']	**ejn**	Stimmabsatz (wie z. B. in "be'inhalten"), bei dem eine kleine Pause gemacht wird, um zwei Silben voneinander zu trennen.
غ	[*gh*]	**ghejn**	Dumpfes, in der Kehle erzeugtes [*r*]. Es klingt in etwa so, als wolle man ein nicht gerolltes [*r*] und ein [*ch*] gleichzeitig sprechen. Wenn Sie mit diesem Laut Schwierigkeiten haben, sollten Sie ihn vorerst wie ein deutsches, nicht gerolltes Zäpfchen-[*r*] sprechen.

Persischer Buchstabe (isolierte Form)	Lautschrift	Buch-staben-name	Aussprachebeschreibung/ Deutsches Beispielwort
ف	[*f*]	**fe**	Wie [*f*] in "Feuer".
ق	[*qh*]	**qhāf**	Dumpfes, in der Kehle erzeugtes [*r*]. Es klingt in etwa so, als wolle man ein nicht gerolltes [*r*] und ein [*ch*] gleichzeitig sprechen. Wenn Sie mit diesem Laut Schwierigkeiten haben, sollten Sie ihn vorerst wie ein deutsches, nicht gerolltes Zäpfchen-[*r*] sprechen.
ک	[*k*]	**kāf**	Wie [*k*] in "Kino".
گ	[*g*]	**gāf**	Wie [*g*] in "Gans".
ل	[*l*]	**lām**	Wie [*l*] in "Liebe".
م	[*m*]	**mīm**	Wie [*m*] in "Mann".
ن	[*n*]	**nūn**	Wie [*n*] in "Nuss".
و	[*w*]/[*o*]/[*ū*]/ [*ou*] oder stumm	**wāw**	Wie [*w*] in "Wald". Wenn als Vokal gesprochen, wie o oder ou oder als langes u wie in "Uhr", selten auch kurz wie in "Ulm". Dieser Buchstabe kann auch stumm sein.
ه	[*h*]	**he do tsche-schm**	Wie [*h*] in "Halt" oder "Hemd". Gelegentlich wird dieser Laut auch stumm gesprochen (z. B. in der Endung [-*eh*], die [-*e*] gesprochen wird).
ی	[*ī*]/[*j*]/[*ej*]	**je**	Wie [*j*] in "Jahr". Kann auch als Vokal [*ī*] (wie in "Igel") oder [*ej*] ausgesprochen werden.
ء	[*'*]	**hamseh**	Stimmabsatz (wie z. B. in "be'inhalten"), bei dem eine kleine Pause gemacht wird, um zwei Silben voneinander zu trennen.

Vokalisationszeichen

Die kurzen Vokale ([*a*], [*e*], [*o*]) werden im Wortinneren in der Regel nicht geschrieben. Theoretisch besteht die Möglichkeit, sie durch sog. Vokalisationszeichen darzustellen:

Name	Vokali-sations-zeichen	Laut-schrift-buch stabe	Lautbeschreibung
فتحه **fatheh**	دَر [*dar*]	[*a*]	Das Vokalisationszeichen steht über dem Konsonanten und bezeichnet ein nachfolgendes kurzes [*a*] wie in "d<u>a</u>nn".
کسره **kaßreh**	یِک [*jek*]	[*e*]	Das Vokalisationszeichen steht unter dem Konsonanten und bezeichnet ein nachfolgendes kurzes [*e*] wie in "<u>E</u>ssen", also mit Tendenz zum [*ä*]. Diese Aussprache gilt auch dann, wenn [*e*] am Wortende vorkommt und unbetont ist. Sehr häufig – vor allem als Auslaut - lang wie in "S<u>ee</u>" gesprochen.
ضمّه **sammeh**	دُکّان [*dokkån*]	[*o*]	Das Vokalisationszeichen bezeichnet ein nachfolgendes [*o*] wie in "kommen", aber auch sehr häufig lang wie in "B<u>oo</u>t".

Weiterhin sind noch zwei Sonderzeichen zu erwähnen:

- **taschdīd** ّ

Es kann über jedem Konsonanten auftauchen und macht kenntlich, dass der jeweilige Konsonant verdoppelt wird, was sich allerdings nicht in dieser Form auf die Aussprache auswirkt, sondern der betreffende Konsonant wird einfach mit mehr Nachdruck gesprochen.

- **tanwīn** ً

Das **tanwīn** taucht nur auf dem **alef** auf und macht die Endung اً [-*an*] deutlich. Sie markiert im Arabischen den Akkusativ, ist im Persischen jedoch nur noch in feststehenden adverbialen Ausdrücken erhalten.

ÜBERSICHT ÜBER DIE BUCHSTABEN DES ARABISCH-PERSISCHEN ALPHABETS

Die folgende Tabelle enthält zu allen 33 Buchstaben des arabisch-persischen Alphabets auch die Schreibformen in der isolierten sowie in der Anfangs-, Mittel- und Endstellung. Prinzipiell reicht es aus, wenn Sie sich für jeden Buchstaben die Anfangs- und die Endform merken, denn die Mittelform ist in den meisten Fällen mit der Anfangsform identisch, nur dass rechts jeweils eine Verbindungslinie angefügt wird. Die Buchstaben **alef**, **dāl**, **sāl**, **re**, **se**, **ĵe** und **wāw** werden nach links hin nicht verbunden, weshalb sie folglich keine Mittelform kennen. Außerdem entspricht die isolierte Form in fast allen Fällen der Endform, sieht man wieder von der kleinen Verbindungslinie rechts ab. Beachten Sie aber, dass "Endform" nicht bedeutet, dass der jeweilige Buchstabe nur am Wortende auftreten kann! "Endform" bedeutet schlicht und einfach, dass dieser Buchstabe nicht nach links hin verbunden werden kann.

UMSCHRIFT* (Erkennungshilfe für die Schrift)	**Ende**	**Mitte**	**Anfang**	**Isoliert**	**Name und Lautwert**
Ā, A	ـا	ـا	ا		**alef** [*å; a, e, o*]
B	ـب	ـبـ	بـ	ب	**be** [*b*]
P	ـپ	ـپـ	پـ	پ	**pe** [*p*]
T	ـت	ـتـ	تـ	ت	**te** [*t*]
ß	ـث	ـثـ	ثـ	ث	**ße** [*ß*]
Dĵ	ـج	ـجـ	جـ	ج	**dĵīm** [*dĵ*]
Tsch	ـچ	ـچـ	چـ	چ	**tsche** [*tsch*]
H	ـح	ـحـ	حـ	ح	**he dĵīmī** [*h*]
Ch	ـخ	ـخـ	خـ	خ	**che** [*ch*]

***Achtung**: Die Leserichtung in der Spalte UMSCHRIFT verläuft von rechts nach links!

UMSCHRIFT* (Erkennungshilfe für die Schrift)	Ende	Mitte	Anfang	Isoliert	Name und Lautwert
D	ـد		د		**dāl** [*d*]
Dh	ـذ		ذ		**sāl** [*s*]
R	ـر		ر		**re** [*r*]
Ż	ـز		ز		**se** [*s*]
Ĵ	ـژ		ژ		**ĵe** [*ĵ*]
SS	ـس	ـسـ	سـ	س	**ßīn** [*ß*]
Sch	ـش	ـشـ	شـ	ش	**schīn** [*sch*]
Ç	ـص	ـصـ	صـ	ص	**ßād** [*ß*]
Ç	ـض	ـضـ	ضـ	ض	**sād** [*s*]
T	ـط		طـ	ط	**tā** [*t*]
Th	ـظ		ظـ	ظ	**sā** [*s*]
ġ	ـع	ـعـ	عـ	ع	**ejn** [*'*]
Ġh	ـغ	ـغـ	غـ	غ	**ghejn** [*gh*]
F	ـف	ـفـ	فـ	ف	**fe** [*f*]
Qh	ـق	ـقـ	قـ	ق	**qhāf** [*qh*]
K	ـک	ـکـ	کـ	ک	**kāf** [*k*]
G	ـگ	ـگـ	گـ	گ	**gāf** [*g*]
L	ـل	ـلـ	لـ	ل	**lām** [*l*]
M	ـم	ـمـ	مـ	م	**mīm** [*m*]

UMSCHRIFT* (Erkennungshilfe für die Schrift)	Ende	Mitte	Anfang	Isoliert	Name und Lautwert
И	ـن	ـنـ	نـ	ن	**nūn** [*n*]
ω	ـو		و		**wāw** [*w*] / [*o*] / [*ū*] / [*ou*] oder stumm
H	ـه	ـهـ	هـ	ه	**he do tscheschm** [*h*]
ì	ـی	ـیـ	یـ	ی	**je** [*ī*] / [*j*] / [*ej*]
˘	ء				**hamseh** [′]

***Achtung**: Die Leserichtung in der Spalte UMSCHRIFT verläuft von rechts nach links!

Passend zum Alphabet möchten wir Ihnen an dieser Stelle die Schreibweise der arabisch-persischen Ziffern zusammenfassend vorstellen. Sie finden diese auch in den persischen Lektionsnummern, den Lektionssätzen und bei den Seitenzahlen. Anders als die Buchstaben werden mehrstellige Zahlen im Persischen von links nach rechts geschrieben. Hier die Ziffern von 0 bis 9:

۰	۱	۲	۳	۴	۵	۶	۷	۸	۹
0	1	2	3	4	5	6	7	8	9

Sie möchten beginnen? Gut! Aber lesen Sie die Erklärungen in dieser Einleitung besonders in der Anfangszeit häufig durch. Vor allem die Tabelle der Laute sollte zu Beginn Ihr ständiger Begleiter sein. Und machen Sie sich keinen Stress mit der Aussprache! Akzeptieren Sie, dass Ihr Gehör anfangs noch nicht auf die fremden Laute eingestimmt ist und dass Sie einige Zeit brauchen werden, um die persischen Laute zu erzeugen. Lernen Sie vor allem nicht auswendig! Seien Sie am Anfang zufrieden, wenn Sie die Texte beim Lesen und Hören verstehen, und nehmen Sie sich hierfür Zeit.

So, und nun schlagen Sie Ihr Buch "hinten" auf, und beginnen Sie mit Lektion 1.

Viel Spaß! [*chosch begsareh!*] خوش بگذره!

Die Methode für jeden Tag

Persisch

ohne Mühe

(Lektionsteil)

Aus der Kurseinleitung, die Sie vorne im Buch finden, wissen Sie, dass persischsprachige Veröffentlichungen "von hinten nach vorne" gedruckt und gelesen werden. Unser Kurs stellt eine Mischform dar: Sie finden die Kurseinleitung "vorne" im Buch, Lektion 1 jedoch fängt "hinten" an, d. h. direkt auf der nächsten Seite.

Bevor Sie nun beginnen, sollten Sie, falls Sie es noch nicht getan haben, sehr gründlich die Einleitung lesen. Sie enthält nicht nur wichtige Informationen über die Struktur und die Aussprache des Persischen, sondern auch viele nützliche Hinweise zum Aufbau der Lektionen und zur Arbeitsweise mit diesem Kurs.

Auf der **rechten Seite** finden Sie den persischen Lektionstext und die Lautschrift. Sie werden sich schnell daran gewöhnen, dass die Lese-/Schreibrichtung von rechts nach links verläuft.

۱ درسِ اوّل [darß-e awwal]

مرد

[mard]

۱ مرد آمد. ①

[mard åmad.]

۲ مرد آب داد. ② ③

[mard åb dåd.]

مرد آب داد

Auf der **linken Seite** sehen Sie die deutsche sinngemäße und wörtliche Übersetzung des Lektionstextes sowie Erklärungen zu Besonderheiten im Text.

Erste Lektion (Lektion erster)

Der Mann

[Ein] Mann kam. 1
(Mann kam.)

[Der] Mann gab Wasser. 2
(Mann Wasser gab.)

ANMERKUNGEN

Das Verb (Tätigkeitswort) beinhaltet bereits die 3. Person Singular (Einzahl), also "er" oder "sie". ①

Einen bestimmten Artikel ("der", "die", "das") kennt das Persische nicht. ②

Das Verb steht für gewöhnlich am Satzende. ③

Vergessen Sie nicht, sich die Kurseinleitung anzusehen. Sie beinhaltet viele Informationen über den Umgang mit diesem Kurs.

Buchstaben erkennen und lesen
Hier ist die persische Lektion erneut und mit spiegelverkehrter Transkription abgedruckt, die von rechts nach links zu lesen ist. Die persischen Buchstaben sind ebenso wie die darunter stehenden Umschriftbuchstaben abwechselnd schwarz und blau eingefärbt. Die nicht geschriebenen Vokale sind grau markiert.

Buchstaben erkennen und lesen

Diese erste Lektion besteht zwar nur aus zwei Sätzen, sie vermittelt Ihnen aber bereits einen kleinen Einblick in eine Sprache, die Sie nicht nur durch ihren logischen Aufbau, sondern auch durch ihre Verwandtschaft mit Wörtern aus diversen europäischen Sprachen verblüffen wird. Sie werden sich schnell daran gewöhnen, dass die Lese- und Schreibrichtung im Persischen von rechts nach links verläuft.

◄ Anmerkungen zu Aussprache und Schrift
Weitere Erklärungen zu Aussprache und Schrift finden Sie hier links.

Wiederholung des Lektionstextes
Auf diesen beiden Seiten sehen Sie den Lektionstext erneut, dieses Mal mit ausführlichen Erklärungen zu Aussprache und Schrift. Nachdem Sie sich damit beschäftigt haben, sollten Sie noch einmal zu den Seiten 1 und 2 zurückkehren und sie einige Male durchlesen.

[Ein] Mann kam. 1
(Mann kam.)

[Der] Mann gab Wasser. 2
(Mann Wasser gab.)

ANMERKUNGEN

① Der kurze Vokal [*a*] wird nicht geschrieben, man muss also die Aussprache genauso wie die Schreibung lernen: مرد.

② Einige Buchstaben wie z. B. **mīm** مـ [*m*] werden mit dem nachfolgenden Buchstaben verbunden. Bei **dāl** د [*d*], **re** ر [*r*] und **alef** آ [*å*] hingegen ist dies nicht der Fall (die drei hier gezeigten Buchstabenformen sind die isolierten Formen).

③ In diesem Satz finden Sie die vier Konsonanten, die Sie als erstes in dieser Lektion kennengelernt haben: **mīm** م [*m*], **re** ر [*r*], **dāl** د [*d*] und **be** ب [*b*].

④ آب [*åb*]: Am Wortanfang schreibt sich das lange [*å*] آ . Im Wortinneren oder am Ende trägt es nicht die Wellenlinie, sondern wird nur ا geschrieben: داد [*dåd*]. Es gibt einen klaren Ausspracheunterschied zwischen langen und kurzen Vokalen. Merken Sie sich, dass das lange [*å*] als offenes o gesprochen wird; in der Lautschrift weist der Kringel über dem [*a*] darauf hin. Sie hören diesen Laut sehr gut auf den Tonaufnahmen.

Übung 1: Verstehen Sie diese Sätze?

1 مرد آمد.

[mard åmad.]

2 مرد آب داد.

[mard åb dåd.]

Übung 2: Setzen Sie die fehlenden Wörter ein!

Der Mann kam. 1

مرد آمد.

[. . . . åmad.]

Der Mann gab Wasser. 2

مرد آب داد.

[mard . . dåd.]

In den ersten Lektionseinheiten liegt der Schwerpunkt auf dem Hören und Verstehen. Sehen Sie sich oft die Liste der Laute in der Einleitung an, und werden Sie nicht ungeduldig, wenn es mit dem Nachsprechen der Lektionssätze nicht auf Anhieb klappt!

Übung 1: Verstehen Sie diese Sätze? ➤
In der Verständnisübung können Sie kontrollieren, ob Sie die bisher kennengelernten Buchstaben lesen und die Wörter verstehen können. Auch in den Übungssätzen benutzen wir die Ihnen bereits geläufige Lautschrift. Nutzen Sie sie vor allem in der ersten Zeit als Hilfsmittel; bevor Sie dazu übergehen, sich immer mehr an der persischen Schrift zu orientieren. Auf den Tonaufnahmen hören Sie in den Lektionen vor jeder ersten Übung ترجمه کنید [tardĵomeh konīd]; das bedeutet "Übersetzen Sie!".

Lösung 1: Haben Sie verstanden?

Der Mann kam. ❶

Der Mann gab Wasser. ❷

Übung 2: Setzen Sie die fehlenden Wörter ein! ➤
Anhand dieser Übung (die nicht vertont ist) können Sie feststellen, ob Sie die angetroffenen Wörter und Strukturen anwenden können. In einer ersten Phase brauchen Sie die fehlenden Wörter nur in Lautschrift einzusetzen. Zum Abgleich haben wir die kompletten Sätze in persischer Schrift abgedruckt; die Lösungswörter sind grau dargestellt. Erst ab Lektion 22, wenn Sie mit der Schrift besser vertraut sind, werden Sie die Wörter in persischer Schrift ergänzen.

Lösung 2: Die fehlenden Wörter.

❶ [mard] مرد ❷ [åb] آب

Akzeptieren Sie, dass Ihr Ohr sich nur ganz allmählich an die typischen persischen Laute gewöhnt und Sie einige Zeit brauchen werden, um sie auszusprechen. Machen Sie sich keinen Stress mit der Aussprache; wichtiger ist das spontane Verstehen!

Schreibübung

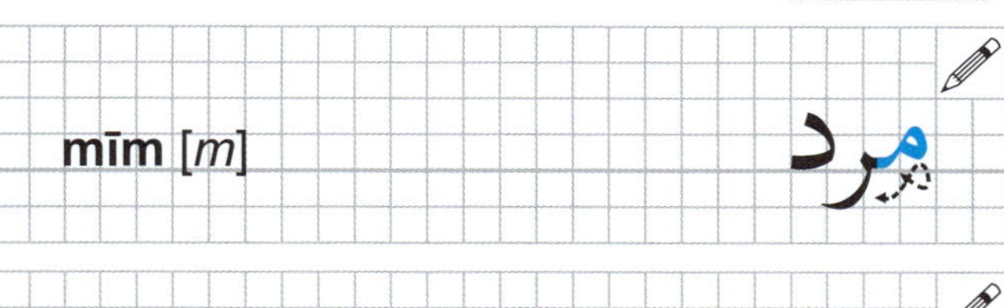

مرد

dāl [d]

Hörübung

ب [ba] – با [bå] – بابا [båbå] "Papa" – ر [ra] – را [rå] – د [da] – دا [då] – داد [dåd] "(er/sie) gab" – م [ma] – مرد [mard] "Mann" – ما [må] "wir" – آمد [åmad] "(er/sie) kam" – آمد [åmad] "(er/sie) kam"

۲ درسِ دوّم [darß-e dowwom]

در بازار

[dar båsår]

۱ مرد به بازار آمد.

[mard beh båsår åmad.]

Schreibübung ➤

Sie möchten auch das Schreiben der persischen Buchstaben und Wörter lernen? Dann wird hier anhand von gestrichelten Linien und Pfeilen genau die Strichführung demonstriert (mit Ausnahme der Punkte über oder unter den Buchstaben). Sie können die Buchstaben zunächst in die Luft "malen"; für weitere Übungen sollten Sie sich einen weichen Bleistift und ein Übungsheft zulegen, am besten mit kariertem Papier.

Hörübung ➤

Im Folgenden können Sie sich noch einmal den Ausspracheunterschied zwischen dem kurzen [*a*] und dem langen [*å*] anhören, das wie ein offenes o gesprochen wird. Versuchen Sie, die Wörter nachzusprechen. Zu Beginn dieser Übung sagt der Sprecher تکرار کنید [*tekrår konīd*] "Wiederholen Sie".

Zweite Lektion

Im Basar

(in Basar)

[Ein] Mann kam zum Basar. 

(Mann nach Basar kam.)

۲ مرد در بازار

[mard dar båsår

است. ② ①

aßt.]

Buchstaben erkennen und lesen

۱ مرد به بازار

۲ MaRD BeH BĀṠĀR

آمد. ② ①

ĀMaD.

ANMERKUNGEN

① Neu sind hier das **be** بـ [*b*] in der Anfangsform, das **he do tscheschm** ـه [*h*] am Ende von به [*beh*] sowie das **se** ز [*s*] in بازار [*båsår*], das wie **re** ر [*r*] geschrieben wird, aber einen Punkt darüber trägt. **se** [*s*] bzw. **re** [*r*] haben, je nachdem, welcher Buchstabe davor steht, je eine unverbundene (بازار [*båsår*]) und eine verbundene Form (مرد [*mard*]). Während **se** ز [*s*] und **re** ر [*r*] nicht nach links verbunden werden, ist dies bei **be** بـ [*b*] der Fall.

[Der] Mann ist im Basar. 2

(Mann in Basar ist.)

ANMERKUNGEN

① Unterscheiden Sie die Präpositionen (Verhältniswörter) در [*dar*] "in" und به [*beh*] "nach, zu". Da es keinen bestimmten Artikel gibt, kann man sie je nach Satzzusammenhang auch mit "im" oder "zum" übersetzen.

② Wie alle Verben steht auch است [*aßt*] "(er/sie) ist" am Satzende.

[Ein] Mann kam zum Basar. 1

(Mann nach Basar kam.)

مرد در بازار است

② Wie das kurze [*a*] wird auch das kurze [*e*] im Wortinneren nicht geschrieben.

۲ مرد در بازار

RĀŚĀB RaD DRaM 2

است. ④ ③

.ṪSSA

Übung 1: Verstehen Sie diese Sätze?

1 مرد به بازار آمد.

[*mard beh båsår åmad.*]

2 مرد آب داد.

[*mard åb dåd.*]

Übung 2: Setzen Sie die fehlenden Wörter ein!

Der Mann kam zum Basar. 1

مرد به بازار آمد.

[*mard . . . båsår . . . . .*]

Der Mann ist im Basar. 2

مرد در بازار است.

[*. . . . dar båsår . . . .*]

[Der] Mann ist im Basar. 2

(Mann in Basar ist.)

Sie kennen das **alef** ا ohne Tilde bereits als Binnenlaut. Steht es am Wortbeginn, wird es – im Unterschied zu آ [*å*] – als kurzes, helles [*a*] gesprochen. Folgt **alef** ا auf einen Buchstaben, der sich verbinden lässt, schreibt man es ـا : بازار [*båsår*]. ③

Auch hier finden Sie zwei neue Buchstaben: das **ßīn** سـ [*ß*] in seiner Anfangsform (weil der davorstehende Buchstabe nicht nach links verbunden wird) sowie **te** ـت [*t*] in seiner Endform. Vergleichen Sie **be** ب [*b*] und **te** ت [*t*]: Auch kleine Punkte machen einen großen Unterschied. ④

Lösung 1: Haben Sie verstanden?

Der Mann kam zum Basar. ❶

Der Mann gab Wasser. ❷

Konzentrieren Sie sich momentan ganz auf das Verstehen des Textes, und machen Sie sich mit der Aussprache vertraut. Lernen Sie möglichst täglich – mehr als 15–20 Minuten müssen es nicht sein. Machen Sie sich keine Gedanken über Dinge, die vielleicht bis jetzt noch nicht erklärt wurden; die Erklärung wird zu gegebener Zeit kommen. Betrachten Sie die Anmerkungen als einen guten Freund, der Sie auf Ihrem Weg begleitet und Ihnen das, was Sie im Moment verstehen müssen, erklärt.

Der Mann gab Wasser. ❸

مرد آب داد.

[*mard* . . . . . .]

Lösung 2: Die fehlenden Wörter.

❶ [*beh*] به – [*åmad*] آمد ❷ [*mard*] مرد – [*aßt*] است

❸ [*åb*] آب – [*dåd*] داد

Schreibübung

به be [b]

به he do tscheschm [h]

آب alef [å]

آب be [b]

۳ درسِ سوّم [darß-e ßewwom]

پسر
[peßar]

۱ پسر به بازار رفت. ①

[peßar beh båsår raft.]

Sie wissen bereits, dass die Buchstaben des persischen Alphabets verschiedene Formen annehmen können, je nachdem, ob sie am Beginn, in der Mitte oder am Ende eines Wortes stehen, doch richtet sich die Schreibweise vor allem danach, ob davor bereits ein Buchstabe steht, und wenn ja, welcher Buchstabe das ist. Außerdem ist Ihnen bekannt, dass nicht alle Buchstaben beim Schreiben mit dem nachfolgenden Buchstaben verbunden werden.

Im Basar
Der orientalische Markt (بازار [*båsår*]) ist ein Mikrokosmos für sich. Anders als im Okzident verkaufen diverse Geschäfte und Händler nebeneinander Artikel derselben Warengruppe. Häufig besteht der Markt aus einer überdachten Straße oder gar einem ganzen Viertel, wo das erstaunliche Angebot, der Trubel, der Farbenreichtum und die exotischen Düfte den Besucher in eine andere Welt entführen. Leider bekommen auch in Iran die "echten" Märkte immer öfter Konkurrenz durch klimatisierte Einkaufszentren, in denen die Waren meist aus dem Ausland kommen. Auf jeden Fall ist es auf einem Basar immer üblich zu feilschen, bevor man etwas kauft, denn der vom Verkäufer genannte Erstpreis ist meist nur eine Orientierung bzw. ein Einstiegsgebot.

Dritte Lektion

Der Junge

[Ein] Junge ging zum Basar. 1
(Junge nach Basar ging.)

ANMERKUNGEN

پسر [*peßar*] kann sowohl "Junge" als auch "Sohn" heißen. ①

٢ پسر با مرد آمد.

[peßar bå mard åmad.]

٣ مرد به پسر آب داد. ②

[mard beh peßar åb dåd.]

۴ آب کم است. ③

[åb kam aßt.]

Buchstaben erkennen und lesen

١ پسر به بازار رفت. ① ②

1 PeSSaR BeH BĀŠĀR RaFṪ.

[Der] Junge kam mit [dem] Mann. 2
(Junge mit Mann kam.)

[Der] Mann gab dem Jungen Wasser. 3
(Mann nach Junge Wasser gab.)

Es gibt kaum Wasser. 4
(Wasser wenig ist.)

Die Präposition به [*beh*] wird neben ihrer primären Bedeutung "nach, zu", z. B. in به بازار [*beh båsår*] "zum Basar", auch zur Kennzeichnung des Dativs (Wem-Fall) verwendet: به پسر [*beh peßar*] "dem Jungen". ②

است [*aßt*] "ist" wird häufig auch im Sinne von "es gibt" verwendet: ③
[*dar båsår åb aßt.*] در بازار آب است.
"Im Basar gibt es Wasser."

[Ein] Junge ging zum Basar. 1
(Junge nach Basar ging.)

ANMERKUNGEN

Hier lernen Sie die neuen Buchstaben **pe** پ [*p*] und **fe** ف [*f*] in der Anfangsform kennen (Anfang deshalb, weil das vorangehende **re** ر [*r*] nicht mit **fe** ف [*f*] verbunden wird). **pe** پ [*p*] und **fe** ف [*f*] werden beide mit dem nachfolgenden Buchstaben verbunden. ①

Neu ist außerdem die Schreibweise von **ßīn** ـسـ [*ß*] in der Mitte, d. h. wenn es mit dem vorhergehenden und auch mit dem nachfolgenden Buchstaben eine Verbindung eingeht: پسر [*peßar*]. ②

٢ پسر با مرد آمد.

2 PeSSaR BĀ MaRD ĀMaD.

٣ مرد به پسر آب داد.

3 MaRD BeH PeSSaR ĀB DĀD.

٤ آب کم است. ③ ④

4 ĀB KaM ASST.

Übung 1: Verstehen Sie diese Sätze?

1. پسر به بازار آمد.

   [peßar beh båsår åmad.]

2. مرد با پسر رفت.

   [mard bå peßar raft.]

[Der] Junge kam mit [dem] Mann. 2
(Junge mit Mann kam.)

[Der] Mann gab dem Jungen Wasser. 3
(Mann nach Junge Wasser gab.)

Es gibt kaum Wasser. 4
(Wasser wenig ist.)

Sie sehen hier den neuen Buchstaben **kāf** کـ [*k*] in der Anfangsform. Auch er wird mit dem nachfolgenden Buchstaben verbunden. ③

Bis jetzt kannten Sie **mīm** مـ [*m*] nur in der Anfangsform. Am Wortende schreibt man es ـم, z. B. in کم [*kam*] "wenig". ④

Das Persische unterscheidet meist nicht zwischen Perfekt (zusammengesetzter Vergangenheit) und Präteritum (einfacher Vergangenheit). Wir haben bis jetzt in den Lektions- und Übungstexten mit der einfachen Vergangenheit übersetzt, um dem persischen Satzbau treu zu bleiben. Jedoch ist dies im Deutschen eher unüblich, weshalb wir im Folgenden im Deutschen die zusammengesetzte Vergangenheit verwenden.

③ پسر در بازار است.

[peßar dar båsår aßt.]

④ پسر به مرد آب داد.

[peßar beh mard åb dåd.]

Übung 2: Setzen Sie die fehlenden Wörter ein!

① Der Mann ist im Basar.

مرد در بازار است.

[mard . . . båsår . . . .]

② Der Mann ist mit dem Jungen zum Basar gegangen/gefahren.

مرد با پسر به بازار رفت.

[mard . . peßar beh . . . . . raft.]

③ Der Junge ist zum Basar gekommen.

پسر به بازار آمد.

[. . . . . beh båsår . . . . .]

④ Der Junge hat wenig Wasser gegeben.

پسر کم آب داد.

[peßar . . . åb . . . .]

Lösung 1: Haben Sie verstanden?

Der Junge ist zum Basar gekommen. ❶

Der Mann ist mit dem Jungen gegangen/gefahren. ❷

Der Junge ist im Basar. ❸

Der Junge hat dem Mann Wasser gegeben. ❹

آب کم است

Lösung 2: Die fehlenden Wörter.

❶ [dar] در – [aßt] است ❷ [bå] با – [båsår] بازار

❸ [peßar] پسر – [åmad] آمد ❹ [kam] کم – [dåd] داد

Haben Sie Schwierigkeiten, bestimmte Laute auf den Tonaufnahmen herauszuhören und nachzusprechen? Das ist nicht schlimm; halten Sie sich damit momentan nicht auf. Sie werden merken, dass sich dies mit der Zeit bessern wird. Wirklich wichtig wird die Aussprache erst zu Beginn der "Zweiten Welle", also ab Lektion 43. Bis dahin haben Sie noch viel Zeit zum Üben!

Schreibübung

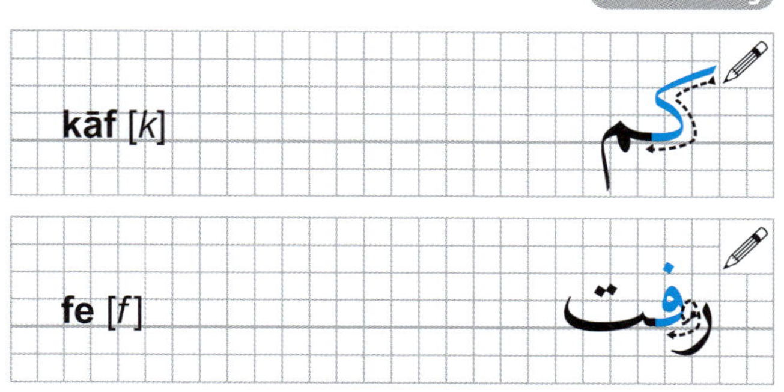

۴ درسِ چهارم [darß-e tschahårom]

①

[nån-e garm]

پدر به پسر نان

[pedar beh peßar nån

داد.

dåd.]

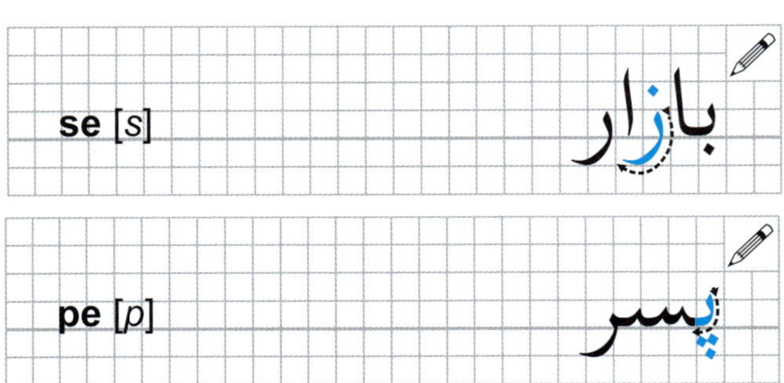

Vierte Lektion

Das warme Brot

(Brot+ warm)

Der Vater hat dem Jungen Brot gegeben. 1

(Vater nach Junge Brot gab.)

ANMERKUNGEN

① Ein Adjektiv (Eigenschaftswort), das sich direkt auf ein Substantiv (Hauptwort) bezieht, steht hinter diesem. Die Verbindung zwischen Eigenschafts- und Hauptwort wird durch das an das Substantiv angehängte [*e*] verdeutlicht, das man **Esåfeh** اضافه nennt. In der wörtlichen Übersetzung machen wir es durch ein + und in der Laut- und Umschrift durch [-*e*] kenntlich.

۲

[nån garm aßt.]

۳ پسر نانِ گرم

[peßar nån-e garm

دوست دارد. ③

dūßt dårad.]

۴ پدر رفت.

[pedar raft.]

۱ پدر به پسر نان

۱ PeDaR BeH PeSSaR NĀN

داد. ① ②

DĀD.

Das Brot ist warm. 2
(Brot warm ist.)

Der Junge liebt/mag warmes Brot. 3
(Junge Brot+ warm Freund hat.)

Der Vater ist gegangen. 4
(Vater ging.)

Steht ein Adjektiv mit dem Verb "sein" (man nennt das Adjektiv dann "prädikativ"), wird es unverändert und ohne angeschlossenes [-*e*] benutzt. ②

Es ist für Sie bestimmt interessant zu sehen, wie die Konstruktion "etwas lieben / gern haben" wörtlich ausgedrückt wird, oder? ③

پسر نانِ گرم دوست دارد

Der Vater hat dem Jungen Brot gegeben. 1
(Vater nach Junge Brot gab.)

ANMERKUNGEN

پدر [*pedar*]: In seiner Mittelform (ـد) verschmilzt **dāl** [*d*] mit dem vorhergehenden Buchstaben. ①

Der erste neue Buchstabe in dieser Lektion ist **nūn** [*n*], das Sie in einem einzigen Wort in seiner Anfangsform نـ und in der isolierten Version ن kennenlernen: نان [*nån*]. ②

۲ 

2 NĀN GaRM ASST.

۳ پسر نانِ گرم
دوست دارد. ⑤ ⑥

3 PeSSaR NĀN-e GaRM DωSST DĀRaD.

۴ پدر رفت.

4 PeDaR RaFT.

Übung 1: Verstehen Sie diese Sätze?

1. نان کم است.
   [nån kam aßt.]
2. مرد نانِ گرم دوست دارد.
   [mard nån-e garm dūßt dårad.]

Das Brot ist warm. 2

(Brot warm ist.)

Der Junge liebt/mag warmes Brot. 3

(Junge Brot+ warm Freund hat.)

Der Vater ist gegangen. 4

(Vater ging.)

Kommt Ihnen **gāf** گ [*g*] bekannt vor? Kein Wunder, denn es unterscheidet sich von **kāf** ک [*k*] nur durch den zusätzlichen Strich darüber. Vergleichen Sie: گرم [*garm*] – کرم [*kerm*] "Wurm". ③

mīm م [*m*] taucht hier in seiner isolierten Form auf, da davor ein Buchstabe steht, der sich nicht mit den nachfolgenden verbinden lässt. ④

Das **Esåfeh** اضافه wird in der persischen Schrift durch einen kleinen Strich unterhalb des letzten Buchstabens des Nomens dargestellt: نانِ گرم [*nån-e garm*]. Man findet dieses Zeichen jedoch nur in vereinfachten Texten, z. B. in Kinderbüchern, oder in Texten, in denen es nicht zu Missdeutungen kommen soll. ⑤

In دوست [*dūßt*] "Freund" finden Sie **wāw** و [*ū*] in seiner Anfangsform, die gleichzeitig der isolierten Form entspricht. Der horizontale Strich in der Lautschrift weist darauf hin, dass das [*u*] länger ausgesprochen wird. Vorsicht: و kann auch wie [*w*] oder [*o*] oder mitunter auch [*ou*] ausgesprochen werden, und es kann auch stumm sein. ⑥

پسر با مرد به بازار رفت. ③

[peßar bå mard beh båsår raft.]

آب گرم است. ④

[åb garm aßt.]

پسر آبِ گرم دوست دارد. ⑤

[peßar åb-e garm dūßt dårad.]

Übung 2: Setzen Sie die fehlenden Wörter ein!

Der Mann hat dem Vater warmes Brot gegeben. ①

مرد به پدر نانِ گرم داد.

[mard . . . pedar . . . - . . . . . dåd.]

Der Mann ist mit dem Vater zum Basar gegangen. ②

مرد با پدر به بازار رفت.

[mard . . . . beh båsår . . . . .]

Lösung 1: Haben Sie verstanden?

Es gibt wenig Brot. ❶

Der Mann liebt/mag warmes Brot. ❷

Der Junge ist mit dem Mann zum Basar gegangen. ❸

Das Wasser ist warm. ❹

Der Junge mag warmes Wasser. ❺

نان گرم است

Der Vater ist im Basar. ❸

پدر در بازار است.

[pedar ... båsår ... .]

Lösung 2: Die fehlenden Wörter.

❶ [beh] به – [nån-e] نانِ – [garm] گرم ❷ [bå] با – [pedar]
است [aßt] – در [dar] ❸ رفت [raft] – پدر

Schreibübung

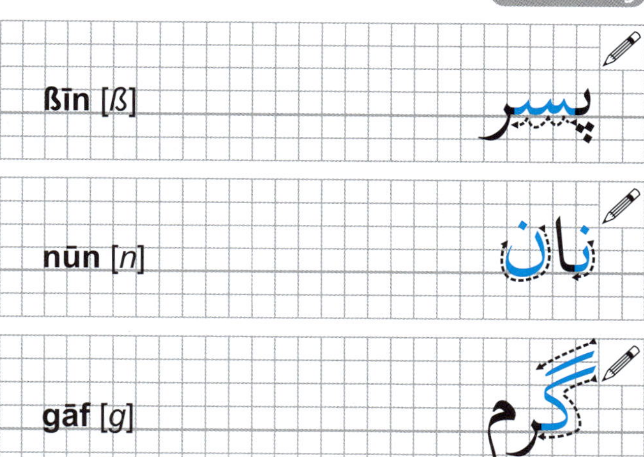

۵ درسِ پنجم [darß-e pandĵom]

[dar dokkån]

۱ در دکّان یک زن

[dar dokkån jek san

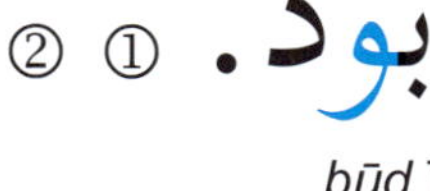

بود. ① ②

būd.]

Kleine Brotkunde
Wo immer Sie in Iran oder in Afghanistan sind, überall werden Ihnen die Bäckereien auffallen, die das wunderbare Aroma des knusprigen نان [*nån*] verströmen. Gerade vor den Essenszeiten sieht man hier häufig lange Menschenschlangen, denn frisch gebackenes Brot begleitet praktisch jede Mahlzeit. نان [*nån*] ist die allgemeine Bezeichnung für "Brot", doch die geläufigsten Sorten sind das نانِ سنگک [*nån-e ßangak*], ein bis zu 70 cm langes Fladenbrot, das man am liebsten warm und direkt aus dem Lehmofen (تنور [*tanūr*]) genießt, in dem es auf kleinen Steinen (سنگک [*ßangak*]) gebacken wird, oder das hauchdünne نانِ لواش [*nån-e lawåsch*], das besonders gut zu gegrilltem Fleisch passt.

Fünfte Lektion

Im Geschäft
(in Geschäft)

Im Geschäft war eine Frau. 1
(in Geschäft eins Frau war.)

ANMERKUNGEN

① Das Zahlwort یک [*jek*] "eins" kann auch als unbestimmter Artikel benutzt werden: یک بازار [*jek båsår*] "ein Basar".

② Es wird nicht zwischen "er" und "sie" unterschieden, das gilt auch für Verben, die in der 3. Person stehen:
[*dar båsår jek mard/san būd.*] در بازار یک مرد\زن بود.
"Im Basar war ein Mann / eine Frau."

۲

زن به پسر شش

[san beh peßar schesch

تا سیب داد. ③

tå ßīb dåd.]

پسر سیب دارد.

[peßar ßīb dårad.]

پسر سیب دوست

[peßar ßīb dūßt

دارد. ④

dårad.]

Hören Sie sich, wenn Sie eine neue Lektion beginnen, diese zunächst immer ein paar Mal im Ganzen an, bevor Sie damit beginnen, sich mit den einzelnen Sätzen zu befassen. Und wenn Sie an einem Tag einmal wenig Zeit zum Lernen haben, so reicht es schon aus, wenn Sie sich die Tonaufnahmen Ihrer aktuellen Lektion mehrmals anhören. Wichtig ist, dass Sie die Sprache täglich im Ohr haben!

Die Frau hat dem Jungen sechs Äpfel gegeben. 2
(Frau nach Junge sechs Stück Apfel gab.)

Der Junge hat Äpfel. 3
(Junge Apfel hat.)

Der Junge mag/liebt Äpfel. 4
(Junge Apfel Freund hat.)

پسر سیب دوست دارد

Nach Zahlwörtern steht das Substantiv nicht in der Mehrzahl, ③
sondern man stellt ihm تا [*tå*] "Stück, Einheit" voran:
"sechs Äpfel" [*schesch tå ßīb*] شش تا سیب
Nach یک [*jek*] "eins" steht jedoch niemals تا [*tå*]!

Die Einzahl wird auch für Kollektivausdrücke verwendet. So ④
reicht es aus, zu sagen سیب دوست دارد. [*ßīb dūßt dårad.*]
"[Er/Sie] mag [den] Apfel.", um auszudrücken, dass die Person Äpfel im Allgemeinen mag.

۱ در دکّان یک زن

1 DaR DoKĀN ieK ŻaN

بود. ① ② ③

BωD.

۲ زن به پسر شش

2 ŻaN BeH PeSSaR ScheSch

تا سیب داد. ④ ⑤

TĀ SSiB DĀD.

۳ پسر سیب دارد.

3 PeSSaR SSiB DĀRaD.

۴ پسر سیب دوست

4 PeSSaR SSiB DωSST

دارد.

DĀRaD.

Im Geschäft war eine Frau. 1
(in Geschäft eins Frau war.)

Die Frau hat dem Jungen sechs Äpfel gegeben. 2
(Frau nach Junge sechs Stück Apfel gab.)

Der Junge hat Äpfel. 3
(Junge Apfel hat.)

Der Junge mag/liebt Äpfel. 4
(Junge Apfel Freund hat.)

Das Zeichen über **kāf** ک [*k*], das an ein w erinnert, nennt man **taschdīd**. Es kann über jedem Konsonanten auftauchen und macht kenntlich, dass der jeweilige Konsonant mit mehr Nachdruck gesprochen wird: دکّان [*dokkån*]. Beachten Sie, dass das kurze o – ebenso wie kurzes a und kurzes e – nicht geschrieben wird. ①

Bei یک [*jek*] lernen Sie neben der Endform von **kāf** ـک [*k*] die Anfangsform des Buchstabens **je** یـ [*j*] kennen, der wie hier Konsonant sein kann, oftmals aber auch als Vokal fungiert und entsprechend [*ī*] gesprochen wird. Dies gilt v. a. dann, wenn er in der Mitte (oder am Ende) eines Wortes steht. In der Mitte schreibt man ihn ـیـ: سیب [*ßīb*]. ②

Sicher können Sie **wāw** و [*ū*] auch in seiner verbundenen Version ـو gut erkennen. Achten Sie nochmals auf den feinen Unterschied beim Buchstaben و [*ū*] in دوست [*dūßt*] und بود [*būd*]. ③

In شش [*schesch*] finden Sie die Anfangs- und die Endform von **schīn** [*sch*]: شـ und ـش. Sicherlich erinnert Sie dieser Buchstabe an **ßīn** س [*ß*], und tatsächlich unterscheiden sie sich nur durch die drei Punkte. ④

Erkennen Sie bei تا [*tå*] die Anfangsform von **te** [*t*]? Vergleichen Sie nochmals **te** تـ und ـت [*t*] sowie **be** بـ und ـب [*b*]. ⑤

Übung 1: Verstehen Sie diese Sätze?

① زن شش تا سیب دارد.

[san schesch tå ßīb dårad.]

② پسر در دکّان بود.

[peßar dar dokkån būd.]

③ زن نانِ گرم دوست دارد.

[san nån-e garm dūßt dårad.]

Übung 2: Setzen Sie die fehlenden Wörter ein!

Der Junge hat sechs Brote (Stück Brot). ①

پسر شش تا نان دارد.

[peßar . . . . nån . . . . . .]

Die Frau mag/liebt Äpfel. ②

زن سیب دوست دارد.

[. . . ßīb . . . . dårad.]

Die Frau war in dem Geschäft. ③

زن در دکّان بود.

[san dar . . . .]

④ مرد با پسر به دکّان آمد.

[mard bå peßar beh dokkån åmad.]

⑤ پسر یک نان دارد.

[peßar jek nån dårad.]

Lösung 1: Haben Sie verstanden?

Die Frau hat sechs (Stück) Äpfel. ①

Der Junge war im Geschäft. ②

Die Frau mag/liebt warmes Brot. ③

Der Mann ist mit dem Jungen zu dem Geschäft gekommen. ④

Der Junge hat ein Brot. ⑤

Der Mann hat der Frau einen Apfel gegeben. ④

مرد به زن یک سیب داد.

[mard . . . san . . . . . . dåd.]

Lösung 2: Die fehlenden Wörter.

① [schesch] شش – [tå] تا – [dårad] دارد ② [san] زن – [dūßt] دوست ③ [dokkån] دکّان – [būd] بود ④ [beh] سیب [ßīb] – یک [jek] – به

Schreibübung

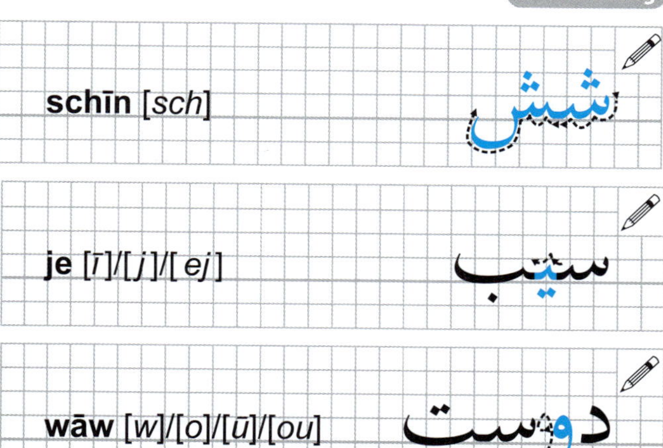

۶ درسِ ششم [darß-e scheschom]

مادر و پسر ①

[mådar wa peßar]

1 پسر (در) منزل

بود. ②

[peßar (dar) mansel

būd.]

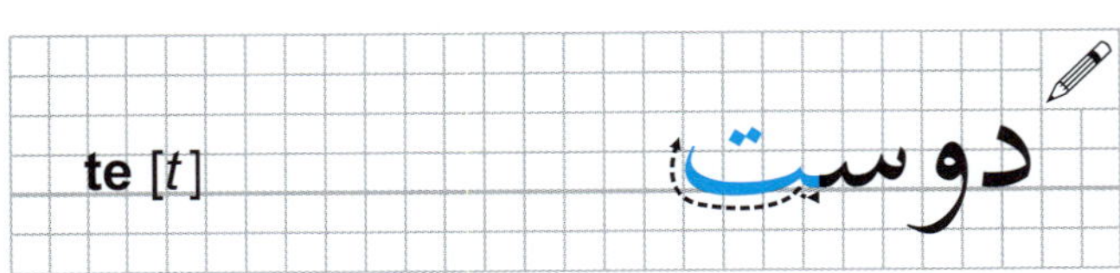

Denken Sie weiterhin an Ihre tägliche "Portion" Assimil? Lernen Sie entspannt, blättern Sie auch ruhig hin und wieder einmal ein paar Lektionen zurück, und wiederholen Sie, vor allem, wenn Sie sich noch nicht ganz sicher fühlen. Wenn Sie an einem Tag ein bisschen mehr Zeit haben, gehen Sie nicht sofort nach den Übungen zur nächsten Lektion über. Schauen Sie sich die früheren Lektionen noch einmal an. Ihr Buch sollte Sie überallhin begleiten, und wenn Sie Zeit haben, egal wo, beschäftigen Sie sich mit der persischen Sprache.

Sechste Lektion

Mutter und Sohn

1 Der Junge war zu Hause.
(Junge (in) Haus war.)

① و [*wa*] "und" besteht nur aus einem Buchstaben, der besonders in der Umgangssprache eher als [-*o*] artikuliert wird und dabei lautlich eine Einheit mit dem vorhergehenden Wort bildet:
[*mådar-o peßar*] ◂ [*mådar wa peßar*] مادر و پسر
"[die] Mutter und [der] Sohn"

② منزل [*mansel*] "Haus" bezeichnet speziell das eigene Zuhause, d. h. den Wohnort, egal, ob es sich dabei um ein Haus oder eine Wohnung handelt. Man verwendet منزل [*mansel*] meist ohne در [*dar*] "in", weshalb es hier eingeklammert ist.

۲ مادر آمد و گفت:

[mådar åmad wa goft:]

۳ – «تو کجا بودی؟»

["to kodĵå būdī?"]

۴ – «من در بازار

["man dar båsår

بودم.» ④ ③

būdam."]

۱ پسر (در) منزل

۲ PeSSaR (DaR) MaNŚeL

بود. ② ①

BwD.

Die Mutter ist gekommen und hat gesagt: 2

(Mutter kam und sagte:)

"Wo bist du gewesen?" – 3

(du wo warst?)

"Ich war im Basar." – 4

(ich in Basar war.)

Die Personalpronomen, z. B. من [*man*] "ich" und تو [*to*] "du", ③
können weggelassen werden, wenn bereits durch die Verbform deutlich wird, wer gemeint ist. Sie werden hingegen verwendet, wenn die Person besonders betont werden soll:

من به بازار رفتم. [*man beh båsår raftam.*]

"Ich bin auf den Basar gegangen." (und nicht du)

Bis jetzt haben wir die Verben nur in der 3. Person Singular ④
("er/sie") der Vergangenheit kennengelernt. Diese Form ist der Stamm, an den für die 1. Person ("ich") die Endung م [-*am*] und für die 2. Person ("du") ی [-*ī*] angehängt wird.

Der Junge war zu Hause. 1

(Junge (in) Haus war.)

ANMERKUNGEN

In منزل [*mansel*] sehen Sie die Mittelform von **nūn** ـنـ [*n*]. ①

Der Buchstabe **lām** ل [*l*] steht hier in seiner isolierten Form, da ②
der vorhergehende Buchstabe **se** ز nicht nach links verbunden wird.

LEKTION 6

۲ مادر آمد و

2 MĀDaR ĀMaD Wa

گفت: ③

GoFṪ:

۳ — «تو کجا

3 "Ṫo KoDĵĀ

بودی؟» ④ ⑤

BωDI?"

۴ — «من در بازار

4 "MaN DaR BĀŚĀR

بودم.» ⑥

BωDaM."

Die Mutter ist gekommen und hat gesagt: 2
(Mutter kam und sagte:)

"Wo bist du gewesen?" – 3
(du wo warst?)

"Ich war im Basar." – 4
(ich in Basar war.)

مادر و پسر

Wie Sie wissen, wird der kurze Vokal [*o*] nicht geschrieben. ③
Wichtige Ausnahmen zu dieser Regel sind و [*o*] "und" (in seiner umgangssprachlichen Aussprache), دو [*do*] "zwei" und تو [*to*] "du".

Neu sind in diesem Dialog der Buchstabe **djīm** ـجـ [*dj*] in seiner ④
Mittelform sowie die isolierte Variante von **je** ی [*ī*].

Da Persisch von rechts nach links geschrieben wird, erstaunt es ⑤
nicht, dass auch das Fragezeichen "spiegelverkehrt" ist.

In من [*man*] erkennen Sie die Endform von **nūn**: ـن. ⑥

Übung 1: Verstehen Sie diese Sätze?

1 تو در منزل بودی

[to dar mansel būdī.]

2 مادر به من گفت:

[mådar beh man goft:

«تو کجا بودی؟»

"to kodĵå būdī?"]

Übung 2: Setzen Sie die fehlenden Wörter ein!

Die Mutter ist nach Hause (nach Haus) gekommen und hat gesagt: "Wo bist du gewesen?" 1

مادر به منزل آمد و گفت:

«تو کجا بودی؟»

[. . . . . beh . . . . . . åmad . . / . . . . . . :

"to . . . . . būdī?"]

Ich war zu Hause, und du bist im Basar gewesen. 2

من (در) منزل بودم و تو در

بازار بودی.

[. . . (dar) . . . . wa/-o . . dar båsår

. . . . .]

③ تو به پسر آبِ گرم دادی.

[*to beh peßar åb-e garm dådī.*]

④ من به مرد دو تا سیب دادم.

[*man beh mard do tå ßīb dådam.*]

Lösung 1: Haben Sie verstanden?

Du warst zu Hause (in Haus). ①

Die Mutter hat zu mir (nach ich) gesagt: "Wo bist du gewesen?" ②

Du hast dem Jungen warmes Wasser gegeben. ③

Ich habe dem Mann zwei Äpfel gegeben. ④

Die Mutter hat dem Mann warmes Brot gegeben. ③

مادر به مرد نانِ گرم داد.

[*mådar . . . mard . . . - . garm . . . .*]

Lösung 2: Die fehlenden Wörter.

① [*mådar*] مادر – [*mansel*] منزل – [*wa / -o*] و – [*goft*] گفت – [*kodjå*] کجا ② [*man*] من – [*mansel*] منزل – [*būdam*] بودم – [*to*] تو – [*būdī*] بودی ③ [*beh*] به – [*nån-e*] نانِ – [*dåd*] داد

Schreibübung

lām [*l*] منزل

dĵīm [*dĵ*] کجا

je [*ī*]/[*j*]/[*ej*] بودی

  [*darß-e haftom*]

مرور

[*morūr*]

Wiederholung und Anmerkungen

Mit dieser Wiederholungslektion endet Ihre erste Kurseinheit. Hier ziehen wir "Bilanz", d. h. wir erläutern ausführlich, vertiefen und illustrieren anhand von Beispielen den Stoff der letzten sechs Lektionen. Benutzen Sie diese Wiederholungslektion auch später noch zum Nachschlagen. Am Ende des Buches finden Sie einen grammatikalischen Index, mit dessen Hilfe Sie sich auf die Schnelle Informationen zu einem bestimmten Thema heraussuchen können.

Die persische Schrift
Auch iranische und afghanische Kinder haben häufig Schwierigkeiten beim Erlernen der Schrift. Ähnlich wie bei uns lernen sie die Buchstaben ab der ersten Grundschulklasse und verbringen unzählige Stunden damit, die geschwungenen Zeichen in ihre Übungshefte zu "malen". Mit der lateinischen Schrift beschäftigen sich die Kinder in der Regel ab dem Zeitpunkt, an dem sie die erste Fremdsprache erlernen – meist Englisch oder Französisch.

Die nächste Lektion lädt Sie – wie jede 7. Lektion – zu einer Wiederholung ein. In den Wiederholungslektionen wird der durchgearbeitete Stoff systematisch vertieft. Dies soll dafür sorgen, dass sich Ihre Kenntnisse ein wenig "sortieren".

Siebte Lektion

Fassen wir nun zusammen, was Sie in den ersten sechs Lektionen kennengelernt haben.

1. Buchstaben des arabisch-persischen Alphabets

19 der 32 Buchstaben des persischen Alphabets sind bis jetzt vorgekommen, die wir hier nochmals in den Ihnen bereits vertrauten Formen (in Blau) übersichtlich darstellen. Mit jeder neuen Wiederholungslektion wird die Tabelle um die neu kennengelernten Buchstaben und deren Schreibformen erweitert.

Lernhinweis: Damit Sie auf einen Blick erkennen können, welche Buchstaben nicht mit dem nachfolgenden Buchstaben, also nach links, verbunden werden, haben wir diese in der rechten Spalte mit einem Stern (*) gekennzeichnet.

Ende	Mitte	Anfang	Isoliert	Name und Lautwert
ـا		ا (آ**)		**alef** [*å, a*] *
ـب	ـبـ	بـ	ب	**be** [*b*]
ـپ	ـپـ	پـ	پ	**pe** [*p*]
ـت	ـتـ	تـ	ت	**te** [*t*]
ـج	ـجـ	جـ	ج	**dĵīm** [*dĵ*]
ـچ	ـچـ	چـ	چ	**tsche** [*tsch*]
ـد		د		**dāl** [*d*] *
ـر		ر		**re** [*r*] *
ـز		ز		**se** [*s*] *
ـس	ـسـ	سـ	س	**ßīn** [*ß*]
ـش	ـشـ	شـ	ش	**schīn** [*sch*]
ـف	ـفـ	فـ	ف	**fe** [*f*]
ـک	ـکـ	کـ	ک	**kāf** [*k*]
ـگ	ـگـ	گـ	گ	**gāf** [*g*]
ـل	ـلـ	لـ	ل	**lām** [*l*]

Ende	Mitte	Anfang	Isoliert	Name und Lautwert
ـم	ـمـ	مـ	م	**mīm** [*m*]
ـن	ـنـ	نـ	ن	**nūn** [*n*]
ـو		و		**wāw** [*w*] / [*o*] / [*ū*] / [*ou*] oder stumm *
ـه	ـهـ	هـ	ه	**he do tscheschm** [*h*]
ـی	ـیـ	یـ	ی	**je** [*i*] / [*j*]

** Steht ein langes [*å*] am Wortanfang, wird es als **alef** mit einer Wellenlinie (Tilde) darüber geschrieben: آ (vgl. Lektion 2). Man nennt es **alef bå kolåh** الف با کلاه (کلاه [*kolåh*] "Hut, Kappe, Mütze").

Noch sind Ihnen nicht alle Formen dieser Buchstaben bekannt, und ab und zu werden Sie die einzelnen Buchstaben vielleicht noch verwechseln. Daher sollten Sie sie so oft wie möglich schreiben, und Sie werden feststellen, dass Sie sie nach einiger Zeit besser auseinanderhalten können.

2. Schrift

Im Persischen wird von rechts nach links geschrieben, und die meisten Buchstaben werden nach links hin mit dem nachfolgenden Buchstaben verbunden, z. B.:

"wenig" [*kam*] کم

"Junge, Sohn" [*peßar*] پسر

"Apfel" [*ßīb*] سیب

Ausnahmen sind **alef** ا, **dāl** د, **re** ر, **se** ز und **wāw** و, die nicht in Schreibrichtung verbunden werden. Wir kennen dieses Phänomen von mehreren Wörtern der letzten Lektionen:

"in" [*dar*] در

"(er/sie) hat" [*dårad*] دارد

"Frau" [*san*] زن

"Basar" [*båsår*] بازار

Im letzten Fall wird das erste **alef** mit dem vorangehenden **be** verbunden, nicht aber mit dem darauffolgenden **se**.

"Vater" [*pedar*] پدر

Hierbei wird das **dāl** mit dem vorangehenden **pe**, nicht aber mit dem nachfolgenden **re** verbunden.

"warm" [*garm*] گرم

Hier verbindet sich wiederum das **re** mit dem vorangehenden **gāf**, nicht jedoch mit dem nachfolgenden **mīm**.

3. Konsonanten, Vokale und Vokalisationszeichen

• Grundsätzliches

Im Unterschied zu unserer lateinischen Schrift repräsentieren alle 32 Buchstaben des Persischen Konsonanten, wobei **alef** keinen eigenen Laut darstellt, sondern als Vokalträger für [*a*], [*e*] oder [*o*] dient. Bis jetzt haben Sie **alef** als Träger für [*a*] (z. B. im Wort اوّل [*awwal*] "erster") bzw. [*å*] (z. B. im Wort آب [*åb*] "Wasser", wo es آ geschrieben wird) kennengelernt.

Das Vokalsystem des Persischen ist nicht besonders kompliziert, aber anfangs gewöhnungsbedürftig. Wichtig: Sie müssen sowohl bei der Aussprache als auch bei der Schreibung sorgfältig zwischen langen und kurzen Vokalen unterscheiden. Als Träger für die Vokale benutzt man **alef**, **wāw** und **je**.

wāw wird konsonantisch als [*w*] – z. B. in و [*wa*] "und" – wiedergegeben, kann aber ebenfalls als Vokalträger für [*ū*], [*o*] oder [*ou*] gelten: دوست [*dūßt*] "Freund"; تو [*to*] "du".

Der Konsonant **je** wird in der Wortmitte und am Wortende meist als langes [*ī*] gesprochen (Beispiel سیب [*ßīb*] "Apfel"). Um **je** als Konsonant zu lesen, muss darauf entweder ein Kurzvokal (nicht geschrieben, Beispiel یک [*jek*] "eins") oder ein Langvokal (geschrieben) folgen.

Die kurzen Vokale ([*a*], [*e*], [*o*]) werden im Wortinneren in der Regel nicht geschrieben. Ein Wort wie پدر [*pedar*] "Vater" könnte folglich auch [*padar*], [*pader*], [*pador*], [*peder*], [*pedor*], [*podar*], [*poder*] oder [*podor*] ausgesprochen werden. Folglich muss man die richtige Aussprache der Vokale mitlernen. Doch theoretisch besteht die Möglichkeit, die Vokale durch sog. Vokalisationszeichen zu schreiben. Diese sind:

a – **fatheh** ـَ steht über dem Konsonanten und bezeichnet ein nachfolgendes a: دَر [*dar*] "in".

e – **kaßreh** ـِ steht unter dem Konsonanten und bezeichnet ein nachfolgendes e: یِک [*jek*] "eins".

o – **sammeh** ـُ steht über dem Konsonanten und bezeichnet ein nachfolgendes o: دُکّان [*dokkån*] "Geschäft".

Diese Vokalisationszeichen sind ein Hilfsmittel, um die persische Schrift eindeutig lesbar zu machen. Vokalisierte Texte findet man jedoch fast gar nicht, sie kommen nur dann vor, wenn das richtige Interpretieren des oft mehrdeutigen Schriftbildes von besonderer Bedeutung ist und falsches Lesen vermieden werden soll, z. B. گَرم [*garm*] "warm" im Gegensatz zu گُرم [*gorm*] "Kummer, Leid". Häufig tritt v. a. das **kaßreh** auf, das am Ende eines Wortes das sog. **Esåfeh** (siehe Punkt 7) kenntlich macht.

Das Persische verfügt außerdem über die beiden folgenden Vokalisationszeichen:

• **ßokun** ـْ

Dieses Zeichen weist darauf hin, dass der Konsonant, über dem es steht, nicht von einem Vokal begleitet wird: مَرْد [*mard*] "Mann".

• taschdīd ّ

Dieses Zeichen des persischen Alphabets macht deutlich, dass der Konsonant, über dem es steht, mit mehr Nachdruck gesprochen wird. Bis jetzt kennen Sie es aus der Schreibung von دکّان [*dokkån*] "Geschäft".

Normale Druckerzeugnisse wie Zeitungen, Zeitschriften, Romane und Sachbücher beinhalten jedoch normalerweise überhaupt keine Vokalisationszeichen.

4. Geschlecht der Substantive und Adjektive

Das Persische unterscheidet, anders als das Deutsche, bei Substantiven keine Geschlechter (Maskulinum, Femininum, Neutrum). Entsprechend weisen auch die Adjektive nur eine Form auf:

"Das Wasser ist warm." [*åb garm aßt.*] آب گرم است.

"Das Brot ist warm." [*nån garm aßt.*] نان گرم است.

5. Artikel

Es gibt keinen bestimmten Artikel ("der, die, das"):

"[Die] Mutter hat gesagt." [*mådar goft.*] مادر گفت.

"Du warst im Basar." [*dar båsår būdī.*] در بازار بودی.

Als unbestimmter Artikel kann das Zahlwort یک [*jek*] benutzt werden:

"ein Brot" [*jek nån*] یک نان

"eine Frau" [*jek san*] یک زن

6. Zahlwörter

Die Zahlwörter von 1-10 lauten:

6	[schesch]	۶	1	[jek]	۱
7	[haft]	۷	2	[do]	۲
8	[hascht]	۸	3	[ße]	۳
9	[noh]	۹	4	[tschahår]	۴
10	[dah]	۱۰	5	[pandĵ]	۵

Beim Zählen von Substantiven stehen diese im Singular hinter dem Zahlwort, und man stellt ihnen ab "2" das Wörtchen تا [*tå*] "Stück, Einheit" voran:

"sechs (Stück) Äpfel" [*schesch tå ßīb*] شش تا سیب

In der Umgangssprache wird تا [*tå*] auch bei Personen verwendet, selbst wenn dies den Regeln der Grammatik eigentlich widerspricht.

"[Er/Sie] hat zwei Söhne." [*do tå peßar dårad.*] دو تا پسر دارد.

Nach یک [*jek*] steht jedoch nie تا [*tå*], sondern häufig دانه [*dåneh*] "Stück, Korn":

"ein (Stück) Brot" [*jek dåneh nån*] یک دانه نان

Beachten Sie in diesem Zusammenhang, dass das Persische sehr wohl einen Plural von Substantiven bilden kann, dieser jedoch weit seltener verwendet wird als wir dies vom Deutschen gewohnt sind. Dort, wo es nicht explizit um die Mehrzahl einer Sache geht, bezeichnet der Singular das sog. Kollektivum. Erinnern Sie sich an den folgenden Satz:

[*peßar ßīb dūßt dårad.*] پسر سیب دوست دارد.
"Der Junge mag Äpfel."

7. Esåfeh

Das **Esåfeh** اضافه (Bedeutung "zusätzlich") bezeichnet die Partikel *-e* (geschrieben durch das oben erwähnte Vokalisationszeichen **kaßreh**), die ihrem entsprechenden Bezugsnomen nachgestellt wird und dieses dadurch mit einem Attribut verbindet. Diese sog. **Esåfeh**-Konstruktion kommt im Persischen sehr häufig vor. Wir haben sie bis jetzt nur in der Verbindung zwischen einem Substantiv und einem Attribut kennengelernt: نانِ گرم [*nån-e garm*] "warmes Brot, das warme Brot", آبِ سرد [*åb-e ßard*] "kaltes Wasser".

Wir machen das **Esåfeh** in der Umschrift durch ein nachgestelltes [*-e*] und in der wörtlichen Übersetzung durch ein dem Nomen nachgestelltes Pluszeichen (+) kenntlich.

8. Verb "sein"

In den Lektionen 2-6 haben Sie bereits mehrere Formen des Verbs "sein" kennengelernt, und zwar:

• im Präsens: die 3. Person Singular است [*aßt*] "[er/sie] ist"

• im Perfekt: der Präteritumstamm بود [*būd*], der gleichzeitig die 3. Person Singular "[er/sie] war, [er/sie] ist gewesen" darstellt. An diesen Stamm werden die personenspezifischen Endungen angehängt, von denen wir bereits die Formen بودم [*būdam*] "ich war, ich bin gewesen" und بودی [*būdī*] "du warst, du bist gewesen" kennen.

Beachten Sie in diesem Zusammenhang, dass das Persische in den meisten Fällen nicht zwischen Perfekt (zusammengesetzte Vergangenheit) und Präteritum (einfache Vergangenheit) unterscheidet.

9. Verben

Das Hauptaugenmerk lag in den letzten Lektionen auf den Formen des Präteritums/Imperfekts (einfache Vergangenheit), aber

Sie haben auch schon ein wenig über das Präsens (Gegenwart) der Verben erfahren.

• Perfekt

Ebenso wie بود [*būd*] haben auch die anderen uns bereits bekannten Verben einen Verbstamm im Präteritum/Imperfekt, der gleichzeitig der 3. Person Singular entspricht: آمد [*åmad*] "[er/sie] kam, [er/sie] ist gekommen", داد [*dåd*] "[er/sie] gab, [er/sie] hat gegeben", گفت [*goft*] "[er/sie] sagte, [er/sie] hat gesagt", رفت [*raft*] "[er/sie] ging, [er/sie] ist gegangen".

Fügt man nun diesem jeweiligen Verbstamm eine personenspezifische Endung hinzu, erhält man die entsprechende Verbform. Wir kennen bereits die Endungen م [*-am*] für "ich" und ی [*-ī*] für "du":

آمدم [*åmadam*] "[ich] kam, [ich] bin gekommen", دادم [*dådam*] "[ich] gab, [ich] habe gegeben", گفتم [*goftam*] "[ich] sagte, [ich] habe gesagt", رفتم [*raftam*] "[ich] ging, [ich] bin gegangen".

آمدی [*åmadī*] "[du] kamst, [du] bist gekommen", دادی [*dådī*] "[du] gabst, [du] hast gegeben", گفتی [*goftī*] "[du] sagtest, [du] hast gesagt", رفتی [*raftī*] "[du] gingst, [du] bist gegangen".

• Präsens

Noch wissen Sie wenig über das persische Präsens, doch wir haben zumindest zwei Verben sowie ein davon abgeleitetes in dieser Zeitform erwähnt: است [*aßt*] "[er/sie] ist", دارد [*dårad*] "[er/sie] hat" und دوست دارد [*dūßt dårad*] "[er/sie] liebt/mag".

Denken Sie daran, dass durch die Tatsache, dass die Verb-Endungen im Persischen klar erkennen lassen, wer spricht und von wem die Rede ist, in der Regel die Personalpronomen – z. B. من [*man*] "ich" oder تو [*to*] "du" – weggelassen werden können.

10. Zeichensetzung

Die Zeichensetzung entspricht weitestgehend der des Deutschen, aber Komma (،) und Fragezeichen (؟) sind "spiegelverkehrt". Das Persische benutzt grundsätzlich weniger Satzzeichen als das Deutsche; es hat erst vor relativ kurzer Zeit die Zeichensetzung aus den europäischen Sprachen übernommen. In unserem Kurs haben wir bei Aussagesätzen Schlusspunkte gesetzt, aber meist findet man diese nur bei längeren, durchgehenden Texten, um die Sätze voneinander zu trennen.

11. Verständnis-/Formulierungsübung

In den Sätzen der folgenden Übung sind Ihnen Vokabular und Strukturen bekannt. Wenn Sie sich noch in der passiven Phase Ihres Studiums befinden, lesen Sie die folgenden Sätze, und versuchen Sie, sie zu verstehen. Überprüfen Sie einfach, ob Sie den Sinn der Sätze erfassen können – mehr nicht. Vergleichen Sie sie anschließend mit der nachfolgenden Übersetzung.

Befinden Sie sich dagegen in der aktiven Phase, in deren Verlauf Sie sukzessiv alle Lektionen – wie ein Dolmetscher – vom Deutschen ausgehend auf Persisch formulieren (siehe Erklärungen in der Einleitung), sollten Sie versuchen, diese Übung in der gleichen Weise zu absolvieren, d. h. die deutschen Sätze ins Persische zu übersetzen.

1 مادر به پسر گفت:

2 – در منزل نان کم است.

3 پسر به بازار رفت.

4 در دکّان یک مرد بود.

5 به پسر یک نانِ گرم داد.

⑥ پسر شش تا نان دارد.

⑦ نانِ گرم دوست دارد.

⑧ با نان به منزل آمد.

⑨ پدر آبِ سرد داد و گفت:

⑩ – تو کجا رفتی؟

⑪ – من به بازار رفتم.

[**1.** *mådar beh peßar goft:* **2.** *– dar mansel nån kam aßt.* **3.** *peßar beh båsår raft.* **4.** *dar dokkån jek mard būd.* **5.** *beh peßar jek nån-e garm dåd.* **6.** *peßar schesch tå nån dårad.* **7.** *nån-e garm dūßt dårad.* **8.** *bå nån beh mansel åmad.* **9.** *pedar åb-e ßard dåd wa/o goft:* **10.** *– to kodĵå raftī?* **11.** *– man beh båsår raftam.*]

Übersetzung der Übungssätze

① Die Mutter hat zu dem Jungen/Sohn gesagt: ② – Es gibt wenig Brot im Haus. ③ Der Junge ist zum Basar gegangen. ④ Im Geschäft gab es einen Mann. ⑤ Er hat dem Jungen ein warmes Brot gegeben. ⑥ Der Junge hat sechs Brote. ⑦ Er liebt warmes Brot. ⑧ Er ist mit dem Brot nach Hause gekommen. ⑨ Der Vater hat ihm frisches (kaltes) Wasser gegeben und gesagt: ⑩ – Wo bist du hingegangen? ⑪ – Ich bin zum Basar gegangen.

Wir hoffen, dass diese kleine Wiederholung Ihnen geholfen hat, mehr Struktur in das Erlernte hineinzubringen. Gehen Sie erst dann zu Lektion 8 über, wenn Ihnen die Erklärungen in dieser Lektion keine größeren Schwierigkeiten mehr bereiten.

منزل به منزل

[*mansel beh mansel*]

"Schritt für Schritt"
(Haus nach Haus)

۸ درسِ هشتم

حسن

۱ – سلام حسن! ①

۲ از کجا آمدی؟ ②

۳ – از شیراز آمدم. ③

۴ – با کی آمدی؟

۵ – با یک دوست.

Aussprache [tallafos] تلّفظ

[darß-e haschtom haßan **1** ßalåm haßan! **2** as kodĵå åmadī? **3** as schīrås åmadam. **4** bå kī åmadī? **5** bå jek dūßt.]

8. Lektion

Hassan

Guten Tag, Hassan! – 1
(Gruß Hassan!)

Woher bist du gekommen? 2
(aus wo kamst?)

Ich bin aus Schiras gekommen. – 3
(aus Schiras kam.)

Mit wem bist du gekommen? – 4
(mit wer kamst?)

Mit einem Freund. – 5
(mit eins Freund.)

ANMERKUNGEN

① سلام [*ßalåm*] "Gruß, Begrüßung" ist die gängige Grußfloskel unter Freunden und Bekannten, die zu jeder beliebigen Tages- oder Nachtzeit verwendet werden kann. Am Telefon benutzt man الو [*alo*] "Hallo".

② Hier noch ein Verb in der Vergangenheit: Aus آمد [*åmad*] "(er/sie) kam, (er/sie) ist gekommen" wird آمدی [*åmadī*] "(du) kamst, (du) bist gekommen".

③ In der 1. Person Singular lautet die Endung im Präsens und in der Vergangenheit [*-am*]:
"(ich) kam, (ich) bin gekommen" [*åmadam*] آمدم

۱ – سلام حسن! ② ①

1 SSaLĀM ħaSSaN!

۲ از کجا آمدی؟

2 AṠ KoDĵĀ ĀMaDī?

۳ – از شیراز آمدم.

3 AṠ SchīRĀṠ ĀMaDaM.

۴ – با کی آمدی؟ ③

4 BĀ Kī ĀMaDī?

۵ – با یک دوست.

5 BĀ īeK DωSSṪ.

جمله های زیرِ را می فهمید؟ [dĵomleh-hå-je sīr rå mī-fahmīd?]

❶ مرد با کی آمد؟

[mard bå kī åmad?]

❷ پسر از کجا آمد؟

[peßar as kodĵå åmad?]

Guten Tag, Hassan! – 1
(Gruß Hassan!)

Woher bist du gekommen? 2
(aus wo kamst?)

Ich bin aus Schiras gekommen. – 3
(aus Schiras kam.)

Mit wem bist du gekommen? – 4
(mit wer kamst?)

Mit einem Freund. – 5
(mit eins Freund.)

Wie Sie feststellen, unterscheidet sich die Wortstellung im Persischen mitunter erheblich von der im Deutschen. Aus diesem Grund ist es wichtig, dass Sie sich immer sehr gründlich die wörtliche Übersetzung ansehen und sich bemühen, niemals einzelne Wörter, sondern immer kurze Sätze, Satzteile und ganze Wendungen als Einheit zu assimilieren.

ANMERKUNGEN

① Bei لا [*lå*] handelt es sich um eine sog. Ligatur, die Verbindung aus zwei Buchstaben, hier **lām** ـلـ [*l*] – in seiner Mittelform – und **alef** ا [*å*]. لا [*lå*] ist die einzige echte Ligatur in der Druckschrift; in der Handschrift gibt es etwas häufiger Ligaturen.

② Neu ist hier **he djīmī** حـ [*h*] in seiner Anfangsform. Dieser Buchstabe kommt speziell in arabischen Lehnwörtern vor. Hinsichtlich der Aussprache [*h*] unterscheidet sich **he djīmī** nicht von **he do tscheschm**, dessen Anfangsform Sie in der Lektionsnummer dieser Lektion sehen: هـ .

③ In کی [*kī*] "wer" lernen Sie die Endform von **je** ـی [*ī/j/ej*] kennen, die sich nur unwesentlich von der isolierten Form ی unterscheidet.

3 پدر از شیراز آمد.

[pedar as schīrås åmad.]

4 پسر با دو تا دوست از بازار آمد.

[peßar bå do tå dūßt as båsår åmad.]

5 مادر با پسر به منزل آمد.

[mådar bå peßar beh mansel åmad.]

[dĵåhå-je chålī rå por konīd] جاهایِ خالی را پر کنید

1 Die Frau ist aus dem Geschäft [hinaus]gegangen.

زن از دکّان رفت.

[san .. dokkån ..... .]

2 Mit wem bist du aus Schiras gekommen?

با کی از شیراز آمدی ؟

[bå .. as schīrås ..... ?]

[benewīßīd] بنویسید

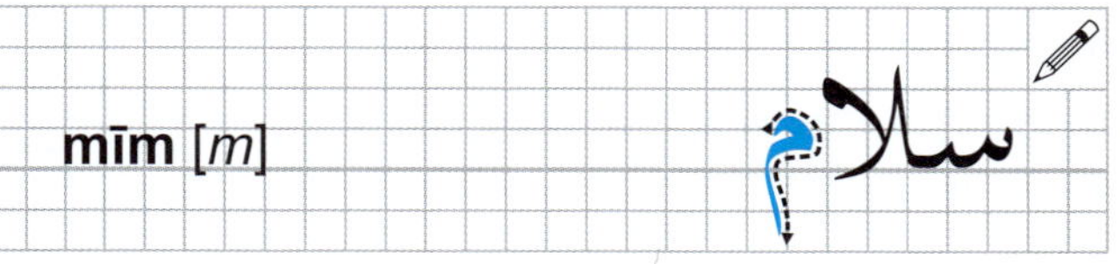

آیا متوجه شدید؟ [åjå motewadĵeh schodīd?]

Mit wem ist der Mann gekommen? ❶

Woher ist der Junge gekommen? ❷

Der Vater ist aus Schiras gekommen. ❸

Der Junge ist mit zwei Freunden vom Basar gekommen. ❹

Die Mutter ist mit dem Jungen nach Hause gekommen. ❺

Der Junge ist mit einem Freund gekommen. ❸

پسر با یک دوست آمد.

[peßar .. ... dūßt ..... .]

Hassan ist aus Schiras gekommen. – Guten Tag, Hassan! ❹

حسن از شیراز آمد – سلام حسن!

[..... as .... åmad. – ..... , haßan!]

واژه هایِ مناسب [wåĵehå-je monåßeb]

❶ [as] از – [raft] رفت ❷ [kī] کی – [åmadī] آمدی
❸ [bå] با – [jek] یک – [åmad] آمد ❹ [haßan] حسن –
سلام [ßalåm] – شیراز [schīrås]

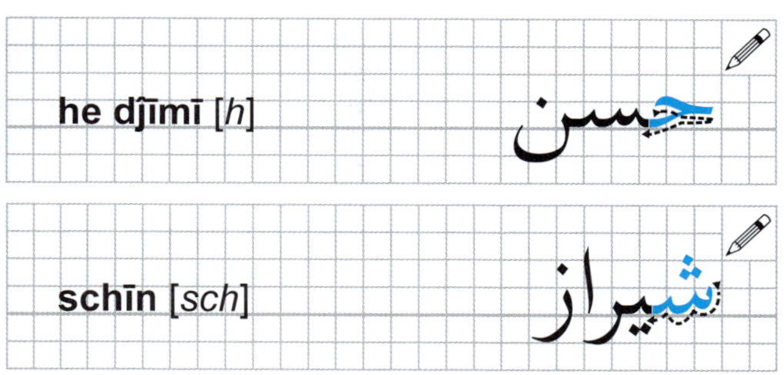

۹ درسِ نهم

آب و گل

۱ – تو چه کردی؟

۲ تو با آب بازی کردی! ①

۳ – نه، با آب بازی نکردم. ②

تلّفظ

[*darß-e nohom* *åb o gol* **1** *to tscheh kardī?* **2** *to bå åb båsī kardī!* **3** *nah, bå åb båsī nakardam.*]

Hassan
Der Vorname Hassan ist in der gesamten orientalischen Welt geläufig. Speziell unter Schiiten impliziert er, dass man sich auf Hassan, den ältesten Sohn von Mohammeds Schwiegersohn Ali und somit den Enkel des Propheten Mohammed bezieht.

9. Lektion

Wasser und Blumen

Was hast du gemacht? – 1
(du was machtest?)

Du hast mit Wasser gespielt! 2
(du mit Wasser Spiel machtest!)

Nein, ich habe nicht mit Wasser gespielt. – 3
(nein, mit Wasser Spiel nicht-machte.)

ANMERKUNGEN

① کرد [*kard*] "(er/sie) machte, (er/sie) hat gemacht" ist ein Verb im Präteritum, an das wieder die bekannten Endungen [-*ī*] bzw. [-*am*] angehängt werden können. In Verbindung mit Substantiven bildet کرد [*kard*] viele zusammengesetzte Verben, z. B.: "(er/sie) spielte, (er/sie) hat gespielt" [*båsī kard*] بازی کرد

② نه [*nah*] "nein" muss man klar von der Vorsilbe نـ [*na*-] unterscheiden, die Verben vorangestellt wird, um eine Verneinung deutlich zu machen: "(ich) bin nicht gegangen" [*naraftam*] نرفتم

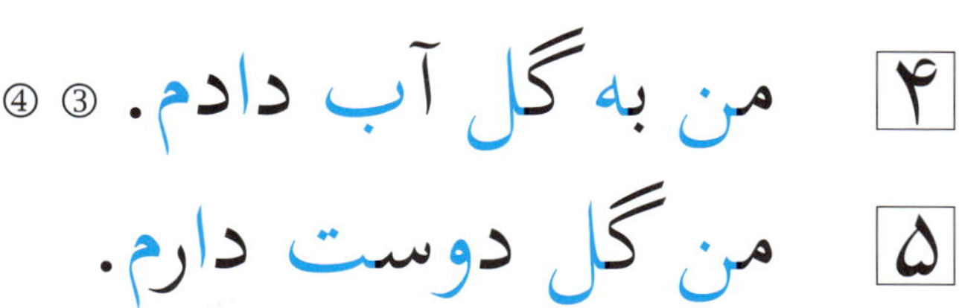

تلفظ

[**4** man beh gol åb dådam. **5** man gol dūßt dåram.]

۱ – تو چه کردی؟ ①

1 Tω TschеH KaRDi?

۲ تو با آب بازی کردی!

2 Tω BĀ ĀB BĀŻİ KaRDİ!

۳ – نه، با آب بازی نکردم.

3 NaH, BĀ ĀB BĀŻİ NaKaRDaM.

۴ من به گل آب دادم. ②

4 MaN BeH GoL ĀB DĀDaM.

۵ من گل دوست دارم.

5 MaN GoL DωßT DĀRaM.

Ich habe Blumen gegossen. 4
(ich nach Blume Wasser gab.)

Ich mag/liebe Blumen. 5
(ich Blume Freund habe.)

Achtung: Im Deutschen kann "nach" auch eine zeitliche Funktion ③
haben. به [*beh*] "nach" ist aber niemals temporal gemeint.

Auch hier hat die Einzahl گل [*gol*] "Blume" eine kollektive Be- ④
deutung, auf die wir schon in Lektion 7 eingegangen sind.

Was hast du gemacht? – 1
(du was machtest?)

Du hast mit Wasser gespielt! 2
(du mit Wasser Spiel machtest!)

Nein, ich habe nicht mit Wasser gespielt. – 3
(nein, mit Wasser Spiel nicht-machte.)

Ich habe Blumen gegossen. 4
(ich nach Blume Wasser gab.)

Ich mag/liebe Blumen. 5
(ich Blume Freund habe.)

ANMERKUNGEN

Neu ist in dieser Lektion der Buchstabe **tsche** چـ [*tsch*], der wie ①
im deutschen "Qua<u>tsch</u>" gesprochen wird. Vergleichen Sie **he djīmī** حـ [*h*] und **tsche** چـ [*tsch*]; die Schreibung unterscheidet sich nur durch die drei Punkte.

Achten Sie auf die Schreibung von **lām** [*l*] am Wortende durch ②
ـل: گل [*gol*] "Blume".

LEKTION 9

جمله های زیر را می فهمید؟

1 به گل چه دادی؟

[beh gol tscheh dådī?]

2 به پسر سیب ندادی.

[beh peßar ßīb nadådī.]

3 مادر در منزل نبود.

[mådar dar mansel nabūd.]

4 چه گفتی؟

[tscheh goftī?]

5 من با حسن به بازار نرفتم.

[man bå haßan beh båsår naraftam.]

جاهای خالی را پر کنید

1 Was hat der Mann zu dem Jungen gesagt?

مرد به پسر چه گفت؟

[mard ... peßar ....?]

2 Die Frau hat dem Vater kein Wasser gegeben.

زن به پدر آب نداد.

[... beh ..... åb ......]

آیا متوجه شدید؟

Was hast du der Blume gegeben? ❶

Du hast dem Jungen keine Äpfel gegeben. ❷

Die Mutter war nicht zu Hause. ❸

Was hast du gesagt? ❹

Ich bin nicht mit Hassan zum Basar gegangen. ❺

Haben Sie Schwierigkeiten, bestimmte Laute auf den Tonaufnahmen herauszuhören und nachzusprechen? Das ist nicht schlimm; halten Sie sich damit momentan nicht auf. Sie werden merken, dass sich dies mit der Zeit von selbst bessern wird. Wirklich wichtig wird die Aussprache erst zu Beginn der "Zweiten Welle" (ab Lektion 43), und bis dahin haben Sie noch viel Zeit zum Üben!

Wo hast du mit Hassan gespielt (Spiel machtest)? ❸

کجا با حسن بازی کردی؟

[. . . . . *bå* . . . . . *båsī* . . . . . ?]

Hassan, was hast du im Haus gemacht? ❹

حسن تو در منزل چه کردی؟

[*haßan to* . . . *mansel* . . . . . . *kardī?*]

⑤ Wer ist gekommen?

کی آمد؟

[.. åmad?]

بنویسید

چه tsche [tsch]

۱۰ درسِ دهم

اسمِ تو چیست؟

۱ – اسمِ تو چیست؟ ①

۲ – اسمِ من احمد است.

تلّفظ

[darß-e dahom eßm-e to tschīßt? **1** eßm-e to tschīßt? **2** eßm-e man ahmad aßt.]

واژه های مناسب

❶ [beh] به – [tscheh] چه – [goft] گفت ❷ [san] زن –
[pedar] پدر – [nadåd] نداد ❸ [kodĵå] کجا – [haßan] حسن
– [kardī] کردی ❹ [dar] در – [tscheh] چه ❺ [kī] کی

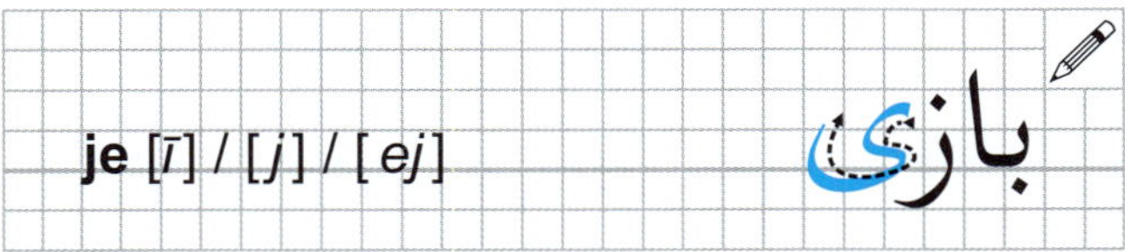

10. Lektion

Wie heißt du?

Wie heißt du? – 1
(Name+ du was-ist?)

Ich heiße Ahmad. – 2
(Name+ ich Ahmad ist.)

ANMERKUNGEN

① Das **Esåfeh** verbindet nicht nur ein Substantiv und ein Adjektiv – wie in نانِ گرم [*nån-e garm*] "warmes Brot" – sondern auch ein Nomen und ein Personalpronomen. Es drückt dann eine Zugehörigkeit aus: اسمِ تو [*eßm-e to*] "dein Name".

٣ – منزلِ تو کجاست؟ ②

۴ – در مرکزِ شهر. ③

[**3** *mansel-e to kodĵåßt?* **4** *dar markas-e schahr.*]

١ – اسمِ تو چیست؟ ①

1 ASSM-e Tw TschISST?

٢ – اسمِ من احمد است. ②

2 ASSM-e MaN AHMaD ASST.

٣ – منزلِ تو کجاست؟

3 MaNSeL-e Tw KoDjĀSST?

۴ – در مرکزِ شهر. ③

4 DaR MaRKaS-e SchaHR.

ANMERKUNGEN

① Hier trägt der Buchstabe **alef** ا den Lautwert [*e*] – اسم [*eßm*] "Name" - und nicht wie bis jetzt [*a*] wie z. B. in است [*aßt*] "ist". Am besten lernen Sie die Aussprache immer gleich mit dem entsprechenden Wort.

Wo wohnst du? – 3
(Haus+ du wo-ist?)

Im Stadtzentrum. – 4
(in Zentrum+ Stadt.)

Bei چیست؟ [tschīßt?] "was ist?" und کجاست؟ [kodĵåßt?] ②
"wo ist?" handelt es sich um kontrahierte Formen von چه [tscheh] "was" + است [aßt] "ist" bzw. کجا [kodĵå] "wo" + است [aßt] "ist". Sie sind typisch für die Umgangssprache.

Zusammengesetzte Substantive werden meist durch zwei Sub- ③
stantive in Verbindung mit **Esåfeh** gebildet: مرکزِ شهر [markas-e schahr] "Stadtzentrum".

Wie heißt du? – 1
(Name+ du was-ist?)

Ich heiße Ahmad. – 2
(Name+ ich Ahmad ist.)

Wo wohnst du? – 3
(Haus+ du wo-ist?)

Im Stadtzentrum. – 4
(in Zentrum+ Stadt.)

In احمد [ahmad] "Ahmad" finden Sie die Mittelform von **mīm** ـمـ ②
[m]. Wie Sie wissen, wird dieses grafisch mit dem nachfolgenden Buchstaben verbunden.

Neu ist hier **he do tscheschm** [h] in seiner Mittelform: ـهـ. Es ③
handelt sich dabei um das [h], das Sie bereits am Wortende, z. B. in به [beh] oder چه [tscheh], kennengelernt haben. Es wird mit dem nachfolgenden Buchstaben verbunden: شهر [schahr] "Stadt".

جمله هایِ زیر را می فهمید؟

1. اسمِ پسر چیست؟
   [eßm-e peßar tschīßt?]
2. اسمِ پسر حسن است.
   [eßm-e peßar haßan aßt.]
3. بازار کجاست؟
   [båsår kodĵåßt?]
4. بازار در مرکزِ شهر است.
   [båsår dar markas-e schahr aßt.]
5. منزلِ مرد در شهرِ شیراز است.
   [mansel-e mard dar schahr-e schīrås aßt.]

جاهایِ خالی را پر کنید

1. Wie heißt der Mann?

   اسمِ مرد چیست؟

   [. . . -. mard . . . . ?]

2. Ich bin nicht ins Stadtzentrum gegangen.

   من به مرکزِ شهر نرفتم.

   [man beh . . . . . . -. schahr . . . .]

آیا متوجه شدید؟

Wie heißt der Junge? ❶

Der Junge heißt Hassan. ❷

Wo ist der Basar? ❸

Der Basar ist im Stadtzentrum. ❹

Das Haus des Mannes ist in der Stadt Schiras. ❺

Wo ist der Junge? Auf dem Basar (ist)? ❸

پسر کجاست؟ در بازار (است)؟

[peßar . . . . ? dar . . . . . (aßt)?]

Was hat die Mutter gesagt? – Sie hat gesagt: "Guten Tag, Ahmad!" ❹

مادر چه گفت؟ – گفت: «احمد سلام!»

[mådar . . . . . . goft? - . . . . : "ahmad . . . . . !"]

بنویسید

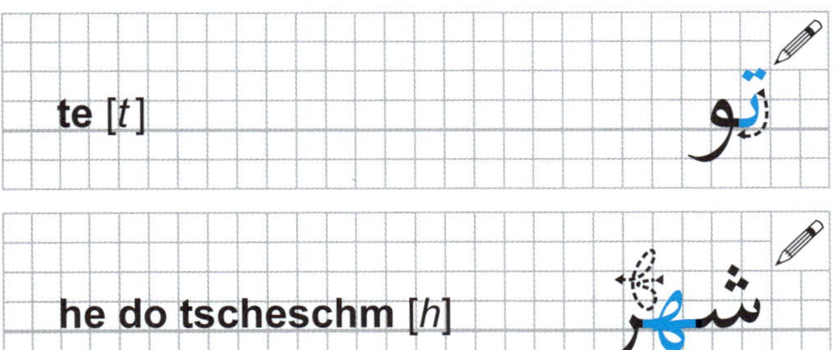

۱۱ درسِ یازدهم

فارسی بلدی؟ ①

۱ – فارسی بلدی؟ ②

۲ – بله، فارسی خیلی خوب بلدم.

تلفظ

[darß-e jåsdahom fårßī baladī? **1** fårßī baladī? **2** baleh, fårßī chejlī chūb baladam.]

واژه های مناسب

❶ [eßm-e] اسمِ – [tschīßt] چیست ❷ [markas-e] مرکزِ
– [naraftam] نرفتم ❸ [kodĵåßt] کجاست – [båsår] بازار
❹ [tscheh] چه – [goft] گفت – [ßalåm] سلام

11. Lektion

Kannst du Persisch?

Kannst du Persisch? – 1
(Persisch wissend-bist?)

Ja, ich kann sehr gut Persisch. – 2
(ja, Persisch sehr gut wissend-bin.)

ANMERKUNGEN

Bei بلد [balad] "wissend" handelt es sich eigentlich um ein Adjektiv, an das die personenspezifischen Endungen angehängt werden: بلدم [baladam] "ich weiß", بلدی [baladī] "du weißt", aber: بلد است [balad aßt] "(er/sie) weiß". Man übersetzt es mit "wissen, kennen, können" oder "beherrschen". ①

In der Umgangssprache unterscheiden sich Aussage- und Fragesätze nur durch die Satzmelodie, nicht jedoch durch den Satzbau. Hier könnte also auch mit "Du kannst Persisch." übersetzt werden. ②

٣ – فارسی آسان است؟

٤ – نه، فارسی آسان نیست. ③

٥ یک کمی سخت است.

تلفّظ

[**3** *fårßī åßån aßt?* **4** *nah, fårßī åßån nīßt.* **5** *jek kamī ßacht aßt.*]

١ – فارسی بلدی؟ ①

1 FĀRSSİ BaLaDİ?

٢ – بله، فارسی خیلی خوب

2 BaLeH, FĀRSSİ CheİLİ ChwB

بلدم. ②

BaLaDaM.

٣ – فارسی آسان است؟

3 FĀRSSİ ĀSSĀN ASSṪ?

Ist Persisch leicht? – 3
(Persisch leicht ist?)

Nein, Persisch ist nicht leicht. – 4
(nein, Persisch leicht nicht-ist.)

Es ist ein bisschen schwer. 5
(eins wenig-ein schwierig ist.)

③ نیست [*nīßt*] "ist nicht", die verneinte Form von است [*aßt*] "ist", entstand vermutlich aus der Kontraktion von نه [*nah*] + است [*aßt*], die zunächst نیست [*nēßt*] ergab (wie es noch in Dari gesprochen wird); danach erfolgte eine Lautentwicklung vom [*ē*] hin zum [*ī*] in Iran.

Kannst du Persisch? – 1
(Persisch wissend-bist?)

Ja, ich kann sehr gut Persisch. – 2
(ja, Persisch sehr gut wissend-bin.)

Ist Persisch leicht? – 3
(Persisch leicht ist?)

ANMERKUNGEN

① Hier sehen Sie **lām** ـلـ [*l*] in seiner Mittelform. Es wird mit dem nachfolgenden Buchstaben verbunden.

② Bei **che** خـ [*ch*] handelt es sich um einen Rachenlaut wie im deutschen "Krach". **che** خـ [*ch*] wird mit dem darauffolgenden Buchstaben verbunden: "gut" [*chūb*] خوب

۴ – نه، فارسی آسان نیست.

4 NaH, FĀRSSĪ ĀSSĀN NĪSST.

۵ یک کمی سخت

5 ieK KaMi SSaChT

است. ③

ASST.

جمله های زیرِ را می فهمید؟

1. فارسی سخت است؟
   [fårßī ßacht aßt?]

2. نه، فارسی سخت نیست.
   [nah, fårßī ßacht nīßt.]

3. فارسی خوب بلدی؟
   [fårßī chūb baladī?]

4. اسمِ تو احمد نیست؟
   [eßm-e to ahmad nīßt?]

5. من فارسی یک کمی بلدم.
   [man fårßī jek kamī baladam.]

Nein, Persisch ist nicht leicht. – 4
(nein, Persisch leicht nicht-ist.)

Es ist ein bisschen schwer. 5
(eins wenig-ein schwierig ist.)

che ـخـ [*ch*] in der Wortmitte ist **che** خـ [*ch*] in der Anfangsform ③ sehr ähnlich; der Unterschied liegt nur in der Verbindungslinie rechts.

آیا متوجه شدید؟

Ist Persisch schwer? ❶

Nein, Persisch ist nicht schwer. ❷

Kannst du gut Persisch? ❸

Ist dein Name nicht Ahmad? ❹

Ich kann ein bisschen Persisch. ❺

جاهایِ خالی را پر کنید

Ist Persisch ein bisschen schwer? ❶

فارسی یک کمی سخت است؟

[*fårßī* . . . . *ßacht* . . . ?]

Ja, Persisch ist sehr leicht. ❷

بله، فارسی خیلی آسان است.

[. . . . . , *fårßī* . . . . *aßt.*]

Kannst du gut Persisch? ❸

فارسی خوب بلدی؟

[. . . . . *chūb* . . . . ?]

بنویسید

lām [*l*] بلدی

je [*ī*] / [*j*] / [*ej*] خیلی

Ahmad kann sehr gut Persisch. ④

احمد فارسی خیلی خوب بلد است.

[..... fårßī .... balad aßt.]

واژه هایِ مناسب

① [jek] یک – [kamī] کمی – [aßt] است ② [baleh] بله – [baladī] بلدی ③ [fårßī] فارسی – [åßån] آسان – [chejlī] خیلی ④ [ahmad] احمد – [chejlī] خیلی – [chūb] خوب

Hören Sie sich immer wieder die Tonaufnahmen der bereits durchgearbeiteten Lektionen an, ohne ins Buch zu sehen. Sie verbessern auf diese Weise Ihr Hörverständnis und werden mit der Aussprache vertraut.

"Persien" oder "Iran"?

Persisch oder Farsi kommt von پارس [*pårß*] oder فارس [*fårß*], dem Namen der Region um Schiras. Auf der örtlichen Mundart basiert das Persische, so wie es später im ganzen Land als Hauptverkehrssprache eingeführt wurde. Am 21.03.1935 wurde die persische Eigenbezeichnung "Iran" für international verbindlich erklärt. Doch ist die Bezeichnung Iran bereits seit dem 10. Jahrhundert bekannt, wie z. B. aus dem Nationalepos des Dichters Ferdousi (940/41-1020) – شاهنامه [*schåhnåmeh*], auf Deutsch "Das Buch der Könige" – hervorgeht.

۱۲ درسِ دوازدهم

گربه

۱ – حسن چه دیدی؟

۲ – در خانه یک گربه دیدم. ② ①

۳ – کجا بود؟

۴ – زیرِ تخت بود. ③

۵ – چه کردی؟

تلّفظ

[darß-e dawåsdahom gorbeh **1** haßan tscheh dīdī? **2** dar chåneh jek gorbeh dīdam. **3** kodĵå būd? **4** sīr-e tacht būd. **5** tscheh kardī?]

12. Lektion

Die Katze

Hassan, was hast du gesehen? – 1
(Hassan was sahst?)

Ich habe eine Katze im Haus gesehen. – 2
(in Haus eins Katze sah.)

Wo war sie? – 3
(wo war?)

Sie war unter dem Bett. – 4
(unter Bett war.)

Was hast du gemacht? – 5
(was machtest?)

ANMERKUNGEN

① Sowohl خانه [*chåneh*] "Haus, Heim", das ein rein persisches Wort ist, als auch das aus dem Arabischen stammende منزل [*mansel*] bedeuten "Haus", jedoch kann mit منزل [*mansel*] auch der "Wohnort" oder die "Wohnung" gemeint sein.

② Bei دیدم [*dīdam*] und دیدی [*dīdī*] handelt es sich um Formen der Vergangenheit auf der Basis von دید [*dīd*] "sehen".

③ Die Präposition زیر [*sīr*] "unter" steht in Verbindung mit einem Objekt immer mit **Esåfeh**.

من گربه را بیرون کردم. ⑤ ④

تلفظ

[6 man gorbeh rå bīrūn kardam.]

جمله هایِ زیر را می فهمید؟

1. من پسر را دیدم.
[man peßar rå dīdam.]

2. گربه کجاست؟
[gorbeh kodĵåßt?]

3. گربه زیرِ تخت نیست.
[gorbeh sīr-e tacht nīßt.]

4. مرد را بیرون نکردی.
[mard rå bīrūn nakardī.]

5. مادر گربه را به پسر داد.
[mådar gorbeh rå beh peßar dåd.]

6. پسرِ من یک گربه دید.
[peßar-e man jek gorbeh dīd.]

جاهایِ خالی را پر کنید

1. Wo ist der Apfel des Jungen? – Er ist unter dem Bett.

سیبِ پسر کجاست؟ – زیرِ تخت است.

[. . . -. peßar . . . . ? – . . . -. tacht . . . .]

Ich habe die Katze hinausgebracht. 6
(ich Katze *Akk*. draußen machte.)

④ Die Partikel را [*rå*] steht dort, wo wir im Deutschen den bestimmten Artikel in Verbindung mit einem Substantiv im Akkusativ verwenden. In der wörtlichen Übersetzung geben wir را [*rå*] durch "*Akk*." wieder.

⑤ Bei بیرون کردم [*bīrūn kardam*] "ich habe hinausgebracht" handelt es sich um eine der zahlreichen Verbalkonstruktionen, die mit کردن [*kard*] und einer weiteren Ergänzung, z. B. Adjektiven, Adverbien oder Substantiven, gebildet werden.

In dieser Lektion können Sie nochmals alle bis jetzt gelernten Buchstaben Revue passieren lassen und sich im Detail die kleinen, aber feinen Unterschiede der persischen Schrift vor Augen führen. Vergleichen Sie hierzu erneut die Laute [dĵ] in کجا *[kodĵå] "wo?", [h] in* حسن *[haßan] "Hassan", [tsch] in* چه *[tscheh] "was?" und [ch] in* خانه *[chåneh] "Haus".*

آیا متوجه شدید؟

Ich habe den Jungen gesehen. ❶

Wo ist die Katze? ❷

Die Katze ist nicht unter dem Bett. ❸

Du hast den Mann nicht hinausgebracht. ❹

Die Mutter hat dem Jungen die Katze gegeben. ❺

Mein Junge hat eine Katze gesehen. ❻

Wo war die Mutter des Jungen? – Sie war nicht zu Hause. 2

مادرِ پسر کجا بود؟ – در خانه نبود.

[mådar-e ..... kodĵå ... ? – ... chåneh ......]

Wer hat die Katze unter dem Bett gesehen? – Der Freund des Jungen. 3

کی گربه را زیرِ تخت دید؟ – دوستِ پسر.

[.. gorbeh .. sīr-e ..... dīd? – .....-. peßar.]

بنویسید

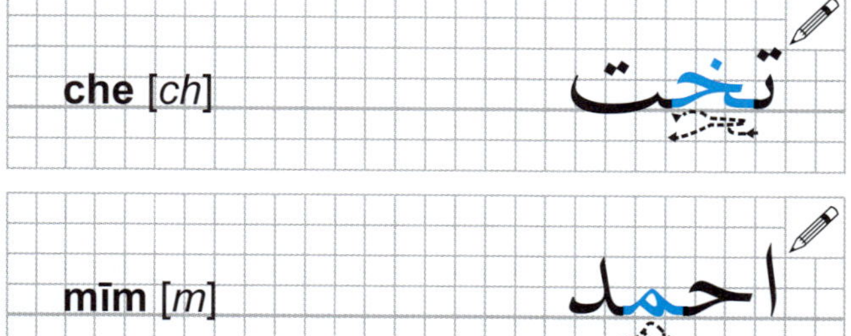

Was hat der Junge gemacht? – Er hat die Katze hinausgebracht. 4

پسر چه کرد؟ – گربه را بیرون کرد.

[peßar ...... kard? – .... bīrūn .... .]

Die Frau mag Katzen nicht. 5

زن گربه دوست ندارد.

[san ...... dūßt ....]

واژه هایِ مناسب

1 [ßīb-e] سیبِ – [kodjåßt] کجاست – [sīr-e] زیرِ – در [dar] – بود [būd] – پسر [peßar] 2 [aßt] است

3 [kī] کی – [rå] را – [tacht] تخت – [nabūd] نبود

4 [tscheh] چه – [gorbeh] گربه – [rå] را – [dūßt-e] دوستِ – [kard] کرد

5 [gorbeh] گربه – [nadårad] ندارد

Und zum Abschluss noch ein bekanntes Sprichwort:

شب گربه سمور است\می نماید.

[schab gorbeh ßamūr aßt/mī-nemåjad.]

"Nachts sind alle Katzen grau."
(Nacht Katze Zobel ist/erscheint.)

۱۳ درسِ سیزدهم

سلام!

۱ – احمد سلام! ①

۲ حالِ شما چطور است؟

۳ – بد نیستم، مرسی. ② ③

۴ تو چطوری؟

۵ – خوبم، مرسی. خیلی کار دارم. ④

تلفّظ

[*darß-e ßīsdahom ßalåm!* **1** *ahmad ßalåm!* **2** *hål-e schomå tschetour aßt?* **3** *bad nīßtam, merßī.* **4** *to tschetourī?* **5** *chūbam, merßī. chejlī kår dåram.*]

13. Lektion

Guten Tag!

Guten Tag, Ahmad! – 1
(Ahmad Gruß!)

Wie geht es Ihnen? 2
(Zustand+ ihr wie ist?)

Nicht schlecht, danke. – 3
(schlecht nicht-bin, danke.)

Wie geht es dir? 4
(du wie-bist?)

Gut geht es mir, danke. Ich habe viel zu tun. – 5
(gut-bin, danke. viel Arbeit habe.)

ANMERKUNGEN

① Man hört sowohl سلام احمد [*ßalåm ahmad*], als auch احمد سلام [*ahmad ßalåm*]. Die zweite Version ist üblicher.

② Bei نیستم [*nīßtam*] "(ich) bin nicht" handelt es sich um das bereits aus Lektion 11 bekannte نیست [*nīßt*] "(er/sie) ist nicht" mit der personenspezifischen Endung ـم [*-am*]. Ebenso نیستی [*nīßtī*] "(du) bist nicht".

③ مرسی [*merßī*] kommt natürlich vom französischen "merci" und ist nur eine von zahlreichen Möglichkeiten, "danke" auszudrücken.

④ خیلی [*chejlī*] kann sowohl "sehr" als auch "viel" heißen. Vergleichen Sie: خیلی خوب [*chejlī chūb*] "sehr gut" und خیلی کار [*chejlī kår*] "viel Arbeit".

۶ – پس برو! به سلامت! ⑤ ⑥

تلّفظ

[**6** *paß borou! beh ßalåmat!*]

۱ – احمد سلام!

1 AħMaD SSaLĀM!

۲ حالِ شما چطور

2 ħĀL-e SchoMĀ TscheTwR

است؟ ① ②

ASSṪ?

۳ – بد نیستم، مرسی. ③

3 BaD NiSSṪaM, MeRSSi.

۴ تو چطوری؟

4 Ṫw TscheTwRi?

Dann geh! Auf Wiedersehen! – 6
(dann geh! nach Gesundheit!)

⑤ !برو [*borou!*] "Geh!" ist die unregelmäßige Befehlsform von رفت [*raft*].

⑥ به سلامت [*beh ßalåmat*] ist eine von zahlreichen Abschiedsfloskeln. سلامت [*ßalåmat*] bedeutet "Gesundheit" und auch "gesund", wofür es auch das Äquivalent تندرست [*tan-doroßt*] "gesund" (wörtlich Körper-richtig) gibt. Häufiger wird jedoch für "Gesundheit" سلامتی [*ßalåmatī*] verwendet.

Guten Tag, Ahmad! – 1
(Ahmad Gruß!)

Wie geht es Ihnen? 2
(Zustand+ ihr wie ist?)

Nicht schlecht, danke. – 3
(schlecht nicht-bin, danke.)

Wie geht es dir? 4
(du wie-bist?)

ANMERKUNGEN

① Bei چطور [*tschetour*] "wie" wird das **wāw** häufig als Diphthong [*ou*] gesprochen. Dies ist auch noch bei anderen Wörtern der Fall, die Sie im Laufe der Zeit kennenlernen.

② **tā** ط [*t*] in چطور [*tschetour*] "wie" steht hier in der Wortmitte und unterscheidet sich in seiner Aussprache nicht von **te** ت [*t*]. Es kommt v. a. in arabischen Lehnwörtern vor und geht mit dem nachfolgenden Buchstaben grafisch eine Verbindung ein.

③ Bei نیستم [*nīßtam*] "(ich) bin nicht" finden Sie das **te** تـ [*t*] in der Wortmitte. Es wird mit dem nachfolgenden Buchstaben verbunden.

۵ – خوبم، مرسی. خیلی کار دارم.

5 ChwBaM, MeRSSĪ. CheILĪ KĀR DĀRaM.

۶ – پس برو! به سلامت! ④

6 PaSS BoRw! BeH SSaLĀMaṪ!

جمله های ِ زیر را می فهمید؟

1 حالِ حسن چطور است؟ – خوب نیست.

[hål-e haßan tschetour aßt? – chūb nīßt.]

2 آب چطور است؟ – خیلی گرم است.

[åb tschetour aßt? – chejlī garm aßt.]

3 منزلِ احمد چطور است؟ – سرد است.

[mansel-e ahmad tschetour aßt? – ßard aßt.]

Gut geht es mir, danke. Ich habe viel zu tun. – 5
(gut-bin, danke. viel Arbeit habe.)

Dann geh! Auf Wiedersehen! – 6
(dann geh! nach Gesundheit!)

④ In پس [*paß*] "dann" sehen Sie die Endform von **ßīn** ـس [*ß*]. Sicherlich erinnert Sie das Zeichen an **schīn** ـش [*sch*] in شش [*schesch*] "sechs". Wieder gilt: Nur die Punkte machen den Unterschied!

4 پسرِ احمد چطور است؟ – بد نیست.

[*peßar-e ahmad tschetour aßt? – bad nīßt.*]

5 حالِ مرد خیلی خوب نیست.

[*hål-e mard chejlī chūb nīßt.*]

آیا متوجه شدید؟

1 Wie geht es Hassan? – Es geht ihm nicht gut.

2 Wie ist das Wasser? – Es ist sehr warm.

3 Wie ist das Haus von Ahmad? – Es ist kalt.

4 Wie geht es dem Sohn von Ahmad? – Es geht ihm nicht schlecht.

5 Dem Mann geht es nicht sehr gut.

جاهایِ خالی را پر کنید

Wie geht es Ihnen? – Nicht schlecht, danke. ❶

حالِ شما چطور است؟ – بد نیستم، مرسی.

[. . . -. schomå . . . . aßt? – bad . . . . , ...]

Wie ist Persisch? Ist es schwer? ❷

فارسی چطور است؟ سخت است؟

[. . . . . tschetour aßt? . . . . . aßt?]

Ich habe viel zu tun! – Dann geh! Auf Wiedersehen! ❸

خیلی کار دارم! – پس برو! به سلامت!

[chejlī . . . dåram! – paß . . . . . ! beh . . . . !]

بنویسید

چطور **tā [*t*]**

سلامت **lam + alef [*lå*]** (Ligatur)

Magst du die Katze? ❹

گربه را دوست داری؟

[...... .. dūßt dårī?]

Ich mag Katzen nicht. ❺

گربه دوست ندارم.

[...... dūßt ....]

واژه هایِ مناسب

❶ [hål-e] حالِ – [tschetour] چطور – [nīßtam] نیستم – [merßī] مرسی ❷ [fårßī] فارسی – [ßacht] سخت ❸ [kår] کار – [borou] برو – [ßalåmat] سلامت ❹ [gorbeh] گربه – [rå] را ❺ [gorbeh] گربه – [nadåram] ندارم

۱۴ درسِ چهاردهم

[darß-e tschahårdahom]

مرور

[morūr]

("Verlauf, Durchgang, Durchsicht; Wiederholung")

Wiederholung und Anmerkungen

Am Ende dieser zweiten Kurseinheit haben Sie sich schon sehr viel erarbeitet. Sie haben sich bereits mit dem größten Teil des Alphabets vertraut gemacht und einige grundlegende Regeln der persischen Grammatik kennengelernt. Sie sind auch schon in der Lage, einige kleine Sätze zu verstehen. Sie merken zunehmend, dass Ihnen diese Sprache, die Ihnen anfangs vielleicht relativ schwierig vorkam, langsam klarer wird.

Fassen wir nun die Inhalte der letzten sechs Lektionen noch einmal zusammen. Das Augenmerk liegt momentan noch auf den Besonderheiten der persischen Schrift. Ab und zu mag es Ihnen so vorkommen, als wiederholten wir gewisse Dinge zu oft, aber Wiederholung ist zum einen eine Grundkomponente der Assimil-Methode, zum anderen möchten wir sichergehen, dass möglichst keine Fragen offen bleiben. Sie werden sehen, dass Sie die Details zur Schrift Schritt für Schritt meistern werden.

1. Buchstaben des arabisch-persischen Alphabets

In den letzten Lektionen haben wir Ihnen vier neue Buchstaben sowie einige noch unbekannte Formen der bereits angetroffenen Buchstaben vorgestellt, die wir hier nochmals zusammenfassen. In der folgenden Tabelle sind die neu erlernten Schreibformen grau hinterlegt:

14. Lektion

Ende	Mitte	Anfang	Isoliert	Name und Lautwert
ـا		(آ) ا		**alef** [å, a, e, o] *
ـب	ـبـ	بـ	ب	**be** [b]
ـپ	ـپـ	پـ	پ	**pe** [p]
ـت	ـتـ	تـ	ت	**te** [t]
ـج	ـجـ	جـ	ج	**dĵīm** [dĵ]
ـچ	ـچـ	چـ	چ	**tsche** [tsch]
ـح	ـحـ	حـ	ح	**he dĵīmī** [h]
ـخ	ـخـ	خـ	خ	**che** [ch]
ـد		د		**dāl** [d] *
ـر		ر		**re** [r] *
ـز		ز		**se** [s] *
ـس	ـسـ	سـ	س	**ßīn** [ß]
ـش	ـشـ	شـ	ش	**schīn** [sch]
ـط	ـطـ	طـ	ط	**tā** [t]
ـف	ـفـ	فـ	ف	**fe** [f]

Ende	Mitte	Anfang	Isoliert	Name und Lautwert
ـک	ـکـ	کـ	ک	**kāf** [*k*]
ـگ	ـگـ	گـ	گ	**gāf** [*g*]
ـل	ـلـ	لـ	ل	**lām** [*l*]
ـم	ـمـ	مـ	م	**mīm** [*m*]
ـن	ـنـ	نـ	ن	**nūn** [*n*]
ـو		و		**wāw** [*w*] / [*o*] / [*ū*] / [*ou*] oder stumm *
ـه	ـهـ	هـ	ه	**he do tscheschm** [*h*]
ـی	ـیـ	یـ	ی	**je** [*ī*] / [*j*] / [*ej*]

Sie wissen bereits, dass die persische Schrift in einigen Fällen für ein- und denselben Laut verschiedene Buchstaben kennt: z. B. **he djīmī** und **he do tscheschm** für [*h*] bzw. **te** und **tā** für [*t*]. Dies hängt damit zusammen, dass das Persische über eine Vielzahl an arabischen Lehnwörtern verfügt und im Arabischen die einzelnen Buchstaben unterschiedlich ausgesprochen werden. Im Persischen jedoch hat sich die Aussprache vereinfacht, d. h. ähnlich klingende Laute wurden phonetisch identisch, doch man hat die Orthografie der Lehnwörter beibehalten.

Lerntipp: Auf den ersten Blick mögen die vielen Formen verwirrend aussehen, aber eigentlich gibt es für zahlreiche Buchstaben nur zwei Formen, die durch die Verbindungslinien zu vier Buchstaben ergänzt werden. Sehen Sie sich dazu z. B. **fe** und **kāf** an.

2. Schrift

Der Buchstabe **alef** ا fungiert als Vokalträger und kann am Wortanfang als [*a*], aber auch als [*e*], in seltenen Fällen sogar als [*o*] gesprochen werden, z. B.

"ist" [*aßt*] است

"Name" [*eßm*] اسم

"Omelett" [*omlet*] املت

Persische Vokale gehen nicht immer eindeutig aus dem Schriftbild hervor. Daher lernt man die Aussprache eines neuen Wortes am besten gleich mit seiner Verschriftlichung.

Sie haben die Ligatur aus **lām** und **alef** kennengelernt, d. h. eine besondere Verbindung der beiden Buchstaben, bei denen der eine in den anderen übergeht:

"Gruß, Guten Tag" [*ßalåm*] سلام

Weitere Ligaturen kommen vor allem in der Schreibschrift vor. Daneben gibt es häufig Kontraktionen, also das "Verschmelzen" von zwei Wörtern. Zwar gehört dieses Phänomen ursprünglich zur Umgangssprache, doch im modernen Persisch hat es sich auch in der Schriftsprache weitestgehend etabliert.

"ist nicht" [*nah* + *aßt*] = [*nīßt*] نیست

"was ist?" [*tscheh* + *aßt*] = [*tschīßt*] چیست

"wo ist?" [*kodĵå* + *aßt*] = [*kodĵåßt*] کجاست

Im Persischen ist die Verbindung von Vokalen zu sog. Diphthongen, also Doppellauten, weit seltener als im Deutschen, doch bei einigen oft verwendeten Wörtern kommt sie vor, darunter z. B. in

"wie?" [*tschetour*] چطور

"sehr, viel" [*chejlī*] خیلی

3. Betonung

Als Faustregel können Sie sich auch merken, dass in einem Wort jeweils die langen Vokale [*å*], [*ī*] und [*ū*] betont werden. Kommen in einem Wort mehrere dieser Vokale vor, betont man in der Regel den letzten, z. B. ایران [*īr**å**n*] "Iran".

Grundsätzlich wird im Persischen die letzte Silbe eines Wortes betont, also z. B. تهران [*tehr**å**n*] "Teheran". Ausnahmen zu dieser Regel sind jedoch grammatische Präfixe, die vor allem die Verben betreffen und die die Betonung immer auf sich ziehen. Von diesen Präfixen haben Sie bis jetzt das Verneinungspräfix نـ [*na-*] kennengelernt. Weitere werden Sie im Laufe des Kurses sehen.

4. Verneinung

Eine Aussage verneint man mit نه [*nah*] "nein". "Ja" hingegen heißt بله [*baleh*]. (نه [*nah*] ist das einzige Wort im iranischen Persisch, das phonetisch auf kurzem [*a*] endet und mit **he do tscheschm** geschrieben wird.)

"Ist Persisch leicht?" [*fårßī åßån aßt?*] فارسی آسان است؟

[*nah, fårßī ßacht aßt.*] نه، فارسی سخت است.
"Nein, Persisch ist schwer."

Verben in der Vergangenheit werden verneint, indem man ihnen die Negationspartikel نـ [*na-*] voranstellt.

"ich habe gesehen" [*dīdam*] دیدم
"ich habe nicht gesehen" [*nadīdam*] ندیدم ➤

"du hast gemacht" [*kardī*] کردی
"du hast nicht gemacht" [*nakardī*] نکردی ➤

"[er/sie] war" [*būd*] بود ➤ "[er/sie] war nicht" [*nabūd*] نبود

"[er/sie] hat" [*dårad*] دارد ➤ "[er/sie] hat nicht" [*nadårad*] ندارد

(Im Präsens erhält nur ein einziges Verb die Verneinungspartikel نـ [*na-*]: das Verb داشتن [*dåschtan*] "haben".)

5. Verb "sein"

In Verbindung mit einem Adjektiv heißt das Verb "sein" in der 3. Person Singular bekanntlich است [*aßt*] "[er/sie] ist". Für die anderen bereits bekannten Personen ("ich" und "du") wird "sein" als Suffix hinter das Adjektiv gestellt. Die entsprechenden Formen sind identisch mit denen der Verben im Perfekt, also ـم [*-am*] für "ich" und ی [*-ī*] für "du". Als Beispiel hier das Adjektiv بلد [*balad*] "wissend":

بلدم [*baladam*] "ich bin wissend" = "ich weiß, ich kann, ich beherrsche"

بلدی [*baladī*] "du bist wissend" = "du weißt, du kannst, du beherrschst"

بلد است [*balad aßt*] "[er/sie] ist wissend" = "[er/sie] weiß, [er/sie] kann, [er/sie] beherrscht"

Verneint wird "sein" durch die kontrahierte Kombination aus نـ [*na-*] und است [*aßt*] ➤ نیست [*nīßt*], an die wiederum die personenspezifischen Endungen angehängt werden.

نیستم [*nīßtam*] "ich bin nicht"

نیستی [*nīßtī*] "du bist nicht"

نیست [*nīßt*] "[er/sie] ist nicht"

6. Esåfeh

In der 4. Lektion sind wir bereits auf das **Esåfeh** – اضافه – eingegangen, allerdings nur in der Verbindung zwischen einem Substantiv und einem Attribut. Außerdem verwendet man es zwischen einem Substantiv und einem Personalpronomen im Sinne von "mein", "dein", usw. sowie zwischen zwei Substantiven; es macht also eine Zugehörigkeit deutlich. Vergleichen Sie:

نانِ گرم [*nån-e garm*] "warmes Brot, das warme Brot"

اسم من [*eßm-e man*] "mein Name"

مرکزِ شهر [*markas-e schahr*] "Stadtzentrum, das Stadtzentrum"

Darüber hinaus stehen auch viele Präpositionen mit **Esåfeh**: زیرِ تخت [*sīr-e tacht*] "unter dem Bett". (زیر [*sīr*] war ursprünglich ein Substantiv mit der Bedeutung "Unterseite". So bedeutet زیرِ تخت [*sīr-e tacht*] wörtlich "an der Unterseite des Bettes".)

7. Akkusativpartikel را [*rå*]

Anders als das Deutsche kennt das Persische keine Beugung von Substantiven, d. h. es gibt keine grammatischen Fälle. Dennoch wird der Akkusativ kenntlich gemacht, und zwar, indem man dem entsprechenden Bezugswort die Partikel را [*rå*] nachstellt. Dies gilt allerdings nur für ein Akkusativobjekt, das im Deutschen den bestimmten Artikel ("den", "die" oder "das") trägt. Vergleichen Sie:

یک گربه دیدم. [*jek gorbeh dīdam.*]
"Ich habe eine Katze gesehen."

گربه را دیدم. [*gorbeh rå dīdam.*]
"Ich habe die Katze gesehen."

Im ersten Satz handelt es sich um eine x-beliebige Katze, weshalb hier را [*rå*] nicht stehen darf. Im zweiten Fall hingegen geht es um eine konkrete Katze. Ebenso:

گربه را بیرون کرد. [*gorbeh rå bīrūn kard.*]
"[Er/Sie] hat die Katze hinausgebracht."

8. Satzstellung

Sie wissen bereits, dass das Verb in der Regel am Satzende steht. Bei Fragesätzen ändert sich die Satzstellung des Aussagesatzes nicht:

"Persisch ist leicht." [*fårßī åßån aßt.*] فارسی آسان است.

"Ist Persisch leicht?" [*fårßī åßån aßt?*] فارسی آسان است؟

Bei Fragesätzen mit Fragewort steht das Subjekt in der Regel vor diesem:

"Wo warst du?" [*to kodjå būdī?*] تو کجا بودی؟

"Wo ist dein Haus?" [*mansel-e to kodjåßt?*] منزلِ تو کجاست؟

[*mard bå kī åmad?*] مرد با کی آمد؟
"Mit wem ist der Mann gekommen?"

9. Verständnis-/Formulierungsübung

1 یک مرد حسن را دید و گفت:

2 – سلام حسن!

3 با کی از شیراز آمدی؟

4 – با یک دوست آمدم.

5 – اسمِ دوستِ تو چیست؟

6 – احمد. منزلِ احمد در ایران نیست.

7 – فارسی خوب بلد است؟

8 – بله. فارسی سخت نیست.

9 – احمد، حالِ تو چطور است؟

10 – بد نیستم، مرسی.

11 – مرکزِ شهر را دیدی؟

12 – نه، شهر را ندیدم.

13 – حسن، پسرِ تو کجاست؟

14 – در منزل است. خیلی خوب نیست.

⑮ – مادرِ من به پسر یک گربه داد.

⑯ من به خانه آمدم و گربه را بیرون کردم.

⑰ – کار دارم. به سلامت!

Aussprache der Übungssätze

[**1.** *jek mard haßan rå dīd wa goft:* **2.** *– ßalåm, haßan!* **3.** *bå kī as schīrås åmadī?* **4.** *– bå jek dūßt åmadam.* **5.** *– eßm-e dūßt-e to tschīßt?* **6.** *– ahmad. mansel-e ahmad dar īrån nīßt.* **7.** *– fårßī chūb balad aßt?* **8.** *– baleh. fårßī ßacht nīßt.* **9.** *– ahmad, hål-e to tschetour aßt?* **10.** *– bad nīßtam, merßī.* **11.** *– markas-e schahr rå dīdī?* **12.** *– nah, schahr rå nadīdam.* **13.** *– haßan, peßar-e to kodj̑åßt?* **14.** *– dar mansel aßt. chejlī chūb nīßt.* **15.** *– mådar-e man beh peßar jek gorbeh dåd.* **16.** *man beh chåneh åmadam wa gorbeh rå bīrūn kardam.* **17.** *– kår dåram. beh ßalåmat!*]

Übersetzung der Übungssätze

❶ Ein Mann sah Hassan und sagte: ❷ – Guten Tag, Hassan! ❸ Mit wem bist du aus Schiras gekommen? ❹ – Ich bin mit einem Freund gekommen. ❺ – Wie heißt dein Freund? ❻ – Ahmad. Ahmad wohnt nicht in Iran. ❼ – Kann er gut Persisch [sprechen]? ❽ – Ja. Persisch ist nicht schwer. ❾ – Ahmad, wie

۱۵ درسِ پانزدهم

زبانِ فارسی

۱ – زبانِ فارسی را دوست دارید؟ ①

تلفّظ

[*darß-e pånsdahom* *sabån-e fårßī* **1** *sabån-e fårßī rå dūßt dårīd?*]

geht es dir? ⑩ – Nicht schlecht, danke. ⑪ – Hast du das Stadtzentrum gesehen? ⑫ – Nein, ich habe die Stadt nicht gesehen. ⑬ – Hassan, wo ist dein Sohn? ⑭ – Er ist im Haus. Es geht ihm nicht sehr gut. ⑮ – Meine Mutter hat dem Jungen eine Katze gegeben. ⑯ Ich bin zu Hause angekommen und habe die Katze hinausgebracht. ⑰ – Ich habe zu tun. Auf Wiedersehen!

Dies war schon Ihre zweite Wiederholungslektion. Wenn Sie Ihre Kenntnisse mit denen aus den ersten sieben Lektionen vergleichen, wird Ihnen auffallen, welche Fortschritte Sie im Verlauf der letzten Kurseinheit gemacht haben! Machen Sie sich keine Sorgen, wenn noch nicht alles "sitzt". Mit der Zeit werden Sie ein Gefühl für den richtigen Gebrauch des Persischen entwickeln. Wichtig ist, dass Sie regelmäßig lernen und sich vorerst nur auf das Verstehen konzentrieren. Eine halbe Stunde täglich reicht schon. In dieser Zeit werden Sie vielleicht keine ganze Lektion schaffen, aber das ist kein Problem. Verteilen Sie eine Lektion einfach auf 2-3 Tage. Und nun auf zur nächsten Lektion, und vorher noch eine Art "Mantra" für Ihr Vorankommen:

[*rūs beh rūs behtar fårßī harf mī-sanī.*]

"Du sprichst von Tag zu Tag besser Persisch."
(Tag nach Tag besser Persisch Buchstabe schlägst.)

15. Lektion

Die persische Sprache
(Sprache+ Persisch)

Mögen Sie die persische Sprache? – 1
(Sprache+ Persisch *Akk.* Freund habt?)

In دوست دارید [*dūßt dårīd*] "Sie mögen, ihr mögt" lernen Sie ①
die Endung [-*īd*] für die 2. Person Plural kennen. Das Pronomen شما [*schomå*] "Sie (höfliche Anrede) / ihr" ist impliziert. Ebenso: [*schomå kardīd*] شما کردید "Sie machten / haben gemacht" bzw. "ihr machtet / habt gemacht"

۲ – بله، خیلی دوست دارم. ② ③

۳ – شما کتابِ فارسی دارید؟

۴ – بله، چند تا دارم. ④

۵ – چه خوب خانم.

[2 baleh, chejlī dūßt dåram. 3 schomå ketåb-e fårßī dårīd? 4 baleh, tschand tå dåram. 5 tscheh chūb chånom.]

جمله های زیر را می فهمید؟

① شما گربه را دوست دارید؟

[schomå gorbeh rå dūßt dårīd?]

② شما چند تا کتاب دارید؟

[schomå tschand tå ketåb dårīd?]

③ من خیلی کتاب ندارم.

[man chejlī ketåb nadåram.]

④ شما در خانه چه کردید؟

[schomå dar chåneh tscheh kardīd?]

⑤ شما به من کتاب را دادید.

[schomå beh man ketåb rå dådīd.]

Ja, ich mag [sie] sehr. – 2
(ja, sehr Freund habe.)
Haben Sie Bücher auf Persisch? – 3
(ihr Buch+ Persisch habt?)
Ja, ich habe einige. – 4
(ja, einige Stück habe.)
Sehr gut, gnädige Frau. – 5
(was gut Frau.)

Nach خیلی [chejlī] "sehr, viel" stehen Hauptwörter immer im Singular. Es kann auch mit "viele" übersetzt werden: ②
"Ich habe viele Bücher." [chejlī ketåb dåram.] خیلی کتاب دارم.

Das Persische drückt für gewöhnlich das Objektpronomen – "ihn, sie, es" – nicht aus. ③

چند تا [tschand tå] heißt in einem Aussagesatz "einige": ④
"einige Stück Äpfel" [tschand tå ßīb] چند تا سیب
Als Fragewort heißt es jedoch "wie viele?":
[tschand tå ketåb dårīd?] چند تا کتاب دارید؟
"Wie viele Bücher haben Sie?"
Nach تا [tå] "Stück" steht immer die Einzahl.

In dieser Lektion lernen Sie keine neuen Buchstaben. Wiederholen Sie dafür nochmals die bekannten Formen der bereits bekannten persischen Buchstaben – in Lektion 14 haben wir sie zusammengefasst. Denn auch für das Beherrschen der زبانِ فارسی *[sabån-e fårßī] gilt: Übung macht den Meister! Vergleichen Sie in dieser Lektion besonders die Laute [ch] in* خانم *[chånom] "gnädige Frau" und [tsch] in* چند تا *[tschand tå] "einige".*

آیا متوجه شدید؟

Mögen Sie die Katze? ❶
Wie viele Bücher haben Sie? ❷
Ich habe nicht viele Bücher. ❸
Was haben Sie im Haus gemacht? ❹
Sie haben mir das Buch gegeben. ❺

جاهایِ خالی را پر کنید

❶ Ist die persische Sprache leicht?

زبانِ فارسی آسان است؟

[. . . . . - . fårßī . . . . aßt?]

❷ Ja, sie ist nicht sehr schwer.

بله، خیلی سخت نیست.

[baleh, ... ßacht . . . . .]

❸ Mögen Sie das persische Buch?

شما کتابِ فارسی را دوست دارید؟

[schomå . . . . . - . fårßī . . dūßt . . . . . ?]

۱۶ درسِ شانزدهم

پری خانم

۱ – پری خانم سلام! ①

۲ حالِ شما چطور است؟

۳ – امروز خیلی خوب نیستم.

۴ تب دارم.

[*darß-e schånsdahom parī chånom* **1** *parī chånom ßalåm!* **2** *hål-e schomå tschetour aßt?* **3** *emrūs chejlī chūb nīßtam.* **4** *tab dåram.*]

Nein, ich mag es nicht besonders. ④

نه، من خیلی دوست ندارم.

[. . . , man . . . . . . dūßt . . . .]

واژه هایِ مناسب

① [sabån-e] زبانِ – [åßån] آسان ② [chejlī] خیلی – [nīßt] نیست ③ [ketåb-e] کتابِ – [rå] را – [dårīd] دارید ④ [nah] نه – [chejlī] خیلی – [nadåram] ندارم

16. Lektion

Frau Pari

Guten Tag, Frau Pari! – 1
Wie geht es Ihnen? 2
(Zustand+ ihr wie ist?)
Heute geht es mir nicht sehr gut. – 3
(heute sehr gut nicht-bin.)
Ich habe Fieber. 4
(Fieber habe.)

ANMERKUNGEN

① Viele Vornamen leiten sich von Hauptwörtern ab, so z. B. پری [parī] "Fee" oder پونه [pūneh] "Minze". Auch wenn man sich siezt, benutzt man in der Anrede meist die Vornamen, z. B. in Verbindung mit خانم [chånom] "Fräulein, Frau".

۵ دیروز هوا سرد بود. ② ③

۶ بیمار شدم. ④

[**5** *dīrūs hawå ßard būd.* **6** *bīmår schodam.*]

Sowohl in امروز [*emrūs*] "heute" als auch in دیروز [*dīrūs*] "gestern" steckt das Wort روز [*rūs*] "Tag". ②

۱ – پری خانم سلام!

1 PaRİ ChĀNoM SSaLĀM!

۲ حالِ شما چطور است؟

2 ħĀL-e SchoMĀ TscheTwR ASSṪ?

۳ – امروز خیلی خوب نیستم. ①

3 AMRwŚ CheiLİ ChwB NİSSṪaM.

۴ تب دارم.

4 ṪaB DĀRaM.

۵ دیروز هوا سرد بود. ②

5 DİRwŚ HawĀ SSaRD BwD.

۶ بیمار شدم.

6 BİMĀR SchoDaM.

Gestern war es kalt. 5
(gestern Luft kalt war.)
Ich bin krank geworden. 6
(krank wurde.)

هوا [*hawå*] bedeutet "Luft", bezeichnet im übertragenen Sinne aber auch das "Wetter". Man sagt: ③

هوا خوب است\نیست. [*hawå chūb aßt/nīßt.*]
"Das Wetter ist gut / ist nicht gut."

Das Verb شدم [*schodam*] "ich wurde / bin geworden", شدی [*schodī*] "du wurdest / bist geworden" usw. entspricht oft dem deutschen "werden", besonders im Zusammenhang mit Adjektiven. ④

Guten Tag, Frau Pari! – 1
Wie geht es Ihnen? 2
(Zustand+ ihr wie ist?)
Heute geht es mir nicht sehr gut. – 3
(heute sehr gut nicht-bin.)
Ich habe Fieber. 4
(Fieber habe.)
Gestern war es kalt. 5
(gestern Luft kalt war.)
Ich bin krank geworden. 6
(krank wurde.)

Genau wie in اسم [*eßm*] "Name" ist der Buchstabe **alef** in امروز [*emrūs*] "heute" der Vokalträger des Lautes [*e*]. ①

In هوا [*hawå*] steht die Anfangsform von **he do tscheschm** [*h*]: ھ. Die Mittelform ـهـ haben Sie in Lektion 10 kennengelernt, die Endform ـه kennen Sie bereits seit Lektion 2. ②

جمله هایِ زیر را می فهمید؟

1. پری خانم تب دارد.
   [parī chånom tab dårad.]

2. حالِ شما خوب نیست.
   [hål-e schomå chūb nīßt.]

3. شما خیلی خوب نیستید.
   [schomå chejlī chūb nīßtīd.]

4. دیروز هوا سرد نبود.
   [dīrūs hawå ßard nabūd.]

جاهایِ خالی را پر کنید

1. Heute ist das Wetter nicht gut.

امروز هوا خوب نیست.

[emrūs .... chūb .....]

2. Wie geht es Ihnen, Frau Pari?

پری خانم، حالِ شما چطور است؟

[parī ......, ...-. schomå .... aßt?]

3. Gestern war es nicht schön.

دیروز هوا خوب نبود.

[..... hawå chūb ......]

⑤ امروز شما تب دارید؟

[*emrūs schomå tab dårīd?*]

⑥ دیروز بیمار نشدید؟

[*dīrūs bīmår naschodīd?*]

آیا متوجه شدید؟

1. Frau Pari hat Fieber.
2. Ihnen geht es nicht gut.
3. Sie sind nicht sehr nett (gut). *Oder:* Es geht Ihnen/euch nicht sehr gut.
4. Gestern war es nicht kalt.
5. Haben Sie heute Fieber?
6. Sind Sie gestern nicht krank geworden?

④ Gnädige Frau, haben Sie viele Bücher?

خانم، شما خیلی کتاب دارید؟

[. . . . . . , *schomå* . . . . . . *ketåb* . . . . . ?]

⑤ Sie (höfl.) sind nicht sehr krank.

شما خیلی بیمار نیستید.

[*schomå* . . . . *nīßtīd.*]

واژه های مناسب

① [*hawå*] هوا – [*nīßt*] نیست ② [*chånom*] خانم – [*hål-e*] حالِ – [*tschetour*] چطور ③ [*dīrūs*] دیروز – [*nabūd*] نبود ④ [*chånom*] خانم – [*chejlī*] خیلی – [*dårīd*] دارید ⑤ [*chejlī*] خیلی – [*bīmår*] بیمار

بنویسید

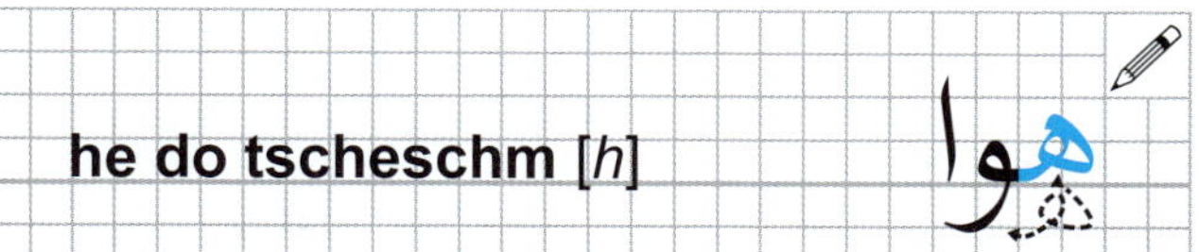

۱۷ درسِ هفدهم

در راه

۱ – چرا به اینجا آمدید؟

۲ – برایِ دیدنِ شما. ① ②

۳ – آیا تنها آمدید؟ ③

تلّفظ

[*darß-e hefdahom dar råh* **1** *tscherå beh īndjå åmadīd?* **2** *barå-je dīdan-e schomå.* **3** *åjå tanhå åmadīd?*]

ANMERKUNGEN

① برایِ [*barå-je*] "für" steht mit **Esåfeh** – hier als [*-je*] – und kann auch im Sinne von "um (zu)" verwendet werden: برایِ پسر [*barå-je peßar*] "für den Sohn", برایِ شما [*barå-je schomå*] "für Sie/euch", aber برایِ دیدن [*barå-je dīdan*] "um zu sehen".

Wetter
Auch in Iran und in Afghanistan ist das هوا [*hawå*] "Wetter" ein beliebtes Thema, um im Gespräch mit Fremden das erste Eis zu brechen. Ob in den rauen Bergregionen, in den trockenen Wüstengegenden oder an den Küsten des Kaspischen Meeres und des Persischen Golfs, das Klima – auf Persisch آب و هوا [*åb-o hawå*], wörtlich "Wasser und Luft" – ist nicht selten durch Extreme geprägt: So sind die Sommer heiß und trocken und die Winter gerade im Gebirge oftmals klirrend kalt.

17. Lektion

Auf dem Weg
(in Weg)

Warum seid ihr hierhergekommen? – 1
(warum nach hier kamt?)
Um euch zu sehen. – 2
(für+ sehen+ ihr.)
Seid ihr allein gekommen? – 3
(*Fragepartikel* allein kamt?)

② دیدن [*dīdan*]: Infinitiv "sehen". Man bildet ihn mit dem (endungslosen) Präteritumstamm (= Vergangenheitsform der 3. Pers. Sing.) plus der Endung [-*an*], wie z. B. bei کردن [*kardan*] "machen, tun", گفتن [*goftan*] "sagen". Diese Form kann auch mit **Esåfeh** stehen und entspricht dann in etwa dem deutschen Infinitiv mit "zu":

"um euch zu sehen" [*dīdan-e schomå*] دیدنِ شما

③ آیا [*åjå*] ist eine Fragepartikel (die wir künftig mit *FP* abkürzen). Man könnte sie mit "Es ist doch so, dass …?" übersetzen und stellt sie vor die zu bestätigende Aussage. Allerdings ist sie nicht zwingend, da bereits die Intonation ausreicht, um eine Frage zu stellen.

۴ – نه، با این دوست آمدم. ④

۵ در راه او را دیدم. ⑤

تلّفظ

[**4** *nah, bå īn dūßt åmadam.* **5** *dar råh ū rå dīdam.*]

۱ – چرا به اینجا آمدید؟ ①

1 TscheRĀ BeH AīNDjĀ ĀMaDīD?

۲ – برایِ دیدنِ شما. ②

2 BaRĀ-ie DīDaN-e SchoMĀ.

۳ – آیا تنها آمدید؟

3 ĀīĀ TaNHĀ ĀMaDīD?

۴ – نه، با این دوست آمدم.

4 NaH, BĀ AīN DωSST ĀMaDaM.

۵ در راه او را دیدم. ③ ④

5 DaR RĀH Aω RĀ DīDaM.

Nein, ich bin mit diesem Freund gekommen. – 4
(nein, mit dieser Freund kam.)
Ich habe ihn auf dem Weg getroffen. 5
(in Weg er *Akk*. sah.)

Da das Persische eine geschlechtslose Sprache ist, kann ④
دوست [*dūßt*] sowohl "Freund" als auch "Freundin" bedeuten.

او [*ū*] ist das Personalpronomen der 3. Person Singular und ent- ⑤
spricht – je nach Zusammenhang – "er", "sie" oder "es". Stellt man ihm را [*rå*] nach, entspricht dies dem Akkusativ: "ihn", "sie" oder "es".

Warum seid ihr hierhergekommen? – 1
(warum nach hier kamt?)
Um euch zu sehen. – 2
(für+ sehen+ ihr.)
Seid ihr allein gekommen? – 3
(*Fragepartikel* allein kamt?)
Nein, ich bin mit diesem Freund gekommen. – 4
(nein, mit dieser Freund kam.)
Ich habe ihn auf dem Weg getroffen. 5
(in Weg er *Akk*. sah.)

ANMERKUNGEN

Soll am Wortanfang ein langes [*ī*] gesprochen werden, so ①
schreibt man dieses durch **alef** + **je**: ای, z. B. اینجا [*īndĵå*] "hier" oder این [*īn*] "dieser, -e, -es".

برایِ [*barå-je*] "für": Folgt das **Esåfeh** auf einen Vokal (wie hier ②
alef), wird ihm **je** ی als Vokalträger vorangestellt.

Ein langes [*ū*] am Wortanfang wird durch **alef** + **wāw** dargestellt, ③
wie hier in او [*ū*] "er, sie, es".

In راه [*råh*] finden Sie die isolierte Form von **he do tscheschm** ه [*h*], ④
weil dieses auf einen Buchstaben folgt, der nicht verbunden wird.

جمله های زیر را می فهمید؟

1 چرا دیروز شما را ندیدم؟

[tscherå dīrūs schomå rå nadīdam?]

2 برایِ دیدنِ تو آمدم.

[barå-je dīdan-e to åmadam.]

3 من امروز تنها نیستم.

[man emrūs tanhå nīßtam.]

جاهایِ خالی را پر کنید

1 Warum ist er mit einem Freund hierhergekommen?

چرا با یک دوست (به) اینجا آمد؟

[. . . . . bå . . . dūßt (beh) . . . . . åmad?]

2 Bist du heute allein gekommen?

آیا امروز تنها آمدی؟

[åjå . . . . åmadī?]

3 Ich habe Ihren Freund auf dem Weg gesehen.

در راه دوستِ شما را دیدم.

[dar . . . dūßt-e . . . . dīdam.]

بنویسید

راه

he do tscheschm [*h*]

④ در راه او را ندیدم.
[dar råh ū rå nadīdam.]

⑤ با کی آمدید؟ - با دوستِ شما.
[bå kī åmadīd? – bå dūßt-e schomå.]

آیا متوجه شدید؟

Warum habe ich Sie gestern nicht gesehen? ①
Ich bin gekommen, um dich zu sehen. ②
Heute bin ich nicht allein. ③
Ich habe ihn auf dem Weg nicht gesehen. ④
Mit wem sind Sie gekommen? – Mit Ihrem Freund / Ihrer Freundin. ⑤

Warum habe ich dich nicht in der Stadt gesehen? ④

چرا تو را در شهر ندیدم؟

[tscherå .. .. dar schahr .... ?]

چرا به اینجا آمدید؟

واژه هایِ مناسب

① [tscherå] چرا – [jek] یک – [īndjå] اینجا ② [emrūs] امروز – [tanhå] تنها ③ [råh] راه – [schomå] شما – [rå] را ④ [to] تو – [rå] را – [nadīdam] ندیدم

۱۸ درسِ هجدهم

در اصفهان

۱ – سلام کاوه! کجا بودی؟

۲ – من (در) اصفهان بودم. ①

۳ – تو شانس داری! ②

۴ اصفهان خیلی زیباست. ③

۵ اصفهان نصفِ جهان! ④

تلّفظ

[darß-e hedĵdahom dar eßfahån 1 ßalåm kåweh! kodĵå būdī? 2 man (dar) eßfahån būdam. 3 to schånß dårī! 4 eßfahån chejlī sībåßt. 5 eßfahån neßf-e dĵahån!]

18. Lektion

In Isfahan

Guten Tag, Kawe! Wo warst du? – 1
(Gruß Kawe! wo warst?)
Ich war in Isfahan. – 2
(ich (in) Isfahan war.)
Du Glücklicher! – 3
(du Glück hast!)
Isfahan ist sehr schön. 4
(Isfahan sehr schön-ist.)
Isfahan ist die Hälfte der Welt! 5
(Isfahan Hälfte+ Welt!)

ANMERKUNGEN

① Ähnlich wie in (در) منزل بودم [*(dar) mansel būdam*] kann man auch vor Ortsnamen die Präposition weglassen:

تو (در) اصفهان بودی؟ [*to (dar) eßfahån būdī?*]

"Warst du in Isfahan?"

② شانس [*schånß*] heißt "Glück" und ist wie das bereits bekannte مرسی [*merßī*] eine Entlehnung aus dem Französischen.

③ Bei زیباست [*sībåßt*] handelt es sich um die Kombination aus زیبا [*sībå*] "schön" und است [*aßt*] "ist". Diese sog. Kontraktionen sind häufig, und Sie kennen das Phänomen bereits von کجاست؟ [*kodĵåßt?*] ([*kodĵå*] + [*aßt*]) "wo ist?"

④ Dieses bekannte Sprichwort drückt aus, dass die Stadt Isfahan so viel zu bieten hat, dass sie es problemlos mit dem restlichen Teil unseres Planeten aufnehmen kann. Übertrieben? Vielleicht haben Sie die Gelegenheit, das einmal selbst herauszufinden.

١ – سلام کاوه! کجا بودی؟

1 SSaLĀM KĀweH! KoDĵĀ BwDI?

٢ – من (در) اصفهان بودم. ①

2 MaN (DaR) AÇFaHĀN BwDaM.

٣ – تو شانس داری!

3 Tw SchĀNSS DĀRI!

۴ اصفهان خیلی زیباست. ②

4 AÇFaHĀN CheILI SIBĀSST.

۵ اصفهان نصفِ جهان! ③ ④

5 AÇFaHĀN NeÇF-e DĵaHĀN!

جمله هایِ زیر را می فهمید؟

❶ شهرِ اصفهان خیلی زیباست.
[schahr-e eßfahån chejlī sībåßt.]

❷ دیروز به اصفهان رفتید؟
[dīrūs beh eßfahån raftīd?]

❸ در اصفهان هوا خیلی خوب بود.
[dar eßfahån hawå chejlī chūb būd.]

❹ شما در راه بیمار نشدید؟
[schomå dar råh bīmår naschodīd?]

Guten Tag, Kawe! Wo warst du? – 1
(Gruß Kawe! wo warst?)
Ich war in Isfahan. – 2
(ich (in) Isfahan war.)
Du Glücklicher! – 3
(du Glück hast!)
Isfahan ist sehr schön. 4
(Isfahan sehr schön-ist.)
Isfahan ist die Hälfte der Welt! 5
(Isfahan Hälfte+ Welt!)

ANMERKUNGEN

① Der Buchstabe **ßād** صـ [*ß*], hier in seiner Anfangsform, wird im Persischen – im Unterschied zum Arabischen – genau wie **ßīn** س [*ß*] gesprochen. Wir kennen dieses Phänomen bereits von **he djīmī** حـ bzw. **he do tscheschm** ه für [*h*] und **te** ت bzw. **tā** ط für [*t*].

② Im Wort زیباست [*sībåßt*] lernen Sie die Mittelform von **be** [*b*] kennen: ـبـ.

③ Hier sehen Sie die Mittelform von **ßād** ـصـ [*ß*]. Wie man erkennen kann, unterscheidet sie sich kaum von der Anfangsform.

④ Am Wortende schreibt sich **fe** [*f*] mit einem Bogen, der nach links gezogen wird: ـف. Ähnlich verhält es sich ja bekanntlich mit **be** ـب [*b*], **te** ـت [*t*] und **kāf** ـک [*k*].

⑤ من برایِ دیدنِ اصفهان به اینجا آمدم.
[*man barå-je dīdan-e eßfahån beh īndjå åmadam.*]

آیا متوجه شدید؟

Die Stadt Isfahan ist sehr schön. ❶
Seid ihr / Sind Sie gestern nach Isfahan gegangen/gefahren? ❷
In Isfahan war das Wetter sehr schön. ❸
Seid ihr / Sind Sie nicht auf dem Weg krank geworden? ❹
Ich bin hierhergekommen, um Isfahan zu sehen. ❺

جاهایِ خالی را پر کنید

Ihr habt / Sie haben viel Glück! ❶

شما خیلی شانس دارید!

[schomå .... schånß ..... !]

Ist Isfahan nicht sehr schön? ❷

آیا اصفهان خیلی زیبا نیست؟

[åjå .... chejlī .... nīßt?]

Seid Ihr / Sind Sie allein nach Isfahan gekommen? – Ja. ❸

تنها به اصفهان آمدید؟ – بله.

[..... beh eßfahån .... ? – ....]

بنویسید

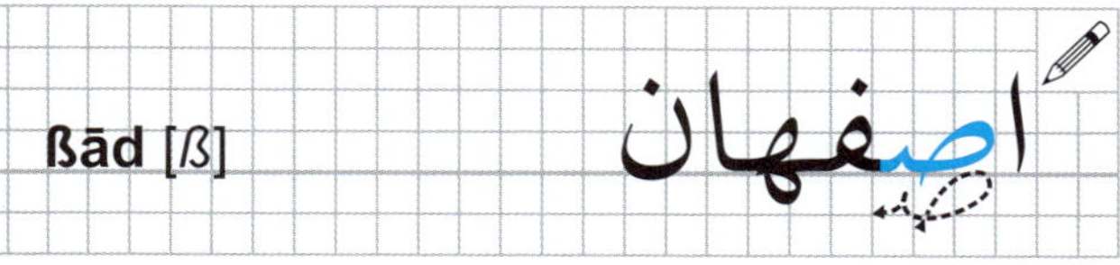

Wie ist dieser Freund von euch gekommen? ❹

این دوستِ شما چطور آمد؟

[.. dūßt-e schomå .... åmad?]

Habt ihr / Haben Sie die Stadt Isfahan auf dem Weg gesehen? ❺

در راه شهرِ اصفهان را دیدید؟

[dar ... .-. eßfahån .. dīdīd?]

واژه هایِ مناسب

❶ [chejlī] خیلی – [dårīd] دارید ❷ [eßfahån] اصفهان – [sībå] زیبا ❸ [tanhå] تنها – [åmadīd] آمدید – [baleh] بله ❹ [īn] این – [tschetour] چطور ❺ [råh] راه – [schahr-e] شهرِ – [rå] را

Isfahan
Isfahan kann mit Recht als die schönste Stadt Irans bezeichnet werden und sollte dementsprechend auf einer Iran-Reise ganz oben auf der Prioritätenliste stehen. Die ehemalige Hauptstadt vieler Dynastien des Alten Persien verfügt über eine Vielzahl an religiösen und weltlichen Bauwerken, von denen viele in unmittelbarer Nähe des riesigen Hauptplatzes liegen. Und wer sich an den historischen Highlights sattgesehen hat, der findet auf dem nahegelegenen Basar zahlreiche Möglichkeiten, einzukaufen und von den regionalen Spezialitäten zu kosten.

۱۹ درسِ نوزدهم

ساعت

۱ – عمو جواد کی آمد؟ ① ②

۲ – دیشب ساعتِ ده و نیم. ③ ④

۳ – هنوز او را ندیدم.

۴ – لطفاً، حالا ساعتِ چند است؟

۵ – ساعتِ سه و ربع. ⑤

تلّفظ

[*darß-e nūsdahom ßå'at* **1** *'amū dĵawåd kej åmad?* **2** *dīschab ßå'at-e dah-o nīm.* **3** *hanūs ū rå nadīdam.* **4** *lotfan, hålå ßå'at-e tschand aßt?* **5** *ßå'at-e ßeh-o rob'.*]

ANMERKUNGEN

① عمو [*'amū*] bezeichnet nur den Onkel väterlicherseits. Wie in den meisten islamischen Ländern wird auch in Afghanistan und in Iran sprachlich sehr klar unterschieden, ob man von Verwandten väterlicher- oder mütterlicherseits spricht.

② Beachten Sie, dass auch das Fragewort کی [*kej*] "wann?" in der Regel hinter dem Subjekt, aber vor dem zugehörigen Verb steht. Keine Sorge: Mit etwas Übung gewöhnen Sie sich an diese zunächst vielleicht etwas fremde Satzstellung.

19. Lektion

Die Uhrzeit

Wann ist Onkel Dschawad gekommen? – 1
(Onkel Dschawad wann kam?)

Gestern Abend um halb elf. – 2
(gestern-Nacht Stunde+ zehn-und halb.)

Ich habe ihn noch nicht gesehen. – 3
(noch er *Akk.* nicht-sah.)

Bitte, wie viel Uhr ist es jetzt? – 4
(bitte, jetzt Stunde+ welche ist?)

Viertel nach drei. – 5
(Stunde+ drei-und Viertel.)

دیشب [*dīschab*] "gestern Abend" oder "letzte Nacht" ist eine zusammengesetzte Form aus dem alten, nur noch poetisch gebrauchten دی [*dī*] "gestern" und شب [*schab*] "Nacht". Sie kennen bereits das ähnlich gebildete دیروز [*dīrūs*] "gestern" (tagsüber). ③

Für die volle Stunde wird der entsprechenden Uhrzeit ساعت [*ßå'at*] "Uhr, Stunde; Uhrzeit" mit angehängtem **Esåfeh** vorangestellt: ساعتِ ده [*ßå'at-e dah*] "(um) zehn Uhr". Außerdem kann man و ربع [*-o rob'*] "Viertel nach" bzw. و نیم [*-o nīm*] "halb" nachstellen, wobei – anders als im Deutschen – z. B. "halb acht" durch "sieben und halb" ausgedrückt wird: هفت و نیم [*haft-o nīm*]. ④

Und da es in dieser Lektion um Uhrzeiten geht, sollten Sie auch das Wort für "Zeit" kennen: وقت [*waqht*]. ⑤

۱ – عمو جواد کی آمد؟ ① ② ③

1 ?DaMĀ ieK DĀwaĵD wMaᵊ

۲ – دیشب ساعتِ ده و نیم. ④

2 .MiN w HaD e-TaᵊĀSS BahcSiD

۳ – هنوز او را ندیدم.

3 .MaDiDaN ĀR wA ŻwNaH

۴ – لطفاً، حالا ساعتِ چند است؟ ⑤ ⑥

4 ?TSSA DNahcsT e-TaᵊĀSS ĀLĀh ,NAFToL

۵ – ساعتِ سه و ربع. ⑦

5 .ᵊBoR w HeSS e-TaᵊĀSS

ANMERKUNGEN

① Beim ersten Buchstaben in عمو [*'amū*] handelt es sich um **ejn** in seiner Anfangsform ع. **ejn** ['] dehnt den nachfolgenden kurzen Vokal [a], oder er markiert, wenn er zwischen zwei Vokalen steht, einen Stimmabsatz: ساعت [*ßå'at*] "Stunde, Uhr; Uhrzeit".

② In der 1. Übung werden Sie eine neue Form des Buchstabens **djīm** sehen: ج [*dj*]. Es handelt sich um die Endform. In der Anfangsform جـ und der Mittelform ـجـ kennen Sie diesen Buchstaben bereits aus mehreren Wörtern.

Wann ist Onkel Dschawad gekommen? – 1
(Onkel Dschawad wann kam?)
Gestern Abend um halb elf. – 2
(gestern-Nacht Stunde+ zehn-und halb.)
Ich habe ihn noch nicht gesehen. – 3
(noch er *Akk.* nicht-sah.)
Bitte, wie viel Uhr ist es jetzt? – 4
(bitte, jetzt Stunde+ welche ist?)
Viertel nach drei. – 5
(Stunde+ drei-und Viertel.)

Verwechseln Sie nicht die Fragewörter کی [*kej*] "wann?" und کی [*kī*] "wer?". Sie werden zwar identisch geschrieben, doch der Satzzusammenhang gibt Aufschluss darüber, welches der beiden gemeint ist. Um Missverständnisse zu vermeiden, kann man کِی [*kej*] "wann?" mit dem Vokalzeichen **kaßreh** unter dem **kāf** schreiben. ③

In دیشب [*dīschab*] sehen Sie die Mittelform von **schīn** ـشـ [*sch*]. Dieser Buchstabe sieht wie **ßīn** ـسـ [*ß*] aus, nur dass er darüber drei Punkte trägt. ④

Am Ende von لطفاً [*lotfan*] "bitte" sehen Sie auf dem **alef** zwei Striche, das sog. **tanwīn**, das die Endung ـاً [*-an*] deutlich macht. Sie markiert im Arabischen den Akkusativ, ist im Persischen jedoch nur noch in feststehenden Begriffen erhalten. Mehr dazu in L. 21. ⑤

In حالا [*hålå*] "jetzt" finden Sie erneut die Ligatur aus **lām** und **alef**, wie Sie sie bereits aus سلام [*ßalåm*] kennen, allerdings hier als isolierte Form لا, also ohne Verbindung mit dem vorherigen Buchstaben. ⑥

Abschließend sehen Sie hier die Endform des oben bereits erwähnten **ejn**: ـع. In dieser Form wird es so gut wie gar nicht gesprochen. ⑦

جمله های زیرِ را می فهمید؟

1 ساعتِ چند است؟ – ساعتِ پنج و نیم.

[ßå'at-e tschand aßt? – ßå'at-e pandĵ-o nīm.]

2 عمو جواد کی از شهرِ شیراز آمد؟

['amū dĵawåd kej as schahr-e schīrås åmad?]

3 جواد را هنوز ندیدم.

[dĵawåd rå hanūs nadīdam.]

4 دیشب ساعتِ ده و نیم پدرِ من آمد.

[dīschab ßå'at-e dah-o nīm pedar-e man åmad.]

جاهایِ خالی را پر کنید

Wie viel Uhr ist es, gnädige Frau? 1

خانم، ساعتِ چند است؟

[chånom, ... - . . . . aßt?]

Sie sind / Ihr seid um Viertel nach neun weggegangen. 2

شما ساعتِ نه و ربع رفتید.

[schomå . . . . . - . noh- . . . . . raftīd.]

Um wie viel Uhr habe ich Ihren/euren Freund gesehen? 3

ساعتِ چند دوستِ شما را دیدم؟

[ßå'at-e . . . . dūßt-e . . . . dīdam?]

⑤ شما نصفِ شب به منزل آمدید.

[*schomå neßf-e schab beh mansel åmadīd.*]

آیا متوجه شدید؟

Wie viel Uhr ist es? – Halb sechs. ①
Wann ist Onkel Dschawad aus der Stadt Schiras angekommen? ②
Ich habe Dschawad noch nicht gesehen. ③
Gestern Abend ist mein Vater um halb elf angekommen. ④
Sie sind / ihr seid um Mitternacht (Hälfte+ Nacht) zu Hause angekommen. ⑤

Ahmad ist gestern Abend krank geworden. ④

دیشب احمد بیمار شد.

[....... *ahmad* ..... *schod.*]

Ich bin noch nicht nach Isfahan gefahren. ⑤

به اصفهان هنوز نرفتم.

[*beh eßfahån* ....]

واژه هایِ مناسب

① [*ßå'at-e*] ساعتِ – [*tschand*] چند ② [*ßå'at-e*] ساعتِ – [*rå*] را – [*schomå*] شما ③ [*tschand*] چند – [*rob'*] ربع – [*-o*] و ④ [*dīschab*] دیشب – [*bīmår*] بیمار ⑤ [*hanūs*] هنوز – [*naraftam*] نرفتم

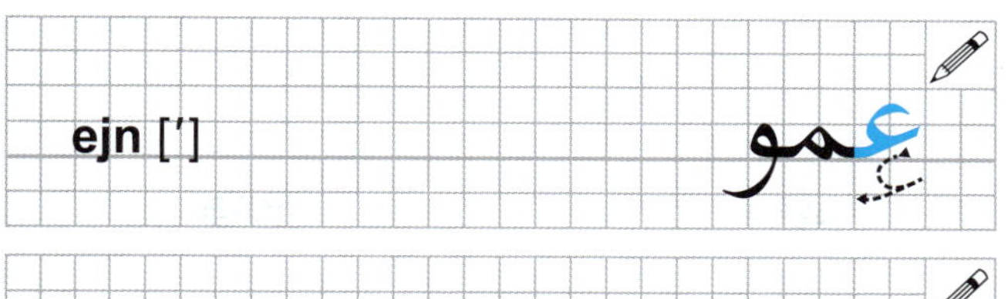

۲۰ درسِ بیستم

پستخانه کجاست؟

۱ – آقا آیا پستخانه نزدیک است؟ ①

تلّفظ

[*darß-e bīßtom poßtchåneh kodjåßt* **1** *åqhå åjå poßtchåneh nasdīk aßt?*]

Persisch in Afghanistan
Auch in Afghanistan kann man sich problemlos auf Persisch verständigen. Die dortige Variante, دری [*darī*], ist neben پشتو [*paschto*] die offizielle Landessprache. Im Unterschied zum iranischen Persisch wird auf Dari schneller, kürzer und "härter" gesprochen. Das **qhāf** ق [*qh*], das Sie in Lektion 20 treffen, wird wie ein weit im Rachen artikuliertes [*k*] gesprochen, und **wāw** و [*ū/o/ou/w*] klingt eher wie das englische [*w*] in *water*. Die Vokale sind insgesamt offener, und es existiert auch ein langes [*ē*], z. B. in این [*ēn*] statt iranisch [*īn*], sowie ein langes [*ō*], z. B. in چطور [*tschetōr*] statt iranisch [*tschetour*]. Das auslautende [*-eh*] klingt wie [*-ah*]. Im Wortschatz gibt es kaum nennenswerte Unterschiede, nur dass Dari einige englische Lehnwörter wie موتر [*mōtar*] "Auto", بس [*baß*] "Bus", سرویس [*ßerwīß*] "Service", آیسکریم [*åjßkrīm*] "Eiscreme" oder ورکشاپ [*warkschåp*] "Werkstatt" benutzt. Einige Unterschiede bestehen auch in der Grammatik. Afghanen haben durch iranisches Fernsehen kaum Probleme mit iranischem Persisch; umgekehrt kennen Iraner keine Dari-Ausdrücke oder -Besonderheiten. Die Unterschiede liegen hauptsächlich in der gesprochenen Sprache. In Dari existieren noch einige Laute, die im iranischen Persisch weggefallen sind.

20. Lektion

Wo ist das Postamt?

Mein Herr, ist das Postamt [hier] in der Nähe? – 1
(Herr *FP* Post-Haus nah ist?)

ANMERKUNGEN

① Bei پستخانه [*poßtchåneh*] "Postamt" handelt es sich um eine Kombination aus dem internationalen Wort پست [*poßt*] und dem persischen خانه [*chåneh*] "Haus". Letzteres wird häufig an andere Hauptwörter angehängt, so z. B. کتابخانه [*ketåbchåneh*] "Bibliothek".

۲ – بله دور نیست.

۳ باید رفت دستِ چپ ②

۴ بعد از آن دستِ راست. ③ ④

۵ پنج دقیقه راه است.

۶ تاکسی لازم نیست. ⑤

تلفّظ

[**2** baleh dūr nīßt. **3** båjad raft daßt-e tschap **4** ba'd as ån daßt-e råßt. **5** pandĵ daqhīqheh råh aßt. **6** tåkßī låsem nīßt.]

Ja, es ist nicht weit. – 2
(ja weit nicht-ist.)
Man muss nach links gehen, 3
(muss gehen- Hand+ links.)
danach nach rechts. 4
(danach von jenes Hand+ rechts.)
Es ist fünf Minuten von hier [entfernt]. 5
(fünf Minute Weg ist.)
Ein Taxi ist nicht nötig. 6
(Taxi nötig nicht-ist.)

Die feststehende Verbalform باید [*båjad*] wird am besten mit "man muss" oder "es ist notwendig" übersetzt. Dahinter steht der verkürzte Infinitiv eines Verbs, also jene Form, bei der man vom Infinitiv die Endung [-*an*] wegstreicht: رفتن [*raft-an*] ➤ باید رفت [*båjad raft*] "man muss gehen"; کردن [*kard-an*] ➤ باید کرد [*båjad kard*] "man muss machen". ②

"Danach" wird immer durch das arabische بعد [*ba'd*] "danach, dann" und die darauffolgende persische Präposition از [*as*] "von" ausgedrückt. ③

آن [*ån*] bedeutet "jenes (dort)" im Unterschied zu این [*īn*] "dieses (hier)". Beide Wörter können auch als Demonstrativpronomen vor Substantiven stehen: این کتاب [*īn ketåb*] "dieses Buch", aber آن منزل [*ån mansel*] "jenes Haus". ④

لازم [*låsem*] "nötig, notwendig" ist äußerst oft zu hören und auch praktisch: ⑤

آب لازم است؟ [*åb låsem aßt?*]

"Ist Wasser nötig? / Ist Wasser notwendig?"

Stellt man das Verb "haben" hinter لازم [*låsem*], erhält es die Bedeutung "brauchen":

این خانه یک درِ بزرگ لازم دارد.

[*īn chåneh jek dar-e bosorg låsem dårad.*]

"Dieses Haus braucht eine große Tür."

۱ – آقا آیا پستخانه نزدیک است؟ ①

1 ĀQĥĀ ĀIĀ PoSSṪChĀNeH NaŚDIK ASSṪ?

۲ – بله دور نیست.

2 BaLeH DωR NISSṪ.

۳ باید رفت دستِ چپ ②

3 BĀIaD RaFṪ DaSSṪ-e TschaP

۴ بعد از آن دستِ راست.

4 Ba'D AŚ ĀN DaSSṪ-e RĀSSṪ.

۵ پنج دقیقه راه است. ③ ④

5 PaNDj DaQĥIQĥeH RĀH ASSṪ.

۶ تاکسی لازم نیست.

6 ṪĀKSSI LĀŚeM NISSṪ.

جمله هایِ زیر را می فهمید؟

❶ پستخانه از اینجا دور نیست.

[poßtchåneh as īndjå dūr nīßt.]

❷ باید رفت دستِ راست.

[båjad raft daßt-e råßt.]

Mein Herr, ist das Postamt [hier] in der Nähe? – 1
(Herr *FP* Post-Haus nah ist?)
Ja, es ist nicht weit. – 2
(ja weit nicht-ist.)
Man muss nach links gehen, 3
(muss gehen- Hand+ links.)
danach nach rechts. 4
(danach von jenes Hand+ rechts.)
Es ist fünf Minuten von hier [entfernt]. 5
(fünf Minute Weg ist.)
Ein Taxi ist nicht nötig. 6
(Taxi nötig nicht-ist.)

ANMERKUNGEN

① In آقا [*åqhå*] "(mein) Herr" findet sich ein neuer Buchstabe, **qhāf**, der wie eine Mischung aus dem deutschen [*r*] und [*ch*] klingt, dabei aber tief im Rachen gesprochen wird. Hier lernen Sie die Anfangsform ق kennen.

② In چپ [*tschap*] "links" sehen Sie die Endform von **pe** ـپ [*p*]. Sieht man von den Punkten ab, entspricht sie in etwa der Schreibweise von **be** ـب [b] und **te** ـت [*t*].

③ Beachten Sie die Schreibung der Endform von **djīm** ـج [*dj*], wie hier in پنج [*pandj*] "fünf". Vorsicht: Der nach unten gezeichnete Bogen sollte nicht zu klein sein.

④ In دقیقه [*daqhīqheh*] "Minute" finden Sie die Mittelform von **qhāf**: ـقـ.

3 باید به اینجا آمد.

[*båjad beh īndjå åmad.*]

4 آقا آیا بازار نزدیک است؟

[*åqhå åjå båsår nasdīk aßt?*]

LEKTION 20

⑤ خانم لطفاً ساعتِ چند است؟

[chånom lotfan, ßå'at-e tschand aßt?]

⑥ باید به مرکزِ شهر رفت.

[båjad beh markas-e schahr raft.]

⑦ برایِ دیدنِ شهر تاکسی لازم نیست.

[barå-je dīdan-e schahr tåkßī låsem nīßt.]

جاهایِ خالی را پر کنید

① Man muss nach rechts gehen, dann nach links.

باید رفت دستِ راست، بعد از آن دستِ چپ.

[. . . . . raft . . . . - . råßt, ... ån daßt-e . . . .]

② Man braucht zehn Minuten Zeit, um diese Stadt zu sehen.

برایِ دیدنِ این شهر ده دقیقه وقت لازم است.

[barå-je . . . . . . - . īn schahr dah . . . . waqht . . . . . aßt.]

③ Mein Herr, wo bitte ist die Post?

آقا، لطفاً پستخانه کجاست؟

[åqhå, ... poßtchåneh . . . . ?]

آیا متوجه شدید؟

Die Post ist nicht weit von hier [entfernt]. ❶
Man muss nach rechts gehen. ❷
Man muss hierher kommen. ❸
Mein Herr, ist der Basar in der Nähe? ❹
Gnädige Frau, bitte, wie viel Uhr ist es? ❺
Man muss ins Stadtzentrum gehen/fahren. ❻
Um die Stadt zu sehen, ist es nicht nötig, ein Taxi zu nehmen. ❼

Die Post ist nicht ganz nah. ❹

پستخانه خیلی نزدیک نیست.

[poßtchåneh .... nīßt.]

Die Post ist hinter jenem Geschäft dort. ❺

پستخانه بعد از آن دکّان است.

[poßtchåneh .... as .. .. aßt.]

واژه های مناسب

❶ [båjad] باید – [daßt-e] دستِ – [ba'd] بعد – [as] از – [tschap] چپ ❷ [dīdan-e] دیدنِ – [daqhīqheh] دقیقه – [låsem] لازم ❸ [lotfan] لطفاً – [kodjåßt] کجاست ❹ [chejlī] خیلی – [nasdīk] نزدیک ❺ [ba'd] بعد – [ån] آن – [dokkån] دکّان

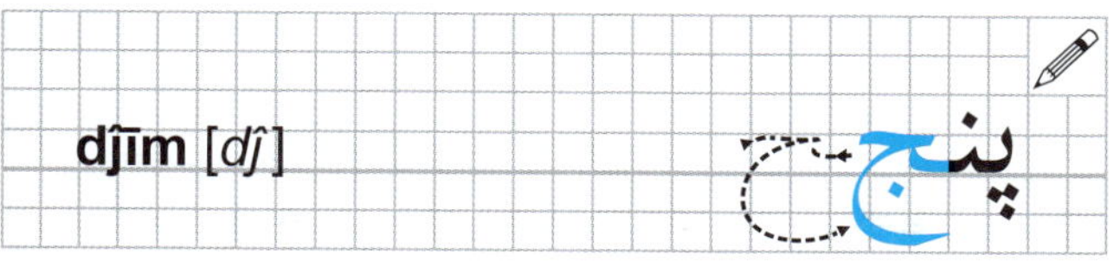

[darß-e bīßt-o jekom]

مرور

[morūr]

Wiederholung und Anmerkungen

Alles, was in dieser Lektion wiederholt wird, werden Sie in den nächsten Lektionen noch viele Male antreffen. Es liegt in der Natur der Assimil-Methode, dass Sie beim täglichen Lernen bekannten Stoff wiederholen und Ihre Kenntnisse sich auf diese Weise – für Sie fast unmerklich – festigen.

Nach 20 Lektionen Persisch fällt Ihnen manches nun sicherlich schon leichter: die Schrift, die Aussprache, der Satzbau, die Konjugation der Verben in der Vergangenheit und die Anwendung des **Esåfeh** und der Akkusativpartikel. Vieles mag Ihnen auch noch ungewohnt und fremd erscheinen; lassen Sie sich dadurch aber nicht entmutigen, sondern blicken Sie nach vorne!

1. Buchstaben des arabisch-persischen Alphabets

In den vergangenen Lektionen haben Sie drei neue sowie einige noch unbekannte Formen der bereits angetroffenen Buchstaben gelernt, die wir hier nochmals aufführen:

21. Lektion

Ende	Mitte	Anfang	Isoliert	Name und Lautwert
ـا		(آ) ا		**alef** [*å, a, e ,o*] *
ـب	ـبـ	بـ	ب	**be** [*b*]
ـپ	ـپـ	پـ	پ	**pe** [*p*]
ـت	ـتـ	تـ	ت	**te** [*t*]
ـج	ـجـ	جـ	ج	**dǰīm** [*dǰ*]
ـچ	ـچـ	چـ	چ	**tsche** [*tsch*]
ـح	ـحـ	حـ	ح	**he dǰīmī** [*h*]
ـخ	ـخـ	خـ	خ	**che** [*ch*]
ـد		د		**dāl** [*d*] *
ـر		ر		**re** [*r*] *
ـز		ز		**se** [*s*] *

Ende	Mitte	Anfang	Isoliert	Name und Lautwert
ـس	ـسـ	سـ	س	**ßīn** [*ß*]
ـش	ـشـ	شـ	ش	**schīn** [*sch*]
ـص	ـصـ	صـ	ص	**ßād** [*ß*]
ـط	ـطـ	ط		**tā** [*t*]
ـع	ـعـ	عـ	ع	**ejn** [*'*]
ـف	ـفـ	فـ	ف	**fe** [*f*]
ـق	ـقـ	قـ	ق	**qhāf** [*qh*]
ـک	ـکـ	کـ	ک	**kāf** [*k*]
ـگ	ـگـ	گـ	گ	**gāf** [*g*]
ـل	ـلـ	لـ	ل	**lām** [*l*]
ـم	ـمـ	مـ	م	**mīm** [*m*]
ـن	ـنـ	نـ	ن	**nūn** [*n*]
ـو		و		**wāw** [*w*] / [*o*] / [*ū*] / [*ou*] oder stumm *
ـه	ـهـ	هـ	ه	**he do tscheschm** [*h*]
ـی	ـیـ	یـ	ی	**je** [*ī*] / [*j*] / [*ej*]

* Diese Buchstaben werden nicht nach links verbunden.

Speziell ist bei den neuen Buchstaben in erster Linie das **ejn**, das in den meisten Fällen nur als Stimmabsatz gesprochen wird. Sehen Sie sich dazu nochmals ساعت [*ßå'at*] "Stunde, Uhrzeit" an. Beim Wort عمو [*'amū*] "Onkel" z. B. dehnt **ejn** den nachfolgenden Vokal. Ungewohnt mag außerdem die Aussprache von **qhāf** ق sein, diesem tiefen arabisch anmutenden Kehllaut, der zwischen dem deutschen [*r*] und [*ch*] liegt, dabei aber tief im Rachen gesprochen wird, wie z. B. in دقیقه [*daqhīqheh*] "Minute".

Mit **ßād** ص lernen Sie einen Buchstaben, der lautlich nicht von **ßīn** س [*ß*] zu unterscheiden ist. Wir kennen dieses Phänomen bereits aus Dopplungen wie **he djīmī** und **he do tscheschm** für [*h*] bzw. **te** und **tā** für [*t*]. Sie wissen, dass dies damit zusammenhängt, dass man die Orthografie der zahlreichen arabischen Lehnwörter beibehält. Dies mag erst einmal schwierig klingen, doch lassen Sie sich dadurch nicht verunsichern. Immerhin verhält es sich im Deutschen ja ähnlich mit Fremdwörtern; denken Sie nur an Wörter wie Business, Computer, Meeting, Aubergine, Champignon, Pizza oder Spaghetti.

2. Schrift

Die Mehrheit der persischen Buchstaben folgt klaren Mustern, wenn es um die Schreibung der einzelnen Formen geht, und mit etwas Geduld und Übung bekommt man ein Gefühl für dieses System. Wirklich ausgefallen und relativ komplex ist jedoch der Buchstabe **he do tscheschm**, denn seine einzelnen Formen unterscheiden sich doch recht deutlich voneinander. Hier nochmals alle Formen im Überblick:

(Anfangsform) "Luft, Wetter"	[*hawå*] هوا
(Mittelform) "alleine"	[*tanhå*] تنها
(Endform) "Postamt"	[*poßtchåneh*] پستخانه
(isolierte Form) "Weg"	[*råh*] راه

[*h*] wird am Wortanfang und in der Mitte und auch, wie z. B. im Fall von راه [*råh*] am Wortende, gesprochen.

Neu ist außerdem die Schreibung des sog. **tanwīn**, also der zwei Striche über dem **alef**, als Endung اً [-*an*], wie z. B. in لطفاً [*lotfan*] "bitte". Es handelt sich auch dabei um ein Relikt aus dem Arabischen, wo das **tanwīn** den Akkusativ markiert. Im Persischen ist das **tanwīn** jedoch nur noch in feststehenden adverbialen Ausdrücken enthalten.

Sie haben noch einmal die Ligatur aus **lām** und **alef** gesehen, und zwar sowohl als verbundene als auch als isolierte Form:

"Gruß, Guten Tag"	[*ßalåm*] سلام
"jetzt"	[*hålå*] حالا

3. Zweite Person Plural

Sie haben in Lektion 15 die personenspezifische Endung ید [-*īd*] kennengelernt, die der 2. Person Plural "ihr", aber auch der höflichen Anrede "Sie" – beide شما [*schomå*] – entspricht.

"ihr habt gemacht / Sie haben gemacht"	[*kardīd*] کردید
"ihr habt / Sie haben"	[*dårīd*] دارید
"es geht euch/Ihnen gut"	[*chūbīd*] خوبید
"es geht euch/Ihnen nicht schlecht"	[*bad nīßtīd*] بد نیستید

4. Infinitiv

Persische Verben verfügen über einen Infinitiv, also die Grundform, die man gewöhnlich auch in Wörterbüchern findet. Man bildet den Infinitiv mit dem Präteritumstamm des Verbs – dieser entspricht bekanntlich der Vergangenheitsform der 3. Person Singular – plus der Endung [-*an*], z. B. کردن [*kardan*] "machen, tun", گفتن [*goftan*] "sagen".

Diese Form kann auch mit **Esåfeh** stehen und entspricht dann in etwa dem deutschen Infinitiv mit "zu":

برایِ دیدنِ شما [*barå-je dīdan-e schomå*]
"um euch/Sie zu sehen"

5. Hilfsverben "müssen", "notwendig sein" und "brauchen"

Das Hilfsverb "müssen" wird sehr häufig durch die Konstruktion mit باید [*båjad*] ausgedrückt. Hierbei handelt es sich um eine feststehende Verbalform, die man am besten mit "man muss" oder "es ist notwendig" übersetzt. Dahinter steht der verkürzte Infinitiv eines Verbs, also jene Form, bei der man vom Infinitiv die Endung [-*an*] wegstreicht:

"man muss gehen" [*båjad raft*] باید رفت ‹ [*raft-an*] رفتن

"man muss machen" [*båjad kard*] باید کرد ‹ [*kard-an*] کردن

باید رفت دستِ چپ. [*båjad raft daßt-e tschap.*]
"Man muss nach links gehen. / Es ist notwendig, nach links zu gehen."

Speziell für das etwas abgeschwächte "es ist notwendig" verwendet man synonym auch لازم [*låsem*] "nötig, notwendig":

تاکسی لازم است؟ [*tåkßī låsem aßt?*]
"Ist ein Taxi nötig? / Ist es notwendig, ein Taxi zu nehmen?"

Stellt man das Verb "haben" hinter لازم [*låsem*], bekommt es die Bedeutung "brauchen" (auch häufig im zeitlichen Sinne):

این خانه یک درِ بزرگ لازم دارد.
[*īn chåneh jek dar-e bosorg låsem dårad.*]
"Dieses Haus braucht eine große Tür."

ده دقیقه وقت لازم است.
[*dah daqhīqheh waqht låsem aßt.*]
"Man braucht zehn Minuten (Zeit)."

6. Personalpronomen

Wir kennen bereits die Personalpronomen من [*man*] "ich", تو [*to*] "du" und شما [*schomå*] "ihr, Sie". Neu ist in dieser Lektionseinheit außerdem او [*ū*]; ihm entspricht je nach Kontext "er", "sie" oder "es".

7. Akkusativpartikel را [*rå*]

Die Akkusativpartikel را [*rå*] kann nicht nur hinter einem Substantiv stehen, sondern auch hinter Substantiv-Adjektiv-Verbindungen, Pronomen oder Substantiv-Pronomen-Verbindungen. Vergleichen Sie die folgenden Sätze:

زبانِ فارسی را دوست دارید؟

[*sabån-e fårßī rå dūßt dårīd?*]

"Mögen Sie die persische Sprache?"

در راه او را دیدم. [*dar råh ū rå dīdam.*]

"Ich bin ihm auf dem Weg begegnet."

چرا دیروز شما را ندیدم؟

[*tscherå dīrūs schomå rå nadīdam?*]

"Warum habe ich euch/Sie gestern nicht gesehen?"

دوستِ شما را دیدم. [*dūßt-e schomå rå dīdam.*]

"Ich habe euren/Ihren Freund gesehen."

8. Interrogativpronomen

In den vergangenen sechs Lektionen haben Sie einige neue Interrogativpronomen (Fragewörter) kennengelernt, die wir hier nochmals aufführen möchten.

Unterscheiden Sie gut کی؟ [*kej?*] "wann?" von کی؟ [*kī?*] "wer?", denn beide Wörter werden zwar identisch geschrieben, aber anders ausgesprochen:

"Wann bist du gekommen?" [*kej åmadī?*] کی آمدی؟

• "warum?" [*tscherå?*] چرا؟

[*tscherå beh īndjå åmadīd?*] چرا به اینجا آمدید؟

"Warum seid ihr hierhergekommen?"

• "wie viel?" [*tschand?*] چند؟

"Wie spät ist es?" [*ßå'at-e tschand aßt?*] ساعتِ چند است؟

Steht چند؟ [*tschand?*] mit dem Zählwort تا [*tå*] "Stück", heißt es "wie viele?"; darauf folgt das entsprechende Nomen ausnahmslos im Singular:

[*tschand tå ketåb dårīd?*] چند تا کتاب دارید؟

"Wie viele Bücher haben Sie?"

چند تا [*tschand tå*] heißt außerdem "einige, ein paar":

"Ich habe ein paar." [*tschand tå dåram.*] چند تا دارم.

Außerdem kennt das Persische die Fragepartikel آیا [*åjå*], die man mit "Es ist doch so, dass ...?" übersetzen könnte und die man vor die zu bestätigende Aussage stellt. Allerdings ist sie nicht zwingend, da bereits die Intonation ausreicht, um eine Frage zu stellen.

9. Demonstrativpronomen

Man unterscheidet im Singular آن [*ån*] "jenes (dort)" und این [*īn*] "dieses (hier)". Beide Wörter können entweder alleine oder auch als Demonstrativpronomen vor Substantiven stehen:

"dieses Buch" [*īn ketåb*] این کتاب

"jenes Haus" [*ån mansel*] آن منزل

"mit diesem Freund" [*bå īn dūßt*] با این دوست

"danach" [*bå'd as ån*] بعد از آن

Erwähnenswert ist außerdem, dass auch das Adverb اینجا [*īndjå*] "hier" eigentlich nur eine Wortkombination aus این [*īn*] "dieses (hier)" und جا [*djå*] "Ort" darstellt.

10. Präpositionen

Neu waren im letzten Abschnitt nur die Präpositionen برایِ [barå-je] "für" und بعد از [bå'd as] "nach", wobei speziell die Erstere sehr häufig vorkommt, und zwar sowohl in ihrer ursprünglichen Bedeutung, z. B. برایِ شما [barå-je schomå] "für Sie/euch", aber auch in Verbindung mit Verben, wo sie im Sinne von "(um) zu" gebraucht wird:

"um zu sehen" [barå-je dīdan] برایِ دیدن

11. Adverbien

Fassen wir an dieser Stelle die bekannten Adverbien zusammen. Man unterscheidet Adverbien …

- … der Menge:

"sehr, viel" [chejlī] خیلی

- … des Ortes:

"hier" [īndjå] اینجا

"rechts" [daßt-e råßt] دستِ راست

"links" [daßt-e tschap] دستِ چپ

- … der Zeit:

"heute" [emrūs] امروز

"gestern" [dīrūs] دیروز

"gestern Abend" [dīschab] دیشب

"um Mitternacht" [neßf-e schab] نصفِ شب

"jetzt" [hålå] حالا

"noch nicht" [hanūs … na- ...] هنوز ... نـ ...

[hanūs ū rå nadīdam] هنوز او را ندیدم.
"Ich habe ihn noch nicht gesehen."

12. Zahlen

Die arabisch-persischen Zahlen schreiben sich wie im Deutschen von links nach rechts. Die einzelnen Ziffern lauten:

۰ (0), ۱ (1), ۲ (2), ۳ (3), ۴ (4), ۵ (5), ۶ (6), ۷ (7), ۸ (8), ۹ (9)

Sie kennen bereits die Zahlen von 1 bis 10, doch konnten Sie bis zu diesem Abschnitt noch nicht هفت [*haft*] "sieben", هشت [*hascht*] "acht" und ده [*dah*] "zehn" schreiben. Merken Sie sich noch die Zahlen یازده [*jåsdah*] "elf", دوازده [*dawåsdah*] "zwölf" und بیست [*bīßt*] "zwanzig".

13. Uhrzeit

Auf Persisch die Uhrzeit auszudrücken, ist keine Schwierigkeit. Man fragt:

"Wie spät ist es?" [*ßå'at-e tschand aßt?*] ساعتِ چند است؟

Für volle Stunden reicht es, der entsprechenden Zahl das Wörtchen ساعت [*ßå'at*] "Stunde; Uhrzeit" mit angehängtem **Esåfeh** voranzustellen:

"Es ist zehn Uhr." [*ßå'at-e dah aßt.*] ساعتِ ده است.

Speziell in der Umgangssprache benutzt man ausschließlich die Zahlen von 1 bis 12, nur bei offiziellen Zeitangaben werden die Zahlen bis 24 benutzt.

Außerdem kann man die Ausdrücke و ربع [*o rob'*] "Viertel nach" und و نیم [*o nīm*] "halb" bzw. ربع کم [*rob' kam*] "Viertel vor" nachstellen:

[*ßå'at-e dah-o rob' aßt.*] ساعتِ ده و ربع است.
"Es ist Viertel nach zehn (10:15)."

[*ßå'at-e dah-o nīm aßt.*] ساعتِ ده و نیم است.
"Es ist halb elf (10:30)."

ساعتِ ده ربع کم است. [ßå'at-e dah rob' kam aßt.]
"Es ist Viertel vor zehn (9:45)."

Beachten Sie, dass و in diesen Verbindungen immer [*o*] und nie [*wa*] gesprochen wird!

Um die Uhrzeit in Minuten auszudrücken, benötigt man das Wort دقیقه [*daqhīqheh*] "Minute":

ساعتِ پنج و ده دقیقه است.
[*ßå'at-e pandĵ-o dah daqhīqheh aßt.*]
"Es ist zehn nach fünf (5:10)."

ساعتِ پنج ده دقیقه کم است.
[*ßå'at-e pandĵ dah daqhīqheh kam aßt.*]
"Es ist zehn vor fünf (4:50)."

Möchte man ausdrücken, dass etwas um eine bestimmte Zeit stattfindet, reicht es, in den obigen Zeitangaben das Wörtchen است [*aßt*] wegzulassen:

دیشب ساعتِ ده و نیم آمد.
[*dīschab ßå'at-e dah-o nīm åmad.*]
"Er ist gestern Abend um halb elf (10:30) gekommen."

14. Verständnis-/Formulierungsübung

1. – پری خانم سلام.
2. چرا به اصفهان آمدید؟
3. – برایِ دیدنِ عمو احمد.
4. او را خیلی دوست دارم.
5. – امروز او را دیدید؟
6. – نه، هنوز او را ندیدم.

7 دیروز بیمار شد.

8 امروز حالِ او خوب نیست. تب دارد.

9 – این مرد خیلی خوب است.

10 به من چند تا کتابِ فارسی داد.

11 – بله، زبانِ فارسی را خیلی خوب بلد است.

12 – لطفاً، ساعتِ چند است؟

13 – ساعتِ پنج و نیم (است).

14 – خیلی خوب. آیا پستخانه نزدیک است؟

15 – نه، یک کمی دور است.

16 باید رفت دستِ راست، بعد از آن دستِ چپ.

17 ده دقیقه راه است، تاکسی لازم نیست.

Aussprache der Übungssätze

[**1.** – *parī chånom ßalåm.* **2.** *tscherå beh eßfahån åmadīd?* **3.** – *barå-je dīdan-e 'amū ahmad.* **4.** *ū rå chejlī dūßt dåram.* **5.** – *emrūs ū rå dīdīd?* **6.** – *nah, hanūs ū rå nadīdam.* **7.** *dīrūs bīmår schod.* **8.** *emrūs hål-e ū chūb nīßt. tab dårad.* **9.** – *īn mard chejlī chūb aßt.* **10.** *beh man tschand tå ketåb-e fårßī dåd.* **11.** – *baleh, sabån-e fårßī rå chejlī chūb balad aßt.* **12.** – *lotfan, ßå'at-e tschand aßt?* **13.** – *ßå'at-e pandĵ-o nīm (aßt).* **14.** – *chejlī chūb. åjå poßtchåneh nasdīk aßt?* **15.** – *nah, jek kamī dūr aßt.* **16.** *båjad raft daßt-e råßt, ba'd as ån daßt-e tschap.* **17.** *dah daqhīqheh råh aßt, tåkßī låsem nīßt.*]

Übersetzung der Übungssätze

❶ – Guten Tag, Frau Pari. ❷ Warum sind Sie nach Isfahan gekommen? ❸ – Um Onkel Ahmad zu sehen. ❹ Ich mag ihn sehr. ❺ – Haben Sie ihn heute gesehen? ❻ – Nein, ich habe ihn noch nicht gesehen. ❼ Er ist gestern krank geworden. ❽ Heute geht es ihm nicht gut. Er hat Fieber. ❾ – Dieser Mann ist sehr gut. ❿ Er hat mir einige persische Bücher gegeben. ⓫ – Ja, er kennt die persische Sprache sehr gut. ⓬ – Bitte, wie viel Uhr ist es? ⓭ – Es ist halb sechs. ⓮ – Sehr gut. Ist das Postamt (hier) in der Nähe? ⓯ – Nein, es ist ein bisschen weiter entfernt. ⓰ Man muss nach rechts gehen, dann nach links. ⓱ Es sind zehn Minuten (Weg) von hier, man braucht kein Taxi.

۲۲ درسِ بیست و دوّم

خدا حافظ!

۱ – سلام! شما کجا بودید؟

۲ – ما در شهرِ تهران بودیم. ①

۳ آنجا کار داشتیم. ② ③

تلّفظ

[darß-e bīßt-o dowwom chodå håfes! **1** ßalåm! schomå kodĵå būdīd? **2** må dar schahr-e tehrån būdīm. **3** åndĵå kår dåschtīm.]

ANMERKUNGEN

① ما [må]: Pronomen der 1. Person Plural: "wir". Die entsprechende Endung für Verben im Präsens und im Präteritum ist یم [-īm].

Mittlerweile ist Ihr Ohr schon recht gut für die typischen Laute des Persischen geschult, Sie haben sich mit den wichtigsten Ausspracheregeln vertraut gemacht, und mit dem Nachsprechen klappt es inzwischen auch schon relativ gut. Hören Sie weiterhin besonders aufmerksam die Tonaufnahmen an, und lassen Sie sich jeden Satz – vielleicht auch "häppchenweise" – so oft vorsprechen, bis Sie ihn problemlos verstehen und nachsprechen können. Und sollten Sie zwischenzeitlich mit persischen Muttersprachlern Kontakt haben, dann machen Sie mit der Floskel لطفاً *[lotfan] "bitte" und den höflichen Anredeformen* آقا *[åqhå] "(mein) Herr" oder* خانم *[chånom] "gnädige Frau" sicherlich nichts falsch.*

22. Lektion

Auf Wiedersehen!

Guten Tag! Wo waren Sie? – 1
(Gruß! ihr wo wart?)

Wir waren in Teheran. – 2
(wir in Stadt+ Teheran waren.)

Wir hatten dort etwas zu tun. 3
(dort Arbeit hatten.)

② آنجا [ånd*ĵå*] "dort" setzt sich aus آن [å*n*] "jenes" und جا [d*ĵå*] "Ort" zusammen. Vergleichen Sie auch اینجا [*īndĵå*] "hier" (wörtlich "dieser Ort").

③ داشتیم [*dåschtīm*] "(wir) hatten": Präteritumsform des Verbs داشتن [*dåschtan*] "haben". Das Präteritum ist die meistgebrauchte Vergangenheitsform und kann im Deutschen – je nach Satzzusammenhang – oft auch mit dem Perfekt "wir haben gehabt" übersetzt werden. Bei داشتن [*dåschtan*] und بودن [*būdan*] "sein" gibt es sogar nur diese Form für die Vergangenheit!

۴ ببخشید، عجله داریم. ④ ⑤

۵ ما رفتیم، خدا حافظ! ⑥ ⑦

تلفّظ

[**4** *bebachschīd, 'adĵaleh dårīm.* **5** *må raftīm, chodå håfes!*]

④ !بِبَخشید [*bebachschīd!*] "Verzeihen Sie!, Entschuldigen Sie!" bzw. "Verzeihung!, Entschuldigung!" ist eine äußerst nützliche Wendung, die sich an mehrere Personen oder an eine Person, die man siezt, richtet. Sie erkennen sicherlich die Endung ید [*-īd*] für die 2. Person Plural: "ihr; Sie".

⑤ Merken Sie sich zu عجله [*'adĵaleh*] "Eile, Hast, Hetze" auch فوری [*fourī*] "eilig, rasch, akut, dringend, sofort".

۴ ببخشید، عجله داریم. ①

4 BeBaChSchīD, 'aDĵaLeH DĀRīM.

۵ ما رفتیم، خدا حافظ! ②

5 MĀ RaFTīM, ChoDĀ ĦĀFeTh!

جمله های زیرِ را می فهمید؟

❶ ما در تهران کار داریم.

[*må dar tehrån kår dårīm.*]

❷ ما دیروز عجله داشتیم.

[*må dīrūs 'adĵaleh dåschtīm.*]

Verzeihung, wir haben es eilig. 4
(verzeihen-Sie, Eile haben.)
Wir gehen dann mal, auf Wiedersehen! 5
(wir gingen, Gott beschützend!)

Auch bei ما رفتیم [må raftīm] "wir gingen" handelt es sich um eine Präteritumsform. Wir übersetzen es allerdings im Präsens, um dem Sprachgebrauch des Deutschen zu entsprechen. ⑥
"Woher kommst (kamst) du?" [as kodĵå åmadī?] از کجا آمدی؟

خدا حافظ [chodå håfes] ist die gängige Abschiedsfloskel "Auf Wiedersehen". Spricht man eine Person, die man siezt, direkt an, sagt man auch: ⑦

[chodå håfes-e schomå.] خدا حافظِ شما.

"Gott möge Ihr Beschützer sein."

Ab jetzt wiederholen wir nicht mehr den kompletten Lektionstext, sondern nur noch die Sätze, zu denen es Anmerkungen zur Schrift oder zur Aussprache gibt.

Verzeihung, wir haben es eilig. 4
(verzeihen-Sie, Eile haben.)
Wir gehen dann mal, auf Wiedersehen! 5
(wir gingen, Gott beschützend!)

ANMERKUNGEN

In عجله ['adĵaleh] "Eile" sehen Sie nochmals den Buchstaben **ejn** ع, den Sie im letzten Lektionsblock kennengelernt haben. Woran erinnert Sie das noch einmal? Richtig, es muss sich bei عجله ['adĵaleh] um ein arabisches Lehnwort handeln! ①

Der neue Buchstabe dieser Lektion ist die Endform von **sā** ظ [s]. Lautlich unterscheidet sich dieses **sā** nicht von **se** ز, d. h. beide spricht man [s] aus. ②

3 ببخشید آقا، پستخانه کجاست؟

[bebachschīd åqhå, poßtchåneh kodĵåßt?]

4 شما ساعتِ یازده و نیم در شهر کار دارید.

[schomå ßå'at-e jåsdah-o nīm dar schahr kår dårīd.]

جاهایِ خالی را پر کنید

1 Wir waren in (der Stadt) Isfahan.

2 Entschuldigen Sie, gnädige Frau, wie viel Uhr ist es?

3 Sie hatten in Teheran zu tun.

4 Entschuldigen Sie, wir haben es eilig. Auf Wiedersehen!

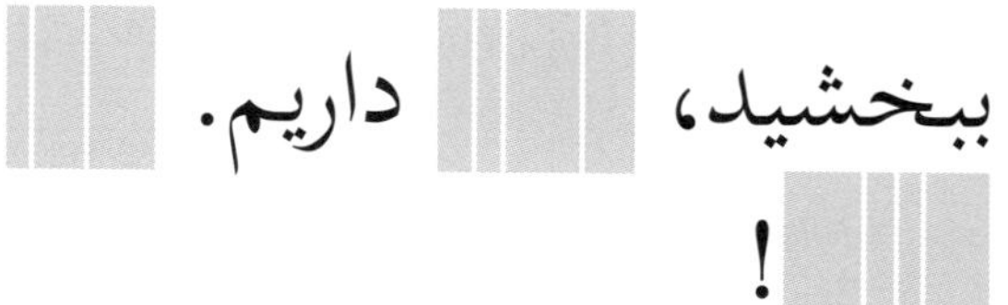

5 Wir sind dorthin gegangen.

5 حالا به آنجا باید رفت.
[*hålå beh åndĵå båjad raft.*]

6 برایِ دیدنِ شهر چند دقیقه وقت لازم است؟
[*barå-je dīdan-e schahr tschand daqhīqheh waqht låsem aßt?*]

آیا متوجه شدید؟

1. Wir haben in Teheran etwas zu tun.
2. Gestern hatten wir es eilig.
3. Entschuldigen Sie, mein Herr, wo ist [bitte] die Post?
4. Sie haben um 11.30 Uhr etwas in der Stadt zu tun.
5. Man muss jetzt dorthin gehen.
6. Wie viele Minuten (Zeit) braucht man, um die Stadt anzusehen?

Bis jetzt haben Sie im Lückentext die fehlenden Wörter in Lautschrift geschrieben. Nun schreiben Sie sie in arabisch-persischer Schrift in die grauen Kästchen. Die Breite der einzelnen Kästchen entspricht der Breite des jeweiligen Buchstabens. ➤

واژه هایِ مناسب

1. ما [*må*] – شهرِ [*schahr-e*] – بودیم [*būdīm*]
2. ببخشید [*bebachschīd*] – ساعتِ [*ßå'at-e*] –
چند [*tschand*] 3. تهران [*tehrån*] – داشتید [*dåschtīd*]
4. عجله [*'adĵaleh*] – خدا [*chodå*] – حافظ [*håfes*]
5. ما [*må*] – آنجا [*åndĵå*]

بنویسید

Teheran
Irans Hauptstadt Teheran ist eine äußerst weitläufige Stadt, die durch das extreme Verkehrsaufkommen, die meist hohe Luftverschmutzung und die schwierigen klimatischen Bedingungen so manchem Besucher schnell zu viel wird.

۲۳ درسِ بیست و سوّم

معلّم

۱ – آقا، اسمِ شما چیست؟ ①

۲ – اسمِ من حسنِ نظری. ②

۳ – شغلِ شما چیست؟

تلّفظ

[*darß-e bīßt-o ßewwom* *mo'allem* **1** *åqhå, eßm-e schomå tschīßt?* **2** *eßm-e man haßan-e nasarī.* **3** *schoghl-e schomå tschīßt?*]

Doch sagen Sie das keinesfalls zu einem تهرانی [tehrånī] "Teheraner"! Die meisten Einwohner sind sehr stolz auf ihre Stadt und könnten sich nicht vorstellen, irgendwo anders zu leben. Die Unterstadt, auf den Überresten von ری Rey, der alten Hauptstadt der Seldschuken (11.-12. Jhd.) erbaut, umfasst die Altstadt und die ärmeren Stadtviertel, während im Norden die wohlhabenden Teheraner leben. Dort an den Hängen des دماوند Damawand – dem knapp 70 km entfernten Hausberg der Stadt – ist es meistens ein paar Grad kühler als weiter unten. Das Zentrum Teherans liegt zwischen diesen beiden Gebieten, und wer es besucht, sollte keinesfalls den Großen Basar und die zahlreichen Paläste und Museen verpassen.

23. Lektion

Der Grundschullehrer

Mein Herr, wie heißen Sie? – 1
(Herr, Name+ ihr was-ist?)

Ich heiße Hassan Nasari. – 2
(Name+ ich Hassan+ Nasari.)

Was ist Ihr Beruf? – 3
(Beruf+ ihr was-ist?)

ANMERKUNGEN

① Die Konstruktion اسم شما چیست؟ [eßm-e schomå tschīßt?] "Wie heißen Sie?" ist Ihnen in ähnlicher Form bereits aus Lektion 10 bekannt.

② Beachten Sie, dass man auch zwischen Vor- und Nachname ein **Esåfeh** setzt.

۴ – من معلّمم. ③

۵ – محلِّ کارِ شما کجاست؟ ④

۶ – نزدیکِ میدانِ بزرگ. ⑤

تلّفظ

[**4** *man mo'allemam.* **5** *mahall-e kår-e schomå kodĵåßt?* **6** *nasdīk-e mejdån-e bosorg.*]

۲ – اسمِ من حسنِ نظری. ①

2 ASSM-e MaN ĥaSSaN-e NaThaRī.

۳ – شغلِ شما چیست؟ ②

3 SchoGhL-e SchoMĀ TschĪSST?

ANMERKUNGEN

① In نظری [*nasarī*] lernen Sie die Mittelform von **sā** ظ kennen. Wie Sie sehen, unterscheidet sie sich nicht von der Endform.

Ich bin Grundschullehrer. – 4
(ich Grundschullehrer-bin.)
Wo ist Ihr Arbeitsplatz? – 5
(Ort+ Arbeit+ ihr wo-ist?)
In der Nähe des Großen Platzes. – 6
(nahe+ Platz+ groß.)

③ Die von den Verben bekannten Endungen werden in der Umgangssprache größtenteils auch für das Verb "sein" in Verbindung mit Nomen gebraucht:

شما معلّمید؟ [*schomå mo'allemīd?*]
"Sind Sie Grundschullehrer?"

④ Grundsätzlich gibt es keine Grenze dafür, wie viele **Esåfeh** nacheinander stehen dürfen.

⑤ نزدیک [*nasdīk*] "nahe" kann in Verbindung mit einem Substantiv – und eingefügtem **Esåfeh** – auch "in der Nähe von" bedeuten:
"in der Nähe der Stadt" [*nasdīk-e schahr*] نزدیکِ شهر

Ich heiße Hassan Nasari. – 2
(Name+ ich Hassan+ Nasari.)
Was ist Ihr Beruf? – 3
(Beruf+ ihr was-ist?)

② In شغل [*schoghl*] "Beruf" findet sich der neue Buchstabe **ghejn** [*gh*], hier in seiner Mittelform ـغـ. Wie **qhāf** ق [*qh*] – z. B. in آقا [*åqhå*] "(mein) Herr" – klingt er wie eine Mischung aus dem deutschen [*r*] und [*ch*], wird dabei aber tief im Rachen gesprochen. Beide Buchstaben kommen v. a. in arabischen Lehnwörtern vor.

۴ – من معلّمم. ③

4 MaN Mo'aLeMaM.

۵ – محلِّ کارِ شما کجاست؟ ④ ⑤

5 MaḥaL-e KĀR-e SchoMĀ KoDjĀSST?

۶ – نزدیکِ میدانِ بزرگ. ⑥

6 NaSDIK-e MeIDĀN-e BoSoRG.

جمله هایِ زیر را می فهمید؟

1 معلّم کجاست؟

[mo'allem kodĵåßt?]

2 شغلِ حسن چیست؟

[schoghl-e haßan tschīßt?]

3 شما کجائید؟

[schomå kodĵå'īd?]

4 اسمِ معلّم حسن است.

[eßm-e mo'allem haßan aßt.]

5 دیشب عجله داشتیم.

[dīschab 'adĵaleh dåschtīm.]

6 دیروز ما در میدانِ بزرگ کار داشتیم.

[dīrūs må dar mejdån-e bosorg kår dåschtīm.]

Ich bin Grundschullehrer. – 4
(ich Grundschullehrer-bin.)
Wo ist Ihr Arbeitsplatz? – 5
(Ort+ Arbeit+ ihr wo-ist?)
In der Nähe des Großen Platzes. – 6
(nahe+ Platz+ groß.)

Bei معلّم [*mo'allem*] "Grundschullehrer" sehen Sie die Mittelform des Stimmabsatzes **ejn** ـعـ [']. Achten Sie hierbei unbedingt darauf, diesen richtig zu artikulieren. ③

Neu ist jetzt auch die Mittelform ـحـ von **he djīmī** [*h*], wie Sie sie hier in محلّ [*mahall*] "Ort" antreffen. ④

Das **taschdīd** genannte Zeichen ّ in معلّم [*mo'allem*] und محلّ [*mahall*] kennen Sie bereits aus Lektion 5 von دکّان [*dokkån*]. Beachten Sie, dass Doppelkonsonanten in der Lautschrift durch Verdopplung gekennzeichnet werden, dies aber für die Aussprache bedeutet, dass der jeweilige Konsonant nicht etwa verdoppelt, sondern mit mehr Nachdruck gesprochen wird. ⑤

In بزرگ [*bosorg*] "groß" finden Sie die isolierte Form von [*g*], also jene Form, die am Wortende steht, wenn davor ein nicht zu verbindender Buchstabe vorkommt. Bekanntlich ist die isolierte Variante ja auch die Grundform jedes Buchstabens. ⑥

محلِّ کارِ ما نزدیکِ میدانِ بزرگ است. 7

[*mahall-e kår-e må nasdīk-e mejdån-e bosorg aßt.*]

آیا متوجه شدید؟

Wo ist der Grundschullehrer? 1
Was ist Hassans Beruf? 2
Wo sind Sie? 3
Der Grundschullehrer heißt Hassan. 4
Gestern Abend hatten wir es eilig. 5
Gestern hatten wir am Großen Platz etwas zu tun. 6
Unser Arbeitsplatz ist in der Nähe des Großen Platzes. 7

جاهایِ خالی را پر کنید

Fräulein Pari ist die Grundschullehrerin von Ahmad. ①

پری ______ ______ احمد است.

Wir sind Hassan und Ahmad. ②

______ حسن ______ احمد ______.

Sind Sie Grundschullehrer in Isfahan? ③

شما در ______ معلّم ______؟

بنویسید

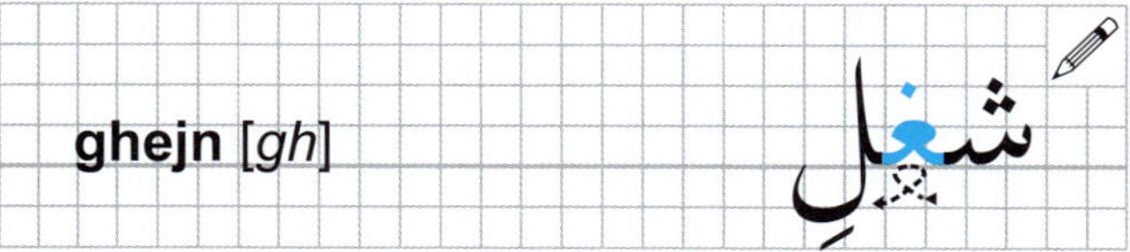

۲۴ درسِ بیست و چهارم

سرِ میز

۱ مادر و پدر با پسر و دختر ①

تلّفظ

[darß-e bīßt-o tschahårom ßar-e mīs **1** mådar-o pedar bå peßar-o dochtar.]

Was ist der Beruf von / welchen Beruf hat Hassan Nasari? ④

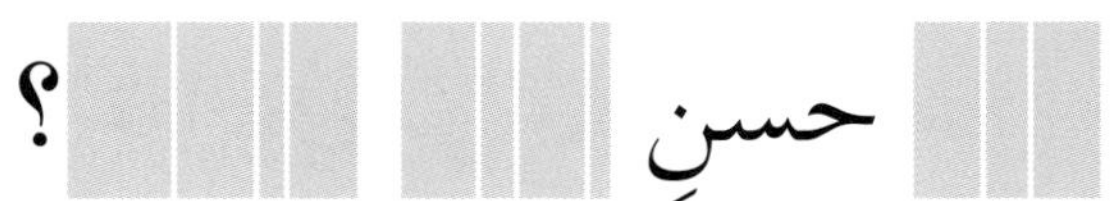

Der Arbeitsplatz von Pari ist nahe des Großen Platzes. ⑤

واژه هایِ مناسب

① خانم [*chånom*] – معلّمِ [*mo'allem-e*] ② ما [*må*] –
و [*wal-o*] – یم [*īm*] ③ اصفهان [*eßfahån*] – ید [*īd*]
④ شغلِ [*schoghl-e*] – نظری [*nasarī*] – چیست [*tschīßt*]
⑤ کارِ [*kår-e*] – نزدیکِ [*nasdīk-e*] – بزرگ [*bosorg*]

24. Lektion

Bei Tisch

Die Mutter und der Vater mit dem Sohn und der Tochter (Mutter-und Vater mit Sohn-und Tochter) 1

ANMERKUNGEN

دختر [*dochtar*] kann "Tochter" oder auch "Mädchen" bedeuten. ①

۲	سرِ میز هستند. ② ③
۳	غذا رویِ میز آماده است. ④
۴	بویِ چلوکباب خیلی خوب است.
۵	همه بویِ چلوکباب را دوست دارند.

[**2** *ßar-e mīs haßtand.* **3** *ghaså rū-je mīs åmådeh aßt.* **4** *bū-je tscheloukabåb chejlī chūb aßt.* **5** *hameh bū-je tscheloukabåb rå dūßt dårand.*]

۲	سرِ میز هستند.
2	SSaR-e MīS HaSSTaND.
۳	غذا رویِ میز آماده است. ① ②
3	GhaDhÅ Rūī-e MīS ÅMÅDeH ASST.
۴	بویِ چلوکباب خیلی خوب است. ③ ④
4	Būī-e TschelūKaBÅB ChejLī ChūB ASST.

ANMERKUNGEN

① غذا [*ghaså*] "Gericht, Speise" enthält nicht nur die Anfangsform von **ghejn** [*gh*] غ, sondern auch den neuen Buchstaben **sāl** ذ [*s*]. Wie bei **dāl** د [*d*], von dem es sich grafisch nur durch den Punkt unterscheidet, entspricht diese Form sowohl der Mittel- als auch der Endform, da es sich nicht mit dem nachfolgenden Buchstaben verbindet. Lautlich unterscheidet sich **sāl** ذ [*s*] nicht von **se** ز oder **sā** ظ.

② رویِ [*rū-je*] "auf" ist eine weitere Präposition – Gegenstück ist das bekannte زیرِ [*sīr-e*] "unter". Da auf **wāw** [*w/o/ū/ou*] nicht direkt ein Vokal folgen darf, wird das **Esåfeh** in Kombination mit dem Stützkonsonanten **je** angehängt: یِ [*je*].

sind bei Tisch. 2
(Kopf Tisch sind.)
Das Essen steht fertig auf dem Tisch. 3
(Gericht auf+ Tisch bereit ist.)
Der Duft des Tschelou Kabab ist sehr gut. 4
(Geruch+ Tschelou Kabab sehr gut ist.)
Alle lieben den Duft des Tschelou Kabab. 5
(alle Geruch+ Tschelou Kabab *Akk*. Freund haben.)

Ähnlich wie im Deutschen kann سر [*ßar*] "Kopf" auch als Prä- ②
position verwendet werden, dann allerdings in Verbindung mit **Esåfeh**: سرِ میز [*ßar-e mīs*] "bei Tisch" oder auch "am Kopf des Tisches".

هستند [*haßtand*] "(sie) sind": Langform des Verbs بودن [*būdan*] ③
"sein". Sie wird v. a. dann verwendet, wenn man das Verb "sein" besonders betonen möchte. Ansonsten herrscht die angehängte Kurzform – in diesem Fall die Endung ند [*-and*] – vor. Vergleichen Sie خوبند [*chūband*] und خوب هستند [*chūb haßtand*] "sie sind gut" bzw. "es geht ihnen gut".

Wenn است [*aßt*] "ist" auch keine angehängte Form ist, so gilt ④
sie als Kurzform von بودن [*būdan*] "sein". Im Unterschied dazu heißt die Langform هست [*haßt*] und kann je nach Zusammenhang auch mit "es gibt" übersetzt werden:

[*dar chåneh nån haßt?*] در خانه نان هست؟

"Gibt es zu Hause Brot?"

sind bei Tisch. 2
(Kopf Tisch sind.)
Das Essen steht fertig auf dem Tisch. 3
(Gericht auf+ Tisch bereit ist.)
Der Duft des Tschelou Kabab ist sehr gut. 4
(Geruch+ Tschelou Kabab sehr gut ist.)

Beachten Sie auch bei بویِ [*bū-je*] "(der) Duft von" die Schreib- ③
weise des **Esåfeh** unter dem Stützkonsonanten **je** ی [*ī/j*]. Dies liegt wie bei رویِ [*rū-je*] am auslautenden **wāw** [*w/o/ū/ou*].

Bei چلوکباب [*tscheloukabåb*] "Tschelou Kabab" wird das **wāw** ④
häufig als Diphthong [*ou*] gesprochen. Dies ist auch bei چطور [*tschetour*] "wie" der Fall.

جمله هایِ زیر را می فهمید؟

1 غذا رویِ میز هست.

[ghasȧ rū-je mīs haßt.]

2 پسر و دخترِ ما سرِ میز هستند.

[peßar-o dochtar-e må ßar-e mīs haßtand.]

3 بویِ چلوکباب را دوست دارید؟

[bū-je tscheloukabȧb rå dūßt dårīd?]

جاهایِ خالی را پر کنید

1 Sie sind alle bei Tisch.

همه ___ ___ هستند.

2 Der Junge und das Mädchen lieben Tschelou Kabab sehr.

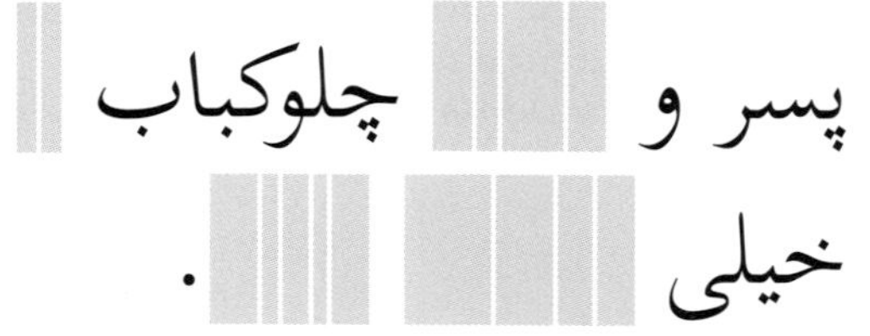

3 Der Tschelou Kabab auf dem Tisch ist fertig.

4 Sie sind alle im Haus des Grundschullehrers.

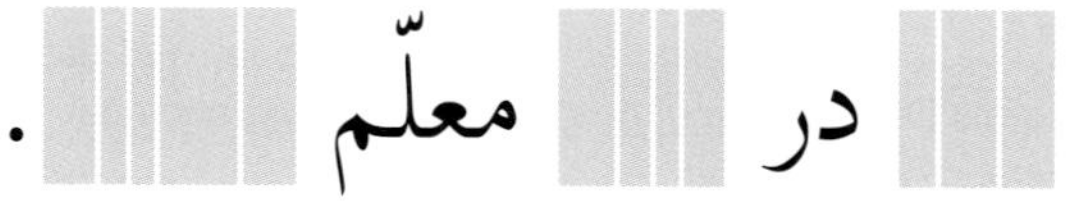

4 غذا آماده است. باید به منزل رفت.

[ghaså åmådeh aßt. båjad beh mansel raft.]

5 این غذا را خیلی دوست داریم.

[īn ghaså rå chejlī dūßt dårīm.]

6 کتاب رویِ میزِ منزل است.

[ketåb rū-je mīs-e mansel aßt.]

7 رویِ میز کتاب هست.

[rū-je mīs ketåb haßt.]

آیا متوجه شدید؟

1 Das Essen ist auf dem Tisch. Oder: Es gibt Essen auf dem Tisch.
2 Unser Sohn und unsere Tochter sind bei Tisch.
3 Lieben Sie den Duft von Tschelou Kabab?
4 Das Essen ist fertig. Man muss ins Haus gehen.
5 Wir lieben dieses Essen sehr.
6 Das Buch ist auf dem Tisch des Hauses.
7 Auf dem Tisch gibt es Bücher. / Auf dem Tisch ist/gibt es ein Buch. / Das Buch ist auf dem Tisch.

واژه های مناسب

1 سرِ [ßar-e] – میز [mīs] 2 دختر [dochtar] – را [rå] – دوست [dūßt] – دارند [dårand] 3 رویِ [rū-je] – آماده [åmådeh] 4 همه [hameh] – منزلِ [mansel-e] – هستند [haßtand]

۲۵ درسِ بیست و پنجم

این خانه ①

۱ – آقایِ نظری، این خانه مالِ
شماست؟ ② ③

[*darß-e bīßt-o pandjom īn chåneh* **1** *åqhå-je nasarī, īn chåneh mål-e schomåßt?*]

ANMERKUNGEN

① Bekanntlich heißen sowohl خانه [*chåneh*] als auch منزل [*mansel*] "Haus", jedoch bezeichnet speziell der zweite Begriff vorrangig das Haus, in dem man lebt, das "Heim". Der Ausdruck (در) منزلِ [*(dar) mansel-e*], ergänzt durch die entsprechende Person, wird meist mit "bei" übersetzt.

Tschelou Kabab, die Delikatesse Irans

چلوکباب [*tscheloukabåb*] "Tschelou Kabab" kann als das beliebteste Gericht der Iraner bezeichnet werden. Es handelt sich dabei um am Spieß gegrilltes Lammfleisch, zu dem man gedämpften weißen Reis – sog. چلو [*tschelou*] – isst. Alternativ genießt man das Fleisch mit پلو [*polou*]: Reis, der zusammen mit Gewürzen, Kräutern, Beeren, Nüssen, Gemüse, Hülsenfrüchten, Trockenobst usw. gedämpft wird. Der Reis wird grundsätzlich mindestens sechsmal gewaschen, bis keine Stärke vorhanden ist, dann ruht er eine halbe Stunde in kaltem Salzwasser, anschließend wird er abgegossen, 3–4 Minuten bissfest gekocht, und in einem geschlossenen Topf langsam ohne Wasser gedämpft. Perfekt passt zu Tschelou Kabab das Joghurtgetränk دوغ [*dūgh*] "Dugh", das dem türkischen Ayran ähnelt.

25. Lektion

Dieses Haus

Herr Nasari, gehört dieses Haus Ihnen? – 1
(Herr+ Nasari, dieses Haus Besitz+ ihr-ist?)

Kombiniert man مال [*mål*] "Besitz, Eigentum" mit einem **Esåfeh** und einem Subjekt, kann man dadurch ein Besitzverhältnis ausdrücken, z. B. مالِ تو [*mål-e to*] "dein", مالِ حسن [*mål-e haßan*] "Hassans" oder مالِ معلّم [*mål-e mo'allem*] "des Lehrers". ②

Sicherlich haben Sie erkannt, dass es sich bei شماست [*schomåßt*] erneut um eine kontrahierte Form aus شما [*schomå*] und است [*åßt*] handelt. Sie kennen dies ja bereits aus zahlreichen anderen Beispielen. ③

۲ – نه، مالِ ما نیست.

۳ مالِ عمویِ زنِ من است.

۴ – من هم، مثلِ شما، خانه ندارم.

۵ من، (در) منزلِ برادرِ آقایِ احمدی هستم. ④

تلّفظ

[**2** *nah, mål-e må nīßt.* **3** *mål-e 'amū-je san-e man aßt.* **4** *man ham, meßl-e schomå chåneh nadåram.* **5** *man, (dar) mansel-e barådar-e åqhå-je ahmadī haßtam.*]

۱ – آقایِ نظری، این خانه مالِ شماست؟ ①

1 ĀQhĀI-e NaThaRI, AIN ChĀNeH MĀL-e SchoMĀSST?

۳ مالِ عمویِ زنِ من است. ②

3 MĀL-e ʿaMwI-e SaN-e MaN ASST.

۴ – من هم، مثلِ شما خانه ندارم. ③

4 MaN HaM, MeßL-e SchoMĀ ChĀNeH NaDĀRaM.

① Da zwei Vokale nicht aufeinandertreffen dürfen, wird auch nach einem **alef** ein **je** als Stützkonsonant eingeschoben, sollte darauf ein **Esåfeh** folgen: آقایِ نظری [*åqhå-je nasarī*]
Wir kennen dieses Phänomen bereits von برایِ [*barå-je*] aus Lektion 17.

Nein, es gehört uns nicht. – 2
(nein, Besitz+ wir nicht-ist.)
Es gehört dem Onkel meiner Frau. 3
(Besitz+ Onkel+ Frau+ ich ist.)
Ich habe auch, wie Sie, kein Haus. – 4
(ich auch, wie+ ihr Haus nicht-habe.)
Ich bin beim Bruder von Herrn Ahmadi. 5
(ich, (in) Haus+ Bruder+ Herr+ Ahmadi bin.)

Mit هستم [*haßtam*] "(ich) bin" lernen Sie die 1. Person Singular der Langform von بودن [*būdan*] "sein" kennen. Merken Sie sich auch هستی [*haßtī*] "(du) bist", هستیم [*haßtīm*] "(wir) sind" und هستید [*haßtīd*] "(ihr) seid / (Sie) sind". ④

Herr Nasari, gehört dieses Haus Ihnen? – 1
(Herr+ Nasari, dieses Haus Besitz+ ihr-ist?)
Es gehört dem Onkel meiner Frau. 3
(Besitz+ Onkel+ Frau+ ich ist.)
Ich habe auch, wie Sie, kein Haus. – 4
(ich auch, wie+ ihr Haus nicht-habe.)

Ähnlich wie bei den Ausdrücken بویِ [*bū-je*] "(der) Duft von" und رویِ [*rū-je*] "auf" tritt auch nach عمو [*'amū*] "Onkel (väterl.)" der Stützkonsonant auf, da danach ein **Esåfeh** folgt: ②

"mein Onkel" [*'amū-je man*] عمویِ من

Der einzig neue Buchstabe in dieser Lektion ist **ße** [*ß*], den wir hier in seiner Mittelform ثـ finden. Er ähnelt **te** تـ [*t*], nur trägt er einen Punkt mehr. Die Aussprache [*ß*] ist dieselbe wie die der Buchstaben **ßīn** س und **ßād** ص. ③

جمله هایِ زیر را می فهمید؟

1 این خانه مالِ من نیست. مالِ پسرِ من است.

[īn chåneh mål-e man nīßt. mål-e peßar-e man aßt.]

2 این کتابِ فارسی مالِ عمویِ من است.

[īn ketåb-e fårßī mål-e 'amū-je man aßt.]

3 غذایِ پری خانم خیلی خوب نیست.

[ghasâ-je parī chånom chejlī chūb nīßt.]

4 منزلِ ما نزدیکِ مرکزِ شهر است.

[mansel-e må nasdīk-e markas-e schahr aßt.]

جاهایِ خالی را پر کنید

1 Mein Bruder hat, wie Sie, kein Haus.

____ من، ____ شما ____ ندارد.

2 Sie sind alle bei unserem Bruder.

____ در ____ برادرِ ما ____.

3 Ich habe auch zwei Häuser.

من ____ دو خانه ____.

5 من هم چلوکباب را خیلی دوست دارم.

[man ham tscheloukabåb rå chejlī dūßt dåram.]

6 این خانه را باید دید.

[īn chåneh rå båjad dīd.]

آیا متوجه شدید؟

1 Dieses Haus gehört nicht mir. Es gehört meinem Sohn.
2 Dieses Persischbuch gehört meinem Onkel.
3 Das Essen von Fräulein Pari ist nicht sehr gut.
4 Unser Haus ist in der Nähe des Stadtzentrums.
5 Ich liebe Tschelou Kabab auch sehr.
6 Man muss dieses Haus sehen.

4 Jenes Haus (dort) ist sehr schön.

5 Diese Stadt braucht eine moderne Post.

___ شهر ___ پستِ مدرن

___ دارد.

واژه های مناسب

1 برادرِ [barådar-e] – مثلِ [meßl-e] – خانه [chåneh]
2 همه – [hameh] – منزلِ [mansel-e] – هستند [haßtand]
3 هم [ham] – تا [tå] – دارم [dåram] 4 آن [ån] – زیباست [sībåßt] 5 این [īn] – یک [jek] – لازم [låsem]

۲۶ درسِ بیست و ششم

نامهٔ حسن

۱ – این نامه را کی نوشت؟ ①

۲ – دوستِ ما حسن.

۳ مریض بود ولی حالا حالِ او بهتر است.

۴ نامهٔ حسن خیلی قشنگ است.

۵ و توی پاکت یک عکس هست. ② ③

تلّفظ

[*darß-e bīßt-o scheschom nåmeh-je haßan* **1** *īn nåmeh rå kī newescht?* **2** *dūßt-e må haßan.* **3** *marīs būd walī hålå hål-e ū behtar aßt.* **4** *nåmeh-je haßan chejlī qhaschang aßt.* **5** *wa tū-je påkat jek 'akß haßt.*]

ANMERKUNGEN

① نوشت [*newescht*] ist die 3. Person Singular des Verbs نوشتن [*neweschtan*] "schreiben", also "(er/sie) schrieb". Diese Form ist identisch mit dem verkürzten Infinitiv (siehe Lektion 21).

26. Lektion

Hassans Brief
(Brief+ Hassan)

Wer hat diesen Brief geschrieben? – 1
(dieser Brief *Akk.* wer schrieb?)

Unser Freund Hassan. – 2
(Freund+ wir Hassan.)

Er war krank, aber es geht ihm jetzt besser. 3
(krank war aber jetzt Zustand+ er besser ist.)

Der Brief von Hassan ist sehr schön. 4
(Brief+ Hassan sehr hübsch ist.)

Und in dem Briefumschlag ist ein Foto. 5
(und innen+ Kuvert eins Foto ist.)

Bei پاکت [*påkat*] "Briefumschlag" handelt es sich erneut um ein französisches Lehnwort (von paquet). Sie wissen bereits, dass der persische Wortschatz erheblich vom Französischen und Arabischen geprägt ist; aus dem Arabischen stammt z. B. مریض [*marīs*] "krank" und حمّام [*hammåm*] "Bad, Badezimmer". ②

یک عکس هست [*jek 'akß haßt*] "es gibt ein Foto" ist hier eine "schönere" Variante des einfacheren است [*aßt*] "ist". Mit der Zeit entwickeln Sie ein Gefühl für diese Feinheiten. ③

۳ مریض بود ولی حالا حالِ او بهتر

ЯaTHeB ωA e-LĀħ ĀLĀħ İLaω DωB ζİЯaM ɛ

است. ①

.TSSA

۴ نامهٔ حسن خیلی قشنگ است. ② ③

.TSSA GNahcSaħϘ İLieħƆ NaSSaħ HeMĀN ᔭ

۵ و توی پاکت یک عکس هست. ④

.TSSaH SSKaᵋ Kei TaKĀꟼ e-iωT aω ƨ

جمله های زیر را می فهمید؟

❶ نامهٔ حسن را دوست داشتیم.

[nåmeh-je haßan rå dūßt dåschtīm.]

❷ دیروز مریض بودیم، ولی امروز حالِ ما بهتر است.

[dīrūs marīs būdīm, walī emrūs hål-e må behtar aßt.]

❸ خانهٔ ما خیلی قشنگ است.

[chåneh-je må chejlī qhaschang aßt.]

❹ توی خانهٔ ما یک حمّام است.

[tū-je chåneh-je må jek hammåm aßt.]

Er war krank, aber es geht ihm jetzt besser. 3
(krank war aber jetzt Zustand+ er besser ist.)
Der Brief von Hassan ist sehr schön. 4
(Brief+ Hassan sehr hübsch ist.)
Und in dem Briefumschlag ist ein Foto. 5
(und innen+ Kuvert eins Foto ist.)

ANMERKUNGEN

① In مریض [marīs] "krank" lernen Sie die Endform des neuen Buchstabens **sād** ض [s] kennen. Damit kennen Sie insgesamt vier Buchstaben – **se** ز, **sā** ظ, **sāl** ذ und **sād** ض – die alle den Lautwert [s] haben.

② Bei نامهٔ حسن [nåmeh-je haßan] "Hassans Brief" steht das **Esåfeh** in Form eines **hamseh** ء auf der verbundenen Endform von ـه [h], was zweierlei anzeigt: 1. **He do tscheschm** ه ist hier als [-e] und nicht als [-h] zu lesen. 2. Es folgt ein **Esåfeh**, also ist [-e-je] zu sprechen. Diese Spezialform heißt **je dom borīdeh** یِ دم بریده. Steht ه für [h], wird das **Esåfeh** wie bei anderen Konsonanten mit einem **kaßreh** darunter geschrieben. Steht ه für [-e], gibt es die Schreibweise هٔ oder هی für das **Esåfeh**; die Aussprache ist bei beiden [-e-je].

③ In قشنگ [qhaschang] "hübsch, schön" findet sich die Endform von **gāf** گ [g]. Sie kennen diese Form im Prinzip bereits von ک [k], das sich von [g] bekanntlich nur durch den Wegfall des diagonalen Strichs über dem Buchstaben unterscheidet.

④ Zum Abschluss finden Sie hier in عکس ['akß] die Mittelform von ک [k].

* Zu Anmerkung ②: Die Schreibung des ـهٔ entspricht der älteren Rechtschreibregel. Aktuell wird das **Esåfeh** in diesem konkreten Fall in den meisten Fällen mit **je** ی geschrieben, wobei dieses jedoch nicht mit **he do tscheschm** ـه [h] verbunden wird, damit die Aussprache des ـه als [-e] erhalten bleibt: نامه‌ی حسن "Hassans Brief". Genau genommen ist zu beachten, dass das **Esåfeh** nicht das Zusatzzeichen **kaßreh** an sich bezeichnet, sondern allgemein das gesprochene, unbetonte [-e] bzw. [-je] nach einem Substantiv o. Ä.

⑤ توی ِ پاکت ِ نامهٔ حسن یک عکس ِ قشنگ هست.

[tū-je påkat-e nåmeh-je haßan jek 'akß-e qhaschang haßt.]

⑥ باید نامه نوشت.

[båjad nåmeh neweścht.]

جاهای ِ خالی را پر کنید

Wir mögen den Brief von Fräulein Pari sehr. ①

ما ___ پری ___ ___ خیلی

دوست ___ .

Hassan war gestern krank, aber heute geht es ihm besser. ②

Gestern bin ich, wie Sie, krank geworden. ③

دیروز، ___ شما، ___ ___ .

آیا متوجه شدید؟

Wir haben Hassans Brief geliebt. ❶
Gestern waren wir krank, aber heute geht es uns besser. ❷
Unser Haus ist sehr hübsch. ❸
In unserem Haus gibt es ein Badezimmer. ❹
Es gibt ein schönes Foto in dem Umschlag von Hassans Brief. ❺
Man muss Briefe / einen Brief schreiben. ❻

Wo ist dieses schöne Foto von Fräulein Pari? ❹

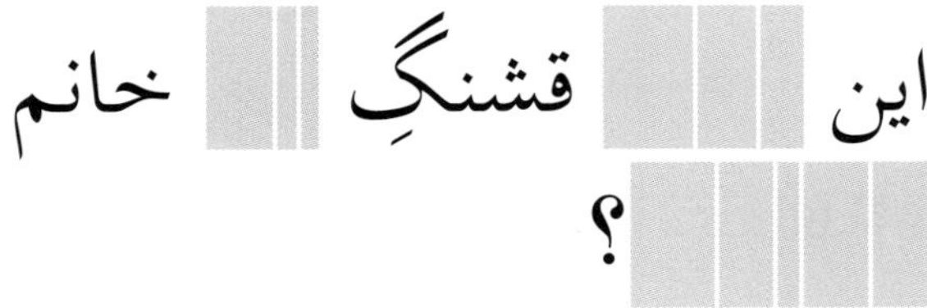

Das Haus von Herrn Ahmadi ist nicht sehr hübsch. ❺

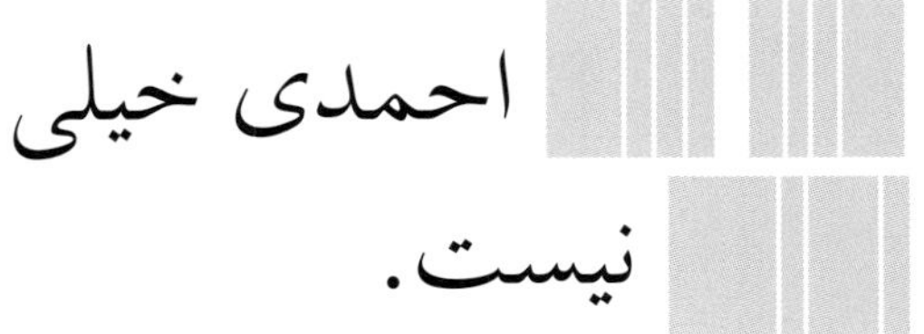

واژه هایِ مناسب

❶ نامهٔ [nåmeh-je] – خانم [chånom] – را [rå] – داریم [dårīm]
❷ دیروز [dīrūs] – مریض [marīs] – ولی [walī] – حالِ [hål-e] – بهتر [behtar] ❸ مثلِ [meßl-e] – مریض [marīs] – شدم [schodam] ❹ عکسِ ['akß-e] – پری [parī] – کجاست [kodjåßt] ❺ خانهٔ [chåneh-je] – آقایِ [åqhå-je] – قشنگ [qhaschang]

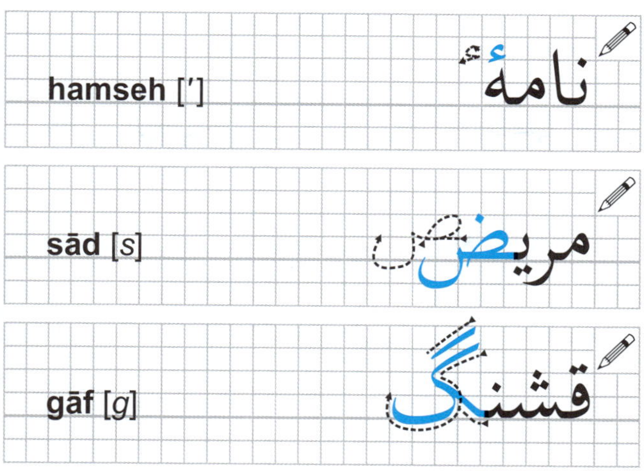

۲۷ درسِ بیست و هفتم

فردا

۱ – فردا، سه شنبه ما ①

۲ برایِ دیدنِ شهر

تلفّظ

[*darß-e bīßt-o haftom fardå* **1** *fardå, ßeh schambeh må* **2** *barå-je dīdan-e schahr*]

Persisch und Französisch
Wie andere indogermanische Sprachen ist auch das Persische mit dem Französischen verwandt. Da zum Ende des 19. und zum Beginn des 20. Jahrhunderts viele iranische Studenten in französischsprachigen Ländern studierten und bei ihrer Rückkehr viele "schicke" (persisch شیک [*schīk*]) Wörter sowie mitunter auch die damit bezeichneten Gegenstände und Konzepte mit nach Iran brachten, verfügt das Persische über zahlreiche Lehnwörter aus dem Französischen, darunter z. B. ماما‌ن [*måmån*] "Mama", مرسی [*merßī*] "danke", املت [*omlet*] "Omelette", سالاد [*ßålåd*] "Salat", آپارتمان [*åpårtemån*] "Wohnung", کودتا [*kūdetå*] "Putsch", بژ [*beĵ*] "beige". Darüber hinaus galt Französisch lange Zeit als die Bildungssprache schlechthin.

27. Lektion

Morgen

Morgen, am Dienstag, – 1
(morgen, drei Samstag wir)
um die Stadt zu besichtigen, 2
(für+ sehen+ Stadt)

ANMERKUNGEN

① Indem man شنبه [*schambeh*] "Samstag" die Kardinalzahlen voranstellt, werden die Wochentage gebildet; die Zahlen werden zum Samstag hinzuaddiert: یکشنبه [*jek-schambeh*] "Sonntag", دوشنبه [*do schambeh*] "Montag", سه شنبه [*ßeh schambeh*] "Dienstag" usw. Eine Ausnahme bildet der "Freitag" mit der persischen Bezeichnung آدینه [*ådīneh*] und der aus dem Arabischen stammenden Bezeichnung جمعه [*dĵom'eh*].

LEKTION 27

٣ به آژانسِ پارس خواهیم رفت. ② ③

٤ ساعتِ دوِ بعد از ظهر

٥ آنها منتظرِ ما هستند. ④ ⑤

٦ – خیلی خوب! من حاضرم!

تلفّظ

[**3** beh åĵånß-e pårß chåhīm raft. **4** ßå'at-e do-e ba'd as sohr **5** ånhå montaser-e må haßtand. **6** chejlī chūb! man håseram!]

② Unter آژانس [åĵånß] "Agentur" versteht man in der Regel ein "Reisebüro". Um Zweifel auszuschließen, kann man auch آژانسِ توریست [åĵånß-e tūrīßt] sagen.

١ – فردا، سه شنبه ما ①

٢ FaRDĀ, SSeH SchaNBeH MĀ

werden wir zur Agentur Pars gehen. 3
(nach Agentur Pars *Futur*-wir gehen.)
Um zwei Uhr nachmittags 4
(Zeit+ zwei danach von Mittag)
erwartet man uns. 5
(sie wartend+ wir sind.)
Sehr gut! Ich bin bereit! – 6
(sehr gut! ich bereit-bin!)

Die Zukunft eines Verbs drückt man mit der Futurpartikel خواه [*chåh*] und dem verkürzten Infinitiv des Hauptverbs aus. An خواه [*chåh*] werden die bekannten Personalendungen angehängt, so heißt es z. B. in der 3. Person Singular – genau wie bei دارد [*dårad*] – خواهد [*chåhad*]: ③

"(er/sie) wird gehen" [*chåhad raft*] خواهد رفت

آنها [*ånhå*] "sie" ist das Personalpronomen der 3. Person Plural. Mitunter verwendet man auch ایشان [*īschån*], vor allem dann, wenn man besonders höflich von mehreren oder auch nur einer dritten Person spricht: ④

[*īschån dar chåneh nīßtand.*] ایشان در خانه نیستند.
"Sie sind nicht im Haus.", aber auch "Er/Sie ist nicht im Haus."

Bei منتظر [*montaser*] "wartend" handelt es sich um eine aus dem Arabischen entlehnte Verbalform, die mit بودن [*būdan*] "sein" gebildet wird. Zwischen منتظر [*montaser*] und dem Objekt, das erwartet wird, fügt man ein **Esåfeh** ein: ⑤

[*må montaser-e schomå haßtīm.*] ما منتظرِ شما هستیم.
"Wir erwarten/warten auf Sie/euch."

Morgen, am Dienstag, – 1
(morgen, drei Samstag wir)

ANMERKUNGEN

Man schreibt شنبه zwar in der Mitte mit einem **nūn** ﻨ, doch gesprochen wird es [*schambeh*]. Dies ist grundsätzlich so, wenn **nūn** vor **be** oder **pe** geschrieben wird; man spricht dann immer [*mb*] bzw. [*mp*]. ①

۳ به آژانسِ پارس خواهیم رفت. ② ③ ④

3 BeH ÅĴÅNSS-e PÅRSS ChωÅHIM RaFT.

۴ ساعتِ دوِ بعد از ظهر ⑤ ⑥

4 SSÅ'aT-e Dω-e Ba'D AŜ ThoHR

۶ – خیلی خوب! من حاضرم! ⑦

6 CheILI ChωB! MaN hÅŽeRaM!

جمله هایِ زیر را می فهمید؟

1 ما منتظرِ شما هستیم.

[må montaser-e schomå haßtīm.]

2 امروز دو شنبه است. دیروز یکشنبه بود.

[emrūs do schambeh aßt. dīrūs jek-schambeh būd.]

3 برایِ دیدنِ شهر حاضریم.

[barå-je dīdan-e schahr håserīm.]

4 فردا آنها به مرکزِ شهر خواهند رفت.

[fardå ånhå beh markas-e schahr chåhand raft.]

5 حسن ساعتِ پنجِ بعد از ظهر خواهد آمد.

[haßan ßå'at-e pandĵ-e ba'd as sohr chåhad åmad.]

werden wir zur Agentur Pars gehen. 3
(nach Agentur Pars *Futur*-wir gehen.)
Um zwei Uhr nachmittags 4
(Zeit+ zwei danach von Mittag)
Sehr gut! Ich bin bereit! – 6
(sehr gut! ich bereit-bin!)

Der neue Buchstabe in dieser Lektion ist **ĵe** ژ [*ĵ*] in آژانس [*åĵånß*] "Agentur". Er schreibt sich größtenteils wie **re** ر [*r*] oder **se** ز [*s*] – d. h. die Anfangsform entspricht der isolierten Form – und spricht sich wie das **g** in "Genie" oder "Garage". ②

In پارس [*pårß*] sehen Sie die isolierte Form von **ßīn** س [*ß*], die Ihnen vermutlich keine Probleme mehr bereitet. ③

Wundern Sie sich nicht, dass man die Futurpartikel خواه [*chåh*] ausspricht: Das **wāw** و ist stumm. Sie werden noch mehrere Beispiele dazu kennenlernen. ④

Bei دوِ [*do-e*] schreibt sich das **kaßreh** ausnahmsweise direkt unter **wāw**, ohne dass der Stützkonsonant **je** ی eingefügt werden muss. Man spricht es aber trotzdem häufig [*do-je*]. ⑤

Bei ظهر [*sohr*] "Mittag" steht die Anfangsform von **sā** ظ [*s*], die sich im Grunde nicht von der Mittel- oder Endform unterscheidet. ⑥

In حاضر [*håser*] "bereit, fertig; anwesend" erkennen Sie die Anfangsform von **sād** ضـ [*s*]. ⑦

آیا متوجه شدید؟

Wir erwarten Sie/euch. ❶
Heute ist Montag. Gestern war Sonntag. ❷
Wir sind bereit, die Stadt zu besichtigen (sehen). ❸
Morgen werden sie ins Stadtzentrum gehen. ❹
Hassan wird um fünf Uhr nachmittags kommen. ❺

جاهایِ خالی را پر کنید
Wir sind gekommen, um die Stadt zu sehen. 1
ما ... ... شهر ... .
Man muss zu einem Reisebüro gehen. 2
به یک ... توریست ... رفت.
Sie sind bei der Agentur Pars. 3
... در ... پارس ... .
Heute werde ich um vier Uhr nachmittags auf den Basar gehen. 4
من ... ساعتِ ... بعد ...
... به بازار ... .
بنویسید
آژانس
je [ĵ]
حاضر
sād [s]

Eine sehr gute Schreibübung besteht darin, beim Absolvieren des Lückentextes nicht nur die fehlenden Wörter, sondern anschließend noch einmal den kompletten Satz zu schreiben. So üben Sie die arabisch-persischen Buchstaben und verinnerlichen noch einmal die Gesamtstruktur des Satzes.

Hier gibt es ein Reisebüro. ⑤

در ___ ___ آژانسِ توریست ___ .

واژه های مناسب

① برایِ [barå-je] – دیدنِ [dīdan-e] – آمدیم [åmadīm]
② آژانسِ [åjånß-e] – باید [båjad] ③ آنها [ånhå] –
آژانسِ [åjånß-e] – هستند [haßtand] ④ امروز [emrūs] –
چهارِ [tschahår-e] – از [as] – ظهر [sohr] –خواهم [chåham] –
رفت [raft] ⑤ اینجا [īndjå] – یک [jek] – هست [haßt]

Pars
پارس [pårß] Pars ist der Name der alten persischen Kernprovinz im Süden von Iran, von dem sich auch der deutsche Begriff "Persien" ableitet. Hier regierten über viele Jahrhunderte die Achämeniden, Parther und Sassaniden und errichteten gewaltige Städte wie Persepolis, Pasargadae und Istachr. Im 7. Jahrhundert n. Chr. begann die arabisch-islamische Eroberung Persiens, und da das Arabische den *p*-Laut nicht kennt, wurde aus پارس [pårß] alsbald فارس [fårß], woher auch der Name der Sprache فارسی [fårßī] stammt.

٢٨ درسِ بیست و هشتم

[*darß-e bīßt-o haschtom*]

مرور

[*morūr*]

Wiederholung und Anmerkungen

Sie gehen mit großen Schritten vorwärts, aber es ist wichtig, hin und wieder einen Blick zurückzuwerfen, um Ihre Kenntnisse zu festigen und zu systematisieren. Mit dieser vierten Wiederholungslektion kommen Ihnen einige Phänomene der persischen Sprache nicht mehr fremd vor: Sie beherrschen bereits die wichtigsten Grundzüge der Schrift, unterscheiden lautlich zwischen den einzelnen Buchstaben, kennen einige wichtige Grundregeln der Grammatik und des Satzbaus, und Sie können schon mit so mancher Floskel, wie z. B. سلام [*ßalåm*] oder خدا حافظ [*chodå håfes*] auftrumpfen. Hier fassen wir noch einmal zusammen, was Sie in den letzten sechs Lektionen kennengelernt haben.

1. Buchstaben des arabisch-persischen Alphabets

Sie haben die letzten sechs Buchstaben gelernt, die Ihnen noch fehlten, um das gesamte Alphabet zu vervollständigen:

Ende	Mitte	Anfang	Isoliert	Name und Lautwert
ـا		ا (آ)		**alef** [*å, a*] *
ـب	ـبـ	بـ	ب	**be** [*b*]

28. Lektion

Ende	Mitte	Anfang	Isoliert	Name und Lautwert
ـپ	ـپـ	پـ	پ	**pe** [*p*]
ـت	ـتـ	تـ	ت	**te** [*t*]
ـث	ـثـ	ثـ	ث	**ße** [*ß*]
ـج	ـجـ	جـ	ج	**djīm** [*dĵ*]
ـچ	ـچـ	چـ	چ	**tsche** [*tsch*]
ـح	ـحـ	حـ	ح	**he djīmī** [*h*]
ـخ	ـخـ	خـ	خ	**che** [*ch*]
ـد		د		**dāl** [*d*] *
ـذ		ذ		**sāl** [*s*]
ـر		ر		**re** [*r*] *
ـز		ز		**se** [*s*] *
ـژ		ژ		**ĵe** [*ĵ*]
ـس	ـسـ	سـ	س	**ßīn** [*ß*]
ـش	ـشـ	شـ	ش	**schīn** [*sch*]
ـص	ـصـ	صـ	ص	**ßād** [*ß*]

Ende	Mitte	Anfang	Isoliert	Name und Lautwert
ـض	ـضـ	ضـ	ض	**sād** [*s*]
ـط	ـطـ	ط		**tā** [*t*]
ـظ	ـظـ	ظ		**sā** [*s*]
ـع	ـعـ	عـ	ع	**ejn** [*'*]
ـغ	ـغـ	غـ	غ	**ghejn** [*gh*]
ـف	ـفـ	فـ	ف	**fe** [*f*]
ـق	ـقـ	قـ	ق	**qhāf** [*qh*]
ـک	ـکـ	کـ	ک	**kāf** [*k*]
ـگ	ـگـ	گـ	گ	**gāf** [*g*]
ـل	ـلـ	لـ	ل	**lām** [*l*]
ـم	ـمـ	مـ	م	**mīm** [*m*]
ـن	ـنـ	نـ	ن	**nūn** [*n*]
ـو		و		**wāw** [*w*] / [*o*] / [*ū*] / [*ou*] oder stumm *
ـه	ـهـ	هـ	ه	**he do tscheschm** [*h*]
ـی	ـیـ	یـ	ی	**je** [*ī*] / [*j*] / [*ej*]
ء				**hamseh** [*'*]

* Diese Buchstaben werden nicht nach links verbunden.

Damit kennen Sie praktisch alle Laute des Persischen. Die übrigen, noch unbekannten Formen der hier dargestellten Buchstaben werden Sie im Laufe der nächsten Lektionen kennenlernen, doch grundsätzlich haben Sie bereits jetzt einen sehr umfassenden Einblick in diese ursprünglich doch so fremde Schrift bekommen. Erwähnenswert sind an dieser Stelle nochmals die neuen Dopplungen, z. B. für den Laut [*s*] in Form von **sāl** ذ, **se** ز, **sād** ض und **sā** ظ.

In Lektion 26 sind wir kurz auf das sog. ء **hamseh** eingegangen, das manche Experten als eigenen Buchstaben, andere als Hilfszeichen ansehen. Zu diesem Zeitpunkt reicht es, wenn Sie es einfach nur erkennen.

Etwas gewöhnungsbedürftig ist für Sie möglicherweise die Tatsache, dass die Buchstabengruppe خوا **che-wāw-alef** [*chå*] – und nicht [*chwå*] – gesprochen wird. Merken Sie sich dies als Konvention, ähnlich wie man im Deutschen [*sch*] als Zischlaut spricht, ohne die einzelnen Buchstaben zu sprechen. Eine weitere Konvention ist die Kombination aus **nūn** und **be**: نب. Man spricht sie nicht [*-nb-*], sondern [*-mb-*], z. B. in شنبه [*schambeh*] "Samstag".

2. Personenspezifische Verb-Endungen

Sie kennen bereits alle personenspezifischen Endungen der Verben. Sie heißen:

	Präsens (Gegenwart)	**Präteritum** (Vergangenheit)
Bsp.:	"haben" [*dåschtan*] داشتن Stamm: [*dår-*] دار	"machen, tun" [*kardan*] کردن Stamm: [*kard-*] کرد
ich	[*-am*] م	[*-am*] م
du	[*-ī*] ی	[*-ī*] ی
er/sie	[*-ad*] د	[-]

LEKTION 28

wir	[-īm] یم	[-īm] یم
ihr, Sie	[-īd] ید	[-īd] ید
sie	[-and] ند	[-and] ند

Beachten Sie, dass in den meisten Fällen der einzige Unterschied zwischen den Präsens- und Präteritumsformen in der 3. Person Singular existiert. Das Präteritum der 3. Person Singular hat keine Endung:

Präsens:

آنجا کار دارد. [åndĵå kår dårad.]

"Er/Sie hat dort etwas zu tun."

Präteritum:

او در بازار کار کرد. [ū dar båsår kår kard.]

"Er/Sie hat im Basar gearbeitet."

In der 1. Übung von Lektion 23 haben Sie die Frage
"Wo sind Sie / seid ihr?" شما کجائید؟ [schomå kodĵå'īd?]
kennengelernt. Da im Persischen nicht zwei Vokale direkt aufeinandertreffen dürfen, wird in Fällen, in denen die Endungen ی [-ī], یم [-īm] oder ید [-īd] direkt hinter einem **alef** ا auftreten, ein **hamseh** auf einem stummen Trägerkonsonanten eingeschoben: ئـ So z. B. auch bei
"Wo sind wir?" کجائیم؟ [kodĵå'īm?]

Stattdessen kann man auch – und das ist heute die häufigere Schreibweise – zwei **je** schreiben: کجاییم [kodĵåjīm].

3. Futur

Man bildet das Futur mithilfe von خواه [chåh-] + den personenspezifischen Verb-Endungen des Präsens + dem verkürzten Infinitiv (= Präteritumstamm) des Hauptverbs.

ما فردا به آژانسِ پارس خواهیم رفت.

[må fardå beh åĵånß-e pårß chåhīm raft.]

"Wir werden morgen zur Agentur Pars gehen."

[*schomå tehrån rå chåhīd dīd.*] شما تهران را خواهید دید.
"Ihr werdet Teheran sehen."

4. Verb بودن [*būdan*] "sein"

Im Präsens kennt das Verb بودن [*būdan*] zwei mögliche Formen, nämlich erstens die sog. enklitische, bei der Suffixe an das entsprechende Nomen oder Adjektiv angehängt werden, und zweitens die isolierte Form:

	Enklitische Form	**Isolierte Form**
ich	[*-am*] م	[*haßtam*] هستم
du	[*-ī*] ی	[*haßtī*] هستی
er/sie	[*aßt*] است	[*haßt*] هست
wir	[*-īm*] یم	[*haßtīm*] هستیم
ihr, Sie	[*-īd*] ید	[*haßtīd*] هستید
sie	[*-and*] ند	[*haßtand*] هستند

Die enklitische Form wird besonders in der Umgangssprache bevorzugt, aber prinzipiell gibt es fast keinen Unterschied zwischen den beiden Formen.

من معلّمم.\من معلّم هستم.
[*man mo'allemam. / man mo'allem haßtam.*]
"Ich bin Grundschullehrer."

Allerdings können in einzelnen Fällen geringe Bedeutungsnuancen damit zum Ausdruck gebracht werden, z. B. منم [*manam*] "ich bin's" ≠ من هستم [*man haßtam*] "ich bin [schon] da". Generell benutzt man die isolierte Form dann, wenn man dem Verb "sein" Nachdruck verleihen will und auch speziell dann, wenn es im Sinne von "sich befinden" gebraucht wird.

Besonders هست [*haßt*] wird auch häufig in der Bedeutung "es gibt" verwendet:

[*tū-je påkat jek 'akß haßt.*] توی پاکت یک عکس هست.
"Im Briefumschlag gibt es ein Foto."

Beachten Sie bei den enklitischen Formen, dass nur die Form der 3. Person Singular است [*aßt*] nicht mit dem vorangehenden Wort verbunden wird:

ایشان خوبند. [*īschån chūband.*]
"Sie sind gut." / "Es geht ihnen gut."

حالِ پسر خوب است. [*hål-e peßar chūb aßt.*]
"Dem Jungen geht es gut."

Endet das entsprechende Wort jedoch auf **alef**, verschmilzt dieses mit dem **alef** von است [*aßt*]:

شما [*schomå*] + است [*aßt*] < شماست [*schomåßt*]

کجا [*kodĵå*] + است [*aßt*] < کجاست [*kodĵåßt*]

زیبا [*sībå*] + است [*aßt*] < زیباست [*sībåßt*]

5. Personalpronomen

Mittlerweile kennen Sie alle gängigen Personalpronomen des Persischen:

من "ich" [*man*]

تو "du" [*to*]

او "er/sie" [*ū*]

ما "wir" [*må*]

شما "ihr, Sie" [*schomå*]

آنها [*ånhå*] "sie" / ایشان [*īschån*] "sie" (Pl.) / "er/sie" (höfl.)

آنها [*ånhå*] "sie" ist das Personalpronomen der 3. Person Plural. Alternativ – jedoch weit seltener – verwendet man ایشان [*īschån*] vor allem dann, wenn man besonders höflich von mehreren, aber auch nur einer dritten Person spricht:

ایشان در خانه نیستند. [*īschån dar chåneh nīßtand.*]
"Sie sind nicht im Haus." / "Er/Sie ist nicht im Haus."

Gleichermaßen interessant und praktisch ist, dass die Personalpronomen auch dem deutschen Dativ (mir, dir, ihm, ihr usw.) und Akkusativ (mich, dich, ihn, sie usw.) entsprechen. Vergleichen Sie:

ما به بازار رفتیم. [*må beh båsår raftīm.*]
"Wir sind zum Basar gegangen."

به ما گفتند. [*beh må goftand.*]
"Sie haben [es] uns gesagt." (Dativ)

ما را دیدند. [*må rå dīdand.*]
"Sie haben uns gesehen." (Akkusativ)

Doch damit nicht genug, denn selbst die besitzanzeigenden Fürwörter (Possessivpronomen) werden mithilfe der Personalpronomen in Verbindung mit einem **Esåfeh** ausgedrückt.

"unser Haus" منزلِ ما [*mansel-e må*]

6. Esåfeh

Das **Esåfeh** wird auf verschiedene Arten geschrieben.

1.) Folgt es auf einen Konsonanten, so wird es durch den uns bekannten Unterstrich (sog. **kaßreh**) dargestellt und [-*e*] gesprochen:

"Hassans Haus" منزلِ حسن [*mansel-e haßan*]

Diese Variante ist im normalen Schriftbild selten, denn Muttersprachler und fortgeschrittene Lerner benötigen dieses Zeichen nicht, da sie automatisch wissen, wo ein **Esåfeh** zu sprechen ist. Doch in vereinfachten Texten, z. B. in Kinder- und Schulbüchern und auch in unserem Kurs, verzichten wir nicht auf die Schreibung dieses Unterstrichs.

2.) Folgt **Esåfeh** auf einen Vokal, z. B. ein **alef** oder **wāw**, wird es in Form eines **je** ی geschrieben und [-*je*] gesprochen. Das

kaßreh kann dabei ergänzt werden oder auch nicht; in Originaltexten ist dies eher die Ausnahme.

"Herr Nasari" [*åqhå-je nasarī*] آقایِ نظری

[*bū-je tscheloukabåb*] بویِ چلوکباب
"der Geruch des Tschelou Kabab"

Eine Ausnahme bildet das Zahlwort دو [*do*] "zwei": Bei دوِ [*do-e*] schreibt sich das **Esåfeh** ausnahmsweise direkt unter **wāw**, ohne dass der Stützkonsonant **je** ی eingefügt wird. Man spricht es aber trotzdem häufig [*do-je*]:

[*ßå'at-e do-(j)e ba'd as sohr*] ساعتِ دوِ بعد از ظهر
"um zwei Uhr nachmittags"

3.) Steht hingegen am Wortende ein **he do tscheschm** ـه [*h*] in seiner verbundenen Endform, schreibt sich das **Esåfeh** in Form eines **hamseh** ء auf diesem ـه [*h*]. Diese Spezialform, die sich **je dom borīdeh** یِ دم بریده nennt, haben Sie in نامۀ حسن [*nåmeh-je haßan*] "Hassans Brief" kennengelernt.

Die Schreibung des ـۀ entspricht im Übrigen einer älteren Rechtschreibregel. Neuerdings kann das **Esåfeh** in diesem konkreten Fall, also nach [*-eh*], auch mit einem **je** یِ geschrieben werden, wobei dieses jedoch nicht mit dem ـه [*h*] verbunden wird:

"Hassans Brief" [*nåmeh-je haßan*] نامه‌یِ حسن

Steht **he do tscheschm** [*h*] jedoch in seiner isolierten Form ه, wird das **Esåfeh** ganz normal als **kaßreh** geschrieben. In diesem Fall spricht es sich ه [*h*] (es gibt auch das isolierte ه, das [*-e*] gesprochen wird!):

"Teherans Weg" [*råh-e tehrån*] راهِ تهران

In Iran finden sich heute beide Varianten; wir haben uns für die Schreibung nach der älteren Rechtschreibregel entschieden, wenn man auch die neuere immer häufiger findet, da sie auf Tastaturen leichter einzugeben und außerdem nicht arabisch ist.

Das **Esåfeh** verbindet bekanntlich alle Arten von Substantiven, Namen und Adjektiven und drückt dabei in der Regel den deutschen Genitiv bzw. das Wörtchen "von" aus. Grundsätzlich können beliebig viele Wörter mit **Esåfeh** hintereinander stehen.

"Ihr Arbeitsplatz" [*mahall-e kår-e schomå*] محلِّ کارِ شما

[*tū-je påkat-e nåmeh-je haßan*] توىِ پاکتِ نامۀ حسن
"im Umschlag von Hassans Brief"

In Lektion 27 haben wir außerdem das Verbalpartizip منتظر [*montaser*] "wartend" kennengelernt, das mit بودن [*būdan*] "sein" gebildet wird. Zwischen منتظر [*montaser*] und dem Objekt, das erwartet wird, fügt man ebenfalls ein **Esåfeh** ein:

[*må montaser-e schomå haßtīm.*] ما منتظرِ شما هستیم.
"Wir erwarten euch. / Wir warten auf euch."

7. Präpositionen

Das Persische unterscheidet drei Arten von Präpositionen:

1.) Einfache wie از [*as*] "aus, von", با [*bå*], "mit", به [*beh*] "zu, nach", بی [*bī*] "ohne", در [*dar*] "in" oder تا [*tå*] "bis":

[*bå peßar beh båsår raftam.*] با پسر به بازار رفتم.
"Ich bin mit dem Jungen zum Basar gegangen."

2.) Komplexe wie:

- "nach" [*ba'd as*] بعد از

  "danach" [*ba'd as ån*] بعد از آن

"Nachmittag, nachmittags" [*ba'd as sohr*] بعد از ظهر

3.) Zusammengesetzte, mit **Esåfeh** gebildete, wie:

- "unter" [*sīr-e*] زیرِ

  "unter dem Bett" [*sīr-e tacht*] زیرِ تخت

- "in der Nähe von" [*nasdīk-e*] نزدیکِ

  "in der Nähe der Post " [*nasdīk-e poßt*] نزدیکِ پست

- "bei, an, am Kopf von" [*ßar-e*] سرِ

  "bei Tisch, am Kopf des Tisches" [*ßar-e mīs*] سرِ میز

- "(so) wie" [*meßl-e*] مثلِ

  "wie ihr/Sie" [*meßl-e schomå*] مثلِ شما

- "für" [*barå-je*] برایِ

  "für dich" [*barå-je to*] برایِ تو

- "in" [*tū-je*] تویِ

  "im Umschlag" [*tū-je påkat*] تویِ پاکت

- "auf" [*rū-je*] رویِ

  "auf dem Tisch" [*rū-je mīs*] رویِ میز

- "vor" [*dĵelou-je*] جلویِ

  "vor der Tür" [*dĵelou-je dar*] جلویِ در

- "hinter" [*poscht-e*] پشتِ

  "hinter dem Haus" [*poscht-e chåneh*] پشتِ خانه

8. Besitztum und Zugehörigkeit

Neben der oben beschriebenen Verbindung aus **Esåfeh** und den Personalpronomen kennt das Persische eine weitere Methode, das Besitztum oder die Zugehörigkeit auszudrücken, und zwar, indem man مال [*mål*] "Besitz, Eigentum" mit einem **Esåfeh** und einem Subjekt, Namen oder Personalpronomen kombiniert:

"dein" [*mål-e to*] مالِ تو

"Hassans" [*mål-e haßan*] مالِ حسن

"des Lehrers" [*mål-e mo'allem*] مالِ معلّم

[*īn ketåb mål-e man aßt.*] این کتاب مالِ من است.
"Das ist mein Buch."

9. Zeitbestimmungen

Im Laufe der letzten sechs Lektionen haben wir folgende Zeitbestimmungen kennengelernt:

• Zeitadverbien

"heute"	[*emrūs*] امروز
"gestern"	[*dīrūs*] دیروز
"gestern Abend"	[*dīschab*] دیشب
"morgen"	[*fardå*] فردا
"am Nachmittag, nachmittags"	[*ba'd as sohr*] بعد از ظهر
"jetzt"	[*hålå*] حالا

• Wochentage (روزهایِ هفته [*rūshå-je hafteh*])

"Samstag"	[*schambeh*] شنبه
"Sonntag"	[*jek-schambeh*] یکشنبه
"Montag"	[*do schambeh*] دوشنبه
"Dienstag"	[*ßeh schambeh*] سه شنبه
"Mittwoch"	[*tschahår schambeh*] چهار شنبه
"Donnerstag"	[*pandĵ-schambeh*] پنجشنبه
"Freitag"	[*dĵom'eh/ådīneh*] جمعه\آدینه

Bei manchen Wochentagen werden die Elemente zusammengeschrieben, bei anderen getrennt. Prägen Sie sich die Schreibweise von Anfang an gut ein.

Noch eine kurze Anmerkung zu den beiden Varianten für "Freitag". Wie bereits in Lektion 27 erwähnt, ist آدینه [*ådīneh*] die persische Variante und جمعه [*dĵom'eh*] ein arabisches Wort. In Kalendern können beide Bezeichnungen stehen, wobei آدینه etwas überwiegt. Gesprochen hört man häufiger جمعه, jedoch setzt sich auch آدینه immer mehr durch. In jüngerer Zeit gibt es starke Tendenzen, arabische Lehnwörter zu vermeiden und stattdessen mehr echt-persische Wörter zu verwenden, wobei

dies keineswegs von "oben", also von einer Akademie oder einem Institut, diktiert wird, sondern es sind die Sprecher selbst, die diese puristischen Bestrebungen verfolgen. Generell besitzen die Iraner ein ausgeprägtes Sprachbewusstsein.

10. Zahlen

In Lektion 21 haben Sie die Zahlen von "1" bis "12" gelernt, hier finden Sie die weiteren bis "29":

"11" [*jåsdah*] یازده

"12" [*dawåsdah*] دوازده

"13" [*ßīsdah*] سیزده

"14" [*tschahårdah*] چهارده

"15" [*pånsdah*] پانزده

"16" [*schånsdah*] شانزده

"17" (umgangssprachlich [*hīfdah*]) [*hefdah*] هفده

"18" (umgangssprachlich [*hīdĵdah*]) [*hedĵdah*] هجده

"19" [*nūsdah*] نوزده

"20" [*bīßt*] بیست

Ab "21" verbindet man die Zehner mit den Einern durch و [*-o*]:

"21" [*bīßt-o jek*] بیست و یک

"22" [*bīßt-o do*] بیست و دو

"23" [*bīßt-o ßeh*] بیست و سه

usw.

Bei den Lektionsnummern haben Sie sicherlich bereits gemerkt, dass man die Ordinalzahlen bildet, indem man ـم [*-om*] an die Kardinalzahlen anfügt:

"4."	[tschahårom] چهارم	◄	"4"	[tschahår] چهار
"5."	[pandĵom] پنجم	◄	"5"	[pandĵ] پنج

usw.

Ausnahmen sind jedoch die Zahlen "1" bis "3":

"1."	[awwal/jekom] اوّل \ یکم	◄	"1"	[jek] یک
"2."	[dowwom] دوّم	◄	"2"	[do] دو
"3."	[ßewwom] سوّم	◄	"3"	[ßeh] سه

11. Verständnis-/Formulierungsübung

1 در منزلِ عمو جواد همه سرِ میز هستند،

2 ولی یک کمی عجله دارند.

3 ساعتِ سه و نیمِ بعد از ظهر به آژانسِ پارس خواهند رفت.

4 این آژانس مالِ آقایِ نظری است. خیلی دور نیست.

5 در مرکزِ تهران، نزدیکِ پستخانه است.

6 به آنجا آمدند و آقایِ نظری گفت:

7 – سلام! حالِ شما چطور است؟

8 – ما خوبیم، مرسی.

9 حالا با شما به دیدنِ شهر خواهیم رفت.

10 برایِ دیدنِ مرکزِ شهر آمدیم.

⑪ – خیلی خوب، حالا به میدانِ بزرگ خواهیم رفت.

⑫ در پستخانه کار دارم. بعد از آن بازار را خواهیم دید.

⑬ فردا سه شنبه با پسرِ من به شهرِ ری خواهید رفت.

⑭ او معلّم است. خیلی خوب تهران را بلد است.

Aussprache der Übungssätze

[**1.** *dar mansel-e 'amū dǰawåd hameh ßar-e mīs haßtand,* **2.** *walī jek kamī 'adǰaleh dårand.* **3.** *ßå'at-e ßeh-o nīm-e ba'd as sohr beh åǰånß-e pårß chåhand raft.* **4.** *īn åǰånß mål-e åqhå-je nasarī aßt. chejlī dūr nīßt.* **5.** *dar markas-e tehrån, nasdīk-e poßtchåneh*

۲۹ درسِ بیست و نهم

سالِ آینده

۱ – سالِ آینده به کجا خواهید رفت؟ ①

۲ – من در بهار به شیراز خواهم رفت.

۳ آنجا تختِ جمشید را خواهم دید.

[*darß-e bīßt-o nohom ßål-e åjandeh* **1** *ßål-e åjandeh beh kodǰå chåhīd raft?* **2** *man dar bahår beh schīrås chåham raft.* **3** *åndǰå tacht-e dǰamschīd rå chåham dīd.*]

aßt. **6.** *beh åndjå åmadand wa åqhå-je nasarī goft:* **7.** *– ßalåm! hål-e schomå tschetour aßt?* **8.** *– må chūbīm, merßī.* **9.** *hålå bå schomå beh dīdan-e schahr chåhīm raft.* **10.** *barå-je dīdan-e markas-e schahr åmadīm.* **11.** *– chejlī chūb, hålå beh mejdån-e bosorg chåhīm raft.* **12.** *dar poßtchåneh kår dåram. ba'd as ån båsår rå chåhīm dīd.* **13.** *fardå ßeh schambeh bå peßar-e man beh schahr-e rej chåhīd raft.* **14.** *ū mo'allem aßt. chejlī chūb tehrån rå balad aßt.*]

Übersetzung der Übungssätze

❶ Alle sind bei Onkel Dschawad bei Tisch, ❷ aber sie haben es ein wenig eilig. ❸ Um halb vier nachmittags werden sie zu der Agentur Pars gehen. ❹ Diese Agentur gehört Herrn Nasari. Sie ist nicht weit entfernt. ❺ Sie ist im Zentrum Teherans in der Nähe der Post. ❻ Sie sind dort angekommen, und Herr Nasari hat gesagt: ❼ – Guten Tag! Wie geht es Ihnen? ❽ – Uns geht es gut, danke. ❾ Jetzt werden wir mit euch die Stadt besichtigen (sehen). ❿ Wir sind gekommen, um das Stadtzentrum zu sehen. ⓫ – Sehr gut, jetzt werden wir zum Großen Platz gehen. ⓬ Ich habe auf der Post zu tun. Danach werden wir uns den Basar ansehen. ⓭ Morgen, am Dienstag, werdet ihr mit meinem Sohn in die Stadt Rey fahren. ⓮ Er ist Grundschullehrer. Er kennt Teheran sehr gut.

29. Lektion

Das nächste Jahr

Wo werden Sie nächstes Jahr hinfahren? – 1
(Jahr+ kommend nach wo *Futur*-Sie gehen?)
Im Frühjahr werde ich nach Schiras fahren. – 2
Ich werde dort Persepolis sehen. 3
(dort Thron+ Dschamschid *Akk.* *Futur*-ich sehen.)

آینده [*åjandeh*] "kommend, nächster, -e, -es": Partizip Präsens von آمدن [*åmadan*] "(an)kommen". Merken Sie sich neben سالِ آینده [*ßål-e åjandeh*] "nächstes Jahr" auch سالِ گذشته [*ßål-e gosaschteh*] "letztes Jahr". گذشته [*gosaschteh*] ist das Partizip Perfekt von گذشتن\گذر [*gosaschtan/gosar*] "vergehen, vorbeigehen". ①

۴ هنوز آن جایِ مشهور را ندیده‌ام. ②

۵ به چند جایِ دیگر هم خواهم رفت. ③

۶ – شما آنجا چند روز خواهید ماند؟ ④

۷ – دو سه روز یا یک هفته.

[**4** *hanūs ån dĵå-je maschhūr rå nadīdeh'am.* **5** *beh tschand dĵå-je dīgar ham chåham raft.* **6** *schomå åndĵå tschand rūs chåhīd månd?* **7** *do ßeh rūs jå jek hafteh.*]

ندیده‌ام [*nadīdeh'am*]: durch نـ [*na-*] verneinte Perfektform. Hierfür hängt man an den Präteritumstamm die Endung ـه [*-eh*] an. Anders als die einfache Vergangenheit betont das Perfekt das Ergebnis der Handlung, nicht die Handlung selbst. Vergleichen Sie: ②

دیروز او را دیدم. [*dīrūs ū rå dīdam.*]

"Ich habe ihn/sie gestern gesehen." (Präteritum – allgemeine Feststellung).

این جا را دیده‌ام. [*īn dĵå rå dīdeh'am.*]

"Ich habe diesen Ort (bereits) gesehen." (Perfekt – Auswirkung auf die Gegenwart = ich kenne ihn).

۴ هنوز آن جایِ مشهور را ندیده‌ام. ①

4 HaNūS ĀN DĵĀ-e MaSchHūR RĀ NaDīDeH-AM.

۵ به چند جایِ دیگر هم خواهم رفت. ②

5 BeH TschaND DĵĀ-e DīGaR HaM ChĀHaM RaFT.

Bei ندیده‌ام [*nadīdeh'am*] wird das **alef** ا [*a*] am Ende zwar geschrieben, aber trotzdem kurz gesprochen. Auch ist interessant, dass **he do tscheschm** ه [*h*] und **alef** ا [*a*] hier getrennt geschrieben werden (das Hochkomma bei [*nadīdeh'am*] kennzeichnet einen Stimmabsatz!) und keine Verbindung eingehen, also *nicht* ندیدهام. Dieses Wort würde dann mit [*h*] gelesen werden, also [*nadīdhåm*] oder [*nadīdehåm*]. ①

Ich habe diesen berühmten Ort noch nicht gesehen. 4
(noch dieser Ort+ berühmt *Akk*. nicht-gesehen-ich.)

Ich werde auch zu einigen anderen Orten fahren. 5
(nach einige Ort+ anderer auch *Futur*-ich gehen.)

Wie viele Tage werden Sie dort bleiben? – 6
(Sie dort wie-viel Tag *Futur*-Sie bleiben?)

Zwei oder drei Tage oder (lieber) eine Woche. – 7

Bei جایِ دیگر [*dĵå-je dīgar*] "andere Orte" steht جا [*dĵå*] im Singular, da davor چند [*tschand*] "einige" steht. دیگر [*dīgar*] bedeutet "anderer, -e, -es" und steht wie fast alle Adjektive hinter dem Bezugswort, das durch das **Esåfeh** ergänzt wird. ③

Das Futur wird mit den Verbformen von خواستن [*chåßtan*] "wollen" + verkürztem Infinitiv gebildet: خواهم [*chåham*] "[ich] werde", خواهی [*chåhī*] "[du] wirst", خواهد [*chåhad*] "[er/sie] wird", خواهیم [*chåhīm*] "[wir] werden", خواهید [*chåhīd*] "[ihr] werdet/[Sie] werden", خواهند [*chåhand*] "[sie] werden". Zur Erinnerung: **wāw** و wird hier nicht gesprochen! ④

Ich habe diesen berühmten Ort noch nicht gesehen. 4
(noch dieser Ort+ berühmt *Akk*. nicht-gesehen-ich.)

Ich werde auch zu einigen anderen Orten fahren. 5
(nach einige Ort+ anderer auch *Futur*-ich gehen.)

Bei دیگر [*dīgar*] sehen Sie die Mittelform von **gāf** گ [*g*], die sich bekanntlich von **kāf** ک [*k*] nur durch den Strich darüber unterscheidet. ②

جمله هایِ زیر را می فهمید؟

① برادرِ من سالِ آینده به تهران خواهد رفت.
[barådar-e man ßål-e åjandeh beh tehrån chåhad raft.]

② فردا پنجشنبه همه به بازار خواهند رفت.
[fardå pandĵ-schambeh hameh beh båsår chåhand raft.]

③ امروز در آژانسِ توریست خواهم ماند.
[emrūs dar åĵånß-e tūrīßt chåham månd.]

④ هفتهٔ آینده اصفهان را خواهیم دید.
[hafteh-je åjandeh eßfahån rå chåhīm dīd.]

جاهایِ خالی را پر کنید

① Nächstes Jahr werden wir nach (die Stadt) Teheran fahren.

② Werde ich morgen, am Sonntag, mit deinem Sohn zum Basar gehen?

③ Das Essen wird um halb zwei (Uhr) fertig sein.

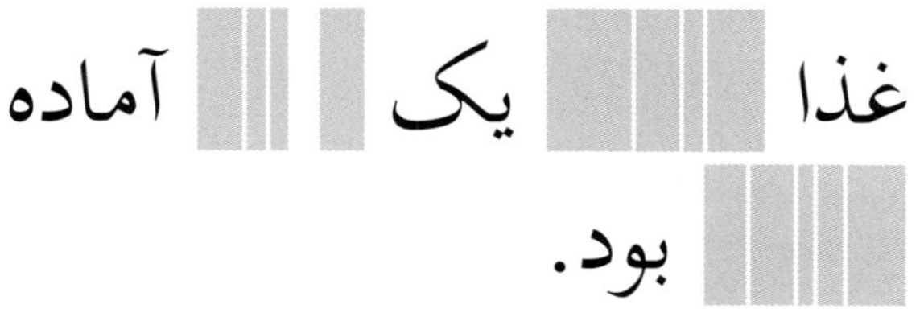

این شهر را هنوز ندیده‌ام. ❺
[īn schahr rå hanūs nadīdeh'am.]

من به اصفهان هنوز نرفته‌ام. ❻
[man beh eßfahån hanūs narafteh'am.]

سالِ گذشته به شیراز رفتم. ❼
[ßål-e gosaschteh beh schīrås raftam.]

آیا متوجه شدید؟

Mein Bruder wird nächstes Jahr nach Teheran fahren. ❶
Morgen, am Donnerstag, werden alle auf den Basar gehen. ❷
Ich werde heute im Reisebüro bleiben. ❸
Nächste Woche werden wir Isfahan besichtigen (sehen). ❹
Ich habe diese Stadt noch nicht gesehen. ❺
Ich bin noch nicht nach Isfahan gefahren. ❻
Letztes Jahr bin ich nach Schiras gefahren. ❼

Wir sind in Eile! Sie werden eine Stunde (lang) auf uns warten! ❹
Auf Wiedersehen!

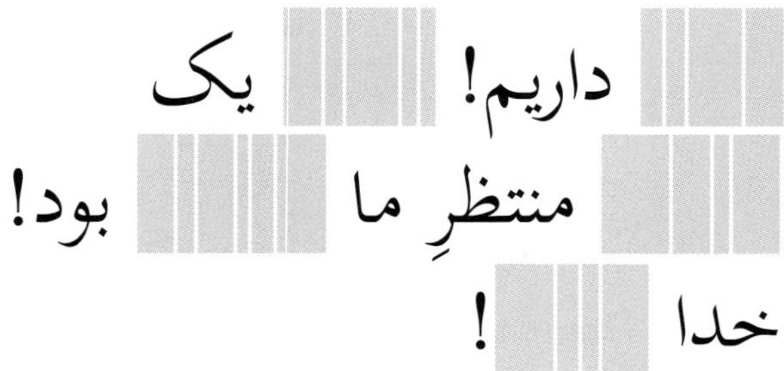

Wann wird der Onkel von Ahmad zu uns kommen? ❺

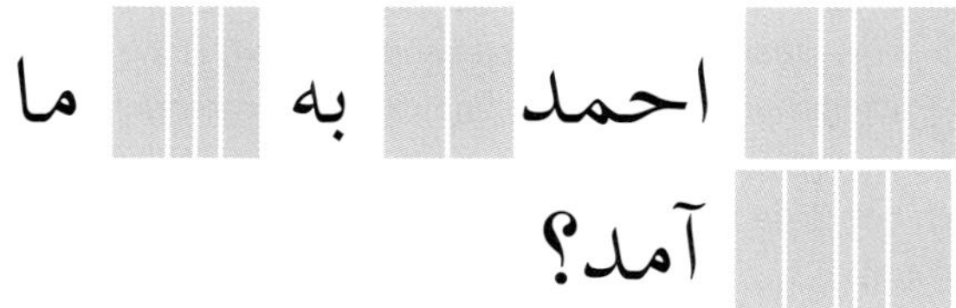

Ich habe diese berühmte Stadt noch nicht gesehen! ⑥

شهرِ ... راهنوز ... !

Persepolis
Das historische Persepolis – auf Persisch تختِ جمشید [*tacht-e dǰamschīd*] "Thron des Dschamschid" (ein persischer mythologischer König) – war eine der Hauptstädte des antiken Perserreichs. Es wurde 520 v. Chr. von Dareios I. gegründet und bestand bis zur Zerstörung durch Alexander den Großen im Jahre 330 v. Chr. Viele der von Dareios I. und seinen Nachfolgern, u. a. Xerxes, Artaxerxes I. und Artaxerxes II. errichteten Paläste wurden zumindest teilweise rekonstruiert und können heute in einem Ausgrabungspark besichtigt werden. Persepolis zählt zum UNESCO-Weltkulturerbe und liegt im Süden von Iran, in der Provinz Fars, etwa 60 km nordöstlich von Schiras.

۳۰ درسِ سی‌ام

چه می کنید؟

۱ – ببخشید آقا، چه می کنید؟ ① ②

[*darß-e ßī-om tscheh mī-konīd?* **1** *bebachschīd åqhå, tscheh mī-konīd?*]

ANMERKUNGEN

① Bei ببخشید [*bebachschīd*], bestehend aus dem Präfix بـ [*be-*], dem Präsensstamm des Verbs und der Personalendung, handelt es sich im Grunde um einen Konjunktiv (Möglichkeitsform), jedoch hat diese Form auch die Funktion eines Imperativs (Befehlsform).

واژه های مناسب

❶ آینده [åjandeh] – شهرِ [schahr-e] – خواهیم [chåhīm]
❷ یکشنبه [jek-schambeh] – پسرِ [peßar-e] – تو [to] –
خواهم [chåham] ❸ ساعتِ [ßå'at-e] – و [o] – نیم [nīm] –
خواهد [chåhad] ❹ عجله ['adĵaleh] – ایشان [īschån] –
ساعت [ßå'at] – خواهند [chåhand] – حافظ [håfes]
❺ عمویِ ['amū-je] – کی [kej] – منزلِ [mansel-e] –
خواهد [chåhad] ❻ این [īn] – مشهور [maschhūr] –
ندیده‌ام [nadīdeh'am]

30. Lektion

Was machen Sie [da]?

Entschuldigen Sie, mein Herr, was machen Sie [da]? – 1
(*Konj.*-entschuldigt Herr, was *Verbalpräfix* macht?)

② می کنید [*mī-konīd*] "[Sie] machen / [ihr] macht" ist das Präsens des Verbs کردن [*kardan*] "machen", bei dem der Präsensstamm کن [*kon*] – anstelle des bekannten Präteritumstamms کرد [*kard*] – steht, an den die bekannten Suffixe angehängt werden. Außerdem steht davor das Verbalpräfix می [*mī-*]. Merken Sie sich diese Form vorerst als feststehenden Begriff.

۲ – دیشب اینجا یک چیزی گم کردم. ③

۳ – من به شما کمک خواهم کرد. ④

۴ – نه، مرسی، پیدا کردم! ⑤

۵ زیرِ پای شماست.

۶ عینکِ بیچارهٔ من!

[**2** *dīschab īndjå jek tschīsī gom kardam.* **3** *man beh schomå komak chåham kard.* **4** *nah, merßī, pejdå kardam!* **5** *sīr-e på-je schomåßt.* **6** *'ejnak-e bītschåreh-je man!*]

③ یک چیزی [*jek tschīsī*] "etwas, eine Sache" kommt von چیز [*tschīs*] "Sache". Das angehängte ی [*-ī*] für die Einzahl kann auch bei Adjektiven stehen:

"eine andere Brille" [*'ejnak-e dīgarī*] عینکِ دیگری

۶ عینکِ بیچارهٔ من! ②

6 'eiNaK-e BiTschÅReH-e MaN!

ANMERKUNGEN

① Beachten Sie die Schreibung der Ordnungszahl, bestehend aus سی [*ßī*] "30" und der Ordnungszahlendung ام [*-om*]. Wie Sie sehen, werden diese gesondert geschrieben, da sie auch klar zweisilbig gesprochen werden.

Gestern Abend habe ich hier etwas verloren. – 2
(gestern-Abend hier eins Sache-eine verloren machte.)
Ich werde Ihnen helfen. – 3
(ich nach ihr Hilfe *Futur*-ich machen.)
Nein, danke, ich habe [es] gefunden! – 4
(nein, danke, sichtbar machte!)
Es ist unter Ihrem Fuß. 5
(unter+ Fuß+ ihr-ist.)
Meine arme Brille! 6
(Brille+ arm+ ich!)

Bei zusammengesetzten Verben stehen die Futurformen zwischen dem entsprechenden Zusatzwort und dem Verbstamm: ④
"ich werde helfen" [*komak chåham kard*] کمک خواهم کرد
Dies gilt auch für das Verbalpräfix مى [*mī-*]:
"Sie (höfl.) helfen / ihr helft" [*komak mī-konīd*] کمک می کنید

In dieser Lektion lernen Sie einige zusammengesetzte Verben kennen, die mit کردن [*kardan*] "machen" gebildet werden: ⑤
کمک کردن [*komak kardan*] "helfen", گم کردن [*gom kardan*] "verlieren" und پیدا کردن [*pejdå kardan*] "finden". In diesen Verbindungen kann کردن [*kardan*] mit einem Nomen, Adjektiv oder Adverb stehen. Ersetzt man کردن [*kardan*] durch شدن [*schodan*] "werden", bildet man das Passiv:
"es ging verloren" [*gom schod*] گم شد

30. Lektion

Meine arme Brille! 6
(Brille+ arm+ ich!)

Aus Lektion 26 wissen Sie, dass man **he do tscheschm** ه unterschiedlich sprechen kann. Mit einem **kaßreh** darunter wird es [*h-e*] gesprochen. In بیچارهٔ ist **he do tscheschm** mit einem **hamseh** versehen: هٔ; man spricht es [*-eh-je*]. Alternativ kann man es auch ه ی ([*-eh-je*]) schreiben. ②

جمله هایِ زیر را می فهمید؟

1 امروز شما چه می کنید؟

[emrūs schomå tscheh mī-konīd?]

2 من به عمویِ جواد کمک خواهم کرد.

[man beh 'amū-je dĵawåd komak chåham kard.]

3 آقا، اینجا چه گم کردید؟

[åqhå, īndĵå tscheh gom kardīd?]

جاهایِ خالی را پر کنید

Entschuldigung, mein Herr, haben Sie etwas verloren? 1

Ich habe deine Brille noch nicht gefunden! 2

4 در میدانِ بزرگ عینکِ دیگری گم کردی؟

[dar mejdån-e bosorg 'ejnak-e dīgarī gom kardī?]

5 مردِ بیچاره چند روز یا یک هفته اینجا خواهد ماند.

[mard-e bītschår tschand rūs jå jek hafteh īndjå chåhad månd.]

6 در منزلِ ما عینکِ شما را پیدا نکردیم.

[dar mansel-e må 'ejnak-e schomå rå pejdå nakardīm.]

آیا متوجه شدید؟

Was machen Sie heute? 1
Ich werde Dschawads Onkel helfen. 2
Mein Herr, was haben Sie hier verloren? 3
Du hast eine andere Brille auf dem Großen Platz verloren? 4
Der arme Mann wird einige Tage oder eine Woche hier bleiben. 5
Wir haben Ihre Brille nicht bei uns gefunden. 6

Wo ist meine Brille? – Unter deinem Fuß! 3

من ____ ؟ – زیرِ ____ !

Wer wird mir helfen? 4

____ به من ____ خواهد ____ ؟

۳۱ درسِ سی و یکم

صبر کن! ①

۱ – سلام احمد! اینجا چه می کنی؟ ②

[darß-e ßī-o jekom ßabr kon! **1** ßalåm ahmad! īndjå tscheh mī-konī?]

ANMERKUNGEN

① صبر کن! [*ßabr kon!*] "Warte!": Imperativ des zusammengesetzten Verbs صبر کردن [*ßabr kardan*] "warten". Wie Sie sehen, handelt es sich nur um den einfachen Präsensstamm des Verbs. Würde کردن [*kardan*] alleine – also ohne Zusatzwort – stehen, müsste man ihm das Präfix بـ [*be-*] voranstellen: بکن! [*bekon!*] "Mach!"

واژه هایِ مناسب

❶ ببخشید [bebachschīd] – چیزی [tschīsī] – کردید [kardīd]
❷ هنوز [hanūs] – تو [to] – پیدا [pejdå] ❸ عینکِ ['ejnak-e] –
کجاست [kodĵåßt] – پایِ [på-je] – تو [to] ❹ کی [kī] –
کمک [komak] – کرد [kard] ❺ هفته [hafteh] –
منزلِ [mansel-e] – خواهیم [chåhīm] ❻ آیا [åjå] – به [beh] –
خانم [chånom] – می [mī-] – کنید [konīd]

31. Lektion

Warte!

Guten Tag, Ahmad! Was machst du hier? – 1

② Die Präsensform می کنی [mī-konī], hier 2. Person Singular, besteht aus dem Präfix می [mī-], dem Präsensstamm des Verbs und der personenspezifischen Endung. Beachten Sie, dass می [mī-] lediglich den Verlauf bzw. die Dauer einer Handlung anzeigt, unabhängig vom grammatischen Tempus. Das bedeutet, dass diese Partikel ebenso im Imperfekt und im Futur verwendet werden kann.

۲ – من منتظرِ اتوبوس هستم.

۳ – ولی امروز این خطّ کار نمی کند. ③

۴ کجا می روی؟ ④

۵ – نمی دانم! هیچ جا. ⑤

۶ منتظرِ نامزدم هستم. ⑥

۷ – پس تا فردا صبح صبر کن! ⑦

[**2** *man montaser-e otobūß haßtam.* **3** *walī emrūs īn chatt kår nemī-konad.* **4** *kodĵå mī-rawī?* **5** *nemī-dånam! hītsch dĵå.* **6** *montaser-e nåmsadam haßtam.* **7** *paß tå fardå ßobh ßabr kon!*]

③ Bei کار نمی کند [*kår nemī-konad*] "er/sie arbeitet/funktioniert nicht" sehen Sie die 3. Person Singular Präsens von کردن [*kardan*] "machen" – کند [*konad*] "er/sie macht" – diesmal in der Verneinung mit dem Präfix [*ne-*]. Die Form "ich mache nicht" wäre entsprechend نمی کنم [*nemī-konam*].

Ich warte auf den Bus. – 2
(ich wartend+ Autobus bin.)
Aber heute fährt diese Linie nicht. – 3
(aber heute diese Linie Arbeit nicht-*Verbalpräfix* macht.)
Wo willst du hin? 4
(wo *Verbalpräfix* gehst?)
Ich weiß [es] nicht. Nirgendwohin. – 5
(nicht-*Verbalpräfix* weiß! nichts Ort.)
Ich warte auf meine Verlobte. 6
(wartend+ Verlobte-mein bin.)
Da kannst du bis morgen früh warten! – 7
(dann bis morgen Morgen Geduld mach!)

می روی [*mī-rawī*] "du gehst": Hier lernen Sie die Präsensform رو [*raw*] von رفتن [*raftan*] "gehen" kennen. Im Prinzip müssen Sie für jedes Verb zwei Formen (Präteritum- und Präsensstamm) lernen. Umgangssprachlich sagt man eher کجا می روی؟ [*kodĵå mī-rawī?*] als به کجا می روی؟ [*beh kodĵå mī-rawī?*] für "Wo gehst du hin?" ④

نمی دانم [*nemī-dånam*]: verneintes Präsens des Verbs دانستن [*dåneßtan*] "wissen" in der 1. Person Singular. Die affirmative Präsensform ist entsprechend می دانم [*mī-dånam*] und der Präsensstamm دان [*dån*]. ⑤

Eine Zugehörigkeit kann auch durch das nachgestellte Personalpronomen – hier ـم [*-am*] "ich, mein" – ausgedrückt werden: نامزدم [*nåmsad-am*] "meine Verlobte". Doch Vorsicht, bei dieser Form ist eine Verwechslung möglich: Vergleichen Sie معلّمم [*mo'allem-am*], das "mein Grundschullehrer", aber auch "Ich bin Grundschullehrer" heißt. Alternativ benutzt man die uns bekannte Form mit **Esåfeh**: ⑥

"meine Verlobte" [*nåmsad-e man*] نامزدِ من

Neben der uns bereits bekannten Bedeutung "Stück, Einheit" heißt تا [*tå*] auch "bis". ⑦

٣ – ولی امروز این خطّ کار نمی کند. ① ②

٣ walĪ AMRwŻ AĪN Chatt KĀR NeMĪ KoNaD.

٥ – نمی دانم! هیچ جا. ③

٥ NeMĪ DĀNaM! HĪTsch DjĀ.

٧ – پس تا فردا صبح صبر کن! ④

٧ PaSS TĀ FaRDĀ ÇoBh ÇaBR KoN!

جمله هایِ زیر را می فهمید؟

1 جمعه این خطِّ اتوبوس کار نمی کند.
[djom'eh īn chatt-e otobūß kår nemī-konad.]

2 در منزلم چه می کنید؟
[dar manselam tscheh mī-konīd?]

3 من با اتوبوس به مرکزِ شهر می روم.
[man bå otobūß beh markas-e schahr mī-rawam.]

4 کی منتظرِ شماست؟ – نمی دانم.
[kī montaser-e schomåßt? – nemī-dånam.]

5 من منتظرِ پدرم هستم.
[man montaser-e pedaram haßtam.]

6 این گربه را بیرون کن!
[īn gorbeh rå bīrūn kon!]

7 صبر کن! به منزلِ تو خواهم آمد.
[ßabr kon! beh mansel-e to chåham åmad.]

Aber heute fährt diese Linie nicht. – 3
(aber heute diese Linie Arbeit nicht-*Verbalpräfix* macht.)
Ich weiß [es] nicht. Nirgendwohin. – 5
(nicht-*Verbalpräfix* weiß! nichts Ort.)
Da kannst du bis morgen früh warten! – 7
(dann bis morgen Morgen Geduld mach!)

ANMERKUNGEN

① In خطّ [*chatt*] sehen Sie die Endform von **tā** ط [*t*]. Diese ist in allen Formen fast identisch – vergleichen Sie sie mit den Formen von **sā** ظ [*s*], die sich nur durch den Punkt unterscheiden.

② Auf **tā** ط [*t*] steht außerdem wieder das **taschdīd** genannte Zeichen ّ. Folgt danach ein **Esåfeh**, muss dieses wie gehabt unter dem letzten Buchstaben geschrieben werden:
"Autobuslinie" [*chatt-e otobūß*] خطِّ اتوبوس

③ In هیچ [*hītsch*] lernen Sie die Endposition von **tsche** چ [*tsch*] kennen. Sie kennen diese grundsätzlich bereits von **djīm** ج [*dj*], nur dass **tsche** چ zwei Punkte mehr aufweist. Entsprechend dürfte Ihnen auch die Mittelform keine Probleme bereiten:
"Kind" [*batschtscheh*] بچّه

④ Ähnlich wie bei **djīm** ج [*dj*] und **tsche** چ [*tsch*] sieht die Endform von **he djīmī** ح [*h*] aus, nur dass hier bekanntlich keine Punkte geschrieben werden. Übrigens: **he djīmī** ح [*h*] kommt v. a. in arabischen Lehnwörtern vor, z. B. in صبح [*ßobh*] "Morgen".

آیا متوجه شدید؟

❶ Diese Buslinie fährt (Arbeit macht) freitags nicht.
❷ Was machen Sie bei mir (in Haus-mein)?
❸ Ich fahre mit dem Bus ins Stadtzentrum.
❹ Wer erwartet euch/Sie? – Ich weiß es nicht.
❺ Ich erwarte meinen Vater.
❻ Bring diese Katze hinaus!
❼ Warte! Ich werde zu dir kommen.

جاهایِ خالی را پر کنید

Wen erwartest du? – Ich erwarte meine Verlobte. ❶

منتظرِ ___ هستی؟ – منتظرِ ___ هستم.

Meine Verlobte wird bis morgen früh warten. ❷

نامزدم ___ فردا ___ صبر ___ کرد.

Wo geht mein Grundschullehrer hin? – Nirgendwohin. ❸

___ به کجا می ___؟ – ___ جا.

Was finden Sie auf diesem Basar? ❹

در این ___ چه ___ می ___؟

Warum fährt diese Buslinie heute nicht? 5

؟

Ich habe meine Brille noch nicht verloren. 6

. عینکم گم

واژه هایِ مناسب

1 کی [*kī*] – نامزدم [*nåmsadam*] 2 تا [*tå*] – صبح [*ßobh*] – خواهد [*chåhad*] 3 معلّمم [*mo'allemam*] – رود [*rawad*] – هیچ [*hītsch*] 4 بازار [*båsår*] – پیدا [*pejdå*] – کنید [*konīd*] 5 خطِّ [*chatt-e*] – چرا [*tscherå*] – نمی [*nemī-*] – کند [*konad*] 6 هنوز [*hanūs*] – را [*rå*] – نکرده ام [*nakardeh'am*]

Die Wahl des Ehepartners

Der Ausdruck نامزد [*nåmsad*] setzt sich aus نام [*nåm*] "Name" und زدن [*sadan*] "schlagen" zusammen und bedeutet "Verlobter" oder "Verlobte". In Iran und in Afghanistan ist es immer noch weit verbreitet, dass die Eltern eines jungen, heiratsfähigen Mannes nach einer würdigen Braut suchen und mit deren Eltern über eine potenzielle Hochzeit verhandeln. Zwar wird heutzutage speziell in den Großstädten den jungen Leuten weit mehr Entscheidungsfreiheit in der Wahl des Partners in spe bewilligt, aber gerade auf dem Land kommen die sog. "arrangierten" Hochzeiten immer noch häufig vor.

۳۲ درسِ سی و دوّم

در مسافرخانه

۱ – سلام آقا! اطاقِ خالی دارید؟ ①

۲ – بله، دو تا در طبقهٔ دوّم دارم.

۳ – یک اتاقِ با حمّام می خواهم. ② ③

۴ – بفرمائید این کلیدِ شما. ④

۵ – کرایهٔ اتاق روزی چند است؟ ⑤

تلّفظ

[*darß-e ßī-o dowwom dar moßåferchåneh* **1** *ßalåm åqhå! otåqh-e chålī dårīd?* **2** *baleh, do tå dar tabaqheh-je dowwom dåram.* **3** *jek otåqh-e bå hammåm mī-chåham.* **4** *befarmå'īd īn kelīd-e schomå.* **5** *keråjeh-je otåqh rūsī tschand aßt?*]

ANMERKUNGEN

① Die Schreibweise اطاق [*otåqh*] "Zimmer", die Sie hier sehen, ist eine veraltete Schreibweise. Heute schreibt man es mit **te** ت: اتاق

② Wir kennen die Formen des Präsensstamms von خواستن [*chåßtan*] "wollen, möchten" zur Bildung des Futurs. Stellt man ihnen das Suffix می [*mī-*] voran, drückt man die primäre Bedeutung des Verbs aus: "ich will" [*mī-chåham*] می خواهم

32. Lektion

Im Hotel
(Reisender-Haus)

Guten Tag, mein Herr. Haben Sie freie/ein freies Zimmer? – 1

Ja, ich habe zwei auf der zweiten Etage. – 2
(ja, zwei Einheit in Etage+ zweiter habe.)

Ich hätte gerne ein Zimmer mit Bad. – 3
(eins Zimmer+ mit Badezimmer *Verbalpräfix* möchte.)

Bitte sehr, hier [ist] Ihr Schlüssel. – 4

Wie viel kostet Ihr Zimmer pro Tag? – 5
(Preis+ Zimmer Tag-eins wie-viel ist?)

Die **Esåfeh**-Verbindung kann auch vor einer Präposition stehen ③
und bezieht sich dann auf ein nachfolgendes Bezugswort:
[*jek otåqh-e bå hammåm*] یک اتاقِ با حمّام
"ein Zimmer mit Bad".
Die Ergänzung با حمّام [*bå hammåm*] "mit Bad" verhält sich hier im Prinzip ähnlich wie ein Adjektiv. حمّام [*hammåm*] kann sowohl das "Badezimmer" als auch das (türkische) "Dampfbad" bezeichnen.

بفرمائید! [*befarmå'īd!*] heißt wörtlich übersetzt "Befehlen Sie!", ④
es wird jedoch speziell im Sinne von "Bitte sehr ...!" verwendet, wenn man jemandem etwas anbietet oder möchte, dass "etwas weitergeht". Je nach Situation kann man es u. a. auch mit "Bedienen Sie sich!", "Kommen Sie (herein)!", "Nehmen Sie!" oder "Setzen Sie sich!" übersetzen.

روزی [*rūsī*] "ein Tag" wird hier im adverbialen Sinne für "pro Tag" ⑤
gebraucht. Wir kennen dieses Phänomen von den Ausdrücken یک چیزی [*jek tschīsī*] "etwas" und یک کمی [*jek kamī*] "ein bisschen".

۶ – چیزی نیست! ⑥

۷ – چه گفتید؟ نفهمیدم!

۸ – مهمّ نیست، خدا نگهدار!

تلفّظ

[**6** *tschīsī nīßt!* **7** *tscheh goftīd? nafahmīdam!* **8** *mohemm nīßt, chodå negahdår!*]

۱ – سلام آقا! اطاقِ خالی دارید؟ ① ②

1 SsaLĀM ĀQhĀ! ATĀQh-e ChĀLI DĀRID?

۴ – بفرمائید این کلیدِ شما. ③

4 BeFaRMĀ'ID AIN KeLID-e SchoMĀ.

ANMERKUNGEN

Wir sind in Lektion 31 bereits erneut auf **tā** ط [*t*] eingegangen. ①
Hier sehen Sie die Anfangsposition: [*otåqh*] اطاق
Wie erwähnt, unterscheiden sich die Formen dieses Buchstabens nicht voneinander.

Nicht viel! – 6

Was haben Sie gesagt? Ich habe nicht verstanden! – 7
(was sagten? nicht-verstand!)

Das ist nicht so wichtig, auf Wiedersehen! – 8
(wichtig nicht-ist, Gott Beschützer!)

⑥ Der Ausdruck چیزی نیست [*tschīsī nīßt*] oder alternativ یک چیز نیست [*jek tschīs nīßt*] bzw. یک چیزی نیست [*jek tschīsī nīßt*] heißt neben "nicht viel" auch "Das macht nichts" oder "Keine Sorge".

Guten Tag, mein Herr. Haben Sie freie/ein freies Zimmer? – 1

Bitte sehr, hier [ist] Ihr Schlüssel. – 4

② Ebenfalls in اطاق [*otåqh*] findet sich die isolierte Form von **qhāf** ق [*qh*].

③ Wundern Sie sich nicht, dass in بفرمائید [*befarmå'īd*] das **hamseh** ء auf einem **je** ی [*ī/j*] ohne Punkte steht. Hierbei handelt es sich um einen Platzhalter, da **hamseh** ء nur am Wortende alleine steht. Die heute gängigere Schreibweise ist die mit zwei **je**: [*befarmåjīd*] بفرمایید

جمله هایِ زیر را می فهمید؟

1 چند تا اتاقِ خالی دارید؟

[tschand tå otåqh-e chålī dårīd?]

2 در طبقهٔ دوّم اتاقِ خالی چند تا هست؟

[dar tabaqheh-je dowwom otåqh-e chålī tschand tå haßt?]

3 بفرمائید، این اتاقِ شما.

[befarmå'īd, īn otåqh-e schomå.]

4 این اتاق دو تا کلید دارد.

[īn otåqh do tå kelīd dårad.]

جاهایِ خالی را پر کنید

1 Wie viel kostet die Miete dieses Hauses?

2 Wie viele Zimmer hat dieses Hotel?

این ... چند ...

دارد؟

3 Das macht gar nichts! Auf Wiedersehen!

این کلیدِ قشنگ مالِ اتاقِ شماست. 5

[īn kelīd-e qhaschang mål-e otåqh-e schomåßt.]

(در) هیچ جا کلیدِ تو را ندیدم. 6

[(dar) hītsch djå kelīd-e to rå nadīdam.]

آیا متوجه شدید؟

Wie viele freie Zimmer haben Sie? 1
Wie viele freie Zimmer gibt es auf der zweiten Etage? 2
Bitte sehr, hier [ist] Ihr Zimmer. 3
Dieses Zimmer hat zwei Schlüssel. 4
Dieser hübsche Schlüssel ist der zu Ihrem Zimmer. 5
Ich habe nirgendwo deinen Schlüssel gesehen. 6

Wo ist Ihr Grundschullehrer? – Er ist im Hotel. 4

Kommen Sie herein, bitte sehr, hier [ist] Ihr Hotel. 5

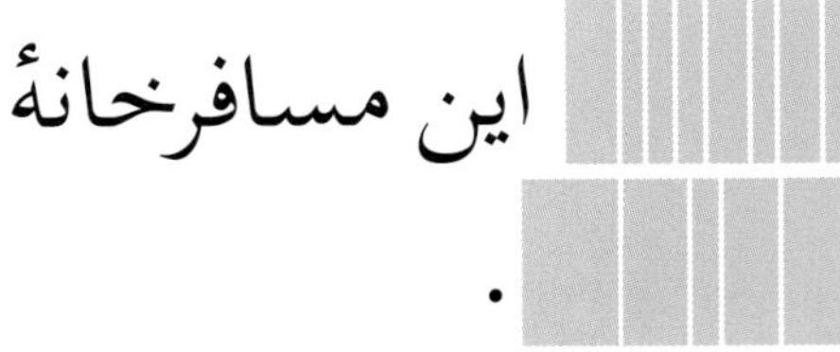

Dieser Tschelou Kabab ist sehr gut, [bedienen Sie sich,] bitte sehr. ⑥

خدا روزی رسان است.

[chodå rūsī raßån (reßån) aßt.]*

"Gott gibt uns unsere tägliche Nahrung."
(Gott tägliche-Nahrung zukommen ist.)

* Hier hat روزی [rūsī] die Funktion eines Substantivs im Sinne von "tägliche Nahrung". Für رسان gibt es sowohl die hochsprachliche Aussprache [raßån] als auch die umgangssprachliche Aussprache [reßån].

۳۳ درسِ سی و سوّم

سینمایِ گلستان

۱ – پس فردا در سینمایِ گلستان ① ②

تلّفظ

[darß-e ßī-o ßewwom ßīnemå-je goleßtån 1 paß fardå dar ßīnemå-je goleßtån]

واژه هایِ مناسب

❶ کرایۀ [*kerâjeh-je*] – چند [*tschand*] ❷ مسافرخانه – [*moßâferchâneh*] – تا [*tâ*] – اطاق [*otâqh*] ❸ چیزی [*tschīsī*] – خدا [*chodâ*] ❹ معلمِ [*mo'allem-e*] – کجاست [*kodjâßt*] – او [*ū*] – مسافرخانه [*moßâferchâneh*] ❺ بفرمائید [*befarmâ'īd*] – شماست [*schomâßt*] ❻ چلوکباب [*tscheloukabâb*] – خوب [*chūb*] – بفرمائید [*befarmâ'īd*]

Unterkünfte auf Reisen
Als مسافرخانه [*moßâferchâneh*] bezeichnet man v. a. kleine Landhotels oder Pensionen bzw. das, was man bei uns früher "Gasthaus" nannte. Etwa zur gleichen Kategorie gehört auch das sog. مهمانخانه [*mehmânchâneh*] (Gast-Haus), von denen sich viele entlang der Fernstrecken in Iran und in Afghanistan finden. Doch man findet auch das هتل [*hotel*], das wie in Europa von 1 bis 5 Sterne haben kann. Luxuriöse Palasthotels bezeichnet man als مهمانسرا [*mehmânßarâ*].

33. Lektion

Das Kino Golestan

Übermorgen, im Kino Golestan, – 1
(nach morgen in Kino+ Blumen-Ort)

① Verwechseln Sie پس [*paß*] "also, dann" nicht mit پسفردا [*paßfardâ*] "übermorgen", das man gelegentlich auch in der Schreibweise پس فردا [*paß fardâ*] sieht.

② Die Endung [*-eßtân*] kennen wir aus zahlreichen Länder- und Regionsnamen: افغانستان [*afghâneßtân*] "Afghanistan", پاکستان [*pâkeßtân*] "Pakistan" oder کردستان [*kordeßtân*] "Kurdistan".

۲ یک فیلمِ خوبی نشان

می دهند. ③ ④ ⑤

۳ اگر آزادی با هم برویم. ⑥ ⑦

۴ – نه، خیلی ممنونم.

۵ برنامهٔ تلویزیون را بیشتر دوست دارم.

۶ فیلمِ هزار و یک شب را نگاه

خواهم کرد. ⑧

تلّفظ

[**2** *jek fīlm-e chūbī neschån mī-dahand.* **3** *agar åsådī bå ham berawīm.* **4** *nah, chejlī mamnūnam.* **5** *barnåmeh-je telewīsjūn rå bīschtar dūßt dåram.* **6** *fīlm-e hesår-o jek schab rå negåh chåham kard.*]

③ Natürlich wäre für "ein guter Film" neben der hiesigen Form یک فیلمِ خوبی [*jek fīlm-e chūbī*] auch یک فیلمِ خوب [*jek fīlm-e chūb*] richtig. Durch das angehängte ی [*-ī*] wird die Aussage betont.

④ Das aus نشان [*neschån*] "Kennzeichen, Merkmal" und دادن [*dådan*] "geben" zusammengesetzte Verb heißt "zeigen". Der Präsensstamm von دادن [*dådan*] ist ده [*dah*].

⑤ می دهند [*mī-dahand*] ist die 3. Person Plural, die hier für eine allgemeine Aussage ohne genau spezifiziertes Subjekt verwendet wird: "man zeigt, es wird gezeigt".

zeigen sie einen guten Film. 2
(eins Film+ gut-eins Kennzeichen *Verbalpräfix* geben.)
Wenn du nichts vorhast, lass uns zusammen hingehen. 3
(wenn frei-bist mit auch *Konj.*-gehen.)
Nein, vielen Dank. – 4
(nein, sehr dankbar-bin.)
Ich bevorzuge das Fernsehprogramm. 5
(Programm+ Fernsehen *Akk.* mehr Freund habe.)
Ich werde mir den Film "Tausendundeine Nacht" ansehen. 6
(Film + tausend-und eins Nacht *Akk.* Blick *Futur*-ich machen.)

⑥ In اگر آزادی [*agar åsådī*] "wenn du frei bist" wird an das Adjektiv آزاد [*åsåd*] "frei" die Endung ی [*-ī*] "[du] bist" angehängt. Verwechseln Sie sie nicht mit der gleichen Endung, die "ein, -e" bedeutet.

⑦ Prägen Sie sich برویم! [*berawīm!*] als feststehenden Ausdruck ein: "Gehen wir!" Es kann je nach Zusammenhang auch mit "Los geht's!" oder "Lass(t) uns gehen!" übersetzt werden. Umgangssprachlich wird es oft zu [*berīm!*] verkürzt.

⑧ Mittlerweile wissen Sie, dass das Persische über unzählige zusammengesetzte Verben verfügt. Viele davon klingen in der wörtlichen Übersetzung lustig, aber auch poetisch, z. B. دوست داشتن [*dūßt dåschtan*] "gern haben" oder نگاه کردن [*negåh kardan*] "ansehen".

In dieser Lektion kommen keine neuen Buchstabenformen vor. Nutzen Sie die Gegenüberstellung der persischen Originalschrift und der lateinischen Umschrift zur Wiederholung, und achten Sie auf die Schreibung der in den letzten Lektionen neu vorgekommenen Formen.

جمله هایِ زیر را می فهمید؟

1 پسفردا به سینمایِ بهار با هم خواهیم رفت.

[paßfardå beh ßīnemå-je bahår bå ham chåhīm raft.]

2 می خواهی؟ – نه، نمی خواهم.

[mī-chåhī? – nah, nemī-chåham.]

3 اگر آزادید فردا به منزلم خواهید آمد؟

[agar åsådīd fardå beh manselam chåhīd åmad?]

4 در سینمایِ گلستان این فیلم دو هفته خواهد ماند.

[dar ßīnemå-je goleßtån īn fīlm do hafteh chåhad månd.]

5 هنوز فیلمِ هزار و یک شب را ندیده‌ام.

[hanūs fīlm-e hesår-o jek schab rå nadīdeh'am.]

جاهایِ خالی را پر کنید

1 Gehst du mit dem Bruder von Fräulein Pari ins Kino?

با ___ پری ___ به سینما ___ ___؟

❻ اگر این اطاق خالی است، من اینجا خواهم ماند.

[agar īn otåqh chålī aßt, man īndjå chåham månd.]

❼ من این معلّمِ فارسی را بیشتر دوست دارم.

[man īn mo'allem-e fårßī rå bīschtar dūßt dåram.]

آیا متوجه شدید؟

Übermorgen werden wir gemeinsam ins Kino Bahar (Frühling) gehen. ❶
Willst du? – Nein, ich will nicht. ❷
Wenn Sie morgen nichts vorhaben (frei sind), werden Sie dann zu mir kommen? ❸
Dieser Film wird zwei Wochen im Kino Golestan laufen. ❹
Ich habe noch nicht den Film "Tausendundeine Nacht" gesehen. ❺
Wenn dieses Zimmer frei ist, werde ich hier bleiben. ❻
Ich habe diesen Persischlehrer lieber. ❼

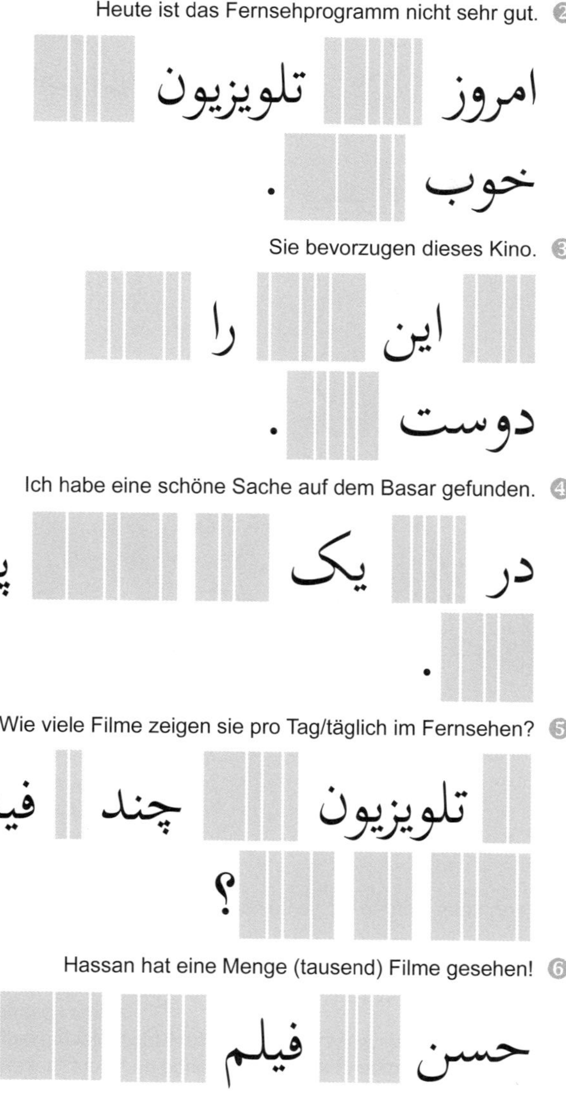

Heute ist das Fernsehprogramm nicht sehr gut. ❷

امروز ___ تلویزیون ___
خوب ___ .

Sie bevorzugen dieses Kino. ❸

___ این ___ را ___
دوست ___ .

Ich habe eine schöne Sache auf dem Basar gefunden. ❹

در ___ یک ___ ___ پیدا
___ .

Wie viele Filme zeigen sie pro Tag/täglich im Fernsehen? ❺

___ تلویزیون ___ چند ___ فیلم
___ ___ ___ ؟

Hassan hat eine Menge (tausend) Filme gesehen! ❻

حسن ___ فیلم ___ ___ !

واژه هایِ مناسب

❶ برادرِ [*barådar-e*] – خانم [*chånom*] – می [*mī-*] – روی [*rawī*]

❷ برنامهٔ [*barnåmeh-je*] – خیلی [*chejlī*] – نیست [*nīßt*]

❸ آنها [*ånhå*] – سینما [*ßīnemå*] – بیشتر [*bīschtar*] –

دارند [*dårand*] ❹ بازار [*båsår*] – چیزِ [*tschīs-e*] –

قشنگی [*qhaschangī*] – کردم [*kardam*] ❺ در [*dar*] –

روزی [*rūsī*] – تا [*tå*] – نشان [*neschån*] – می [*mī-*] –

دهند [*dahand*] ❻ هزار [*hesår*] – دیده [*dīdeh*] – است [*aßt*]

Tausendundeine Nacht
Als "Tausendundeine Nacht" – auf Persisch هزار و یک شب [*hesår-o-jek schab*] – wird eine ursprünglich aus Persien stammende und zur Zeit der Abbasiden ins Arabische übertragene Sammlung morgenländischer Erzählungen bezeichnet. Die meisten spielen in Bagdad, und die Rahmenerzählung handelt von einem fiktiven König namens شهریار Schahrijar, der sich von seiner Konkubine شهرزاد Schahrsad mit Märchen unterhalten lässt und ihr verfällt und sie hierdurch schließlich vor der Hinrichtung bewahrt. Zu den bekanntesten Geschichten aus "Tausendundeine Nacht" zählen u. a. "Sindbad der Seefahrer", "Aladdin und die Wunderlampe" und "Ali Baba und die 40 Räuber".

۳۴ درسِ سی و چهارم

رستورانِ کوچکی

۱ – جواد خوش آمدی! ①

۲ من از دیدنِ تو خیلی خوشحالم.

۳ اگر می خواهی، با هم به رستوران
خواهیم رفت.

۴ در این خیابان یک رستورانِ کوچک
و خوبی هست. ② ③

۵ – نه، امروز غذایِ ایرانی دلم نمی
خواهد. ④ ⑤

[*darß-e ßī-o tschahårom reßtorån-e kūtschekī* **1** *djawåd chosch åmadī!* **2** *man as dīdan-e to chejlī choschhålam.* **3** *agar mī-chåhī, bå ham beh reßtorån chåhīm raft.* **4** *dar īn chījåbån jek reßtorån-e kūtschek-o chūbī haßt.* **5** *nah, emrūs ghaså-je īrånī delam nemī-chåhad.*]

ANMERKUNGEN

① خوش [*chosch*] "angenehm" kommt in zahlreichen Ausdrücken, z. B. in خوش آمدی! [*chosch åmadī!*] "Sei willkommen!" oder خوشحال [*choschhål*] "froh, glücklich" vor. از ... خوشحال بودن [*as … choschhål būdan*] heißt "über etwas glücklich sein".

34. Lektion

Ein kleines Restaurant

Sei willkommen, Dschawad! – 1
Ich bin sehr glücklich, dich zu sehen. 2
(ich von sehen+ du sehr froh-ich.)
Wenn du willst, werden wir gemeinsam ins Restaurant gehen. 3
(wenn *Verbalpräfix* willst, mit auch nach Restaurant *Futur*-wir gehen.)
In dieser Straße gibt es ein kleines gutes Restaurant. 4
(in diese Straße eins Restaurant+ klein-und gut-eins ist.)
Nein, heute habe ich keine Lust auf iranisches Essen. – 5
(nein, heute Gericht+ iranisch Herz-mein nicht-*Verbalpräfix* will-er/sie.)

Wir kennen die Konstruktion aus يک [*jek*] "eins" und dem Suffix ی [*-ī*], um die Einzahl bei einem Substantiv und zugehörigem Adjektiv hervorzuheben. Stehen zwei Adjektive, hängt man ی [*-ī*] nur an das zweite an: ②
[*jek reßtorån-e kūtschek-o chūbī*] يک رستورانِ کوچک و خوبی
"ein kleines gutes Restaurant".

Zur Erinnerung: هست [*haßt*] bedeutet "es gibt, es existiert, es ist vorhanden", während است [*aßt*] allgemein "[er/sie] ist" bedeutet. ③

Speziell von Ländernamen lässt sich durch Anhängen eines ی [*-ī*] leicht das dazugehörige Adjektiv bilden: ايران [*īrån*] "Iran" ➤ ايرانی [*īrånī*] "iranisch" und genauso آلمان [*ålmån*] "Deutschland" ➤ آلمانی [*ålmånī*] "deutsch". ④

Wenn man im Persischen auf etwas große Lust hat, dann handelt es sich um eine Herzensangelegenheit. Man sagt: ⑤
[*delam mī-chåhad*] دلم می خواهد

۶ – خب، پس به جایِ دیگری برویم!

تلّفظ

[6 chob, paß beh dĵå-je dīgarī berawīm!]

۱ – جواد خوش آمدی! ① ②

1 DĵawĀD ChwSch ĀMaDi!

۶ – خب، پس به جایِ دیگری برویم! ③

6 ChoB, PaSS BeH DĵĀi-e DiGaRi BeRawiM!

جمله هایِ زیر را می فهمید؟

❶ من از دیدنِ تختِ جمشید خیلی خوشحال بودم.

[man as dīdan-e tacht-e dĵamschīd chejlī choschhål būdam.]

❷ در این رستوران غذایِ ایرانی نیست.

[dar īn reßtorån ghaså-je īrånī nīßt.]

❸ حالا تلویزیون دلم نمی خواهد.

[hålå telewīsjūn delam nemī-chåhad.]

❹ بعد از ظهر با هم به سینمایِ گلستان برویم.

[ba'd as sohr bå ham beh ßīnamå-je goleßtån berawīm.]

❺ ما به چند جایِ دیگر خواهیم رفت.

[må beh tschand dĵå-je dīgar chåhīm raft.]

Okay, dann lass uns also woanders hingehen! – 6
(okay, dann nach Ort+ anderer-eins *Konj.*-gehen!)

Sei willkommen, Dschawad! – 1
Okay, dann lass uns also woanders hingehen! – 6
(okay, dann nach Ort+ anderer-eins *Konj.*-gehen!)

ANMERKUNGEN

Denken Sie daran, dass **wāw** و [*w*], [*ū*], [*o*] aber auch [*ou*] und ①
auch stumm ausgesprochen werden kann. In der Umgangssprache sind diese Unterschiede zwar nicht immer deutlich zu hören, aber es ist gerade am Anfang wichtig, sich die richtige Aussprache einzuprägen.

In خوش [*chosch*] lernen Sie die isolierte Form von **schīn** ش ②
[*sch*] kennen. Sicherlich erinnert Sie diese an die entsprechende Form von **ßīn** س [*ß*]. In der Tat unterscheiden sich beide erneut nur durch die drei Punkte auf **schīn** ش.

Das Adjektiv für "gut" spricht sich خوب [*chūb*], ist hingegen der ③
Ausruf "Gut!, Okay!, In Ordnung!" gemeint, klingt es wie [*chob!*] und schreibt sich خب!.

6 یک رستورانِ بزرگ در این خیابان هست.

[jek reßtorån-e bosorg dar īn chījåbån haßt.]

جاهایِ خالی را پر کنید

1 Herzlich willkommen, Herr Nasari!

2 Ich bin nicht sehr glücklich [darüber], meine Brille verloren zu haben.

3 Heute habe ich keine Lust auf Tschelou Kabab.

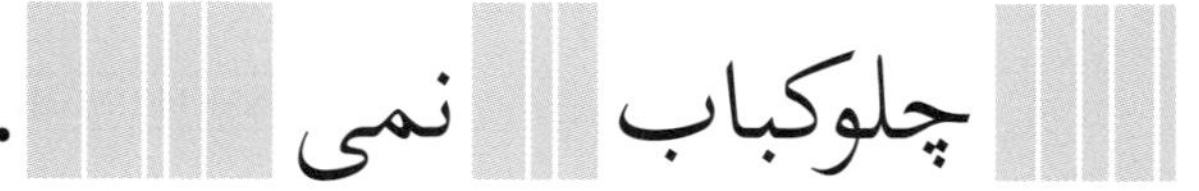

4 Ich bin sehr glücklich, euch/Sie zu sehen.

5 Kommen Sie herein, bitte sehr, hier [ist] das Restaurant Golestan.

آیا متوجه شدید؟

Ich war sehr glücklich, Persepolis zu sehen. ❶
In diesem Restaurant gibt es kein iranisches Essen. ❷
Jetzt habe ich keine Lust fernzusehen. ❸
Lass uns heute Nachmittag zusammen ins Kino Golestan gehen. ❹
Wir werden zu einigen anderen Orten gehen. ❺
Es gibt ein großes Restaurant in dieser Straße. ❻

Heute sind wir nicht sehr froh, sie zu sehen. ❻

واژه هایِ مناسب

❶ آقایِ [åqhå-je] – خوش [chosch] ❷ از [as] – گم [gom] – عینکم ['ejnakam] – خوشحال [choschhål] ❸ امروز [emrūs] – دلم [delam] – خواهد [chåhad] ❹ دیدنِ [dīdan-e] – خوشحالم [choschhålam] ❺ بفرمائید [befarmå'īd] – رستورانِ [reßtorån-e] ❻ از [as] – آنها [ånhå] – خوشحال [choschhål]

Tschelou Kabab
Als رستوران [reßtorån] bezeichnet man speziell in Iran alle Arten von Restaurants, und zwar von einfach bis luxuriös. Daneben gibt es auch Bezeichnungen für Spezialitätenlokale, wie z. B. das چلوکبابی [tscheloukabåbī], wo man – wie der Name verrät – vor allem چلوکباب [tscheloukabåb] genießt. Dazu trinkt man übrigens traditionell دوغ [dūgh], ein gesalzenes Joghurtgetränk mit Minze, ähnlich dem türkischen Ayran.

۳۵ درسِ سی و پنجم

[darß-e ßī-o pandj̑om]

مرور

Sie können noch nicht alles so auf Persisch ausdrücken, wie Sie es sich vielleicht wünschen. Aber Sie verfügen bereits über gute Anfangskenntnisse und kennen einige Eigenheiten der persischen Grammatik. Auch in diesen letzten sechs Lektionen haben Sie wieder einiges erfahren, das wir an dieser Stelle wie immer zusammenfassen wollen.

1. Buchstaben des arabisch-persischen Alphabets

Sie kennen bereits alle Buchstaben des persischen Alphabets, wenn auch nicht sämtliche Schreibformen, aber auch die fehlenden werden Ihnen im Laufe der Zeit alle begegnen. Wenn Sie das Schreiben der persischen Schrift trainieren, dann üben Sie ruhig alle Formen aus den Tabellen der bisherigen Wiederholungslektionen, und achen Sie auf die kleinen, aber feinen Unterschiede zwischen ihnen.

Dabei wird Ihnen auffallen, dass bestimmte Formen den Formen anderer Buchstaben ähneln, so z. B. die Formen von **dj̑īm** [*dj̑*], **tsche** [*tsch*] und **he dj̑īmī** [*h*], die isolierten Formen von **ßīn** [*ß*] und **schīn** [*sch*] und die Formen von **tā** [*t*] und **sā** [*s*] sowie die Formen von **gāf** [*g*] und **kāf** [*k*].

Erwähnenswert sind an dieser Stelle nochmals die Zusatzzeichen wie das hamseh ء, das in einigen Fällen auf einem **je** ی [*ī/j*] ohne Punkte stehen kann: بفرمائید [*befarmåʼīd*] (alternative Schreibung بفرمایید [*befarmåjīd*]; vgl. Lektion 32). Auch haben wir erneut das Zeichen **taschdīd** ّ gesehen.

35. Lektion

Eine Besonderheit ist außerdem, dass in seltenen Fällen das **alef** ا [*a*] nicht mit dem vorherigen Buchstaben verbunden wird. Dies ist besonders bei einigen Verbformen der Fall:

"ich habe nicht gesehen" [*nadīdeh'am*] ندیده‌ام

2. Futur

Wir haben das Futur das erste Mal in Lektion 27 gesehen, und in den letzten sechs Lektionen kam es erneut vor. Sie wissen bereits, dass es mithilfe von خواه [*chåh-*] + den personenspezifischen Verb-Endungen sowie dem verkürzten Infinitiv des Hauptverbs gebildet wird. خواه [*chåh-*] ist von خواستن [*chåßtan*] "wollen" abgeleitet und hat dieselbe Funktion wie das deutsche Verb "werden" bei der Bildung des Futurs.

"ich werde" [*chåham*] خواهم

"du wirst" [*chåhī*] خواهی

"er/sie wird" [*chåhad*] خواهد

"wir werden" [*chåhīm*] خواهیم

"ihr werdet, Sie werden" [*chåhīd*] خواهید

"sie werden" [*chåhand*] خواهند

شما آنجا چند روز خواهید ماند؟

[*schomå åndjå tschand rūs chåhīd månd?*]

"Wie viele Tage werden Sie dort bleiben?"

من به شما کمک خواهم کرد.

[*man beh schomå komak chåham kard.*]

"Ich werde Ihnen helfen."

3. Präsens

Endlich beschäftigen wir uns auch mit dem Präsens (Gegenwart) des Verbs! Hierzu ist zuerst zu sagen, dass wir zur Bildung des Präsens einen Verbstamm benötigen, der nicht dem des Präteritums entspricht. Entsprechend muss man für jedes persische Verb zwei Stämme lernen. Man bildet das Präsens aus dem besagten Präsensstamm und den personenspezifischen Endungen, und dieser Form stellt man das Verbalpräfix می [*mī-*] voran. Nehmen wir als Beispiel das Verb کردن [*kardan*] "machen", dessen Präsensstamm کن [*kon*] ist:

"ich mache" [*mī-konam*] می کنم

"du machst" [*mī-konī*] می کنی

"er/sie macht" [*mī-konad*] می کند

"wir machen" [*mī-konīm*] می کنیم

"ihr macht, Sie machen" [*mī-konīd*] می کنید

"sie machen" [*mī-konand*] می کنند

Andere Verben, die Sie bereits im Präsens kennengelernt haben, sind:

"ich gehe" [*mī-rawam*] می روم < [*raw*] رو < [*raftan*] رفتن

"ich gebe" [*mī-daham*] می دهم < [*dah*] ده < [*dådan*] دادن

[*mī-chåham*] می خواهم < [*chåh*] خواه < [*chåßtan*] خواستن "ich will"

Übrigens kann das Präfix می [*mī-*] auch direkt mit dem Präsensstamm verbunden werden: میرویم anstelle von می رویم für [*mī-rawīm*] "wir gehen". In unserem Kurs bevorzugen wir jedoch die getrennte Schreibweise, um das Präsens für Sie leichter erkennbar zu machen.

Um das Präsens zu verneinen, stellt man dem Präsensstamm anstelle von می [*mī-*] das Verneinungspräfix نمی [*nemī-*] voran:

"wir gehen nicht" [*nemī-rawīm*] نمی رویم

4. Imperativ

Für die 2. Person Singular ("du") entspricht der Präsensstamm automatisch dem Imperativ (Befehlsform):

"Warte!" [*ßabr kon!*] صبر کن!

[*gorbeh rå bīrūn kon!*] گربه را بیرون کن!
"Bring die Katze hinaus!"

Diese Regel gilt jedoch nur für zusammengesetzte Verben! Ansonsten muss man dem Präsensstamm das Präfix بـ [*be*-] voranstellen:
"Mach!" [*bekon!*] بکن!

Wir haben bereits folgende Imperativformen kennengelernt:

"Bedienen Sie sich!", "Bitte sehr ...!" [*befarmåʹīd!*] بفرمائید!
"Kommen Sie (herein)!", "Nehmen Sie!", "Setzen Sie sich!"

"Entschuldigen Sie!" [*bebachschīd!*] ببخشید!

"Lass(t) uns gehen!" [*berawīm!*] برویم!

5. Partizip Perfekt

Neben dem Präteritum kann das Persische auch ein Partizip Perfekt bilden. Hierbei wird an den Präteritumstamm die Endung ـه [-*eh*] angehängt:

[*dīdeh*] دیده ≺ "sah" [*dīd*] دید ≺ "sehen" [*dīdan*] دیدن
"gesehen"

An dieses Partizip können die personenspezifischen Endungen von بودن [*būdan*] angehängt werden, wobei zur Trennung zweier aufeinanderfolgender Vokale jeweils ein **alef** ا eingefügt wird:

"ich habe gesehen" [*dīdeh'am*] دیده‌ام

"du hast gesehen" [*dīdeh'ī*] دیده‌ای

"er/sie hat gesehen" [dīdeh'aßt] دیده است

"wir haben gesehen" [dīdeh'īm] دیده ایم

"ihr habt / Sie haben gesehen" [dīdeh'īd] دیده اید

"sie haben gesehen" [dīdeh'and] دیده اند

Anders als die einfache Vergangenheit betont das Partizip das Ergebnis der Handlung und nicht die Handlung selbst. Vergleichen Sie:

اصفهان را دیدم. [eßfahån rå dīdam.]
"Ich sah Isfahan. / Ich habe Isfahan gesehen."
(Ich habe die Stadt zu einem gegebenen Zeitpunkt gesehen. Diese Handlung ist beendet.)

اصفهان را دیده ام. [eßfahån rå dīdeh'am.]
"Ich habe Isfahan (bereits) gesehen."
(Ich kenne Isfahan, da ich es gesehen habe. Hier steht das Ergebnis im Vordergrund.)

Das Partizip wird durch ein vorangestelltes نَ [na-] verneint:

"ich habe nicht gesehen" [nadīdeh'am] ندیده ام

6. Zusammengesetzte Verben

Das Persische bildet eine Vielzahl zusammengesetzter Verben. Diese bestehen in der Regel aus einem Nomen, Adjektiv oder Adverb zusammen mit dem Verb کردن [kardan] "machen". Wir haben in den letzten Lektionen die folgenden zusammengesetzten Verben kennengelernt:

"helfen" [komak kardan] کمک کردن

"verlieren" [gom kardan] گم کردن

"finden" [pejdå kardan] پیدا کردن

"arbeiten; funktionieren" [kår kardan] کار کردن

"warten" [ßabr kardan] صبر کردن

Ersetzt man کردن [kardan] durch شدن [schodan] "werden", bildet man das Passiv: گم شد [gom schod] "es ging verloren".

7. Possessivpronomen

Sie wissen, dass man die Zugehörigkeit durch das **Esåfeh** sowie die nachgestellten Personalpronomen ausdrücken kann, z. B.:

"meine Verlobte" [nåmsad-e man] نامزدِ من

Alternativ dazu kann man dem zugehörigen Nomen auch ein Personalpronomensuffix nachstellen. Bis jetzt kennen wir nur das der 1. Person Singular ("ich"), das mit der enklitischen Form des Verbs بودن [būdan] "sein" identisch ist: ـم [-am] "ich, mein":

"meine Verlobte" [nåmsad-am] نامزدم

Doch Vorsicht, denn bei dieser Form ist eine Verwechslung möglich. Vergleichen Sie معلّمم [mo'allem-am] "mein Grundschullehrer", aber auch "Ich bin Grundschullehrer."

8. Verneinung

Wir haben das Negationswort هیچ [hītsch] "nichts, keinerlei" kennengelernt, mit dem man u. a. die Adverbien هیچ جا [hītsch djå] "nirgends" und هیچ چیز [hītsch tschīs] "nichts" bilden kann.

Nach diesen Ausdrücken mit هیچ [hītsch] steht das Verb verneint.

هیچ چیز ندیدم. [hītsch tschīs nadīdam.]
"Ich habe nichts gesehen."

هیچ چیز \ چیزی نیست. [hītsch tschīs/tschīsī nīßt.]
"Das ist nichts.", "Keine Ursache.", "Gern geschehen."

9. Adverbien (Umstandsbestimmungen)

Wie Sie wissen, sind Adverbien im Persischen unveränderlich. In den letzten Lektionen haben Sie die folgenden gelernt:

"hinter", "nach"; "dann", "also"	[*paß*] پس
"zusammen"	[*bå ham*] با هم
"anders"	[*dīgar*] دیگر
"etwas"	[*tschīs/tschīsī*] چیز \ چیزی
"mehr"	[*bīschtar*] بیشتر

10. Suffix ی [*-ī*]

Im Persischen hat ein angehängtes ی [*-ī*] mehrere Funktionen. Zuallererst bezeichnet es die Einzahl, kann somit also mit "ein" bzw. "eine" übersetzt werden:

"eine Sache" [*tschīsī*] چیزی

In dieser Funktion hat es die gleiche Bedeutung wie das Zahlwort یک [*jek*], das vor dem Substantiv steht:

"eine Sache" [*jek tschīs*] یک چیز

Doch man kann auch die Kombination aus beiden Varianten wählen und so die Einzahl betonen:

"(nur) eine Sache" (unbetontes End-*ī*!) [*jek tschīsī*] یک چیزی

Somit gibt es drei Varianten für "ein, -e":

"ein Restaurant" = { [*jek reßtorån*] یک رستوران
[*reßtorån-ī*] رستورانی
[*jek reßtorån-ī*] یک رستورانی

Lassen Sie sich von diesen subtilen Unterschieden nicht beirren und merken Sie sich vorerst nur, dass es diese drei Varianten zur Bildung der Einzahl gibt.

In manchen Fällen kann die Form mit angehängtem ی [-ī] auch adverbial gebraucht werden:

"ein Tag" روزی [rūsī]

Aber:

کرایهٔ اطاق روزی چند است؟
[kerājeh-je otåqh rūsī tschand aßt?]
"Wie viel kostet Ihr Zimmer pro Tag?"

Eine andere Funktion des Suffixes ی [-ī], das hier hingegen betont ist, ist die als Herkunftssuffix (wie es zum Teil auch im Deutschen verwendet wird, z. B. bei "Pakistani"). Hierfür wird das Suffix ی [-ī] an Länder- oder Städtenamen angehängt, wodurch das zugehörige Adjektiv entsteht:

ایران [īrån] "Iran" ◂ ایرانی [īrånī] "iranisch"

آلمان [ålmån] "Deutschland" ◂ آلمانی [ålmånī] "deutsch"

اتریش [otrīsch] "Österreich" ◂ اتریشی [otrīschī] "österreichisch"

سوئیس [ßū'īß] "Schweiz" ◂ سوئیسی [ßū'īßī] "schweizerisch"

11. Bedingungssätze

Reelle Bedingungssätze – also solche, deren geplante Handlung realisierbar ist – werden durch اگر [agar] "wenn" eingeleitet. Darauf folgt ein Verb im Präsens. Im zweiten Satzteil kann ein Verb im Imperativ oder im Futur stehen:

اگر آزادی با هم برویم. [agar åsådī bå ham berawīm.]
"Wenn du nichts vorhast, lass uns zusammen hingehen."

اگر می خواهید فردا به منزلم خواهید آمد.
[agar mī-chåhīd fardå beh manselam chåhīd åmad.]
"Wenn Sie wollen, kommen Sie morgen zu mir."

12. Zahlen

An dieser Stelle möchten wir Ihnen die Zehnerzahlen sowie die Zahlen "100" und "1000" vorstellen.

"10"	[dah] ده
"20"	[bīßt] بیست
"30"	[ßī] سی
"40"	[tschehel] چهل
"50"	[pandĵåh] پنجاه
"60"	[schaßt] شصت
"70"	[haftåd] هفتاد
"80"	[haschtåd] هشتاد
"90"	[nawad] نود
"100"	[ßad] صد
"1.000"	[hesår] هزار

Außerdem mag Ihnen die Zahl صفر [ßefr] "Null" (۰) nützlich sein.

Beachten Sie, dass zwischen Tausender, Hunderter, Zehner und Einer immer و [-o] gesetzt wird:

"2.346" دو هزار و سیصد و چهل و شش
[do hesår-o ßīßad-o tschehel-o schesch]

"Tausendundeine Nacht" هزار و یک شب
[hesår-o jek schab]

13. Verständnis-/Formulierungsübung

❶ – خوش آمدید آقا. بفرمائید!

❷ – من یک اتاقِ بزرگی می خواهم.

3 – بعد از ظهر یک اتاقِ خوبی خالی خواهد شد.

4 – مرسی، حالا به رستوران می روم.

5 – نزدیکِ مسافرخانهٔ ما یک چلوکبابی هست.

6 – خیلی خوب، ولی یک کمی منتظرِ دوستم خواهم ماند.

7 او در بازار یک چیزی گم کرده است.

8 – پس، در تلویزیون فیلمِ خوبی هست.

9 – نه، تلویزیون دوست ندارم. به برادرم یک نامه خواهم نوشت.

10 پسفردا صبح با اتوبوس به شیراز خواهم رفت.

11 در منزلِ برادرم یک هفته خواهم ماند.

12 – شیراز شهرِ مشهوری است.

13 من تختِ جمشید و چند جایِ دیگر را دیده‌ام.

14 – دوستم آمد! پس به چلو کبابی برویم!

Aussprache der Übungssätze

[**1.** – *chosch åmadīd åqhå. befarmå'īd!* **2.** – *man jek otåqh-e bosorgī mī-chåham.* **3.** – *ba'd as sohr jek otåqh-e chūbī chålī chåhad schod.* **4.** – *merßī, hålå beh reßtorån mī-rawam.* **5.** – *nasdīk-e moßåferchåneh-je må jek tscheloukabåbī haßt.* **6.** – *chejlī chūb, walī jek kamī montaser-e dūßtam chåham månd.* **7.** *ū dar båsår jek tschīsī gom kardeh aßt.* **8.** – *paß, dar telewīsjūn fīlm-e chūbī haßt.* **9.** – *nah, telewīsjūn dūßt nadåram. beh baradaram jek nameh chåham neweschT.* **10.** *paßfardå ßobh bå otobūß beh schīrås chåham raft.* **11.** *dar mansel-e baradaram jek hafteh chåham månd.* **12.** – *schīrås schahr-e maschhūrī aßt.* **13.** *man tacht-e djamschīd wa tschand djå-je dīgar rå dīdeh'am.* **14.** – *dūßtam åmad! paß beh tscheloukabåbī berawīm!*]

خواستن توانستن است.

[*chåßtan tawåneßtan aßt.*]

"Wollen heißt können."

۳۶ درسِ سی و ششم

صدایِ مؤذّن

١ – آقا خواهش می کنم، ① ②

تلفّظ

[*darß-e ßī-o scheschom ßedå-je mo'assen* **1** *åqhå chåhesch mī-konam,*]

Übersetzung der Übungssätze

❶ – Guten Tag, mein Herr. Bitte sehr! ❷ – Ich hätte gerne ein großes Zimmer. ❸ – Heute Nachmittag wird ein schönes Zimmer frei. ❹ – Danke, jetzt werde ich ins Restaurant gehen. ❺ – In der Nähe unseres Hotels gibt es ein Tschelou-Kabab-Restaurant. ❻ – Sehr gut, aber ich werde ein bisschen auf meinen Freund warten. ❼ Er hat etwas auf dem Basar verloren. ❽ – Da gibt es einen guten Film im Fernsehen. ❾ – Nein, ich mag nicht fernsehen. Ich werde einen Brief an meinen Bruder schreiben. ❿ Übermorgen früh werde ich mit dem Bus nach Schiras fahren. ⓫ Ich werde eine Woche bei meinem Bruder bleiben. ⓬ – Schiras ist eine berühmte Stadt. ⓭ Ich habe Persepolis und einige andere Orte gesehen. ⓮ – Mein Freund ist angekommen! Na los, gehen wir zum Tschelou-Kabab-Restaurant!

Ab dieser Lektion geben wir nur noch bei komplexen Sätzen die wörtliche deutsche Übersetzung an. Die Anmerkungen zur Schreibung und zur Aussprache des Persischen sind ab jetzt in den Haupttext integriert, sie erscheinen also nicht mehr in einem separaten Abschnitt.

36. Lektion

Die Stimme des Muezzins

Mein Herr, ich bitte Sie (bitte *VP* mache), – 1

ANMERKUNGEN

① Ebenso wie bei der Futurpartikel خواه [*chåh*] (L. 27) sehen Sie hier, dass es bei خواهش [*chåhesch*] Diskrepanzen zwischen der Schreibung und der Lautung gibt. Sie werden dieses Phänomen immer wieder antreffen.

② Wir kennzeichnen ab jetzt das Verbalpräfix می [*mī*-] in der wörtlichen Übersetzung durch die Angabe *VP*.

۲ فردا صبحِ زود مرا بیدار کنید. ③ ④ ⑤

۳ من در فرودگاه قرار دارم.

۴ – نگران نباشید! ⑥

۵ مؤذّنِ مسجدِ همسایهٔ ما ⑦

۶ این کار را خواهد کرد!

تلّفظ

[**2** fardå ßobh-e sūd marå bīdår konīd. **3** man dar forūdgåh qharår dåram. **4** negarån nabåschīd! **5** mo'assen-e maßdĵed-e hamßåjeh-je må **6** īn kår rå chåhad kard!]

③ Beachten Sie in فردا صبح زود [*fardå ßobh-e sūd*] die grammatische Beziehung, die durch das **Esåfeh** ausgedrückt wird. Das Gegenteil von زود [*sūd*] "früh" (auch "schnell"!) ist دیر [*dīr*] "spät": "Es ist (zu) spät." دیر شد. [*dīr schod.*]

جمله هایِ زیر را می فهمید؟

❶ آقا خواهش می کنم یک کمی صبر کنید.
[*åqhå, chåhesch mī-konam, jek kamī ßabr konīd.*]

❷ این پسر را صبح زود بیدار کن!
[*īn peßar rå ßobh-e sūd bīdår kon!*]

❸ نگران نباشید! شما را بیدار خواهم کرد.
[*negarån nabåschīd! schomå rå bīdår chåham kard.*]

wecken Sie mich morgen frühzeitig. 2
(morgen Morgen+ früh ich-*Akk.* Wecken machen.)
Ich habe einen Termin am Flughafen. 3
(ich in Flughafen Termin habe.)
Seien Sie unbesorgt! – 4
(besorgt nicht-seien!)
Der Muezzin unserer benachbarten Moschee 5
(Muezzin+ Moschee+ Nachbar+ wir)
wird sich darum kümmern! 6
(diese Arbeit *Akk.* *Futur*-er machen!)

Bei مرا [*marå*] "mich" handelt es sich um die unregelmäßige Verbindung aus من [*man*] "ich" und dem Akkusativmarker را [*rå*]. Alle anderen Personalpronomen bleiben unverändert, wenn ihnen را [*rå*] folgt. ④

Sie kennen bereits die Befehlsform von "machen" für den Singular: صبر کن [*ßabr kon*] "Warte!" (L. 31). Im Plural wird die Endung ید [-*īd*] angehängt: بیدار کنید [*bīdår konīd*] "Weckt / Wecken Sie!". Wir kennen Beispiele hierfür aus den Übungen: ⑤
"Übersetzt! / Übersetzen Sie!" [*tardĵomeh konīd!*] ترجمه کنید!
"Vervollständigt! / Vervollständigen Sie!" [*takmīl konīd!*] تکمیل کنید!

In نباشید! [*nabåschīd!*] "Seid/Seien Sie nicht!" finden Sie den Konjunktivstamm von بودن [*būdan*] "sein": [*båsch*] باش
Die Vorsilbe نَ [*na-*] macht auch beim Imperativ die Verneinung deutlich. ⑥

Wie Sie in مؤذّن [*mo'assen*] erkennen können, kann **hamseh** ء auch auf einem **wāw** و stehen. Hier findet sich auch die isolierte bzw. Anfangsform des nach links hin nicht verbundenen Buchstabens **sāl** ذ [*s*]. Sie kennen die Formen im Prinzip bereits von **dāl** د [*d*], nur dass sie hier um einen Punkt ergänzt werden. ⑦

Sie verfügen bereits über einen guten Basiswortschatz, und um diesen weiter auszubauen, geben wir in manchen Fällen in den Anmerkungen Zusatzvokabular an. So lernen Sie z. B. auch Synonyme und Antonyme zu Wörtern aus der Lektion.

④ مؤذّنِ مسجدِ همسایهٔ ما صدایِ خوبی دارد.

[mo'assen-e maßdĵed-e hamßåjeh-je må ßedå-je chūbī dårad.]

⑤ ما فردا در فرودگاه قرار نداریم.

[må fardå dar forūdgåh qharår nadårīm.]

⑥ دیروز صبحِ زود مؤذّنِ این مسجد مرا بیدار کرد.

[dīrūs ßobh-e sūd mo'assen-e īn maßdĵed marå bīdår kard.]

جاهایِ خالی را پر کنید

① Unser Nachbar hat heute auf dem Flughafen zu tun.

امروز ... ما در ... کار ... .

② Wecken Sie mich morgen nicht! Ich habe dazu keine Lust.

فردا ... بیدار ... ! دلم ... .

③ Ich bitte Sie, helfen Sie mir.

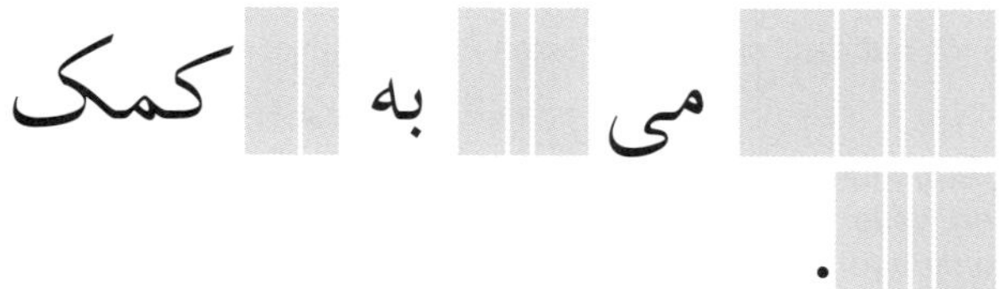

... می ... به ... کمک ... .

آیا متوجه شدید؟

Mein Herr, ich bitte Sie, warten Sie ein bisschen. ❶
Wecke diesen Jungen früh am Morgen! ❷
Seien Sie unbesorgt! Ich werde Sie wecken. ❸
Der Muezzin unserer benachbarten Moschee hat eine schöne (gute) Stimme. ❹
Wir haben morgen keinen Termin am Flughafen. ❺
Der Muezzin dieser Moschee hat mich gestern Morgen früh geweckt. ❻

Warten Sie bis morgen früh auf die Verlobte von Ahmad. ❹

___ فردا ___ منتظرِ ___ احمد
___ .

Wenn Sie jetzt auf den Markt fahren, verlieren Sie meine Brille nicht! ❺

___ حالا به بازار ___ ___ ،
عینکم گم ___ !

Warten Sie nicht auf sie. Sie werden heute Abend nicht kommen. ⑥

Gebetsruf

Der مؤذّن [mo'assen] "Muezzin" ruft die Muslime zum Gebet, das bei den Schiiten dreimal täglich verrichtet wird (die Sunniten beten fünfmal pro Tag). Der Gebetsruf erfolgte früher traditionell vom Minarett der Moschee (auf Persisch مسجد [maßdj̄ed]), doch heute wird er meist über Lautsprecher von anderer Stelle aus übertragen. Der Muezzin ist übrigens kein Geistlicher, sondern er gehört zum Personal der Moschee. Er muss eine schöne Stimme haben und in der Lage sein, den auf Arabisch abgefassten, اذان [asån] genannten, Gebetsruf möglichst kunstvoll wiederzugeben.

۳۷ درسِ سی و هفتم

صبحانه

۱ – بچّه ها! صبحانه حاضر است. ① ②

۲ نان و پنیر و کره رویِ میز آماده است. ③

[*darß-e ßī-o haftom ßobhåneh* **1** *batschtscheh-hå! ßobhåneh håser aßt.* **2** *nån-o panīr-o kareh rū-je mīs åmådeh aßt.*]

In بچّه [batschtscheh] finden Sie die Mittelposition von **tsche** ① [*tsch*]. Beachten Sie, dass Doppelkonsonanten in der Lautschrift durch Verdopplung gekennzeichnet werden, dies aber für die Aussprache bedeutet, dass der jeweilige Konsonant nicht etwa verdoppelt, sondern länger und mit mehr Nachdruck gesprochen wird.

واژه هایِ مناسب

① همسایهٔ [hamßåjeh-je] – فرودگاه [forūdgåh] – دارد [dårad]
② مرا [marå] – نکنید [nakonīd] – نمی [nemī-] – خواهد [chåhad]
③ خواهش [chåhesch] – کنم [konam] – من [man] – کنید [konīd]
④ تا [tå] – صبح [ßobh] – نامزدِ [nåmsad-e] – باشید [båschīd]
⑤ اگر [agar] – می [mī-] – روید [rawīd] – را [rå] – نکنید [nakonīd]
⑥ منتظرِ [montaser-e] – نباشید [nabåschīd] – نخواهند [nachåhand]

بانگِ مؤذّن مرا کشد به مسجد نغمهٔ موزونِ تار اگر بگذارد.

[bång-e mo'assen marå keschad beh maßdȷ̄ed, naghmeh-je mousūn-e tår agar begosårad.]

"Der Ruf des Muezzins zieht mich zur Moschee hin, wenn das harmonische Lied der Tar* mir die Möglichkeit lässt."
(Ruf+ Muezzin ich-*Akk.* zieht nach Moschee Lied+ harmonisch+ Tar wenn *Konj.*-lässt.)

*Tar = iranische Laute

37. Lektion

Das Frühstück

Kinder! Das Frühstück ist fertig. – 1
(Kind-*Pl.*! Frühstück fertig ist.)
Brot, Käse und Butter stehen bereit auf dem Tisch. 2

② Beachten Sie bei بچّه ها [batschtscheh-hå] das Suffix ها [-hå], das den Plural kenntlich macht. Sie wissen, dass dieser im Persischen – anders als im Deutschen – nicht zwingend ist und vorrangig verwendet wird, wenn man die Mehrzahl explizit betonen möchte. In der Umschrift geben wir ها [hå] durch -*Pl.* wieder.

③ Gegenstände gelten grammatisch als Singular, weshalb auch das Verb hier im Singular steht.

۳ حالا چای، شیر و قند هم
می آورم. ④ ⑤

۴ – داداش، لطفاً یک لیوان چایِ دیگر
به من بده. ⑥ ⑦

۵ – تو خیلی زیاد چای می خوری!
خوب نیست. ⑧

۶ – چرا! بر عکس مرا با هوش می کند. ⑨

۷ – پس خیلی بیشتر بخور!

تلفّظ

[**3** *hålå tschåj, schīr wa qhand ham mī-åwaram.* **4** *dådåsch, lotfan jek līwån tschåj-e dīgar beh man bedeh.* **5** *to chejlī sījåd tschåj mī-chorī! chūb nīßt.* **6** *tscherå! bar 'akß marå bå-hūsch mī-konad.* **7** *paß chejlī bīschtar bechor!*]

Ich bringe jetzt Tee, Milch und auch Zucker. 3
(jetzt Tee, Milch und Würfelzucker auch *VP* bringe.)
Brüderchen, gib mir bitte noch ein Glas Tee. – 4
(Brüderchen, bitte eins Glas Tee+ anderes nach ich *Konj.*-gibst.)
Du trinkst viel zu viel Tee! Das ist nicht gut. – 5
(du sehr viel Tee *VP* trinkst! gut nicht-ist.)
Aber nein! Im Gegenteil, davon werde ich intelligent. – 6
(warum! auf Gegenteil ich-*Akk.* mit Geist *VP* macht.)
Dann trink davon [noch] viel mehr! – 7
(also sehr mehr *Konj.*-trinkst!)

Neben قند [*qhand*] "Würfelzucker" kennt das Persische auch das Wort شکر [*schekar*] "Zucker" im allgemeinen Sinne. ④

Die Grundform von می آورم [*mī-åwaram*] "ich bringe" ist آوردن [*åwardan*] "bringen" und die von می خوری [*mī-chorī*] "du trinkst/isst" ist خوردن [*chordan*] "trinken/essen". سرما خوردن [*ßarmå chordan*] (wörtl. "Kälte essen") bedeutet "sich erkälten". Das Verb خوردن [*chordan*] "essen; stoßen" wird in zahlreichen Ausdrücken verwendet. Vergleichen Sie auch زمین خوردن [*samīn chordan*] "stürzen, hinfallen" (wörtl. "Boden essen"). ⑤

In یک لیوان چای [*jek līwån tschåj*] "ein Glas Tee" ist لیوان [*līwån*] eine Mengenangabe und benötigt kein **Esåfeh**. ⑥
یک لیوانِ چای خوری [*jek līwån-e tschåj chorī*] hingegen heißt "ein Teeglas".

Im Grunde kennzeichnet das Präfix [*be-*] den Konjunktiv, also die Möglichkeitsform. Darüber hinaus wird mit diesem Präfix (+ Präsenstamm) auch der Imperativ ausgedrückt, und diesen sehen Sie in diesem Satz. Bei بده! [*bedeh!*] "Gib!" handelt es sich um die Imperativform von دادن [*dådan*] "geben". ⑦

زیاد [*sījåd*] heißt "viel", kann aber in der Verbindung mit خیلی [*chejlī*] "sehr" sowohl "sehr viel" als auch "zu viel" bedeuten. ⑧

Wie Sie sehen, kann چرا [*tscherå*] neben seiner primären Bedeutung "warum" auch nach verneinten Aussagen/Fragen als Ausruf im Sinne von "Aber nein!" oder "Doch!" benutzt werden. ⑨

جمله های زیرِ را می فهمید؟

1. لطفاً به من نان و پنیر بده.
[lotfan beh man nån-o panīr bedeh.]

2. خواهش می کنم، این پنیر را نخور.
[chåhesch mī-konam, īn panīr rå nachor.]

3. من برایِ تو چای نمی آورم. نمی خواهم.
[man barå-je to tschåj nemī-åwaram. nemī-chåham.]

جاهایِ خالی را پر کنید

1. Die Kinder sind bei Tisch.

بچّه‌ها ___ ___ هستند.

2. Die Mutter der Kinder bringt ihnen Käse.

مادر ___ برایِ ___ پنیر ___ ___.

3. Die Kinder wollen erneut Brot und Käse.

بچّه ها باز هم ___ ___ ___ می ___.

④ خیلی بیشتر چای به من بده.

[chejlī bīschtar tschåj beh man bedeh.]

⑤ بچّه ها در منزل بازی می کنند.

[batschtscheh-hå dar mansel båsī mī-konand.]

⑥ بچّه ها صبحانه می خورند.

[batschtscheh-hå ßobhåneh mī-chorand.]

⑦ در این شهر دخترها خیلی زیبا هستند.

[dar īn schahr dochtar-hå chejlī sībå haßtand.]

آیا متوجه شدید؟

① Gib mir bitte Brot und Käse.
② Ich bitte dich, iss diesen Käse nicht.
③ Ich bringe dir keinen Tee. Ich will nicht.
④ Gib mir viel mehr Tee.
⑤ Die Kinder spielen im Haus / zu Hause.
⑥ Die Kinder essen ihr Frühstück.
⑦ In dieser Stadt sind die Mädchen sehr schön.

④ Trink viel mehr Tee!

خیلی ___ چای ___ !

⑤ Dieser Käse ist köstlich. Gib mir noch ein bisschen davon!

این ___ خیلی ___ ___ .
یک کمی ___ به من ___ !

Seien Sie unbesorgt! / Machen Sie sich keine Sorgen! ⑥
Ich werde Ihnen Tee bringen.

۳۸ درسِ سی و هشتم

خرید

۱ – سلام شیرین! کجا می روی؟

۲ – من به پارچه فروشی می روم. ①

۳ یک چادر برایِ عروسی لازم دارم.

۴ – دکّانهایِ خوب در همین خیابان
هستند. ②

تلّفظ

[*darß-e ßī-o haschtom charīd* **1** *ßalåm schīrīn! kodjå mī-rawī?* **2** *man beh pårtscheh forūschī mī-rawam.* **3** *jek tschådor barå-je 'arūßī låsem dåram.* **4** *dokkån-hå-je chūb dar hamīn chījåbån haßtand.*]

واژه هایِ مناسب

❶ سرِ [ßar-e] – میز [mīs] ❷ بچّه ها [batschtscheh-hå] – آنها
[ånhå] – می [mī-] – آورد [åwarad] ❸ نان و [nån-o] – پنیر [panīr]
– خواهند [chåhand] ❹ بیشتر [bīschtar] – بخور [bechor] ❺ پنیر
[panīr] – خوب [chūb] – است [aßt] – دیگر [dīgar] – بده [bedeh]
❻ نباشید [nabåschīd] – شما [schomå] – آورد [åward]

38. Lektion

Einkäufe

Guten Tag, Schirin! Wohin gehst du? – 1

Ich gehe ins Stoffgeschäft. – 2
(ich nach Stoff verkäuflich *VP* gehe.)

Ich brauche einen Tschador für eine Hochzeit. 3
(eins Tschador für+ Hochzeit notwendig habe.)

Die guten Geschäfte sind in dieser Straße. – 4
(Geschäft-*Pl.*+ gut in diese Straße sind.)

ANMERKUNGEN

① فروشی [*forūschī*] kann sinngemäß mit "Händler" oder "Geschäft" übersetzt werden, besteht aber aus [*forūsch*] "Verkauf" und der Endung [-*ī*]. Man findet es u. a. in کتاب فروشی [*ketåb forūschī*] "Buchhandlung" oder عینک فروشی [*'ejnak forūschī*] "Optiker", aber "Bäckerei" bedeutet نانوائی [*nånwå'ī*].

② Wie Sie bei دکّانها [*dokkån-hå*] sehen, kann das Pluralsuffix ها [-*hå*] nicht nur separat, sondern auch angehängt vorkommen. Dies geht jedoch nicht, wenn das Hauptwort auf **he do tscheschm** endet: بچّه ها [*batschtscheh-hå*]. Stellt man ها [*hå*] ein **Esåfeh** nach, schreibt sich dieses mit einem **je** mit **kaßreh** یِ:
"die guten Geschäfte" [*dokkån-hå-je chūb*] دکّانهایِ خوب

۵ – بله، اگر وقت داری با هم برویم ③

۶ و یک پارچهٔ قشنگی بخریم. ④

۷ – من همیشه چیزهایِ گران ولی خوب

می خرم.

۷ – تو پول داری! ⑤

تلّفظ

[**5** baleh, agar waqht dårī, bå ham berawīm **6** wa jek pårtscheh-je qhaschangī becharīm. **7** man hamīscheh tschīs-hå-je gerån walī chūb mī-charam. **8** to pūl dårī!]

جمله هایِ زیر را می فهمید؟

❶ پارچه هایِ خوب در همین دکّان هست.
[pårtscheh-hå-je chūb dar hamīn dokkån haßt.]

❷ اگر وقت داری، به دکّانهایِ این خیابان برویم.
[agar waqht dårī, beh dokkån-hå-je īn chījåbån berawīm.]

❸ این پارچه‌هایِ قشنگ را به شیرین بدهیم.
[īn pårtscheh-hå-je qhaschang rå beh schīrīn bedahīm.]

Ja, wenn du Zeit hast, lass uns zusammen gehen – 5
und einen schönen Stoff kaufen. 6
Ich kaufe immer teure Sachen, aber gute. – 7
(ich immer Sache-*Pl.*+ teuer aber gut *VP* kaufe.)
Du hast [ja auch] Geld! – 8

In der 1. Person Plural "wir" hat der Imperativ mit بـ [*be*-] meist die Funktion einer Aufforderung im Sinne von "Lass(t) uns ...!". ③

Der Präteritumstamm von خریدن [*charīdan*] "kaufen" ist خرید [*charīd*], das auch "Einkauf" heißt. Der Präsensstamm ist hingegen خر [*char*], der hier im Imperativ verwendet wird: ④
"Lass uns kaufen!" [*becharīm!*] بخریم!

Wahrscheinlich handelt es sich bei پول [*pūl*] "Geld" um ein Lehnwort, das sich vom griechischen ὀβολός "Obolus" ableitet. Die Währung in Iran heißt ریال [*rījål*] "Rial", allerdings rechnet man umgangssprachlich meist in تومان [*tūmån*] "Toman", der Name einer alten persischen Goldmünze. Es gilt: 1 Toman = 10 Rial. ⑤

4 دخترم برایِ عروسی یک چادر لازم دارد.

[dochtaram barå-je 'arūßī jek tschådor låsem dårad.]

5 در این دکّان چادر هایِ بد می فروشند.

[dar īn dokkån tschådor-hå-je bad mī-forūschand.]

6 برایِ آنها این عکسهایِ قشنگ را بخریم.

[barå-je ånhå īn 'akß-hå-je qhaschang rå becharīm.]

7 همیشه این کار را بکنیم! خیلی خوب است.

[hamīscheh īn kår rå bekonīm! chejlī chūb aßt.]

جاهایِ خالی را پر کنید

1 Schirin, ich bitte dich, lass uns in ein Stoffgeschäft gehen.

2 Ich hätte gern einen guten Stoff.

من یک ______ خوبی ______ ______.

3 Wohin gehen wir? – Ins Stoffgeschäft.

کجا ______ ______ ______؟ – به پارچه ______.

4 Ich habe einen Hochzeitstschador gekauft. Willst du nicht auch einen?

یک ______ ______ خریدم، تو ______ خواهی؟

آیا متوجه شدید؟

Die guten Stoffe sind in diesem Geschäft. ❶
Wenn du Zeit hast, gehen wir in die Geschäfte in dieser Straße. ❷
Geben wir Schirin diese schönen Stoffe. ❸
Meine Tochter braucht einen Tschador für eine Hochzeit. ❹
In diesem Geschäft verkaufen sie schlechte Tschadors. ❺
Kaufen wir diese schönen Fotos für sie (3. Pers. Pl.). ❻
Lasst uns das immer [so] machen! Das ist sehr gut. ❼

Lass uns nicht in diese Geschäfte hier gehen; sie sind nicht gut. ❺

Diese Geschäfte haben preiswerte Stoffe, aber sie sind nicht gut. ❻

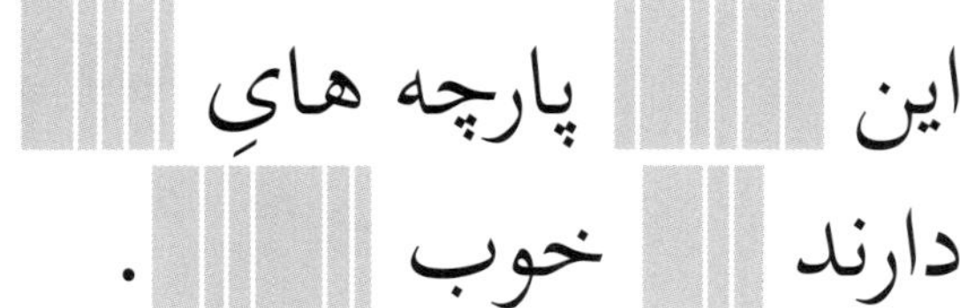

واژه هایِ مناسب

❶ خواهش [chåhesch] – پارچه [pårtscheh] – فروشی [forūschī]

❷ پارچهٔ [pårtscheh-je] – می [mī-] – خواهم [chåham]

❸ به [beh] – می [mī-] – رویم [rawīm] – فروشی [forūschī]

❹ چادرِ [tschådor-e] – عروسی ['arūßī] – نمی [nemī-]

❺ به [beh] – نرویم [narawīm] – نیستند [nīßtand] ❻ دکّانها [dokkån-hå] – ارزان [arsån] – ولی [walī] – نیستند [nīßtand]

هر گرانی بی سبب نیست، و هر ارزانی
علّت نیست.

[*har gerånī bī ßabab nīßt, wa har arsånī 'ellat nīßt.*]

"Alles was teuer ist, ist nicht grundlos, und alles was billig ist, ist [auch] nicht ohne Grund so."
(jede Teuerung ohne Grund nicht-ist und jede Verbilligung Ursache nicht-ist.)

۳۹ درسِ سی و نهم

دنبالِ کلید ① ②

۱ – تو در جویِ خیابان چه می کنی؟

۲ – کلیدِ ماشینم را جست و جو می کنم. ③

[*darß-e ßī-o nohom dombål-e kelīd* **1** *to dar djūj-e chījåbån tscheh mī-konī?* **2** *kelīd-e måschīnam rå djoßt-o djū mī-konam.*]

Eigentlich heißt دنبال [*dombål*] "hinter", es wird aber mit einem weiteren Wort und der **Esåfeh**-Verbindung auch im Sinne von "auf der Suche" verwendet, speziell mit dem Verb گشتن [*gaschtan*] bzw. seinem Präsensstamm گرد [*gard*] (von dem auch der Infinitiv گردیدن [*gardīdan*] abgeleitet ist, der dieselbe Bedeutung hat): ①
دنبالِ ماشینم می گردم.
"Ich suche mein Auto." [*dombål-e måschīnam mī-gardam.*]

چادر Tschador

چادر [*tschådor*] bezeichnet sowohl das "Zelt" als auch ein bodenlanges Tuch, das die Gestalt der Frau vollständig verhüllt. Das Gesicht bleibt beim Tschador immer frei. Der Tschador, der keinen Verschluss hat, kann mit der Hand zusammengehalten, unter dem Arm eingeklemmt oder auch mit den Zähnen gehalten werden, wodurch auch teilweise das Gesicht bedeckt wird. Er ist seit Jahrtausenden Teil der iranisch-islamischen Kultur und diente speziell auf dem Land als Schutz vor dem Staub. In frommen muslimischen Kreisen sollte er außerdem die Frau vor indiskreten Blicken der Männer "abschirmen", und tatsächlich wurde der Tschador zusehends zum Symbol des Religiösen. Resa Schah Pahlawi versuchte 1936 erfolglos, ihn zu verbannen. Eine explizite Tschadorpflicht gibt es nicht, sehr wohl jedoch eine Kopftuch- und Mantelpflicht für alle Frauen, egal welcher Nationalität und Religion.

39. Lektion

Auf der Suche nach dem Schlüssel

Was machst du in dem kleinen Kanal auf der Straße? – 1
(du in Kanal+ Straße was *VP* machst?)

Ich suche meinen Autoschlüssel. – 2
(Schlüssel+ Auto-mein *Akk.* Suche-und Suche *VP* mache.)

② Beachten Sie die Schreibweise von دنبال [*dombål*] mit **nūn** ن [*n*], das aber vor **be** ب [*b*] als [*m*] ausgesprochen wird. Wir kennen dieses Phänomen bereits von شنبه [*schambeh*] "Samstag".

③ جست و جو [*dʃoßt-o dʃū*]: Präteritum- und Präsensstamm des Verbs جستن [*dʃoßtan*], verbunden durch و. جست و جو [*dʃoßt-o dʃū*] ist ein zusammengesetztes Substantiv, das "Suche" bedeutet. In Verbindung mit کردن [*kardan*] "machen" ergibt sich die Bedeutung "suchen"; das eher umgangssprachliche Synonym lautet دنبال گشتن [*dombål gaschtan*].

۳ – چرا در این آبِ کثیف دنبالش می گردی؟ ④

۴ در پیاده رو آسان تر است. ⑤

۵ – مگر نگفتم که کلیدم در جوی افتاده است؟ ⑥

۶ – خوب، ولی در این صورت ⑦

۷ مثلِ ملّا نصر الدّین باید کرد... ⑧

تلّفظ

[**3** *tscherå dar īn åb-e kasīf dombålasch mī-gardī?* **4** *dar pījådeh rou åßån-tar aßt.* **5** *magar nagoftam keh kelīdam dar djūj oftådeh aßt?* **6** *chūb, walī dar īn ßūrat* **7** *meßl-e mollå naßr eddīn båjad kard…*]

④ Die Possessivpronomen ("mein, dein, sein" etc.) werden meist durch Suffixe ausgedrückt. Wir kennen bereits ـم [*-am*] "mein", wie z. B. ماشینم [*måschīnam*] "mein Auto". Hier lernen Sie außerdem die Form der 3. Person Singular ـش [*-asch*] kennen, doch Vorsicht: Das Persische unterscheidet nicht zwischen männlichem und weiblichem Besitzer:

"sein/ihr Schlüssel" [*kelīdasch*] کلیدش

Warum suchst du ihn in diesem schmutzigen Wasser? – 3
(warum in dieses Wasser+ schmutzig hinter-sein *VP* drehst?)

Auf dem Bürgersteig ist es leichter. 4

Habe ich nicht gesagt, dass mein Schlüssel in den Kanal gefallen ist? – 5
(außer nicht-sagte dass Schlüssel-mein in Kanal gefallen ist?)

Gut, aber in diesem Fall – 6
muss man es wie Mullah Nasreddin machen … 7

⑤ Das Suffix تر [*-tar*] wird verwendet, um den Komparativ, also die Steigerungsform von Adjektiven, zu bilden. تر [*-tar*] kann separat oder angehängt hinter dem entsprechenden Adjektiv stehen:

آسان تر\آسانتر است [*åßån-tar/åßåntar aßt*]

"es ist einfacher"

⑥ مگر [*magar*] kann mit "außer, denn" oder "etwa" übersetzt werden und leitet häufig eine verneinte Frage ein.

⑦ In صورت [*ßūrat*] lernen Sie die isolierte Schreibweise von **te** ت [*t*] kennen. Sie kennen diese im Prinzip bereits von **be** ب [*b*], und wir verraten Ihnen an dieser Stelle, dass die Formen von **pe** پ [*p*] und **ße** ث [*ß*] – abgesehen von den Punkten – identisch sind.

⑧ Wundern Sie sich bei نصر الدّین [*naßr eddīn*] (wörtlich "Sieg der Religion") nicht über die Aussprache. Es handelt sich hier um zwei arabische Wörter, die im Persischen die Originalaussprache weitestgehend beibehalten. Bei الدّین [*eddīn*] sehen Sie ein **lām**, das jedoch nicht gesprochen wird. Der Hintergrund ist, dass dies für den arabischen bestimmten Artikel *al-/el-* steht. Der nachfolgende Konsonant assimiliert das **lām** und wird verdoppelt. Um wen es sich bei Mullah Nasreddin handelt, werden Sie in der nächsten Lektion erfahren.

جمله هایِ زیر را می فهمید؟

1 در این جوی، جست و جو کردن آسان تر است.

[dar īn djūj, djoßt-o djū kardan åßån-tar aßt.]

2 من دیروز مثلِ تو کلیدم را گم کردم.

[man dīrūs meßl-e to kelīdam rå gom kardam.]

3 در این صورت، نباید کلید را در پیاده رو جست و جو کرد.

[dar īn ßūrat, nabåjad kelīd rå dar pījådeh rou djoßt-o djū kard.]

4 از پیاده رو باید رفت. از پیاده رو برویم!

[as pījådeh-rou båjad raft. as pījådeh-rou berawīm!]

5 کلیدِ ماشینش کجاست؟ – در همین جوی افتاد.

[kelīd-e måschīnasch kodjåßt? – dar hamīn djūj oftåd.]

جاهایِ خالی را پر کنید

Was suchst du? 1

مثلِ ملّا نصر الدّین در یک جایِ دیگر باید جست و جو کرد. 6

[meßl-e mollå naßr eddīn dar jek djå-je dīgar båjad djoßt-o djū kard.]

مرد دنبالِ کلیدش می گردد. 7

[mard dombål-e kelīdasch mī-gardad.]

مگر نگفتم که کلیدم را اینجا گم کردم؟ 8

[magar nagoftam keh kelīdam rå īndjå gom kardam?]

آیا متوجه شدید؟

Es ist leichter, in diesem Kanal zu suchen. 1
Gestern habe ich, wie du, meinen Schlüssel verloren. 2
In diesem Fall muss man den Schlüssel nicht auf dem Bürgersteig suchen. 3
Laufen wir auf dem Bürgersteig! 4
Wo ist der Schlüssel zu seinem Auto? – Er ist in diesen Kanal gefallen. 5
Wie Mullah Nasreddin muss man an einem anderen Ort suchen. 6
Der Mann ist auf der Suche nach seinem Schlüssel. 7
Habe ich nicht gesagt, dass ich meinen Schlüssel verloren habe? 8

Wo ist euer Auto? Warum suchst du es? ②

_____ شما _____ ؟ چرا

_____ می گردی؟

Hast du nicht gesagt, dass du immer die Schlüssel verlierst? ③

تو _____ _____ همیشه _____

_____ گم می کنی؟

Was suchen Sie auf dem Bürgersteig? ④

شما در _____ چه

_____ می کنید؟

۴۰ درسِ چهلم

مدادِ ملّا نصر الدّین

۱ یک روز ملّا نصر الدّین ①

[darß-e tschehelom medåd-e mollå naßr eddīn **1** jek rūs mollå naßr eddīn]

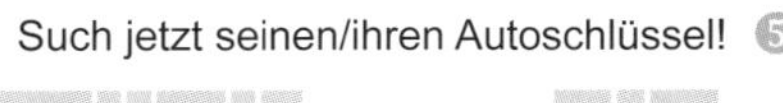
Such jetzt seinen/ihren Autoschlüssel! 5

___ کلیدِ ___ را
___ ___ جو ___ !

Hier ist das Wasser des Kanals schmutziger. 6

___ آبِ جوی ___ است.

واژه هایِ مناسب

1 دنبالِ [dombål-e] – می [mī-] – گردی [gardī] 2 ماشینِ
[måschīn-e] – کجاست [kodjåßt] – دنبالش [dombålasch]
3 نگفتی [nagoftī] – که [keh] – کلیدها [kelīd-hå] – را [rå]
4 پیاده‌رو [pījådeh-rou] – جست [djoßt] – و [-o] – جو [djū]
5 حالا [hålå] – ماشینش [måschīnasch] – جست [djoßt] –
و [-o] – کن [kon] 6 اینجا [īndjå] – کثیف تر [kaßīf-tar]

40. Lektion

Der Stift von Mullah Nasreddin

Eines Tages [verlor] Mullah Nasreddin 1

LEKTION 40

ANMERKUNGEN

① In dieser Lektion finden sich wenige neue grammatische Strukturen oder Wörter, dafür gehen wir auf einige unbekannte Buchstabenformen ein.

۲ در اتاقِ منزلش یک مداد گم کرد

۳ ولی در حیاط شروع به جست و
جو کرد. ② ③

۴ زنش گفت:

۵ – «تو مدادت را در اتاق گم کرده‌ای ④

۶ چرا آنجا دنبالِ مدادت می گردی؟»

۷ – «چون حیاط از اتاق روشن تر
است. ⑤ ⑥

۸ اینجا آسان تر است.»

تلفّظ

[**2** *dar otåqh-e manselasch jek medåd gom kard* **3** *walī dar hajåt schorū' beh dʃoßt-o dʃū kard.* **4** *sanasch goft:* **5** *"to medådat rå dar otåqh gom kardeh'ī** **6** *tscherå åndʃå dombål-e medådat mī-gardī?"* **7** *"tschūn hajåt as otåqh rouschan-tar aßt.* **8** *īndʃå åßån-tar aßt."*]

* Das Hochkomma steht hier für einen Stimmabsatz, nicht für **ejn** oder **hamseh**.

Bei شروع [*schorū'*] "Anfang, Beginn" finden Sie die isolierte ②
Form des Buchstabens **ejn** ع ['']. Die entsprechende Form von **ghejn** غ [*gh*] unterscheidet sich wieder nur durch den Punkt:
"voll, überfüllt" [*scholūgh*] شلوغ

einen Stift im Zimmer seines Hauses, 2
(in Zimmer+ Haus-sein eins Stift verloren machte)
aber er fing an, ihn im Hof zu suchen. 3
(aber in Hof Anfang nach Suche-und Suche machte.)
Seine Frau sagte [zu ihm]: 4
"Du hast deinen Stift im Zimmer verloren; – 5
warum suchst du deinen Stift [denn] dort?" 6
(warum dort hinter+ Stift-dein *VP* drehst?")
"Weil der Hof heller ist als das Zimmer. – 7
Hier ist es einfacher." 8

Kombiniert man شروع [*schorū'*] "Anfang, Beginn" mit کردن [*kardan*] "machen", erhält man das Verb "anfangen, beginnen". Möchte man ergänzen, was man anfängt zu tun, benötigt man die Präposition به [*beh*]: ③

شروع به صبر کردم. [*schorū' beh ßabr kardam.*]

"Ich begann zu warten."

Das angehängte Possessivpronomen der 2. Person Singular lautet ـت [*-at*]: مدادت [*medåd-at*] "dein Stift". Alternativ kann man bekanntlich auch مدادِ تو [*medåd-e to*] sagen. In der Umgangssprache ist die erste Form häufiger zu finden. ④

Bei حیاط [*hajåt*] lernen Sie die isolierte Schreibweise von **tā** ط [*t*] kennen. Setzt man einen Punkt darauf, erhält man die entsprechende Form von **sā** ظ [*s*]. ⑤

Sie haben in der letzten Lektion die Steigerungsform der Adjektive mithilfe von تر [*-tar*] kennengelernt. Möchten Sie zwei Dinge miteinander vergleichen, benötigen Sie die Präposition از [*as*], hier "als": ⑥

منزلم از منزلت بزرگ تر است.

[*manselam as manselat bosorg-tar aßt.*]

"Mein Haus ist größer als dein Haus."

جمله هایِ زیر را می فهمید؟

1 یک روز ملاّ نصر الدّین با زنش در منزل بود.

[jek rūs mollå naßr eddīn bå sanasch dar mansel būd.]

2 زنش گفت: «تو کجا مدادت را گم کردی؟»

[sanasch goft: "to kodĵå medådat rå gom kardī?"]

3 ملاّ نصر الدّین در حیاط دنبالِ مدادش می گردد.

[mollå naßr eddīn dar hajåt dombål-e medådasch mī-gardad.]

4 زن از پیاده رو شروع به رفتن کرد.

[san as pījådeh-rou schorū' beh raftan kard.]

جاهایِ خالی را پر کنید

1 War denn Mullah Nasreddin nicht sehr intelligent?

ملّا ___ ___ خیلی ___ نبود؟

2 Der Nachbar von Mullah Nasreddin ist viel intelligenter als er.

___ ملّا نصرالدّین ___ او خیلی با ___ است.

5 مگر مدادت را در اتاق گم نکرده‌ای؟

[magar medådat rå dar otåqh gom nakardeh'ī?]

6 فارسی از فرانسوی آسان تر است.

[fårßī as farånßawī * åßån-tar aßt.]

7 ملّا نصر الدّین مدادِ بزرگی لازم دارد.

[mollå naßr eddīn medåd-e bosorgī låsem dårad.]

* Leider ist hier auf den Tonaufnahmen ein kleiner Fehler unterlaufen: Gesprochen wird fälschlicherweise فرانسه [farånßeh] "Frankreich" anstelle von فرانسوی [farånßawī] "Französisch".

آیا متوجه شدید؟

Eines Tages war Mullah Nasreddin mit seiner Frau zu Hause. 1
Seine Frau sagte: "Wo hast du deinen Stift verloren?" 2
Mullah Nasreddin sucht seinen Stift im Hof. 3
Seine Frau hat angefangen, auf dem Bürgersteig zu gehen. 4
Hast du nicht deinen Stift im Zimmer verloren? 5
Persisch ist leichter als Französisch. 6
Mullah Nasreddin braucht einen großen Stift. 7

In diesem Fall ist es hier einfacher. ③

Der Hof ist heller als das Zimmer. ④

Morgen früh werde ich sie suchen. ⑤

Du hast deine Brille noch nicht gefunden. ⑥

Verlieren Sie nicht die Geduld, auch wenn Sie auf Schwierigkeiten stoßen. Das Ziel erreicht man am besten Schritt für Schritt. Oder wie es ein persisches Sprichwort so treffend ausdrückt:

پلّه پلّه رفت باید سویِ بام.

[*pelleh pelleh raft båjad ßū-je båm.*]

"Man muss Stufe um Stufe emporsteigen,
um das Dach zu erreichen."
(Stufe Stufe gehen man-muss Richtung+ Dach.)

واژه هایِ مناسب

❶ مگر [magar] – نصر الدّین [naßr eddīn] – با [bå] –
هوش [hūsch] ❷ همسایهٔ [hamßåjeh-je] – از [as] –
هوش تر [hūsch-tar] ❸ صورت [ßūrat] – آسان تر [åßån-tar]
❹ حیاط [hajåt] – از [as] – روشن تر [rouschan-tar]
❺ صبح [ßobh-e] – دنبالش [dombålasch] – گشت [gascht]
❻ عینکت ['ejnakat] – را [rå] – نکردی [nakardī]

ملّا نصر الدّین Mullah Nasreddin

ملّا نصر الدّین Mullah Nasreddin ist eine beliebte Figur der orientalischen Volksliteratur. Oftmals tritt er als Weiser, Narr, Bettler, Richter, Lehrer oder Arzt auf, vergleichbar mit Till Eulenspiegel oder der Witzfigur Fritzchen. Meist jedoch genießt er den Ruf des weisen Schalks, der gutmütig, naiv, schlau und durchtrieben ist und dessen Schwänke sowohl oberflächlich als Witz wahrgenommen werden können als auch durch ihre versteckte, spitzfindige Aussage belehrend und hintergründig wirken. Nasreddin, bei den Arabern als Dschuha und bei den Türken als Nasreddin Hodscha bekannt, ist Kindern und Erwachsenen gleichermaßen in der gesamten islamischen Welt – von Marokko bis Tadschikistan – ein Begriff.

۴۱ درسِ چهل و یکم

بعد از کلاس

۱ پسرکی به خانه آمد و به پدرش گفت: ①

۲ – «معلّم به ما همیشه می گوید: ②

۳ ‹حرف نزنید! به من گوش بدهید! ③ ④

۴ دفتر هایِ مدرسه را پاره نکنید!›

۵ من خیلی خسته می شوم.» ⑤

تلّفظ

[darß-e tschehel-o jekom ba'd as kelåß **1** peßarakī beh chåneh åmad wa beh pedarasch goft: **2** "mo'allem beh må hamīscheh mī-gūjad: **3** 'harf nasanīd! beh man gūsch bedehīd! **4** daftar-hå-je madraßeh rå påreh nakonīd!' **5** man chejlī chaßteh mī-schawam."]

ANMERKUNGEN

① In پسرکی [peßar-ak-ī] "ein kleiner Junge" bildet der Suffix ک [-ak] das Diminutiv – ähnlich wie das deutsche "-chen" oder "-lein" – und ی [-ī] kennzeichnet den Singular.

41. Lektion

Nach dem Unterricht

Ein kleiner Junge kam nach Hause und sagte zu seinem Vater: 1

"Der Lehrer sagt uns immer: – 2
(Lehrer nach wir immer *VP* sagt:)

'Sprecht nicht! Hört mir zu! 3
(Buchstabe nicht-schlagt! nach ich Ohr *Konj.*-gebt!)

Zerreißt nicht die Schulhefte!' 4

Das ermüdet mich sehr." 5
(ich sehr müde *VP* werde.")

Der Präsensstamm von گفتن [*goftan*] "sagen" ist گو [*gū*]. Der Stamm wird zur Ausspracheerleichterung vor den Personalendungen für "ich", "er/sie" und "sie" (Pl.) um ein **je** ی [*ī/j*] ergänzt. Bei den mit **je** beginnenden Personalendungen schreibt man ein **hamseh** auf einem stummen Träger: می گویم [*mī-gūjam*] "ich sage", می گوئی [*mī-gūʾī*] "du sagst", می گوید [*mī-gūjad*] "er/sie sagt", می گوئیم [*mī-gūʾīm*] "wir sagen", می گوئید [*mī-gūʾīd*] "ihr sagt", می گویند [*mī-gūjand*] "sie sagen". ②

Sie erinnern sich bestimmt, dass der verneinte Imperativ mit der Vorsilbe [na-] sowie dem Präsensstamm gebildet wird: ③
"Sprecht/Sprechen Sie nicht!" [*harf nasanīd!*] حرف نزنید!

Eine Besonderheit des Persischen sind die oftmals poetisch anmutenden Ausdrücke aus einem Substantiv und einem Verb: حرف زدن [*harf sadan*] "Buchstabe schlagen" = "sprechen, sagen" oder گوش دادن [*gūsch dådan*] "Ohr geben" = "zuhören". ④

Sie kennen das Verb شدن [*schodan*] "werden" bereits aus der 16. Lektion. Sein Präsensstamm lautet شو [*schaw*]. ⑤

۶ پدرش گفت:

۷ – «خب پسرم! چون خسته‌ای، به اتاقت برو! ⑥ ⑦

۸ صدا نکن، کمی بخواب!» ⑧

تلفّظ

[**6** pedarasch goft: **7** "chob peßaram! tschūn chaßteh'ī, beh otåqhat borou! **8** ßedå nakon, kamī bechåb!"]

جمله هایِ زیر را می فهمید؟

❶ بعد از صبحانه، زود به مدرسه برو!

[ba'd as ßobhåneh, sūd beh madraßeh borou!]

❷ به من گوش بده! حرف نزن!

[beh man gūsch bedeh! harf nasan!]

❸ به ما همیشه می گویند: «حرف نزنید!»

[beh må hamīscheh mī gūjand: "harf nasanīd!"]

❹ در این صورت، باید به ملاّ نصر الدّین گوش داد.

[dar īn ßūrat, båjad beh mollå naßr eddīn gūsch dåd.]

❺ اگر وقت دارید، دنبالش بگردید!

[agar waqht dårīd, dombålasch begardīd!]

Sein Vater hat gesagt: 6
"Gut, mein Sohn! Da du müde bist, geh in dein Zimmer! – 7
Mach keinen Lärm, schlaf ein bisschen!" 8

Beachten Sie die Schreibweise der angehängten Personalendung der 2. Person Singular ی [*-ī*] mit dem vorangestellten **alef**, das hier steht, damit nicht zwei Vokale aufeinandertreffen: ⑥
"Du bist müde." [*chaßteh'ī.*] خسته‌ای.

Der Imperativ von رفتن [*raftan*] "gehen" lautet برو! [*borou!*]. Damit weicht die Aussprache leicht vom Präsensstamm رو [*raw/rou*] ab. ⑦

Das Verb خوابیدن [*chåbīdan*] "schlafen" schreibt sich mit einem stummen **wāw** و. Wir kennen dieses Phänomen bereits von خواستن [*chåßtan*] "wollen". ⑧

مگر نگفتی که خسته نبودی؟ 6
[*magar nagoftī keh chaßteh nabūdī?*]

چون خسته‌ایم، حالا خواهیم خوابید. 7
[*tschūn chaßteh'īm, hålå chåhīm chåbīd.*]

آیا متوجه شدید؟

Geh nach dem Frühstück schnell zur Schule! 1
Hör mir zu! Sprich nicht! 2
Sie sagen uns immer: "Sprecht nicht!" 3
In diesem Fall muss man Mullah Nasreddin zuhören. 4
Wenn ihr Zeit habt, sucht ihn! 5
Hast du nicht gesagt, dass du nicht müde bist? 6
Da wir müde sind, werden wir jetzt schlafen gehen. 7

جاهایِ خالی را پر کنید

Im Unterricht darf nicht gesprochen werden. ❶

Gestern bin ich sehr müde geworden. ❷

Die armen Kinder werden im Unterricht sehr schnell müde. ❸

Hört ihnen nicht zu! ❹

Wenn du willst, mach [ruhig] Lärm auf dem Hof! ❺

اگر ... در حیاط ...

...!

واژه هایِ مناسب

❶ در [dar] – نباید [nabåjad] – زد [sad] ❷ دیروز [dīrūs] – خسته [chaßteh] ❸ بچّه [batschtscheh] – هایِ [hå-je] – کلاس [kelåß] – می [mī-] – شوند [schawand] ❹ به [beh] – آنها [ånhå] – ندهید [nadehīd] ❺ می [mī-] – خواهی [chåhī] – صدا [ßedå] – کن [kon]

بعد از کلاس

Sie merken bestimmt, dass Sie schon enorme Fortschritte gemacht haben! Machen Sie sich keine Sorgen, wenn noch nicht alles 100%ig klar ist. Beschäftigen Sie sich weiter täglich ein wenig mit Ihrer neuen Fremdsprache, und Ihnen wird auffallen, dass sich Ihre Kenntnisse durch die ständige Wiederholung stetig festigen werden.

Madrasa - Ort des Unterrichts

مدرسه [*madraßeh*] kommt aus dem Arabischen und bedeutet "Ort des Lernens". In Iran und in Afghanistan hat es zwei Bedeutungen: erstens eine religiöse Schule, in der die Kinder die arabisch-persische Schrift lernen und sich vorrangig mit Korantexten beschäftigen, zweitens bezeichnet es aber heute auch ganz allgemein jede Art von "Schule".

۴۲ درسِ چهل و دوّم

[darß-e tschehel-o dowwom]

مرور

Sie besitzen bereits eine gute Basis, um einfache Ausdrücke und kurze Sätze oder Dialoge zu verstehen. Sie haben die Vergangenheit, die Gegenwart, die Zukunft und den Imperativ kennengelernt. Auch sind Sie Konstruktionen begegnet, mit denen man Wünsche ausdrücken oder Fähigkeiten beschreiben kann. Dies ist eine wunderbare Grundlage, um tiefer in die Feinheiten dieser schönen Sprache einzutauchen. Lassen Sie uns die neuen Punkte aus den letzten Lektionen hier nochmals zusammenfassen.

1. Plural

Man bildet den Plural eines Hauptwortes mit dem Suffix ها [*-hå*], das an das entsprechende Wort angehängt werden oder separat stehen kann: دکّانها [*dokkån-hå*] oder دکّان ها [*dokkån-hå*] "Geschäfte". Bei Wörtern mit der Endung **he do tscheschm** darf, wenn dieses [*-eh*] gesprochen wird, ها [*-hå*] nicht direkt angehängt werden: بچّه‌ها [*batschtscheh-hå*] "Kinder". An Wörter mit **he do tscheschm** mit der Aussprache [*-h*] darf das Suffix ها [*-hå*] angehängt werden.

Folgt auf die Pluralform ein **Esåfeh**, schreibt man dieses als **je** ی und spricht es [*je*]: دکّانهایِ خوب [*dokkån-hå-je chūb*] "gute Geschäfte"; چیزهایِ گران [*tschīs-hå-je gerån*] "teure Sachen".

In der Umgangssprache kann man diese Form der Pluralbildung durchgehend für alle Wörter benutzen, doch sollten Sie wissen,

42. Lektion

dass es in der literarischen Sprache streng genommen nur für Gegenstände verwendet wird. Bei Menschen und Tieren hingegen bildet man den Plural in der gehobenen Sprache durch das Anhängen des Suffixes ان [-*ån*]:

"Männer" [*mardån*] مردان < "Mann" [*mard*] مرد

2. Possessivsuffixe

Wir haben die drei Possessivsuffixe des Singulars kennengelernt.

Sie lauten:

"mein, -e" [-*am*] (ا)م

"dein, -e" [-*at*] (ا)ت

"sein, -e, ihr, -e" [-*asch*] (ا)ش

Diese Suffixe werden direkt an das Besitztum angehängt:

"dein Stift" [*medåd-at*] مدادت

"sein/ihr Haus" [*mansel-asch*] منزلش

Die Formen mit **alef** ا kommen zum Einsatz, wenn das Besitztum auf [-*eh*] endet:

"mein Haus" [*chåneh'am*] خانه ام

"dein Brief" [*nåmeh'at*] نامه ات

"seine/ihre Schule" [*madraseh'asch*] مدرسه اش

Die Possessivsuffixe bilden eine Alternative zu den Personalpronomen, die in Verbindung mit dem **Esåfeh** ebenfalls einen Besitz ausdrücken können:

"dein Stift" [medåd-e to] مدادِ تو

"sein/ihr Haus" [mansel-e ū] منزلِ او

Diese zweite Form funktioniert aber nur, wenn das Subjekt des Satzes und der Besitzer nicht die gleiche Person sind. Für einen Satz wie "Ich habe dein Haus nicht gesehen." gäbe es folglich zwei Möglichkeiten:

[manselat rå nadīdam.] منزلت را ندیدم.

[mansel-e to rå nadīdam.] منزلِ تو را ندیدم.

Aber man kann nur Folgendes sagen:

[(to) manselat rå forūchtī.] (تو) منزلت را فروختی.
"Du hast dein Haus verkauft."

In der Alltagssprache sind die Possessivsuffixe insgesamt häufiger anzutreffen.

Diese können auch an Präpositionen angehängt werden. In diesem Fall erhalten sie die Funktion des deutschen Akkusativs (mich, dich, ihn, sie) oder Dativs (mir, dir, ihm, ihr):

[dombålasch] دنبالش
"hinter ihm/ihr" bzw. "auf der Suche nach ihm/ihr"

3. Akkusativ der Personalpronomen

Man bildet den Akkusativ der Personalpronomen durch Anhängen des Akkusativmarkers را [rå]: تو را [to rå] "dich", او را [ū rå] "ihn, sie" usw. Nur für die 1. Person gibt es die Ausnahme مرا [marå].

[marå bīdår konīd!] مرا بیدار کنید!
"Weckt/Wecken Sie mich!"

4. Komparativ

Für die Bildung des Komparativs hängt man an das entsprechende Adjektiv das Suffix تر [*-tar*] an:

"einfach, leicht" — آسان [*åßån*]
"einfacher, leichter" — ➤ آسان‌تر [*åßån-tar*]

"frisch" — تازه [*tåseh*]
"frischer" — ➤ تازه‌تر [*tåseh-tar*]

تر [*-tar*] kann auch direkt an das entsprechende Adjektiv angehängt werden: آسانتر [*åßån-tar*].

Möchte man zwei Dinge miteinander vergleichen, benötigt man die Präposition از [*as*], die hierbei die Funktion von "als" übernimmt.

حیاط از اتاق روشن تر است.
[*hajåt as otåqh rouschan-tar aßt.*]
"Der Hof ist heller als das Zimmer."

Man kann تر [*-tar*] auch an Adjektive anhängen, die aus einer Präposition und einem Hauptwort bestehen, wie z. B.

"mit Intelligenz" = "intelligent" — با هوش [*bå-hūsch*]
"intelligenter" — ➤ با هوش‌تر [*bå-hūsch-tar*]

Merken Sie sich in diesem Zusammenhang auch den Begriff بیشتر [*bīschtar*] "mehr", der ebenfalls das Suffix تر [*-tar*] beinhaltet.

5. Diminutiv

Dort, wo das Deutsche die Suffixe "-chen" oder "-lein" verwendet, bedient sich das Persische der Endung ک [*-ak*], die praktisch an alle Wörter angehängt werden kann.

"kleiner Junge, Bürschchen" — پسرک [*peßar-ak*]

6. Präsens

Wir sind in Lektion 35 bereits auf die Bildung des Präsens eingegangen, und Sie wissen, dass jedes Verb über einen Präteritum- und einen Präsensstamm verfügt. Neue Verben in der letzten Lektionseinheit waren u. a.:

Präteritum-stamm	Präsens-stamm	Infinitiv	Verb
آورد [*åward*]	آور [*åwar*]	آوردن [*åwardan*]	"bringen"
خرید [*charīd*]	خر [*char*]	خریدن [*charīdan*]	"drehen"
خورد [*chord*]	خور [*chor*]	خوردن [*chordan*]	"essen/ trinken"
داد [*dåd*]	ده [*dah/deh*]*	دادن [*dådan*]	"geben"
دانست [*dåneßt*]	دان [*dån*]	دانستن [*dåneßtan*]	"wissen"
داشت [*dåscht*]	دار [*dår*]	داشتن [*dåschtan*]	"haben"
[*dīd*] دید	[*bīn*] بین	[*dīdan*] دیدن	"sehen"
فهمید [*fahmīd*]	فهم [*fahm*]	فهمیدن [*fahmīdan*]	"verstehen"
فروخت [*forūcht*]	فروش [*forūsch*]	فروختن [*forūchtan*]	"verkaufen"
گفت [*goft*]	گو [*gū*]	گفتن [*goftan*]	"sagen"
کرد [*kard*]	کن [*kon*]	کردن [*kardan*]	"machen/tun"
رفت [*raft*]	رو [*raw*] / [*rou*] (Imperativ)	رفتن [*raftan*]	"gehen"

* Der Präsensstamm von دادن [*dådan*] lautet ده [*dah*], jedoch wird er oft [*deh*] gesprochen, speziell dann, wenn er als Imperativ mit dem Präfix بـ [*be-*] steht.

Besondere Aufmerksamkeit verdient das Verb بودن [*būdan*]; es ist "vielstämmig":

Präteritumstamm: بود [*būd-*]

Präsensstamm: هست [*haßt-*]

Verneinter Präsensstamm: نیست [*nīßt-*]

Konjunktiv-/Imperativstamm: باش [*båsch-*]

Wie Sie bei فهمیدن [*fahmīdan*] sehen, unterscheidet sich der Präsensstamm von Verben, die auf ـیدن [*-īdan*] enden, nur durch das Weglassen des letzten **dāl** د [*d*] des Präteritumstamms.

7. Imperativ

Auch in den letzten sechs Lektionen kamen wieder zahlreiche Beispiele für den Imperativ vor. Sie wissen, dass dieser in der zweiten Person Singular ("du") aus dem Präsensstamm besteht, dem das Präfix بـ [*be-*] vorangestellt wird:

Wichtig zu wissen ist, dass die Vorsilbe بـ [*be-*] Vokalalternationen aufweist. Sie wird zu [*bo-*], wenn der Präsensstamm ein kurzes (= nicht geschriebenes) oder ein geschriebenes و [*o*] enthält. Sie wird zu [*bī-*], wenn der Präsensstamm mit einem Vokal beginnt. Die Aussprache [*bī-*] ist verpflichtend und erscheint auch in der Schrift; die Aussprache [*bo-*] ist etwas umgangssprachlicher und nicht verpflichtend.

"Iss!/Trink!"	[*bochor!*]	بخور !
"Schlaf!"	[*bechåb!*]	بخواب !
"Gib!"	[*bedeh!*]	بده !

Hierbei gibt es drei Formen, die in der Aussprache leicht abweichen:

"Geh (weg)!" [*borou!*] برو !

"Mach/Tu!" [*bokon!*] بکن !

"Sag!" [*begu!*] (selten [*bogū!*]) بگو !

Im Plural hängt man den Formen die Endungen ـیم [*-īm*] für die 1. ("wir") und ـید [*-īd*] für die 2. Person ("ihr"/"Sie") an. Dabei gilt, dass die 1. Person meist eher als Aufforderung – im Sinne von "Lass(t) uns ...!" – zu verstehen ist:

"Lass(t) uns (weg)gehen!" [*berawīm!*] برویم !

"Entschuldigen Sie!" [*bebachschīd!*] ببخشید !

"Hört! / Hören Sie!" [*gūsch bedehīd!*] گوش بدهید !

Ebenso wie alle anderen Verben benutzt auch das Verb بودن [*būdan*] "sein" den Konjunktivstamm auch im Imperativ. Eine Unregelmäßigkeit bei بودن [*būdan*] liegt allerdings darin, dass es einen eigenen Konjunktivstamm hat, der sich – im Unterschied zu allen anderen Verben – vom Präsensstamm unterscheidet.

"Sei!" [*båsch!*] باش !

"Seien wir ... !, Lass(t) uns ... sein!" [*båschīm!*] باشیم !

"Seid ... !, Seien Sie ... !" [*båschīd!*] باشید !

Bei den zusammengesetzten Verben kann das Präfix بـ [*be-*] weggelassen werden, doch gibt es Konstruktionen, wo dies nicht so gehandhabt wird. Entsprechend sollte man sich die einzelnen Formen gut einprägen, denn so kommen sie in der Regel in der gesprochenen Alltagssprache vor.

"Warte!" [*ßabr kon!*] صبر کن !

"Weckt/Wecken Sie mich!" [*marå bīdår konīd!*] مرا بیدار کنید !

Um den Imperativ zu verneinen, ersetzt man das Präfix بـ [*be*-] durch نـ [*na*-], bzw. in der literarischen Hochsprache مـ [*ma*-]:

"Iss! / Trink!" — بخور! [*bochor!*]

"Iss nicht! / Trink nicht!" — ◄ نخور! [*nachor!*]

"Lass uns kaufen!" — بخریم! [*becharīm!*]

"Lass(t) uns nicht kaufen!" — ◄ نخریم! [*nacharīm!*]

"Gebt! / Geben Sie!" — بدهید! [*bedehīd!*]

"Gebt nicht! / Geben Sie nicht!" — ◄ ندهید! [*nadehīd!*]

Hier die leicht unregelmäßigen Ausnahmen:

"Sei nicht!" — باش! [*båsch!*] ◄ نباش! [*nabåsch!*]

"Geh nicht!" — برو! [*borou!*] ◄ نرو! [*narou!*]

"Mach nicht! / Tu nicht!" — بکن! [*bokon!*] ◄ نکن! [*nakon!*]

"Sag nicht!" — بگو! [*bogū!*] ◄ نگو! [*nagū!*]

8. Zusammengesetzte Verben

Sie haben in den vergangenen Lektionen einige zusammengesetzte Verben kennengelernt, die vorrangig aus einem Hauptwort und einem der Verben دادن [*dådan*] "geben", زدن [*sadan*] "schlagen" oder کردن [*kardan*] "machen/tun" bestehen:

"wecken" — بیدار کردن [*bīdår kardan*]

"anfangen, beginnen" — شروع کردن* [*schorū' kardan*]

"zerreißen" — پاره کردن [*påreh kardan*]

"Lärm machen, schreien" — صدا کردن [*ßedå kardan*]

"zuhören" — گوش دادن [*gūsch dådan*]

"sprechen" — حرف زدن [*harf sadan*]

* شروع کردن [*schorū' kardan*] wird häufig mit der Präposition به [*beh*] verwendet und steht in diesem Fall in Verbindung mit einem Infinitiv eines weiteren Verbs oder mit einem Hauptwort (siehe nächste Seite).

شروع به خوردن کرد. [schorū' beh chordan kard.]
"Er fing an zu essen. "

در حیاط شروع به جست و جو کرد.
[dar hajåt schorū' beh dĵoßt-o dĵū kard.]
"Er fing an, im Hof zu suchen."

Das Verb جست و جو کردن [dĵoßt-o dĵū kardan] ist insofern besonders, da es aus dem Präteritum- und dem Präsensstamm des Verbs جستن [dĵoßtan] besteht, die mit و [-o] verbunden sind.

Ein anderes Beispiel ist گفت و گو [goft-o gū] "Dialog, Gespräch" aus dem Präteritum- und dem Präsensstamm von گفتن [goftan] "sagen".

9. Konjunktionen

Wir haben zwei neue Konjunktionen kennengelernt, zu denen an sich nichts weiter zu sagen ist:

- "weil, da" [tschūn] چون

چون حیاط از اتاق روشن تر است.
[tschūn hajåt as otåqh rouschan-tar aßt.]
"Weil der Hof heller als das Zimmer ist."

چون خسته‌ای به اتاقت برو!
[tschūn chaßteh'ī, beh otåqhat borou!]
"Da du müde bist, geh in dein Zimmer!"

- "außer, denn, etwa" [magar] مگر

Diese Konjunktion leitet häufig eine verneinte Frage ein:

مگر نگفتم که کلیدم در جوی افتاده است؟
[magar nagoftam keh kelīdam dar dĵūj oftådeh aßt?]
"Habe ich nicht gesagt, dass mein Schlüssel in den Kanal gefallen ist?"

10. Adverbien und Demonstrativpronomen

Neu waren in den letzten Lektionen die folgenden Adverbien und Demonstrativpronomen:

"bald, früh, schnell" [*sūd*] زود

"viel, zu viel" [*sījåd*] زیاد

* "immer" [*hamīscheh*] همیشه

"im Gegenteil" [*bar 'akß*] برعکس

"in diesem Fall" [*dar īn ßūrat*] در این صورت

"dieser, -e, -es (gleiche)" [*hamīn*] همین

* Merken Sie sich als Antonym hierzu هرگز [*harges*] "niemals".

11. Weitere idiomatische Ausdrücke

Wie Sie wissen, verfügt das Persische über zahlreiche idiomatische Ausdrücke, die man nicht unbedingt ohne Erklärung versteht. Wir haben im Laufe des letzten Lektionsblocks die Folgenden gesehen:

• دنبالِ ... گردیدن [*dombål-e ... gardīdan*] (oder دنبال [*dombål*] + Possessivsuffix) "suchen"

چرا اینجا دنبالش می گردی؟
[*tscherå īndjå dombålasch mī-gardī?*]

"Warum suchst du ihn hier?"

دنبالِ کلید [*dombål-e kelīd*]

"auf der Suche nach dem Schlüssel"

• لازم داشتن [*låsem dåschtan*] "brauchen"

یک چادر برایِ عروسی لازم دارم.
[*jek tschådor barå-je 'arūßī låsem dåram.*]

"Ich brauche einen Tschador für eine Hochzeit."

• وقت داشتن [*waqht dåschtan*] "Zeit haben"

اگر وقت داری، با هم برویم!
[*agar waqht dårī, bå ham berawīm!*]
"Wenn du Zeit hast, lass uns zusammen gehen!"

• خواهش می کنم! [*chåhesch mī-konam!*] "Ich bitte dich/Sie!"

• نگران نباشید! [*negarån nabåschīd!*] "Seien Sie unbesorgt!"

12. Umgangssprache

Sie haben fast die Hälfte unseres Kurses gemeistert, und wir finden, dass es an der Zeit ist, Sie mit dem einen oder anderen Element der persischen Umgangssprache bekannt zu machen. Tatsächlich weicht die gesprochene Alltagssprache in manchen Punkten erheblich von der geschriebenen Hochsprache ab. Zwar werden Sie problemlos mit den bis jetzt vermittelten Kenntnissen verstanden, doch gerade im Gespräch mit Muttersprachlern ist es durchaus notwendig, einige Grundkenntnisse über diese Unterschiede zu haben.

Das Persische hat zahlreiche regionale Varietäten, die man durchaus als Dialekte bezeichnen kann. Eine Sonderstellung darunter hat die in Teheran gesprochene Variante, die landesweit als gängige Umgangssprache verstanden und gerade durch die Verbreitung der Medien auch gesprochen wird. Wir fassen in Folge ein paar Besonderheiten dieser Mundart zusammen.

Der vielleicht auffälligste Unterschied ist, dass in der Teheraner Umgangssprache das **alef** ا , wenn es für [*å*] steht und auch nur, wenn nach dem [*å*] ein Nasal, also ein [*n*] oder [*m*] folgt, sehr oft als [*ū*] gesprochen wird.

So klingt خانه [*chåneh*] "Haus" wie خونه [*chūneh*], oder die Hauptstadt تهران [*tehrån*] meist wie تهرون [*tehrūn*]. Dies gilt

auch für manche Personalpronomen wie آنها [*ånhå*] "sie" und ایشان [*īschån*] "Sie" (höfl.), die zu اونها [*ūnhå*] und ایشون [*īschūn*] werden. Bei ما [*må*] "wir" und شما [*schomå*] "ihr/Sie" bleibt hingegen das [*å*] bestehen.

• Umgangssprachlich klingt است [*aßt*] "ist" meist nur wie [*eh*] und wird lautlich mit dem davorstehenden Wort verbunden:

"Es ist gut." [*chūb-eh.*] خوبه. ‹ [*chūb aßt.*] خوب است.

• دیگر [*dīgar*] "anderer, -e, -es" klingt häufig wie دیگه [*dīgeh*]:

[*jek tschīs-e dīgar*] یک چیزِ دیگر

"eine andere Sache" [*jek tschīs-e dīgeh*] یک چیزِ دیگه ‹

• Die Personalendungen ید [*-īd*] und ند [*-and*] werden wie ین [*-īn*] und ن [*-an*] gesprochen:

"Es geht euch/Ihnen gut." [*schomå chūb-īn.*] شما خوبین.

"Es geht ihnen gut." (3. Pers. Pl.) [*ūnhå chūb-an.*] اونها خوبن.

• Der Akkusativmarker را [*rå*] lautet in der Umgangssprache nach Vokalen bzw. vokalisch auslautenden Wörtern رو [*ro*]:

"Hast du Ali gesehen?" [*'alī ro dīdī?*] علی رو دیدی؟

Nach Konsonanten wird را [*rå*] zu einem alleinstehenden و [*o*]:

"Hast du das Buch gesehen?" [*ketåb-o dīdī?*] کتاب و دیدی؟

Auch die Variante کتاب رو دیدی؟ [*ketåb ro dīdī?*] ist möglich, allerdings hört man sie nur selten.

کلیدِ ماشینشون رو دیدین؟

[*kelīd-e måschīneschūn ro dīdīn?*]

"Habt ihr / Haben Sie ihren (3. Pers. Pl.) Autoschlüssel gesehen?"

• Speziell die Verben رفتن [*raftan*] "gehen", گفتن [*goftan*] "sagen" und شدن [*schodan*] "werden" weisen im Präsens und im Imperativ umgangssprachliche Formen auf, die teilweise

durch Kontraktionen von Silben entstehen, d. h. der Präsensstamm wird gekürzt:

رو [raw] < ر [r]
گو [gū] < گ [g]
شو [schaw] < ش [sch]

Beispiele:

"ich gehe" — می روم [mī-rawam] < میرم [mīram]

"Lass(t) uns gehen!" — برویم! [berawīm!] < بریم! [berīm!]

"du sagst" — می گوئی [mī-gū'ī] < میگی [mīgī]

"Sagt! / Sagen Sie!" — بگوئید! [begū'īd!] < بگین! [begīn!]

"er/sie wird" — می شود [mī-schawad] < میشه [mīscheh]

"Lass(t) uns nicht werden!" — نشویم! [naschawīm!] < نشیم! [naschīm!]

Wie Sie sehen, kann man die Umgangssprache durchaus auch schreiben, doch empfehlen wir Ihnen, sich vorerst an die Schreibweise der Hochsprache zu halten. Wir werden in den folgenden Lektionen immer wieder auf Unterschiede zwischen gesprochener und geschriebener Sprache eingehen, und auf den Tonaufnahmen können Sie diese zu einem späteren Zeitpunkt auch hören. Wichtig ist vorerst, dass Sie grundsätzlich wissen, dass es Differenzen zwischen den beiden Sprachebenen gibt.

13. Verständnis-/Formulierungsübung

1 – پسرم، دنبالِ چه می گردی؟

2 – من یک تومان گم کرده‌ام.

3 برایِ خریدنِ نان پول لازم دارم.

4 در خانه، صبحانه حاضر است و منتظرِ من هستند.

5 – خب، مادرت چه خواهد گفت؟

6 – خیلی خوشحال نخواهد شد،

7 چون همیشه می گوید:

8 «من خسته‌ام، تو برو نان بخر!

9 این پول را گم نکن، با بچّه هایِ دیگر حرف نزن

10 و زود به خانه بر گرد!»

11 – پسرم، در دکّانم نانِ سنگکِ تازه دارم.

12 از نانوائی نزدیکتر است.

13 به تو نان می دهم.

14 – آقا، خیلی ممنونم!

Aussprache der Übungssätze

[**1.** – *peßaram, dombål-e tscheh mī-gardī?* **2.** – *man jek tomån gom kardeh'am.* **3.** *barå-je charīdan-e nån pūl låsem dåram.* **4.** *dar chåneh, ßobhåneh håser aßt wa montaser-e man haßtand.* **5.** – *chob, mådarat tscheh chåhad goft?* **6.** – *chejlī choschhål nachåhad schod,* **7.** *tschūn hamīscheh mī-gūjad:* **8.** *"man chaßteh'am, to borou nån bechar!* **9.** *īn pūl rå gom nakon, bå batschtscheh-hå-je dīgar harf nasan* **10.** *wa sūd beh chåneh bar gard!"* **11.** – *peßaram, dar dokkånam nån-e ßangak-e tåseh dåram.* **12.** *as nånwå'ī nasdīktar aßt.* **13.** *beh to nån mī-daham.* **14.** – *åqhå, chejlī mamnūnam!*]

LEKTION 42

Übersetzung der Übungssätze

① – Mein Junge, was suchst du [da] gerade? ② – Ich habe einen Toman (= alte persische Münze) verloren. ③ Ich brauche Geld, um Brot zu kaufen. ④ Zu Hause ist das Frühstück fertig und man wartet auf mich / sie warten auf mich. ⑤ – Gut, was wird deine Mutter sagen? ⑥ – Sie wird nicht sehr froh sein, ⑦ denn sie sagt [mir] immer: ⑧ "Ich bin müde, geh du Brot kaufen! ⑨ Verlier dieses Geld nicht, sprich nicht mit den anderen Kindern, ⑩ und komm schnell nach Hause zurück!" ⑪ – Mein Junge, in meinem Geschäft habe ich frisches Sangak (= persisches Steinofenbrot). ⑫ Das ist näher als die Bäckerei. ⑬ Ich werde dir Brot geben. ⑭ – Vielen Dank, mein Herr!

14. Die "Zweite Welle"

In den ersten 42 Lektionen dieses Kurses haben Sie die Texte angehört und gelesen, Sie haben sich mit den Anmerkungen beschäftigt und sich mit der Aussprache vertraut gemacht, d. h. Sie haben sich eher passiv mit der Sprache beschäftigt, aber noch keine eigenen Sätze gebildet. Mit der nächsten Lektion treten Sie in eine neue Phase Ihres Persischstudiums ein: Die "Zweite Welle" oder auch "Aktive Phase".

Hierfür müssen Sie von nun an täglich etwa 10–15 Minuten mehr einplanen, denn nach jeder neu durchgearbeiteten Lektion "aktivieren" Sie eine der ersten Lektionen, d. h. Sie aktivieren nach Lektion 43 die Lektion 1, nach Lektion 44 die Lektion 2, nach Lektion 45 die Lektion 3 usw.

Sie gehen folgendermaßen vor: Sie verdecken den persischen Lektionstext und versuchen, den deutschen Text der Lektion – und danach, wenn Sie besonders gründlich sein wollen, auch den deutschen Text der Verständnisübung – auf Persisch zu formulieren. Sehen Sie dann auf der linken Seite nach, ob Sie die Sätze richtig wiedergegeben haben. Wiederholen Sie die

Wörter und Wendungen, die Ihnen entfallen waren, oder lesen Sie ggf. noch einmal die entsprechenden Anmerkungen.

Sie sollten die "Zweite Welle" nicht nur mündlich, sondern auch schriftlich absolvieren. So trainieren Sie auch das Schreiben der persischen Buchstaben. Und da man das, was man geschrieben hat, besser behält, erleichtern Sie sich das Assimilieren der fremdsprachigen Strukturen und Wörter.

Im Laufe dieser zweiten Welle werden Sie feststellen, dass Sie Ihre bislang erworbenen Kenntnisse vertiefen und festigen, Ihnen die benötigten Ausdrücke und Redewendungen spontan einfallen und Sie gleichzeitig Ihren Wortschatz erweitern. Mittlerweile verstehen Sie sehr viel, und die Texte der ersten Lektionen werden Ihnen besonders leicht erscheinen.

Verzichten Sie nicht auf diese "aktive Phase"; sie ist ein integraler Bestandteil des Kurses! Sie werden merken, wie viele passive Kenntnisse Sie schon besitzen, und nun können Sie endlich selbst auf Persisch formulieren! Außerdem zeigt Ihnen die zweite Welle die Schwierigkeiten auf, die noch bei Ihnen bestehen, und Sie werden herausfinden, was Sie noch einmal wiederholen müssen.

Bevor Sie diesen neuen Lernabschnitt absolvieren, sollten Sie die heutige Lektion ganz normal bearbeiten, d. h. sich nur mit dem Verstehen des Dialogs am Ende der Lektion beschäftigen.

اگر صبر کنی از غوره حلوا می سازی.

[*agar ßabr konī as ghūreh halvå mī-ßåsī.*]

"Mit Geduld ist man zu allem fähig."
(wenn Geduld machst von saurer-Weintraube Halwa *VP*-baust.)

۴۳ درسِ چهل و سوّم

گفت و گویِ دو همسایه ①

۱ – امروز هوا خیلی گرم است.

۲ ما می خواهیم بعد از ظهر به پارک
برویم. ②

۳ آنجا هوا از اینجا خنکتر است.

۴ اگر می توانی، تو هم با ما بیا! ③

۵ – باشد! چه فکرِ خوبی ثریا خانم! ④ ⑤

تلّفظ

[*darß-e tschehel-o ßewwom goft-o gū-je do hamßåjeh* **1** *emrūs hawå chejlī garm aßt.* **2** *må mī-chåhīm ba'd as sohr beh pårk berawīm.* **3** *åndjå hawå as īndjå chonak-tar aßt.* **4** *agar mī-tawånī, to ham bå må bījå!* **5** *båschad! tscheh fekr-e chūbī ßorajå chånom!*]

ANMERKUNGEN

① گفت و گو [*goft-o gū*] "Gespräch" ist eines der zahlreichen zusammengesetzten Nomen. Sie haben mit جست و جو [*djoßt-o djū*] "Suche" (L. 39) bereits ein weiteres Beispiel für diese Eigenart der Sprache kennengelernt.

43. Lektion

Gespräch zwischen zwei Nachbarinnen

Heute ist es sehr warm. – 1
(heute Luft sehr warm ist.)
Wir wollen heute Nachmittag in den Park gehen. 2
(wir *VP* wollen nach von Mittag nach Park *Konj.*-gehen.)
Dort ist die Luft kühler als hier. 3
Wenn du kannst, komm mit uns! 4
(wenn *VP* kannst, du auch mit wir *Konj.*-kommst!)
Einverstanden! Was für eine gute Idee, Frau Soraja! – 5

② In ما می خواهیم برویم [*må mī-chåhīm berawīm*] "wir wollen gehen" sehen Sie die Kombination aus "wollen" und einem weiteren Verb. Dieses steht nicht im Infinitiv, sondern es besteht aus dem Präfix بـ [*be-*], dem Präsensstamm des Verbs und der Personalendung. Sie kennen diese Form bereits von der Bildung des Imperativs (der formgleich für den Konjunktiv steht).

③ بیا! [*bījå!*] "Komm!": unregelmäßiger Imperativ von آمدن [*åmadan*]. Die Konjunktivvorsilbe ändert sich von [*be-*] zu [*bī-*], wenn der Präsensstamm mit einem Vokal beginnt. In manchen Formen wird das stumme **je** ی in Verbindung mit einem **hamseh** ء eingeschoben:
"Lass(t) uns kommen!" [*bījå'īm!*] بیا ئیم!

④ Eigentlich bedeutet باشد! [*båschad!*] "Sei!" bzw. "So sei es!", es wird aber meist im Sinne von "Einverstanden!" gebraucht. Umgangssprachlich klingt es meist wie [*båscheh*].

⑤ Beachten Sie die Konstruktion چه فکرِ خوبی! [*tscheh fekr-e chūb-ī!*] (*ī* wird unbetont gesprochen!). Nach diesem Muster werden viele Ausrufe gebildet:
[*tscheh dochtar-e qhaschangī!*] چه دخترِ قشنگی!
"Was für ein hübsches Mädchen!"

۶ حتماً، می آیم. ⑥

۷ من میوه و آجیل خواهم آورد

۸ شما هم پتو و سماور بیاورید!

تلفّظ

[**6** *hatman, mī-åjam.* **7** *man mīweh-o ådjīl chåham åward* **8** *schomå ham patū-o ßamåwar bījåwarīd!*]

جمله هایِ زیر را می فهمید؟

❶ شما نمی خواهید با ما به پارک بیائید؟

[schomå nemī-chåhīd bå må beh pårk bījå'īd?]

❷ ما می خواهیم به شما پتو بدهیم.

[må mī-chåhīm beh schomå patū bedahīm.]

❸ ثریا با ما نمی خواهد بیاید. او حتماً نخواهد آمد.

[ßorajå bå må nemī-chåhad bījåjad. ū hatman nachåhad åmad.]

❹ این پارک از پارکِ شهرِ شیراز خنکتر است.

[īn pårk as pårk-e schahr-e schīrås chonak-tar aßt.]

❺ ما می خواهیم دنبالش بگردیم.

[må mī-chåhīm dombålasch begardīm.]

❻ اگر می توانید، یک سماورِ بزرگی بیاورید!

[agar mī-tawånīd, jek ßamåwar-e bosorgī bījåwarīd!]

Sicher, ich komme. 6

Ich werde [frisches] Obst und getrocknete Früchte mitbringen, 7
(ich Obst-und getrocknete-Früchte *Futur*-ich mitbringen)

und Sie, bringen Sie eine Decke und den Samowar mit! 8
(Sie auch Decke-und Samowar *Konj.*-bringt!)

⑥ Die Schreibung des **tanwīn** auf dem **alef** ist Ihnen aus لطفاً [*lotfan*] "bitte" bekannt. Auch bei حتماً! [*hatman!*] "Sicher!" handelt es sich um ein arabisches Lehnwort.

گفت و گویِ دو همسایه

❼ برایِ شما می خواهیم میوه بیاوریم.
[*barå-je schomå mī-chåhīm mīweh bījåwarīm.*]

آیا متوجه شدید؟

❶ Möchten Sie nicht mit uns in den Park kommen?
❷ Wir möchten Ihnen eine Decke geben.
❸ Soraja möchte nicht mit uns kommen. Sie wird sicherlich nicht kommen.
❹ In diesem Park ist es kühler als im Park der Stadt Schiras.
❺ Wir möchten ihn/sie suchen.
❻ Wenn Sie können, bringen Sie einen großen Samowar mit!
❼ Wir möchten Ihnen (für Sie) Obst mitbringen.

جاهایِ خالی را پر کنید

Wenn Sie können, gehen auch Sie in den Park! ❶

Einverstanden, ich komme auch! ❷

Was für ein schönes Haus! ❸

Diese Lektion ist ein Gespräch zwischen (von) zwei Nachbarinnen. ❹

Frau Soraja kommt nicht in den Park. ❺

Gestern war das Wetter kühler als heute. ❻

Komm du auch mit deinem Samowar in den Park! ❼

واژه هایِ مناسب

❶ اگر [agar] – توانید [tawånīd] – هم [ham] – بروید [berawīd]
❷ باشد [båschad] – می [mī-] – آیم [åjam] ❸ چه [tscheh] –
قشنگی [qhaschangī] ❹ گفت [goft] – گویِ [gū-je] –
همسایه [hamßåjeh] ❺ خانم [chånom] – پارک [pårk] –
آید [åjad] ❻ دیروز [dīrūs] – از [as] – خنکتر [chonak-tar]
❼ هم [ham] – سماورت [ßamåwarat] – بیا [bījå]

Die Lektionstexte werden von nun an länger und komplexer, denn Sie besitzen bereits eine gute Basis, um auch anspruchsvollere Dialoge zu verstehen. Versuchen Sie jedoch nach wie vor, nicht auswendig zu lernen, und lassen Sie sich von neuem Wortschatz und idiomatischen Ausdrücken nicht verunsichern. Konzentrieren Sie sich weiterhin in erster Linie auf das Verstehen.

Erholung im Grünen

Der vielleicht beliebteste Zeitvertreib der Iraner an den Wochenenden آخرِ هفته [*åchar-e hafteh*] besteht darin, sich irgendwo in einem öffentlichen Park – auf Persisch پارکِ عمومی [*pårk-e 'omūmī*] – oder an einer anderen Stelle im Grünen ein ruhiges Plätzchen zu suchen und mit Freunden und Familie ein paar entspannte Stunden zu verbringen. Wichtige Bestandteile dieser Treffen sind natürlich immer چای [*tschåj*] "Tee", میوه [*mīweh*] "Früchte" und آجیل [*ådjīl*] "Trockenobst". Apropos Tee: Der سماور [*ßamåwar*] "Samowar" genannte Teekocher wird heutzutage mit Campinggas oder Benzin betrieben und nicht wie früher mit Holzkohle.

Zweite Welle: Aktivieren Sie heute Lektion 1!

۴۴ درسِ چهل و چهارم

پلیسِ راهنمائی ①

۱ – سلام سرکار، خیلی ببخشید. ②

۲ من می خواهم به این نشانی بروم.

۳ از کدام کوچه باید بروم؟ ③

۴ – ماشین دارید؟

۵ – نه، پیاده هستم.

۶ – خیلی دور است.

۷ – عیب ندارد. من می توانم پیاده بروم. ④

تلفّظ

[*darß-e tschehel-o tschahårom polīß-e råhnemåʼī* **1** *ßalåm ßarkår, chejlī bebachschīd.* **2** *man mī-chåham beh īn neschånī berawam.* **3** *as kodåm kūtscheh båjad berawam?* **4** *måschīn dårīd?* **5** *nah, pījådeh haßtam.* **6** *chejlī dūr aßt.* **7** *'ejb nadårad. man mī-tawånam pījådeh berawam.*]

ANMERKUNGEN

① پلیسِ راهنمائی [*polīß-e råhnemåʼī*] setzt sich aus پلیس [*polīß*] "Polizist", "Polizei" sowie dem von راهنما [*råhnemå*] "Leiter, Führer" abgeleiteten راهنمائی [*råhnemåʼī*] zusammen, das in etwa "den Weg weisend" bedeutet.

44. Lektion

Der Verkehrspolizist

Guten Tag, [Herr] Polizist, entschuldigen Sie vielmals. – 1
Ich möchte zu dieser Adresse gehen. 2
(ich *VP* will nach diese Adresse *Konj*.-gehe.)
Welche Straße muss ich nehmen? 3
(von welche Straße muss *Konj*.-gehe?)
Haben Sie ein Auto? – 4
Nein, ich bin zu Fuß. – 5
Das ist sehr weit. – 6
(sehr weit ist.)
Das ist nicht schlimm. Ich kann zu Fuß [dorthin] gehen. – 7
(Fehler nicht-hat. ich *VP* kann zu-Fuß *Konj*.-gehe.)

سرکار [*ßarkår*] ist die gängige Anrede für Angehörige der Polizei oder der Armee und kann – speziell bei Letzteren – auch noch um den Rang ergänzt werden, z. B. سرکارِ ستوان [*ßarkår-e ßetwån/ßotwån*] "(Herr) Leutnant". ②

Auf باید [*båjad*] "muss" kann bekanntlich der Präteritumstamm folgen, allerdings hat es dann die Bedeutung einer unpersönlichen Verpflichtung: ③

"Man muss gehen" [*båjad raft*] باید رفت

Ist von einer speziellen Person die Rede, benutzt man den Präsensstamm und das Suffix بـ [*be*-]:

"Ich muss gehen." [*båjad berawam.*] باید بروم.

Auch das Verb توانستن [*tawåneßtan*] "können" steht meist in Verbindung mit einem weiteren Verb im Präsensstamm mit dem Suffix بـ [*be*-]: ④

"Ich kann gehen." [*mī-tawånam berawam.*] می توانم بروم.

Beachten Sie, dass hierbei beide Verben konjugiert werden!

۸ – پس مستقیم تا آخرِ همین خیابان باید بروید

۹ و آنجا دو باره راهتان را از یک پاسبان بپرسید. ⑤ ⑥

۱۰ – خیلی متشکّرم. خدا حافظ.

تلّفظ

[**8** *paß moßtaqhīm tå åchar-e hamīn chījåbån båjad berawīd* **9** *wa åndĵå do-båreh råhetån rå as jek påßebån beporßīd.* **10** *chejlī motaschakkeram. chodå håfes.*]

جمله هایِ زیر را می فهمید؟

❶ ما می خواهیم دو باره به این نشانی برویم.

[*må mī-chåhīm do båreh beh īn neschånī berawīm.*]

❷ شما می توانید به این نشانی پیاده بروید چون خیلی دور نیست.

[*schomå mī-tawånīd beh īn neschånī pījådeh berawīd tschūn chejlī dūr nīßt.*]

❸ آیا نمی توانید با ماشینتان به مرکزِ شهر بیائید؟

[*åjå nemī-tawånīd bå måschīnetån beh markas-e schahr bījå'īd?*]

Dann müssen Sie geradeaus gehen bis zum Ende – dieser Straße, 8
(dann geradeaus bis Ende+ selbe Straße muss *Konj*.- geht)

und dort fragen Sie noch einmal einen Polizisten nach dem Weg. 9

Vielen Dank. Auf Wiedersehen. – 10

In راهتان [*råhetån*] "euer/Ihr Weg" lernen Sie das Possessivsuffix der 2. Person Plural (ihr/Sie) تان [-*etån*] "euer/Ihr" kennen. ⑤

Sicherlich sehen Sie, dass es sich bei بپرسید [*beporßīd*] um einen Imperativ handelt. Der entsprechende Infinitiv lautet پرسیدن [*porßīdan*] "fragen". Kombiniert mit der Präposition از [*as*] bedeutet es "(jemanden) fragen". ⑥

Seien Sie aktiv, und nutzen Sie die vielfältigen Möglichkeiten, mit Ihrer neuen Sprache in Kontakt zu kommen. Finden Sie heraus, was Ihnen am meisten Spaß macht: Tandempartnerschaften im Internet, Brieffreundschaften, leichte Literatur (z. B. Kinderbücher), Hörspiele, Kino, DVDs, Musik, Radio, Zeitungen und Zeitschriften.

4 من نمی توانم به شما کمک کنم. خیلی ببخشید. – عیب ندارد.

[*man nemī-tawånam beh schomå komak konam*. chejlī bebachschīd. – 'ejb nadårad.*]

* Hinweis zu Satz 4: Sie werden sich vielleicht fragen, warum hier eine Konjunktivform ohne die Vorsilbe [*be*-] auftaucht. Die Erklärung: Bei komplexen Verben, d. h. solchen, die aus einem Substantiv, einer Präposition und einem Hilfsverb gebildet werden, kann beim verbalen Bestandteil im Konjunktiv die Vorsilbe [*be*-] entfallen, allerdings nur bei den Verben کردن [*kardan*] "tun, machen" und شدن [*schodan*] "werden".

5 با ماشین به آنجا نمی خواهم بروم.

[bå måschīn beh åndĵå nemī-chåham berawam.]

6 برایِ رفتنِ به مرکزِ شهر، از کدام خیابان باید رفت؟

[barå-je raftan-e beh markas-e schahr, as kodåm chījåbån båjad raft?]

جاهایِ خالی را پر کنید

Ein Mann sagte zu einem Polizisten: "Guten Tag, Herr Polizist, entschuldigen Sie vielmals!" 1

Sie fragen den Polizisten: "Können wir zu Fuß zu dieser Adresse gehen?" 2

براىِ رفتنِ به منزلتان، از كدام كوچه بايد برويم؟ 7

[barå-je raftan-e beh manseletån, as kodåm kūtscheh båjad berawīm?]

آيا متوجه شديد؟

Wir möchten noch einmal zu dieser Adresse gehen. 1
Sie können zu Fuß zu dieser Adresse gehen, denn es ist nicht sehr weit. 2
Können Sie nicht mit Ihrem Auto ins Stadtzentrum kommen? 3
Ich kann Ihnen nicht helfen. Entschuldigen Sie vielmals. – Das ist nicht schlimm. 4
Ich möchte nicht mit dem Auto dorthin fahren. 5
Um in die Innenstadt zu gehen, welche Straße muss man nehmen? 6
Um zu Ihnen zu gehen, welche Straße müssen wir nehmen? 7

Man muss geradeaus gehen bis zum Ende dieser Straße. 3

رفت.

Sie müssen einen Polizisten nach dem Weg fragen. 4

LEKTION 44

Wir kommen von einem sehr weit entfernten Ort (weit-ein). ❺

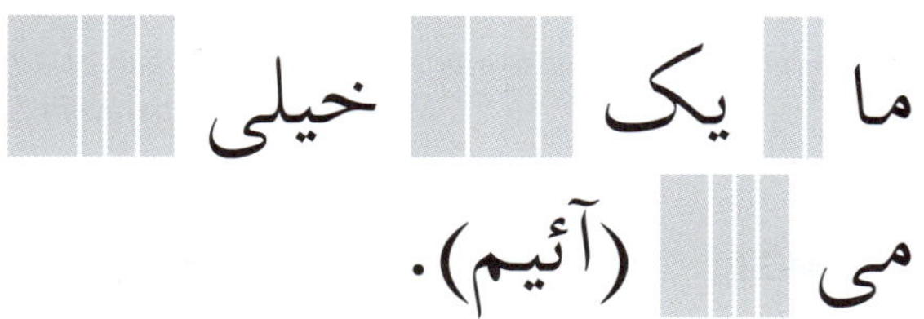

پلیسِ راهنمائی

۴۵ درسِ چهل و پنجم

ملاقاتِ دو دوست ①

۱ – سلام خانم، حالِ شما چطور است؟

تلّفظ

[*darß-e tschehel-o pandĵom* *molåqhåt-e do dūßt* **1** *ßalåm chånom, hål-e schomå tschetour aßt?*]

واژه هایِ مناسب

❶ مردی [mardī] – راهنمائی [råhnemåʼī] – سرکار [ßarkår] – ببخشید [bebachschīd] ❷ پلیسِ [polīß-e] – پرسند [porßand] – نشانی [neschånī] – توانیم [tawånīm] – برویم [berawīm] ❸ مستقیم [moßtaqhīm] – آخرِ [åcher-e] – خیابان [chījåbån] ❹ راهتان [råhetån] – از [as] – باید [båjad] – بپرسید [beporßīd] ❺ از [as] – محلِّ [mahall-e] – دوری [dūrī] – آییم [åjīm]

Auf den Straßen von Teheran
Knapp neun Millionen Menschen leben in Teheran, und mehr als vier Millionen Fahrzeuge – Autos, Motorräder und LKW – sind durchschnittlich jeden Tag in der Stadt unterwegs. Kein Wunder, dass der Verkehr – auf Persisch ترافیک [teråfīk] oder رفت و آمد [raft-o åmad] – eine echte Herausforderung für die Teheraner als auch für die Stadtverwaltung darstellt. Gut, dass Teheran seit 1999 eine U-Bahn hat, die متروِی تهران [metro-je tehrån].

Zweite Welle: Aktivieren Sie heute Lektion 2!

45. Lektion

Treffen zweier Freundinnen
(Treffen+ zwei Freund/Freundin)

Guten Tag, gnädige Frau, wie geht es Ihnen? – 1

① Beachten Sie, dass nach Zahlwörtern das entsprechende Nomen im Singular steht: دو دوست [do dūßt] "zwei Freunde". دوست [dūßt] ist übrigens neutral und sagt nichts über das Geschlecht aus. Es kann entsprechend auch mit "Freundin" übersetzt werden.

۲ – من خوبم، از شما باید پرسید که
مریض بودید! ②

۳ – خدا را شکر، خیلی بهترم. ③

۴ – خوب، الحمدلله! ④

۵ – ولی هنوز پاهایم درد می کنند. ⑤ ⑥

۶ نمی توانم راه بروم. ⑦

۷ – چطور؟ شما که کمرتان ناراحت بود؟

۸ – بله، ولی در پیری دردمان یکی دو
تا نیست. ⑧

تلفّظ

[**2** *man chūbam, as schomå båjad porßīd keh marīs būdīd!* **3** *chodå rå schokr, chejlī behtaram.* **4** *chub, alhamdo lellåh!* **5** *walī hanūs påhåjam dard mī-konand.* **6** *nemī-tawånam råh berawam.* **7** *tschetour? schomå keh kamaretån nåråhat būd?* **8** *baleh, walī dar pīrī dardemån jekī do tå nīßt.*]

② Wir kennen که [*keh*] aus Lektion 39 im Sinne von "dass". Hier hat es die Funktion eines Relativpronomens:

[*ū san aßt keh marīs būd.*] او زن است که مریض بود.

"Sie ist die Frau, die krank war."

Mir geht es gut, [aber] Sie sind es, die krank war, die man dies fragen muss! – 2
(ich gut-ich, von ihr muss fragen dass krank waren!)
Gott sei Dank, mir geht es viel besser. – 3
(Gott *Akk*. Dank, sehr besser-ich.)
Gut, Gott sei gelobt! – 4
Aber meine Beine tun mir noch weh. – 5
(aber noch Beine-mein Schmerz *VP* machen.)
Ich kann nicht laufen. 6
Wie? Sie, die Sie ein Rückenleiden hatten? – 7
(wie ihr? dass Kreuz-euer traurig war?)
Ja, wenn man alt ist, hat man viele Beschwerden. – 8
(ja, aber in Alter Schmerz-unser ein zwei Stück nicht-ist.)

Sicher ist Ihnen bereits aufgefallen, dass das Persische über zahlreiche religiöse Floskeln verfügt, die allerdings nicht immer 100%ig wörtlich zu nehmen sind – ähnlich wie bei uns "Grüß Gott!" oder "Gott sei Dank!": [*chodå rå schokr!*] خدا را شکر! ③

Wundern Sie sich nicht über die Schreibweise der arabischen Floskel الحمد لله! [*alhamdo lellåh!*] "Gott sei gelobt!". Bei der Vorsilbe ال [*al-*] handelt es sich um den arabischen bestimmten Artikel. ④

Endet ein Wort auf **alef** ا – egal, ob es im Singular steht oder das Pluralsuffix ـها [*-hå*] trägt – schiebt man vor einem Possessivpronomensuffix ein **je** ی ein: "meine Beine" [*påhåjam*] پاهایم ⑤

Hinweis: Steht das Subjekt im Plural und handelt es sich bei ihm nicht um Personen, kann das Prädikat im Persischen auch in der 3. Person Singular stehen (vgl. 1. Übung, Satz 5). ⑥

In diesem Satz finden Sie nochmals ein Beispiel für den Gebrauch des Präsensstamms mit dem Präfix بـ [*be-*] nach dem Verb توانستن [*tawåneßtan*] "können". ⑦

Das Possessivsuffix der 1. Person Plural ("unser") lautet ـمان [*-emån*]: "unser Schmerz" [*dardemån*] دردمان ⑧

٩ – این حرف درست است، امّا شما که هنوز جوانید! بفرمائید تو ...

١٠ – نه، قربانِ شما. خدا حافظ! ⑨ ⑩

[**9** īn harf doroßt aßt. ammå schomå keh hanūs dj̆awånīd! befarmå'īd tū ...**10** nah, qhorbån-e schomå. chodå håfes!]

جمله هایِ زیر را می فهمید؟

❶ چون ناراحت هستید، باید رویِ تختِ خواب بمانید.

[tschūn nåråhat haßtīd, båjad rū-je tacht-e chåb bemånīd.]

❷ شما بهترید؟\شما بهتر هستید؟

[schomå behtarīd? / schomå behtar haßtīd?]

❸ دخترِ عمویم نمی تواند راه برود.

[dochtar-e 'amūjam nemī-tawånad råh berawad.]

❹ شما دیروز ناراحت بودید. امروز حالِ شما چطور است؟

[schomå dīrūs nåråhat būdīd. emrūs hål-e schomå tschetour aßt?]

❺ چون پاهایتان درد می کند، به آن نشانی نمی توانید پیاده بروید.

[tschūn påhåjetån dard mī-konad, beh ån neschånī nemī-tawånīd pījådeh berawīd.]

Das ist richtig, aber Sie sind noch jung! Kommen Sie – herein ... 9
(dieser Buchstabe richtig ist, aber ihr dass noch jung-seid! *Konj.*-befehlt innen ...)
Nein, vielen Dank. Auf Wiedersehen! – 10
(nein, Opfer+ ihr. Gott beschützend!)

⑨ Die Floskel قربانِ شما [*qhorbån-e schomå*] bzw. قربانِ تو [*qhorbån-e to*] bedeutet allgemein "Vielen Dank!", kann aber auch im Sinne von "Bemühen Sie sich nicht!" bzw. "Bemühe dich nicht!" verwendet werden und ist eine höfliche Formulierung, um einen Vorschlag abzulehnen.

⑩ Nachdem Sie in dieser Lektion einige Körperteile kennengelernt haben, zum Abschluss noch ein wichtiges Wort, das Sie auch kennen sollten: "Körper" [*badan*] بدن

6 تو که کمرت ناراحت است باید به اطاقت بروی.
[*to keh kamarat nåråhat aßt båjad beh otåqhat berawī.*]

7 شما نمی توانید نان بیاورید؟ عیب ندارد!
[*schomå nemī-tawånīd nån bījåwarīd? 'ejb nadårad!*]

⑧ چه هوایِ خوبی!

[*tscheh hawå-je chūbī!*]

جاهایِ خالی را پر کنید

① Kommen Sie herein. – Nein, vielen Dank.

بفرمائید ____ . – نه ____ شما.

② Gott sei gelobt! Meinen Kindern geht es viel besser.

الحمدلله! ____ ____ خیلی

____ (بهتر ____).

③ Diese seine Worte sind nicht richtig.

این ____ درست ____.

④ Gott sei Dank! Kein Teil meines Körpers tut weh.

خدا ____ شکر! ____ جایِ بدنم

درد ____ ____.

پیری است و هزار علّت.

[*pīrī aßt-o hesår 'ellat.*]

"Hier ist das Alter mit seinen tausend Gebrechen."
(Alter ist-und 1000 Gebrechen.)

آیا متوجه شدید؟

Da Sie sich unwohl fühlen, müssen Sie im Bett bleiben. ❶
Geht es Ihnen besser? ❷
Meine Cousine kann nicht laufen. ❸
Sie haben sich gestern unwohl gefühlt. Wie geht es Ihnen heute? ❹
Da Sie Schmerzen in den Beinen haben, können Sie nicht zu Fuß zu dieser Adresse gehen. ❺
Du, der du ein Rückenleiden hast, musst in dein Zimmer gehen. ❻
Sie können kein Brot mitbringen? Das ist nicht schlimm! ❼
Was für ein schönes (gutes) Wetter! ❽

Dich, der du krank warst, muss man dies fragen. ❺

واژه هایِ مناسب

❶ تو [tū] – قربانِ [qhorbån-e] ❷ بچّه [batschtscheh] – هایم [håjam] – بهترند [behtarand] – هستند [haßtand] ❸ حرفهایش [harfhåjasch] – نیست [nīßt] ❹ را [rå] – هیچ [hītsch] – نمی [nemī] – کند [konad] ❺ از [as] – باید [båjad] – که [keh] – بودی [būdī]

Zum Lernen gehört – leider – auch das Vergessen. Um dem Vergessen vorzubeugen, gibt es einen sicheren Weg: das Wiederholen. Dabei gilt: 1. Lieber regelmäßig wiederholen als sporadisch. 2. Besser in kleinen Einheiten wiederholen als in großen. 3. Bleiben Sie flexibel! Ein paar Karteikärtchen passen in jede Tasche, und bei geeigneter Gelegenheit können Sie sie hervorholen. 4. Überfrachten Sie Ihr Gedächtnis nicht. Was Sie schon können, brauchen Sie nicht ständig zu wiederholen.

Zweite Welle: Aktivieren Sie heute Lektion 3!

۴۶ درسِ چهل و ششم

درِ بی کلید ①

۱ – این در را نمی توانم باز کنم.

۲ لطفاً به من کمک کن!

۳ – این در قفل است. بی کلید
نمی توانیم بازش کنیم. ②

۴ کلید را به من بده!

۵ – مردِ حسابی، از کمکت خیلی
متشکّرم! ③

۶ من خودم این کار را می توانم بکنم. ④

تلّفظ

[*darß-e tschehel-o scheschom* *dar-e bī kelīd* **1** *īn dar rå nemī-tawånam bås konam.* **2** *lotfan beh man komak kon!* **3** *īn dar qhofl aßt. bī kelīd nemī-tawånīm båsasch konīm.* **4** *kelīd rå beh man bedeh!* **5** *mard-e heßåbī, as komakat chejlī motaschakkeram!* **6** *man chodam īn kår rå mī-tawånam bekonam.*]

46. Lektion

Die Tür ohne Schlüssel
(Tür+ ohne Schlüssel)

Diese Tür kann ich nicht öffnen. – 1
(diese Tür *Akk.* nicht-*VP* kann offen mache.)

Bitte hilf mir! 2
(bitte nach ich Hilfe mach!)

Diese Tür ist abgeschlossen. Ohne Schlüssel können wir sie nicht öffnen. – 3
(diese Tür Schloss ist. ohne Schlüssel nicht-*VP* können offen-sein / ihr machen.)

Gib mir den Schlüssel! 4

[Du] Schlaumeier, ich danke dir sehr für deine Hilfe! – 5
(Mann+ vernünftig, von Hilfe-dein sehr dankend-ich!)

Ich kann das selbst machen. 6

① Steht die Präposition بی [*bī*] "ohne" zwischen zwei Nomen, benötigt das Bezugswort vor بی [*bī*] ein **Esåfeh**:
"der Mann ohne Auto" [*mard-e bī måschīn*] مردِ بی ماشین

② Das Possessivsuffix der 3. Person (vgl. Lektion 39) kann auch stellvertretend für das Objekt stehen:
[*nemī-tawånīm båsasch konīm.*] نمی توانیم بازش کنیم.
"Wir können ihn/sie/es nicht öffnen."
Alternativ könnte man auch sagen:
[*nemī-tawånīm īn rå bås konīm.*] نمی توانیم این را باز کنیم.

③ Normalerweise heißt مردِ حسابی [*mard-e heßåbī*] "vernünftiger/intelligenter Mann", doch man verwendet es auch ironisch im Sinne von "du Schlaumeier". Merken Sie sich auch noch مردم [*mardom*] "Leute".

④ Man kann an خود [*chod*] "selbst" Possessivsuffixe anhängen und erhält dann die Ausdrücke خودم [*chodam*] "ich selbst", خودت [*chodat*] "du selbst", خودش [*chodasch*] "er/sie selbst" usw.

۷ – ولی کلید تویِ خانه مانده است! ⑤

۸ – پس برایِ باز کردنش کلیدهایِ دیگری را امتحان باید کرد. ⑥

[**7** *walī kelīd tū-je chåneh måndeh aßt!* **8** *paß barå-je bås kardanasch kelīd-hå-je dīgarī rå emtehån båjad kard.*]

جمله هایِ زیر را می فهمید؟

1. نمی توانم این در را باز کنم. گفتم که نمی توانم بازش کنم.

[*nemī-tawånam īn dar rå bås konam. goftam keh nemī-tawånam båsasch konam.*]

2. برایِ باز کردنِ این در یک کلید لازم است.

[*barå-je bås kardan-e īn dar jek kelīd låsem aßt.*]

3. من این در را می خواهم باز کنم. می خواهم بازش کنم.

[*man īn dar rå mī-chåham bås konam. mī-chåham båsasch konam.*]

4. مگر این در قفل نیست؟ کی این را می تواند باز کند؟

[*magar īn dar qhofl nīßt? kī īn rå mī-tawånad bås konad*?*]

5. مردِ حسابی، چطور می توانی این در را باز کنی؟

[*mard-e heßåbī, tschetour mī-tawånī īn dar rå bås konī?*]

Aber der Schlüssel ist zu Hause geblieben! – 7
(aber Schlüssel innen+ Haus geblieben ist!)
Dann müssen wir versuchen, sie mit einigen anderen Schlüsseln zu öffnen. – 8
(dann für+ offen machen-sein Schlüssel-*Pl.*+ anderer-ein *Akk.* Prüfung muss machen.)

Bei مانده [*måndeh*] "geblieben" handelt es sich um das Partizip Perfekt von ماندن [*måndan*] "bleiben". Der entsprechende Präsensstamm lautet مان [*mån*]. Merken Sie sich auch باقی مانده [*båqhī måndeh*] "(ist) übrig geblieben". ⑤

Wundern Sie sich nicht, dass bei کلیدهایِ دیگری [*kelīd-hå-je dīgarī*] "andere Schlüssel" das Suffix ی [*-ī*] steht, das eigentlich den Singular deutlich macht. Man könnte es hier mit "einige" oder "manche" übersetzen, z. B. چیزهائی [*tschīs-hå'ī*] "einige/ manche Sachen". ⑥

6 من کلیدهایِ کوچکی رویِ میز پیدا کردم.
[*man kelīd-hå-je kūtschekī rū-je mīs pejdå kardam.*]

7 الحمد لله! ما خودمان می توانیم این کار را بکنیم!
[*alhamdo lellåh! må chodemån mī-tawånīm īn kår rå bekonīm!*]

آیا متوجه شدید؟

Ich kann diese Tür nicht öffnen. Ich habe gesagt, dass ich sie nicht öffnen kann. 1
Um diese Tür zu öffnen, braucht man einen Schlüssel. 2
Ich möchte diese Tür öffnen. Ich möchte sie öffnen. 3
Ist diese Tür etwa nicht abgeschlossen? Wer kann sie öffnen? 4
[Du] Schlaumeier, wie kannst du diese Tür öffnen? 5
Ich habe kleine Schlüssel auf dem Tisch gefunden. 6
Gott sei gelobt! Wir können selbst diese Arbeit machen / Sache erledigen! 7

* Hinweis zu Satz 4: Zu کند [*konad*] siehe Anmerkung zur 1. Übung in Lektion 44.

Um sie zu öffnen, musst du geduldig sein (dass Geduld du machst). ❶

____ باز ____ باید ____ کنی.

Dann danke ich Ihnen sehr für Ihre Hilfe. ❷

____ از ____ خیلی ____.

Mach diese Arbeit selbst! / Erledige diese Angelegenheit selbst! ❸

تو ____ این ____ را ____!

Gehört dir das etwa nicht (etwa Besitz+ du nicht-ist)? ❹

مگر ____ تو ____؟

Ihr Samowar ist bei uns (in unserem Haus) geblieben. ❺

____ در ____ مانده است.

* Hinweis zu Satz 1: Zu کنی [*konī*] siehe Anmerkung zur 1. Übung in Lektion 44.

Abschließend zu dieser Lektion ein passendes Sprichwort:

از تو حرکت از خدا برکت.

[*as to harakat as chodå barakat.*]

"Hilf dir selbst, so hilft dir Gott."
(von du Bewegung von Gott Segen.)

واژه های مناسب

❶ براىِ [barå-je] – كردنش [kardanasch] – صبر [ßabr] ❷ پس [paß] – كمكتان [komaketån] – متشكّرم [motaschakkeram]
❸ خودت [chodat] – كار [kår] – بكن [bekon] ❹ مالِ [mål-e] – نيست [nīßt] ❺ سماورتان [ßamåwaretån] – منزلمان [manselemån]

Floskeln

Zahlreiche Floskeln des täglichen Lebens beinhalten den Namen Gottes, darunter einerseits solche mit dem arabischen الله [*Allåh*] wie z. B. انشاء الله! [*enschå'llåh!*] "So Gott will!", ما شاء الله! [*måschå'llåh!*] "Bravo!", "Was Gott alles möchte/ macht!" oder الحمد لله! [*alhamdo lellåh!*] "Gott sei gelobt!". Andererseits finden sich auch viele Ausdrücke mit dem persischen Wort für "Gott" خدا [*chodå*], so u. a. خدا حافظ! [*chodå håfes!*] "Auf Wiedersehen!", خدا نگهدار! [*chodå negahdår!*] "Auf Wiedersehen!" oder خدا را شكر! [*chodå rå schokr!*] "Gott sei Dank!". Beachten Sie aber, dass – ähnlich wie im Deutschen – diese Floskeln zur allgemeinen Umgangssprache gehören und ihre Verwendung nicht darauf schließen lässt, dass die Personen, die sie verwenden, besonders religiös sind.

Zweite Welle: Aktivieren Sie heute Lektion 4!

۴۷ درسِ چهل و هفتم

خانوادهٔ محمودی

۱ خانم و آقایِ محمودی خانوادهٔ نظری را ①

۲ برایِ شام دعوت کرده اند.

۳ باید حدودِ ساعتِ هشتِ شب به منزلشان بروند. ②

۴ سرِ ساعتِ هشت زنگِ خانهٔ میزبانشان را زدند. ③ ④

۵ آقایِ محمودی در را به رویِ مهمانهایش

تلّفظ

[*darß-e tschehel-o haftom chånewådeh-je mahmūdī* **1** *chånom wa åqhå-je mahmūdī chånewådeh-je nasarī rå* **2** *barå-je schåm da'wat kardeh'and.* **3** *båjad hodūd-e ßå'at-e hascht-e schab beh manseleschån berawand.* **4** *ßar-e ßå'at-e hascht sang-e chåneh-je mīsbåneschån rå sadand.* **5** *åqhå-je mahmūdī dar rå beh rū-je mehmånhåjasch*]

47. Lektion

Die Familie Mahmudi

Frau und Herr Mahmudi haben die Familie Nasari 1
zum Abendessen eingeladen. 2
Sie müssen etwa gegen acht Uhr abends zu ihnen gehen. 3
(muss Grenzen+ Stunde+ acht+ Nacht nach Haus-ihr *Konj.*-gehen.)
Pünktlich um acht Uhr klingelten sie bei ihren Gastgebern. 4
(Kopf+ Stunde+ acht Klingel+ Haus+ Gastgeber-ihr *Akk.* klopfen.)
Herr Mahmudi hat seinen Gästen 5
(Herr+ Mahmudi Tür *Akk.* nach auf+ Gäste-seine)

ANMERKUNGEN

① Da eine "Familie", خانواده [*chånewådeh*], immer aus mehreren Personen besteht, steht das Verb in Sätzen, in denen dieses Substantiv vorkommt, in der 3. Person Plural (vgl. 2. Übung, Satz 4).

② Eigentlich heißt حدود [*hodūd*] "Grenzen", doch in Verbindung mit einer Zahl oder einer Uhrzeit kann man es mit "etwa" oder "ungefähr" übersetzen. Vergleichen Sie
[*hodūd-e ßå'at-e hascht*] حدودِ ساعتِ هشت
"etwa gegen acht Uhr"
und
"um acht Uhr" [*ßå'at-e hascht*] ساعتِ هشت

③ Die primäre Bedeutung von سر [*ßar*] ist "Kopf", doch in der Verbindung سرِ ساعت [*ßar-e ßå'at*] heißt es "pünktlich". Wir kennen eine ähnliche Konstruktion aus Lektion 24:
"bei Tisch" [*ßar-e mīs*] سرِ میز

④ In منزلشان [*manseleschån*] "ihr Haus" und میزبانشان [*mīsbåneschån*] "ihre Gastgeber" lernen Sie das Possessivsuffix der 3. Person Plural ـشان [*-eschån*] kennen.

۶ باز کرد و پس از سلام و علیک ⑤

۷ خانمش پیش آمد و گفت: ⑥

۸ – «بفرمائید لطفاً تعارف نکنید!

۹ اینجا منزلِ خودتان است!»

[**6** *bås kard wa paß as ßalåm wa 'alejk* **7** *chånomasch pīsch åmad wa goft:* **8** *"befarmå'īd lotfan, ta'årof nakonīd!* **9** *īndĵå mansel-e chodetån aßt!"*]

جمله هایِ زیر را می فهمید؟

❶ پس از شام خوردن، باید به پارک برویم.

[paß as schåm chordan, båjad beh pårk berawīm.]

❷ منزلشان را دوست دارم، چون خیلی زیباست.

[manseleschån rå dūßt dåram, tschūn chejlī sībåßt.]

❸ شما باید پیشِ ما زود بیائید.

[schomå båjad pīsch-e må sūd bījå'īd.]

❹ سرِ ساعتِ شش و نیم زنگِ درشان را زدند.

[ßar-e ßå'at-e schesch-o nīm sang-e dareschån rå sadand.]

❺ شما را برایِ شام دعوت می کنم. لطفاً تعارف نکنید. منتظرِ شما هستم.

[schomå rå barå-je schåm da'wat mī-konam. lotfan ta'årof nakonīd. montaser-e schomå haßtam.]

die Tür geöffnet, und nach dem Begrüßen 6
(offen machte und dann von Gruß und auf-dich)
ist seine Frau dazugekommen und hat gesagt: 7
(Ehefrau-seine vor kam und sagte:)
"Kommen Sie herein, bitte, nicht so bescheiden! – 8
("*Konj.*-befehlt bitte, gute-Manieren nicht-macht!)
Fühlen Sie sich hier wie zu Hause!" 9
(hier Haus+ selbst-euer / Ihr ist!")

Die arabisch-islamische Floskel !سلام علیک [*ßalåm 'alejk!*] ⑤ "Friede sei mit dir!" steht hier in der Form !سلام و علیک [*ßalåm wa 'alejk!*] als Synonym für die Begrüßung an sich. Wendet man sich an mehrere Personen, sagt man:
"Friede sei mit euch!" [*ßalåm 'alejkum!*] !سلام علیکم

Die Präposition پیش [*pīsch*] "vor, vorn, bei" kann räumlich – ⑥ پیشِ من [*pīsch-e man*] "vor/bei mir" – und zeitlich – پیش از شام [*pīsch as schåm*] "vor dem Abendessen" – verwendet werden. Außerdem steht es, wie hier, häufig mit Verben:
[*chånomasch pīsch åmad.*] .خانمش پیش آمد
"Seine Frau kam herbei/dazu."

6 ما حدودِ ساعتِ دوِ بعد از ظهر باید در میدانِ حافظ باشیم.

[*må hodūd-e ßå'at-e do-e ba'd as sohr båjad dar mejdån-e håfes båschīm.*]

7 بچّه هایشان پسرهایِ خیلی خوبی هستند.

[*batschtscheh-hå-jeschån peßar-hå-je chejlī chūbī haßtand.*]

8 خدا را شکر! این کار را خودشان می توانند بکنند.

[*chodå rå schokr! īn kår rå chodeschån mī-tawånand bekonand.*]

جاهایِ خالی را پر کنید

1 Frau Mahmudi ist zum Abendessen eingeladen.

2 Ich muss gegen elf Uhr zu ihnen gehen.

3 Die Gäste haben die Gastgeber begrüßt (mit den Gastgebern Grüße ausgetauscht).

آیا متوجه شدید؟

Nach dem Abendessen müssen wir in den Park gehen. ❶
Ich mag/liebe ihr Haus, denn es ist sehr schön. ❷
Sie müssen schnell zu uns kommen. ❸
Genau um halb sieben haben sie / hat es an der Tür geklingelt. ❹
Ich lade Sie zum Abendessen ein. Bitte seien Sie nicht so bescheiden. Ich warte auf Sie / ich erwarte Sie. ❺
Wir müssen ungefähr um zwei Uhr nachmittags am Hafes-Platz sein. ❻
Ihre Kinder sind sehr gute Jungs. ❼
Gott sei Dank! Sie können diese Angelegenheit selbst regeln. ❽

Die Familie Nasari ist genau um neun Uhr gekommen. ❹

آمدند.

Ich bin vor einigen Jahren hierher gekommen. ❺

واژه های مناسب

❶ خانمِ [*chånom-e*] – شام [*schåm*] – کرده [*kardeh*]
❷ حدودِ [*hodūd-e*] – یازده [*jåsdah*] – منزلشان [*manseleschån*]
❸ میزبانَ ها [*mīsbån-hå*] – و علیک [*wa 'alejk*]
❹ خانوادهٔ [*chånewådeh-je*] – سرِ [*ßar-e*] – نه [*noh*]
❺ چند [*tschand*] – پیش [*pīsch*] – آمده‌ام [*åmadeh'am*]

Höflichkeitsfloskeln
Ausdrücke wie بفرمائید! [befarmå'īd!] "Bitte sehr!" bzw. "Nach Ihnen!" oder قربانِ شما! [qhorbån-e schomå!] "Vielen Dank!" oder "Bemühen Sie sich nicht!" sollten Sie sich gut einprägen, denn in einem Gespräch zeigen sie, dass Sie sich mit Land und Leuten auskennen. Eine Eigenheit des persischsprachigen Kulturkreises ist das تعارف [ta'årof] genannte Ritual, eine Art höflicher Schlagabtausch zwischen Gastgeber und Gast: Es gehört zum guten Ton, ein Angebot zum Essen, Trinken o. Ä. zunächst einmal abzulehnen. Iraner und Afghanen würden ein einfaches "Ja" oder "Nein" als unhöflich ansehen, und daher lässt man sich bei diesen Förmlichkeiten auf das diplomatische "Frage- und Antwortspiel" ein, das durchaus Feingefühl verlangt. Äußern Sie z. B. Lob für einen Einrichtungsgegenstand, ein Bild o. Ä., kann es durchaus sein, dass man es Ihnen mit den Worten قابل نیست. تقدیم می کنم. [qhåbel nīßt. taqhdīm mī-konam.] "Es ist Ihrer [Gunst] nicht würdig. Ich schenke es Ihnen." an-

۴۸ درسِ چهل و هشتم

خانهٔ نو

۱ – شنیدم که اسبابکشی کرده‌اید. ①

۲ آیا می توانم خانهٔ جدیدتان را ببینم؟ ②

[*darß-e tschehel-o haschtom chåneh-je nou* **1** *schenīdam keh aßbåbkaschī kardeh'īd.* **2** *åjå mī-tawånam chåneh-je dʃadīdetån rå bebīnam?*]

ANMERKUNGEN

① اسباب‌کشی [aßbåbkaschī] "Umzug" setzt sich aus اسباب [aßbåb] "Gegenstände" sowie کش [kasch] "er/sie zieht" von کشیدن [kaschīdan] "ziehen" zusammen.

bietet. Dies ist nicht wörtlich zu nehmen, denn auch hier handelt es sich um تعارف [*ta'årof*]. Eine passende Antwort wäre صاحبش قابل است. مبارکِ خودتان باشد! [*ßåhabasch qhåbel aßt. mobårak-e chodetån båschad!*] "Sein Besitzer ist seiner würdig. Auf dass es Ihnen Glück bringe!" oder ganz einfach und in diesen Situationen immer passend:
[*ta'årof nakonīd!*] تعارف نکنید!
"Machen Sie kein Ta'arof mit mir!"

چون که صد آمد نود هم پیشِ ماست.

[*tschūn keh ßad åmad nawad ham pīsch-e måßt.*]
"Wer Großes schafft, schafft auch das Kleine."
(weil dass 100 kam 90 auch vor+ wir-ist.)

Zweite Welle: Aktivieren Sie heute Lektion 5!

48. Lektion

Das neue Haus

Ich habe gehört, dass Sie umgezogen sind. – 1
(hörte dass Umzug gemacht-ihr.)
Kann ich Ihr neues Haus sehen? 2
(*FP VP* kann Haus+ neu-euer *Akk. Konj.*-sehe?)

Das Possessivsuffix hängt in der Regel an dem beschreibenden Adjektiv eines Nomens und nicht an diesem selbst: ②
"euer/Ihr neues Haus" [*chåneh-je djadīdetån*] خانهٔ جدیدتان
Beachten Sie auch, dass die Possessivsuffixe gesondert geschrieben werden, wenn sie auf ein Nomen folgen, das auf **he do tscheschm** endet, das [*-eh*] gesprochen wird:
"euer/Ihr Haus" [*chåneh tån*] خانه تان

۳ – البتّه، خیلی خوش آمدید! منزلِ خودتان است.

۴ همین جاست، این درِ آبی روبروی بقّالی. ③

۵ – چه حیاطِ قشنگی! با حوض و باغچه وگل و درخت! ④ ⑤

۶ – آره، زشت نیست ولی کوچک است.

۷ – اطاقِ پذیرائیتان خیلی روشن است!

۸ چه فرشهایِ زیبائی!

۹ – چشمتان زیبا می بیند! ⑥

تلّفظ

[**3** *albatteh, chejlī chosch åmadīd! mansel-e chodetån aßt.* **4** *hamīn djåßt, īn dar-e åbī rūberū-je baqhqhålī.* **5** *tscheh hajåt-e qhaschangī! bå hous-o båghtscheh-o gol-o deracht!* **6** *åreh, sescht nīßt walī kūtschek aßt.* **7** *otåqh-e pasīrå'ī-etån chejlī rouschan aßt!* **8** *tscheh farschhå-je sībå'ī!* **9** *tschaschmetån sībå mī-bīnad!*]

③ Beachten Sie, dass auch این [*īn*] "dieser, -e, -es" in den Plural gesetzt werden kann: اینها [*īnhå*] "diese".

Selbstverständlich, herzlich (sehr) willkommen! Fühlen Sie sich wie zu Hause. – 3

Es ist genau dort, die blaue Tür gegenüber dem Lebensmittelladen. 4
(dieser Ort diese Tür+ blau gegenüber+ Lebensmittelladen.)

Was für ein hübscher Hof! Mit einem Becken, einem Gärtchen und Blumen und Bäumen! – 5
(was Hof+ schön-ein mit Becken-und Gärtchen-und Blume-und Baum!)

Ja, er ist nicht hässlich, aber klein. – 6

Ihr Wohnzimmer ist sehr hell! – 7
(Raum+ Empfang-ihr sehr hell ist!)

Was für schöne Teppiche! 8

Oh, in Euren/Ihren Augen sind sie schön! – 9
(Auge-euer/Ihr schön *VP* sieht!)

Vergessen Sie nicht, dass bei Ausrufen mit چه [*tscheh*] "Was …" das Suffix [*-ī*] am entsprechenden Adjektiv unbedingt erforderlich ist: [*tscheh hajåt-e qhaschangī!*] چه حیاطِ قشنگی ! ④

باغچه [*båghtscheh*] ist die Verkleinerungsform von باغ [*bågh*] "Garten". Die Endung ـچه [*-tscheh*] bildet hierbei das Diminutiv. ⑤

چشمتان زیبا می بیند! [*tschaschmetån sībå mī-bīnad!*] ist eine sehr höfliche und durchaus poetische Antwort auf ein Kompliment. Wie bereits öfters erwähnt, sind diese Floskeln typisch für die persische Sprache! ⑥

جمله هایِ زیر را می فهمید؟

❶ می خواهیم خانهٔ جدیدش را ببینیم.

[mī-chåhīm chåneh-je dĵadīdasch rå bebīnīm.]

❷ شنیدم که منزلتان خیلی زیباست. درست نیست؟

[schenīdam keh manseletån chejlī sībåßt. doroßt nīßt?]

❸ زنگِ این درِ آبی را بزن!

[sang-e īn dar-e åbī rå besan!]

❹ منزلشان روبرویِ بقّالی هست.

[manseleschån rūberū-je baqhqhålī haßt.]

جاهایِ خالی را پر کنید

❶ Ihr Wohnzimmer ist viel heller als unseres.

❷ Selbstverständlich können Sie mein Haus ansehen! Seien Sie willkommen!

5 خانه مان یک حیاطِ بزرگی با حوض و گل دارد.

[*chåneh mån jek hajåt-e bosorgī bå hous-o gol dårad.*]

6 در باغتان درختِ زیاد و بزرگی می بینم.

[*dar båghetån deracht-e sījåd wa bosorgī mī-bīnam.*]

7 در منزلهایشان حیاط خیلی زشت است.

[*dar manselhåjeschån hajåt chejlī sescht aßt.*]

آیا متوجه شدید؟

Wir möchten sein neues Haus sehen. 1
Ich habe gehört, dass Ihr Haus sehr schön ist. Ist das nicht wahr? 2
Klingle an dieser blauen Tür! 3
Ihr Haus ist gegenüber dem Lebensmittelladen. 4
Unser Haus hat einen großen Hof mit einem Becken und Blumen. 5
In Ihrem Garten sehe ich viele und große Bäume. 6
In ihren Häusern ist der Hof sehr hässlich. 7

Meine Augen können keine hässlichen Dinge sehen! 3

Was für ein großes und helles Wohnzimmer! Sehen Sie! 4

Wann bist du umgezogen? – Vor einigen Jahren. ⑤

Das iranische Wohnhaus
Das traditionelle Haus auf dem Land versteckt sich meist hinter hohen Mauern, um die Familie und insbesondere die Frauen vor neugierigen Blicken zu schützen und somit die familiäre Intimität zu wahren. Man betritt das Anwesen meist über einen Innenhof, der oft über ein Wasserbecken verfügt, dessen Nutzung vielfältig sein kann. Es gibt normalerweise einige Bäume und Blumen und manchmal einen richtigen Garten. Das Haus hat immer einen großen Empfangsraum für Gäste, damit man diese nicht in den privaten Wohnbereich bitten muss. An Sommerabenden genießt man auf der Dachterrasse die kühle Luft und schläft auch dort. Dazu wird eine Matratze auf einem Teppich ausgerollt und morgens wieder zusammengerollt. Das abendliche Ausrollen der Matratze, der Decken usw. heißt  [*racht-e chåb andåchtan*] (Wäsche+ Schlaf werfen) oder

۴۹ درسِ چهل و نهم

[*darß-e tschehel-o nohom*]

مرور

Vielleicht haben Sie gemerkt, dass im Laufe der letzten sechs Lektionen nur wenig Neues in puncto Grammatik vorkam. Der Schwerpunkt lag auf Wortschatz und Idiomatik des Persischen. Sie sind mittlerweile mit dem Alphabet vertraut, und auch die Grundzüge der Struktur und Grammatik sind Ihnen nicht mehr fremd, daher geht es nunmehr in erster Linie darum, Ihre Kennt-

واژه هایِ مناسب

❶ اطاقِ [otåqh-e] – تان [etan] – مالِ [mål-e] – روشن تر [rouschan-tar] ❷ البتّه [albatteh] – توانید [tawånīd] – ببینید [bebīnīd] – آمدید [åmadīd] ❸ چشمهایم [tschaschmhåjam] – چیزهایِ [tschīs-hå-je] – ببینند [bebīnand] ❹ پذیرائی [pasīrå'ī-je] – و [-o] – روشنی [rouschanī] – ببینید [bebīnīd] ❺ اسبابکشی [aßbåbkaschī] – سالِ [ßål-e] – پیش [pīsch]

تختِ خواب را پهن کردن [tacht-e chåb rå pahn kardan] (پهن [pahn] "weit, breit"). Morgens wird alles wieder zusammengerollt und in einer Truhe oder einem Schrank verstaut. Dazu sagt man:
[tacht-e chåb rå dĵam' kardan] تختِ خواب را جمع کردن
(Bett+ Schlaf *Akk.* sammeln) oder
[tacht-e chåb rå doroßt kardan] تختِ خواب را درست کردن
(Bett+ Schlaf *Akk.* richtig machen)

Zweite Welle: Aktivieren Sie heute Lektion 6!

49. Lektion

nisse zu festigen und auszubauen. Lassen Sie sich nach wie vor Zeit, und bemühen Sie sich um häufige Wiederholungen, denn das führt Sie sicher und geradlinig zum Ziel.

1. Schrift

Zwar kennen Sie bereits alle Buchstaben des arabisch-persischen Alphabets und Sie sind mittlerweile auch in der Lage, neue Wörter richtig zu lesen, doch hier und da gibt es noch

Kleinigkeiten, auf die wir in dieser und den folgenden Lektionen eingehen wollen.

Folgt auf **alef** ا ein Possessivsuffix, wird diesem ein **je** ی vorangestellt, z. B. in پاهایم [*påhåjam*] "meine Beine" oder جایت [*dĵåjat*] "dein Platz".

Folgt auf **alef** ا das unbetonte Suffix ی [*-ī*] "ein, -e", wird davor ein stummes **je** ی mit **hamseh** ء darauf geschrieben. Dieses Zeichen hat zwar keinen Lautwert, sorgt aber für einen Stimmabsatz zwischen den beiden aufeinanderfolgenden Vokalen:

"ein Ort" [*dĵåjī*] / [*dĵå'ī*] جائی \ جایی

2. Suffix ی [-ī]

Sie wissen bereits, dass das Suffix ی [*-ī*] die Funktion eines unbestimmten Artikels hat. Es ist damit gleichbedeutend mit dem Zählwort یک [*jek*] "eins". Dies führt dazu, dass man theoretisch drei Möglichkeiten hat, den Singular kenntlich zu machen.

• Singular

"ein Mann"

- [*jek mard*] یک مرد
- [*mardī*] مردی
- [*jek mardī*] یک مردی

Diese drei Formen haben prinzipiell die gleiche Funktion, doch gehört speziell die letzte eher zum umgangssprachlichen Gebrauch.

• Substantiv + Adjektiv

Wenn ein Substantiv näher durch ein Adjektiv in Verbindung mit einem **Esåfeh** bestimmt wird, steht das Suffix ی [*-ī*] am entsprechenden Adjektiv:

"ein guter Mann" [*(jek) mard-e chūbī*] (یک) مردِ خوبی

• Substantiv im Plural

Das Suffix ی [-ī] kann auch an Wörter im Plural angehängt werden. Hierbei hat es die Bedeutung des deutschen "einige" oder "manche":

کلیدهایِ دیگری را امتحان باید کرد.
[kelīd-hå-je dīgar-ī rå emtehån båjad kard.]
"Man muss einige andere Schlüssel versuchen (prüfen)."

3. Ausrufesätze

Ausrufesätze werden gewöhnlich durch چه [tscheh] "was" eingeleitet. Das darauffolgende Substantiv oder Adjektiv erhält wieder das Suffix ی [-ī]:

"Was für ein Haus!" [*tscheh manselī!*] چه منزلی !

"Was für Häuser!" [*tscheh manselhåʾī!*] چه منزلهائی !

"Was für eine gute Idee!" [*tscheh fekr-e chūbī!*] چه فکرِ خوبی !

[*tscheh chabar-e chūbī!*] چه خبرِ خوبی !
"Was für eine gute Nachricht/Neuigkeit!"

[*tscheh hajåt-e qhaschangī!*] چه حیاطِ قشنگی !
"Was für ein schöner Hof!"

[*tscheh farschhå-je qhaschangī!*] چه فرشهایِ قشنگی !
"Was für schöne Teppiche!"

4. Possessivsuffixe

Sie kennen mittlerweile alle sechs Possessivsuffixe. Wir fassen sie an dieser Stelle zusammen:

"mein, -e" [*-am*] ام

"dein, -e" [*-at*] ات

"sein, -e", "ihr, -e" [*-asch*] اش

"unser, -e" [*-emån*] مان

"euer/eure", "Ihr, -e" [*-etån*] تان

"ihr, -e" [*-eschån*] شان

Das [*e*] bei den Endungen مان [*-emån*], تان [*-etån*] und شان [*-eschån*] ist ein kurzer Vokal, der nicht geschrieben, aber aus phonetischen Gründen hinzugefügt wird.

Beachten Sie, dass es für die 3. Person Singular keine Unterscheidung zwischen "sein, -e" und "ihr, -e" gibt, man also nicht heraushören kann, ob der Besitzer ein Mann oder eine Frau ist. Die 2. Person Plural entspricht gleichermaßen "euer/eure" sowie der höflichen Form "Ihr, -e".

Das Possessivsuffix kann an ein Substantiv oder an das sich darauf beziehende Adjektiv gehängt werden:

ماشینت کجاست؟ [*måschīnat kodĵåßt?*]
"Wo ist dein Auto?"

خانهٔ جدیدتان کجاست؟ [*chåneh-je dĵadīdetån kodĵåßt?*]
"Wo ist euer neues Haus?"

Endet ein Substantiv auf **he do tscheschm**, schreibt man die Possessivsuffixe gesondert, und bei der Aussprache entfällt für die Pluralsuffixe das kurze [*e*]:

"mein Haus" خانه‌ام [*chåneh'am*]

"dein Haus" خانه‌ات [*chåneh'at*]

"sein Haus", "ihr Haus" خانه‌اش [*chåneh'asch*]

"unser Haus" خانه‌مان [*chåneh-mån*]

"euer Haus", "Ihr Haus" خانه‌تان [*chåneh-tån*]

"ihr Haus" خانه‌شان [*chåneh-schån*]

Endet ein Substantiv auf dem Suffix ی [*-ī*], steht das Possessivsuffix ebenfalls separat dahinter:

"mein Wohnzimmer" اطاقِ پذیرائی‌ام [*otåqh-e pasīrå'ī-am*]

اطاقِ پذیرائی‌تان [*otåqh-e pasīrå'ī-etån*]
"euer/Ihr Wohnzimmer"

Erinnern Sie sich, dass alternativ zu den Possessivsuffixen auch die Personalpronomen mithilfe eines **Esåfeh** an das entsprechende Substantiv angehängt werden können? Doch Vorsicht, denn diese Form funktioniert nur dann, wenn das Subjekt des Satzes und der Besitzer nicht identisch sind. Insgesamt überwiegt in der Alltagssprache der Gebrauch der Suffixe.

Zwei Möglichkeiten:

ماشینت را \ ماشینِ تو را دیدم.
[*måschīnat rå/måschīn-e to rå dīdam.*]

"Ich habe dein Auto gesehen."

Aber:

ماشینتان را پارک کردید. [*måschīnetån rå pårk kardīd.*]

"Ihr habt euer / Sie haben Ihr Auto geparkt."

Das Possessivsuffix kann auch als Personalpronomen im Dativ oder Akkusativ dienen und steht in diesem Fall hinter einem konjugierten Verb, einem Infinitiv oder dem Bezugswort eines Verbs:

ندیدمش. [*nadīdamasch.*]

"Ich habe ihn/sie/es nicht gesehen."

پس برایِ باز کردنش... [*paß barå-je bås kardanasch…*]

"Also, um ihn/sie/es zu öffnen …"

بی کلید نمی توانم بازش کنم.
[*bī kelīd nemī-tawånam basasch konam.*]

"Ohne Schlüssel kann ich ihn/sie/es nicht öffnen."

Aber Vorsicht! Das Suffix ـش [*-sch*] kann zwar gleichermaßen für unbelebte Dinge als auch für Personen und Tiere verwendet werden. Aber wenn man stattdessen او را [*ū rå*] benutzt, gilt dies nur für Menschen und Tiere. Für Dinge muss man stattdessen این را [*īn rå*] (also faktisch "dieser, -e, -es *Akk.*") oder آن را [*ån rå*] ("jener, -e, -es *Akk.*") verwenden.

5. Modalverben "wollen", "können" und "müssen"

Die Verwendung der Modalverben "wollen", "können" und "müssen" ist nicht weiter kompliziert. Man muss nur darauf achten, in welcher Form das darauffolgende Verb stehen muss.

• "wollen", "können"

Bei diesen beiden Verben steht das darauffolgende Verb im Präsensstamm mit vorangestelltem بـ [*be-*]. Diese Form kennen wir von der Bildung des Imperativs, speziell in der 2. Person Singular und Plural sowie in der 1. Person Plural. Doch diese Form findet sich in allen Personen und kann gewissermaßen auch mit dem deutschen Konjunktiv I gleichgesetzt werden.

"wollen" [*chåßtan (chåh)*] خواستن (خواه)

"können" [*tawåneßtan (tawån)*] توانستن (توان)

ما می خواهیم به پارک برویم.

[*må mī-chåhīm beh pårk berawīm.*]

"Wir wollen in den Park gehen."

من می توانم به شما کمک کنم.

[*man mī-tawånam beh schomå komak konam.**]

"Ich kann Ihnen helfen."

* (Zu کنم [*konam*] siehe Hinweis in Lektion 44.)

Neben خواستن [*chåßtan*] verwendet man auch häufig دل می خواهد [*del mī-chåhad*] "Lust haben", das ebenfalls mit der oben beschriebenen Konjunktivform verwendet wird:

دلم می خواهد به پارک بروم.

[*delam mī-chåhad beh pårk berawam.*]

"Ich habe Lust, in den Park zu gehen."

• "müssen"

Das Persische kennt keinen Unterschied zwischen "sollen" und "müssen". Man benutzt باید [*båjad*], das man mit "man muss"

oder "es ist notwendig", aber auch mit "man soll" übersetzen kann. In dieser unpersönlichen Form steht dahinter der Präteritumstamm eines weiteren Verbs:

از شما باید پرسید. [*as schomå båjad porßīd.*]
"Man muss euch/Sie fragen."

Möchte man باید [*båjad*] hingegen persönlich, also auf eine bestimmte Person bezogen, anwenden, steht das folgende Verb wieder in der angesprochenen Konjunktivform:

از کدام کوچه باید بروم؟
[*as kodåm kūtscheh båjad berawam?*]
"Welche Straße/Gasse muss/soll ich gehen/nehmen?"

6. Weitere Pronomen

Wir haben in den letzten sechs Lektionen einige weitere Pronomen kennengelernt.

چیزی ن ...\هیچ چیز ن ...
"nichts" [*tschīsī na- …*] / [*hītsch tschīs na- …*]
"etwas" [*tschīsī*] چیزی ≠

"niemand" [*kaßī na-...*] کسی ن ...
"jemand" [*kaßī*] کسی ≠

Die negativen Formen werden wie folgt gebraucht:

"Er/Sie hat nichts gesagt." [*tschīsī nagoft.*] چیزی نگفت.

"Niemand hat gefragt." [*kaßī naporßīd.*] کسی نپرسید.

Vorsicht, denn das Persische verneint doppelt:

کسی چیزی نگفت. [*kaßī tschīsī nagoft.*]
"Niemand hat etwas (= nichts) gesagt."

Merken Sie sich in diesem Zusammenhang auch هر کسی [*har kaßī*] "jeder" oder "irgendwer".

7. Konjunktion که [*keh*]

Die Konjunktion hat die Bedeutung "dass", dient aber auch als Relativpronomen im Sinne von "..., der ...", "..., die ..." oder "..., das ...".

• "dass"

مگر نگفتم که کلیدم در جوی افتاده است؟

[*magar nagoftam keh kelīdam dar dĵūj oftådeh aßt?*]

"Habe ich etwa nicht gesagt, dass mein Schlüssel in den Kanal gefallen ist?"

• "der", "die", "das"

از شما باید پرسید که مریض بودید.

[*as schomå båjad porßīd keh marīs būdīd.*]

"Sie sind es, der/die krank war, den/die man dies fragen muss."

شما که کمرتان ناراحت بود.

[*schomå keh kamaretån nåråhat būd.*]

"Sie, die Sie ein Rückenleiden hatten."

8. Präpositionen

"nach dem/der" [*paß as*] ([*ba'd as*] = بعد از) پس از

"vor", "vorn", "bei" [*pīsch*] پیش

"vor dem/der" [*pīsch as*] پیش از

"vor einigen Jahren" [*tschand ßål-e pīsch*] چند سالِ پیش

"seit einigen Jahren" [*as tschand ßål-e pīsch*] از چند سالِ پیش

"vor", "im Angesicht" [*beh rū-je*] به رویِ

"gegenüber" [*rūberū-je*] روبرویِ

"erneut", "noch einmal" [*dobåreh*] دوباره

"pünktlich um ..." [*ßar-e ßå'at-e ...*] سرِ ساعتِ ...

"etwa gegen ... Uhr" [*hodūd-e ßå'at-e ...*] حدودِ ساعتِ ...

9. Doppelte Substantive

Diese Eigenart der persischen Sprache haben Sie in den letzten sechs Lektionen erneut anhand von zwei Beispielen kennengelernt. Erinnern Sie sich, dass die beinhalteten Ausdrücke entweder die gleiche Bedeutung haben oder sich ergänzen:

گفت و گو [*goft-o gū*] "Gespräch" (bestehend aus dem Präteritum- und dem Präsensstamm des Verbs گفتن [*goftan*], verbunden durch [-*o*]);

رفت و آمد [*raft-o åmad*] "Verkehr" (bestehend aus den Präteritumstämmen zweier Verben mit gegensätzlicher Bedeutung, sozusagen "ging-und kam").

10. Diminutiv

Neben dem in Lektion 41 kennengelernten Diminutivsuffix ـک [-*ak*] kennt das Persische auch die Endung ـچه [-*tscheh*], um die Entsprechungen des deutschen "-chen" oder "-lein" auszudrücken, z. B.:

"Garten" — باغ [*bågh*]
"Gärtchen" — ➤ باغچه [*båghtscheh*]

Auf dieselbe Weise werden gebildet:

"Meer" — دریا [*darjå*]
"(Binnen-)See" — ➤ دریاچه [*darjåtscheh*]

"Teppich" — قالی [*qhålī*]
"kleiner Teppich, Kelim" — ➤ قالیچه [*qhålītscheh*]

"Schaufel" — بیل [*bīl*]
"Schäufelchen" — ➤ بیلچه [*bīltscheh*]

"Kahn" — قایق [*qhåjeqh*]
"kleiner Kahn, Bötchen" — ➤ قایقچه [*qhåjeqhtscheh*]

11. Farbadjektive

Bis jetzt haben Sie erst zwei Farben (رنگ [rang]) kennengelernt, doch wir wollen Ihnen an dieser Stelle die wichtigsten Farbadjektive nicht vorenthalten:

"weiß"	[ßefīd] سفید
"blau"	[åbī] آبی
"gelb"	[sard] زرد
"rot"	[ßorch] سرخ / [qhermes] قرمز
"grün"	[ßabs] سبز
"schwarz"	[ßījåh] سیاه
"rosa"	[golī] گلی

12. Diverse idiomatische Ausdrücke

Zusammenfassend hier noch einmal die wichtigsten Ausdrücke und idiomatischen Wendungen der letzten Lektionen:

[tscheh fekr-e chūbī!] چه فکرِ خوبی!
"Was für eine gute Idee!"

"Einverstanden!"	[båschad!]* باشد!
"Das ist nicht schlimm."	['ejb nadårad.]* عیب ندارد.
"Gott sei Dank!"	[chodå rå schokr!] خدا را شکر!
"Gott sei gelobt!"	[alhamdo lellåh!] الحمد لله!
"So Gott will."	[enschå'llåh.] انشاء الله.

[måschå'llåh!] ما شاء الله!
"Bravo!", "Was Gott (alles) möchte/macht!"

"Kommen Sie herein!"	[befarmå'īd tū!] بفرمائید تو!

* Umgangssprachlich werden diese beiden Ausdrücke meist wie [båscheh] und ['ejb nadåreh] gesprochen.

قربانِ شما! [*qhorbån-e schomå!*]
"Vielen Dank!", "Bemühen Sie sich nicht!"

این حرف درست است. [*īn harf doroßt aßt.*] "Das ist richtig."

تعارف نکنید! [*ta'årof nakonīd!*]
"Seien Sie nicht so bescheiden!"

منزلِ خودتان است! [*mansel-e chodetån aßt!*]
"Fühlen Sie sich wie zu Hause!"

حتماً! [*hatman!*] "Sicher!"

البتّه! [*albatteh!*] "Natürlich!", "Selbstverständlich!"

13. Verständnis-/Formulierungsübung

1 آقایِ محمودی که ستوانِ پلیس است، با خانمش گفت و گو می کند:

2 - خانوادهٔ نظری ما را دعوت کرده اند.

3 - چه خبرِ خوبی! خانه شان خیلی زیباست.

4 کی به آنجا باید برویم؟

5 - پس فردا برایِ شام، حدودِ ساعتِ هشت و نیم.

6 - خب، سرِ ساعتِ هشت و ربع باید جلویِ درِ خانه شان باشیم.

7 - چرا؟ عجله نداریم.

8 نمی خواهم جلویِ منزلشان منتظر باشم.

9 مردم چه فکر خواهند کرد؟

⑩ – عیب ندارد. همیشه باید چند دقیقه پیش از ساعتِ دعوت در محلّ حاضر بود.

⑪ – باشد! من در ماشین می مانم.

⑫ – نخیر! با ماشینمان نخواهم رفت.

⑬ آنجا نمی توانیم پارک کنیم، چون در خیابانشان جویهایِ بزرگی هست.

⑭ – پس بهتر نیست که با قایق برویم؟

Aussprache der Übungssätze

[**1.** *åqhå-je mahmūdī keh ßetwån-e (ßotwån-e) polīß aßt, bå chånomasch goft-o gū mī-konad:* **2.** *– chånewådeh-je nasarī må rå da'wat kardeh'and.* **3.** *– tscheh chabar-e chūbī! chåneh schån chejlī sībåßt.* **4.** *kej beh åndĵå båjad berawīm?* **5.** *– paß fardå barå-je schåm, hodūd-e ßå'at-e hascht-o nīm.* **6.** *– chob, ßar-e ßå'at-e hascht-o rob' båjad dĵelou-je dar-e chåneh schån båschīm.* **7.** *– tscherå? 'adĵaleh nadårīm.* **8.** *nemī-chåham dĵelou-je manseleschån montaser båscham.* **9.** *mardom tscheh fekr chåhand kard?* **10.** *– 'ejb nadårad. hamīscheh båjad tschand daqhīqheh pīsch as ßå'at-e da'wat dar mahall håser būd.* **11.** *– båschad! man dar måschīn mī-månam.* **12.** *– nachejr! bå måschīnemån nachåham raft.* **13.** *åndĵå nemī-tawånīm pårk konīm, tschūn dar chījåbåneschån dĵūjhå-je bosorgī haßt.* **14.** *– paß behtar nīßt keh bå qhåjeqh berawīm?*]

Übersetzung der Übungssätze

❶ Herr Mahmudi, der Polizeileutnant ist, unterhält sich mit seiner Frau: ❷ – Die Familie Nasari hat uns eingeladen. ❸ – Was für eine gute Neuigkeit! Ihr Haus ist sehr schön. ❹ Wann sollen wir dort hingehen? ❺ – Übermorgen zum Abendessen, gegen acht

Uhr dreißig. ⑥ – Gut, genau um acht Uhr fünfzehn müssen wir an der Tür ihres Hauses sein. ⑦ – Warum? Wir haben es nicht eilig. ⑧ Ich möchte nicht vor ihrer Tür warten. ⑨ Was werden die Leute denken? ⑩ – Das macht nichts. Man muss immer einige Minuten vor der Zeit der Einladung fertig sein. ⑪ – Einverstanden! Ich werde im Auto bleiben. ⑫ – Nein! Ich werde nicht mit unserem Auto fahren. ⑬ Wir können dort das Auto nicht parken, weil es in ihrer Straße große Kanäle gibt. ⑭ – Wäre es dann nicht besser, mit einem Boot zu fahren?

Und vergessen Sie nicht:

چو فردا شود، فکرِ فردا کنیم!

[*tscho fardå schawad, fekr-e fardå konīm!*]

"Was morgen sein wird, darüber machen wir uns morgen Gedanken!"
(wie morgen wird Gedanke+ morgen machen!)

Nobody is perfect! ... Es ist nicht schlimm, wenn Sie Fehler machen. Sie sind ja gerade dabei, eine neue Sprache zu lernen. Sollten Sie einen Gesprächspartner für Ihre neue Fremdsprache haben, bitten Sie ihn darum, Sie zu korrigieren. Vielleicht ist dieser auch bereit, Ihnen die Feinheiten und Sonderfälle seiner Muttersprache genau zu erklären. So lernen Sie ständig dazu. Und da Sie ja nun schon ein bisschen "fortgeschritten" sind, kommt der Hinweis auf die "Zweite Welle" ab der nächsten Lektion auf Persisch:

موجِ دوّم: امروز درسِ ... را فعال کنید!

[*moudĵ-e dowwom: emrūs darß-e … rå fa'ål konīd!*]
(Welle zweite: heute Lektion+ … *Akk.* aktiv machen!)

Zunächst aber sollten Sie noch einmal die erste Wiederholungslektion des Kurses durcharbeiten:

Zweite Welle: Aktivieren Sie heute Lektion 7!

Mittlerweile sind Sie gut vertraut mit der persischen Schrift. Daher werden wir ab dieser Lektion nur noch neue Wörter in Lautschrift angeben. Da die kurzen Vokale nicht geschrieben werden, ist es gerade bei unbekannten Wörtern wichtig,

۵۰ درسِ پنجاهم

در راهِ ترمینال

۱ – تاکسی! سلام آقا، خواهش می کنم

۲ مرا هر چه زودتر به ترمینالِ اتوبوس ببرید. ①

۳ برایِ ساعتِ چهارِ بعد از ظهر بلیط گرفته بودم ②

۴ ولی، حالا، باید زودتر راه بیفتم

۵ و باید بلیط را عوض کنم. ③

۶ – با کدام شرکت سفر می کنید؟

تلّفظ

[… pandĵåhom … termīnål **2** … termīnål-e otobūß bebarīd **3** … belīt gerefteh … **4** … bījoftam **5** … belīt … 'awas … **6** … scherkat ßafar …]

sich diese auch phonetisch gut einzuprägen. Weiterhin übersetzen wir hin und wieder einzelne Abschnitte auch Wort für Wort, jedoch ab jetzt nicht mehr unbedingt ganze Sätze, sondern nur einzelne Satzteile.

50. Lektion

Auf dem Weg zum Busbahnhof

Taxi! Guten Tag, mein Herr, ich bitte Sie, – 1
bringen Sie mich so schnell wie möglich zum Busbahnhof. 2
Ich hatte eine Fahrkarte für vier Uhr heute Nachmittag gekauft (Fahrkarte genommen war), 3
aber jetzt muss ich früher aufbrechen (Weg *Konj.*-falle), 4
und ich muss meine Fahrkarte umtauschen. 5
Mit welcher Gesellschaft reisen Sie? – 6

ANMERKUNGEN

Mit der Konstruktion هر چه ... تر [*har tscheh* + Adjektiv/Adverb + *-tar*] bildet man die Entsprechung für "so … wie möglich": "so groß wie möglich" [*har tscheh bosorg-tar*] هر چه بزرگ‌تر ①

Die Vorvergangenheit (Plusquamperfekt) wird mit dem Partizip der Vergangenheit und dem Verb بودن [*būdan*] in der Vergangenheit gebildet, wie hier mit dem Verb گرفتن (گیر) [*gereftan (gīr)*]: "ich hatte genommen" [*gerefteh būdam*] گرفته بودم Vergleichen Sie diese Form mit گرفتم [*gereftam*] "ich nahm" und گرفته‌ام [*gerefteh'am*] "ich habe genommen". ②

Es gibt heutzutage eine alternative Schreibweise für بلیط [*belīt*]: بلیت. ③

۷ – با ایران تور می خواهم بروم.

۸ گران ترین خطِّ اتوبوس ولی بهترینِ آنهاست (آنها است). ④

۹ – حقّ با شماست.

۱۰ از مسافرین بهترین پذیرائی را می کنند و تلویزیون هم دارد. ⑤ ⑥

۱۱ – از لطفشان ممنونم!

۱۲ امّا فیلمهایشان جالب نیست.

تلّفظ

[**7** … *īrån tūr* … **8** *gerån tarīn chatt-e otobūß* … *behtarīn-e* … **9** *haqhqh* … **10** … *moßåferīn behtarīn* … *telewīsjūn* … **11** … *lotfeschån mamnūnam!* **12** … *fīlmhåjeschån djåleb* …]

جمله های زیر را می فهمید؟

❶ خواهش می کنم، مرا از اینجا هرچه دورتر ببرید.

❷ اگر میخواهید، من بلتطِ شما را عوض خواهم کرد.

Ich möchte mit Irantour wegfahren. – 7
Es ist die teuerste Busgesellschaft, aber es ist die beste. 8
Sie haben Recht (Recht mit ihr-ist). – 9
Sie empfangen die Reisenden am besten (von Reisende bester Empfang *Akk. VP* machen) und es gibt auch Fernsehen. 10
Vielen Dank (von Güte-ihr verbunden-ich)! – 11
Aber ihre Filme sind nicht interessant. 12

Für die Bildung des Superlativs (höchste Steigerungsstufe) stellt man dem entsprechenden Adjektiv das Suffix ترین [*-tarīn*] nach: "am teuersten" [*gerån-tarīn*] گران ترین ➤ "teuer" [*gerån*] گران Die Endung ترین [*-tarīn*] kann dabei auch mit dem vorherigen Adjektiv zusammengeschrieben werden. Das ohnehin unregelmäßige بهتر [*behtar*] "besser" hat die Superlativform بهترین [*behtarīn*] "am besten". ④

مسافر [*moßåfer*] "Reisender" bildet hier den Plural auf ین [*-īn*]: مسافرین [*moßåferīn*] "Reisende". Dies ist bei arabischen Lehnwörtern häufig der Fall. Theoretisch könnte man auch مسافرها [*moßåfer-hå*] sagen. Verwechseln Sie مسافر [*moßåfer*] nicht mit مسافرت [*moßåferat*] "Reise", einem Synonym zu سفر [*ßafar*]. ⑤

Hier steht پذیرائی [*pasīråʾī*] "Empfang" mit der Akkusativpartikel را [*rå*], da es von بهترین [*behtarīn*] näher bestimmt wird. Dadurch bildet es ein separates Wort und sollte entsprechend von پذیرائی کردن [*pasīråʾī kardan*] "empfangen" unterschieden werden. ⑥

Da Sie mittlerweile gut mit der persischen Schrift vertraut sind und diese inzwischen bestimmt problemlos lesen können, wird es ab dieser Lektion eine kleine Änderung bei den Übungen geben: Bei der Verständnisübung fällt die Lautschrift weg, und auch bei der Lückentextübung und den Lösungen werden Sie keine Lautschrift mehr vorfinden. Stattdessen wird die Lückentextübung vertont sein.

3 این شرکت یکی از گرانترینِ شرکتهایِ اتوبوسرانی است.

4 آقایِ محمودی از مهمانهایش بهترین پذیرائی را کرده بود.

جاهایِ خالی را پر کنید

1 Was für interessante Filme!

چه … جالبی!

2 Wenn Sie keine Fahrkarte haben, müssen Sie früher aufbrechen (Weg fallen).

اگر … ندارید، … زودتر راه … .

3 Im Bus hatte man mir den besten Platz gegeben.

در اتوبوس … جا را به من … … .

موجِ دوّم: امروز درسِ هشتم را فعال کنید!

[moudǰ-e dowwom: emrūs darß-e haschtom rå fa'ål konīd!]

"Zweite Welle: Aktivieren Sie heute die 8. Lektion!"

آیا متوجه شدید؟

Ich bitte Sie, bringen Sie mich so weit wie möglich von hier weg. ❶
Wenn Sie möchten, werde ich Ihre Fahrkarte tauschen. ❷
Diese Gesellschaft ist eine der teuersten Busgesellschaften (Gesellschaft-*Pl.*+ Autobus-Fahren). ❸
Herr Mahmudi hatte seinen Gästen den besten Empfang bereitet. ❹

واژه هایِ مناسب

❶ فیلمهایِ ❷ بلیط – باید – بیفتید ❸ بهترین – داده – بودند

Reisen in Iran
Die Entfernungen zwischen den großen Städten in Iran sind nicht zu unterschätzen. Deshalb ist das Flugzeug das schnellste Verkehrsmittel, um von A nach B zu kommen. Daneben hat man die Wahl zwischen dem Zug oder dem Bus. Speziell das Schienennetz wurde in den letzten Jahren erheblich erweitert und modernisiert, doch man erreicht noch lange nicht jeden Ort des Landes mit der Bahn. Es gibt gleichermaßen staatliche wie auch private Busgesellschaften, und das in praktisch allen Kategorien – von einfachen Reisebussen bis hin zu Luxusbussen. Im Allgemeinen sind sie alle klimatisiert, und die Unternehmen überbieten sich gegenseitig beim Thema Freundlichkeit und Service.

۵۱ درسِ پنجاه و یکم

در سبزی فروشی ①

۱ – سلام حسن آقا!

۲ – سلام خانم. چه میل دارید؟

۳ – هفت هشت تا بادنجانِ خیلی خوب لازم دارم. ②

۴ – امشب تولّدِ دخترم فریده است.

۵ می خواهم خورشِ جوجه بادنجان درست کنم. ③

۶ – بفرمائید، انتخاب کنید!

۷ – حسن آقا، بادبجانِ بهتر ندارید؟

۸ – برایِ شما چرا! ④

تلّفظ

[... *pandĵåh-o jekom* ... *ßabsī* ... **2** ... *mejl* ... **3** ... *bådemdĵån-e* ... **4** *emschab tawallod-e* ... *farīdeh* ... **5** ... *choresch-e dĵūdĵeh bådemdĵån doroßt* ... **6** ... *entechåb* ...]

51. Lektion

Im Gemüseladen

Guten Tag, Herr Hassan! – 1

Guten Tag, gnädige Frau. Was wünschen Sie (welcher Wunsch habt)? – 2

Ich brauche sieben oder acht sehr schöne (gute) Auberginen. – 3

Heute Abend ist der Geburtstag meiner Tochter Faride. – 4

Ich möchte ein Hähnchenragout mit Auberginen zubereiten. 5

Bitte schön, wählen Sie aus! – 6

Herr Hassan, haben Sie keine besseren Auberginen? – 7

Für Sie schon (für ihr warum)! – 8

ANMERKUNGEN

Unter سبزی فروشی [*ßabsī forūschī*] versteht man landläufig den ①
"Gemüseladen", während سبزی فروش [*ßabsī forūsch*] den "Gemüsehändler" bezeichnet.

Achten Sie bei بادنجان [*bådemdĵån*] darauf, dass in der Mit- ②
te zwar ein **nūn** geschrieben, jedoch ein [*m*] gesprochen wird. Man sieht hin und wieder auch die der Lautung entsprechende Schreibung بادمجان.

Bei خورشِ جوجه بادنجان [*choresch-e dĵūdĵeh bådemdĵån*] ③
wird بادنجان [*bådemdĵån*] "Aubergine" ohne **Esåfeh** nachgestellt, obwohl es ebenso auf خورش [*choresch*] "Eintopf, Ragout" bezogen ist. Speziell bei Namen von Gerichten kommt dies häufig vor.

Als Ausruf kann چرا [*tscherå*] "Warum?"; "Ja; Schon!"; "Doch!" ④
oder "Natürlich!" heißen. In Lektion 37 haben wir es auch im Sinne von "Aber nein!" kennengelernt.

۹ زیرِ آن سبدِ سیب زمینی را نگاه کنید. ⑤

۱۰ – به به! چه بادنجانهایِ خوبی!
آفرین! ⑥ ⑦ ⑧

۱۱ اگر دو کیلو گوجه فرنگی هم به من
بدهید، ⑨ ⑩ ⑪

۱۲ خیلی ممنون می شوم.

تلّفظ

[**9** … *ßabad-e ßīb samīnī* … **10** *bah bah!* … *åfarīn!* **11** … *kīlo goudĵeh farangī* …]

⑤ Verwandt mit زمین [*samīn*] "Erde, Erdboden, Boden" ist auch der Ausdruck زمینه [*samīneh*] "Gebiet, Hintergrund, Sektor".

⑥ به به! [*bah bah!*] hört man recht häufig, z. B. wenn Personen sich nach langer Zeit wiedersehen, man etwas Gutes riecht, etwas Schönes hört, eine attraktive Person sieht … به [*bah*] wird hier genau wie die Präposition [*beh*] "nach, zu, hin" geschrieben, aber mit [*a*] und hörbarem [*h*] gesprochen.

⑦ Denken Sie nochmals an die Bildung von Ausrufen mit چه [*tscheh*]. Wir sind in den Lektionen 43 und 48 bereits näher darauf eingegangen.

⑧ آفرین! [*åfarīn!*] "Bravo!" oder "Glückwünsch!" ist ein Synonym zu den religiösen Ausrufen ما شاء الله! [*måschå'llåh!*] und بارک الله! [*bårak allåh!*].

Sehen Sie unter diesem Korb mit Kartoffeln nach (unter+ dieser Korb+ Apfel erdig *Akk.* Blick macht). 9

Oh! Was für schöne (gute) Auberginen! Bravo! – 10

Wenn Sie mir auch zwei Kilo Tomaten (Pflaume europäisch) geben würden, 11

dann wäre ich sehr dankbar (*VP* werde). 12

Steht nach اگر [*agar*] "falls, wenn" nicht wie bisher das Präsens, sondern wie hier der Konjunktiv bzw. Imperativ, wird dadurch eine Vermutung bzw. eine gewisse Unsicherheit ausgedrückt. ⑨

Nach کیلو [*kīlo*] setzt man kein **Esåfeh**, und das entsprechende Hauptwort steht immer im Singular: ⑩

[*do kīlo goudĵeh farangī*] دو کیلو گوجه فرنگی

"zwei Kilo Tomaten"

Wo wir gerade von "europäisch" sprechen, können wir Ihnen als weiteres wichtiges Wort یورو [*jūro*] "Euro" vorstellen. ⑪

In vielen Großstädten sind Zeitungen und Zeitschriften aus aller Herren Länder erhältlich, bestimmt auch iranische. Die meisten Tageszeitungen haben auch einen Internetauftritt. Zeitunglesen in einer fremden Sprache eignet sich als Lernhilfe vor allem für Personen, die auch in ihrer Muttersprache regelmäßig und gerne Zeitung lesen. Wenn Sie auch den Kontext nicht vollständig verstehen, so können Sie vielleicht nur die Wörter oder Ausdrücke heraussuchen und anstreichen, die Sie bereits kennen; das ist schon ein kleines Erfolgserlebnis.

جمله هایِ زیر را می فهمید؟

1. من پنج تا گوجه فرنگیِ بزرگ لازم دارم.
2. اینها بهترین بادنجانهایِ ایران است.

جاهایِ خالی را پر کنید

1. Wenn die Zimmertür geöffnet ist, wird die Katze von Schirin hinauslaufen.

2. Wenn Sie früher aufbrechen wollten, müssten Sie Ihre Fahrkarte umtauschen.

___ بخواهید ___ راه بیفتید،
باید ___ را ___ کنید.

3. Wenn Sie früher aufbrechen möchten, tauschen Sie Ihre Fahrkarte um!

اگر ___ زودتر راه ___
___ ، بلیطتان ___ عوض ___ !

3 حسن آقا! لطفاً، می توانید سه چهار تا بادنجانِ خوب به من بدهید؟

4 اگر فردا بخواهید خورشِ خوبی درست کنید، می توانم به منزلِ شما بیایم و به شما کمک کنم.

آیا متوجه شدید؟

Ich brauche fünf große Tomaten. 1
Diese hier sind die besten Auberginen Irans. 2
Herr Hassan! Bitte, können Sie mir drei oder vier schöne Auberginen geben? 3
Wenn Sie morgen ein gutes Ragout zubereiten möchten, kann ich zu Ihnen kommen und Ihnen helfen. 4

Wenn Fräulein Schirin das beste Gemüse kaufen möchte, kann sie es auswählen. 4

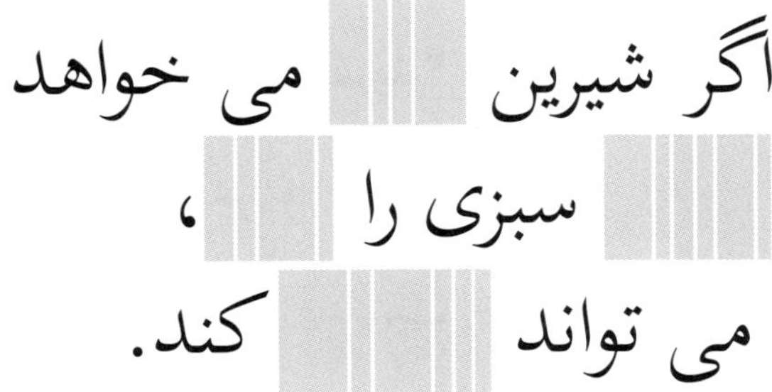

واژه های مناسب

1 در - اطاق - باشد - بیرون 2 اگر - زودتر - بلیطتان - عوض 3 می - خواهید - بیفتید - را - کنید
4 خانم - بهترین - بخرد - انتخاب

Zu Gast bei Einheimischen
Die Gelegenheit, bei Iranern zu Hause zu essen, sollten Sie sich auf keinen Fall entgehen lassen. Die Hausmannskost ist in vielerlei Hinsicht abwechslungsreicher und raffinierter als das, was man landläufig in Restaurants serviert bekommt. Insgesamt kocht man viele Arten von خورش [*choresch*] "Eintopf, Ragout", wie z. B. خورشِ فسنجان [*choresch-e feßendĵån*] "Geflügelragout mit einer Soße aus Walnüssen und Granat-

کوزه گر از کوزهٔ شکسته خورد آب.

[*kūseh-gar as kouseh-je schekaßteh chorad åb.*]

"Der Töpfer trinkt aus einem zerbrochenen Krug."
(Topf Macher Topf+ zerbrochen trinkt Wasser.)

۵۲ درسِ پنجاه و دوّم

در رستوران

۱ – سلام! چند نفرید؟

۲ – چهار نفر و دو تا بچّه. ①

۳ – بفرمائید به قسمتِ خانوادگی.

۴ – سه دست چلو کباب و سه تا جوجه کباب

[*... pandĵåh-o dowwom* **1** *... nafarīd?* **2** *... nafar ...* **3** *... qheßmat-e chånewådegī.* **4** *... daßt ... dĵūdĵeh ...*]

apfelsaft" oder خورشِ قرمه سبزی [*choresch-e qhormeh ßabsī*] "Ragout aus Hammelfleisch mit aromatischen Kräutern". Dazu isst man Reis, allerdings unterscheidet man zwischen چلو [*tschelou*] "gedämpftem Reis" und پلو [*polou*] "Pilaw", also ein mit Fleisch und Gemüse gegarter Reis. Probieren Sie doch mal ein باقالی پلو [*båqhålī polou*] "Pilaw mit Bohnen und Dill" oder ein سبزی پلو با ماهی [*ßabsī polou bå måhī*] "Pilaw mit Kräutern und Fisch".

موجِ دوّم: امروز درسِ نهم را فعال کنید!

[*moudĵ-e dowwom: emrūs darß-e nohom rå fa'ål konīd!*]

"Zweite Welle: Aktivieren Sie heute die 9. Lektion!"

52. Lektion

Im Restaurant

Guten Tag! Wie viele Personen sind Sie (Person-seid)? – 1

Vier Personen (= Erwachsene) und zwei Kinder. – 2

Kommen Sie bitte in den Familienbereich. – 3

[Bringen Sie uns] drei Portionen Tschelou Kabab und dreimal Hähnchen-Kabab – 4

ANMERKUNGEN

① Zur Erinnerung: Wörter, die eine bestimmte Menge bezeichen – wie تا [*tå*] "Einheit" – benötigen kein **Esåfeh**. Dies gilt auch für die folgenden Nomen: نفر [*nafar*] "Person", لیوان [*līwån*] "Glas", کیلو [*kīlo/kīlū*] "Kilo", سیخ [*ßīch*] "Spieß", بطری [*botrī*] "Flasche", aber auch دست [*daßt*] "Hand", das in dieser Lektion die Bedeutung "Portion" hat.

۵ – با دوغ و ماست و خیار برایِ ما بیاورید.

۶ – بچّه: من نوشابه می خواهم!

۷ – مادر: اگر نوشابه بخوری دندانت خراب می شود. ② ③ ④

۸ دوغ خیلی بهتر است.

۹ گارسون، لطفاً شش تا تخمِ مرغ و شش سیخ گوجه فرنگی هم برایِ ما بیاورید.

۱۰ – بچّه: من نمک می خواهم، مامان!

۱۱ این دوغ بی نمک هیچ خوشمزه نیست! ⑤

۱۲ – پدر: با نمکِ خودت بخور! ⑥

[**5** … *dūgh-o måßt-o chījår* … **6** … *nūschåbeh* … **7** … *dandånat charåb* … **9** *gårßon,* … *tochm-e morgh* … *ßīch* … **10** … *namak* … *måmån!* **11** … *choschmaseh* … **12** … *chodet (chodat)* …]

mit Dugh und Gurkenjoghurt (*Konj.*-bringt). – 5
Ein Kind: Ich möchte Limonade! – 6
Die Mutter: Wenn du Limodande trinkst, gehen deine – 7
Zähne kaputt (Zahn-dein kaputt *VP* wird).
Dugh ist viel besser. 8
Kellner, bitte bringen Sie uns sechs Hühnereier und auch sechs Tomatenspieße. 9
Ein Kind: Ich möchte Salz, Mama! – 10
Dieses Dugh ohne Salz ist überhaupt nicht lecker! 11
Der Vater: Benutze dein eigenes Salz (mit Salz+ – 12
selbst-dein *Konj.*-iss)!

② نوشابه [*nūschåbeh*] ist der allgemeine Ausdruck für "Getränk", gemeint ist hier aber Sprudelwasser mit süßem Sirup, vergleichbar mit einer Limonade. Es kann auch für einen Softdrink, z. B. Coca Cola, stehen. Getränke werden übrigens in Iran nicht getrunken, sondern meist "gegessen"!

③ Beachten Sie, dass das Präsens im Persischen durchaus auch ein ungewisses Ereignis in der Zukunft ausdrücken kann:

اگر گوشت بخورید، دندانتان خراب می شود.

[*agar gūscht bechorīd, dandån-etån charåb mī-schawad.*]

"Wenn ihr Fleisch esst, werden eure Zähne ruiniert."

④ Sie wissen, dass der Singular häufig kollektiv verwendet wird. So reicht es, دندان [*dandån*] "Zahn" zu sagen, wenn man "alle Zähne" meint.

⑤ هیچ [*hītsch*] "nichts, keinerlei" wird hier adverbial im Sinne von "überhaupt (nicht)" verwendet. Denken Sie daran, dass es immer in Verbindung mit einem verneinten Verb steht!

⑥ نمک [*namak*] "Salz" ist oft positiv besetzt; man findet es in zahlreichen Ausdrücken. با نمک [*bå namak*] bedeutet z. B. "anmutig, charmant" oder "schlau, pfiffig" und kann sich auf Personen wie auch auf Witze etc. beziehen. Da das Kind zuvor sagt, dass das Dugh بی نمک [*bī namak*], also "ohne Salz" ist, drängt sich das Wortspiel mit با نمک [*bå namak*] regelrecht auf: Der Vater meint in diesem Satz so etwas wie "Salze es mit deinem eigenen Witz." / "Würze es mit deinem eigenen Charme." Ein wenig ungewöhnlich für deutsche Ohren, auf Persisch jedoch lustig und nett.

جمله هایِ زیر را می فهمید؟

① اگر نمک می خواهی، به گارسون بگو(تا) که برای تو (برایت) بیاورد!

② در قسمتِ خانوادگی، خانواده ها با بچّه هایشان نهار یا شام می خورند.

جاهایِ خالی را پر کنید

① Mein Sohn, wenn du Eier isst, wirst du schneller groß.

② Ich habe Lust, Hähnchen-Kabab zu essen.

می خواهد کباب بخورم.

③ Der kleine Junge möchte kein Dugh ohne Salz trinken.

③ این خورش را خودتان درست کنید!

④ هنوز منزلشان را ندیده بودیم.

آیا متوجه شدید؟

① Wenn du Salz willst, sage dem Kellner, dass er dir welches bringt!
② Im Familienbereich essen die Familien mit ihren Kindern zu Mittag oder zu Abend.
③ Machen Sie dieses Ragout selbst!
④ Wir hatten ihr Haus noch nicht gesehen.

④ Wenn Sie Dugh vorziehen, bestellen Sie beim Kellner eine Flasche.

اگر دوغ ___ دوست دارید،
از ___ یک ___ بخواهید.

واژه های مناسب

① تخمِ - مرغ - بزرگ ② دلم - جوجه ③ - نمی - دوغِ - بخورد ④ بیشتر - گارسون - بطری

Familienbereich im Restaurant
In Iran gibt es in vielen Restaurants einen abgesonderten Bereich, den Männer nicht ohne Frauen betreten dürfen. Dieser sog. Familienbereich wird auf Persisch قسمتِ خانوادگی [*qheßmat-e chånewådegī*] genannt. Vielerorts dominieren Männer den Alltag, speziell in kleineren Städten. In Dörfern oder auf dem Land sieht man tendenziell weit weniger Frauen in der Öffentlichkeit.

۵۳ درسِ پنجاه و سوّم

چهار فصلِ سال

۱ بهار اوّلین فصلِ سالست (سال است). ①

۲ از زمانهایِ خیلی قدیم تا امروز در ایران

۳ سالِ نو با عیدِ نوروز شروع می شود.

۴ در بهار گاهی باران می بارد و باغها پر از سبزه و گل است. ② ③ ④

[*... pandĵåh-o ßewwom ... faßl-e ßål* **1** *... awwalīn faßl-e ßålaßt ...* **2** *... samånhå-je ... qhadīm ...* **3** *... 'ejd-e nourūs ...* **4** *... gåhī bårån mī-bårad ... ßabseh-o ...*]

Bei der Ordnungszahl "erster, -e, -es" hat man die Wahl ① zwischen اوّل [*awwal*] und اوّلین [*awwalīn*], wobei اوّل [*awwal*] immer dem Bezugswort, das ein **Esåfeh** trägt, nachgestellt wird

شکمِ گرسنه ایمان ندارد.

[schekam-e goroßneh īmån nadårad.]

"Einem hungrigen Magen ist nicht gut predigen."
(Bauch+ hungrig Glaube nicht-hat.)

موجِ دوّم: امروز درسِ دهم را فعال کنید!

[moudĵ-e dowwom: emrūs darß-e dohom rå fa'ål konīd!]

"Zweite Welle: Aktivieren Sie heute die 10. Lektion!"

53. Lektion

Die vier Jahreszeiten

Der Frühling ist die erste Jahreszeit des Jahres. 1
Seit uralter Zeit bis heute beginnt in Iran 2
das neue Jahr mit dem Nourus-Fest. 3
Im Frühjahr regnet es (der Regen *VP* fällt) manchmal 4
und die Gärten sind voller Grün und Blumen.

und die zweite Variante vor dem entsprechenden Bezugswort steht. Vergleichen Sie درسِ اوّل [*darß-e awwal*] "erste Lektion" und اوّلین درسِ کتاب [*awwalīn darß-e ketåb*] "die erste Lektion des Buches". Ebenso verhält sich bei آخر [*åchar*] und آخرین [*åcharīn*] "letzter, -e, -es".

② Die Farbe سبز [*ßabs*] "grün" bildet die sprachliche Basis für سبزه [*ßabseh*] "Grün; Schössling" und سبزی [*ßabsī*] "Gemüse".

③ Haben Sie bei گُل [*gol*] die Schleife über dem **gāf** bemerkt, die **sammeh** genannt wird und auf ein nachfolgendes [*o*] hinweist (vgl. Lektion 7)? Sie steht dort, damit man das Wort nicht mit گل [*gel*] "Lehm, Schlamm" verwechselt.

④ Erinnern Sie sich daran, dass Sachen und Dinge im Plural grammatisch als Singular gelten? Daher steht hier است [*aßt*] "ist" und nicht die Endung ند [*-and*] "sind".

۵ در تابستان همیشه آفتاب است و
هوا خیلی گرم می شود. ⑤

۶ در خانه‌هایِ قدیمی یک زیر زمینِ
خنک بود

۷ که مردم در آن زندگی
می کردند. ⑥ ⑦ ⑧

۸ وقتی که (وقتیکه) پائیز می آید، باد
برگهایِ درختها را می ریزد. ⑨

۹ زمستان فصلِ سرماست (سرما است)
و در کوه ها برفِ فراوان می بارد.

تلّفظ

[**5** … *tåbeßtån … åftåb …* **6** … *chåneh-hå-je qhadīmī … sīr-samīn-e …* **7** … *mardom … sendegī …* **8** *waqhtī keh (waqhtīkeh) på'īs … båd barg-hå-je … mī-rīsad.* **9** *semeßtån faßl-e ßarmåßt (ßarmå aßt) … kūh-hå barf-e faråwån mī-bårad.*]

Merken Sie sich zum Wort آفتاب [*åftåb*] "Sonne" auch ماه [*måh*] "Mond", das gleichzeitig die Bedeutung "Monat" hat. ⑤

Im Sommer scheint immer die Sonne, und es ist sehr warm (Luft sehr warm *VP* wird). 5

In den früheren Häusern gab es ein kühles Untergeschoss, 6
in dem die Menschen wohnten (dass Leute in dieses Leben *VP* machten). 7

Wenn der Herbst kommt, lässt der Wind die Blätter von den Bäumen fallen. 8

Der Winter ist die Jahreszeit der Kälte, und in den Bergen schneit es sehr viel (Berg *Pl.* Schnee+ reichlich *VP* fällt). 9

Zwar weist مردم [*mardom*] "Menschen, Leute" keine Pluralendung auf, es wird aber grammatikalisch so verwendet, weshalb das Verb hier im Plural steht. Dies ist u. a. auch bei خانواده [*chånewådeh*] "Familie" der Fall. ⑥

Mit که در آن [*keh dar ån*] kann die Relativpronomenkonstruktion "in dem/der" bzw. "worin" ausgedrückt werden. ⑦

Für eine Handlung in der Vergangenheit, die sich über einen längeren Zeitraum erstreckt, verwendet man das sog. Imperfekt. Es wird mit dem Verbalpräfix می [*mī-*] sowie dem Verb im Präteritum gebildet: ⑧

[*mardom sendegī mī-kardand*] مردم زندگی می کردند
"die Menschen wohnten"

Für die Verneinung des Imperfekts ersetzt man می [*mī-*] durch نمی [*nemī-*]: "ich machte nicht" [*nemī-kardam*] نمی کردم

Unterscheiden Sie die Konjunktion وقتیکه\وقتی که [*waqhtīkeh/ waqhtī keh*] "wenn, als, sobald" vom Fragewort کی؟ [*kej?*] "Wann?" ⑨

جمله هایِ زیر را می فهمید؟

① در شهرهایِ کوهستانی، گاهی برفِ فراوان می بارد.

② من بهار را دوست دارم چون بهترین فصلِ سال است.

③ بهار، فصلی که در آن باغهایِ ایران پر از سبزه است.

جاهایِ خالی را پر کنید

① Heute Abend sind wir bei Onkel Dschawad eingeladen, wenn du möchtest, kannst du auch mit uns kommen.

امشب ما ___ عمو جواد ___، اگر بخواهی تو هم می ___ با ما ___.

② Wenn das Nourus-Fest naht, sind alle Kinder sehr glücklich.

___ عیدِ نوروز نزدیک می شود همهٔ ___ ها خیلی ___ می شوند.

۴ من نشانیِ دکّانی را می دانم که در آن می توانیم چیزهایِ جالبی پیدا کنیم.

۵ در تابستان، بعد از ظهرها، همه در زیر زمین می خوابیدند.

آیا متوجه شدید؟

In den Städten der Bergregionen fällt manchmal sehr viel Schnee. 1
Ich liebe den Frühling, denn er ist die beste Jahreszeit des Jahres. 2
Der Frühling ist eine Jahreszeit, in der die Gärten Irans voller Grün sind. 3
Ich kenne die Adresse eines Geschäfts, in dem wir interessante Dinge finden können. 4
Im Sommer hielten alle nachmittags im Untergeschoss Mittagsschlaf. 5

Persisches Neujahrsfest

نوروز Nourus, das Neujahrsfest des persischen Kalenders, ist das wichtigste Fest in Iran, Afghanistan, Aserbaidschan und bei den Kurden. 13 Tage lang feiert man im familiären Kreis, viele Geschäfte und Büros bleiben geschlossen, die Schulkinder haben Ferien. Das Symbol von نوروز sind die هفت سین [*haft ßīn*] "sieben S": Der Buchstabe **ßīn** steht für die Lebensenergie, repräsentiert durch eine Art Hausaltar, auf dem Folgendes aufgebaut wird: سبزه [*ßabseh*] ein Teller mit Weizen-, Gersten- oder Linsensprossen, سیب [*ßīb*] ein "Apfel", سمنو [*ßamanū*], eine auf Weizenkeimen basierende Süßigkeit mit Nüssen, سیر [*ßīr*] "Knoblauch", سنجد [*ßendĵed*] "Mehlbeeren", سرکه [*ßerkeh*] "Essig" und سماق [*ßomåqh*] "Sumach", ein rotes Gewürzpulver. Zusätzlich liegen auf dem Tisch symbolische Dinge wie سنبل [*ßombol*] "Hyazinthen", سکه [*ßekeh*] eine "Münze", آئینه [*å'jneh*] ein "Spiegel", شمع [*scham'*] eine "Kerze", تخمِ مرغِ رنگی [*tochm-e morgh-e rangī*] "bemalte Hühnereier", ماهیِ قرمز [*måhī qhermes*], ein "Goldfisch" in einer Wasserschüssel sowie in muslimischen Familien ein (heiliges) Buch, der Koran oder der Diwan von Hafes (siehe L. 60).

Was haben Sie gestern Abend gemacht? – Wir haben einen Film angesehen. ❸

دیشب چه ... ؟ – ما ... نگاه می ... .

Im Sommer schien immer die Sonne, und es regnete niemals. ❹

... همیشه ... بود و ... باران نمی بارید.

۵۴ درسِ پنجاه و چهارم

دعوایِ یک خواهر و برادر ①

۱ – کاوه نکن! مواظب باش! ... وای وای باز خرابکاری کردی! ② ③ ④

[... pandĵåh-o tschahårom da'wå-je ... chåhar ... **1** kåweh ... mowåseb båsch!... wåj wåj bås charåbkårī ...]

① Wie خوابیدن [*chåbīdan*] "schlafen" und خواستن [*chåßtan*] "wollen" wird auch خواهر [*chåhar*] "Schwester" mit einem stummen **wāw** geschrieben. Das vierte und letzte gängige Wort dieser Gruppe ist das Verb خواندن [*chåndan*] "lesen, lernen" (درس خواندن [*darß chåndan*] "lernen", wörtlich "Lektion lesen").

واژه هایِ مناسب

❶ خانهٔ - مهمانیم - توانی - بیائی ❷ وقتی - که - بچّه - خوشحال ❸ می - کردید - فیلم - کردیم ❹ تابستان - آفتاب - هرگز

فردوسی گفته است:
«بهار آمد و شد جهان چون بهشت.»

[*ferdoußī gofteh aßt: "bahår åmad-o schod dʃahån tschūn behescht."*]
"Ferdousi* sagte:
'Der Frühling ist da, und die Welt ist zum Paradies geworden.' "

* ابو القاسم فردوسی Abu Al-Qasem-e Ferdousi lebte von 940 bis 1020 und gilt als einer der bedeutendsten Dichter des persischen Kulturkreises. Er ist u. a. der Verfasser des etwa 60.000 Verse umfassenden Nationalepos namens شاهنامه Schahnameh.

موجِ دوّم: امروز درسِ یازدهم را فعال کنید!

54. Lektion

Streit zwischen Schwester und Bruder

(Streit+ eins Schwester und Bruder)

Kawe, mach das nicht! Sei vorsichtig! ... ach, du hast – schon wieder Schaden angerichtet! 1

② Häufig sagt man nur نکن! [*nakon!*] und lässt dabei این را [*īn rå*] weg, weshalb die Übersetzung "Mach das nicht!" zumindest idiomatisch korrekt ist.

③ Bei مواظب باش! [*mowåseb båsch!*] sehen Sie die unregelmäßige Imperativform von بودن [*būdan*] "sein". In Lektion 43 haben wir die davon abgeleitete Floskel باشد! [*båschad!*] "Einverstanden!" kennengelernt.

④ خرابکاری [*charåbkårī*] "Schaden, Sabotage" ist eine Zusammensetzung aus خراب [*charåb*] "kaputt", کار [*kår*] "Arbeit" und einem zusätzlichen [*ī*], das das Wort substantiviert.

۲ – چه کردم مگر؟ چه شد؟ ⑤

۳ – نامه‌ام را پاره کردی.

۴ – کدام نامه؟

۵ – همین کاغذهائی که در دستت داری.

۶ – چه؟ این کاغذِ پارهٔ کثیف؟

۷ – بله. این نامه‌ای بود که برایِ عمّه
زهره نوشته بودم. ⑥ ⑦

۸ – نمی دانستم، معذرت می خواهم. ⑧

۹ اگر بخواهی، من به تو کمک می کنم

۱۰ که نامهٔ دیگری بنویسی. ⑨

[**5** ... *kåghas-håī* ... **7** ... *'ammeh sohreh neweschteh* ... **8** ... *ma'serat* ...]

⑤ Neben seiner Funktion als Partikel für eine verneinte Frage (siehe Lektion 39) kann مگر [*magar*] auch mit "denn" übersetzt werden:

چه کردم مگر؟ [*tscheh kardam magar?*]
"Was habe ich denn gemacht?"

⑥ Kleiner Hinweis zur Schreibung: Beachten Sie bei نامه‌ای [*nåmehī*] "ein Brief" das eingeschobene **alef** vor dem **je**, im Unterschied zu نامهٔ bzw. نامه‌یِ [*nåmeh-je*] (mit **Esåfeh**).

Was habe ich denn gemacht? Was ist passiert? – 2
Du hast meinen Brief zerrissen. – 3
Welchen Brief? – 4
Diese Papiere da, die du in der Hand hältst. – 5
Was? Dieses zerrissene und schmutzige Stück Papier (dieser Papier+ zerrissen+ schmutzig)? – 6
Ja. Das war dieser Brief, den ich an Tante Sohre geschrieben hatte. – 7
Das wusste ich nicht, entschuldige. – 8
Wenn du willst, werde ich dir helfen (ich für du Hilfe *VP* mache), 9
einen neuen Brief zu schreiben (dass Brief+ anderer-eins *Konj.*-schreibst). 10

دعوایِ یک خواهر و برادر

⑦ Hier sehen Sie wieder که [*keh*] als Relativpronomen "den, die, das" mit dem davorstehenden Suffx ی [*-ī*]:
"dieser Brief, den ..." [*īn nåmeh'ī keh ...*] این نامه‌ای که...
Prinzipiell kann zwischen dem Wort auf ی [*-ī*] und که [*keh*] auch die Akkusativpartikel را [*rå*] eingeschoben werden:

این کاغذهائی را که در دستت داری به من بده!

[*īn kåghas-hå'ī rå keh dar daßtat dårī beh man bedeh!*]
"Gib mir die Papiere/Zettel, die du in der Hand hast!"

⑧ Vergleichen Sie نمی دانستم [*nemī-dåneßtam*] "ich wusste nicht" und نمی دانم [*nemī-dånam*] "ich weiß nicht".

⑨ Dort, wo das Deutsche den Infinitiv mit "(um) zu" verwendet, verwendet das Persische که [*keh*] plus Verb im Konjunktiv in der entsprechenden Person:
[*keh nåmeh-je dīgarī benewīßī*] که نامهٔ دیگری بنویسی
"um einen anderen Brief zu schreiben"

جمله های زیرِ را می فهمید؟

1. پسرک و خواهرش دعوا می کردند برایِ این که (چون) پسر کاغذی را پاره کرده بود.
2. چه شد؟ چه کردم مگر؟ کدام نامه را پاره کرده‌ام؟
3. این کاغذهائی را که در دستت داری فوری به من بده.
4. نمی دانستم که برایِ عمّه زهره یک نامه نوشته بودی.

جاهایِ خالی را پر کنید

1. Gib mir dieses Buch, damit ich meine Lektion lerne.

این ▢ را به من ▢ (تا)
که ▢ را ▢.

2. Gehen wir ins Untergeschoss, um den ganzen Sommer über dort zu wohnen. Es ist dort viel kühler als hier.

به زیر زمین ▢ که همهٔ
▢ را در آن ▢ کنیم.
از اینجا خیلی ▢ است.

آیا متوجه شدید؟

❶ Der kleine Junge und seine Schwester haben sich gestritten, weil der Junge ein Papier zerrissen hatte.
❷ Was ist passiert? Was habe ich denn gemacht? Welchen Brief habe ich zerrissen?
❸ Gib mir sofort diese Papiere, die du in deiner Hand hast.
❹ Ich wusste nicht, dass du einen Brief an Tante Sohre geschrieben hattest.

❸ Geh selbst so schnell wie möglich zu Tante Sohre, und sag ihr, dass ein Brief aus Frankreich angekommen ist!

❹ Ich möchte die Fahrkarte umtauschen, die ich gestern gekauft hatte.

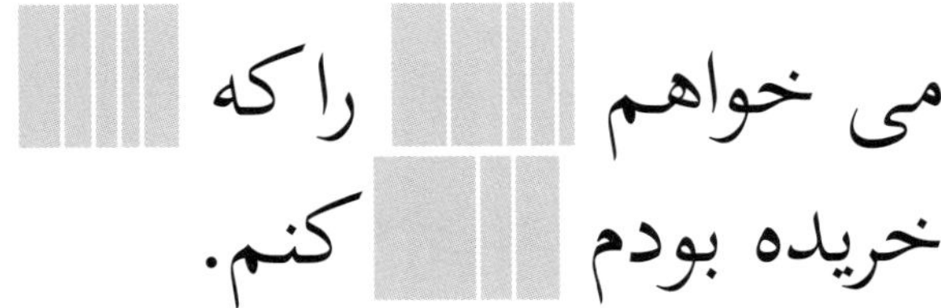

واژه هایِ مناسب

❶ کتاب – بده – درسم – بخوانم ❷ برویم – تابستان – زندگی – خنکتر ❸ زودتر – عمّه – بگو – آمده – است
❹ بلیطی – دیروز – عوض

موجِ دوّم: امروز درسِ دوازدهم را فعال کنید!

۵۵ درسِ پنجاه و پنجم

تصمیمِ ملّا نصرالدین

۱ زنِ ملّا نصرالدین عادت به
خبر چینی داشت. ①

۲ و تمامِ روزها را در کوچه هایِ ده ②

۳ از این خانه به آن خانه می رفت

۴ و با زنهایِ دیگر پر حرفی می کرد.

۵ شوهرها از این کار راضی نبودند.

۶ یک روز، یکی از مردانِ ده به
ملاقاتِ ملّا رفت و گفت: ③ ④

تلّفظ

[... *pandĵåh-o pandĵom* *taßmīm-e* ...**1** ... *'ådat* ... *chabar tschīnī* ...
2 ... *tamåm-e* ... *deh* **5** *ßouhar-hå* ... *råsī* ... **6** ... *mardån-e deh* ...]

55. Lektion

Mullah Nasreddins Entscheidung

Die Frau von Mullah Nasreddin hatte die Angewohnheit, Klatsch zu erzählen. 1
Sie verbrachte all ihre Tage in den Straßen des Dorfes 2
und ging von Haus zu Haus (von dieses Haus nach jenes Haus *VP* ging) 3
und plauderte mit den anderen Frauen (voll Wort-eins *VP* machte). 4
Die Ehemänner waren nicht erfreut (zufrieden) darüber. 5
Eines Tages suchte einer der Männer des Dorfes den Mullah auf (nach Treffen+ Mullah ging) und sagte zu ihm: 6

ANMERKUNGEN

① داشتن [*dåschtan*] "haben" hat wie بودن [*būdan*] "sein" nur eine Perfektform: داشت [*dåscht*], die je nach Kontext mit "er/sie hat gehabt" oder "er/sie hatte" übersetzt werden kann. Beachten Sie auch, dass weder داشتن [*dåschtan*] noch بودن [*būdan*] das Präfix بـ [*be-*] oder می [*mī-*] verwendet.

② In diesem Satz folgt را [*rå*] auf روزها [*rūshå*] "Tage", obwohl es hier keinen Akkusativ deutlich macht. In der Tat kommt را [*rå*] ab und zu auch – wie hier – bei Zeitangaben vor.

③ Beachten Sie die Konstruktion یکی از [*jekī as…*] "eine, -r der …":

"einer der Männer" [*jekī as mardån*] یکی از مردان

④ Man bildet den Plural eines Nomens bekanntlich mit dem Suffix ها [*-hå*], doch bei Menschen und Tieren hängt man das Suffix ان [*-ån*] an:

"Männer" [*mardån*] مردان ‹ "Mann" [*mard*] مرد

Wir sind in Lektion 42 bereits kurz darauf eingegangen. In der Umgangssprache ist ها [*-hå*] durchgängig zulässig.

۷ – «به زنت بگو این قدر به خانهٔ این و آن نرود ⑤

۸ و به زندگیِ خودتان برسد!»

۹ – ملّا گفت: «به چشم، اگر او را ملاقات بکنم ⑥

۱۰ به او خواهم گفت!»

[**7** *"... bogū ... qhadr ...* **8** *... bereßad (beraßad)!"* **9** *... beh tschaschm, ...*]

جمله هایِ زیر را می فهمید؟

❶ به پسرت بگو دوباره به باغِ من نیاید!

❷ من به زنش گفتم این قدر پر حرفی نکند.

❸ اگر به ملاقاتِ او می روید، به او بگوئید با شما به منزلِ ما بیاید!

خورشِ بادنجانی که در آن رستوران خورده بودم خیلی خوب بود

"Sag deiner Frau, dass sie nicht so oft von Haus zu – Haus gehen soll 7
und dass sie sich um eure eigenen Angelegenheiten kümmern soll (nach Leben+ selbst-ihr *Konj.*-ankommt)!" 8
Der Mullah sagt: "Einverstanden, wenn ich sie treffe, – 9
dann werde ich es ihr sagen!" 10

⑤ Gemäß dem Deutschen könnte man auch به زنت بگو که [*beh sanat bogū keh …*] "Sag deiner Frau, dass …" benutzen, doch ist که [*keh*] "dass" im Persischen hier nicht zwingend erforderlich.

⑥ چشم [*tschaschm*] "Auge" wird in zahlreichen Floskeln und Redewendungen verwendet wie hier in به چشم! [*beh tschaschm!*] "Einverstanden!" – in der Kurzform auch nur چشم! [*tschaschm!*]. Merken Sie sich auch:

[*tschaschm-e to rouschan båschad!*] چشمِ تو روشن باشد!
"Glückwunsch!, Freu dich!"
"Willkommen!" [*qhadam bar tschaschm!*] قدم بر چشم!

❹ این خانمِ محمودی خبرچینترینِ زنهایِ شهرِ تبریز است.

آیا متوجه شدید؟

❶ Sag deinem Sohn, dass er nicht wieder in meinen Garten kommen soll!
❷ Ich habe seiner Frau gesagt, dass sie nicht so viel Klatsch erzählen soll.
❸ Wenn Sie ihn antreffen, sagen Sie ihm, dass er mit Ihnen zu uns kommen soll!
❹ Diese Frau Mahmudi ist das größte Klatschweib von allen Frauen in der Stadt Tabris.

Achten Sie stets darauf, dass Sie nicht in Ihrer täglichen Beschäftigung mit Assimil nachlassen. Sie wissen ja bereits, dass nur 20 Minuten pro Tag ausreichen können, um die bisher erworbenen Kenntnisse zu festigen.

جاهایِ خالی را پر کنید

Als mein Nachbar mit seiner Frau gestritten hat, war ich überhaupt nicht erfreut. 1

Das Auberginenragout, das ich in jenem Restaurant gegessen habe, war sehr gut. 2

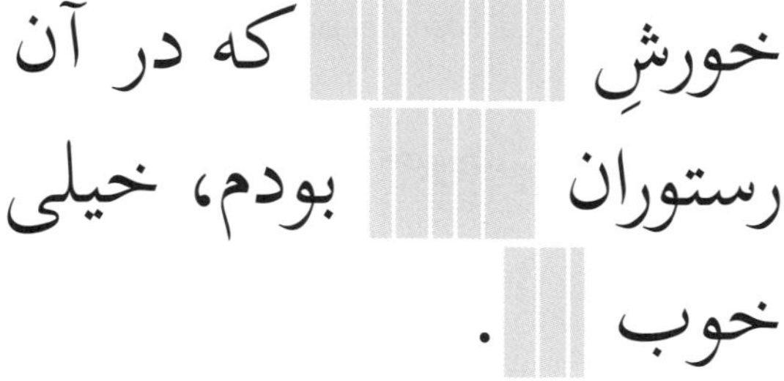

Diese Frauen hatten die Angewohnheit, Klatsch zu erzählen, und sie gingen in jedes Haus des Dorfes. 3

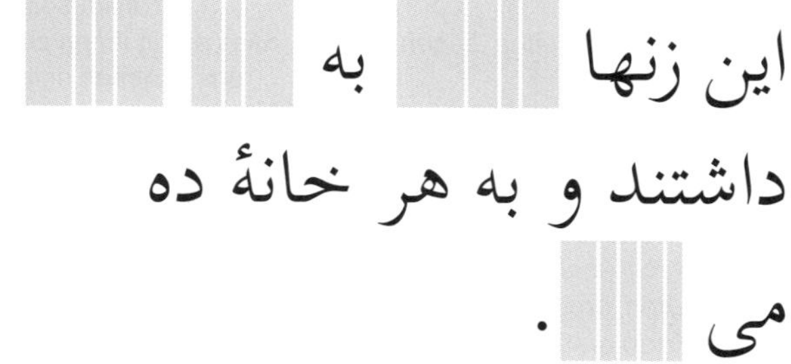

4 Diese Angewohnheit, Klatsch zu erzählen, ist nicht gut. Man soll nicht so viel plaudern.

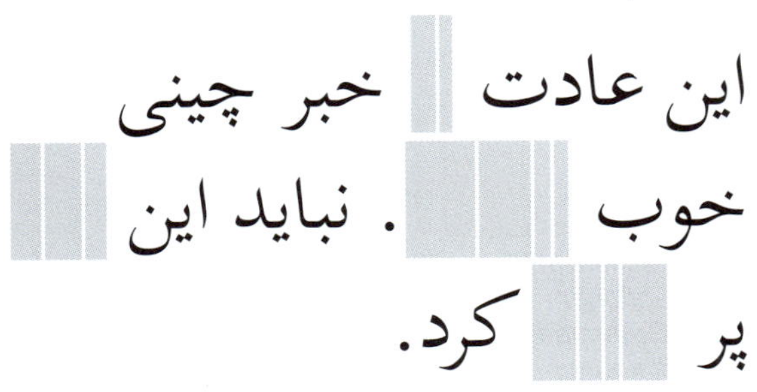

واژه هایِ مناسب

1 همسایه‌ام - دعوا - هیچ - شدم 2 بادنجانی - خورده - بود 3 عادت - خبر - چینی - رفتند 4 به - نیست - قدر - حرفی

Lassen Sie sich nicht entmutigen, wenn Sie sich nicht alle Vokabeln, die Ihnen begegnen, merken können. Gehen Sie einfach ein paar Lektionen zurück, und wiederholen Sie sie noch einmal. Sie werden nach einiger Zeit merken, dass Ihnen nach dieser Wiederholung zuvor schwierige Wörter und Ausdrücke nun viel leichter fallen.

پر حرفی زیان آور است.

[*por harfī sījån åwar aßt.*]

"Zu viel Reden bringt Vorurteile mit sich."
(voll Sprechen Vorurteil bringt ist.)

موجِ دوّم: امروز درسِ سیزدهم را فعال کنید!

۵۶ درسِ پنجاه و ششم

[*... påndĵåh-o scheschom*]

مرور

Sie beherrschen mittlerweile praktisch alles, um sich in alltäglichen Situationen auf einfache, aber korrekte Weise auszudrücken. Grammatikalisch kennen Sie diverse Zeitformen des Verbs und können sogar schon Relativsätze und auch etwas komplexere Sätze formulieren. Ab jetzt werden wir uns etwas mit dem "Feinschliff" des Persischen beschäftigen.

1. Plural

Der Plural verfügt über zwei Suffixe: ها [-*hå*] und ان [-*ån*]. Grundsätzlich wendet man diese wie folgt an:

• ها [-*hå*] für Dinge und Sätze

"Bücher" [*ketåbhå*] / [*ketåb-hå*] کتابها\کتاب ها

کتاب فروشیها\کتاب فروشی ها

"Buchhandlungen" [*ketåb forūschīhå*] / [*ketåb forūschī-hå*]

Wie man erkennen kann, kann ها [-*hå*] an das entsprechende Wort angehängt werden oder separat stehen. Nur bei Wörtern, die auf **he do tscheschm** enden, und dieses wird [-*eh*] gesprochen, ist ausschließlich die separate Schreibung zulässig:

"Häuser" [*chåneh-hå*] خانه ها

• ان [-*ån*] für Menschen und Tiere

"Männer" [*mardån*] مردان

"Frauen [*sanån*] زنان

Soweit die Theorie. In der Praxis wird hingegen speziell umgangssprachlich ausschließlich ها [-*hå*] für sämtliche Fälle (also

56. Lektion

auch Menschen und Tiere) verwendet, und Sie können dies ebenso handhaben: بچّه‌ها [*batschtscheh-hå*] "Kinder", مردها [*mardhå*] "Männer", زنها [*sanhå*] "Frauen" etc.

Anders als das Persische kennt das Arabische eine sehr komplexe Pluralbildung mit vielen Ausnahmen. Arabische Lehnwörter kommen im Persischen auch häufig in diesen Pluralformen vor. Wir haben bisher nur ein Beispiel dazu kennengelernt:

"Reisender" [*moßåfer*] مسافر
"Reisende" [*moßåferīn*] مسافرین ➤

2. Aktiv und Passiv

Man bildet das Passiv der Verben, die mit کردن [*kardan*] "machen" zusammengesetzt werden, indem man dieses durch شدن [*schodan*] "werden" ersetzt:

"zerreißen" [*påreh kardan*] پاره کردن
"zerrissen werden" [*påreh schodan*] پاره شدن ➤

"ruinieren, zerstören" [*charåb kardan*] خراب کردن
[*charåb schodan*] خراب شدن ➤
"ruiniert werden, zerstört werden"

"(aus-)wählen" [*entechåb kardan*] انتخاب کردن
[*entechåb schodan*] انتخاب شدن ➤
"(aus-)gewählt werden"

In manchen Fällen entstehen hierbei Verbpaare, die im Deutschen nicht automatisch als Aktiv bzw. Passiv erkennbar sind:

"jemanden aufwecken" [*bīdår kardan*] بیدار کردن
"aufwachen" [*bīdår schodan*] بیدار شدن ➤

Nicht zusammengesetzte Verben – also jene, die nicht کردن [*kardan*] beinhalten – bilden das Passiv mithilfe des Perfektpartizips und des Verbs شدن [*schodan*]:

احمد در را بست. [*ahmad dar rå baßt.*]
"Ahmad hat die Tür geschlossen."

در بسته شد. [*dar baßteh schod.*]
"Die Tür wurde geschlossen. / Man hat die Tür geschlossen."

Das Verb بستن (بند) [*baßtan (band)*] "schließen" bildet hier das Partizip Perfekt auf بسته [*baßteh*] "geschlossen".

3. Imperfekt

Beschreibt man eine Handlung in der Vergangenheit, die sich über einen längeren Zeitraum erstreckt, verwendet man das Imperfekt, das mit dem Verbalpräfix می [*mī*] (das auf die längere Dauer einer Handlung hinweist) sowie einem Verb im Präteritum gebildet wird:

"ich machte" [*mī-kardam*] می کردم

"wir sagten" [*mī-goftīm*] می گفتیم

Das Präfix kann wie im Präsens separat oder zusammen mit der nachfolgenden Verbform geschrieben werden, also auch:

"ich machte" [*mīkardam*] میکردم

"wir sagten" [*mīgoftīm*] میگفتیم

Für die Verneinung des Imperfekts ersetzt man می [*mī-*] durch نمی [*nemī-*] (bzw. man ergänzt vor der Imperfektform [*ne-*]):

"ich machte nicht" [*nemī-kardam*] نمی کردم

Beachten Sie, dass die Verben für "haben" und "sein" nur eine Entsprechung für die Vergangenheit kennen und nie mit dem Präfix می [*mī-*] gebildet werden:

داشتن [dåschtan]

➤ داشتم [dåschtam] "ich habe gehabt", "ich hatte"

بودن [būdan]

➤ بودیم [būdīm] "wir sind gewesen", "wir waren"

4. Plusquamperfekt

Um eine Handlung in der Vorvergangenheit zu beschreiben, wendet auch das Persische das Plusquamperfekt an. Dieses bildet man mit dem Partizip Perfekt des Vollverbs und dem Präteritum von بودن [*būdan*] "sein":

"ich hatte genommen" [*gerefteh būdam*] گرفته بودم

"er hatte (um)getauscht" [*'awas kardeh būd*] عوض کرده بود

5. Superlativ (höchste Steigerungsstufe)

Man bildet den Superlativ mithilfe des Suffixes ترین [*-tarīn*], bei dem es sich streng genommen um die Erweiterung des Komparativsuffixes تر [*-tar*] durch die Endung ین [*-īn*] handelt. Das Suffix kann direkt an das entsprechende Adjektiv angehängt werden oder separat stehen:

بد [*bad*] "schlecht" ➤ بدتر [*badtar/battar*] "schlechter" ➤ بدترین [*badtarīn/battarīn*] "am schlechtesten"

گران [*gerån*] "teuer" ➤ گران تر [*gerånta*r] "teurer" ➤ گران ترین [*gerååntarīn*] "am teuersten"

کم [*kam*] "wenig" ➤ کمتر [*kamtar*] "weniger" ➤ کمترین [*kamtarīn*] "am wenigsten"

Einige Besonderheiten:

خوب [*chūb*] "gut" bildet den Komparativ und den Superlativ unregelmäßig auf بهتر [*behtar*] "besser" und بهترین [*behtarīn*] "am besten". (Allerdings gibt es hier auch die Form خوب‌تر [*chūbtar*] bzw. خوب‌ترین [*chūbtarīn*].)

Unregelmäßig verhält sich auch زیاد [*sījåd*] "viel", das den Komparativ auf بیشتر [*bīschtar*] "mehr" und den Superlativ auf بیشترین [*bīschtarīn*] "am meisten" bildet. Auch hier gäbe es theoretisch die Alternativen زیادتر [*sījådtar*] bzw. زیادترین [*sījådtarīn*].

Üblicherweise werden die Komparativ- und Superlativsuffixe vom Bezugswort abgetrennt geschrieben, aber die Schreibweise ist größtenteils freigestellt. بهتر [*behtar*] und بهترین [*behtarīn*] schreibt man trotzdem fast immer zusammen, ebenso بیشتر [*bīschtar*] und بیشترین [*bīschtarīn*].

Achtung: Bei Adjektiven bzw. Partizipien, die auf **he do tscheschm** ه [*-eh*] enden, müssen die Steigerungssuffixe getrennt geschrieben werden, da andernfalls das **he do tscheschm** nicht mehr am Wortende stehen würde und somit die Aussprache als [*-eh*] nicht mehr möglich wäre:

"langsam" [*åheßteh*] آهسته

➤ آهسته ترین [*åheßteh-tarīn*]

"am langsamsten; der/die/das langsamste"

Das Adjektiv im Superlativ steht immer vor dem Bezugswort und braucht dabei kein **Esåfeh**:

گران ترین خطِّ اتوبوس [*gerån tarīn chatt-e otobūß*]

"die teuerste Buslinie"

قشنگ ترین خانه [*qhaschang tarīn chåneh*]

"das schönste Haus"

"das beste Brot" [*behtarīn nån*] بهترین نان

Wenn jedoch das Adjektiv im Superlativ die Funktion eines Nomens hat, setzt man ein **Esåfeh** vor das entsprechende Bezugswort:

گران‌ترینِ شرکتها [*geråntarīn-e scherkathå*]
"die teuerste der Firmen"

"die Beste von ihnen" [*behtarīn-e ånhåßt*] بهترینِ آنهاست

Mit der Konstruktion هر چه ... تر [*har tscheh* + Adjektiv/Adverb + *-tar*] bildet man die Entsprechung für "so … wie möglich":

"so groß wie möglich" [*har tscheh bosorgtar*] هر چه بزرگ‌تر

مرا هر چه زودتر به ترمینال ببرید.
[*marå har tscheh sūdtar beh termīnål bebarīd.*]
"Bringen Sie mich so schnell wie möglich zum Busbahnhof."

6. Ordinalzahlen

In Lektion 28 sind wir auf die Bildung der Ordnungszahlen mithilfe des Suffixes ـم [*-om*] eingegangen: یکم [*jek-om*] "erster, -e, -es", دوّم [*doww-om*] "zweiter, -e, -es", دهم [*dah-om*] "zehnter, -e, -es" usw.

Ebenso kann man anstelle von [*-om*] das Suffix ـمین [*-omīn*] verwenden: دوّمین [*doww-omīn*] "zweiter, -e, -es", سوّمین [*ßeww-omīn*] "dritter, -e, -es", چهارمین [*tschahår-omīn*] "vierter, -e, -es" usw.

Der Unterschied zwischen der Form auf ـم [*-om*] und der auf ـمین [*-omīn*] ist, dass die erste Variante immer dem Bezugswort, das ein **Esåfeh** trägt, nachgestellt wird und die zweite vor dem entsprechenden Bezugswort steht. Vergleichen Sie:

"(die) zweite Lektion" [*darß-e dowwom*] درسِ دوّم

دوّمین درسِ فارسی [*dowwomīn darß-e fårßī*]
"(die) zweite Persischlektion"

Für "erster, -e, -es" hat man neben یکم [jekom] – یکمین [jekomīn] wird kaum gebraucht – die Wahl zwischen اوّل [awwal] und اوّلین [awwalīn]:

"(die) erste Lektion" [darß-e awwal] درسِ اوّل

اوّلین درسِ کتاب [awwalīn darß-e ketåb]
"(die) erste Lektion des Buches"

Bei zusammengesetzten Zahlen ist hingegen nur یکم [jekom] zulässig:

"21. Lektion" [darß-e bīßt-o jekom] درسِ بیست و یکم

Wie اوّل [awwal] und اوّلین [awwalīn] "erster, -e, -es" verhalten sich auch آخر [åchar] und آخرین [åcharīn] "letzter, -e, -es".

7. Relativpronomen

Dort, wo das Deutsche verschiedene Relativpronomen (der, die, das usw.) verwendet, ist das Persische wesentlich einfacher konstruiert. Hier gibt es nur das Relativpronomen که [keh]. Soll das entsprechende Bezugswort bestimmt sein – also im Deutschen mit bestimmtem Artikel stehen – hängt man ی [-ī] an.

Dazu im Folgenden einige Beispiele:

• der, die, das

خانه‌ای که سفید است [chåneh'ī keh ßefīd aßt]
"das Haus, das weiß ist"

• wo, in dem, in der

خانه‌ای که در آن زندگی می کنم
[chåneh'ī keh dar ån sendegī mī-konam]
"das Haus, in dem ich wohne"

• wohin, zu dem, zu der

خانه‌ای که به آن می روم
"das Haus, zu dem ich gehe" [chåneh'ī keh beh ån mī-rawam]

• dessen, deren

پدری که پسرش معلّم است

[*pedarī keh peßarasch mo'allem aßt*]

"der Vater, dessen Sohn Lehrer ist"

• über den, über die

زنی که از او حرف می زنم

"die Frau, über die ich spreche" [*sanī keh as ū harf mī-sanam*]

Oder etwas anspruchsvoller:

زنی که حرفش را می زنم

"die Frau, über die ich spreche" [*sanī keh harfasch rå mī-sanam*]

• mit dessen, mit deren

مردی که با پسرش به مدرسه می روم

[*mardī keh bå peßarasch beh madraßeh mī-rawam*]

"der Mann, mit dessen Sohn ich in die Schule gehe"

Neben diesen Relativsätzen gibt es noch einige weitere, etwas komplexere, die wir im Laufe der letzten Lektionen kennengelernt haben:

این نامه‌ای بود که برایِ عمّه زهره نوشته بودم.

[*īn nåmeh'ī būd keh barå-je 'ammeh sohreh neweschteh būdam.*]

"Das war dieser Brief, den ich an Tante Sohre geschrieben hatte."

یک زیر زمینِ خنک بود که در آن مردم زندگی می کردند.

[*jek sīr-samīn-e chonak būd keh dar ån mardom sendegī mī-kardand.*]

"Es gab ein kühles Untergeschoss, in dem die Menschen wohnten."

شما که کمرتان ناراحت بود؟

[*schomå keh kamaretån nåråhat būd?*]

"Sie, die Sie ein Rückenleiden hatten?"

8. Konjunktionen mit که [*keh*]

که [*keh*] im Sinne von "dass" wird alleine benutzt oder steht als Teil einer weiteren Konjunktion: تا که [*tå keh*] "bis dass", تا اینکه [*tå īnkeh*] "damit, um zu". Hinter diesen Konstruktionen steht gewöhnlich das Verb im Konjunktiv.

• "bis dass" [*tå keh*] تا که

همین جا بمان تا (که) بر گردم.

[*hamīn dĵå bemån tå (keh) bar gardam.*]

"Bleib dort, bis ich wiederkomme."

• "damit, um zu" [*keh*] که / [*tå keh*] تا که/ [*tå īnkeh*] تا اینکه

نشانیِ احمد را به من بده تا اینکه برایش نامه بنویسم.

[*neschånī-e ahmad rå beh man bedeh tå īnkeh barå-jasch nåmeh benewīßam.*]

"Gib mir Ahmads Adresse, damit ich ihm einen Brief schreibe."

من به تو کمک می کنم که نامهٔ دیگری بنویسی.

[*man beh to komak mī-konam keh nåmeh-je dīgarī benewīßī.*]

"Ich werde dir helfen, einen neuen Brief zu schreiben."

• "sagen, dass ..." [*goftan tå keh*] گفتن تا که

اگر نمک می خواهی، به گارسون بگو تا (که) برایِ تو (برایت) بیاورد!

[*agar namak mī-chåhī, beh gårßon begū tå (keh) barå-je to (baråjat) bījåwarad!**]

"Wenn du Salz willst, sage dem Kellner, dass er dir welches bringt!"

(* Wichtig: Bei [*bījåwarad*] ist das [*ī*] betont!)

به زنت بگو (که) اینقدر به خانهٔ این و آن نرود!

[*beh sanat bogū (keh) īnqhadr beh chåneh-je īn wa ån narawad!*]

"Sag deiner Frau, dass sie nicht so oft von Haus zu Haus gehen soll!"

Eine weitere Konjunktion mit که [*keh*], die Sie in Lektion 54 angetroffen haben, ist برایِ اینکه \ برایِ این که [*barå-je īnkeh*] "weil".

9. Wenn-Sätze

Wenn-Sätze, also Sätze, die eine Bedingung ausdrücken, werden durch اگر [*agar*] "falls, wenn" eingeleitet. Je nachdem, welche Zeitform des Verbs danach steht, entscheidet sich, um welche Art der Bedingung es sich handelt.

- **اگر [*agar*] + Konjunktiv**

اگر دو کیلو گوجه فرنگی هم به من بدهید، خیلی ممنون می شوم.

[*agar do kīlo goudĵeh farangī ham beh man bedahīd, chejlī mamnūn mī-schawam.*]

"Wenn Sie mir auch zwei Kilo Tomaten geben würden, dann wäre ich [Ihnen] sehr verbunden/dankbar."

Steht nach اگر [*agar*] "falls, wenn" wie hier der Konjunktiv (der, wie Sie wissen, auch die Funktion eines Imperativs haben kann), wird dadurch eine Vermutung bzw. eine gewisse Unsicherheit ausgedrückt. Steht hingegen das Präsens, handelt es sich um ein sicheres Vorhaben. Vergleichen Sie:

اگر می خواهید زودتر راه بیفتید، بلیطتان را عوض کنید.

[*agar mī-chåhīd sūdtar råh bījoftīd*, belītetån rå 'awas konīd.*]

"Wenn Sie früher fahren wollen, tauschen Sie Ihr Ticket um."

اگر بخواهید زودتر راه بیفتید، باید بلیطتان را عوض کنید.

[*agar bechåhīd sūdtar råh bījoftīd*, båjad belītetån rå 'awas konīd.*]

"Wenn Sie früher fahren wollten, sollten Sie Ihr Ticket umtauschen."

(* [*bījoftīd*]: Betonung auf dem ersten [*ī*]!)

10. Suffixe

10.1 ی [-ī]

Das Suffix ی [-*ī*] hat bekanntlich verschiedene Funktionen.

Erfüllt es die im Folgenden aufgelisteten Funktionen, ist es nie betont:

- **… als unbestimmter Artikel "ein, -e" im Singular oder für Wörter im Plural im Sinne von "einige":**

– im Singular:

"Frau" [*san*] زن

"eine Frau" [*san-ī*] زنی

- **… als Nomen + Adjektiv + ی [-ī]:**

"ein anderer Brief" [*nåmeh-je dīgar-ī*] نامهٔ دیگری

– im Plural:

در خیابانشان جویهای بزرگی هست.

[*dar chījåbåneschån djūj-hå-je bosorg-ī haßt.*]

"In ihrer Straße gibt es große Kanäle."

- **… als nähere Bestimmung:**

"der/die eine von" [*jek-ī as*] یکی از

"der Mann, der …" [*mardīkeh/mardī-keh*] مردیکه\مردی که

Erfüllt es die im Folgenden aufgeführten Funktionen, ist es betont:

- **… zur Bildung eines Adjektivs auf der Basis eines Nomens:**

"Iran" [*īrån*] ایران

"iranisch" [*īrån-ī*] ایرانی ➤

"Fernsehen" [*telewīsjūn*] تلویزیون

"Fernseh-" [*telewīsjūn-ī*] تلویزیونی ➤

• ... zur Bildung von Geschäftsbezeichnungen, ausgehend von den Verkäufern:

"Buchhändler" [ketåb forūsch] کتاب فروش

➤ کتاب فروشی [ketåb forūschī]
"Buchhandlung, Buchgeschäft"

"Gemüsehändler" [ßabsī forūsch] سبزی فروش

➤ سبزی فروشی [ßabsī forūschī]
"Gemüsehandlung, Gemüseladen"

Der Unterschied zwischen dem jeweiligen Geschäft und dem Händler mit angehängtem unbestimmtem Artikel ist nur in der Betonung zu hören, im Schriftbild aber nicht zu erkennen (wir kennzeichnen die Betonung durch Unterstreichung):

سبزی فروشی [ßabsī forū<u>schī</u>]
"Gemüsehandlung, Gemüseladen"

"ein Gemüsehändler" [ßabsī fo<u>rū</u>schī] سبزی فروشی

Hier nun einige Paare von Händlern und Geschäften:

"Lebensmittelhändler" [baqhqhål] بقّال

"Lebensmittelgeschäft" ➤ بقّالی [baqhqhålī]

"Metzger" [qhaßßåb] قصّاب

"Metzgerei" ➤ قصّابی [qhaßßåbī]

(Alternativ: گوشت فروشی [gūscht forūschī] "Metzgerei" von گوشت [gūscht] "Fleisch")

"Blumenhändler" [gol forūsch] گل فروش

"Blumengeschäft" ➤ گل فروشی [gol forūschī]

نوشت افزار فروش [newescht afsår forūsch]
"Schreibwarenhändler"

➤ نوشت افزار فروشی [newescht afsår forūschī]
"Schreibwarengeschäft, Papierhandlung"

"Juwelier, Schmuckhändler" [*dĵawåher forūsch*] جواهر فروش

◂ جواهر فروشی [*dĵawåher forūschī*]
"Juweliergeschäft, Schmuckgeschäft"

"Teppichhändler" [*farsch forūsch*] فرش فروش

"Teppichgeschäft" [*farsch forūschī*] ◂ فرش فروشی

Ausnahmen sind jedoch:

"Apotheker" [*dårū forūsch*] دارو فروش

"Apotheke" [*dårū chåneh*] ◂ دارو خانه

"Reinigung" [*lebåß schū'ī*] لباس شوئی

"Reinigung, Heißmangel" [*otū kaschī*] اتو کشی

"Haushaltwarengeschäft" [*absår forūschī*] ابزار فروشی

"Friseur" (allg.) [*åråjeschgåh*] آرایشگاه

"Herrenfriseur" [*ßalmånī*] سلمانی

"Gewürzhändler" [*'attår*] عطّار

"Gewürzhandlung" [*'attårī*] ◂ عطّاری

10.2 گی [-gī]

Wie ی [-*ī*] benutzt man auch گی [-*gī*] dazu, Substantive und Adjektive zu bilden, allerdings steht گی [-*gī*] nur nach Wörtern, die auf ـه [-*eh*] enden. Diese verlieren infolgedessen das **he do tscheschm** ه in der Schreibung:

"Leben" [*sende-gī*] زندگی ◂ "lebend" [*sendeh*] زنده

"Müdigkeit" [*chaßte-gī*] خستگی ◂ "müde" [*chaßteh*] خسته

"Sklaverei" [*bande-gī*] بندگی ◂ "Sklave" [*bandeh*] بنده

◂ "Familie" [*chånewådeh*] خانواده

"Familien-, familiär" [*chånewåde-gī*] خانوادگی

11. Pronomen خود [*chod*] "selbst"

Man kann an das Pronomen خود [*chod*] "selbst" die Possessivsuffixe anhängen und somit rückbezügliche Fürwörter bilden:

"ich selbst, mich selbst" [*chod-am*] خودم

"du selbst, dich selbst" [*chod-at*] خودت

"ihr selbst, euch selbst, Sie selbst" [*chod-etån*] خودتان

usw.

12. Akkusativpartikel را [*rå*]

Wir kennen den Marker را [*rå*] in erster Linie in seiner Funktion, den Akkusativ auszudrücken, also das Objekt in einem Satz zu markieren. Wir haben hierzu seit der 12. Lektion viele Beispiele gesehen. Doch kommt را [*rå*] auch in anderen Funktionen vor. Hier nun zwei davon:

• Attribut

"Gott sei Dank!" [*chodå rå schokr!*] خدا را شکر!

"Ich habe es dir gesagt." [*to rå goftam.*] تو را گفتم.

• Zeitbestimmung

تمامِ روزها را در کوچه هایِ ده از این خانه به آن خانه می رفت.

[*tamåm-e rūs-hå rå dar kūtscheh-hå-je deh as īn chåneh beh īn chåneh mī-raft.*]

"Sie ging an allen Tagen in den Straßen/Gassen des Dorfes von Haus zu Haus."

به زیر زمین برویم که همهٔ تابستان را در آن زندگی کنیم.

[*beh sīr-samīn berawīm keh hameh-je tåbeßtån rå dar ån sendegī konīm.*]

"Gehen wir ins Untergeschoss, um den ganzen Sommer über dort zu wohnen."

[*tamåm-e schab rå nachåbīdeh'īm.*] تمامِ شب را نخوابیده ایم.

"Wir haben die ganze Nacht nicht geschlafen."

13. Wiederholungsübungen

Bis jetzt haben wir Ihnen immer einen Text zum Übersetzen angeboten. Ab dieser Lektion wollen wir Ihnen noch andere Übungen anbieten, mit denen Sie Ihre Kenntnisse trainieren können.

13.1 Konjugationsübung

Konjugieren Sie die folgenden Verben jeweils im Perfekt, Imperfekt, Präsens und Konjunktiv: گرفتن [*gereftan*], دیدن [*dīdan*], شدن [*schodan*], گفتن [*goftan*], رفتن [*raftan*], خریدن [*charīdan*]. Verwenden Sie dabei für das erste Verb "ich", für das zweite "du" usw.

Beispiel für die Konjugationen:

کردن (من) ➤ کردم، می کردم، می کنم، بکنم
[*kardan (man)* ➤ *kardam, mī-kardam, mī-konam, bekonam*]

Lösungen zur Konjugationsübung

گرفتن (من) ➤ گرفتم، می گرفتم، می گیرم، بگیرم
[*gereftan (man): gereftam, mī-gereftam, mī-gīram, begīram*]

دیدن (تو) ➤ دیدی، می دیدی، می بینی، ببینی
[*dīdan (to): dīdī, mī-dīdī, mī-bīnī, bebīnī*]

شدن (او) ➤ شد، می شد، می شود، بشود
[*schodan (ū): schod, mī-schod, mī-schawad, beschawad*]

گفتن (ما) ➤ گفتیم، می گفتیم، می گوییم\
می گوئیم، بگوییم\ بگوئیم
[*goftan (må): goftīm, mī-goftīm, mī-gūjīm/mī-gū'īm, begūjīm/begū'īm*]

رفتن (شما) ➤ رفتید، می رفتید، می روید، بروید
[*raftan (schomå): raftīd, mī-raftīd, mī-rawīd, berawīd*]

خریدن (آنها) ➤ خریدند، می خریدند، می خرند، بخرند
[*charīdan (ånhå): charīdand, mī-charīdand, mī-charand, becharand*]

13.2 Kombinationsübung

Finden Sie die jeweils zusammengehörigen Sätze bzw. Satzteile.

1 شما این کاغذ را پاره کردید؟
[*schomå īn kåghas rå påreh kardīd?*]

2 زنتان خیلی زیاد پر حرفی می کند!
[*sanetån chejlī sījåd por harfī mī-konad!*]

3 من دیر آمدم. شما خیلی منتظر شدید.
[*man dīr åmadam. schomå chejlī montaser schodīd.*]

4 شما به من کمک کردید.
[*schomå beh man komak kardīd.*]

5 بلیطِ مرا عوض کردی؟ [*belīt-e marå 'awas kardī?*]

6 باید زودتر راه افتاد. [*båjad sūdtar råh oftåd.*]

a خیلی متشکّرم. [*chejlī moteschakkeram.*]

b –حقّ با شماست (شما است).
[*– haqhqh bå schomåßt (schomå aßt).*]

c عیب ندارد. [*'ejb nadårad.*]

d خیلی ممنونم. [*chejlī mamnūn(am).*]

e مواظب باشید! [*mowåseb båschīd!*]

f معذرت می خواهم. [*ma'serat mī-chåham.*]

Anmerkung: Die Ausdrücke خیلی ممنونم [*chejlī mamnūn(am)*] und خیلی متشکّرم [*chejlī moteschakkeram*] können alternativ benutzt werden.

Lösungen zur Kombinationsübung

1/c – 2/e – 3/f – 4/a – 5/d – 6/b

Kompletter Text der Kombinationsübung

Hier sehen Sie die vollständigen Sätze. Versuchen Sie nun, diese zu übersetzen.

1. شما این کاغذ را پاره کردید؟ عیب ندارد.
2. زنتان خیلی زیاد پر حرفی می کند! مواظب باشید!
3. من دیر آمدم. شما خیلی منتظر شدید. معذرت می خواهم.
4. شما به من کمک کردید. خیلی متشکّرم.
5. بلیطِ مرا عوض کردی؟ خیلی ممنونم.
6. باید زودتر راه افتاد. – حقّ با شماست (شما است).

Aussprache der Sätze aus der Kombinationsübung

[**1.** *schomå īn kåghas rå påreh kardīd? 'ejb nadårad.* **2.** *sanetån chejlī sījåd por harfī mī-konad! mowåseb båschīd!* **3.** *man dīr åmadam. schomå chejlī montaser schodīd. ma'serat mī-chåham.* **4.** *schomå beh man komak kardīd. chejlī moteschakkeram.* **5.** *belīt-e marå 'awas kardī? chejlī mamnūn(am).* **6.** *båjad sūdtar råh oftåd. – håqhqh bå schomåßt (schomå aßt).*]

۵۷ درسِ پنجاه و هفتم

رسیدنِ بی خبر ① ②

1 بیرون هوا خیلی گرم بود، ولی در خانه خنک بود.

[*... pandjåh-o haftom raßīdan-e bī chabar*]

① رسیدنِ بی خبر [*raßīdan-e bī chabar*]: Der Infinitiv kann auch wie ein Substantiv verwendet werden. Dies ist besonders mit برایِ [*barå-je*] "für, um zu" der Fall – z. B. in برایِ دیدنِ تو [*barå-je*

Übersetzung der Sätze aus der Kombinationsübung
❶ Haben Sie dieses Papier zerrissen? Das ist nicht schlimm. ❷ Ihre Frau erzählt viel Klatsch. Passen Sie auf! ❸ Ich bin zu spät. Sie haben [lange] (sehr) auf mich gewartet. Ich bitte Sie, mich zu entschuldigen. ❹ Sie haben mir geholfen. Ich danke Ihnen sehr. ❺ Hast du meine Fahrkarte umgetauscht? Ich bin dir sehr verbunden/dankbar. ❻ Man muss früher aufbrechen. – Sie haben recht.

Diese Wiederholungslektion war sehr umfangreich. Ist Ihnen eine Wiederholungslektion zu lang, dann teilen Sie sie in mehrere Teile auf, und arbeiten Sie diese Teile an verschiedenen Tagen durch. Denken Sie auch daran, die Wiederholungslektionen ruhig mehrmals durchzulesen. Aber vor allem: Seien Sie stolz auf Ihre Erfolge!

بارک الله!

[*bårek allåh!*]

"Glückwunsch!"

موجِ دوّم: امروز درسِ چهاردهم را فعال کنید!

57. Lektion

Unangekündigte Ankunft (ankommen ohne Mitteilung)

1 Draußen war das Wetter sehr warm, aber im Haus war es sehr kühl.

dīdan-e to] "um dich zu sehen" – aber auch nach Präpositionen wie پس از [*paß as*] / بعد از [*ba'd as*] "nach", پیش از [*pīsch as*] / قبل از [*qhabl as*] "vor".

② خبر [*chabar*] "Mitteilung, Nachricht, Neuigkeit" bildet den Plural regelmäßig: خبرها [*chabarhå*]. Meint man jedoch die "Nachrichten" im Radio oder Fernsehen, verwendet man den arabischen Plural اخبار [*achbår*]. Merken Sie sich auch das Verb خبر کردن [*chabar kardan*] "ankündigen, in Kenntnis setzen".

۲ بعد از نهار، هر کسی در اطاقِ خودش استراحت می کرد،

۳ به جز پرویز، پسرِ بزرگِ خانواده

۴ که درسهایش را می خواند.

۵ ناگهان زنگِ در را زدند.

۶ پرویز بلند شد و از خود پرسید: ③

۷ «در این ساعت کی می تواند باشد؟»

۸ – چه عجب! امیر جان این توئی؟ ④

۹ – پرویز سلام، پس می خواستی کی باشد؟

۱۰ – یواش حرف بزن همه دارند میخوابند. ⑤

تلفّظ

[**2** … *har kaßī* … *eßteråhat mī-kard,* **3** *beh dĵos parwīs,* … **5** *någahån* … **6** … *boland schod* … **8** *tscheh 'adĵab* … *dĵån* … **10** *jawåsch* …]

Nach dem Mittagessen ruhte jeder sich in seinem Zimmer aus (in Zimmer+ selbst-sein Pause *VP* machte), 2
außer Parwis, der älteste (groß) Sohn der Familie, 3
der (Lektion-*Pl.*-sein) lernte. 4
Plötzlich klingelte es an der Tür. 5
Parwis stand auf (hoch wurde), und er fragte sich (von selbst): 6
"Wer kann das zu dieser Zeit sein?" 7
Was für eine Überraschung! Mein lieber Freund Amir – (Amir Seele), du bist das (dieser du-bist)? 8
Parwis, guten Tag, was dachtest du, wer das ist (*VP* – wolltest wer sei)? 9
Sprich (Buchstabe *Konj.*-schlägst) leise, sie schlafen – gerade alle. 10

③ بلند [*boland*] bedeutet "hoch, groß" (nur für Personen). Das Gegenteil ist کوتاه [*kūtåh*] "kurz, niedrig": قدش بلند است. [*qhadasch boland aßt.*] "Er/Sie ist groß." (wörtl. Höhe-sein hoch ist) ≠ قدش کوتاه است. [*qhadasch kūtåh aßt.*]. Das Verb بلند شدن [*boland schodan*] bedeutet "aufstehen, sich erheben". Merken Sie sich auch طولانی [*tūlånī*] "lang, langgezogen".

④ جان [*dj̑ån*] "Seele, Leben" folgt oft hinter Vornamen und bedeutet dann in etwa "mein lieber / meine liebe ...":

"mein lieber Amir" [*amīr dj̑ån*] امیر جان

Oft sagt man zu einem geliebten Menschen einfach جانم [*dj̑ånam*] "mein Lieber / meine Liebe". Verwechseln Sie جانم [*dj̑ånam*] nicht mit چُنان [*tschonån*] "solcher, -e, -es":

[*dar tschonån ßūratī ...*] در چُنان صورتی ...

"in einem solchen Fall ..."

⑤ Um auszudrücken, dass eine Handlung gerade abläuft, stellt man dem Verb die entsprechende Form von داشتن [*dåschtan*] "haben" in derselben Person voran:

[*hameh dårand mī-chorand.*] همه دارند می خورند.

"Sie essen gerade alle."

Dies funktioniert ebenso in der Vergangenheit:

[*hameh dåschtand mī-chåbīdand.*] همه داشتند می خوابیدند.

"Sie waren alle dabei zu schlafen."

۱۱ بیا بالا تو اطاقِ من تا کمی صحبت کنیم. ⑥ ⑦

[**11** … *bålå* … *ßohbat konīm.*]

جمله هایِ زیر را می فهمید؟

❶ در ایران، وقتی که هوا خیلی گرم است، هر کسی در اطاقِ خودش استراحت می کند.

❷ وقتی که از پاریس به تهران آمد، اوّل به دیدنِ عمه‌اش رفت و بی خبر به منزلش رسید.

جاهایِ خالی را پر کنید

❶ Die Söhne der Familie sind dabei, ihre Lektionen zu studieren.

❷ Parwis sagt zu Amir, dass er leise sprechen soll, weil die gesamte Familie gerade schläft.

پرویز به امیر ___ ___ (که) ___ یواش ___ ___ چون همهٔ خانواده ___ می خوابند.

Komm hinauf in mein Zimmer, damit wir ein bisschen plaudern. 11

⑥ Wir kennen تا [*tå*] unter anderem im Sinne von "bis". Hier hat es die Bedeutung "damit" oder "um zu", und es folgt ihm ein Verb im Konjunktiv: Daneben findet sich in dieser Funktion auch تا اینکه [*tå īnkeh*].

⑦ Mit کنیم [*konīm*] treffen Sie wieder eine Konjunktivform ohne die Vorsilbe [*be-*]. Mehr dazu in der folgenden Wiederholungslektion.

❸ دیشب همه سرِ میز بودند به جز پسرِ بزرگِ خانواده، برایِ اینکه (چون) او در بیرون کار داشت.

❹ از چند ماهِ پیش تا حالا از آنها خبر نداریم.

آیا متوجه شدید؟

❶ Wenn es in Iran sehr heiß ist, ruht sich jeder in seinem Zimmer aus.

❷ Als er aus Paris in Teheran angekommen ist, ist er als erstes zu seiner Tante mütterlicherseits gegangen und er ist bei ihr angekommen, ohne sie zu benachrichtigen.

❸ Gestern Abend waren alle am Tisch, außer dem ältesten Sohn der Familie, weil er draußen etwas zu erledigen hatte.

❹ Seit einigen Monaten (bis jetzt) haben wir keine Nachrichten von ihnen.

Mein lieber Amir, bist du das? Seit zwei Jahren hatte ich dich nicht gesehen! ❸

Auf dem Schulhof waren alle Kinder dabei zu spielen. ❹

در حیاطِ ______ ، همهٔ بچّه ها ______ بازی ______ کردند.

۵۸ درسِ پنجاه و هشتم

تعجّبِ عمّه نرگس ①

۱ کم کم، اهلِ خانه بیدار می شدند. ② ③

[*darß-e pandĵåh-o haschtom*   *ta'adĵdĵob-e ... nargeß*   **1** *... ahl-e ... bīdår mī-schodand.*]

ANMERKUNGEN

① Zwar wird das arabische Lehnwort تعجّب [*ta'adĵdĵob*] "Erstaunen" mit einem **taschdīd** ّ über **dĵīm** ج [*dĵ*] geschrieben, doch wird diese Verdopplung nicht in dieser Form artikuliert, sondern der Laut eher mit etwas mehr Nachdruck gesprochen.

واژه هایِ مناسب

1 پسرهای – درسهایشان – خوانند 2 می – گوید – حرف – بزند – دارند 3 توئی – است – بودم

4 مدرسه – داشتند – می

Siesta auf Iranisch
Speziell im heißen iranischen Sommer läuft das Leben etwas langsamer ab als sonst. Dann gehört auch ein چرتِ بعد از نهار [tschort-e ba'd as nahår] "Mittagsschlaf" zum normalen Tagesablauf. Man erfrischt sich mehrmals täglich mit Tee, kalten Getränken und frischem Obst. Gästen wird entsprechend auch immer etwas zum Trinken und häufig auch zum Naschen angeboten, sei der Besuch auch noch so kurz. Legen Sie daher nicht allzu viele private Besuche auf einen Tag, denn es gilt als unhöflich, wenn Sie Angebotenes zu oft ablehnen.

موجِ دوّم: امروز درسِ پانزدهم را فعال کنید!

58. Lektion

Das Erstaunen von Tante Narges

1 Nach und nach erwachte die Hausgemeinschaft (Bewohner+ Haus).

② Die Verdopplung eines Adverbs verdeutlicht die Fortdauer oder die Intensität: کم کم [kam kam] "ganz wenig", "nach und nach" oder یواش یواش [jawåsch jawåsch] "ganz langsam/leise".

③ Wie nach مردم [mardom] "Leute" steht auch nach اهل [ahl] "Bewohner, Einwohner, Bürger" das entsprechende Verb immer im Plural. Man hört اهل [ahl] häufig bei der Frage nach der Herkunft: اهلِ کجا هستید؟ [ahl-e kodĵå haßtīd?] "Woher seid ihr? / sind Sie?"

۲ نرگس خانم از پائین پرویز را صدا کرد و گفت:

۳ – پسرم، چای حاضر است.

۴ پرویز به امیر گفت:

۵ – تو اوّل تنها برو!

۶ وقتی که عمّه او را دید، با تعجّبِ زیاد پرسید:

۷ – تو اینجا چه می کنی؟ رسیدن به خیر! ④

۸ بیا ببوسمت. کِی از پاریس آمدی؟ ⑤

۹ – همین امروز.

۱۰ – پس چرا خبر نکردی؟

تلفّظ

[**2** … *på'īn* … **6** … *ta'adĵdĵob-e* … **8** ... *bebūßamat.* …]

Frau Narges hat Parwis von unten gerufen und gesagt: 2
Mein Sohn, der Tee ist fertig. – 3
Parwis sagte zu Amir: 4
Geh du zunächst alleine hin (du erster alleine *Konj.*-gehst)! – 5
Nachdem die Tante ihn sah, fragte sie ihn mit großem (viel) Erstaunen: 6
Was machst du hier, du? Willkommen (ankommen nach Güte)! – 7
Komm her, damit ich dich küsse (*Konj.*-komm *Konj.*-ich-küsse-dich). Wann bist du aus Paris gekommen? 8
Gerade heute. – 9
Warum hast du uns nicht benachrichtigt (Mitteilung nicht-machtest)? – 10

④ Begrüßungen und Wünsche mit به خیر [*beh chejr*] sind sehr häufig. Merken Sie sich neben رسیدن به خیر [*raßīdan beh chejr*] "Willkommen" auch صبح به خیر [*ßobh beh chejr*] "Guten Morgen", روز به خیر [*rūs beh chejr*] "Guten Tag", شب به خیر [*schab beh chejr*] "Guten Abend" und سفر به خیر [*ßafar beh chejr*] "Gute Reise".

⑤ Theoretisch sollte zwischen بیا [*bīå*] "komm" und ببوسمت [*bebūßamat*] "ich küsse dich" entweder که [*keh*] "dass" oder تا [*tå*] "damit" stehen, doch fällt dies sehr häufig weg. Wir werden dazu noch weitere Beispiele kennenlernen.

۱۱ – عمّه جان مگر شما نمی دانید؟

۱۲ مامان برایم نامزدِ نایابی پیدا کرده (است) ⑥

۱۳ و مجبورم برای دیدنش ⑦

۱۴ همین امشب به شیراز بروم.

تلّفظ

[**12** ... *nåjåbī* ... **13** ... *madĵbūram* ...]

جمله هایِ زیر را می فهمید؟

1 من از رسیدنِ بی خبرِ پرویز خیلی تعجّب کردم.

2 وقتی که اهلِ خانه بیدار شدند، مادر برایِ همه چای حاضر کرده بود.

3 از او پرسیدم از چند روزِ پیش از پاریس آمده است.

4 همه داشتند چای می خوردند و صحبت می کردند.

Meine liebe Tante, Sie wissen es also nicht? – 11
Mama hat eine Verlobte für mich gefunden, eine seltene [Perle], 12
und ich bin verpflichtet, um sie zu sehen, 13
genau heute Abend nach Schiras zu fahren. 14

In نایاب [*nåjåb*] "selten; unauffindbar" steckt neben dem Nega- ⑥
tivpräfix نا [*nå*-] der Präsensstamm یاب [*jåb*] des Verbs یافتن [*jåftan*] "finden". Unterscheiden Sie jedoch یافتن [*jåftan*] "(etwas Neues) finden" von پیدا کردن [*pejdå kardan*], auch "(etwas) finden (das man verloren hat)".

Denken Sie daran, dass die Possessivpronomensuffixe auch an ⑦
Infinitive oder Verbergänzungen angehängt werden können und so den Akkusativ ausdrücken:

برایِ باز کردنش [*barå-je bås kardanasch*]
"um es/sie/ihn zu öffnen"

نمی توانیم بازش کنیم. [*nemī-tawånīm båsasch konīm.*]
"Wir können es/sie/ihn nicht öffnen."

❺ تعجّب نکنید! من برایِ دیدنِ نامزدی که مادرم برایم پیدا کرده است، از فرانسه آمده‌ام.

آیا متوجه شدید؟

Ich war sehr erstaunt über die unangekündigte Ankunft (ohne Mitteilung) von Parwis. ❶
Als die Hausgemeinschaft aufgewacht ist, hatte die Mutter den Tee für alle zubereitet. ❷
Ich habe ihn/sie gefragt, vor wie vielen Tagen er/sie aus Paris gekommen ist. ❸
Alle waren dabei, Tee zu trinken und sich zu unterhalten. ❹
Seien Sie nicht erstaunt! Ich bin aus Frankreich gekommen, um die Verlobte zu sehen, die meine Mutter für mich gefunden hat. ❺

جاهایِ خالی را پر کنید

Ich bin aus Frankreich gekommen, um die Verlobte zu sehen, die meine Mutter für mich gefunden hat. 1

من از ______ آمدم تا ______ را که مادرم ______ پیدا کرده است ببینم.

Tante Narges wollte [ihn] küssen, weil sie ihren Neffen seit mehreren Monaten nicht gesehen hatte. 2

عمّه نرگس می خواست ______ ، چون از چند ماهِ ______ پسرِ ______ را ندیده بود.

Wenn Sie nach Teheran kommen, müssen Sie mich benachrichtigen. 3

______ که به تهران می ______ ، باید مرا خبر کنید\ باید به من خبر ______ .

Die Hausgemeinschaft war dabei, zu Mittag zu essen. Plötzlich hat es an der Tür geklingelt. ④

اهلِ خانه ___ ناهار (نهار) می ___ . ناگهان ___ در را زدند.

واژه هایِ مناسب

① فرانسه - نامزدی - برایم ② ببوسدش - پیش - برادرش
③ وقتی - آئید - بدهید ④ داشتند - خوردند - زنگِ

Verwandtschaftsbezeichnungen
In Iran reden Kinder ihre Eltern und alle älteren Verwandten in der Regel mit شما [*schomå*] "ihr, Sie" an. Bei den Anredeformen ist zu beachten, dass man bei Onkel und Tante sowie bei Cousin und Cousine genau unterscheidet, ob es sich um die väterliche oder die mütterliche Linie handelt. Wie überall auf der Welt eignet sich ein Gespräch über die Familie, um das erste Eis mit Unbekannten zu brechen. In der nächsten Wiederholungslektion finden Sie eine Liste mit den Bezeichnungen für alle wichtigen Verwandtschaftsbeziehungen.

موجِ دوّم: امروز درسِ شانزدهم را فعال کنید!

۵۹ درسِ پنجاه و نهم

گفت و گویِ امیر و پرویز

۱ پسر دائی با پسر عمّه با هم دارند صحبت می کنند: ①

۲ – کارِ رسالهٔ پزشکیت (پزشکی‌ات) تمام شد؟

۳ – نه هنوز، ولی امیدوارم که تا سه چهار ماهِ دیگر حاضر شود. ② ③

۴ تو که متاسفانه سالِ پیش در کنکورِ دانشگاه ④

تلفّظ

[darß-e pandjâh-o nohom goft-o gū-je amīr-o parwīs 1 … dåī … 2 … reßåleh-je peseschkīat tamåm schod? 3 … omīdwåram … 4 … mote'aßefåneh … konkūr-e dåneschgåh]

59. Lektion

Unterhaltung zwischen Amir und Parwis

Die beiden Cousins (Sohn Onkel-mütterlicherseits mit 1
Sohn Tante-väterlicherseits) unterhalten sich:
Ist die Dissertation in Medizin (Arbeit+ Abhandlung+ – 2
Medizin-dein) beendet?
Noch nicht, aber ich hoffe, dass sie in drei oder vier – 3
Monaten (bis drei vier Monat+ andere) fertig sein wird.
Und du, der du leider im letzten Jahr die Aufnahme- 4
prüfung für die Universität

Das **Esåfeh** bei پسر دائی [*peßar dåʾī*] und پسر عمّه [*peßar* ①
'ammeh] (ebenso wie bei den restlichen Begriffen für "Cousin" und "Cousine") entfällt, da es sich um einen feststehenden Begriff handelt. Definiert man hingegen genauer, um wen es sich handelt, benötigt man das **Esåfeh**:

امیر پسرِ عمو احمد است. [*amīr peßar-e 'amū ahmad aßt.*]
"Amir ist Onkel Ahmads Sohn."

Prägen Sie sich die Konstruktion تا سه چهار ماهِ دیگر [*tå ßeh* ②
tschahår måh-e dīgar] "in drei [oder] vier Monaten" gut ein und merken Sie sich, dass diese auf Persisch ohne "oder" gebildet wird.

Das Verb "hoffen" wird mit dem Adjektiv امیدوار [*omīdwår*] – in ③
etwa: "Hoffnung habend" – und den kurzen/enklitischen Formen von "sein" ausgedrückt. Darauf folgt ein entsprechendes Verb im Konjunktiv, doch speziell für شدن [*schodan*] "werden" entfällt häufig das Präfix بـ [*be-*], daher heißt es hier nur شود [*schawad*].

Achten Sie auf die richtige Aussprache der Lautfolge [*e'a*] in ④
متاسفانه [*mote'aßefåneh*] "leider, bedauerlicherweise". Zwar gibt die moderne Schreibweise die Sprechpause bei [*e'a*] nicht mehr wieder, doch in der arabischen Originalform steht auf dem ersten **alef** ا [*a*] ein **hamseh** ء [']: متأسفانه.

۵ نتوانستی موفّق شوی، چه میکنی؟

۶ – خودم را برایِ شرکت در کنکورِ امسال آماده می کنم ⑤ ⑥

۷ و هم زمان، برایِ پولِ تو جیبی

۸ به چند شاگردِ دبیرستانی درسِ جبر می دهم.

۹ – پسرعمّه جان، اگر می خواهی پولدار بشوی، زنِ ثروتمندی بگیر!

[**5** … *mowaffaqh schawī* … **6** … *scherkat* ... *konkūr-e* … **7** ... *ham samån* … *pūl-e tū djībī* **8** … *schågerd-e dabīreßtånī* … *djabr* ... **9** … *pūldår* … *ßarwatmandī* …]

جمله هایِ زیر را می فهمید؟

❶ متاسفانه، در کنکورِ سالِ پیش موفّق نشدم.

❷ جوانها دارند خودشان را برایِ شرکت در کنکورِ سالِ آینده آماده می کنند.

❸ من امسال برایِ پولِ تو جیبی، درسِ جبر خواهم داد.

nicht bestehen konntest (erfolgreich würdest), was machst du? 5

– Ich bereite mich vor, um mich bei der diesjährigen Aufnahmeprüfung (Aufnahmeprüfung+ dieses-Jahr fertig *VP* mache) vorzustellen, 6

und gleichzeitig, um Taschengeld zu haben (Geld+ innen Tasche-eine), 7

gebe ich einigen Schülern Algebra-Unterricht. 8

– Mein lieber Cousin, wenn du reich werden willst, nimm dir eine vermögende Frau! 9

⑤ Neben "Firma" bedeutet شرکت [*scherkat*] auch "Teilnahme"; entsprechend lautet das Verb شرکت کردن [*scherkat kardan*] "teilnehmen".

⑥ Beachten Sie in خودم را آماده می کنم [*chodam rå åmådeh mī-konam*] "ich bereite mich vor", wie das Persische rückbezügliche Verben mithilfe von خود [*chod*] "selbst" mit angehängtem Personalsuffix und dem Akkusativmarker را [*rå*] bildet.

④ اگر پرویز می خواهد پولدار بشود، باید به شاگردهای دبیرستان درس بدهد.

جاهایِ خالی را پر کنید

① Wir hoffen, dass ihr nächstes Jahr bei euren Unternehmungen erfolgreich sein werdet.

______ که سالِ ______ شما در کارهایتان ______ شوید.

② Als Tante Sohre Parwis gerufen hat, ist er heruntergekommen.

______ که عمّه زهره پرویز را ______ ، او ______ آمد.

③ Ihr, die ihr sowohl arbeitet als auch an der Universität studiert, seid sicher sehr müde.

شما ______ هم کار می کنید هم در ______ درس می خوانید، ______ خیلی خسته می شوید\ باید ______ ______ بشوید.

آیا متوجه شدید؟

Leider habe ich letztes Jahr die Aufnahmeprüfung nicht bestanden. ❶
Die jungen [Leute] sind dabei, sich auf die Aufnahmeprüfung des kommenden Jahres vorzubereiten. ❷
Ich werde dieses Jahr, um [ein wenig] Taschengeld zu haben, Algebra-Unterricht geben. ❸
Wenn Parwis reich werden will, dann muss er Gymnasiasten Unterricht geben. ❹

Wenn du dir eine vermögende Frau nimmst, wirst du ein großes Haus haben. ❹

___ زنِ ________ بگیری یک
خانهٔ ____ خواهی داشت.

واژه های مناسب

❶ امیدواریم - آینده - موفّق ❷ وقتی - صدا - کرد - پائین
❸ که - دانشگاه - حتماً - خیلی - خسته ❹ اگر -
ثروتمندی - بزرگی

Akademische Eignung
Das Studium – تحصیل [*tahßīl*], im Plural تحصیلات [*tahßīlåt*] – beginnt nach zwölf Schuljahren und der Abiturprüfung. Für die Universitäten gibt es eine Aufnahmeprüfung (کنکور [*konkūr*]), für die sich alle sehr anstrengen, denn die hier erzielte Note bestimmt im Weiteren, ob man sein Wunschfach studieren darf oder nicht. Es kann durchaus vorkommen, dass jemand, der eigentlich Arzt werden wollte, stattdessen Literaturwissenschaften oder Ingenieurwesen studieren muss.

موجِ دوّم: امروز درسِ هفدهم را فعال کنید!

۶۰ درسِ شصتم

شیراز شهر شعر و گل و بلبل ①

۱ وقتی که از پاسارگاد گذشتیم به
تختِ جمشید می رسیم ②

۲ که تا شیراز حدودِ شصت (شست)
کیلومتر فاصله دارد.

۳ همین که از زیرِ دروازه قرآن ردّ
می شویم، ③ ④ ⑤

۴ شیراز با خیابانهای فراخِ پراز گل

[*darß-e schaßtom ... sche'r ... bolbol* **1** *... påßårgåd ...* **2** *... kīlometr fåßeleh ...* **3** *hamīn keh ... darwåseh Qhor'ån radd ...* **4** *... faråch-e ...*]

① Sie wissen, dass Substantive im Singular auch eine Pluralbedeutung haben können:

شهرِ گل و بلبل [*schahr-e gol-o bolbol*]

"Stadt der Rosen und der Nachtigallen".

Natürlich könnte man es auch mit "Stadt der Rose und der Nachtigall" übersetzen, doch würde dies nicht genau den Sinn des Persischen treffen. Auch nach پراز [*por as*] "voll von" steht in der Regel der Singular, es sei denn, das Substantiv ist näher bestimmt.

60. Lektion

Schiras, Stadt der Poesie, der Rosen und der Nachtigallen

Sobald (Zeit-eine dass) wir Pasargadae passiert haben, kommen wir in Persepolis an, 1

das sich ungefähr (Grenzen+) 60 Kilometer von Schiras entfernt (Entfernung hat) befindet. 2

Sobald wir durch das Koran-Tor hindurchgelaufen sind (Spur *VP* werden), 3

zieht Schiras mit seinen breiten Straßen voller Blumen 4

② Nach وقتی که [*waqhtī keh*] "wenn, als, sobald" steht gewöhnlich das Perfekt und nicht das Plusquamperfekt, auch wenn danach eine Handlung in der Vergangenheit beschrieben wird.

③ Häufig wird bei zusammengesetzten Ortsnamen das **Esåfeh** weggelassen: "Koran-Tor" [*darwåseh Qhor'ån*] دروازه قرآن

④ Wundern Sie sich nicht über die Schreibweise von قرآن [*Qhor'ån*] "Koran". Es handelt sich erneut um eine arabische Rechtschreib-konvention. Diese bleiben im Persischen oftmals nur teilweise erhalten.

⑤ ردّ شدن [*radd schodan*] "passieren, hindurchlaufen" ist wieder ein zusammengesetztes Verb. Sie sind mit dieser Eigenart der persischen Sprache bereits vertraut, nicht wahr?

۵ و درختانِ سایه دار جلبِ نظر
می کند. ⑥

۶ دیدنِ میدانِ ساعت در وسطِ شهر
اجباریست (اجباری است). ⑦

۷ بعد از بازدید از باغِ ارم و مسجدِ
وکیل ⑧

۸ می دانیم که نباید زیارتِ قبرهای
سعدی و حافظ را فراموش کنیم ⑨

۹ و اگر مایل باشیم می توانیم از
دیوانِ حافظ ⑩

۱۰ فال بگیریم و یک غزل بخوانیم!

تلفّظ

[**5** … *ßåjeh-dår dĵalb-e nasar* … **6** … *dar waßat-e* … *edĵbårīßt (edĵbårī aßt)* ... **7** … *as båsdīd* ... *bågh-e eram* … *maßdĵed-e wakīl* **8** … *sījårat-e qhabr-hå-je* … **9** … *måjel* … **10** *fål begīrīm* … *ghasal* …]

und Schatten spendenden Bäumen den Blick auf sich. 5
Es ist ein Muss (notwendig ist), den Uhrplatz im 6
Zentrum der Stadt zu besichtigen (sehen).
Nachdem (nach von Besuch von) wir den Eram-Garten 7
und die Wakil-Moschee besucht haben,
wissen wir, dass wir nicht vergessen dürfen, die Grab- 8
mäler von Sa'di und Hafes zu besuchen
und, wenn wir Lust haben, können wir im Diwan von Hafes 9
das Orakel befragen und ein Ghasel rezitieren! 10

Eigentlich wäre der Plural von درخت [*deracht*] "Baum" درختها [*derachthå*] "Bäume". Doch hier finden wir in درختان [*derachtån*] die Endung ان [*-ån*], die belebten Sachen, also Menschen, Tieren und Pflanzen, vorbehalten ist und hier nur als Stilmittel eingesetzt wird. ⑥

Eine Verpflichtung oder Notwendigkeit kann gleichermaßen durch اجباری [*edĵbårī*] "notwendig" oder مجبور [*madĵbūr*] "verpflichtet" ausgedrückt werden. Beides sind arabische Lehnwörter, die den Wortstamm **dĵīm** ج [*dĵ*], **be** ب [*b*] und **re** ر [*r*] haben, was nicht der persischen, sondern der arabischen Grammatik entstammt. ⑦

بازدید [*båsdīd*] setzt sich aus باز [*bås*] "erneut" und dem Präteritumstamm von دیدن [*dīdan*] "sehen" zusammen. Es bezeichnet vorrangig einen "(wiederholten) Besuch (bei jmdm.)", kann aber auch – wie hier – die "Besichtigung" eines Ortes meinen. ⑧

Die Hauptbedeutung von زیارت [*sījårat*] ist "Wallfahrt, Pilgerfahrt". ⑨

Der Begriff دیوان [*dīwån*] meint nicht das Sitzmöbel, sondern eine Gedichtsammlung (siehe Landeskunde am Ende der Lektion). ⑩

جمله هایِ زیر را می فهمید؟

فراموش نکنید که شیراز شهرِ شعر و گل و بلبل است. ①

می دانند که باید میدانِ ساعت را ببینند. ②

جاهایِ خالی را پر کنید

① Nachdem wir die Wakil-Moschee besichtigt haben, müssen wir in den Eram-Garten gehen.

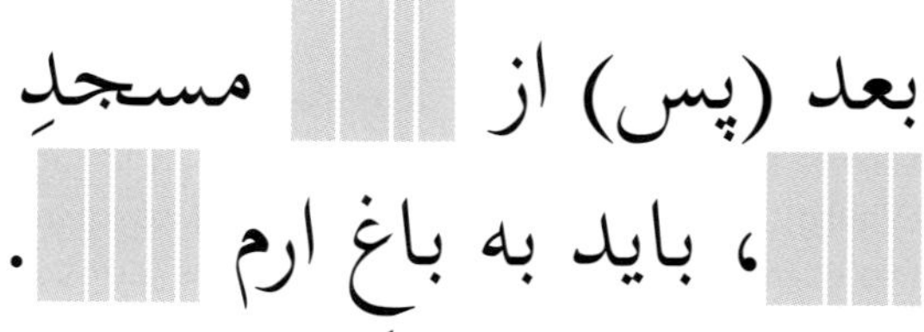

② Wenn du Lust hast, kannst du das Orakel im Diwan von Hafes befragen.

③ Wenn Sie nach Schiras fahren, ist es ein Muss, das Orakel im Diwan von Hafes zu befragen.

اگر به بروید، گرفتن

از دیوانِ حافظ .

③ وقتی که از پاسارگاد می گذرید، قبرِ کوروشِ* بزرگ جلبِ نظر می کند.

④ همین که به شیراز می رسید، باید به زیارتِ قبرِ حافظ بروید\ باید قبرِ حافظ را زیارت بکنید.

* [kūrosch]

آیا متوجه شدید؟

① Vergessen Sie nicht, dass Schiras die Stadt der Poesie, der Blumen und der Nachtigallen ist.

② Sie wissen, dass sie den Uhrplatz besichtigen müssen.

③ Wenn Sie Pasargadae passieren, zieht das Grabmal von Kyros dem Großen Ihren Blick auf sich.

④ Sobald Sie in Schiras ankommen, müssen Sie das Grabmal von Hafes besichtigen.

④ Mitten auf dem Uhrplatz zieht eine große Uhr, die aus Blumen gemacht ist, den Blick auf sich.

در ___ میدانِ ساعت، ___ بزرگی که از گل ___ شده جلبِ ___ می کند.

واژه های مناسب

① دیدنِ-وکیل-برویم ② مایل-می توانی-حافظ ③ شیراز-فال-اجباریست ④ وسطِ-ساعتِ-ساخته-نظر

Schiras – Perle des Südens
Um Irans fünftgrößte Stadt Schiras mit ihren breiten Boulevards und gepflegten Gärten ranken sich viele Mythen und Geheimnisse. Durch ihre lange Geschichte finden sich hier zahllose Zeugen der vergangenen Epochen. Zu den Sehenswürdigkeiten zählen neben dem berühmten Basar die مسجدِ وکیل Wakil-Moschee, der میدانِ ساعت Uhrplatz mit der riesigen Uhr aus Blumen und das Mausoleum des شاه چراغ Schah Tscheragh "König des Lichts", in dem der Bruder des Achten Imam begraben liegt, dessen Mausoleum sich wiederum in der Pilgerstadt Maschhad im Nordosten befindet. Doch Schiras ist auch die Heimatstadt der heraus-

۶۱ درسِ شصت و یکم

خواستگاری

۱ امیر به همراهیِ پدرِ و مادر و خواهر و خاله‌اش ① ②

۲ به خانهٔ فیروزه خانم، مادرِ پریسا، وارد شدند.

تلفّظ

[*darß-e schaßt-o jekom* *chåßtegårī* **1** … *beh hamråhī-e* … **2** … *fīrūseh* … *parīßå, wåred schodand.*]

ragenden Dichter und Mystiker Hafes (1315-1390) und Sa'di (1210-1292), die durch die Gedichtform des "Ghasels" bis heute als wichtige Vertreter der persischen Literatur gelten. Hafes' wichtigstes Werk ist der mehrere hundert Ghasele umfassende دیوان Diwan, eine Poesiesammlung, aus dem man angeblich sogar sein eigenes Schicksal herauslesen kann. Welcher Ort wäre in Schiras wohl besser geeignet, um im Diwan zu lesen, als im sagenumwobenen باغِ ارم Eram-Garten?

موجِ دوّم: امروز درسِ هجدهم را فعال کنید!

61. Lektion

Der Heiratsantrag

Amir, in Begleitung seines Vaters, seiner Mutter, seiner Schwester und seiner Tante mütterlicherseits 1

ging in das Haus von Frau Firuse, der Mutter von Parisa. 2

ANMERKUNGEN

① Bei Aufzählungen steht zwischen allen Wörtern die Konjunktion و [-*o*] "und":

پدر و مادر و خواهر و ... [*pedar-o mådar-o chåhar-o* ...] "Vater, Mutter, Schwester und ..."

② خاله‌اش [*chåleh'asch*]: Beachten Sie, dass in Aufzählungen das entsprechende Possessivpronomen nur an das letzte Wort der Aufzählung angehängt wird.

۳ خانوادهٔ پریسا ایوانِ جلوی مهمانخانه را ③ ④

۴ برای پذیرائی آماده کرده بودند. ⑤

۵ خدمتکار سینیِ شربت را پیشِ آنها آورد.

۶ پریسا هم میوه و آجیل و شیرینی و چای به مهمانها تعارف کرد ⑥

۷ و به امیر خوش آمد گفت. ⑦

۸ دو جوان کمی با هم گفت‌وگو کردند.

۹ پسر رفتار و گفتارِ دختر را پسندید و با خود گفت: ⑧

تلفّظ

[**3** … ejwån-e ... mehmånchåneh ... **5** chedmatkår ßīnī-e scharbat … **6** parīßå … schīrīnī-o … ta'årof … **9** … raftår-o goftår-e … paßandīd …]

Die Familie von Parisa hatte den Hof vor dem Wohnzimmer 3
für den Empfang vorbereitet. 4
Das Dienstmädchen hat ein Tablett mit Fruchtsirup (Tablett +Sirup) zu ihnen gebracht. 5
Parisa ihrerseits hat den Gästen Früchte, Trockenobst, Süßigkeiten und Tee angeboten 6
und hat Amir willkommen geheißen (sagte). 7
Die beiden jungen Leute haben sich ein wenig unterhalten. 8
Dem jungen Mann gefiel die Art, wie sich das Mädchen verhielt und sprach (Verhalten und Rede), und er hat zu sich selbst gesagt: 9

Als ایوان [*ejwån*] bezeichnet man in iranischen Häusern eine überdachte Terrasse, die ähnlich wie eine Pergola als Sonnenschutz dient. ③

Neben "Hotel" und "Pension" bezeichnet مهمانخانه [*mehmånchåneh*] auch das "Wohnzimmer" oder den "Empfangsraum" – es ist damit ein Synonym zu اطاقِ پذیرائی [*otåqh-e pasīrå'ī*]. ④

Bei آماده کرده بودند [*åmådeh kardeh būdand*] "sie hatten vorbereitet" handelt es sich erneut um das Plusquamperfekt. Wir sind auf seine Bildung bereits in den Lektionen 50 und 56 näher eingegangen. ⑤

Hier bedeutet تعارف کردن [*ta'årof kardan*] "(Gästen) etwas anbieten". Merken Sie sich dazu auch die vier Entsprechungen für "schenken" bzw. "Geschenk überreichen": هدیه دادن [*hedjeh dådan*], هدیه کردن [*hedjeh kardan*], کادو دادن [*kådo dådan*] oder پیش کش کردن [*pīsch kesch kardan*]. ⑥

Keine Probleme dürfte Ihnen der Ausdruck خوش آمد گفتن [*chosch åmad goftan*] "(jmdn.) willkommen heißen" machen. ⑦

In با خود گفت [*bå chod goft*] "er/sie hat zu sich selbst gesagt" hat خود [*chod*] "selbst" eine verstärkende Funktion, muss hier aber nicht unbedingt stehen. In Lektion 57 haben wir mit از خود پرسید [*as chod porßīd*] "er/sie hat sich selbst gefragt" ein ähnliches Beispiel kennengelernt. ⑧

۱۰ – «ماشاالله چه چشمهای گیرا و چه چهرهٔ با نمکی! ⑨

۱۱ آفرین به سلیقهٔ مادرم!»

[**10** … gīrå … tschehreh-je … **11** … ßalīqheh-je …]

جمله هایِ زیر را می فهمید؟

1 فیروزه خانم به (با) همراهیِ پسر و دخترش به بازدیدِ شیراز رفتند.

2 خانم از خدمتکار خواست که سینیِ شربت را پیشِ مهمانها بیاورد.

جاهایِ خالی را پر کنید

1 Sobald die Gäste bei Herrn Mahmudi hereinkommen, heißen die Gastgeber sie willkommen.

همین که ______ به خانهٔ آقایِ محمودی ______ می شوند، ______ به ایشان خوش آمد می گویند.

"Gelobt sei Gott! Welch verführerische Augen und – 10
welch anmutiges (mit Salz-ein) Gesicht!
Bravo an den guten Geschmack meiner Mutter!" 11

In Lektion 52 wurde bereits einmal erwähnt, dass "Salz" im Persischen auch metaphorisch gebraucht werden kann. Ebenso wie es bei Speisen den Geschmack und das Aroma der Zutaten abrundet, beschreibt es auch bestimmte Eigenschaften bei Personen; bei Männern kann es je nachdem für Witz, Esprit und Humor stehen, bei Frauen für Anmut, Schönheit oder Schlagfertigkeit. ⑨

③ دختری که اسمش پریساست (پریسا است) دارد به مهمانها میوه تعارف می کند.

④ دو جوان با هم دارند گفت‌و گو می کنند.

دو جوان کمی با هم گفت و گو کردند

آیا متوجه شدید؟

① Frau Firuse ist in Begleitung ihres Sohnes und ihrer Tochter nach Schiras gefahren, um [die Stadt] zu besichtigen.
② Die Dame hat den Diener gebeten, das Tablett mit dem Fruchtsirup zu den Gästen zu bringen.
③ Das junge Mädchen, deren Name Parisa ist, ist dabei, den Gästen Obst anzubieten.
④ Die beiden jungen Leute sind dabei, sich zu unterhalten.

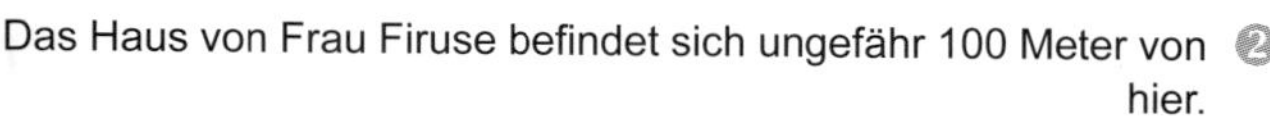

② Das Haus von Frau Firuse befindet sich ungefähr 100 Meter von hier.

_____ فیروزه خانم تا _____ حدودِ صد متر _____ دارد.

③ Beim einfachsten Empfang, den man Gästen bereitet, ist es ein Muss, Tee und Süßigkeiten anzubieten.

در _____ ترین _____ که از مهمانها می شود، _____ چای و شیرینی اجباریست.

④ Amir war sehr erfreut über die Schönheit von Parisa, und ihm gefielen ihre Art zu sprechen und ihr Verhalten.

امیر از _____ پریسا _____ خوشحال شد و گفتار و _____ را پسندید.

واژه هایِ مناسب

❶ مهمانها - وارد - میزبانها ❷ خانهٔ - اینجا - فاصله
❸ ساده - پذیرائی - تعارفِ ❹ زیبائیِ - خیلی - رفتارش

Eheanbahnung
In Iran sind arrangierte Ehen nach wie vor anzutreffen. Für junge Männer im heiratsfähigen Alter suchen die Frauen der Familie bei Freunden, Bekannten und entfernten Verwandten eine würdige Partnerin. Wichtige Attribute sind neben dem Aussehen v. a. die Qualitäten als künftige Hausfrau und Mutter. Hat man die passende Kandidatin gefunden, besucht die Familie des Bräutigams die Familie der Ehefrau in spe; manchmal ist auch ein Onkel oder eine Tante des Bräutigams dabei. Früher rauchten die Väter eine قلیان [*qhaljån*] "Wasserpfeife/Shisha" miteinander. Die künftigen Eheleute sehen sich erst, wenn die "Chemie" zwischen den Familien stimmt. Nach einem oder zwei weiteren Treffen einigen sich die Eltern – meist nach Absprache mit den Heiratswilligen – auf eine Allianz und die entsprechenden Bedingungen inklusive der مهریه [*mahrījeh*] genannten finanziellen Garantie für die Braut und die Aussteuer, جهیزیه [*dĵahīsjeh*]. Willigt die Familie der Braut nicht ein, muss sie sich sehr diplomatisch verhalten. Gängige Absagen sind z. B., dass die Tochter eigentlich noch zu jung zum Heiraten ist oder bereits einem Cousin versprochen wurde, was heute noch gelegentlich vorkommt.

کوه به کوه نمی رسد، آدم به آدم می رسد.
[*kūh beh kūh nemī-raßad, ådam beh ådam mī-raßad.*]

"Berg und Tal begegnen einander nicht,
wohl aber Mensch und Mensch."
(Berg nach Berg nicht-*VP* ankommt,
Mensch nach Mensch *VP* ankommt.)

موجِ دوّم: امروز درسِ نوزدهم را فعال کنید!

۶۲ درسِ شصت و دوّم

در هواپیما

۱ امیر، پس از نشان دادنِ بلیطش به کنترل ①

۲ و ثبتِ چمدانهایش، به هواپیما سوار شد. ②

۳ روی صندلیِ کنارِ پنجره نشست و در فکر فرو رفت.

۴ به دستورهای مهماندار گوش نمی داد: ③

۵ – «کمربندهایتان را ببندید، سیگار نکشید!»

[*darß-e schaßt-o dowwom … hawåpejmå* **1** *… kontorol* **2** *… ßabt-e tschamadånhåjasch, … hawåpejmå ßawår schod.* **3** *… ßandalī-e kenår-e pandĵereh neschaßt … forū raft.* **4** *… mehmåndår …* **5** *"kamarbandhåjetån … ßīgår nakeschīd!"*]

62. Lektion

Im Flugzeug

Nachdem Amir sein Ticket an der Kontrolle vorgezeigt 1
(nach von Zeichen geben+)
und seine Koffer eingecheckt (Registrierung+ Koffer-*Pl.*- 2
sein) hat, ist er ins Flugzeug eingestiegen.
Er hat sich auf einen Sitz am Fenster (Seite+ Fenster) 3
gesetzt und ist in Gedanken versunken (in Gedanke
herunter ging).
Er hat die Anweisungen der Flugbegleiterin nicht gehört: 4
"Schnallen Sie sich an, rauchen Sie nicht!" – 5

ANMERKUNGEN

Die Konstruktion aus پس از [*paß as*] oder بعد از [*ba'd as*] und einem nachfolgenden Verb mit **Esåfeh** kennen Sie bereits. Sie zeigt an, dass eine Handlung auf eine andere Handlung oder ein Ereignis folgt. ①

چمدان [*tschamadån*] "Koffer" – häufig auch [*tschamedån*] gesprochen – setzt sich aus جامه [*dĵåmeh*] "Kleidung" und der Endung دان [-*dån*] zusammen, die in etwa "beinhaltend" bedeutet. ②

مهماندار [*mehmåndår*] bedeutet genau wie میزبان [*mīsbån*] "Gastgeber, -in", aber auch "Flugbegleiter, -in". ③

۶ هنگامِ پرواز به آسمانِ آبیِ ایران نگاه می کرد ④

۷ و ناگهان برقِ دو تا چشمِ سیاه به یادش آمد. ⑤

۸ دلش می خواست در امتحانِ پایانِ سال موفّق شود ⑥

۹ و هر چه زودتر به ایران بر گردد. ⑦

تلّفظ

[**6** *hengåm-e parwås ... åßemån-e ...* **7** *... barqh-e ... beh jådasch åmad.* **8** *... emtehån-e påjån-e ...* **9** *... bar gardad.*]

جمله هایِ زیر را می فهمید؟

❶ بعد از پروازِ هواپیما، مسافرین به دستورهای مهماندار گوش دادند.

❷ همین که روی صندلیش نشست، با خود گفت: «خوب، حالا من کمی استراحت خواهم کرد.»

Während des Fluges schaute er in den blauen Himmel Irans, 6
und plötzlich kam ihm das Blitzen von zwei schwarzen Augen in Erinnerung (nach Erinnerung-sein kam). 7
Er hatte große Lust, die Jahresabschlussprüfung zu bestehen (Herz-sein *VP* wollte in Prüfung+ Ende+ Jahr erfolgreich würde) 8
und so schnell wie möglich (jeder was schneller) nach Iran zurückzukommen. 9

امیر دارد به نامزدش فکر می کند.

④ Vergleichen Sie هنگام [*hengåm-e*] (+ Substantiv/Infinitiv) mit هنگامی که [*hengåmī keh*] (+ konjugiertes Verb) "während".

⑤ Prägen Sie sich die Konstruktion به یادش آمد [*beh jådasch åmad*] "er/sie hat sich erinnert" gut ein. Genauso verhält es sich mit از یادش رفت [*as jådasch raft*] "er/sie hat vergessen".

⑥ Wir haben "Lust (auf etwas) haben" bis jetzt nur in der 1. Person Singular im Präsens kennengelernt:

[*delam mī-chåhad*] دلم می خواهد

In den anderen Personen und Zeitformen sollte es Ihnen auch keine Probleme bereiten:

"er/sie hatte Lust" [*delasch mī-chåßt*] دلش می خواست

⑦ In Lektion 39 haben Sie das Verb گشتن (گرد) [*gaschtan (gard)*] im Sinne von "drehen" gesehen. Hier bedeutet بر گشتن (بر گرد) [*bar gaschtan (bar gard)*] "zurückkommen".

③ امیر دارد به نامزدش فکر می کند. چهرهٔ زیبایش به یادش می آید (میآید).

④ مهماندار پیشِ او آمد، چون کمر بندِ ودش را نبسته بود.

جاهایِ خالی را پر کنید

① Während des Fluges (des Flugzeugs) darf man nicht rauchen. Das ist verboten.

____ پروازِ ____ ، نباید ____ کشید. ممنوع است.

② Er hat sich gesagt: "Ich habe keine Lust, nach Frankreich zurückzukehren."

با خود(ش) ____ : «دلم نمی ____ به فرانسه بر ____ .»

③ Ich habe mich geirrt. Ich bin in das Flugzeug eingestiegen, das statt nach Iran nach Pakistan flog.

من ____ کردم! به هواپیمائی که به جای ____ به ____ می رفت سوار شدم.

آیا متوجه شدید؟

Nach dem Start des Flugzeugs hörten die Reisenden die Anweisungen der Flugbegleiterin. ❶
Sobald er auf seinem Sitz saß, sagte er sich: "Gut, jetzt werde ich mich ein bisschen ausruhen." ❷
Amir ist dabei, an seine Verlobte zu denken. Er erinnert sich an ihr schönes Gesicht. ❸
Die Flugbegleiterin ist zu ihm gekommen, weil er nicht angeschnallt war. ❹

Sie müssen Ihr Ticket an der Kontrolle zeigen. ❹

باید ______ را به ______ نشان ______.

واژه های مناسب

❶ هنگامِ - هواپیما - سیگار ❷ گفت - خواهد - گردم
❸ اشتباهَ - ایران - پاکستان ❹ بلیطتان - کنترل - بدهید

Woher kommt der Pyjama?
Das Wort جامه [dǰåmeh] kennen Sie aus پا جامه [på dǰåmeh], wörtlich "Bein Kleidung", einer Kombination aus Hemd und Hose aus demselben Stoff. Speziell in Indien wurde dieses Wort aus dem Persischen für die traditionellen Baumwollgewänder der Männer übernommen. Die Briten adaptierten dies hingegen für das Nachtgewand, das sie entsprechend "Pyjama" nannten. Auch ins Persische ist dieser Begriff wieder "reimportiert" worden und nennt sich heute پیژامه [pīǰåmeh]. Eine häufige Tracht in Iran ist die شلوار [schalwår] genannte Pluderhose für Männer, die kurdischen Ursprungs ist, heute aber überall im Land getragen wird. شلوار bedeutet übrigens grundsätzlich "Hose", zu einem kompletten "Anzug" sagt man کت و شلوار [kot-o schalwår].

موجِ دوّم: امروز درسِ بیستم را فعال کنید!

۶۳ درسِ شصت و سوّم

[... schaßt-o ßewwom]

مرور

Am Ende dieses Abschnitts sind Sie wieder einen gewaltigen Schritt weitergekommen und fühlen sich sicherlich schon ziemlich vertraut mit der persischen Sprache, nicht wahr? Die meisten Sätze machen Ihnen keine Probleme mehr, und mittlerweile durchblicken Sie auch schon komplexere Konstruktionen und haben ein Gefühl dafür, wie die anfangs so "exotisch" wirkende Sprache funktioniert.

1. Infinitiv

Ähnlich wie im Deutschen kann auch im Persischen der Infinitiv wie ein Substantiv verwendet werden. Hierbei wird ihm häufig auch ein **Esåfeh** nachgestellt.

رسیدنِ بی خبر [*raßīdan-e bī chabar*]

"unangekündigte Ankunft"

رسیدن به خیر ! [*raßīdan beh chejr!*] "Willkommen!"

In der Übersetzung entspricht diese Konstruktion auch häufig dem Infinitiv mit "zu".

دیدنِ میدانِ ساعت اجباریست.

[*dīdan-e mejdån-e ßå'at edjbårīßt.*]

"Es ist ein Muss, den Uhrplatz zu besichtigen (sehen)."

Der Infinitiv kann – genau wie das Substantiv – auch nach einer Präposition stehen.

برایِ دیدنش: برایِ دیدنِ نامزدی را که ...

[*barå-je dīdanasch: barå-je dīdan-e nåmsadī rå keh ...*]

"Um sie zu sehen: um die Verlobte zu sehen, die ..."

63. Lektion

من از رسیدنِ بی خبرِ پرویز خیلی تعجّب کردم.
[*man as raßīdan-e bī chabar-e parwīs chejlī ta'adĵdĵob kardam.*]
"Ich war sehr erstaunt über die unangekündigte Ankunft von Parwis."

پس از (بعد از) نشان دادنِ بلیطش...
[*paß as (ba'd as) neschån dådan-e belītasch …*]
"Nachdem er sein Ticket vorgezeigt hat …"

2. Verlaufsform

Für Handlungen, die gerade im Moment ablaufen, stellt man dem entsprechenden Verb die identische Form (d. h. in Person und Zeit) von داشتن [*dåschtan*] "haben" voran. Im Deutschen entspricht diese Konstruktion "gerade" oder "dabei sein, etwas zu tun":

همه دارند می خوابند. [*hameh dårand mī-chåband.*]
"Sie schlafen gerade alle."

پسر دائی با پسر عمّه با هم دارند صحبت می کنند.
[*peßar då'ī bå peßar 'ammeh bå ham dårand ßohbat mī-konand.*]
"Die beiden Cousins (mütterlicherseits und väterlicherseits) sind dabei, miteinander zu sprechen."

Diese Konstruktion ist auch in Verbindung mit dem Imperfekt für die Vergangenheit möglich. Die Formen von داشتن [*dåschtan*] stehen dabei im Präteritum, das andere Verb steht im Imperfekt ([*mī-*] + Präteritum).

همه داشتند می خوابیدند.
"Sie schliefen gerade alle." [*hameh dåschtand mī-chåbīdand.*]

3. Personalpronomen "es" und "man"

Um das unpersönliche "es" oder "man" auszudrücken, kennt das Persische mehrere Möglichkeiten, die wir im Laufe der letzten Lektionen kennengelernt haben.

a.) Man verwendet die 3. Person Plural:

[*någahån sang-e dar rå sadand.*] ناگهان زنگِ در را زدند.
"Plötzlich klingelte es an der Tür."

b.) Man verwendet das Passiv mit شدن [*schodan*] "werden":

در ساده ترین پذیرائی که از مهمانها می شود...
[*dar ßådeh tarīn pasīrå'ī keh as mehmånhå mī-schawad ...*]
"Beim einfachsten Empfang, den man Gästen bereitet, ..."

c.) Alternativ kann man آدم [*ådam*] "Mensch; Mann" im Sinne von "man" verwenden:

در چُنان صورتی آدم تعجّب می کند.
[*dar tschonån ßūratī ådam ta'adĵdĵob mī-konad.*]
"In einem solchen Fall ist man erstaunt."

4. Kombinationen aus Verben

Kommen in einem Satz mehrere Verben in Kombination vor, ist das Präfix بـ [*be-*] für den Konjunktiv nicht zwingend notwendig; dies gilt im Besonderen für Kombinationen mit شدن [*schodan*] und کردن [*kardan*]. Niemals steht es, wenn vor dem entsprechenden Verb بر [*bar*] "an, auf, gegen" oder در [*dar*] "in" steht:

دلش می خواست هر چه زودتر به ایران بر گردد.
[*delasch mī-chåßt har tscheh sūdtar beh īrån bar gardad.*]
"Er hatte große Lust, so schnell wie möglich nach Iran zurückzukommen."

Erinnern Sie sich noch einmal daran, dass das Präsenspräfix می [*mī-*] mit dem nachfolgenden Verb verbunden werden oder sepa-

rat stehen kann. Im Unterschied dazu kann das Konjunktivpräfix بِ [be-] nur mit dem nachfolgenden Verb verbunden werden.

5. Nebensatz

Wie das Deutsche unterscheidet auch das Persische verschiedene Arten von Nebensätzen (Temporalsatz, Kausalsatz, Finalsatz usw.), die durch entsprechende Präpositionen eingeleitet werden. Öfter als im Deutschen steht in einem persischen Satz der Nebensatz an erster Stelle, während die Hauptaussage darauf folgt.

5.1 Temporalsatz

Meist wird er eingeleitet durch وقتی که [*waqhtī keh*], das mit "als, wenn, sobald" übersetzt wird, wenn darauf ein Verb im Präsens oder Imperfekt folgt und mit "nachdem", wenn darauf ein Verb im Perfekt folgt.

وقتی که از پاسارگاد گذشتیم، به تختِ جمشید می رسیم.

[*waqhtī keh as påßårgåd gosaschtīm, beh tacht-e dĵamschīd mī-raßīm.*]

"Nachdem wir Pasargadae passiert haben, kommen wir in Persepolis an."

Häufig findet sich auch همین که [*hamīn keh*] "sobald":

همین که از زیرِ دروازه قرآن ردّ می شویم ...

[*hamīn keh as sīr-e darwåseh Qhor'ån radd mī-schawīm ...*]

"Sobald wir durch das Koran-Tor hindurchgelaufen sind, …"

5.2 Kausalsatz

Hierbei steht der Grund für etwas im Vordergrund, und man bildet ihn gewöhnlich mithilfe von برایِ این که [*barå-je īn keh*] oder چون [*tschūn*], die beide mit "weil" übersetzt werden können.

پرویز به امیر می گوید (که) یواش حرف بزند چون همهٔ خانواده دارند می خوابند.
[parwīs beh amīr mī-gūjad (keh) jawåsch harf besanad tschūn hameh-je chånewådeh dårand mī-chåband.]
"Parwis sagt zu Amir, dass er leise sprechen soll, weil die gesamte Familie dabei ist zu schlafen."

5.3 Finalsatz

Bei diesem steht das Ziel der Aussage im Vordergrund, und man leitet den Nebensatz meist mit تا [tå] oder که [keh] ein, beide in etwa "damit" oder "um zu":

بیا بالا تا کمی صحبت کنیم.
[bīå bålå tå kamī ßohbat konīm.]
"Komm hinauf, damit wir ein bisschen plaudern."

Manchmal wird تا [tå] oder که [keh] sogar ganz weggelassen:

بیا ببوسمت! [bīå bebūßamat!]
"Komm her, damit ich dich küsse!"

6. Anwendungen des Konjunktivs

Der Konjunktiv steht nach zahlreichen Ausdrücken und Wendungen, von denen viele mit که [keh] "dass" gebildet werden. Im Laufe der letzten Lektionen haben wir in diesem Zusammenhang امیدوار که [omīdwår keh] "hoffen" und بهتر است که [behtar aßt keh] "es ist besser, dass" kennengelernt (امیدوار [omīdwår] kann nicht alleine stehen; es müssen die enklitischen/kurzen Formen von "sein" im Präsens angehängt werden!):

امیدوارم که تا سه چهار ماهِ دیگر حاضر (ب)شود.
[omīdwåram keh tå ßeh tschahår måh-e dīgar håser (be-)schawad.]
"Ich hoffe, dass es bis in drei, vier Monaten fertig sein wird."

بعد از ناهار، بهتر است که برایِ استراحت به اطاقِ خودتان بروید.

[ba'd as nåhår, behtar aßt keh barå-je eßteråhat beh otåqh-e chodetån berawīd.]

"Nach dem Mittagessen ist es besser, dass ihr in euer Zimmer geht, um euch auszusruhen."

Andere Wendungen, die ohne که [*keh*] "dass" stehen und trotzdem den Konjunktiv benötigen, sind u. a. folgende:

- مجبور [*madĵbūr*] "verpflichtet"

مجبورم برایِ دیدنش همین امشب به شیراز بروم.

[madĵbūram barå-je dīdanasch hamīn emschab beh schīrås berawam.]

"Ich bin verpflichtet, um sie zu sehen, noch heute Abend nach Schiras zu fahren."

- دل می خواهد [*del mī-chåhad*] "Lust haben"

دلش می خواست در امتحانِ پایانِ سال موفّق شود و هر چه زودتر به ایران بر گردد.

[delasch mī-chåßt dar emtehån-e påjån-e ßål mowaffaqh schawad wa har tscheh sūdtar beh īrån bar gardad.]

"Er hatte große Lust, die Jahresabschlussprüfung zu bestehen und so schnell wie möglich nach Iran zurückzukommen."

- گفتن [*goftan*] "sagen"

به پرویز بگو تنها پائین برود.

[beh parwīs bogū (begū) tanhå på'īn berawad.]

"Sag Parwis, (dass) er alleine hinuntergeht."

- شاید [*schåjad*] "vielleicht"

شاید امیر امروز بعد از ظهر بیاید.

[schåjad amīr emrūs ba'd as sohr bīåjad.]

"Amir kommt vielleicht heute Nachmittag."

7. Pronomen خود [*chod*]

Wir sind bereits in Lektion 56 näher auf die Konstruktion aus خود [*chod*] "selbst" und den angehängten Personalpronomensuffixen eingegangen. In den letzten Lektionen haben wir خود [*chod*] "selbst" in Verbindung mit Verben kennengelernt:

"Er/Sie hat zu sich gesagt." [*bå chod goft.*] با خود گفت.

[*as chod porßīd.*] از خود پرسید.
"Er/Sie hat sich selbst gefragt."

Auch in diesem Fall kann man die Personalpronomensuffixe an خود [*chod*] anhängen, sodass man hier wahlweise auch با خودش گفت [*bå chodasch goft*] und از خودش پرسید [*as chodasch porßīd*] sagen könnte. Grundsätzlich verleihen die Personalpronomensuffixe der Aussage etwas mehr Nachdruck.

Die Kombination aus خود [*chod*] und den Personalpronomensuffixen sowie der Akkusativmarker را [*rå*] übersetzt die Reflexivpronomen eines rückbezüglichen Verbs:

خودم را آماده می کنم.
"Ich bereite mich vor." [*chodam rå åmådeh mī-konam.*]

8. Suffixe

Das Persische ist bekanntlich eine Sprache, in der mithilfe von Suffixen zahlreiche Adjektive und Substantive gebildet werden können. Wichtige Suffixe, die Sie bereits kennen, sind u. a.:

• **"habend, tragend" [-*wår*]** وار

"hoffend, Hoffnung tragend" [*omīdwår*] امیدوار

• **"habend" [-*dår*]** دار

"reich" < "Geld habend" [*pūldår*] پولدار

"Schatten spendend" [*ßåjeh dår*] سایه دار

• **"besitzend" [-*mand*] منند**

"vermögend" ≺ "Vermögen besitzend" [*ßarwatmand*] ثروتمند

• **"machend" [-*går*] گار / [-*kår*] کار**

[*chedmatkår*] خدمتکار

"Diener, -in, Bediensteter, -e" ≺ "Service machend"

"Brautwerber" [*chåßtegår*] خواستگار

"Heiratsantrag" [*chåßtegårī*] خواستگاری

• **Substantivmarker als Suffix am Präteritumstamm [-*år*] ار**

"Verhalten und Ausdrucksweise" [*raftår-o goftår*] رفتار و گفتار

• **"beinhaltend" [-*dån*] دان**

"Koffer" ≺ "Kleidung beinhaltend" [*tschamadån*] چمدان

"salzig" [*namakdån*] نمکدان

• **"Land von ...", "Ort von ..." [-*eßtån*] ستان**

"Gymnasium" ≺ "Ort von Lehrern*" [*dabīreßtån*] دبیرستان

* Als دبیر [*dabīr*] bezeichnet man einen "Gymnasiallehrer", aber auch einen "Redakteur"; "Sekretär". Entsprechend heißt das "Sekretariat" دبیر خانه [*dabīr chåneh*].

9. Präfix نا [*nå-*]

Das Präfix نا [*nå-*] entspricht der deutschen Vorsilbe "un-" und kann sowohl an den Präsensstamm als auch an das Partizip des Perfekts angehängt werden:

"finden" [*jåftan*] یافتن

"unauffindbar" [*nåjåb*] نایاب ≺

"wissen" [*dåneßtan*] دانستن

"unwissend" [*nådån*] نادان ≺

"kennen"	[*schenåchtan*] شناختن
"unbekannt"	◂ [*nåschenåß*] ناشناس
"sehen"	[*dīdan*] دیدن
"unsichtbar"	◂ [*nådīdeh*] نادیده

Vorsicht: Verwechseln Sie nicht نادیده [*nådīdeh*] "unsichtbar" mit ندیده (است) [*nadīdeh (aßt)*] "er hat nicht gesehen".

10. Wortschatz – Präpositionen, Adverbien u. a.

• Präpositionen

"außer"	[*beh dĵos*] به جز
"neben", "an der Seite von"	[*kenår-e*] کنارِ
"während, zur Zeit des/der/von …"	[*hengåm-e*] هنگامِ

• Adverbien

"plötzlich"	[*någahån*] ناگهان
"nach und nach, Schritt für Schritt"	[*kam kam*] کم کم
"ganz leise, ganz langsam"	[*jawåsch jawåsch*] یواش یواش
"leider"	[*mote'aßefåneh*] متاسفانه\متأسفانه
"gleichzeitig"	[*ham samån*] هم زمان
"in Begleitung"	[*beh/bå hamråhī*] به\با همراهی

• Andere Ausdrücke

"jeder, wer auch immer"	[*har kaß*] هر کس
"jede Person", "alle"	[*har kaßī*] هر کسی

11. Zeitbestimmungen

Wir haben in den letzten Lektionen zahlreiche Zeitangaben kennengelernt, die wir an dieser Stelle zusammenfassen wollen:

سالِ گذشته\ سالِ پیش *[ßål-e gosaschteh*] / [ßål-e pīsch]*
"letztes Jahr"

چند سالِ پیش *[tschand ßål-e pīsch]*
"vor einigen Jahren"

چند سالِ پیش؟ *[tschand ßål-e pīsch?]*
"Seit wie vielen Jahren?"

چند سال است که ...؟ *[tschand ßål aßt keh ...?]*
"Wie viele Jahre ist es her, dass ...?"

چند\ چندین روز است؟ *[tschand/tschandīn rūs aßt?]*
"Wie viele Tage ist es her, dass ...?"

دو سال است که ... *[do ßål aßt keh ...]*
"Es ist zwei Jahre her, dass ..."

از چند ماهِ پیش ...؟ *[as tschand måh-e pīsch ...?]*
"Seit wie vielen Monaten ...?"

تا سه چهار ماهِ دیگر *[tå ßeh tschahår måh-e dīgar]*
"in drei oder vier Monaten"

Merken Sie sich auch:

"letztes Jahr" پارسال *[pårßål]*

"vor zwei Jahren" پیرار سال *[pīrår ßål]*

"vorgestern" پریروز *[parīrūs]*

"vorgestern Abend" پریشب *[parīschab]*

* Beachten Sie, dass گذشته *[gosaschteh]* auch ein Substantiv ist und "Vergangenheit" heißt.

12. Tadschikisch

Wir sind verschiedentlich auf die Varietäten des Farsi eingegangen, so z. B. in Lektion 19 auf das in Afghanistan gesprochene دری Dari. Eine weitere Varietät finden wir in der ehemaligen Sowjetrepublik Tadschikistan. Die dortige Amtssprache, das Tadschikische, heißt auf Farsi تاجیکی [*tådjīkī*]. Die Verständigung zwischen Iranern und Tadschiken ist auf einer einfachen Sprachebene problemlos möglich. Phonetisch unterscheidet sich das Tadschikische vom Standardpersischen v. a. dadurch, dass [*å*] hier fast immer wie ein langes [*o*] artikuliert wird. Man sagt سلام [*ßalom*] statt [*ßalåm*]. Im Wortschatz gibt es zahlreiche Unterschiede, nicht zuletzt durch die Tatsache, dass das Tadschikische viele Begriffe aus dem Russischen entlehnt hat. Der augenscheinlichste Unterschied ist jedoch, dass das Tadschikische nicht mit dem persisch-arabischen Alphabet geschrieben wird, sondern in kyrillischen Buchstaben. Dennoch: Mit Farsikenntnissen erschließt sich dem Besucher auch das Tadschikische ohne größere Mühe. Ein guter Einstieg ist sicherlich die Frage [*ßalomatī-aton tschītour aßt?*] "Wie geht es Ihnen?", auf die man mit [*rahmat chūb!*] "Danke, gut!" antworten kann.

13. Verwandtschaftsbezeichnungen

Wie in Lektion 58 bereits angekündigt, finden Sie hier eine Liste mit den wichtigsten Verwandtschaftsbezeichnungen.

"Vater"	[*pedar*] پدر
"Mutter"	[*mådar*] مادر
"Eltern"	[*wåledejn*] (sehr offiziell) والدین
"Sohn"	[*peßar*] پسر
"Tochter"	[*dochtar*] دختر

"Bruder" برادر [*barådar*]

"Schwester" خواهر [*chåhar*]

فرزند\فرزندان [*farsand/farsandån*]
(eigenes) "Kind" / (eigene) "Kinder"

"Großvater" پدر بزرگ [*pedar bosorg*]

"Großmutter" مادر بزرگ [*mådar bosorg*]

پدر بزرگ و مادر بزرگ [*pedar bosorg-o mådar bosorg*]
"Großeltern" (ugs.)

"Großeltern" (schriftspr.) نیاکان [*nīåkån*]

"Enkel" (ugs.) نوادهٔ پسرینه [*nawådeh-je peßarīneh*]

"Enkelin" نوادهٔ دخترینه [*nawådeh-je dochtarīneh*]

"Enkel" (Pl.) نوادگان [*nawådegån*]

"Onkel" (väterl.) عمو [*'amū*]

"Tante" (väterl.) عمّه [*'ammeh*]

پسر عمو\پسر عمّه [*peßar 'amū/peßar 'ammeh*]
"Cousin" (väterl.)

دختر عمو\دختر عمّه [*dochtar 'amū/dochtar 'ammeh*]
"Cousine" (väterl.)

"Onkel" (mütterl.) دائی [*då'ī*]

"Tante" (mütterl.) خاله [*chåleh*]

پسر دائی\پسر خاله [*peßar då'ī/peßar chåleh*]
"Cousin" (mütterl.)

دختر دائی\دختر خاله [*dochtar då'ī/dochtar chåleh*]
"Cousine" (mütterl.)

13. Kombinationsübung

Finden Sie die jeweils zusammengehörigen Sätze bzw. Satzteile.

❶ وقتی که زنگِ در را زدند،
[waqhtī keh sang-e dar rå sadand,]

❷ پرویز از سه سالِ پیش
[parwīs as ßeh ßål-e pīsch]

❸ یواش حرف بزن، [jawåsch harf besan,]

❹ پرویز، این توئی؟ [parwīs, īn toī?]

❺ بیائید به ایوان [bīåʾīd beh ejwån]

❻ وقتی که نرگس خانم پرویز را صدا کرد،
[waqhtī keh nargeß chånom parwīs rå ßedå kard,]

❼ مگر شما نمی دانید
[magar schomå nemī-dånīd]

❽ برایِ دیدنش [barå-je dīdanasch]

❾ امیدوارم (که) نامزدی را که مادرم برایِ من پیدا کرده است.
[omīdwåram (keh) nåmsadī rå keh mådaram barå-je man pejdå kardeh aßt]

❿ به پرویز بگو [beh parwīs bogū (begū)]

⓫ وقتی که به شیراز آمدید،
[waqhtī keh beh schīrås åmadīd,]

⓬ دیدنِ میدانِ ساعت [dīdan-e mejdån-e ßå'at]

a امتحانِ پایانِ سال را آماده کند.
[emtehån-e påjån-e ßål rå åmådeh konad.]

b در پاریس است.
[dar påriß aßt.]

c که مادرم برایِ من نامزدِ نایابی پیدا کرده است؟
[keh mådaram barå-je man nåmsad-e nåjåbī pejdå kardeh aßt?]

d احمد بلند شد.
[ahmad boland schod.]

e اجباری‌است\اجباریست.
[edĵbårīßt.]

f برایِ این که همه دارند می جوابند.
[barå-je īn keh hameh dårand mī-chåband.]

g تا کمی صحبت کنیم.
[tå kamī ßohbat konīm.]

h خیلی خوب و زیبا باشد.
[chejlī chūb-o sībå båschad.]

i باید همین امشب به شیراز بروم.
[båjad hamīn emschab beh schīrås berawam.]

j او پائین آمد.
[ū på'īn åmad.]

k – پس می خواستی کی باشد؟
[– paß mī-chåßtī kī båschad?]

l باید مرا خبر کنید.
[båjad marå chabar konīd.]

Lösung zur Kombinationsübung

1/d – 2/b – 3/f – 4/k – 5/g – 6/j – 7/c – 8/i – 9/h – 10/a – 11/l – 12/e

Kompletter Text der Kombinationsübung

Hier sehen Sie die vollständigen Sätze. Versuchen Sie nun, diese zu übersetzen.

1. وقتی که زنگِ در را زدند، احمد بلند شد.
2. پرویز از سه سالِ پیش در پاریس است.
3. یواش حرف بزن، برایِ این که همه دارند می خوابند.
4. پرویز، این توئی؟ – پس می خواستی کی باشد؟
5. بیائید به ایوان تا کمی صحبت کنیم.
6. وقتی که نرگس خانم پرویز را صدا کرد، او پائین آمد.
7. مگر شما نمی دانید که مادرم برایِ من نامزدِ نایابی پیدا کرده است؟
8. برایِ دیدنش باید همین امشب به شیراز بروم.
9. امیدوارم (که) نامزدی را که مادرم برایِ من پیدا کرده است خیلی خوب و زیبا باشد.
10. به پرویز بگو امتحانِ پایانِ سال را آماده کند.
11. وقتی که به شیراز آمدید، باید مرا خبر کنید.
12. دیدنِ میدانِ ساعت اجباری‌است\اجباریست.

Aussprache der Sätze aus der Kombinationsübung

[**1** *waqhtī keh sang-e dar rå sadand, ahmad boland schod.* **2** *parwīs as ßeh ßål-e pīsch dar pårīß aßt.* **3** *jawåsch harf besan, barå-je īn keh hameh dårand mī-chåband.* **4** *parwīs, īn to'ī? – paß mī-chåßtī kī båschad?* **5** *bīå'īd beh ejwån tå kamī ßohbat konīm.* **6** *waqhtī keh nargeß chånom parwīs rå ßedå kard, ū på'īn åmad.* **7** *magar schomå nemī-dånīd keh mådaram barå-je man nåmsad-e nåjåbī pejdå kardeh aßt?* **8** *barå-je dīdanasch båjad hamīn emschab beh schīrås berawam.* **9** *omīdwåram (keh) nåmsadī rå keh mådaram barå-je man pejdå kardeh aßt chejlī chūb-o sībå båschad.* **10** *beh parwīs bogū (begū) emtehån-e påjån-e ßål rå åmådeh konad.* **11** *waqhtī keh beh schīrås åmadīd, båjad marå chabar konīd.* **12** *dīdan-e mejdån-e ßå'at edĵbårīßt.*]

Übersetzung der Sätze aus der Kombinationsübung

❶ Als es an der Tür klingelte, erhob sich Ahmad. ❷ Parwis ist seit drei Jahren in Paris. ❸ Sprich leise, denn sie sind alle dabei zu schlafen. ❹ Parwis, bist du das? – Aber wer, dachtest (wolltest) du, dass es ist? ❺ Kommt/Kommen Sie in den Hof, damit wir etwas plaudern. ❻ Als Frau Narges Parwis gerufen hat, ist er heruntergekommen. ❼ Aber wissen Sie etwa nicht, dass meine Mutter mir eine (selten) wunderbare Verlobte gefunden hat? ❽ Um sie zu sehen, muss ich heute Abend noch nach Schiras fahren. ❾ Ich hoffe, dass die Verlobte, die meine Mutter für mich gefunden hat, sehr nett (gut) und schön ist. ❿ Sag Parwis, dass er die Jahresabschlussprüfung vorbereiten soll. ⓫ Wenn Sie nach Schiras kommen, müssen Sie mich benachrichtigen. ⓬ Es ist ein Muss, den Uhrplatz zu besichtigen (sehen).

دنیا هر روز به یک رنگ است.

[*donjå har rūs beh jek rang aßt.*]

"Kein Tag ist wie der andere."
(Welt jeder Tag nach eins Farbe ist.)

موجِ دوّم: امروز درسِ بیست و یکم را فعال کنید!

۶۴ درسِ شصت و چهارم

حسن آقایِ حواس پرت

۱ – الو، ممکن است با آقایِ کُتُبی صحبت کنم؟

۲ – شما اشتباه گرفته‌اید. اینجا کُتُبی نداریم! ①

۳ – معذرت می خواهم. ②

۴ حسن آقا متوجّه می شود که اسم را درست نگفته است و دوباره همان شماره را می گیرد. ③ ④

۵ – الو، سلام، شمارهٔ شصت و چهار – بیست و هفت – نود و سه (۶۴۲۷۹۳)؟

۶ – بله، بفرمائید. جنابِعالی؟ ⑤

[… schaßt-o tschahårom … hawåß part **1** … momken … kotobī … **2** … eschtebåh gerefteh'īd … kotobī … **4** … motewadĵdĵeh mī-schawad … schomåreh … **6** … dĵenåb-e'ålī?]

64. Lektion

Herr Hassan, der Zerstreute

Hallo, könnte ich mit Herrn Kotobi sprechen? – 1

Sie haben sich verwählt (Fehler genommen-seid). Wir haben hier keinen [Herrn] Kotobi! – 2

Entschuldigen Sie bitte. (Entschuldigung *VP* will). – 3

Herr Hassan merkt, dass er den Namen nicht korrekt gesagt hat und wählt erneut (zwei-Mal) dieselbe Nummer. 4

Hallo, guten Tag, ist dies die Nummer 64 27 93? – 5

Ja, ich höre. Wer ist am Apparat (Exzellenz+ -hoch)? – 6

① Man verwendet اشتباه [*eschtebåh*] "Fehler" zusammen mit einem Verb entweder allgemein im Sinne von اشتباه کردن [*eschtebåh kardan*] "Fehler machen" oder wie hier اشتباه گرفتن [*eschtebåh gereftan*] "sich verwählen". Merken Sie sich in diesem Zusammenhang auch شماره گرفتن [*schomåreh gereftan*] "eine Nummer wählen" und مکالمهٔ تلفنی [*mokålemeh-je telefonī*] "Telefongespräch".

② Sowohl معذرت [*ma'serat*] als auch عذر [*'osr*] bedeuten "Entschuldigung" und werden v. a. mit خواستن [*chåßtan*] "wollen" verwendet:
از شما عذر می خواهم. [*as schomå 'osr mī-chåham.*]
"Ich bitte Sie um Entschuldigung."

③ Kleine Korrektur: Abweichend von den Tonaufnahmen muss die korrekte Aussprache von متوجّه [*motewadĵdĵeh*] lauten.

④ Bei متوجّه شدن [*motewadĵdĵeh schodan*] "merken, sich bewusst werden" wird متوجّه [*motewadĵeh*] gesprochen, obwohl es mit **taschdīd** geschrieben wird.

⑤ Als sehr höfliche Anrede an einen unbekannten Herrn verwendet das Persische جنابِعالی [*dĵenåb-e'ålī*], auch جنابِ عالی geschrieben. Für eine Frau könnte man entsprechend sehr höflich سرکار خانم [*ßarkår chånom*] sagen.

۷ – من حسنِ فراموشیان هستم، با آقایِ کاتِبی کار داشتم. تشریف دارند؟ ⑥

۸ – گوشی را داشته باشید ... ⑦

۹ متاسفانه آقایِ رئیس جلسه دارند و تا یک ساعت و نیمِ دیگر هم تمام نمی شود. آیا پیغامی دارید؟

۱۰ – بله، اگر زحمت نیست، لطفاً به ایشان بگوئید که من قرارِ امروز صبح را به کلّی فراموش کردم و خیلی از ایشان عذر می خواهم. ⑧

۱۱ بعداً به منزلشان تلفن خواهم کرد.

۱۲ – خیلی خوب، پیغامِ شما را می رسانم. ⑨

[**7** … *farâmūschījân* … *taschrīf* … **8** *gūschī râ dâschteh bâschīd* … **9** … *ra'īß djalaßeh* … *peijghâmī* … **10** … *sahmat* … *beh kollī farâmūsch* … *'osr mī-châham.* **11** *ba'dan* … *telefon* … **12** … *peijghâm-e* … *raßânam.*]

⑥ Der Nachname فراموشیان [*farâmūschījân*] – eine eher ungebräuchliche Form des weit häufiger verwendeten فراموشکار [*farâmūschkâr*] "vergesslich" – ist hier als Witz gemeint. Das aus dem Arabischen stammende کاتب [*kâteb*] bedeutet "Schreiber, Schriftsteller".

Ich bin Hassan Faramuschian. Ich hatte mit Herrn Katebi zu tun (Arbeit hatte). Ist er da (Zeremonie haben)? – 7

Bleiben Sie am Apparat (Hörer *Akk.* gehabt seid) ... – 8

Leider ist der Herr Direktor in einer Besprechung (Treffen haben), und diese wird erst in anderthalb Stunden zu Ende sein (bis eins Stunde und Hälfte anders auch Ende nicht-*VP* wird). Möchten Sie eine Nachricht hinterlassen? 9

Ja. Wenn es Sie nicht stört (wenn Mühe nicht-ist), sagen Sie ihm bitte, dass ich die Verabredung von heute Morgen völlig vergessen habe und dass ich ihn deswegen um Verzeihung bitte. – 10

Ich werde später bei ihm (Haus-ihr) anrufen. 11

Sehr gut, ich leite Ihre Nachricht weiter (ankommen-lasse). – 12

⑦ گوشی را داشته باشید! [*gūschī rå dåschteh båschīd!*]: Der Konjunktiv Präsens bzw. Imperativ von داشتن [*dåschtan*] "haben" ist unregelmäßig und besteht aus dem Partizip Perfekt Passiv von داشتن [*dåschtan*] und dem Konjunktiv Präsens/Imperativ von بودن [*budan*] "sein":

[*īn kår rå tamåm kardeh båschī!*] این کار را تمام کرده باشی!

"Beende diese Arbeit! (Hab diese Arbeit beendet!)"

Vergleichen Sie dazu den einfachen Imperativ:

[*īn kår rå tamåm kon!*] این کار را تمام کن!

"Beende diese Arbeit!"

⑧ Erinnern Sie sich, dass man die 3. Person Plural und das Personalpronomen ایشان [*īschån*] benutzt, wenn man höflich von einer dritten Person spricht?

⑨ رساندن (رسان) [*raßåndan (raßån)*] "weiter-, weitergeben" ist das Kausativ von رسیدن (رس) [*raßīdan (raß)*] "ankommen". Diese Form drückt aus, dass jemand veranlasst wird, etwas zu tun. Man bildet sie durch Einschub des Suffixes ان [*-ån*] an den Präsensstamm und zusätzlich د [*-d*] oder ید [*-īd*] beim Präteritumstamm:

فهمیدن (فهم) [*fahmīdan (fahm)*] "verstehen" ➤ فهماندن (فهمان) [*fahmåndan (fahmån)*] bzw. فهمانیدن (فهمان) [*fahmånīdan (fahmån)*] "verstehen lassen, erklären".

جمله هایِ زیر را می فهمید؟

1. حسن آقا خیلی حواس پرت است، چون همیشه شماره‌هایِ تلفن را اشتباه می گیرد.
2. حسن آقا متوجّه شد که اشتباه گرفته بود.
3. آقایِ فراموشیان با آقایِ کاتبی کار داشت، ولی ایشان تشریف نداشتند.

جاهایِ خالی را پر کنید

1. Wenn Sie seinen Namen nicht korrekt gesagt haben, kann man ihn nicht finden.

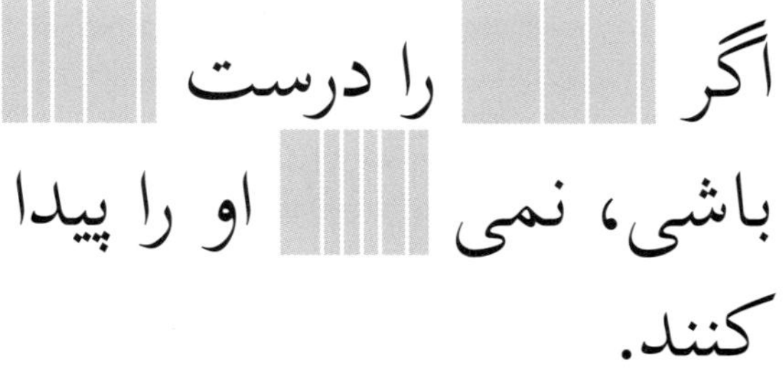

اگر ___ را درست ___ باشی، نمی ___ او را پیدا کنند.

باید دوباره همان شماره را بگیرید. 4

من میخواهم که پسرم خانه داشته باشد. 5

آیا متوجه شدید؟

Herr Hassan ist sehr zerstreut, denn er wählt immer die falschen Telefonnummern. 1

Herr Hassan hat gemerkt, dass er eine falsche Nummer gewählt hatte. 2

Herr Faramuschian wollte mit Herrn Katebi sprechen, aber dieser war nicht da. 3

Sie müssen noch einmal dieselbe Nummer wählen. 4

Ich möchte, dass mein Sohn ein Haus hat. 5

Wir haben bis jetzt versucht, Ihnen die authentische Schreibweise des Persischen näherzubringen. Achten Sie darauf, dass gewisse Partikel – z. B. das Verbalpräfix می *[mī-] und der Akkusativmarker* را *[rå] – sowohl zusammen mit dem entsprechenden Bezugswort als auch getrennt geschrieben werden können. Auch in diesem Abschnitt legen wir noch einmal Wert darauf klarzustellen, dass die Schreibweise nicht immer einheitlich ist, denn dies entspricht nun einmal der Realität persischer Texte. Sie finden also beispielsweise* میکنم *oder* می کنم*,* چکتانرا *oder* چکتان را*,* دوسالست *oder* دو سال است*, aber auch* وقتیکه *oder* وقتی که*. Lassen Sie sich hierdurch nicht verunsichern. Am Sinn ändert die Schreibung nichts.*

Ich komme in zweieinhalb Stunden zu Ihnen. 2

Könnte ich mit Frau Katebi sprechen? ❸

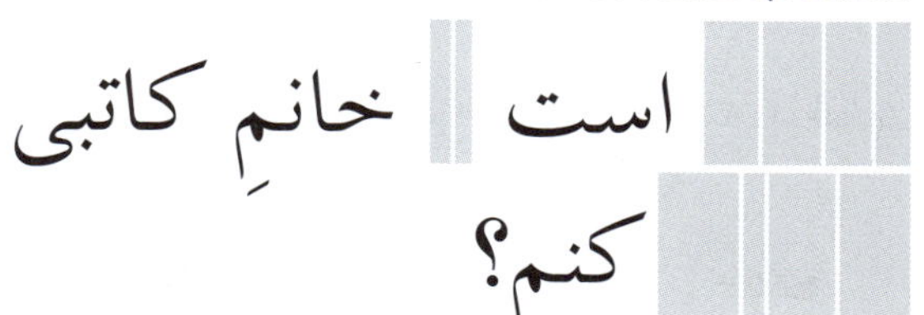

Ich habe unsere Verabredung vergessen, und ich möchte Sie bitten, mir deswegen zu verzeihen. ❹

من ... را ... کردم و
از شما خیلی ... می خواهم.

۶۵ درسِ شصت و پنجم

در اتوبوس

1. ۱ پروین و مادر بزرگش، پس از خرید، با بسته‌هایِ بزرگ و سنگین به اتوبوس سوار شدند.

2. ۲ مادر بزرگ که خیلی خسته شده بود، گفت:

3. ۳ – جایِ نشستن که ندارد! ①

[*… schaßt-o pandjom* **1** *parwīn … baßteh-hå-je … ßangīn …*]

واژه هایِ مناسب

① اسمش - نگفته - توانند ② ساعت - و - دیگر - آیم
③ ممکن - با - صحبت ④ قرارمان - فراموش - عذر

دیوار موش دارد، موش هم گوش دارد!
[*dīwår mūsch dårad, mūsch ham gūsch dårad!*]

"Auch Wände haben Ohren!"
(Mauer Maus hat Maus auch Ohr hat!)

موجِ دوّم: امروز درسِ بیست و دوّم را فعال کنید!

65. Lektion

Im Bus

Nach dem Einkaufen stiegen (Reiter wurden) Parwin und ihre Großmutter mit großen und schweren Paketen in den Bus. 1

Die Großmutter, die sehr müde geworden war, sagte: 2

Aber es gibt keine Sitzplätze (Platz+ setzen)! – 3

ANMERKUNGEN

① In جایِ نشستن که ندارد! [*djå-je neschaßtan keh nadårad!*] steht که [*keh*] "dass" als Bestärkung, ähnlich wie das deutsche "aber". Ohne که [*keh*] würde der Satz "Es gibt keinen Platz, um sich hinzusetzen." bedeuten.

۴ یک دخترِ دانشجو جایش را به او داد.

۵ پیر زن نشست و تشکّر کرد. ②

۶ در هر ایستگاه، اتوبوس پُر و پُرتر
می شد. ③

۷ ناگهان صدایِ شکستنِ شیشه
شنیده شد. ④

۸ پروین با ناراحتی گفت:

۹ – وای! استکانهائی که خریده بودیم
شکست! ⑤

۱۰ مادر بزرگ گفت:

۱۱ – مهّم نیست!

تلّفظ

[**4** … *dåneschdjū* … **5** *pīr san* … *taschakkor kard* **6** … *īßtgåh* … **7** … *schekaßtan-e schīscheh schenīdeh* … **8** … *nåråhatī* … **9** … *eßtekånhåʾī* … *schekaßt!*]

Eine Studentin (Mädchen+ Student) überließ (gab) ihr ihren Platz. 4

Die alte Frau setzte sich und dankte ihr. 5

An jeder Bushaltestelle wurde der Bus voller und voller. 6

Plötzlich hörte man das Geräusch zerberstenden Glases (Stimme+ zerbrechen+ Glas gehört wurde). 7

Parwin sagte beunruhigt (mit Unruhe): 8

Oje! Die Teegläser, die wir gekauft haben, sind zerbrochen! – 9

Die Großmutter sagte: 10

Das ist nicht schlimm (wichtig nicht-ist)! – 11

Merken Sie sich تشکّر کردن [*taschakkor kardan*] "bedanken, ②
danken". Erinnert Sie تشکّر [*taschakkor*] "Dank" an متشکّر [*motaschakker*] "dankbar"? Kein Wunder, denn beide Wörter sind arabischen Ursprungs und haben dieselbe Wurzel.

Beachten Sie, wie das Persische Konstruktionen wie پُر و پُرتر ③
[*por-o/wa portar*] "voller und voller" mithilfe eines Adjektivs und seiner gesteigerten Form bildet:

"schneller und schneller" [*sūd-o/wa sūdtar*] زود و زودتر

Bei شنیده شد [*schenīdeh schod*] "gehört wurde" handelt es sich ④
erneut um ein Passiv, so wie wir es in Lektion 56 beschrieben haben. Erinnern Sie sich an die Bildung:

[*dar baßteh schod.*] در بسته شد.

"Die Tür wurde geschlossen."

Im Unterschied zu:

"Er hat die Tür geschlossen." [*dar rå baßt.*] در را بست.

Während in diesem Satz im Deutschen zweimal das (zusam- ⑤
mengesetzte) Perfekt steht, muss im Persischen zuerst das Plusquamperfekt stehen, da es sich um eine Handlung handelt, die vor einer anderen in der Vergangenheit geschehen ist:

"wir hatten gekauft" [*charīdeh būdīm*] خریده بودیم

۱۲ مهم این است که به فکرِ پیاده شدن باشیم چون داریم به میدانِ فردوسی می رسیم. زود باش!

۱۳ با اجازه ... ببخشید...با اجازه...

۱۴ در پیاده رو، پروین گفت:

۱۵ – اگر می دانستم که اتوبوس این قدر شلوغ است، پیاده می آمدم. ⑥

۱۶ – پس مرا تنها می گذاشتی، بد جنس! ⑦

تلفّظ

[**12** ... *pījådeh schodan* ... **13** *bå edĵåseh* ... *bå edĵåseh* ... **14** ... *pījådeh rou, parwīn* ... **15** ... *scholūgh* ... **16** ... *mī-gosåschtī* ... *dĵenß!*]

جمله هایِ زیر را می فهمید؟

❶ اگر یک خانمِ پیر به یک اتوبوسِ پُر سوار شود، باید جایِ خود را به او داد.

❷ اتوبوس داشت به میدانِ فردوسی می رسید.

❸ اتوبوس این قدر شلوغ بود که نتوانستیم به آن سوار (بِ)شویم.

Wichtig ist, dass wir daran denken auszusteigen, denn wir erreichen gerade den Ferdousi-Platz (dieser ist dass nach Gedanken+ zu-Fuß werden seien weil haben nach Platz+ Ferdousi *VP* ankommen). Beeil dich (schnell sei)! 12

Bitte (mit Erlaubnis) ... entschuldigen Sie ... bitte ... 13

Auf dem Gehweg sagte Parwin: 14

Wenn ich gewusst hätte, dass der Bus dermaßen voll sein würde, wäre ich zu Fuß gekommen. – 15

Du hättest mich also alleine gelassen, du böses Mädchen (schlecht Gattung)! – 16

Achten Sie in dem Bedingungssatz ⑥

اگر می دانستم که اتوبوس این قدر شلوغ است، پیاده می آمدم.

[*agar mī-dåneßtam keh otobūß īn qhadr scholūgh aßt, pījådeh mī-åmadam.*]

auf die Verwendung des Imperfekts, im Sinne des Konjunktiv II. Wir werden dazu noch weitere Beispiele sehen.

Auch in می گذاشتی [*mī-gosåschtī*] "(du) ließt" hat das Imperfekt die Funktion eines Konjunktivs. Verwechseln Sie ⑦

"lassen" [*gosåschtan (gosår)*] گذاشتن (گذار)

nicht mit

"vorbeigehen, passieren" [*gosaschtan (gosar)*] گذشتن (گذر)

④ من اشتباه کردم و به اتوبوسِ دیگری سوار شدم.

⑤ بسته هایِ پروین سنگین و سنگینتر می شد.

جاهایِ خالی را پر کنید

① Du musst dieser Dame deinen Platz überlassen (geben). Sie ist sehr müde.

② Was wichtig ist, ist, dass wir so schnell wie möglich nach Hause zurückkehren.

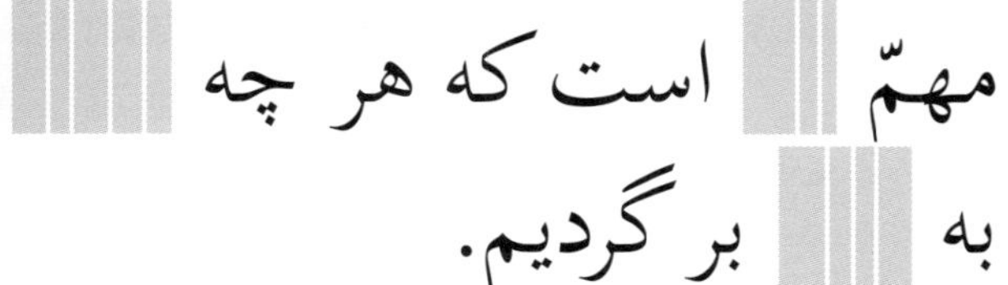

③ Bitte, entschuldigen Sie, ich möchte gerne aussteigen.

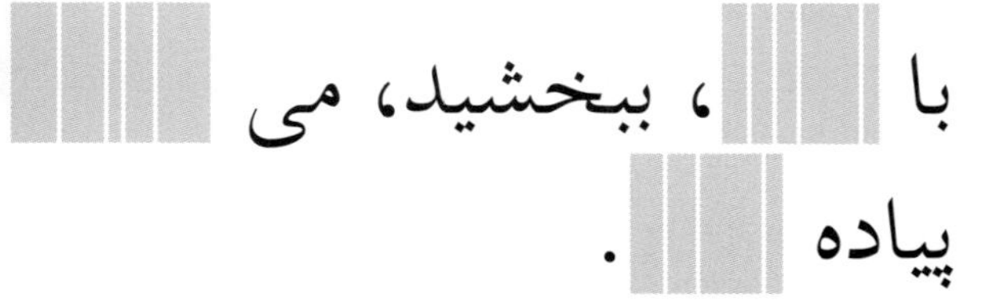

آیا متوجه شدید؟

Wenn eine ältere Dame in einen vollen Bus steigt, muss man ihr seinen Platz überlassen (geben). 1

Der Bus kam gerade am Ferdousi-Platz an. 2

Der Bus war dermaßen überfüllt, dass wir nicht in ihn einsteigen konnten. 3

Ich habe mich geirrt und bin in einen anderen Bus eingestiegen. 4

Die Pakete von Parwin wurden immer schwerer. 5

Als die Studentin ihr ihren Platz überlassen hat, hat die alte Frau sich hingesetzt und ihr gedankt. 4

___ که دخترِ ___ جایِ خود را به او داد، پیر زن ___ و تشکّر کرد.

واژه هایِ مناسب

1 جایت - خانم - خسته 2 این - زودتر - منزل

3 اجازه - خواهم - بشوم 4 وقتی - دانشجو - نشست

موجِ دوّم: امروز درسِ بیست و سوّم را فعال کنید!

۶۶ درسِ شصت و ششم

چانه زدن در فرش فروشی

۱ – حاجّ آقا، سلام! این فرشی که رویِ دیوارِ روبرو آویزان کرده اید، مالِ کجاست؟ ① ② ③

۲ – کارِ تبریز است، خیلی تمیز است.

۳ – به به! ما شاء الله، حاجّ آقا شاعر هم که هستید! قیمتش چند است؟ ④ ⑤

تلفّظ

[*… schaßt-o scheschom tschåneh sadan …* **1** *hådĵdĵ … dīwår-e … åwīsån …* **3** *… schå'er … qhejmatasch …*]

ANMERKUNGEN

① Als حاجّ [*hådĵdĵ*] bezeichnet man einen Mann, der die Pilgerfahrt nach Mekka absolviert hat. Man verwendet es auch als höfliche Anrede für ältere Herren.

66. Lektion

Feilschen (Kinn schlagen) **beim Teppichhändler**

Herr Pilger, guten Tag! Dieser Teppich, den Sie an (auf) der Wand gegenüber aufgehängt haben (hängend), wo kommt der her (Ware+ wo-ist)? – 1
Das ist ein Tabris (Arbeit+ Tabris), von sehr guter Qualität (sehr rein). – 2
Oh, wie schön! Bravo, Herr Pilger, Sie sind ja auch ein Dichter! Wie ist sein Preis (Preis-sein wie-viel ist)? – 3

Bei آویزان [*åwīsån*] "hängend" handelt es sich um das Partizip Präsens von آویختن (آویز) [*åwīchtan (åwīs)*] "(auf)hängen". Man bildet es durch Anhängen von ان [*-ån*] an den Präsensstamm. Wir gehen in Lektion 70 näher darauf ein. ②

Mit مال [*mål*] "Ware" kann man Besitzverhältnisse sehr neutral beschreiben oder sich auf etwas zuvor genanntes beziehen, z. B.: ③
این خانه مالِ ما نیست. [*īn chåneh mål-e må nīßt.*]
"Dieses Haus gehört nicht uns."
خانهٔ تو خیلی بزرگ است، مالِ من این قدر بزرگ نیست.
[*chåneh-je to chejlī bosorg aßt, mål-e man īn qhadr bosorg nīßt.*]
"Dein Haus ist sehr groß, meines ist nicht so groß."

ما شاء الله [*måschå'llåh!*]: Das **hamseh** kann verschiedene Positionen einnehmen. Es kann auf Trägerbuchstaben stehen, wie z. B. auf ه (هٔ), auf ا (أ) oder auf و (ؤ) oder auch auf einem **je** ohne Punkte (z. B. in بفرمائید [*befarmå'īd*]). Darüber hinaus kann es in einigen Wörtern arabischen Ursprungs auch alleine und ohne Trägerbuchstabe, d. h. auf der Schreiblinie, stehen. ④

Achten Sie in dieser Lektion auch wieder auf den Gebrauch von که [*keh*] "dass", das häufig als Füllwort im Sinne von "ja", "doch" oder "zumindest" gebraucht wird. ⑤

۴ – برایِ شما سیصد هزار تومان. ⑥

۵ – وای! مگر ابریشمیِ نائینی است که
این قدر گران است؟

۶ – نه، جانم، دستبافِ تمام پشمی
است فرشِ ماشینی که نیست!

۷ – چند متریست (متریه)؟ ⑦

۸ – شش متریست (متری است) درست،
دو متر در سه متر است.

۹ – اندازش (اندازه‌اش) مناسب است
(مناسبه)، امّا قیمتش نامناسب. ⑧

۱۰ – من که در عالمِ دوستی به شما گران
نمی فروشم.

[**5** … *abrīschamī-je* … **6** … *daßtbåf-e* … *paschmī* … **7** … *metrīßt (metrījeh)?* **8** … *metrīßt (metrī aßt)* ... *metr* ... **9** *andåsasch (andåseh'asch) monåßeb aßt (monåßebeh) ammå qhejmatasch nåmonåßeb.* **10** … *'ålam-e* …]

Für Sie 300.000 Toman. – 4

Oh! Ist das etwa ein Teppich aus Nain-Seide, da er so teuer ist? – 5

Nein, mein Lieber, er ist handgewebt und aus reiner Wolle (Hand-Webung+ ganz Wolle-ein ist). Das ist doch kein maschinell gefertigter Teppich! – 6

Welche Maße hat er (wie-viel Meter-ist)? – 7

Er ist genau sechs Quadratmeter groß, zwei Meter mal drei Meter. – 8

Seine Maße sind angemessen (Größe-sein angemessen ist), aber sein Preis ist nicht angemessen. – 9

Aber im Namen der Freundschaft (in Welt+ Freundschaft) verkaufe ich ihn Ihnen nicht teuer. – 10

⑥ Die Hunderter lauten صد [*ßad*] ۱۰۰ "100", دویست [*dewīßt*] ۲۰۰ "200", سیصد [*ßīßad*] ۳۰۰ "300", چهارصد [*tschahår-ßad*] ۴۰۰ "400", پانصد [*pånßad*] ۵۰۰ "500", ششصد [*schesch-ßad*] ۶۰۰ "600", هفتصد [*haft-ßad*] ۷۰۰ "700", هشتصد [*hascht-ßad*] ۸۰۰ "800", نهصد [*noh-ßad*] ۹۰۰ "900". Prozentzahlen drückt man wie folgt aus:
"50%" [*pandjåh dar ßad*] پنجاه در صد
Außer bei 200, 300 und 500, die eine Ausnahme bilden, werden die Zahlen immer nach demselben Muster gebildet (Kardinalzahl + hundert).

⑦ Kauft man Stoff oder einen Teppich, fragt man in der Regel:
"Welche Maße hat er?" [*tschand metrī aßt?*] چند متری است؟
Eine Antwort darauf wäre z. B.:
[*do metr dar ßeh metr aßt.*] دو متر در سه متر است.
"Er ist zwei mal drei Meter."
متر [*metr*] bedeutet außerdem auch "Maßband".

⑧ اندازش [*andåsasch*] ist die kontrahierte Form von اندازه‌اش [*andåseh'asch*] "seine Größe, seine Maße". Zwar sind beide Schreibweisen zulässig, doch gilt die kontrahierte als gebräuchlicher. Ebenso verhält es sich mit اندازه‌ام [*andåseh'am*] ➤ اندازم [*andåsam*] "meine Größe, meine Maße".

۱۱ – من هم در عالمِ دوستی با شما چانه نمی زنم و یک کلام دویست هزار تومان تقدیم می کنم.

۱۲ – به جانِ شما، این قیمتِ خریدش هم نیست! ⑨

۱۳ اگر دوستش دارید، مالِ شما، اصلاً پولش را هم ندهید! ⑩

۱۴ – حاجّ آقا، خیلی ممنون، پس به شاگردتان دستور بدهید بیاوردش پایِ ماشین.

تلّفظ

[**11** … *'ålam-e* … *jek kalåm* … *taqhdīm mī-konam.* **12** … *qhejmat-e* … **13** … *aßlan* … **14** *hådĵdĵ* … *daßtūr* …]

جمله هایِ زیر را می فهمید؟

1 در این دکّان چانه زدن لازم نیست.

2 آن فرش را میتوانم ببینم؟ قیمتش چند است؟

Und ich, im Namen der Freundschaft, ich feilsche nicht mit Ihnen, und ich schlage Ihnen rundheraus (eins Wort) 200.000 Toman vor. – 11

Aber hören Sie mal (nach Seele+ ihr), das ist noch nicht einmal der Einkaufspreis! – 12

Wenn er Ihnen gefällt (wenn Freund-sein habt), gehört er Ihnen, und Sie bezahlen mir sogar überhaupt nichts (absolut Geld-sein *Akk.* auch nicht-gebt)! 13

Herr Pilger, vielen Dank. Also sagen Sie (Befehl *Konj.*-gebt) Ihrem Gehilfen, dass er ihn zu meinem Auto (Fuß+ Auto) bringen soll. – 14

Beachten Sie, dass هم [*ham*] in einer Verneinung "(nicht) einmal" bedeutet: ⑨

او دوست هم نیست. [*ū dūßt ham nīßt.*]

"Er ist nicht einmal ein Freund."

اصلاً [*aßlan*] "überhaupt" ist ein arabisches Lehnwort, weshalb die Ligatur لا hier nicht mit [*lå*] transkribiert wird, sondern mit [*la*]. ⑩

LEKTION 66

③ مگر پشمیِ کرمانشاه است که این قدر گران می فروشید؟

4 من در عالمِ دوستی به او این فرش را به قیمتِ خرید فروختم.

5 اگر این فرش را دوست دارید، به شاگردم دستور می دهم بیاوردش پای ماشینتان.

جاهایِ خالی را پر کنید

1 Diesen Teppich, den ich heute im Basar gesehen habe, wollte man mir sehr teuer verkaufen.

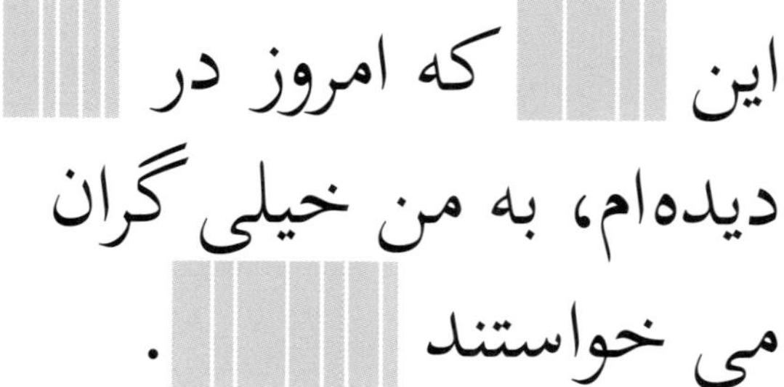

این ▒ که امروز در ▒ دیده‌ام، به من خیلی گران می خواستند ▒.

2 Ich möchte die Teppiche kaufen, die Sie mir gestern gezeigt haben.

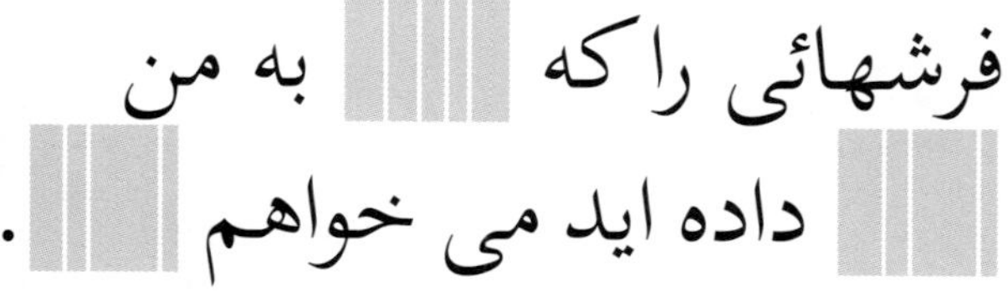

فرشهائی را که ▒ به من ▒ داده اید می خواهم ▒.

3 Ich schlage 300.000 Toman für diese beiden Teppiche vor.

▒ این دو تا ▒ سیصد هزار تومان ▒ می کنم.

آیا متوجه شدید؟

In diesem Geschäft ist es nicht nötig zu feilschen. 1
Kann ich diesen Teppich sehen? Was ist sein Preis? 2
Ist er aus Kermanschah-Wolle, dass Sie ihn so teuer verkaufen? 3
Ich habe ihm, im Namen der Freundschaft, diesen Teppich zum Einkaufspreis verkauft. 4
Wenn Sie diesen Teppich mögen, dann beauftrage ich meinen Gehilfen, ihn zu Ihrem Auto zu bringen. 5

Wenn wir mehr gefeilscht hätten, hätten wir diesen Teppich preiswerter gekauft. 4

واژه هایِ مناسب

1 فرشی - بازار - بفروشند 2 دیروز - نشان - بخرم
3 برایِ - فرش - تقدیم 4 بیشتر - می - زدیم - خریده

Perserteppiche
Perserteppiche sind weltweit berühmt und seit der Periode der Safawiden (صفویان [*ßafawījån*], 1501-1722) ein Aushängeschild iranischer Handwerkskunst. Praktisch in allen Provinzen des Landes werden Teppiche – auf Persisch فرش [*farsch*] – geknüpft und zwar sowohl aus Wolle als auch aus Seide. Man wendet verschiedenste Techniken an, bei denen sich nicht nur Farben und Muster, sondern v. a. auch die Knüpfung voneinander unterscheiden. So gibt es z. B. die persische فارسی باف [*fårßī båf*] oder die gordische ترکی باف [*torkī båf*] Webung. Wichtige Zentren der Teppichherstellung sind u. a. die Städte Tabris, Ghom, Isfahan und Maschhad.

موجِ دوّم: امروز درسِ بیست و چهارم را فعال کنید!

۶۷ درسِ شصت و هفتم

آپارتمانِ جدیدِ زهره

۱ – زهره جان این توئی؟

۲ چندین ماه است که همدیگر را ندیده ایم. ①

۳ خیلی دلم برایت تنگ شده بود. ②

۴ – سلام پروانه خانم. میدانم، من تقصیر دارم.

۵ امّا این روزها خیلی گرفتارم (هستم) چون دارم اسباب کشی می کنم.

۶ – خانهٔ جدیدت در کدام محلّه است؟ ③

۷ – نزدیکِ شمران در کوچهٔ کم رفت و آمد و آرامیست (آرامی است).

[… *schaßt-o haftom* **2** *tschandīn … hamdīgar …* **3** *… tang …* **4** *… parwåneh … taqhßīr dåram.* **5** *… gereftåram …* **6** *… mahalleh …* **7** *… schemrån … åråmīßt (åråmī aßt).*]

67. Lektion

Sohres neue Wohnung

Meine liebe Sohre, bist du das? – 1

Seit einigen Monaten (zahlreich Monat ist dass) haben wir einander (auch-anders *Akk.*) nicht gesehen. 2

Du hast mir sehr gefehlt (Herz-mein für-dich eng geworden war). 3

Guten Tag, Frau Parwane (Schmetterling). Ich weiß, das ist meine Schuld (ich Schuld habe). – 4

Aber in der letzten Zeit bin ich sehr beschäftigt, weil ich gerade umziehe. 5

In welchem Viertel befindet sich dein neues Zuhause (Haus+ neu-dein)? – 6

In der Nähe von Schemran, in einer Straße mit weni Verkehr (wenig Gehen und Kommen) und wo es ruhig ist. – 7

ANMERKUNGEN

همدیگر [*hamdīgar*] drückt die Gegenseitigkeit aus und kann in dieser Funktion anstelle eines Personalpronomens stehen. Steht dahinter wie hier را [*rå*], drückt dies den Akkusativ aus. Für den Dativ hingegen setzt man davor به [*beh*]. Verwechseln Sie die durch همدیگر [*hamdīgar*] ausgedrückte Funktion nicht mit der des rückbezüglichen Fürwortes خود [*chod*]. ①

Mit دلم برایت تنگ شده بود [*delam baråjat tang schodeh būd*] haben Sie nochmals ein wunderschönes Beispiel für die poetische Note des Persischen! ②

Wir kennen محلّه [*mahalleh*] seit Lektion 23 im Sinne von "Ort". Außerdem hat es auch die Bedeutung "Viertel, Stadtviertel". Daneben gibt es ناحیه [*nåhjeh*], das je nach Situation ebenfalls ein "Stadtviertel" bezeichnen kann, aber auch "Zone", "Sektor" oder "Bezirk" heißt. ③

۸ – خریدی یا باز اجاره کردی؟

۹ – کاش (که) خریده بودم! اگر صرفه جوئی کرده و قسطی خریده بودم، تا حالا مالکِ یک آپارتمان شده بودم (می شدم). ④

۱۰ – مگر ماهی چند کرایه کرده‌ای؟

۱۱ – ماهی هفتاد هزار تومان، بدونِ آب و برق و گاز.

۱۲ – برایِ این ناحیه، خیلی گران نیست.

۱۳ – آره، نسبتاً ارزان است، چون آپارتمانِ سه اطاقِ خوابیست (خوابی است) با سالن و آشپزخانهٔ مجهز و دو تا دستشوئی. ⑤

۱۴ – روشن و آفتابگیر است؟

[**8** … *edǰåreh* … **9** *kåsch (keh)* … *ßarfeh dǰūʾī* … *qheßtī* … *målek-e* … **10** … *keråjeh* … **11** … *bedūn-e* … *gås.* **12** … *nåhjeh,* … **13** *åreh, neßbatan* … *ßålon-o åschpas-chåneh-je modǰahas* … *daßtschūʾī.* **14** … *åftåbgīr* …]

Hast du [die Wohnung] gekauft oder hast du sie wieder gemietet (Miete machtest)? – 8

Ach, hätte ich sie doch gekauft! Wenn ich gespart hätte und wenn ich [die Wohnung] auf Kredit gekauft hätte, dann (bis) wäre ich (geworden war) jetzt Eigentümerin einer Wohnung. – 9

Und wie viel Miete zahlst du pro Monat (Monat-eins wie-viel Miete gemacht)? – 10

70.000 Toman pro Monat, ohne Wasser, Strom und Gas. – 11

Für diesen Stadtteil ist das nicht teuer. – 12

Ja, das ist relativ preiswert, denn es ist eine Wohnung mit drei Schlafzimmern (Zimmer+ Schlaf-eins-ist), mit Wohnzimmer, Einbauküche und zwei Bädern. – 13

Ist sie hell und sonnig (Sonne-nehmend)? – 14

④ In dem Bedingungssatz

اگر صرفه جوئی کرده و قسطی خریده بودم، تا حالا مالکِ یک آپارتمان شده بودم.

[*agar ßarfeh djūʾī kardeh wa qheßtī charīdeh būdam, tå hålå målek-e jek åpårtemån schodeh būdam.*]

drückt das Plusquamperfekt die Irrealität aus, also die Tatsache, dass die Satzaussage – hier: dass ich "Eigentümer einer Wohnung bin" – nicht mehr eintreten kann. Alternativ könnte man auch das Imperfekt می شدم [*mī-schodam*] verwenden.

⑤ Wenn Sie möchten, können Sie sich außerdem diese Haushaltsgeräte einprägen:

با ماشینِ ظرفشوئی، ماشینِ رختشوئی و یخچال

[*bå måschīn-e sarfschūʾī, måschīn-e rachtschūʾī wa jachtschål*]

"mit Geschirrspüler, Waschmaschine und Kühlschrank".

۱۵ – بله، پنجره هایِ سالن به رویِ پارکِ بزرگی باز می شود

۱۶ که اهلِ محلّ در آن از بام تا شام، گردش و ورزش می کنند. ⑥ ⑦

۱۷ – خوب، زهره جان، منزلِ نو مبارک!

تلّفظ

[**16** … as båm tå schåm, gardesch-o warsesch … **17** … mobårak!]

جمله هایِ زیر را می فهمید؟

❶ من در محلّهٔ آرام و در کوچهٔ کم رفت و آمدی زندگی می کنم.

❷ من تقصیر دارم، چون چند ماه است که به تو تلفن نکرده‌ام.

❸ اگر داری اسباب کشی می کنی، این روز ها باید خیلی گرفتار باشی!

❹ کاش (که) صرفه جوئی کرده بودم!

❺ این آپارتمانِ جدید از آپارتمانِ قدیم روشنتر است و به گرانیِ آن نیست.

Ja, die Fenster des Wohnzimmers gehen (offen *VP* wird) – zu einem großen Park hinaus, 15
in dem die Leute aus dem Viertel von morgens bis abends spazieren gehen und Sport treiben. 16
Gut, meine liebe Sohre, Glückwunsch zum neuen Zuhause! – 17

⑥ که ... در آن ... [*keh ... dar ån...*] "in dem/der" – erinnern Sie sich an diese Konstruktion des Relativpronomens?

⑦ بام [*båm]* in از بام تا شام [*as båm tå schåm*] "von morgens bis abends" ist die Abkürzung von بامداد [*båmdåd*] "Morgen". Es ist hier nur durch den Reim abgekürzt – بام [*båm*] heißt auch "Dach".

من در محلّهٔ آرام و در کوچهٔ کم رفت و آمدی زندگی می کنم

آیا متوجه شدید؟

❶ Ich lebe in einem ruhigen Stadtviertel und in einer Straße mit wenig Verkehr.
❷ Das ist meine Schuld, denn ich habe dich seit einigen Monaten nicht angerufen.
❸ Wenn du gerade umziehst, dann musst du dieser Tage sehr beschäftigt sein!
❹ Ach, hätte ich doch gespart!
❺ Diese neue Wohnung ist heller als die vorherige und sie ist nicht so teuer.

جاهایِ خالی را پر کنید

Wenn ich nicht umziehen würde, wäre ich dich besuchen gekommen. ①

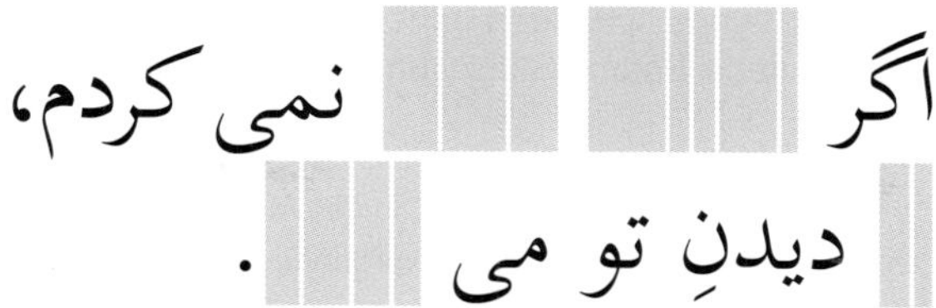

Ich habe viele Wohnungen angesehen, aber keine war so sonnig wie diese. ②

Seit drei Monaten haben wir uns nicht gesehen. ③

سه ___ است که ___ را
___.

Letztes Jahr waren wir beide sehr beschäftigt, und wir konnten uns nicht besuchen. ④

سالِ ___ هر دو خیلی ___
بودیم و ___ همدیگر را
ببینیم.

واژه هایِ مناسب

❶ اسباب - کشی - به - آمدم ❷ آپارتمان - هیچ - آفتابگیر ❸ ماه - همدیگر - ندیده‌ایم ❹ گذشته - گرفتار - نتوانستیم

Der Norden Teherans
شمران Schemran, auch شمیران Schemiran genannt, ist ein Wohnviertel im Norden Teherans, das an den Ausläufern des Elburs-Gebirgszugs liegt. Hier ist es ruhiger, im Sommer kühler und die Luft ist besser als im Rest der Stadt. Mittlerweile zu Museen umfunktioniert, befinden sich hier der Sa'dabad- und der Niawaran-Palast der Pahlawi-Dynastie, die Iran von 1925 bis 1979 regiert hat. Auch verfügt Schemran über Parkanlagen und botanische Gärten, und man hat es nicht weit zur Bergstation دربند Darband, von der aus Wanderwege auf den 3.933 Meter hohen توچال Toutschal, den Hausberg der Teheranis, führen. Im Winter liegt hier sogar genügend Schnee zum Skifahren.

هر که بامش بیش، برفش بیشتر.
[*har keh båmasch bīsch, barfasch bīschtar.*]

"Wer viel besitzt, hat auch viele Sorgen."
(jeder dass Dach-sein mehr Schnee-sein mehr-noch.)

موجِ دوّم: امروز درسِ بیست و پنجم را فعال کنید!

۶۸ درسِ شصت و هشتم

بانکِ ملّی

۱ آقایِ کسائی، پس از مدّتی انتظار، بالاخره جلوِ باجهٔ بانک رسید. ① ②

۲ – آقا، می خواستم کمی پول از حسابِ جاریِ خودم بر دارم.

۳ – بفرمائید، چکتان را بنویسید.

۴ – قبلاً چک را نوشته و امضاء هم کرده‌ام. بفرمائید. ③

۵ – لطفاً پشتش را هم امضاء کنید.

تلّفظ

[… schaßt-o haschtom bånk-e mellī **1** … kaßå'ī … moddatī entesår, belachareh … bådĵeh-je bånk … **2** … heßåb-e dĵårī-je ... bar dåram. **3** … tscheketån … **4** qhablan tschek … emså' … **5** … poschtasch … emså' …]

68. Lektion

Die Nationalbank

Herr Kasai ist, nachdem er eine gewisse Zeit gewartet hat (nach von Weile-eins Warten), schließlich vor dem Schalter der Bank angekommen. 1

Mein Herr, ich würde gerne ein wenig Geld von meinem Girokonto abheben. – 2

Bitte füllen Sie Ihren Scheck aus. – 3

Ich hatte meinen Scheck schon ausgefüllt (geschrieben) und auch unterzeichnet. Hier, bitte. – 4

Unterzeichnen Sie ihn bitte auch auf der Rückseite (Rücken-sein). – 5

ANMERKUNGEN

① Wundern Sie sich nicht, dass bei پس از مدّتی انتظار [paß as moddatī entesår] kein **Esåfeh** zwischen مدّتی [moddatī] "eine Weile" und انتظار [entesår] "warten" steht. Dies kommt daher, dass an das erste Wort dieser Verbindung die Endung ی [-ī] angehängt wurde. Ebenso bei نوعی پارچه [nouʾī pårtscheh] "eine Art Stoff".

② Bei بالاخره [belachareh] handelt es sich um ein arabisches Lehnwort, weshalb die Ligatur لا hier nicht mit [lå] transkribiert wird, sondern mit [la], da hier die arabische Orthografie beibehalten wird.

③ Bei چک را نوشته و امضاء هم کرده‌ام [tschek rå neweschteh wa emså' ham kardeh'am] muss die personenspezifische Endung nur an die zweite Verbform angehängt werden.

۶ – چشم، آقا. ولی خواهش می کنم، خیلی اسکناسِ خرد به من ندهید، چون کیف و ساکِ دستی همراهم ندارم.

۷ – ایرادی ندارد. بسیار خوب. ④ ⑤

۸ – نرخِ دلار چند است؟

۹ – نمی دانم. امورِ ارزیِ در باجه‌های شش و هفت انجام می شود. باید به آنها مراجعه کنید. ⑥

۱۰ ضمناً تابلویِ بهایِ ارزهایِ مختلفِ بین المللی آنجاست (آنجا است). ⑦

۱۱ – خیلی ممنونم، امّا یک کارِ دیگر هم داشتم.

تلّفظ

[**6** ... *eßkenåß-e chord* ... *kīf* ... *ßåk-e daßtī hamråham* ... **7** *īrådī nadårad. beßjår chūb.* **8** *nerch-e dolår* ... **9** ... *omūr-e arsī-je* ... *andĵåm* ... *morådĵe'eh konīd.* **10** *semnan tåblou-je bahå-je* ... *mochtalef-e bejn ol-melalī* ...]

Einverstanden, mein Herr. Aber ich bitte Sie, geben Sie mir nicht zu viele kleine Banknoten, denn ich habe weder mein Portemonnaie noch meine Handtasche bei mir. – 6

Kein Problem. Sehr gut. – 7

Wie ist der Wechselkurs des Dollar? – 8

Ich weiß es nicht. Valutageschäfte werden an den Schaltern 6 und 7 vorgenommen. Sie müssen sich dorthin (nach jene) wenden. – 9

Außerdem befindet sich die Tafel mit den Werten der verschiedenen internationalen Devisen dort. 10

Vielen Dank, aber ich habe noch andere Dinge zu erledigen. – 11

Mit ایرادی ندارد [*īrådī nadårad*] "kein Problem" oder "das macht nichts" lernen Sie ein weiteres Synonym zu den bereits bekannten Ausdrücken اشکال ندارد [*eschkål nadårad*] und عیب ندارد [*'ejb nadårad*] kennen. Alle drei werden sehr häufig gebraucht! ④

بسیار [*beßjår*] bedeutet "sehr" und "viel" und kann prinzipiell wie خیلی [*chejlī*] und زیاد [*sījåd*] verwendet werden. Man kann somit gleichermaßen خیلی خوب [*chejlī chūb*] oder بسیار خوب [*beßjår chūb*] für "sehr gut" sagen, wobei die zweite Option etwas förmlicher klingt. زیاد [*sījåd*] kann auch die Bedeutung "zu (viel)" haben: ⑤

"Das ist zu viel!" زیاد است! [*sījåd aßt!*]

Bei انجام می شود [*andjåm mī-schawad*] "wird/werden vorgenommen" handelt es sich um das Passiv von انجام دادن [*andjåm dådan*] "vornehmen". Beachten Sie auch wieder, dass das Verb hier im Singular steht, obwohl es sich auf ein Nomen im Plural bezieht. Sie kennen dieses Phänomen bereits. ⑥

بالاخره [*belachareh*] "schließlich, endlich" aus Satz 1 und بین المللی [*bejn ol-melalī*] "international" sind wieder arabische Lehnwörter. Ihre Schreibweise orientiert sich an der Originalschreibung. ⑦

۱۲ – آقا ببینید، با اینکه وقت گذشته و ساعتِ تعطیلِ بانک است، چون شما خیلی منتظر شدید، چکتان را نقد کردم، ⑧

۱۳ ولی برایِ تعویضِ ارز و امورِ دیگر، فردا صبح تشریف بیاورید. خدا حافظِ شما.

[**12** … bå īnkeh … ta'tīl-e bånk … tscheketån … naqhd kardam, **13** … ta'wīs-e ars … taschrīf bījåwarīd …]

جمله هایِ زیر را می فهمید؟

❶ امروز برایِ تعویضِ ارز\ برایِ عوض کردنِ ارز، باید به بانکِ ملّی بروم.

❷ چون بانک خیلی شلوغ بود، جلوِ باجهٔ امورِ ارزی نیم ساعت منتظر شدم\ ماندم.

❸ آقا، لطفاً، می خواهم (میخواستم) پانصد هزار تومان از حسابِ جاریِ خودم بر دارم.

❹ چون کیف همراهم ندارم، چطور می توانم این قدر اسکناس ببرم؟

Sehen Sie, mein Herr, obwohl es spät ist (mit dieser-dass – Zeit vergangen) und es Ladenschlusszeit (Stunde+ Urlaub+) ist, und weil Sie lange gewartet haben, habe ich Ihnen Ihr Bargeld ausgezahlt (Scheck *Akk.* Bargeld machte), 12

aber kommen Sie für Wechselgeschäfte und andere Anliegen morgen früh wieder. Auf Wiedersehen, mein Herr. 13

Nach با اینکه [*bå īnkeh*] "obwohl" steht das Verb immer im Indikativ Präsens und nie im Konjunktiv! ⑧

❺ آقا، با اینکه حالا ساعتِ تعطیلِ بانک است، چکتانرا نقد خواهم کرد.

آیا متوجه شدید؟

❶ Heute muss ich zur Nationalbank gehen, um Devisen zu tauschen.

❷ Da es in der Bank viele Leute gab, habe ich eine halbe Stunde vor dem Geldwechselschalter gewartet.

❸ Mein Herr, ich möchte bitte 500.000 Toman von meinem Girokonto abheben.

❹ Wo ich [doch] keine Tasche bei mir habe, wie kann ich so viele Geldscheine mitnehmen?

❺ Mein Herr, obwohl jetzt Ladenschlusszeit der Bank ist, werde ich Ihnen auf Ihren Scheck Bargeld auszahlen.

جاهایِ خالی را پر کنید

Wenn Sie vorher die Tafel mit den Werten der internationalen Devisen angeschaut hätten, hätten Sie heute keine Dollar getauscht! 1

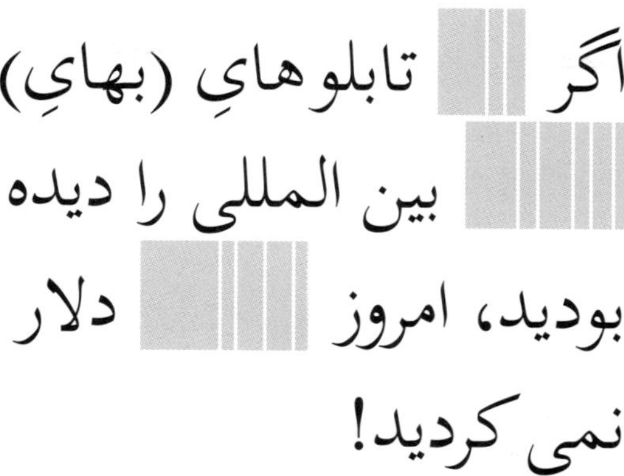

Warum geben Sie mir so viele kleine Scheine? Das ist viel zu viel! Ich kann sie nicht mitnehmen. 2

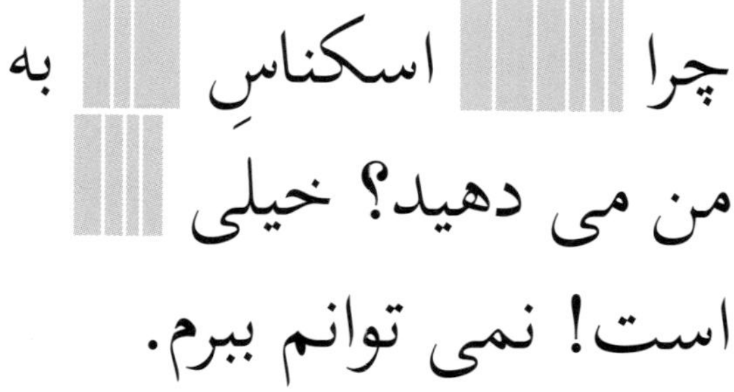

Ich habe andere Dinge zu erledigen. Obwohl es spät ist, bitte ich Sie, helfen Sie mir! 3

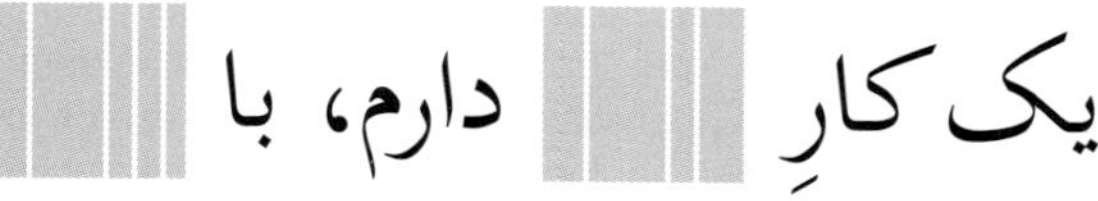

دیر شد، خواهش می کنم به من ▒▒ کنید!

❹ Bitte füllen Sie Ihren Scheck aus, dann unterschreiben Sie ihn auf der Rückseite.

لطفاً ▒▒ را ▒▒، بعداً پشتش را ▒▒ کنید.

LEKTION 68

واژه های مناسب

❶ قبلاً - ارزهایِ - تعویضِ ❷ اینقدر - خرد - زیاد
❸ دیگر - اینکه - کمک ❹ چکتان - بنویسید - امضاء

Wichtige Feiertage in Iran
Die meisten Feiertage sind religiöser Natur und orientieren sich am arabischen-islamischen Kalender, der ein Mondkalender ist und bei dem ein Jahr 11 Tage kürzer ist als in einem Sonnenkalender. Die entsprechenden Daten "wandern" durch das gregorianische Jahr und liegen folglich immer in anderen Jahreszeiten. Zu den wichtigsten Feiertagen gehören:

- عاشورا Aschura, der Todestag des Märtyrers حسین Hussein, dem Sohn von Ali, am 10. Muharram. Hussein starb in کربلا Kerbela im heutigen Irak. Schiiten in aller Welt geißeln sich öffentlich an diesem Tag.

آدمِ خوش معامله شریکِ مالِ مردم است.

[*ådam-e chosch ma' åmeleh scharīk-e mål-e mardom aßt.*]

"Genauigkeit in Gelddingen erhält die Freundschaft."
(Mensch+ glücklich Transaktion Teilhaber+ Ware+ Leute ist.)

۶۹ درسِ شصت و نهم

کارمندِ نمونه

۱ اکبرِ ساکتی، که همه به او اکبر آقا میگویند ① ②

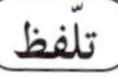

[*... schaßt-o nohom kårmand-e nemūneh* **1** *akbar-e ßåketī ...*]

• Todestag des Märtyrers حسن Hassan am 28. Safar.
• Geburtstag des 12. Imams محمّد ابن حسن Muhammad Ibn Hassan, der auch unter dem Namen مهدی Mahdi bekannt ist, am 15. Scha'ban.
• Beginn des Fastenmonats am 1. Tag des Ramadan (رمضان [*ramesån*]) und der Todestag des Märtyrers Ali (s. o.) am 21. Tag des Ramadan.
• عیدِ فطر Eid-e Fetr, das Fest des Fastenbrechens am 1. Schawwal, auch Zuckerfest genannt.
• عیدِ قربان Eid-e-Qhorban, das Opferfest, am 10. Zihadsch/Dhu l-Hiddscha.

موجِ دوّم: امروز درسِ بیست و ششم را فعال کنید!

69. Lektion

Der Musterangestellte

Akbar Saketi (größer still), den alle Herr Akbar nennen (dass alle nach er größer Herr *VP* sagen), 1

① Der Vorname اکبر [*akbar*] ist ein arabisches Wort, das "größer" bedeutet. Es handelt sich dabei um die Steigerungsstufe des Adjektivs کبیر [*kabīr*] "groß". Möglicherweise kennen Sie den Ausruf الله اکبر! [*Allåho akbar!*] "Gott ist groß!", der täglich von den Minaretten gerufen wird, um die Gläubigen an das Gebet zu erinnern.

② In که همه به او [*keh hameh beh ū*] "den alle" treffen Sie wieder auf که [*keh*] "dass" als Relativpronomen. Sicherlich haben Sie sich mittlerweile an diese Konstruktion gewöhnt, immerhin ist sie weit einfacher als im Deutschen.

۲ سالهاست که مستخدمِ مخصوصِ دفترهایِ رئیس و معاونِ دانشکدۀ حقوق است. ③

۳ هر روز صبح، سرِ ساعتِ هفت و نیم، در محلِّ کارش حاضر میشود.

۴ درِ آبدارخانه را باز می کند. ④

۵ – کتش را در آورده، به جالباسی می آویزد، روپوشش را می پوشد. ⑤

۶ سماور را آب کرده، برایِ تهیۀ چای روشنش می کند.

۷ بعد دستمالِ مخصوصِ گردگیری را برداشته، و به نظافتِ میز و صندلیِ دفترها مشغول می شود.

[**2** … *moßtachdem-e machßūß-e* … *mo'åwen-e* … **4** … *åbdårchåneh* … **5** *kotasch* … *åwardeh,* … *djålebåßī* … *rūpūschasch rå mī-pūschad.* **6** … *tahījeh-je* … *rouschanasch* … **7** … *daßtmål-e machßūß-e gardgīrī* … *nesåfat-e* … *maschghūl* …]

ist seit Jahren (Jahre-ist dass) ein spezieller Angestellter in den Büros des Dekans und des Vize-Dekans der Rechtsfakultät. 2

Jeden Morgen (jeder Tag Morgen), exakt (Kopf+ Stunde+) um sieben Uhr dreißig ist er an seinem Arbeitsplatz (in Ort+ Arbeit-sein fertig *VP* wird). 3

Er öffnet die Tür der Teeküche. 4

Nachdem er seine Jacke abgelegt und sie an den Kleiderständer gehängt hat (Jacke-sein *Akk.* Tür gebracht nach Kleiderständer *VP* hängt), zieht er seinen Arbeitskittel an. – 5

Nachdem er den Samowar mit Wasser gefüllt hat, schaltet er ihn ein (Anzünden-sein *VP* macht), um den Tee zuzubereiten (für+ Vorbereitung+ Tee). 6

Dann nimmt er das Staubtuch und macht sich daran, die Büromöbel zu reinigen. 7

Prägen Sie sich zu دانشکده [*dåneschkadeh*] "Fakultät" auch die folgenden verwandten und teilweise bereits bekannten Wörter ein: دانشگاه [*dåneschgåh*] "Universität", دانشجو [*dåneschdjū*] "Student" und دانشمند [*dåneschmand*] "Wissenschaftler". In all diesen Wörtern steckt دانش [*dånesch*] "Wissen". ③

Es gibt kaum ein Büro ohne ein آبدارخانه [*åbdårchåneh*] – einen kleinen Raum, in dem Tee zubereitet wird. Meistens wird ein spezieller کارمند [*kårmand*] "Angestellter" beauftragt, diesen Part zu übernehmen. Angestellte, die für eine besondere Aufgabe zuständig sind, nennt man auch مأمور [*ma'mūr*] (arab. Lehnwort). ④

Das Partizip Perfekt von آوردن [*åwardan*] "bringen" in کتش را در آورده [*kotasch rå dar åwardeh*] deutet an, dass zwei Handlungen aufeinanderfolgen. Im folgenden Satz sehen Sie dafür ein weiteres Beispiel: ⑤

[*ßamåwar rå åb kardeh*] سماور را آب کرده

۸ این کارها را هر روز تکرار میکند.

۹ اکبر آقا، که به کارش عادت کرده است، متوجّهِ یکنواخت بودنِ آن نیست. ⑥

۱۰ چون دستورهایِ بالادستها و چهره‌هایِ مراجعین هر روز عوض می شوند.

۱۱ با اینکه حقوقش زیاد نیست، اکبر آقا ناراضی نیست، ولی با نگرانی در انتظارِ بازنشستگیست. ⑦ ⑧

۱۲ بعداً روزهایش را با چه پرخواهد کرد؟ تنها خدا می داند!

تلّفظ

[**8** … *tekrår mīkonad.* **9** *akbar … motewadĵdĵeh-e jeknawåcht …* **10** … *bålådaßthå … morådĵe'īn ….* **11** … *hoqhūqhasch … akbar … nåråsī … båsneschaßtegīßt.*]

Jeden Tag wiederholt er (Wiederholung *VP* macht) diese Arbeiten. 8

Herr Akbar, der an seine Arbeit gewöhnt ist (Gewohnheit gemacht ist), empfindet keinerlei Monotonie. 9

Denn die Anordnungen seiner Vorgesetzten und die Gesichter der Besucher (Gesichter+ Besucher) ändern sich täglich. 10

Obwohl sein Gehalt nicht hoch ist, ist Herr Akbar nicht unzufrieden, aber er fürchtet den Moment der Pensionierung (mit Sorge in Warten+ Pension-ist). 11

Womit wird er dann seine Tage füllen (Tage-sein *Akk.* mit was voll *Futur* machen)? Alleine Gott weiß es! 12

Bei متوجّه [*motewadĵdĵeh*] "aufmerksam" handelt es sich um ein arabisches Lehnwort, bei dem das **he do tscheschm** am Ende zum Wortstamm gehört und als [*h*] gesprochen wird. Somit steht das **Esåfeh** darunter und wird nicht als ۀ **hamseh** geschrieben! ⑥

Neben با اینکه [*bå īnkeh*] "obwohl" findet sich ab und zu auch die getrennte Schreibweise با این که [*bå īn keh*]. ⑦

Merken Sie sich auch das Verb ترسیدن (ترس) [*tarßīdan (tarß)*] "Angst haben, sich fürchten". ⑧

جمله هایِ زیر را می فهمید؟

① این کارمندِ نمونه هر روز سرِ ساعتِ هفت و نیم به محلِّ کارش می آید.

② سالهاست که هر روز میز و صندلیهایِ دفترهایِ دانشکدهٔ حقوق را نظافت می کند.

③ کتش را در آورده، آن را به جالباسی می آویزد.

جاهایِ خالی را پر کنید

① Nachdem er den Samowar gefüllt hatte, machte er sich an die Zubereitung des Tees.

پس از ___ کردنِ ___ به تهیهٔ چایِ ___ می شد.

② Nachdem er den Arbeitskittel angezogen hatte, begann er mit dem Reinigen der Büros der Fakultät.

___ را پوشیده، به ___ دفترهایِ ___ مشغول شد.

③ In zwei Jahren wird Herr Akbar pensioniert sein.

تا دو ___ دیگر ___ آقا ___ نشسته خواهد شد\می شود.

④ من به این کار هنوز عادت نکرده‌ام.

⑤ اکبر آقا، با اینکه هر روز همین کارها را تکرار می کرد، متوجّهِ یک نواختیِ آن نبود.

آیا متوجه شدید؟

① Dieser Musterangestellte kommt jeden Tag exakt um sieben Uhr dreißig zu seinem Arbeitsplatz.

② Seit Jahren reinigt er jeden Tag die Tische und Stühle in den Büros der Rechtsfakultät.

③ Nachdem er seine Jacke ausgezogen hat, hängt er sie an den Kleiderständer.

④ Ich bin noch nicht an diese Arbeit gewöhnt.

⑤ Herr Akbar empfand, obwohl er jeden Tag dieselben Arbeiten verrichtet, keinerlei Monotonie.

④ Wenn er pensioniert sein wird, wird ihm der Teeraum der Fakultät sehr fehlen.

وقتی که باز ___ بشود، برایِ ___ دانشکده ___ خیلی تنگ خواهد شد (می شود).

واژه هایِ مناسب

① آب - سماور - مشغول ② روپوش - نظافتِ - دانشکده ③ سالِ - اکبر - باز ④ نشسته - آبدارخانهٔ - دلش

موجِ دوّم: امروز درسِ بیست و هفتم را فعال کنید!

۷۰ درسِ هفتادم

[... *haftådom*]

مرور

Die Texte unserer Lektionen werden länger und komplexer, dennoch verstehen Sie sie weitestgehend, denn Sie beherrschen – zumindest passiv – praktisch alle Grundelemente der persischen Grammatik. Neu sind mittlerweile vorrangig neue Floskeln und diverse idiomatische Ausdrücke. Doch lassen Sie sich durch das neue Vokabular nicht verwirren, und konzentrieren Sie sich weiterhin vor allem auf die sprachlichen Besonderheiten. Erst wenn Sie die Struktur der fremden Sprache verinnerlicht haben, macht es Sinn, sich auf den Ausbau des Wortschatzes zu konzentrieren. Hier nun wie in jeder Wiederholungslektion die grundlegend neuen Punkte der Grammatik. In einigen Fällen holen wir in diesem Abschnitt allerdings ein wenig aus und gehen auch auf Details ein, die so nicht in den Lektionen vorgekommen sind. Dabei geht es nur um eine reine Information, und Sie sollten selber entscheiden, wie weit Sie sich mit diesen Zusatzinformationen beschäftigen möchten.

1. Kausativ

Das Kausativ drückt aus, dass jemand veranlasst wird, etwas zu tun. Im Deutschen steht dabei meist das Verb "lassen" oder "veranlassen zu" vor einem weiteren Verb: "machen lassen", "schneidern lassen", "veranlassen zu sprechen" usw. Im Persischen bildet man ihn durch Anhängen des Suffixes ان [-*ån*] an den Präsensstamm und zusätzlich د [-*d*] oder ید [-*īd*] beim Präteritumstamm:

رسیدن (رس) [*raßīdan (raß)*] "ankommen"

➤ رساندن (رسان) [*raßåndan (raßån)*] "ankommen lassen" / "weiterleiten, weitergeben"

70. Lektion

پیغامِ شما را می رسانم.
[pejghåm-e schomå rå mī-raßånam.]
"Ich leite Ihre Nachricht weiter."

"verstehen" [fahmīdan (fahm)] فهمیدن (فهم)
< فهماندن (فهمان) [fahmåndan (fahmån)]
فهمانیدن (فهمان) [fahmånīdan (fahmån)]
"jmdm. etw. verständlich machen, erklären"

2. Partizipien

Man unterscheidet das Partizip Präsens und das Partizip Perfekt.

2.1 Partizip Präsens

Das Partizip Präsens dient dazu, zwei gleichzeitig ablaufende Handlungen zu beschreiben. Man bildet es durch Anhängen von ـان [-*ån*] an den Präsensstamm:

آواز خواندن (خوان) [åwås chåndan (chån)]
"Stimme lesen" = "singen"
"singend" [åwås chånån] < آواز خوانان

"machen" [kardan (kon)] کردن (کن)
"machend" [konån] < کنان

"laufen, rennen" [dawīdan (daw)] دویدن (دو)
"laufend, rennend" [dawån] < دوان

"weinen" [gerīßtan (gerī)] گریستن (گری)
"weinend" [gerjån] < گریان

حسن گریان\گریه کنان پیش من آمد.
[haßan gerjån/gerjeh konån pīsch-e man åmad.]
"Hassan ist weinend zu mir gekommen."

دوان دوان آمد. [*dawån dawån åmad.*]*
"Er ist rennend gekommen."

* Die Verdopplung des Partizips ist hier ein Ausdruck der Intensität.

In manchen Fällen kann das Partizip auch adjektivisch übersetzt werden, besonders bei Verben wie درخشیدن (درخش) [*derachschīdan (derachsch)*] "glänzen, funkeln" oder تافتن (تاب) [*tåftan (tåb)*] "leuchten, scheinen":

"die glänzende Sonne" [*åftåb-e derachschån*] آفتابِ درخشان

"der leuchtende Mond" [*måh-e tåbån*] ماهِ تابان

In einzelnen Fällen kann das Partizip Präsens auch durch ein Partizip Perfekt übersetzt werden. Ein Beispiel hierfür haben Sie in Lektion 66 gesehen:

"(auf)hängen" [*åwīchtan (åwīs)*] آویختن (آویز)
"hängend" = "aufgehängt" [*åwīsån*] آویزان ➤

این فرشی که روی دیوار روبرو آویزان کرده‌اید.
[*īn farschī keh rū-je dīwår-e rū-be-rū åwīsån kardeh'īd.*]
"Dieser Teppich, den Sie an der Wand gegenüber aufgehängt haben."

2.2 Partizip Perfekt

Das Partizip Perfekt deutet an, dass zwei Handlungen aufeinanderfolgen (was im Deutschen oft z. B. mit der Satzeinleitung "Nachdem ..." ausgedrückt wird):

کتش را در آورده، آنرا (آن را) به جالباسی می آویزد.
[*kotasch rå dar åwardeh, ånrå (ån rå) beh dǰålebåßī mī-åwīsad.*]
"Er legt seine Jacke ab und hängt sie an den Kleiderständer."
("Nachdem er seine Jacke abgelegt hat, hängt er sie an den Kleiderständer.")

چک را نوشته، آن را به مأمور داد.
[*tschek rå neweschteh, ån rå beh ma'mūr dåd.*]
"Er füllte den Scheck aus und gab ihn dem Angestellten."

3. Zusammengesetzter Konjunktiv

Der zusammengesetzte Konjunktiv steht wie der einfache Konjunktiv Präsens nach den Modalverben "können" und "wollen", nach باید [*båjad*] "müssen" und شاید [*schåjad*] "vielleicht" und nach allen Verben des Wünschens, Zweifelns, Hoffens, Fürchtens usw., sofern diese in der Vergangenheit stehen.

Er wird vorrangig für Handlungen in der Vergangenheit verwendet, bei denen nicht sicher ist, ob diese eingetreten sind oder nicht.

Wichtig zu wissen ist, dass das das Verb داشتن [*dåschtan*] "haben" formal keinen Konjunktiv Präsens besitzt und stattdessen der Konjunktiv Perfekt, d. h. der zusammengesetzte Konjunktiv verwendet wird. Hierbei kombiniert man das Partizip Perfekt mit dem Konjunktiv von بودن [*būdan*] "sein", also باش [*båsch*]:

می خواستم که این کار را تمام کرده باشد.

[*mī-chåßtam keh īn kår rå tamåm kardeh båschad.*]

"Ich wollte, dass er diese Arbeit beende."

Man findet diese Form unter anderem bei höflichen Aufforderungen:

گوشی را داشته باشید! [*gūschī rå dåschteh båschīd!*]

"Bleiben Sie am Apparat (am Telefon)!"

Alternativ könnte man auch sagen:

گوشی (در) دستتان باشد! [*gūschī (dar) daßtetån båschad!*]

"Bleiben Sie am Apparat (am Telefon)!"

Häufig findet sich der zusammengesetzte Konjunktiv nach dem Ausdruck می بایست [*mī-båjeßt*] "man musste, es war notwendig", der Vergangenheit von باید [*båjad*] "man muss, es ist notwendig":

می بایست که یک ماشین داشته باشید.

[*mī-båjeßt keh jek måschīn dåschteh båschīd.*]

"Es wäre notwendig gewesen, dass Sie/ihr ein Auto haben/habt."

4. Passiv

In Lektion 56 sind wir bereits näher auf die Bildung des Passivs mithilfe von شدن [*schodan*] "werden" eingegangen. Vergleichen Sie:

کار را تمام کردند.\کار تمام شد.

[*kår rå tamåm kardand. / kår tamåm schod.*]

"Sie haben die Arbeit beendet. / Die Arbeit wurde beendet."

غذا حاضر است.\غذا حاضر شده است.

[*ghaså håser aßt. / ghaså håser schodeh aßt.*]

"Das Essen ist zubereitet (fertig). / Das Essen wurde zubereitet (ist fertig geworden)."

In manchen Fällen kann das Passiv auch für das neutrale "man" gebraucht werden:

ناگهان صدایِ شکستنِ شیشه شنیده شد.

[*någahån ßedå-je schekaßtan-e schīscheh schenīdeh schod.*]

"Plötzlich hörte man das Geräusch zerberstenden Glases."

5. Bedingungssätze

Bedingungssätze beginnen in der Regel mit اگر [*agar*] "wenn". Darauf folgen eine Bedingung sowie ein Nebensatz, der auf den Ausgang der Bedingung Bezug nimmt. Wie im Deutschen unterscheidet auch das Persische, ob es sich um eine erfüllbare – also reale – oder eine unerfüllbare – also irreale – Bedingung handelt. In einem realen Bedingungssatz steht das Präsens oder noch häufiger der Konjunktiv. In irrealen Bedingungssätzen stehen das Imperfekt oder das Plusquamperfekt in beiden Teilen bzw. zuerst das Plusquamperfekt und dann das Imperfekt, abhängig von subtilen Nuancen in der Aussage. Lassen Sie sich etwas Zeit, um sich an diese Unterschiede zu gewöhnen. Vergleichen Sie:

اگر می دانستم که اتوبوس این قدر شلوغ است، پیاده می آمدم.

[*agar mī-dåneßtam keh otobūß īn qhadr scholūgh aßt, pījådeh mī-åmadam.*]

"Wenn ich gewusst hätte, dass der Bus dermaßen voll sein würde, wäre ich zu Fuß gekommen."

اگر صرفه جوئی کرده و قسطی خریده بودم، تا حالا مالکِ یک آپارتمان شده بودم (می شدم).

[*agar ßarfeh djū'ī kardeh wa qheßtī charīdeh būdam, tå hålå målek-e jek åpårtemån schodeh būdam (mī-schodam).*]

"Wenn ich gespart hätte und wenn ich etwas auf Kredit gekauft hätte, dann wäre ich jetzt Eigentümer einer Wohnung (geworden)."

6. "obwohl"

Sätze, die einen Gegensatz ausdrücken sollen, beinhalten meistens با اینکه [*bå īnkeh*] "obwohl". Danach steht das Verb nie im Konjunktiv:

با اینکه ساعتِ تعطیلِ بانک است، چکتان را نقد کردم.

[*bå īnkeh ßå'at-e ta'tīl-e bånk aßt, tscheketån rå naqhd kardam.*]

"Obwohl die Bank jetzt schließt, habe ich Ihnen Ihr Bargeld ausgezahlt."

با اینکه حقوقش زیاد نیست، اکبر آقا ناراضی نیست.

[*bå īnkeh hoqhūqhasch sījåd nīßt, akbar åqhå nåråsī nīßt.*]

"Obwohl sein Gehalt nicht hoch ist, ist Herr Akbar nicht unzufrieden."

7. Verwendung von که [*keh*]

Erinnern Sie sich an die Verwendung von که [*keh*] "dass", als Bestärkung, ähnlich wie das deutsche "aber", "ja", "doch" oder "zumindest":

جایِ نشستن که ندارد! [djâ-je neschaßtan keh nadârad!]
"Aber es gibt keine Sitzplätze!"

Ohne که [keh] würde der Satz "es gibt keinen Platz, um sich hinzusetzen" bedeuten. Er wäre also eine einfache Feststellung, ohne persönliche Beurteilung.

حاجّ آقا شاعر هم که هستید!
[*hâdjdj âqhâ schâ'er ham keh haßtīd!*]
"Herr Pilger, Sie sind ja auch ein Dichter!"

فرشِ ماشینی که نیست!
[*farsch-e mâschīnī keh nīßt!*]
"Das ist doch kein maschinell gefertigter Teppich!"

8. Gegenseitigkeit mit همدیگر [*hamdīgar*] "einander"

Mit همدیگر [*hamdīgar*] drückt man die Gegenseitigkeit aus und kann dieses anstelle eines Personalpronomens verwenden. Steht dahinter wie hier را [*râ*], steht dies für den Akkusativ. Für den Dativ hingegen setzt man davor به [*beh*].

چندین ماه است که همدیگر را ندیده‌ایم!
[*tschandīn mâh aßt keh hamdīgar râ nadīdeh'īm!*]
"Seit vielen Monaten haben wir einander nicht gesehen!"

با همدیگر (با هم) به سینما می روند.
[*bâ hamdīgar (bâ ham) beh ßīnemâ mī-rawand.*]
"Sie gehen miteinander ins Kino."

بعداً به همدیگر تلفن می کنیم.
[*ba'dan beh hamdīgar telefon mī-konīm.*]
"Wir telefonieren später miteinander."

Verwechseln Sie همدیگر [*hamdīgar*] jedoch nicht mit خود [*chod*] "selbst", das die Rückbezüglichkeit ausdrückt und auf das wir in Lektion 63 bereits näher eingegangen sind.

9. "Mehr und mehr"

Um die fortlaufende Steigerung – im Sinne von "mehr und mehr" – zu beschreiben, verwendet das Persische die Konstruktion aus dem entsprechenden Adjektiv oder Adverb, danach و [-o/wa] und darauf seine Steigerungsstufe auf تر [-tar]:

اتوبوس پُر و پُرتر می شد.
[*otobūß por-o/wa portar mī-schod.*]

"Der Bus wurde voller und voller."

Alternativ könnte man auch zweimal die Steigerungsform benutzen, also پُرتر و پُرتر [*portar-o/wa portar*]. Einen Unterschied in der Aussage gibt es hierbei nicht, es handelt sich lediglich um eine Stilfrage – ähnlich wie in der Auswahl zwischen [*wa*] oder [*o*] für و.

Erinnern Sie sich auch erneut an die Bildung des Superlativs mit Hilfe von هر چه ... تر [*har tscheh ... -tar*]:

دلش می خواست هر چه زودتر به ایران برگردد.
[*delasch mī-chåßt har tscheh sūdtar beh īrån bargardad.*]

"Er hatte (große) Lust, so schnell wie möglich nach Iran zurückzukommen."

Merken Sie sich in diesem Zusammenhang:

چقدر بدهم؟ – هر چه بیشتر بهتر.
[*tscheqhadr bedaham ? – har tscheh bīschtar behtar.*]

"Wie viel soll ich geben? – Je mehr desto besser."

10. Mengenadverbien

Für "sehr" und "viel" kann man بسیار [*beßjår*], خیلی [*chejlī*] und زیاد [*sījåd*] verwenden. Man kann somit gleichermaßen خیلی خوب [*chejlī chūb*], زیاد خوب [*sījåd chūb*] oder بسیار خوب [*beßjår chūb*] für "sehr gut" sagen, wobei die

zweite und die dritte Option etwas förmlicher klingen. Speziell زیاد [*sījåd*] kann auch die Bedeutung "zu (viel)" haben: زیاد است! [*sījåd aßt!*] "Das ist zu viel!". In dieser Bedeutung ist dann auch خیلی زیاد [*chejlī sījåd*] "viel zu viel" möglich.

Achten Sie bei den folgenden Beispielen auf die Anwendungsmöglichkeiten der Mengenadverbien:

خیلی تند حرف می زنید. [*chejlī tond harf mī-sanīd.*]
"Sie sprechen sehr schnell."

"Du isst viel." [*chejlī mī-chorī.*] خیلی می خوری.

"viele Bücher" [*chejlī ketåb*] خیلی کتاب

"viele Bücher" [*ketab-hå-je beßjår/sījåd*] کتابهایِ بسیار\ زیاد

Alternativ kann man einem Nomen mit angehängtem **Esåfeh** auch بسیار [*beßjår*] oder زیادی [*sījådī*] nachstellen:

زحمتِ بسیار\ زیادی [*sahmat-e beßjår/sījådī*]
"viel Mühe (= eine große Mühe)"

11. Kontraktion

Umgangssprachlich bedingt treten ab und zu Kontraktionen auf, z. B. wenn man ein Suffix an ein Nomen anhängt. Wir haben in Lektion 66 dazu ein Beispiel kennengelernt:

اندازش [*andåsasch*] anstelle von اندازه‌اش [*andåseh'asch*]
"seine Größe, seine Maße"

Zwar sind beide Schreibweisen zulässig, doch gilt die verkürzte als gebräuchlicher. Ebenso verhält es sich mit اندازه‌ام [*andåseh'am*] ➤ اندازم [*andåsam*] "meine Größe, meine Maße".

12. Weitere Besonderheiten

Im Laufe der letzten Lektionen haben wir einige weitere Besonderheiten kennengelernt, die wir an dieser Stelle nochmals zusammenfassen möchten:

12.1 Besondere Ausdrücke

• der Zeit

[*ßålhå aßt keh* ...] = [*ßålhåßt*] سالها است که =سالهاست
"Es ist Jahre her, dass ..."

از صبح تا شب = از بام تا شام
[*as ßobh tå schab* = *as båm tå schåm*]
"von morgens bis abends"

• des Besitzes

Mit مال [*mål*] "Ware" kann man Besitzverhältnisse sehr neutral beschreiben oder sich auf etwas zuvor Gesagtes beziehen. In diesem Fall steht nach مال [*mål*] das **Esåfeh**: مالِ [*mål-e*].

"das Eure" [*mål-e schomå*] مالِ شما

"Hassans / das von Hassan" [*mål-e haßan*] مالِ حسن

مالِ کجاست؟ – مالِ تبریز.
[*mål-e kodjåßt? – mål-e tabrīs.*]
"Woher ist das? – Aus Tabris."

12.2 Bedauern

"Ach, wenn ... !" [*kåsch (keh) ...!*] کاش (که) ... !

[*kåsch (keh) charīdeh būdam!*] کاش (که) خریده بودم!
"Ach, wenn ich doch gekauft hätte!"

12.3 Höflichkeitsfloskeln

"Ist er/sie da?" [*taschrīf dårand?*] تشریف دارند؟

[*beh īschån begū'īd keh* ...] به ایشان بگوئید که ...
"Sagen Sie ihm/ihr ..."

"Eure Exzellenz" [*djenåb-e'ålī*] * جنابِ عالی\ جنابِعالی

* Anders als im Deutschen bezieht sich diese Anrede nicht auf Geistliche, Generale, hohe Beamte oder Diplomaten, sondern man spricht damit ältere oder ranghöhere Personen an, auch solche, deren gute Beziehungen man ausnutzen möchte ("Vitamin B"). Die äquivalente Anrede für Frauen wäre سرکار خانم [*ßarkår chånom*].

معذرت می خواهم. = عذر می خواهم.
[*ma'serat mī-chåham.*] = [*'osr mī-chåham.*]
"Entschuldigen Sie mich bitte." / "Entschuldigung."

دلم برایت تنگ شده بود.
"Du hast mir sehr gefehlt." [*delam baråjat tang schodeh būd.*]
Merken Sie sich in diesem Zusammenhang auch die häufig gehörte Floskel

جایتان خالی بود. [*dĵåjetån chålī būd.*]
"Ihr habt / Sie haben sehr gefehlt." (wörtl. "Euer Platz war leer.")

منزلِ نو مبارک!
[*mansel-e nou mobårak!*]
"Glückwunsch zum neuen Haus!"

12.4 Gängige Floskeln

ایرادی ندارد. [*īrådī nadårad.*]
"Kein Problem. / Das macht nichts."

"Sehr gut!" [*beßjår chūb!*] بسیار خوب!

با اجازه! [*bå edĵåseh!*]
"Bitte!", "Verzeihung!" (wenn man sich durch eine Menge drängt)

"Aber hören Sie mal!" [*beh dĵån-e schomå!*] به جانِ شما!

13. Wiederholungsübungen

In diesem Abschnitt finden Sie drei verschiedene Übungseinheiten.

13.1 Lückentextübung – Adjektive und ihre Komparativformen

Setzen Sie die entsprechende Form des passenden Adjektivs in seiner Steigerungsstufe ein: ارزان [*arsån*] "billig"; پر [*por*] "voll"; گران [*gerån*] "teuer"; سنگین [*ßangīn*] "schwer". Übersetzen Sie danach die Sätze.

❶ اتوبوس ... شد.
[*otobūß ... schod.*]

❷ بسته‌هایِ مادر بزرگ ... می شد.
[*baßteh-hå-je mådar bosorg ... mī-schod.*]

❸ دلار هر روز ... می شود.
[*dolår har rūs ... mī-schawad.*]

❹ پارسال یورو ... شده بود.
[*pårßål jūro ... schodeh būd.*]

Lösung zur Lückentextübung

❶ اتوبوس پُر و پُرتر شد.
[*otobūß por-o portar schod.*]

❷ بسته‌هایِ مادر بزرگ سنگین و سنگینتر می شد.
[*baßteh-hå-je mådar bosorg ßangīn-o ßangīntar mī-schod.*]

❸ دلار هر روز گران و گرانتر می شود.
[*dolår har rūs gerån-o geråntar mī-schawad.*]

❹ پارسال یورو ارزان و ارزانتر شده بود.
[*pårßål jūro arsån-o arsåntar schodeh būd.*]

Übersetzung

❶ Der Bus wurde immer voller. ❷ Die Pakete der Großmutter wurden immer schwerer. ❸ Der Dollar wird mit jedem Tag teurer. ❹ Letztes Jahr wurde der Euro immer schwächer (billiger).

13.2 Formulierungsübung – Passivkonstruktionen

Setzen Sie die folgenden Sätze ins Passiv.

❶ پروانه پلو پخت. پلو ...
[*parwåneh polou pocht. polou…*]

❷ حسن استکان را شکست. استکان ...
[*haßan eßtekån rå schekaßt. eßtekån ...*]

❸ کارمند دفتر را تمیز کرد. دفتر ...
[*kårmand daftar rå tamīs kard. daftar ...*]

❹ بچّه‌ها مادر را خسته کردند. مادر ...
[*batschtscheh-hå mådar rå chaßteh kardand. mådar ...*]

Lösung zur Formulierungsübung

❶ پروانه پلو پخت. پلو پخته شد.
[*parwåneh polou pocht. polou pochteh schod.*]

❷ حسن استکان را شکست. استکان شکسته شد.
[*haßan eßtekån rå schekaßt. eßtekån schekaßteh schod.*]

❸ کارمند دفتر را تمیز کرد. دفتر تمیز شد.
[*kårmand daftar rå tamīs kard. daftar tamīs schod.*]

❹ بچّه‌ها مادر را خسته کردند. مادر خسته شد.
[*batschtscheh-hå mådar rå chaßteh kardand. mådar chaßteh schod.*]

❶ Parwane hat den Pilaw-Reis gekocht. Der Pilaw-Reis wurde gekocht. ❷ Hassan hat das Teeglas zerbrochen. Das Teeglas wurde zerbrochen. ❸ Der Angestellte hat das Büro gereinigt. Das Büro wurde gereinigt. ❹ Die Kinder haben ihre Mutter ermüdet. Die Mutter wurde ermüdet.

13.3 Kombinationsübung

Finden Sie die jeweils zusammengehörigen Sätze bzw. Satzteile.

1 اگر می دانستم،
[*agar mī-dåneßtam,*]

2 اگر به رئیس تلفن می کردی،
[*agar beh ra'īß telefon mī-kardī,*]

3 اگر صرفه جوئی کرده بودید،
[*agar ßarfeh djū'ī kardeh būdīd,*]

4 اگر ما چانه نزده بودیم،
[*agar må tschåneh nasadeh būdīm,*]

5 اگر این کت را نپوشیده بودی،
[*agar īn kot rå napūschīdeh būdī,*]

a سرما می خوردی.
[*ßarmå mī-chordī.*]

b حالا یک آپارتمان خریده بودید.
[*hålå jek åpårtemån charīdeh būdīd.*]

c نمی آمدم.
[*nemī-åmadam.*]

d می توانستی با او صحبت کنی.
[*mī-tawåneßtī bå ū ßohbat konī.*]

e این فرش را خیلی گرانتر خریده بودیم.
[*īn farsch rå chejlī geråntar charīdeh būdīm.*]

Lösungen zur Kombinationsübung

1/c – 2/d – 3/b – 4/e – 5/a

Kompletter Text der Kombinationsübung

Hier sehen Sie die vollständigen Sätze. Versuchen Sie nun, diese zu übersetzen.

1. اگر می دانستم، نمی آمدم.
2. اگر به رئیس تلفن می کردی، می توانستی با او صحبت کنی.
3. اگر صرفه جوئی کرده بودید، حالا یک آپارتمان خریده بودید.
4. اگر ما چانه نزده بودیم، این فرش را خیلی گرانتر خریده بودیم.
5. اگر این کت را نپوشیده بودی، سرما می خوردی.

Aussprache der Sätze aus der Kombinationsübung

[**1** *agar mī-dâneßtam, nemī-âmadam.* **2** *agar beh ra'īß telefon mī-kardī, mī-tawâneßtī bâ ū ßohbat konī.* **3** *agar ßarfeh djū'ī*

۷۱ درسِ هفتاد و یکم

سفرِ پر حادثه ①

۱ آقایِ صمدی به قصدِ زیارتِ مشهد، ②

[*... haftâd-o jekom ... hâdeßeh* **1** *... ßamadī beh qhaßd-e ... maschhad,*]

① Eine große Menge oder Anzahl wird mit پر [*por*] "voll" ohne darauffolgendes **Esâfeh** gebildet. Uns ist diese Konstruktion bereits aus Lektion 55 in Form von پر حرفی [*por harfī*] "Klatsch, Schwatzhaftigkeit" geläufig. Hier finden wir dazu das Beispiel پر حادثه [*por hâdeßeh*] "viele/voller Ereignisse".

kardeh būdīd, hålå jek åpårtemån charīdeh būdīd. **4** *agar må tschåneh nasadeh būdīm, īn farsch rå chejlī geråntar charīdeh būdīm.* **5** *agar īn kot rå napūschīdeh būdī, ßarmå mī-chordī.*]

Übersetzung der Sätze aus der Kombinationsübung

❶ Wenn ich das gewusst hätte, wäre ich nicht gekommen. ❷ Wenn du den Direktor anrufen würdest, könntest du mit ihm sprechen. ❸ Wenn Sie gespart hätten, hätten Sie jetzt eine Wohnung gekauft. ❹ Wenn wir nicht gefeilscht hätten, hätten wir diesen Teppich viel teurer gekauft. ❺ Wenn du diese Jacke nicht angezogen hättest, hättest du dich erkältet.

Und hier zum Abschluss noch ein Sprichwort:

مار گزیده از ریسمانِ سیاه و سفید می ترسد.

[*mår gasīdeh as rīßmån-e ßījåh-o ßefīd mī-tarßad.*]

"Gebranntes Kind scheut das Feuer."

(Schlange gebissen von Schnur+ schwarz-und weiß *VP* fürchtet.)

موجِ دوّم: امروز درسِ بیست و هشتم را فعال کنید!

71. Lektion

Eine Reise voller Ereignis[se]

Herr Samadi begab sich, um Maschhad zu besichtigen (nach Ziel+ Wallfahrt+) 1

LEKTION 71

Die Ursprünge iranischer Ortsnamen liegen teilweise in anderen Sprachen oder Regionen. Dass es für توس [*tūß*] "Tus" auch die Schreibweise طوس gibt, ist ein Hinweis darauf, dass der Name aus dem Arabischen stammt, da die Schreibung mit ط generell in arabischen Lehnwörtern vorkommt. ②

۲ تنها و با ماشینِ کُهنهٔ خودش، به راه افتاد.

۳ هنوز بیش از بیست کیلومتر از دروازهٔ تهران دور نشده بود ③

۴ که چرخِ عقبش پنچر شد.

۵ حالا باید همهٔ بار و چمدان و اثاث را از صندوقِ ماشین بیرون بریزد

۶ تا بتواند چرخِ یدکی و جک را زیرِ آنها پیدا کند.

۷ امّا آقایِ صمدی که وکیلِ دادگستریست (دادگستری است)، از کارهایِ مکانیکی اطّلاعی ندارد. ④

۸ ناچار، با کمکِ رانندهٔ کامیونی،

[**2** *... kohneh-je ...* **4** *... tscharch-e 'aqhabasch pantschar schod.* **5** *... bår-o ... aßåß ... ßandūqh-e ...* **6** *... tscharch-e jadakī ... dĵak ...* **7** *... ßamadī ... dådgoßtarīßt (dådgoßtarī aßt,) ... ettelå'ī ...* **8** *nåtschår, ... rånandeh-je kåmjūnī,*]

alleine mit seinem eigenen alten Wagen auf den Weg (nach Weg fiel). 2

Er war kaum zwanzig Kilometer von der Stadtgrenze Teherans (Tor+ Teheran) entfernt, 3

als ihm ein Hinterreifen platzte. 4

Jetzt muss er das ganze Gepäck, Koffer und [seine] Habseligkeiten aus dem Kofferraum nehmen (heraus *Konj.*-räumt), 5

um das Ersatzrad und den Wagenheber zu finden, der darunter (unter diese) liegt. 6

Aber Herr Samadi, der Rechtsanwalt ist, versteht nichts von Mechanik (von Dinge+ mechanisch Wissen-ein nicht-hat). 7

Er muss einen LKW-Fahrer (mithilfe+ Fahrer+ LKW-ein) anhalten, 8

Steht هنوز [*hanūs*] "noch" vor einer Zahl, kann es auch mit "kaum" oder "nicht einmal" übersetzt werden. Dies gilt auch, wenn darauf ein verneintes Verb sowie که [*keh*] folgt. ③

Prägen Sie sich den idiomatischen Ausdruck از ... اطّلاعی داشتن [*as ... ettelå'ī dåschtan*] "sich mit ... auskennen, von ... Ahnung haben" ein und passend dazu با اطّلاع بودن [*bå ettelå' būdan*] "informiert sein". ④

۹ چرخِ پنچر را عوض می کند و دوباره به راه می افتد.

۱۰ شب را در نیشابور می گذراند و صبحِ زود ⑤

۱۱ از مزارِ خیّام و قبرِ عطّار دیدن می کند.

[**10** ... *nejschåbūr mī-gosarånad* ... **11** ... *masår-e chajjåm* ... *qhabr-e 'attår* ...]

جمله هایِ زیر را می فهمید؟

❶ از این کارهایِ مکانیکی اطّلاعی ندارم. من که مکانیک نیستم!

جاهایِ خالی را پر کنید

❶ Sobald er gemerkt hatte, dass sein Vorderreifen platt war, parkte er seinen Wagen am Straßenrand.

همین که ______ شد که چرخِ ______ پنچر شده (بود)، ______ را کنارِ راه پارک کرد.

um den platten Reifen zu wechseln (Rad+ platt *Akk.* Änderung *VP*-macht), und dann nimmt er die Fahrt wieder auf. 9

Er verbringt die Nacht in Nischapur, und am darauffolgenden Morgen in der Frühe 10

besichtigt er das Grab von [Omar] Chajjam und das Mausoleum von [Fariduddin] Attar. 11

⑤ In شب را می گذراند [*schab rå mī-gosarånad*] "Er verbringt die Nacht" handelt es sich bei گذراند [*gosarånad*] erneut um ein Kausativ, und zwar von گذشتن [*gosaschtan*] "vorbeigehen".

In diesem Lektionsblock legen wir das Hauptaugenmerk auf die Sprechfertigkeit und den Ausbau des Vokabulars. In den Lektionen 73 und 74 beschäftigen wir uns nochmals gründlich mit den Abweichungen der gesprochenen Umgangssprache, und in den Lektionen 75 und 76 hören und lesen Sie authentische Nachrichten aus dem Radio.

❷ پس از ردّ شدن از دروازهٔ شهرِ شاهرود،
چرخِ جلوِ ماشینش پنچر شد.

❸ ناچار شب را در طوس گذراند.

آیا متوجه شدید؟

❶ Ich verstehe nichts von diesen mechanischen Dingen. Ich bin doch kein Mechaniker!

❷ Nachdem er die Stadtgrenze (Tor) der Stadt Schahrud passiert hatte, platzte ein Vorderreifen seines Wagens.

❸ Es war unvermeidlich, dass er/sie die Nacht in Tus verbringt.

Um den Wagenheber zu finden, musste Herr Samadi alle Sachen aus dem Kofferraum nehmen. ❷

برایِ پیدا کردنِ ، آقایِ صمدی باید همهٔ بار و را از صندوق بریزد.

Kaum hatte er etwas mehr als 40 Distichen im Schahnameh ("Buch der Könige") gelesen, schlief er ein. ❸

هنوز از چهل بیت از نخوانده بود که به رفت.

Hier ein Gedicht von عمر خیّام Omar Chajjam:

این کوزه چو من عاشقِ زاری بودست.
در بندِ سرِ زلفِ نگاری بودست.
این دسته که در گردنِ او می بینی
دستیست که بر گردنِ یاری بودست.

[īn kūseh tschū man 'åscheqh-e sårī būdaßt (būdeh aßt).
dar band-e ßar-e solf-e negårī būdaßt.
īn daßteh keh dar gardan-e ū mī-bīnī
daßtīßt (daßtī aßt) keh bar gardan-e jårī būdaßt.]

"Der tönerne Krug fließt – wie ich – über vor Liebe.
Verwoben in den Locken der Geliebten.
Der Henkel, den du an seinem Halse siehst,
Ist der Arm, der sich um den Hals der Geliebten schlang."

واژه هایِ مناسب

❶ متوجّه - جلوش - ماشینش ❷ جک - اثاث - بیرون
❸ بیش - شاهنامه - خواب

Wenn Sie sich in der aktiven Phase befinden, so werden Sie in der Kommunikation mit Persischsprechern merken, dass Ihr Wortschatz für die Verständigung in Alltagssituationen bereits ausreichend ist. Vergessen Sie jedoch nicht, sich bei den neuen Lektionen weiterhin vorerst ganz auf das Verstehen des Textes zu konzentrieren!

Persische Dichter
Viele iranische Familiennamen sind arabischen Ursprungs, z. B. صمدی Samadi, abgeleitet von صمد [*ßamad*] "ewig", einer der 99 Namen Gottes. Oben werden عمر خیّام Omar Chajjam und فرید الدین عطّار Fariduddin Attar erwähnt, deren Gräber sich in Nischapur befinden. Omar Chajjam (1048-1125) – sein Nachname bedeutet "Zeltmacher" – war ein berühmter Astronom und Mathematiker, der den persischen Kalender am Hofe des Seldschuken ملک شاه Malik Schah reformierte und auch viele lebensphilosophische Gedichte hinterließ. Seine رباعیات [*robå'ījåt*] Rubaijat (Vierzeiler) wurden im 19. Jahrhundert ins Englische und in andere westliche Sprachen übersetzt. Einer seiner Vierzeiler schließt diese Lektion. Von Attar (1150-1220), einem mystischen Dichter, stammt das berühmte Epos منطق الطیر [*manteqh at-tejr*] "Die Konferenz der Vögel". Auch andere persischsprachige Poeten haben sich in Europa einen Namen gemacht. Der vielleicht berühmteste ist جلال الدین رومی Dschalal ad-Din Rumi (1210-1273), der im persischsprachigen Raum unter dem Namen مولانا Moulana (arab. "unser Meister") bekannt ist. Er stammte aus بلخ Balch im heutigen Afghanistan, lebte aber die meiste Zeit in Konya in Zentralanatolien. Auf ihn geht die Gründung des Ordens der tanzenden Derwische zurück.

موجِ دوّم: امروز درسِ بیست و نهم را فعال کنید!

۷۲ درسِ هفتاد و دوّم

سفرِ پر حادثه (ادامه)

۱ بعد از ناهار به سمتِ مشهد
حرکت می کند و در راه

۲ برنامهٔ توقّفِ دو روزه‌اش را در
خراسان از نظر می گذراند: ① ②

۳ – «اوّل هتل، دوّم زیارتِ قبرِ امام رضا،

۴ و فردا بازدید از شهرِ توس (طوس)
و مقبرهٔ فردوسیِ بزرگ.»

۵ آقایِ صمدی به یادِ قهرمانانِ
شاهنامه می افتد ③

۶ و ماشینش را، چون رخشِ رُستم،
با سرعتِ بیش از حدّ می راند! ④

[... *haftåd-o dowwom* .. *edåmeh* **1** ... *ßamt-e maschhad harakat* ... **2** ... *tawaqhqhof-e* ... *choråßån* ... *nasar mī-gosarånad:* **3** ... *emåm resă,* **4** ... *tūß* ... *maqhbareh-je* ... **5** ... *qhahramånån-e schåhnåmeh* ... **6** ... *rachsch-e roßtam,* ... *ßor'at-e* ... *hadd* ...]

72. Lektion

Eine Reise voller Ereignis[se] (Fortsetzung)

Nach dem Mittagessen bricht er nach Maschhad auf (Richtung+ Maschhad Bewegung *VP*-macht), und auf dem Weg 1

geht er das Programm seines zweitägigen Aufenthalts in Chorasan durch (von Blick *VP*-lässt-durchgehen): 2

"Zuerst das Hotel, dann Wallfahrt zum Grab von Imam – Resa 3

und morgen die Besichtigung der Stadt Tus und des Mausoleums des großen Ferdousi." 4

Herr Samadi erinnert sich an die Helden des Buches der Könige 5

und er fährt seinen Wagen, [als wäre es das Pferd] Rachsch [des Helden] Rostam, sehr schnell (mit Schnelligkeit+ mehr von Grenze)! 6

Bei توقّفِ دو روزه‌اش [*tawaqhqhof-e do rūseh'asch*] "sein zweitägiger Aufenthalt" findet sich روزه [*rūseh*] "Tages-, tägig", das aus روز [*rūs*] und dem Suffix ـه [*-eh*] besteht. Vorsicht, denn روزه [*rūseh*] bedeutet auch "Fasten". ①

In der vorherigen Lektion sind wir bereits auf die kausative Verbform گذراندن [*gosaråndan*] "verbringen", abgeleitet von گذشتن [*gosaschtan*] "vorbeigehen" eingegangen. Beachten Sie, dass das Kausativ im Unterschied zum Grundverb nur transitiv, also mit einem Objekt, gebraucht wird. ②

Erinnern Sie sich an das Pluralsuffix ان [*-ån*], das – wie hier in قهرمانان [*qhahramån-ån*] "Helden" – nur bei Menschen und Tieren gebraucht wird. Umgangssprachlich wäre auch قهرمانها [*qhahramån-hå*] zulässig, denn ها [*-hå*] kann immer verwendet werden. ③

رخش [*rachsch*] bedeutet "Blitz" oder "fuchsrot". ④

۷ ناگهان پلیسِ راه سر می رسد
و پس از کنترلِ کارتِ ماشین،

۸ گواهینامهٔ رانندگی و شناسنامه،
آقایِ وکیل را جریمه می کند.

۹ در ده کیلومتریِ مشهد، به علّتِ
تصادفِ دو اتوبوس، ⑤

۱۰ حدودِ یک ساعت در راه‌بندان
متوقّف می ماند.

۱۱ بالاخره، با سه چهار ساعت تأخیر،
خسته و کوفته به هتلش می رسد. ⑥ ⑦ ⑧

۱۲ و با خود می گوید:

۱۳ – «بعد از همهٔ این حوادث من سزاوارِ
چند ساعتی استراحت هستم!» ⑨ ⑩

[**7** ... *ßar mī-raßad ... kårt-e måschīn,* **8** *gowåhīnåmeh-je rånandegī ... schenåßnåmeh ... djarīmeh ...* **9** *... maschhad beh 'ellat-e taßådof-e ...* **10** *hodūd-e ... råh bandån motawaqhqhef mī-månad.* **11** *... ta'chīr, chaßteh-o kūfteh ...* **13** *... ßesåwår-e ...*]

Plötzlich taucht ein Verkehrspolizist auf, und nachdem er den Fahrzeugschein, kontrolliert hat, 7

den Führerschein und den Personalausweis, erlegt [er dem] Anwalt eine Geldbuße auf. 8

Zehn Kilometer vor Maschhad, aufgrund eines Unfalls zweier Busse, 9

ist er etwa eine Stunde im Stau (Straße-Sperrung) blockiert. 10

Schließlich erreicht er müde und gerädert mit drei oder vier Stunden Verspätung sein Hotel. 11

Und er sagt sich (mit selbst *VP*-sagt): 12

"Nach all diesen Ereignissen habe ich [wirklich] (ich Verdienter+ einige) ein paar Stunden Ruhe verdient!" – 13

In در ده کیلومتریِ مشهد [*dar dah kīlometr-ī-e maschhad*] betont das Suffix [*-ī*] die Entfernung. Dabei handelt es sich um eine idiomatische Konstruktion. Man sagt jedoch ⑤

فاصلهٔ تهران تا مشهد هشتصد کیلومتر است.

[*fåßeleh-je tehrån tå maschhad haschtßad kīlometr aßt.*]

"Die Entfernung zwischen Teheran und Maschhad beträgt 800 km."

Sie wissen bereits, dass das Persische Dopplungen wie خسته و کوفته [*chaßteh-o kūfteh*] "müde und gerädert" (wörtl. "müde und gemahlen") liebt. ⑥

Steht eine Zahl als Mengenangabe, entfällt bekanntlich die Notwendigkeit, ein **Esåfeh** zu setzen: ⑦

[*bå ßeh tschahår ßå'at ta'chīr*] با سه چهار ساعت تأخیر

"mit drei oder vier Stunden Verspätung"

Bei تأخیر [*ta'chīr*] "Verspätung" wird das **hamseh** auf dem **alef** geschrieben. Wir kennen dieses Phänomen von متأسفانه [*mote'aßefåneh*] aus Lektion 59. ⑧

Viele aus dem Arabischen übernommene Wörter behalten auch den entsprechenden Plural, wie حوادث [*hawådeß*] "Ereignisse" von حادثه [*hådeßeh*]. ⑨

Das Suffix ی [*-ī*] in چند ساعتی استراحت [*tschand ßå'at-ī eßteråhat*] steht hier, da es sich um einen Ausruf mithilfe von چند [*tschand*] handelt. ⑩

جمله هایِ زیر را می فهمید؟

1 دیروز، پسر عمویم در ده کیلومتریِ شیراز تصادف کرد.

2 او مجبور شد ماشینش را کنارِ راه بگذارد.

3 اگر با سرعتِ بیش از نود کیلومتر در ساعت برانید، پلیسِ راه شما را جریمه می کند.

جاهایِ خالی را پر کنید

1 Beim Verlassen von Tus hatten wir kaum 15 Kilometer zurückgelegt, als die Verkehrspolizei auftauchte.

هنوز بیش از ___ کیلومتر از طوس دور نشده ___ که پلیسِ راه سر ___ .

2 Der Anwalt des Gerichtshofes ging gerade das Programm für seinen dreitägigen Aufenthalt in Chorasan durch.

وکیلِ ___ داشت برنامهٔ ___ سه روزه‌اش را در ___ از نظر می گذراند.

آیا متوجه شدید؟

Gestern hat [mein] Cousin (väterlicherseits) zehn Kilometer vor Schiras einen Unfall gehabt (Unfall machte). 1

Er musste seinen Wagen am Straßenrand stehen lassen. 2

Wenn Sie schneller als 90 Stundenkilometer fahren, erlegt die Verkehrspolizei Ihnen eine Geldbuße auf. 3

Ich habe keine Lust, jetzt das Grab von Attar zu besuchen, denn nach dieser Reise bin ich sehr müde. 3

حالا … نمی خواهد از قبرِ عطّار … کنم چون که از سفر خسته و … شده‌ام.

واژه هایِ مناسب

1 پانزده - بودیم - رسید 2 دادگستری - توقّفِ - خراسان 3 دلم - بازدید - کوفته

Schahnameh
Das شاهنامه Schahnameh "Buch der Könige" von ابوالقاسم فردوسی Abu l-Qasem-e Ferdousi (940-1020) erzählt in 60.000 Versen die Geschichte Irans von den mythischen Anfängen bis zur arabischen Eroberung im 7. Jahrhundert. Es beschreibt u. a. die Kriege zwischen Iran und Turan (توران), dem an Iran angrenzenden Land der Turkvölker, oder auch die Geschichte Alexander des Großen (اسکندرنامه [*eskandar-nåmeh*] "Buch des Alexander") sowie die Liebesgeschichte des Sassanidenkönigs خسرو Chosrou und der armenischen Prinzessin شیرین Schirin. Ähnlich wie Märchen bei uns sind die Inhalte des Schahnameh praktisch jedem Iraner zumindest ansatzweise bekannt, so z. B. der ruhmreiche رستم Rostam auf seinem Pferd رخش Rachsch oder افراسیاب Afrasiab, der König von توران Turan. Sprachlich interessant ist dieses Werk, weil Ferdousi versuchte, "reines Persisch" mit Einflüssen der alten Pahlawi-Sprache zu benutzen und arabische Lehnwörter zu vermeiden. Bis heute können Iraner und Afghanen das Buch im Original lesen und verstehen.

۷۳ درسِ هفتاد و سوّم

برنامهٔ فرهنگی

۱ – الو ... سلام، من گلیم (گلی‌ام)، با نازی کار دارم. ① ②

[... *haftåd-o ßewwom* ... *farhangī* **1** ... *golījam (golī'am), bå nåsī* ...]

① Der weibliche Vorname گلی [*golī*] "rosa, rosenfarbig" ist ein Adjektiv, abgeleitet von گل [*gol*] "Blume, Rose". نازی [*nåsī*] leitet sich von ناز [*nås*] "Koketterie, Ziererei" ab. Es handelt sich dabei um das Diminutiv von نازنین [*nåsanīn*]/[*nåsenīn*] "zart, lieblich, sanft". ناز کردن [*nås kardan*] bedeutet "kokett sein, sich

موجِ دوّم: امروز درسِ سی ام را فعال کنید!

73. Lektion

Kulturprogramm

Hallo ... Guten Tag, Goli am Apparat. Ich möchte – mit Nasi sprechen (mit Nasi Arbeit habe). 1

zieren" und entsprechend sind ناز و ادا [*nås-o adå*] "Grimassen, Faxen, Albereien" oder "Getue".

② In dieser Lektion finden Sie einige kontrahierte Verbformen von گفتن [*goftan*], رفتن [*raftan*], دادن [*dådan*], آمدن [*åmadan*], so wie sie in der Umgangssprache vorkommen. Diese Formen sind u. a. می گویی [*mī-gūjī*] ➤ میگی [*mīgī*]; می رویم [*mī-rawīm*] ➤ میریم [*mīrīm*]; می دهد [*mī-dahad*] ➤ میده [*mīdeh*]; می آیم [*mī-åjam*] ➤ میام [*mījåm*].

۲ – گوشی را بش (به‌اش = به او) میدم (می دهم). ③

۳ – نازی جون (جان)! خوب گوش بده! ④

۴ دیروز عمو بهمن دو تا بلیط برایِ کنسرتِ شجریان به من کادو داد.

۵ – تو را به خدا راست میگی (می گویی)؟ ⑤

۶ – بله، شوخی نمی کنم.

۷ اگر مایلی با هم میریم (می رویم).

۸ – به به! چه خوب!

۹ تو کدوم (کدام) سالن کنسرت میده (می دهد)؟

۱۰ – تو تآترِ شهر. ⑥ ⑦

تلفّظ

[**3** *nåsī* ... **4** ... *bahman* ... *konßert-e schadĵarjån* ... **6** ... *schūchī* ... **9** ... *ßålon konßert* ... **10** ... *te'åtr-e* ...]

Ich gebe sie Ihnen (Hörer *Akk*. nach-sie *VP*-gebe). – 2
Meine liebe Nasi, hör mir gut zu! – 3
Gestern hat mir Onkel Bahman zwei Tickets für das Konzert von Schadscharian geschenkt. 4
Mein Gott, sagst du die Wahrheit (du *Akk*. nach Gott Recht *VP*-sagst)? – 5
Ja, ich scherze nicht. – 6
Wenn du Lust hast, gehen wir zusammen dorthin. 7
Ah, wie toll das ist! – 8
In welchem Saal gibt er [sein] Konzert? 9
Im Stadttheater. – 10

③ In der gesprochenen Sprache werden die Possessivsuffixe nach Präpositionen auch anstelle der Personalpronomen verwendet, also به‌اش \ بش [*beh-asch/besch*] anstelle von به او [*beh ū*].

④ Sie wissen, dass in der Umgangssprache [*å*] vor [*n*] oder [*m*] wie [*ū*] gesprochen wird: جان [*dĵån*] ➤ جون [*dĵūn*]; کدام [*kodåm*] ➤ کدوم [*kodūm*] und sogar تهران [*tehrån*] ➤ تهرون [*tehrūn*].

⑤ Man könnte hier auch das Verb قسم دادن [*qhaßam dådan*] "schwören lassen" einbauen, dies kommt nämlich häufig vor:

تو را به خدا قسم می دهم راست میگی؟

[*to rå beh chodå qhaßam mī-daham råßt mīgī?*]

"Ich lasse dich bei Gott schwören, sagst du denn die Wahrheit?" Man sagt قسم خوردن [*qhaßam chordan*] "schwören".

⑥ Allgemein kann man in der Umgangssprache anstelle von در [*dar*] alternativ توِیِ [*tu-je*] verwenden oder auch تو [*tu*] ohne **Esåfeh**. Alle drei bedeuten als Präposition "in, im, in der". Wir kennen توِیِ [*tū-je*] seit Lektion 26.

⑦ Das **alef bå kolåh** الف با کلاه genannte آ [*å*] findet sich nur selten in der Mitte eines Wortes und zeigt an, dass vor dem [*å*] ein Stimmabsatz (') oder ein Kurzvokal und ein Stimmabsatz stehen. Man findet es vorrangig in Fremdwörtern wie in تآتر [*te'åtr*] "Theater", im arabischen Lehnwort الآن [*al'ån*] "jetzt" oder im arabischen Lehnwort قرآن [*Qhor'ån*] "Koran".

۱۱ – چه شبی؟

۱۲ – همین سه شنبه، پس فردا، ساعتِ بیست و سی دقیقه.

۱۳ – خوشبختانه هیچ کاری ندارم و با کمالِ میل با تو میام (می آیم).

۱۴ – قرارمان کی و کجا؟

۱۵ – ساعتِ هفتِ بعد از ظهر،پایِ مجسّمهٔ فردوسی.

۱۶ – موافقم، ولی بد قولی نکنی و سرِ وقت بیائی ها! ⑧ ⑨

۱۷ – چشم!

[**13** *choschbachtåneh … kamål-e …* **14** *gharåremån …* **15** *… modĵaßßameh-je …* **16** *mowåfeqham ... qhoulī ... hå!*]

جمله هایِ زیر را می فهمید؟

❶ اگر می دانستیم، به دیدنِ این فیلمِ جدید نمی آمدیم چون خیلی جالب نبود.

[An] welchem Abend (was Abend-ein)? – 11
Gleich diesen Dienstag, übermorgen, um 20:30 Uhr. – 12
Glücklicherweise habe ich an diesem Tag nichts vor, und ich werde mit größtem Vergnügen mitkommen (mit Fülle+ Freude mit du *VP*-komme). – 13
Wo und um wie viel Uhr treffen wir uns (Treffen-unser wann und wo)? – 14
Um acht Uhr am Abend, am Fuße der Statue des Ferdousi. – 15
Einverstanden, aber halte dein Wort und komme pünktlich (auf+ Zeit), ja! – 16
Versprochen! – 17

⑧ بد قولی نکنی! [*bad qhoulī nakonī!*] "Halte dein Wort!" ist ein sehr gängiger Ausdruck, der auch mit "Brich dein Versprechen nicht!" übersetzt werden kann. Man hört auch häufig:
امیدوارم بد قولی نکنی. [*omīdwåram bad qhoulī nakonī.*]
"Ich hoffe, dass du dein Versprechen nicht brichst."

⑨ ها [*hå*] ist eine Interjektion (Ausrufe-/Ausdruckswort), in etwa wie "hä?", "ne?", "oder?".

❷ یادتان نرود که جمعه با هم به کنسرت
می رویم! – نخیر، نگران نباشید!
❸ قرارمان کی و کجا؟

④ چهارشنبه ساعتِ بیست و سی دقیقه در میدانِ بزرگ، پشتِ مجسّمهٔ فردوسی.

جاهایِ خالی را پر کنید

① Das Kulturprogramm in diesem Frühjahr ist viel interessanter als das des letzten Jahres.

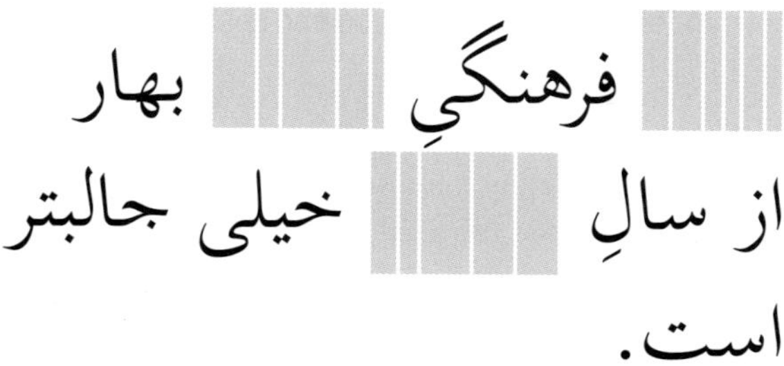

② Ich werde mit größtem Vergnügen zu Schadscharians Konzert gehen.

③ Herr Samadi ist nicht da. Ich gebe Ihnen seinen Sohn. Bleiben Sie dran …

آقایِ صمدی ▯ ندارند. ▯ را به پسرش می دهم. گوشی ▯ ...

آیا متوجه شدید؟

Wenn wir es gewusst hätten, wären wir nicht gekommen, um diesen neuen Film zu sehen, denn er war nicht sehr interessant. ❶
Vergessen Sie nicht, dass wir am Freitag zusammen zum Konzert gehen! – Nein, machen Sie sich keine Sorgen! ❷
Wann und wo treffen wir uns? ❸
Mittwoch um 20.30 Uhr auf dem großen Platz, hinter der Statue von Ferdousi. ❹

Es wird Ihnen in diesem Kursstadium keine Probleme bereiten, wenn die persischen Texte stellenweise etwas freier übersetzt werden. Sie finden in diesen Fällen nach wie vor eine wörtliche Übersetzung vor, die Ihnen helfen wird, die persischen Wörter besser zu verstehen und den Satzbau nachzuvollziehen.

واژه هایِ مناسب

❶ برنامهٔ - امسال - گذشته ❷ کمالِ - کنسرتِ - رفت
❸ تشریف - گوشی - دستتان

Der Meister der klassischen persischen Gesangskunst
Bei محمد رضا شجریان Mohammad-Resa Schadscharian handelt es sich um einen der vielleicht berühmtesten Sänger klassischer persischer Musik. Der 1940 in Maschhad geborene Künstler zeichnet sich durch seine erstaunliche Stimme und seinen durchaus ungewöhnlichen Gesangsstil aus. Nicht minder berühmt ist sein Sohn همایون شجریان Homajun Schadscharian, der in Iran und im Ausland Konzerte gibt und dessen musikalische Interpretationen klassischer Gedichte überaus beliebt sind.

موجِ دوّم: امروز درسِ سی و یکم را فعال کنید!

۷۴ درسِ هفتاد و چهارم

برنامهٔ فرهنگی (ادامه)

۱ نازی ادامه می دهد:

۲ – نمی دونم (دانم) برنامهٔ نگارخانهٔ مانی را دیده‌ای یا نه.

۳ اگر حوصله کردی، از روزنامه فروشی بگیر و بخوان! ①

۴ – چرا؟ مگر نمایشگاهِ تازه ای راه انداختن (انداخته‌اند)؟ ②

۵ – بله، چه قدر هم از مجموعه‌هاش (مجموعه هایش) تعریف کرده‌اند!

۶ – نمایشگاهِ چه هس (هست)؟

۷ – بیشتر نقّاشی‌هایِ معاصره (است) ③

[... *haftåd-o tschahårom* **1** ... *edåmeh* ... **2** ... *negår chåneh-je* ... **3** ... *houßeleh* ... *rūsnåmeh* ... **4** ... *namåjeschgåh-e* ... **5** ... *madĵmū'eh-håsch* (... *håjasch*) *ta'rīf kardeh'and!* **7** ... *naqhqhåschī-hå-je mo'åßer-eh* ...]

74. Lektion

Kulturprogramm (Fortsetzung)

Nasi fährt fort (Fortsetzung gibt): 1
Ich weiß nicht, [ob] du das Programm der Galerie Mani – gesehen hast oder nicht. 2
Wenn du Lust hast, kauf (nimm) [es] beim Zeitungshändler und lies [es]! 3
Warum? Haben Sie eine neue Ausstellung herausgebracht (Weg warfen)? – 4
Ja, [und] was für eine Lobrede man auf die ausgestellten Sammlungen gehalten hat (auch von Sammlung-*Pl.*-sein Lob gemacht-sie)! – 5
Was für eine Ausstellung ist das? – 6
Es sind vor allem zeitgenössische Gemälde, – 7

ANMERKUNGEN

① In اگر حوصله کردی [*agar houßeleh kardī*] steht das Verb im Präteritum. حوصله [*houßeleh*] kann neben "Lust" auch mit "Laune" oder "Geduld" übersetzt werden. Merken Sie sich den oft gehörten Ausdruck:

حوصلم (حوصله‌ام) سر رفت!
[*houßelam (houßeleh'am) ßar raft!*]

"Mir reicht's!" bzw. "Ich kann nicht mehr!"

② انداختن [*andåchtan*] mag hier wie ein Infinitiv aussehen, doch es handelt sich um die umgangssprachliche Form des Perfekts von انداخته‌اند [*andåchteh'and*], bei der [-*eh*] entfällt und das finale **dāl** د [*d*] nicht gesprochen wird.

③ Erinnern Sie sich an die Besonderheiten der persischen Umgangssprache, wie in Lektion 42 erklärt? است [*aßt*] wird bekanntlich zu ـه [-*eh*], دیگر [*dīgar*] ➤ دیگه [*dīgeh*], را [*rå*] ➤ رو [*ro*] etc.

۸ و دو سه هنرمند هم کارهایِ سفالیشان را عرضه می کنن (می کنند). ④

۹ – راستی یادت نره (نرود)

۱۰ دو هفتهٔ دیگه (دیگر) فیلمِ جدیدِ عبّاسِ کیارستمی رو (را) ⑤

۱۱ در سینما مهتاب نشون میدند (نشان می دهند).

۱۲ – خوب شد که گفتی ... ⑥

۱۳ چه برنامهٔ فرهنکیِ خوبی خواهیم داشت!

۱۴ – عجالتاً خدا نگهدار!

۱۵ – پس به امیدِ دیدار! ⑦

تلّفظ

[**8** ... *honarmand* ... *ßofålījeschån* ... *'arseh* ... **9** *råßtī* ... **10** ... *'abbåß-e kījåroßtamī* ... **11** ... *mahtåb* ... **13** ... *farhangī-je* ... **14** *'edĵålatan* ... **15** ... *dīdår!*]

und darüber hinaus stellen zwei oder drei Künstler ihre Töpferware aus. 8
Übrigens, vergiss nicht (Erinnerung-deine nicht-weggeht): – 9
In zwei Wochen werden sie den neuen Film von Abbas Kiarostami 10
im Kino Mahtab (Mondschein) zeigen. 11
Gut, dass du es gesagt hast (gut wurde dass sagtest) … – 12
Was für ein fantastisches Kulturprogramm wir haben werden! 13
Bis dahin, mach's gut! – 14
Gut, dann auf Wiedersehen! – 15

سفالیشان [*ßofålījeschån*] ist die hochsprachliche Form. In der Umgangssprache hört man [*ßofålīschån*]; an der Schreibung ändert sich nichts. ④

Sicherlich bereitet Ihnen die Konstruktion دو هفتهٔ دیگر [*do hafteh-je dīgar*] "in zwei Wochen" keine größeren Probleme. ⑤

خوب شد (که) گفتی [*chūb schod (keh) goftī*] ⑥
"Gut, dass du es gesagt hast".
In der Umgangssprache kann که [*keh*] weggelassen werden.

Merken Sie sich دیدر کردن [*dīdår kardan*] "treffen". Der Ort, an dem man sich trifft, nennt man قرارگاه [*gharårgåh*], abgeleitet von قرار [*gharår*] "Abmachung, Vereinbarung". ⑦

جمله هایِ زیر را می فهمید؟

① عمّه جان، اگر مایلید، پس فردا با هم به نمایشگاهِ نقّاشی که در نگارخانهٔ مانی نشان می دهند برویم.

جاهایِ خالی را پر کنید

① Sobald sie zu unserem Treffpunkt kam, begann sie sich zu zieren.

_____ که به محلِّ _____ مان آمد، ناز و ادا را _____ کرد.

② Mir gefällt diese Art von Verhalten nicht.

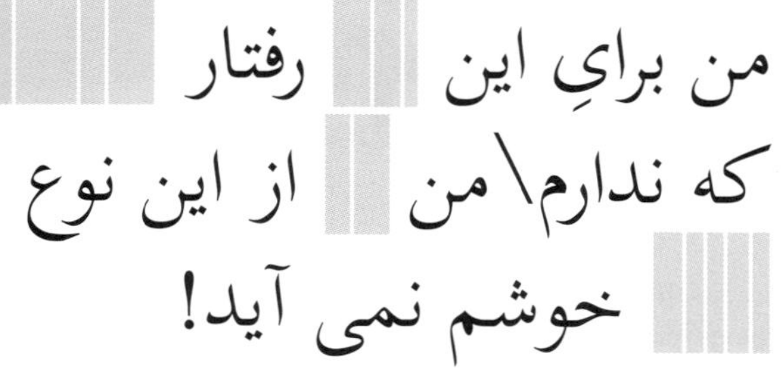

من برایِ این _____ رفتار _____ که ندارم\ من _____ از این نوع _____ خوشم نمی آید!

③ In welchem Kino zeigen sie den neuen Film von Abbas Kiarostami?

در _____ سینما _____ جدیدِ عبّاسِ کیارستمی را _____ می دهند؟

② موافقم، امّا مثلِ همیشه دیر راه نیفتی و سرِ وقت به قرارگاهمان بیائی.

③ باز گلی دیر کرد! حوصله‌ام سر رفت.

آیا متوجه شدید؟

① Liebe Tante (väterlicherseits), wenn Sie Lust haben, lassen Sie uns übermorgen zu der Gemäldeausstellung gehen, die in der Galerie Mani gezeigt wird.

② Ich bin einverstanden, aber brich bitte nicht wie sonst immer zu spät auf, sondern sei pünktlich an unserem Treffpunkt.

③ Goli ist schon wieder zu spät! Meine Geduld ist am Ende.

واژه هایِ مناسب

① همین - قرارِ - شروع ② نوع - حوصله - که - رفتار

③ کدام - فیلمِ - نشان

Iranisches Kino

Filme auf Persisch gibt es bereits seit den 1930er Jahren. Seitdem hat die iranische Filmindustrie Erstaunliches geleistet. Kein Wunder, dass Filme aus Iran auf internationalen Filmfestivals immer wieder prämiert werden. Zu den auch im Ausland bekanntesten Regisseuren gehören داریوش مهرجویی Dariusch Mehrdschu'i, جعفر پناهی Dschafar Panahi, محسن مخملباف Mohsen Machmalbaf, سمیرا مخملباف Samira Machmalbaf und عبّاس کیارستمی Abbas Kiarostami. Viele Filme dieser Kunstschaffenden beschäftigen sich mit den Problemen des "kleinen Mannes", weshalb sie häufig mit denen des französischen oder italienischen Neorealismus verglichen werden. Durch die Tatsache, dass das iranische Kino auch in Europa längst seinen Platz gefunden hat, werden iranische Filme häufig im Original (mit deutschen Untertiteln) in Arthouse-Kinos gezeigt, und man kann sie als DVDs kaufen. Für Sie eine hervorragende Möglichkeit, Ihre Persischkenntnisse zu verbessern und dabei etwas über die iranische Gesellschaft zu erfahren, nicht wahr?

موجِ دوّم: امروز درسِ سی و دوّم را فعال کنید!

۷۵ درسِ هفتاد و پنجم

اخبارِ راديوئى ①

۱ اينجا تهران است، صداىِ جمهورىِ اسلامىِ ايران، ساعتِ هفتِ بامداد.

۲ شنوندگانِ گرامى، سلام. ② ③

۳ خلاصهٔ اخبارِ امروز شنبه شانزدهِ دى ماه را به شرحِ زير به اطّلاع مى رسانم. ④

تلفّظ

[... *haftåd-o pandʃom* **1** ... *dʃomhūrī-e eßlåmī-e* ... **2** *schenawandegån-e geråmī,* ... **3** *cholåßeh-je* ... *dej* ... *beh scharh-e sīr beh ettelå' mī-raßånam.*]

ANMERKUNGEN

① Bei اخبار [*achbår*] "Nachrichten" handelt es sich um den sog. internen Plural des arabischen Wortes خبر [*chabar*]. Die internen Pluralformen muss man zu jedem Wort lernen, so z. B. ملّت [*mellat*] "Nation" ➤ ملل [*melal*] "Nationen" oder مادّه [*måddeh*] "Substanz" ➤ موادّ [*mawådd*] "Substanzen". Manche arabische Lehnwörter bilden einen externen Plural durch Anhängen von ين [*-īn*]:

مأمور [*ma'mūr*] "Beamter; Polizist" ➤ مأمورين [*ma'mūr-īn*]

75. Lektion

Nachrichten im Radio

Hier ist Teheran, Sie hören die Stimme der Islamischen Republik Iran. [Es ist] 7 Uhr morgens. 1

Liebe Zuhörer, guten Tag. 2

Hier folgt nun die Zusammenfassung (nach Erklärung+ unter nach Information *VP* zukommen-lasse) der heutigen Nachrichten, Samstag, der 15. des Monats Dej. 3

② Beachten Sie die Pluralformen auf ان [-*ån*] (قربانی [*qhorbånī*] ➤ قربانیان [*qhorbånījån*] "Opfer") bzw. گان [-*gån*], wenn das Nomen im Singular auf ـه [-*eh*] endet:

[*schenawandegån*] شنوندگان ➤ [*schenawandeh*] شنونده "Zuhörer"

③ Neben شنوندگانِ گرامی [*schenawandegån-e geråmī*] "Liebe Zuhörer" möchten wir Ihnen noch weitere mögliche Anreden vorstellen:

همکارانِ\همشهریانِ\هموطنانِ گرامی

[*hamkårån-e/hamschahrījån-e/hamwatanån-e geråmī*]

"[Liebe] Kollegen/Mitbürger/Landsleute"

Bei sehr förmlichen Anlässen sagt man: حضّارِ گرامی [*hossår-e geråmī*] oder حضّارِ محترم [*hossår-e mohtaram*] "Verehrte Anwesende". Anstelle von گرامی [*geråmī*] kann man auch das etwas persönlichere عزیز [*'asīs*] verwenden:

[*dūßtån-e 'asīs-e man*] دوستانِ عزیزِ من

"Meine lieben Freunde"

④ Bei دی [*dej*] "Dej" handelt es sich um den 10. Monat des persischen Kalenders (تقویم [*taqhwīm*]). Mehr dazu und zur persischen Zeitrechnung finden Sie im landeskundlichen Text dieser Lektion.

۴ در اثرِ بارشِ برفِ فراوان راههایِ کوهستانیِ شمال و غربِ کشور موقّتاً بسته شد. ⑤ ⑥

۵ آقایِ رئیسِ جمهور و وزیرِ فرهنگ و آموزش و پرورش ⑥

۶ نمایشگاهِ سالانهٔ بین المللیِ کتاب را در دانشگاهِ تهران افتتاح کردند. ⑦

۷ طبقِ اطّلاعِ رسیده مأمورینِ ژاندارمری در منطقهٔ بلوچستان

۸ گروهی قاچاقچی را با مقدارِ زیادی موادِ مخدّر دستگیر کردند. ⑧

تلفّظ

[**4** *dar aßar-e båresch-e ... schomål ... gharb-e keschwar mowaqhqhatan ...* **5** *... dǰomhūr ... wasīr-e farhang-o åmūsesch-o parwaresch* **6** *... ßålåneh-je ... eftetåh kardand.* **7** *tebqh-e ... ma'mūrīn-e ǰåndårmerī ... mantaqheh-je balūtscheßtån* **8** *gorūhī qhåtschåqhtschī ... meqhdår-e ... mawåd-e mochadder daßtgīr kardand.*]

Aufgrund (in Wirkung) starken Schneefalls sind die Bergstraßen im Norden und Westen des Landes vorübergehend gesperrt (gesperrt wurde). 4
Der (Herr) Präsident der Republik und der Minister für Kultur, Bildungswesen und Erziehung 5
haben (Eröffnung machten) die jährliche internationale Buchausstellung an der Universität von Teheran eröffnet. 6
Gemäß der Informationen, die wir erhalten haben, haben Gendarmen (Polizisten+ Gendarmerie) in der Region Belutschistan 7
eine Bande von Schmugglern (Bande-eine Schmuggler) mit einer erheblichen Menge an Rauschgift (Substanzen+ Drogen) festgenommen (Gefangennahme machten). 8

Merken Sie sich Ausdrücke wie در اثرِ [*dar aßar-e*] "aufgrund", طبقِ [*tebqh-e*] "gemäß" oder بنَا به [*banå beh*] "laut, gemäß". ⑤

Beachten Sie die zahlreichen Beispiele für die Substantivierung von Verben mithilfe der Endung ـش [*-esch*]: آموزش و پرورش [*åmūsesch-o parwaresch*] "Bildungswesen und Erziehung" von آموختن (آموز) [*åmūchtan (åmūs)*] "unterrichten" und پروریدن (پرور) [*parwarīdan (parwar)*] "erziehen"; گزارش [*gosåresch*] "Bekanntmachung" von گزاردن [*gosårdan*] "erlauben, zulassen"; بارش [*båresch*] "Schneefall, Regen" von باریدن (بار) [*bårīdan (bår)*] "schneien; regnen". ⑥

Mithilfe des Suffixes انه [*-åneh*] kann man Adjektive bilden, wie z. B. hier: سالانه [*ßålåneh*] "jährlich". Das Suffix [*-tschī*] hingegen bildet Berufs- oder Tätigkeitsbezeichnungen, z. B. قاچاقچی [*qhåtschåqhtschī*] "Schmuggler". ⑦

گروهی قاچاقچی [*gorūh-ī qhåtschåqhtschī*] ⑧
"eine Bande von Schmugglern"
Sicherlich erinnern Sie sich, dass bei einem zusammengesetzten, unbestimmten Begriff das erste Wort das Suffix ی [*-ī*] trägt. Wir sind in Lektion 68 näher auf diese Konstruktion eingegangen.

۹ بنا به گزارشِ خبرگزاریِ ایرنا، در پاکستان

۱۰ زلزله‌ای به شدّتِ پنج و نیم درجهٔ ریشتر خسارتهائی به بار آورده. ⑨

۱۱ ولی هنوز از محلِّ دقیقِ این زمین لرزه

۱۲ و تعدادِ قربانیانِ احتمالیِ آن خبری نرسیده است.

تلّفظ

[**9** *banå beh gosåresch-e chabargosårī-e īrna, ... påkeßtån* **10** *selseleh'ī ... scheddat-e ... daradĵeh-je rīschter cheßårathå'ī beh bår åwardeh.* **11** *... samīn larseh* **12** *... te'dåd-e qhorbånījån-e ehtemalī-e ...*]

جمله های زیر را می فهمید؟

❶ ساعتِ هفتِ بعد از ظهر. خلاصهٔ اخبارِ امروز را به شرحِ زیر به اطلاع می رسانم.

❷ در تبریز، زلزله‌ای به شدّتِ چهار ونیم درجهٔ ریشتر تعدادِ زیادی قربانی به جا گذاشته است.

❸ امروز جمعه هفدهِ دی ماه است.

Laut einer Bekanntmachung der Presseagentur IRNA (Islamic Republic News Agency) hat in Pakistan 9
ein Erdbeben mit einer Stärke von 5,5 (Grad+ Richter) auf der Richterskala beträchtliche Schäden angerichtet. 10
Aber noch ist vom genauen Ort dieses Erdbebens 11
und über die wahrscheinliche Opferzahl keine Nachricht hereingekommen (Zahl+ Opfer-*Pl.*+ wahrscheinlich+ jenes Nachricht-eine nicht-gekommen ist). 12

⑨ Neben بار آورده [*bår åwardeh*], das hier im Sinne von "angerichtet" gebraucht wird, hört man speziell in der هوا شناس [*hawå schenåß*] "Wettervorhersage" auch häufig das Verb به جا گذاشتن [*beh dʃå gosåschtan*] "auslösen".

Diese Lektion enthält ebenso wie die Folgende eine Vielzahl von Vokabeln, an die Sie sich nicht sofort erinnern müssen, aber sie können als Referenz dienen, wenn Sie sich zum Beispiel im Internet auf iranischen Radiosendern die Nachrichten anhören wollen. Achtung, die Sprechgeschwindigkeit entspricht hier durchaus der Realität.

آیا متوجه شدید؟

❶ [Es ist] 19 Uhr. Hier folgt nun die Zusammenfassung der heutigen Nachrichten im folgenden Bericht.

❷ In Tabris hat ein Erdbeben der Stärke 4,5 auf der Richterskala eine hohe Zahl von Opfern gefordert.

❸ Heute ist Freitag, der 17. des Monats Dej.

جاهایِ خالی را پر کنید

1. Glücklicherweise haben die Erdstöße, die gestern in Chorasan auftraten, keine großen Schäden angerichtet.

در ______ زلزله‌هایِ ______ در خراسان ______ زیادی به بار نیاورده است.

2. In welchem Jahr sind Sie nach Pakistan gegangen? – Im [Jahr] 1347.

در چه ______ به ______ رفتید؟ – در(سالِ) هزار و ______ و چهل و هفت.

3. Hier ist Isfahan. Liebe Zuhörer, hier kommt der Wetterbericht.

اینجا ______ است. شنوندگانِ ______، گزارشِ هوا ______ را به اطّلاع می رسانم.

واژه هایِ مناسب

❶ خوشبختانه - دیروز - خسارتهایِ ❷ سالی - پاکستان - سیصد ❸ اصفهان - گرامی - شناسی

Der iranische Kalender

Bei iranischen Jahreszahlen steht nach der Zahl خورشیدی [*chorschīdī*] "Sonnen-, sonnig", denn der Kalender basiert auf dem Sonnenzyklus, während der sonst in der islamischen Welt übliche Kalender einem Mondzyklus (قمری [*qhamarī*] "Mond-") folgt. Jeder der zwölf Monate des iranischen Jahres beginnt zwischen dem 21. und dem 23. der Monate des gregorianischen Kalenders, was exakt unseren Tierkreiszeichen entspricht. Die iranische Zeitrechnung beginnt im Jahre 622, als der Prophet Mohammed von Mekka nach Medina floh (هجرت [*hedĵrat*] "Flucht"). Die religiösen Feiertage des Islam folgen unterdessen dem 354 Tage dauernden arabischen/islamischen Mondkalender. Es besteht bei beiden Zeitrechnungen eine signifikante Lücke zwischen der islamischen und der iranischen Jahreszahl, denn 33 Mondjahre entsprechen 32 Sonnenjahren. Derzeit macht diese Differenz über 42 Jahre aus. Das Jahr 2019 entspricht weitestgehend dem iranischen Jahr 1398 und dem arabischen/islamischen Jahr 1440.

Investieren Sie etwas Zeit in die "Zweite Welle" – es lohnt sich!

موجِ دوّم: امروز درسِ سی و سوّم را فعال کنید!

۷۶ درسِ هفتاد و ششم

اخبارِ راديوئی (ادامه)

۱ نرخِ برابریِ دلار در بانکِ ملّی ①

۲ بینِ هفت هزار و هشتصد و هفت هزار ونهصد ریال اعلام شد.

۳ تیمِ کشتیِ آزادِ کشورمان در نیویورک

۴ با هفتاد و دو امتیاز برندهٔ عنوانِ قهرمانیِ جهان شد.

۵ تیمِ فوتبالِ پرسپولیسِ تهران با تیمِ الحدیدِ عربستانِ سعودی دو بر دو مساوی شدند.

تلفّظ

[... *haftåd-o scheschom* **1** *nerch-e baråbarī-e* ... **2** ... *e'låm schod.* **3** *tīm-e koschtī-e* ... **4** ... *emtījås barandeh-je 'onwån-e qhahramånī-e* .... **5** ... *fūtbål-e* … *al-hadīd-e 'arabeßtån-e ßa'ūdī* ... *moßåwī* ...]

76. Lektion

Nachrichten im Radio (Fortsetzung)

1 Der Wechselkurs (Bewertung+ Gleichheit) des Dollars wurde bei der Nationalbank
2 bei zwischen 7.800 und 7.900 Rial angegeben.
3 Die Freistilringermannschaft unseres Landes hat in New York
4 mit 72 Punkten den Weltmeisterschaftstitel gewonnen (Gewinner+ Titel+ Meisterschaft+ Welt wurde).
5 Die Fußballmannschaft Persepolis aus Teheran hat [mit einem Punktestand] von 2:2 punktgleich mit der Mannschaft Al-Hadid aus Saudi-Arabien gespielt (zwei an zwei gleich wurden).

ANMERKUNGEN

① Das Adjektiv مِلّی [mellī] leitet sich von مِلّت [mellat] "Nation" (im Plural ملل [melal]) ab. Speziell ab den 1970er Jahren wurden viele Firmen in Iran verstaatlicht, ihren Namen wurde das Adjektiv مِلّی [mellī] "national" nachgestellt. Man benutzt dies auch entsprechend für die jeweiligen Produkte, so finden sich sogar کفشِ مِلّی [kafsch-e mellī] "Nationalschuhe"!

۶ بنا به پیش بینیِ ادارهٔ هوا شناسی،
هوایِ نواحیِ شمالِ غربی ② ③ ④

۷ تمام ابری همراه با ریزشِ برف و در
مناطقِ دیگر نیمه ابری خواهد بود. ⑤

۸ سردترین شهر اردبیل با نُه درجه زیرِ
صفر ⑥

۹ و گرمترین شهر بندر عبّاس با بیست
و یک درجه (رویِ صفر) خواهد بود.

۱۰ مشروحِ اخبار را در ساعتِ هشت
خواهید شنید.

۱۱ خدا نگهدار!

[**6** ... *pīsch bīnī-e edåreh-je* ... *nawåhī-e schomål-e gharbī* **7** ... *rīsesch-e* ... *nīmeh abrī* ... **8** ... *ardebīl* ... **9** ... *bandar 'abbåß* ... **10** *maschrūh-e* ...]

② هواشناس [*hawå-schenåß*] "Wettervorhersage" setzt sich aus هوا [*hawå*] "Luft, Wetter" und شناس [*schenåß*], dem Präsensstamm von شناختن [*schenåchtan*] "wissen, kennen", zusammen. Wir haben ähnliche Konstruktionen in der vorherigen Lektion gesehen.

Laut der Wettervorhersage (Büro+ Luft) wird das Wetter in den nordwestlichen Regionen 6

bedeckt sein, und es wird zu (zusammen mit) Schneefällen kommen, in den anderen Regionen wird es mehr oder weniger bedeckt sein. 7

Die kälteste Stadt wird mit 9° unter Null Ardebil sein, 8

und die wärmste Stadt Bandar Abbas mit 21° (über+ Null). 9

Sie hören die Einzelheiten (Anmerkungen+ Nachrichten) zu diesen Nachrichten um 20 Uhr. 10

Auf Wiedersehen (Gott Beschützer)! 11

③ Neue interne Pluralformen arabischer Lehnwörter sind in dieser Lektion ناحیه [*nåhījeh*] "Region, Zone" ➤ نواحی [*nawåhī*], منطقه [*mantaqheh*] "Region, Gebiet" ➤ مناطق [*manåteqh*] und in den Übungen اهل [*ahl*] "Einwohner, Einheimischer" ➤ اهالی [*ahålī*] "Bevölkerung".

④ Die vier Himmelsrichtungen sind vom Arabischen abgeleitet und heißen شمال [*schomål*] "Norden", جنوب [*dĵonūb*] "Süden", غرب [*gharb*] "Westen" und شرق [*scharqh*] "Osten". Für Kombination aus zwei Himmelsrichtungen benutzt man das **Esåfeh**: شمالِ غرب [*schomål-e gharb*] "Nordwesten". Um die Himmelsrichtungen adjektivisch zu verwenden, stellt man ihnen das Suffix ی [*-ī*] nach: نواحیِ شمالِ غربی [*nawåhī-e schomål-e gharbī*] "die nordwestlichen Regionen".

⑤ ریزش [*rīs-esch*] "Fall; Streuung" ist vom Präsensstamm des Verbs ریختن (ریز), [*rīchtan (rīs)*] "ausschütten" abgeleitet. Wir haben in Lektion 75 einige Beispiele für die Konstruktion auf ـش [*-esch*] kennengelernt. Aber nicht alle Wörter, die so enden, gehören zu dieser Gruppe: ارتش [*artesch*] "Armee"

⑥ Sie kennen die Formen des Komparativs mithilfe der Präposition از [*as*], z. B. از ... سردتر [*as ... ßardtar*] "kälter als ... ". Beispiel:

سرمایِ تبریز کمتر از اردبیل است.

[*ßarmå-je tabrīs kamtar as ardebīl aßt.*]

"In Tabris ist es kälter als in Ardebil."

Man könnte ebenso sagen: تبریز مثلِ اردبیل سرد نیست.

[*tabrīs meßl-e ardebīl ßard nīßt.*]

oder

[*tabrīs beh ßardī-e ardebīl nīßt.*] تبریز به سردیِ اردبیل نیست.

Beide in etwa: "In Tabris ist es nicht so kalt wie in Ardebil."

جمله هایِ زیر را می فهمید؟

1 تیمِ فوتبالِ اهواز با تیمِ همدان سه به سه مساوی شدند.

2 در تبریز تیمِ شیراز سه به دو برنده شد.

3 بنا به پیش بینیِ ادارهٔ هوا اشناسی، امروز در مناطقِ جنوبی هوا خیلی گرم خواهد شد – تا سی و پنج درجه.

جاهایِ خالی را پر کنید

1 Die Einwohner der nördlichen Regionen hatten große Angst während des gestrigen Erdbebens und haben ihre Häuser verlassen.

2 Sie leben jetzt in Zelten der Armee.

حالا، ___ چادرهای ___
زندگی می ___.

④ ولی در مناطقِ شمالِ غربی هوا نیمه ابری همراه با ریزشِ احتمالیِ باران خواهد بود.

آیا متوجه شدید؟

① Die Fußballmannschaft von Ahwas hat mit 3:3 punktgleich mit der Mannschaft aus Hamadan gespielt.
② Das Team aus Schiras hat in Tabris mit 3:2 gewonnen.
③ Laut der Wettervorhersage wird es heute in den südlichen Regionen sehr heiß sein – bis 35°.
④ In den Regionen des Nordwestens hingegen wird das Wetter mehr oder weniger bedeckt sein, und es wird eventuell Niederschläge geben.

③ In der letzten Sommerwoche wird die Stadt, in der es am heißesten wird, mit 42° über Null Bandar Abbas sein.

در ___ هفتهٔ تابستان، ___ شهر بندر عبّاس با چهل و دو ___ رویِ صفر خواهد بود.

واژه هایِ مناسب

① شمالی - زلزلهٔ - ترسیدند ② زیرِ - ارتش - کنند
③ آخرین - گرمترین - درجه

Der Nordwesten von Iran
اردبیل Ardebil liegt unweit der Grenze zur Republik آذربایجان Aserbaidschan. Auf mehr als 1.000 m Höhe ist die Stadt als die kälteste des Landes bekannt. Hier befindet sich das Grab von شیخ صفی الدین اردبیلی Scheich Safi ad-Din Ardebili (1252–1334), einem berühmten Sufi-Mystiker, der die Safawiden-Dynastie gründete. Weiter westlich liegt تبریز Tabris, das nach dem Abzug der Mongolen (مغولی [*moghūlī*]) bis zur Herrschaft des ersten Safawidenkönigs namens شاه اسماعیل Schah Ismail die Hauptstadt mehrerer bedeutender Reiche war. Vieles vom alten Tabris ist jedoch nicht mehr erhalten, da häufige Erdbeben und die Invasionen der Osmanen über die Jahre einiges zerstört haben. Nicht zuletzt aus klimatischen und Sicherheitsgründen verlegte der zweite Safawidenkönig شاه طهماسپ Schah Tahmasp die Hauptstadt nach قزوین Qaswin und einer seiner Nachkommen, شاه عبّاس Schah Abbas, dann nach Isfahan.

۷۷ درسِ هفتاد و هفتم

[*... haftåd-o haftom*]

مرور

Sie sind fast am Ende Ihrer Entdeckungsreise durch die persische Sprache angekommen. Sie können nun, durchaus mit etwas Stolz, von sich behaupten, dass Sie alle entscheidenden Grundlagen des Persischen kennengelernt haben. In dieser Wiederholungslektion sowie im nächsten Lektionsabschnitt geht es fast ausschließlich um den "Feinschliff" und die Erweiterung des Wortschatzes!

1. Pluralbildung

In der Umgangssprache kann man als Pluralendung durchgehend ها [*-hå*] benutzen. Hier gehen wir aber noch einmal im Speziellen auf das Suffix ان [*-ån*] ein, das prinzipiell nur für Menschen und Tiere verwendet wird, besonders in der literarischen Sprache aber auch für Gegenstände angewandt werden kann.

Allmählich nähern wir uns dem Endspurt. In den Lektionen tauchen vermehrt Redewendungen auf. Lernen Sie diese immer als Ganzes. Sie können sie auch mit einem Textmarker farbig anstreichen, um sie sich besser einzuprägen.

قطره قطره جمع گردد، وانگهی (و آنگاهی) دریا شود.

[*qhatreh qhatreh dǰam' gardad, wångahī (wa ångåhī) darjå schawad.*]

"Auch kleine Flüsse führen ins Meer."
(Tropfen Tropfen Summe dreht, und-dort Meer wird.)

موجِ دوّم: امروز درسِ سی و چهارم را فعال کنید!

77. Lektion

"Helden"	[*qhahramån-ån*] قهرمانان
"Männer und Frauen"	[*mard-ån wa san-ån*] مردان و زنان
"Bäume"	[*deracht-ån*] درختان

Endet ein Wort auf ـه [-*eh*], bildet man den Plural durch Anhängen des Suffixes گان [-*gån*]; dies gilt auch für die Partizipien auf انده [-*andeh*]. Wie Sie erkennen, entfällt hierbei das **he do tscheschm** ه in der Schreibung (weil es durch das Anhängen des Suffixes nicht mehr an der Endposition steht und ه nur am Wortende auch als [-*eh*] gelesen werden kann):

"Enkelkinder"	[*nawåde-gån*] نوادگان
"Fahrer"	[*rånande-gån*] رانندگان
"Zuhörer"	[*schenawande-gån*] شنوندگان

Nach ا [-å], و [-ū] und ی [-ī] wird das Suffix zu یان [-jån]:

"Bäcker" [nånwå-jån] نانوایان

"Studenten" [dåneschdĵū-jån] دانشجویان

"Opfer" [qhorbånī-jån] *قربانیان

* Bei Vokalgruppen, deren erster Bestandteil [ī] ist, spricht man [īj] + Vokal, geschrieben wird jedoch nur ein **je**.

2. Suffixe

2.1 Nominalsuffixe

Diese sind sehr häufig, und es ist wichtig sie zu erkennen, da man dann leicht den Sinn und die Wortformen von unbekanntem Vokabular erkennen kann. Wir haben speziell in Lektion 75 einige Nominalsuffixe kennengelernt.

• ش [-esch] wird an den Präsensstamm des Verbs angefügt und bildet ein Substantiv. Hier einige bekannte Beispiele:

"unterrichten" [åmūchtan] آموختن

"Bildungswesen" [åmūs-esch] آموزش ➤

"erziehen" [parwarīdan] پروریدن

"Erziehung" [parwar-esch] پرورش ➤

"schneien, regnen" [bårīdan] باریدن

"Schneefall; Regen" [bår-esch] بارش ➤

"ausschütten" [rīchtan] ریختن

"Fall; Streuung" [rīs-esch] ریزش ➤

"spazieren gehen" [gardīdan] گردیدن

"Spaziergang" [gard-esch] گردش ➤

"üben, Übungen machen" [warsīdan] ورزیدن

"Sport" [warsesch] ورزش ➤

"zeigen, ausstellen" [*nemūdan*]/[*namūdan*] نمودن

"Ausstellung" [*namåjesch*] نمایش >

• انه [-*åneh*] – oder گانه [-*gåneh*] für Wörter, die auf ـه [-*eh*] enden – verwandelt ein Substantiv in ein Adjektiv oder Adverb:

"kindisch, kindlich" [*batschtschegåneh*] بچّگانه

"(all)jährlich" [*ßål-åneh*] سالانه

"freundschaftlich" [*dūßt-åneh*] دوستانه

"(all)täglich" [*rūs-åneh*] روزانه

• چی [-*tschī*] bildet Berufs- oder Tätigkeitsbezeichnungen (dieses Suffix kommt aus dem Türkischen):

"Postbote" [*poßt-tschī*] پستچی

"Zuschauer" [*tamåschå-tschī*] تماشاچی

"Schmuggler" [*qhåtschåqh-tschī*] قاچاقچی

• گاه [-*gåh*] bezeichnet den Ort, an dem etwas passiert:

"Universität" [*dånesch-gåh*] دانشگاه

"Flughafen" [*forūd-gåh*] فرودگاه

"Haltestelle" [*īßt-gåh*] ایستگاه

"Treffpunkt" [*qharår-gåh*] قرارگاه

"Ausstellungsgebäude" [*namåjesch-gåh*] نمایشگاه

Sie kennen außerdem bereits die folgenden Suffixe:

• بان [-*bån*] bezeichnet einen Beruf oder eine Funktion:

"Wächter" [*negåh-bån*]/[*negah-bån*] نگاهبان \ نگهبان

"Gärtner" [*bågh-bån*] باغبان

• ناک [-*nåk*] bildet ein Adjektiv:

"schmerzhaft, schmerzlich" [*dard-nåk*] دردناک

"traurig" [*gham-nåk*] غمناک

• ا [-*å*] als Suffix am Präsensstamm eines Verbs bildet ebenfalls ein Adjektiv:

"verführerisch" [*gīr-å*] گیرا

"sehend" [*bīn-å*] بینا

"wissend" [*dån-å*] دانا

[*gūj-å*] گویا
"sprechend; eindeutig; anscheinend; man würde sagen ..."

• Die Präsensstämme einiger Verben werden häufig in Verbindung mit einem Substantiv verwendet und bilden dabei ein neues Substantiv oder mitunter auch ein Adjektiv. Die am meisten anzutreffenden Verben dieser Gruppe sind:

[*gosår*] گزار ➤ "erfüllen" [*gosårdan*] گزاردن

[*gīr*] گیر ➤ "nehmen" [*gereftan*] گرفتن

[*forūsch*] فروش ➤ "verkaufen" [*forūchtan*] فروختن

[*ßūs*] سوز ➤ "verbrennen" [*ßūchtan*] سوختن

[*ßås*] ساز ➤ "erbauen" [*ßåchtan*] ساختن

[*schenåß*] شناس ➤ "kennen" [*schenåchtan*] شناختن

[*åwar*] آور ➤ "(mit)bringen" [*åwardan*] آوردن

[*dĵū*] جو ➤ "suchen" etc. [*dĵoßtan*] جستن

Beispiele aus den letzten Lektionen für diese Konstruktion sind u. a.:

"Bekanntmachung, Pressemitteilung" [*chabar-gosår*] خبرگزار

"Inhaftierung" [*daßt-gīr*] دستگیر

"sonnig" [*åftåb-gīr*] آفتابگیر

"Gemüsehändler" [*ßabsī-forūsch*] سبزی فروش

"mitfühlend, teilnahmsvoll" [*del-ßūs*] دلسوز

"Bildhauer" [*modĵaßßameh ßås*] مجسّمه ساز

"Wettervorhersage" [*hawå-schenåß*] هواشناس

"schädlich" [*sījån-åwar*] زیان آور

"Student" [*dånesch-djū*] دانشجو

• In Lektion 63 sind wir bereits näher auf die Suffixe وار [*-wår*], دار [*-dår*], مند [*-mand*], دان [*-dån*], گار [*-går*], ار [*-år*] und ستان [*-eßtån*] eingegangen. Wir haben seitdem zwei neue Beispiele dazu gesehen:

"saftig" [*åbdår*] آبدار

[*balūtscheßtån*] بلوچستان
"Belutschistan" (Region in Südostiran und Südwestpakistan)

2.2 Suffix ی [-ī]

Wir sind bereits des Öfteren auf dieses Suffix eingegangen, und Sie wissen bereits, dass man mit seiner Hilfe Substantive und Adjektive bilden kann. Außerdem ist es auch der Marker der Unbestimmtheit, wenn es unbetont ist. In diesem Zusammenhang möchten wir Sie nochmals an die beiden möglichen Konstruktionen erinnern, wenn ein Substantiv durch ein Adjektiv näher bestimmt wird:

"ein guter Junge" [*peßar-e chūbī*] پسرِ خوبی

"ein guter Junge"* [*peßarī chūb*] پسری خوب

* Die zweite Option ist eher in der Schriftsprache zu finden.

Aber wenn zwei Nomen verbunden werden, von denen das erste unbestimmt ist, können diese nicht mit **Esåfeh** verbunden werden, so als ob sie bestimmt wären. Entsprechend steht in diesen Fällen das Suffix ی [*-ī*] an erster Stelle. Vergleichen Sie z. B.:

[*moddat-e entesår tūlånī schod.*] مدّتِ انتظار طولانی شد.
"Die Wartezeit ist lang."

[*paß as moddatī entesår*] پس از مدّتی انتظار
"nach einer Wartezeit"

Ebenso:

گروهی قاچاقچی [gorūhī qhåtschåqhtschī]
"eine Gruppe von Schmugglern"

نوعی هنرِ زندگی [nou'ī honar-e sendegī]
"eine Art Lebenskunst"

Man findet auch ab und zu ein Nomen + Suffix ی [-ī], gefolgt von از [as] und einem Nomen im Plural:

گروهی از قاچاقچیان [gorūhī as qhåtschåqhtschījån]
"eine Gruppe von Schmugglern"

• Steht ی [-ī] nach کیلومتر [kīlometr] und es folgt das [-e] des **Esåfeh**, hat es die Bedeutung "... Kilometer von ... [entfernt]":

در ده کیلومترِی مشهد [dar dah kīlometrī-e maschhad]
"zehn Kilometer von Maschhad [entfernt]"

• Auch nach zahlreichen Pronomen kann ی [-ī] stehen, wodurch das entsprechende Wort, an das es angehängt wird, betont wird. Man nennt dieses ی [-ī] das "i der Einheit", das die Unbestimmtheit markiert und stets unbetont ist. Merken Sie sich auch, dass Ausrufe mit چه [tscheh] immer ein unbetontes i der Unbestimmtheit verlangen.

"Um wie viel Uhr?" چه ساعتی؟ [tscheh ßå'atī?]

"An welchem Abend?" چه شبی؟ [tscheh schabī?]

در چه سالی به خارج رفتی؟
[dar tscheh ßålī beh chåredĵ raftī?]
"In welchem Jahr bist du ins Ausland gegangen?"

چند ساعتی استراحت [tschand ßå'atī eßteråhat]
"einige Stunden zum Ausruhen"

"jede Art von Wörtern" هر نوعی سخن [har nou'ī ßochan]

چه برنامهٔ فرهنگیِ خوبی!
[tscheh barnåmeh-je farhangī-e chūbī!]
"Was für ein gutes Kulturprogramm!"

2.3 Suffix ـه [-*eh*]

Hiermit kann man eine Menge oder eine Zeitspanne angeben:

توقّفِ دو روزه‌اش [*tawaqhqhof-e do rūseh'asch*]
"sein zweitägiger Aufenthalt"

عشقِ یک روزه [*'eschqh-e jek rūseh*]
"eine eintägige Liebe" = "kurzlebig"

"ein zweitägiger Urlaub" [*ta'tīl-e do rūseh*] تعطیلِ دو روزه

3. Präfixe

Partikel, Präpositionen, Adverbien, Adjektive oder Nomen können bestimmte Präfixe erhalten. Wichtige – und teilweise bekannte – Präfixe sind u. a.:

• "auch, mit; gleich" [*ham*] هم

"Nachbar" [*ham-ßåjeh*] همسایه

"Kollege" [*ham-kår*] همکار

"Mitbürger" [*ham-schahrī*] همشهری

"Landsmann" [*ham-watan*] هم وطن

"Begleiter, Begleitung" [*ham-råh*] همراه

"(im) Chor" [*ham-ßedå*] همصدا

• "nicht-, un-" [*nå*] نا

"nicht sehend" = "blind" [*nå-bīnå*] نابینا

"ohne Ausweg, unbedingt, obligatorisch" [*nå-tschår*] ناچار

•"Königs-, Groß-, Haupt-" [*schåh*] شاه

"Meisterwerk, Meisterstück" [*schåh-kår*] شاهکار

"Hauptstraße" [*schåh-råh*] شاهراه

"Hauptvers" (eines Gedichts) [*schåh-bejt*] شاه بیت \ شاهبیت

"Königsfalke" [*schåh-bås*] شاهباز

4. Wegfall des Esåfeh

Nach einigen Wörtern, die eine Menge, einen Inhalt oder eine Zeitdauer beschreiben, steht in der Regel kein **Esåfeh**. Zu diesen Wörtern gehören z. B.

"Glas" [*līwån*] لیوان

"Spieß" (z. B. für Fleisch) [*ßīch*] سیخ

"Flasche" [*botrī*] بطری

"Stunde" [*ßå'at*] ساعت

"ein Glas Tee" [*jek līwån tschåj*] یک لیوان چای

[*schesch ßīch goudĵeh farangī*] شش سیخ گوجه فرنگی
"sechs Tomatenspieße"

[*bå ßeh tschahår ßå'at ta'chīr*] با سه چهار ساعت تأخیر
"mit drei oder vier Stunden Verspätung"

Vergleichen Sie:

[*ßeh ßå'at entesår*] سه ساعت انتظار
"drei Stunden des Wartens"

[*tschand ßå'atī entesår*] چند ساعتی انتظار
"einige Stunden in Erwartung"

Im zweiten Satz steht kein **Esåfeh**, aber man ergänzt ی [*-ī*] als Zeichen der Unbestimmtheit:

"einige Jahre auseinander" [*tschand ßål dūrī*] چند سال دوری

5. Konstruktion für "kaum"

• [*hanūs nah ... keh*] هنوز نه... که

هنوز از درِ اتاقِ مهمانخانه بیرون نرفته بودم که تلفن زنگ زد.

[*hanūs as dar-e otåqh-e mehmånchåneh bīrūn narafteh būdam keh telefon sang sad.*]

"Kaum war ich aus dem Wohnzimmer gegangen, klingelte das Telefon."

هنوز بیش از بیست کیلومتر از دروازهٔ تهران دور نشده بود که چرخِ عقبش پنچر شد.

[*hanūs bīsch as bīßt kīlometr as darwåseh-je tehrån dūr naschodeh būd keh tscharch-e 'aqhabasch pantschar schod.*]
"Er war kaum zwanzig Kilometer von der Stadtgrenze Teherans entfernt, als sein Hinterreifen platzte."

6. Komparativ der Gleichheit und der Unterlegenheit

Diese Formen des Komparativs werden im Persischen durch verschiedene Konstruktionen gebildet. Meistens benutzt man dabei ein Substantiv anstelle eines Adjektivs:

- **"weniger ... als", "nicht so viel ... wie", "so viel ... wie"**

پرویز مثلِ امیر باهوش نیست.

[*parwīs meßl-e amīr bå-hūsch nīßt.*]
"Parwis ist nicht so intelligent wie Amir."

تبریز مثلِ اردبیل سرد نیست. تبریز به سردیِ اردبیل نیست.

[*tabrīs meßl-e ardebīl ßard nīßt. tabrīs beh ßardī-e ardebīl nīßt.*]
"In Tabris ist es nicht so kalt wie in Ardebil." = "In Ardebil ist es kälter als in Tabris."

سرمایِ تبریز کمتر از اردبیل است.

[*ßarmå-je tabrīs kamtar as ardebīl aßt.*]
"In Tabris ist es weniger kalt als in Ardebil."

زیبائی اصفهان با شیراز برابری می کند.

[*sībå'ī-e eßfahån bå schīrås baråbarī mī-konad.*]
"Die Schönheit Isfahans ist mit jener von Schiras gleich." = "Isfahan ist genauso schön wie Schiras."

شیراز در زیبائی برابرِ اصفهان است.

[*schīrås dar sībå'ī baråbar-e eßfahån aßt.*]
"Schiras ist genauso schön wie Isfahan."

اصفهان در جمعیّت با تبریز برابر است.

[*eßfahån dar dſam'ījjat bå tabrīs baråbar aßt.*]
"Isfahan ist genauso bevölkert wie Tabris."

Wie Sie erkennen können, gibt es zahlreiche Möglichkeiten, diese Informationen auszudrücken, und es ist von Sprecher zu Sprecher unterschiedlich, welche Konstruktion verwendet wird. Dennoch sollten Ihnen diese Beispiele genügen, um auch selbst Gleichheit und Unterlegenheit in Komparativsätzen ausdrücken zu können.

7. Datum und Monatsnamen

Die Namen der Monate (ماه [*måh*] "Mond, Monat") des iranischen Kalenders und ihre Daten (تاریخ [*tårīch*] "Datum") lauten:

Monatsname	Entsprechung im gregorianischen Kalender
[*farwardīn*] فروردین	21. März bis 20. April
[*ordībeheschti*] اردیبهشت	21. April bis 21. Mai
[*chordåd*] خرداد	22. Mai bis 21. Juni
[*tīr*] تیر	22. Juni bis 22. Juli
[*mordåd*] مرداد	23. Juli bis 22. August
[*schahrīwar*] شهریور	23. August bis 22. September
[*mehr*] مهر	23. September bis 22. Oktober
[*åbån*] آبان	23. Oktober bis 21. November
[*åsar*] آذر	22. November bis 21. Dezember
[*dej*] دی	22. Dezember bis 20. Januar
[*bahman*] بهمن	21. Januar bis 19. Februar
[*eßfand*] اسفند	20. Februar bis 20. März

8. Wichtige Ausdrücke

Speziell in den Lektionen 73 und 74 sind viele neue Ausdrücke, Redewendungen und Floskeln vorgekommen, von denen wir hier nochmals einige zusammenfassen möchten:

8.1 Präpositionen und Wortverbindungen

"gemäß" — طبقِ [*tebqh-e*]

"laut, entsprechend" — بنا به [*banå beh*]

"wie unten dargestellt ..." — به شرحِ زیر [*beh scharh-e sīr*]

"aufgrund" — در اثرِ [*dar aßar-e*]

8.2 Anredefloskeln

شنوندگانِ گرامی\عزیز [*schenawandegån-e geråmī/'asīs*]
"Liebe Zuhörer"

همکارانِ\هموطنانِ\همشهریانِ گرامی
[*hamkårån-e/hamwatanån-e/hamschahrījån-e geråmī*]
"Liebe Kollegen/Landsleute/Mitbürger"

حضّارِ گرامی\محترم [*hossår-e geråmī/mohtaram*]
"Liebe/Verehrte Anwesende"

جنابِ آقایِ رئیسِ جمهوری
[*dĵenåb-e åqhå-je ra'īß-e dĵomhūrī*]
"(Ihre) Exzellenz Herr Präsident der Republik"

9. Umgangssprache

In Lektion 42 sind wir bereits auf die wichtigsten Eigenarten der persischen Umgangssprache eingegangen, und in den Lektionen 73 und 74 haben Sie sich mit zwei durchaus alltagsüblichen Dialogen beschäftigt. Wir wollen an dieser Stelle nochmals die gängigen Aspekte des Lautwandels, grammatikalische Unterschiede und kontrahierte Verbformen darstellen.

9.1 Lautwandel

- Das ا [*-å*] wird vor [*n*] und [*m*] zu و [*-ū*]:

"welche/r?" — کدام [*kodåm*] ➤ کدوم [*kodūm*]

"Seele, Leben" — جان [*dĵån*] ➤ جون [*dĵūn*]

"Haus" — خانه [*chåneh*] ➤ خونه [*chūneh*]

"Brot" نان [nån] ◂ نون [nūn]

"Straße" خیابان [chījåbån] ◂ خیابون [chījåbūn]

نمی دانم. [nemī-dånam.] ◂ نمی دونم. [nemī-dūnam.]
"Ich weiß [es] nicht."

Außerdem:
"anderer, andere, anders" دیگر [dīgar] ◂ دیگه [dīgeh]

- Der Akkusativmarker را [rå] lautet رو [ro].

9.2 Grammatikalische Unterschiede

Das Hilfsverb است [aßt] wird zu ـه [-eh] oder ـس [-ß]:

معاصر است. [mo'åßer aßt.] ◂ معاصره. [mo'åßer-eh.]
"[Es] ist zeitgenössisch."

کجاست؟ [kodjåßt?] ◂ کجاس؟ [kodjåß?] / کو؟ [kū?]
"wo ist ...?"

Bei کو؟ [kū?] folgt allerdings kein است [aßt], ـه [-eh] oder ـس [-ß]:

"Wo ist Dara?" دارا کو؟ [dårå kū?]

"Wo ist meine Brille?" عینکم کو؟ ['ejnakam kū?]

چه هست؟ [tscheh haßt?] ◂ چیست؟ [tschīßt?]
"Was gibt es?" ◂ چیه؟ [tschī-eh?]

کی است؟ [kī aßt?] ◂ کیست؟ [kīßt?] ◂ کیه؟ [kī-eh?]
"Wer ist [er/sie]?"

Die Verb-Endung ـد [-ad] wird zu ـه [-eh]:

نمی شود... [nemī-schawad…] ◂ نمیشه... [nemīscheh…]
"[Er/Sie] wird nicht …"

"[Er/Sie] hat …" دارد... [dårad…] ◂ داره... [dåreh…]

نرود. [narawad.] ◂ نره. [nareh.]
"[Er/Sie] möge/soll nicht gehen."

Die Verb-Endung ـید [-*īd*] wird zu ـین [-*īn*]:

[*kodǰå mīrīn?*] کجا میرین؟ < [*kodǰå mīrawīd?*] کجا میروید؟
"Wo geht ihr / gehen Sie hin?"

Die Verb-Endung ـند [-*and*] wird zu ـن [-*an*]:

[*andåchtan*] انداختن < [*andåchtand*] انداختند
"[Sie] warfen"

[*mī-konan*] می کنن < [*mī-konand*] می کنند
"[Sie] machen"

Bei den Personalpronomen, speziell in Verbindung mit Präpositionen, gibt es einige umgangssprachliche Sonderformen:

"zu ihm/ihr" [*besch*] بش < [*behesch*] بهش < [*beh ū*] به او

"zu dir" [*behet*] بهت < [*beh to*] به تو

9.3 Kontrahierte Verbformen

Kontrahierte Verbformen von گفتن [*goftan*], رفتن [*raftan*], دادن [*dådan*], آمدن [*åmadan*], so wie sie in der Umgangssprache vorkommen, sind u. a.:

[*mīgī*] میگی < [*mī-gū'ī*]/[*mīgūjī*] می گوئی\میگویی
"du sagst"

"ich gebe" [*mīdam*] میدم < [*mī-daham*] می دهم

"er/sie gibt" [*mīdeh*] میده < [*mī-dahad*] می دهد

"ich komme" [*mījåm*] میام < [*mī-åjam*] می آیم

"wir gehen" [*mīrīm*] میریم < [*mī-rawīm*] می رویم

"wir sollen gehen" [*berīm*] بریم < [*berawīm*] برویم

"er/sie möge/soll nicht gehen" [*nareh*] نره < [*narawad*] نرود

"er/sie wird" [*mīscheh*] میشه < [*mī-schawad*] می شود

etc.

10. Kombinationsübung

Finden Sie die jeweils zusammengehörigen Sätze bzw. Satzteile.

❶ من بعد از یک سفرِ طولانی،
[*man ba'd as jek ßafar-e tūlånī,*]

❷ تو امشب با من به نمایشگاهِ نقّاشیِ ایرانی می آیی؟
[*to emschab bå man beh namåjeschgåh-e naqhqhåschī-e īrånī mī-åjī?*]

❸ الو، من با خواهرت کار دارم.
[*alo, man bå chåharat kår dåram.*]

❹ با آقایِ رئیس می خواستم حرف بزنم، ممکن است؟
[*bå åqhå-je ra'īß mī-chåßtam harf besanam, momken aßt?*]

❺ قرارمان، فردا، جلوی مجسّمهٔ خیّام است.
[*qharåremån, fardå, dʃelou-je modʃaßßameh-je chajjåm aßt.*]

❻ من مثلِ همیشه سرِ وقت خواهم رسید.
[*man meßl-e hamīscheh ßar-e waqht chåham raßīd.*]

❼ زمین لرزه‌هایِ دیروز ما را از خانه بیرون ریخت.
[*samīn-larseh-hå-je dīrūs må rå as chåneh bīrūn rīcht.*]

❽ اگر در راه یک چرخِ ماشینت پنچر بشود،
[*agar dar råh jek tscharch-e måschīnat pantschar beschawad,*]

❾ هفتهٔ آینده، به سینما و کنسرت خواهیم رفت.
[*hafteh-je åjandeh, beh ßīnemå wa konßert chåhīm raft.*]

❿ بعد از ظهر به سمتِ اصفهان حرکت می کنم.
[*ba'd as sohr beh ßamt-e eßfahån harakat mī-konam.*]

ⓐ تو بد قولی نکن! دیر نیایی (نیائی)!
[to bad qhoulī nakon! dīr najåjī (najå'ī)!]

ⓑ – چه برنامهٔ فرهنگی خوبی!
[– tscheh barnåmeh-je farhangī-e chūbī!]

ⓒ – این قدر شدید بود؟ ترا به خدا راست میگی (میگوئی\ می گویی)؟
[– īn qhadr schadīd būd? torå beh chodå råßt mīgī (mīgū'ī/ mī-gūjī)?]

ⓓ ناچار با کمکِ رانندهٔ کامیونی آن را عوض کن.
[nåtschår bå komak-e rånandeh-je kåmjūnī ån rå 'awas kon.]

ⓔ خسته و کوفته به مشهد رسیدم.
[chaßteh-o kūfteh beh maschhad raßīdam.]

ⓕ – متأسفانه تشریف ندارند.
[– mote'aßefåneh taschrīf nadårand.]

ⓖ – بله، ولی سرِ وقت بیایی (بیائی)!
[– baleh, walī ßar-e waqht bījåjī (bījå'ī)!]

ⓗ – خوب، گوشی را به او می دهم (میدم).
[– chūb, gūschī rå beh ū mī-daham (mīdam).]

ⓘ – پس، سفر به خیر! در راه، تندتر از حدّ نران!
[– paß, ßafar beh chejr! dar råh, tondtar as hadd narån!]

ⓙ یادت نرود!
[jådat narawad!]

Lösung zur Kombinationsübung

1/e – 2/g – 3/h – 4/f – 5/j – 6/a – 7/c – 8/d – 9/b – 10/i

Kompletter Text der Kombinationsübung

Hier sehen Sie die vollständigen Sätze. Versuchen Sie nun, diese zu übersetzen.

❶ من بعد از یک سفرِ طولانی، خسته و کوفته به مشهد رسیدم.

❷ تو امشب با من به نمایشگاهِ نقّاشیِ ایرانیِ می آیی؟ – بله، ولی سرِ وقت بیایی (بیائی)!

❸ الو، من با خواهرت کار دارم. – خوب، گوشی را به او می دهم (میدم).

❹ با آقایِ رئیس می خواستم حرف بزنم، ممکن است؟ – متأسفانه تشریف ندارند.

❺ قرارمان، فردا، جلویِ مجسّمهٔ خیّام است. یادت نرود!

❻ من مثلِ همیشه سرِ وقت خواهم رسید. تو بد قولی نکن! دیر نیایی (نیائی)!

❼ زمین لرزه هایِ دیروز ما را از خانه بیرون ریخت. – این قدر شدید بود؟ ترا به خدا راست میگی (میگوئی\ می گویی)؟

❽ اگر در راه یک چرخِ ماشینت پنچر بشود، ناچار با کمکِ رانندهٔ کامیونی آن را عوض کن.

❾ هفتهٔ آینده، به سینما و کنسرت خواهیم رفت. – چه برنامهٔ فرهنگیِ خوبی!

❿ بعد از ظهر به سمتِ اصفهان حرکت می کنم. – پس، سفر به خیر! در راه، تندتر از حدّ نران!

Aussprache der Sätze aus der Kombinationsübung

[**1** *man ba'd as jek ßafar-e tūlånī, chaßteh-o kūfteh beh maschhad raßīdam.* **2** *to emschab bå man beh namåjeschgåh-e naqhqhåschī-e īrånī mī-åjī? – baleh, walī ßar-e waqht bījåjī (bījå'ī)!* **3** *alo, man bå chåharat kår dåram. – chūb, gūschī rå beh ū mī-daham (mīdam).* **4** *bå åqhå-je ra'īß mī-chåßtam harf besanam, momken aßt? – mote'aßefåneh taschrīf nadårand.* **5** *qharåremån, fardå, dǰelou-je modǰaßßameh-je chajjåm aßt. jådat narawad!* **6** *man meßl-e hamīscheh ßar-e waqht chåham raßīd. to bad qhoulī nakon! dīr najåjī (najå'ī)!* **7** *samīn-larseh-hå-je dīrūs må rå as chåneh bīrūn rīcht. – īn qhadr schadīd būd? torå beh chodå rååßt mīgī (mīgū'ī/mī-gūjī)?* **8** *agar dar råh jek tscharch-e måschīnat pantschar beschawad, nåtschår bå komak-e rånandeh-je kåmjūnī ån rå 'awas kon.* **9** *hafteh-je åjandeh, beh ßīnemå wa konßert chåhīm raft. – tscheh barnåmeh-je farhangī-e chūbī!* **10** *ba'd as sohr, beh ßamt-e eßfahån harakat mī-konam. – paß, ßafar beh chejr! dar råh, tondtar as hadd narån!*]

Übersetzung der Sätze aus der Kombinationsübung

❶ Nach einer langen Reise bin ich sehr müde in Maschhad angekommen. ❷ Kommst du heute Abend mit mir in die Ausstellung über iranische Malerei? – Ja, aber sei pünktlich! ❸ Hallo, ich würde gerne mit deiner Schwester sprechen. – Gut, ich gebe sie dir. ❹ Ich würde gerne mit dem Herrn Direktor sprechen, ist das möglich? – Leider ist er nicht da. ❺ Unsere Verabredung ist morgen vor der Statue von [Omar] Chajjam. Vergiss es nicht! ❻ Ich werde wie immer pünktlich kommen. [Aber] du, versetz mich nicht! Komm nicht zu spät! ❼ Das gestrige Erdbeben hat uns aus unseren Häusern getrieben. – So heftig war es? Mein Gott, ist das wahr? ❽ Wenn unterwegs einer der Reifen deines Wagens platt ist, musst du ihn unbedingt mithilfe eines LKW-Fahrers wechseln. ❾ Nächste Woche gehen wir ins Kino und ins Konzert. – Was für ein tolles Kulturprogramm! ❿ Heute Nachmittag fahre ich nach Isfahan. – Dann gute Reise! Und überschreite unterwegs nicht die vorgeschriebene Höchstgeschwindigkeit!

موجِ دوّم: امروز درسِ سی و پنجم را فعال کنید!

۷۸ درسِ هفتاد و هشتم

سود و زیانِ سُخن و زبان ①

۱ سعدی چنین می گوید:

۲ تا مرد سخن نگفته باشد، عیب و هنرش نهفته باشد. ②

۳ باید دانست که تا سُخن را به زبان نیاورده‌ایم در اختیارِ ماست (ما است).

۴ ولی وقتی به زبان آمد از دستِ ما خارج شده است.

۵ زبان اگر چه عضوِ بسیار کوچکی از بدنِ آدم است، ③

تلّفظ

[… haftåd-o haschtom ßūd-o sījån-e ßochan … **1** … tschonīn … **2** … ßochan … 'ejb-o honarasch nehofteh … **3** … echtījår-e … **4** … chåredſ schodeh aßt. **5** … 'osw-e …]

78. Lektion

Dieser Text ist eine Erzählung von Sa'di (ca. 1210-1291), dem berühmten persischen Dichter und Mystiker, dessen Verse Iranern jeden Alters bekannt sind. Sein wichtigstes Werk war die گلستان Golestan "Rosengarten" genannte Sammlung von Gedichten, kurzen Erzählungen, Gleichnissen, Anekdoten usw. ➤

Vom Nutzen und Schaden des Wortes und der Zunge

Sa'di spricht so (so *VP*-sagt): 1

Solange der Mensch nicht gesprochen hat, bleiben seine Fehler und seine Qualitäten verborgen. 2

Man muss wissen, dass, solange wir das Wort nicht auf der Zunge getragen haben, dieses zu unserer Verfügung steht (in Auswahl+ wir ist). 3

Wenn es jedoch von der Zunge ausgedrückt wurde (nach Zunge kam), ist es hinausgetreten und uns entkommen (von Hand+ wir Ausgang geworden ist). 4

Die Zunge kann, obwohl sie ein sehr kleines Organ des menschlichen Körpers ist, 5

① Beachten Sie die feine Unterscheidung in der Verwendung der beiden Aussprachevarianten [*o*] und [*wa*] für و. Während [-*o*] hier zwei gegensätzliche Wörter zu einer Einheit verbindet, ist [*wa*] eher im Sinne einer Aufzählung von Begriffen zu verstehen.

② تا [*tå*] mit darauffolgendem Konjunktiv hat die Grundbedeutung "damit, um zu".

③ Die Unterschiede in der Verwendung zwischen اگر چه [*agar tscheh*] "auch wenn, obwohl" und با اینکه [*bå īnkeh*] (L. 68) "obwohl" sind nur minimal. Im Laufe der Zeit entwickeln Sie ein Gefühl dafür.

۶ خطرِ آن می تواند بسیار بزرگ باشد.

۷ دربارهٔ سود و زیانِ زبان می گویند:

۸ روزی امیری از آشپزِ خود خواست بهترین غذا را برایِ او تهیه کند. ④

۹ آشپز از زبانِ گوسفند غذایِ لذیذی پخت و پیشِ او گذاشت.

۱۰ روزِ دیگر، امیر از او خواست تا بدترین غذا را بپزد.

۱۱ آشپز، این بار هم، از زبانِ گوسفند غذائی درست کرد و نزدِ امیر آورد. ⑤

[**6** *chatar-e …* **7** *darbåreh-je …* **8** *… as åschpas-e chod chåßt …* **9** *… gūßfand … lasīsī pocht …* **10** *… amīr as ū chåßt … bepasad* **11** *… īn bår … gūßfand … nasd-e …*]

جمله هایِ زیر را می فهمید؟

❶ سعدی دربارهٔ سود و زیانِ سُخن و زبان چنین گفت:

eine sehr große Gefahr darstellen. 6
Was den Nutzen und den Schaden der Zunge angeht, sagt man dies: 7
Eines Tages bat ein Prinz seinen persönlichen Koch, ihm das beste Essen zuzubereiten, das es gibt. 8
Der Koch bereitete ein köstliches Gericht auf der Basis von Hammelzunge zu und stellte es vor ihn (vor+ er stellte). 9
An einem anderen Tag bat der Prinz ihn, das schlechteste Essen zuzubereiten, das es gibt. 10
Auch dieses Mal bereitete der Koch ein Gericht auf der Basis von Hammelzunge zu und brachte es dem Prinzen. 11

④ Die Konstruktion "jemanden bitten, etwas für einen zu tun" bildet man mithilfe von از کسی خواستن [*as kaßī chåßtan*] gefolgt von تا [*tå*] und darauffolgendem Konjunktiv. Umgangssprachlich kann تا [*tå*] weggelassen werden – wie es hier der Fall ist. Merken Sie sich in diesem Zusammenhang auch از کسی پرسیدن (پرس) [*as kaßī porßīdan (porß)*] "jemanden fragen, jemandem eine Frage stellen".

⑤ Ergänzend zu این بار [*īn bår*] "dieses Mal" möchten wir Ihnen auch den Ausdruck اکثرِ اوقات [*akßar-e ouqhåt*] "(in) den meisten Fällen, die meiste Zeit" vorstellen:

اکثرِ اوقات دلخوشم. [*akßar-e ouqhåt delchoscham.*]
"Ich bin die meiste Zeit über glücklich."

اکثرِ اوقات در جشنواره‌ام. [*akßar-e ouqhåt dar djaschnwåreh'am.*]
"Ich bin die meiste Zeit über auf einem Festival".

② «سُخن را تا به زبان نیاورده (است)، در اختیارِ سُخنگوست (سُخنگو است).»

③ از زبانِ گوسفند من می توانم هم زمان غذایِ لذیذی و غذایِ بدی بپزم.

جاهایِ خالی را پر کنید

① Auch wenn das Wort gefährlich sein kann, sollten wir in den meisten Fällen nicht schweigen.

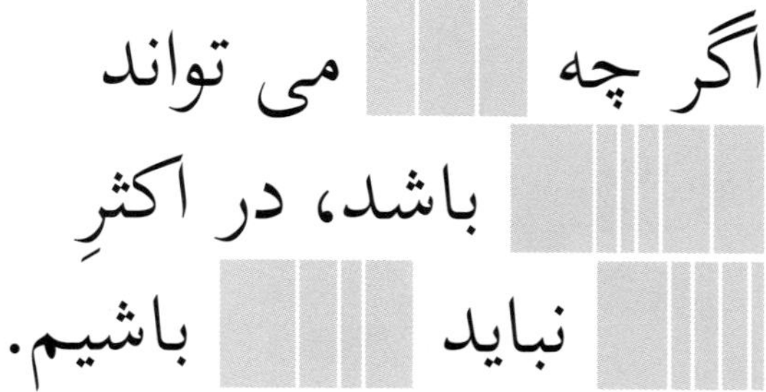

اگر چه ___ می تواند ___ باشد، در اکثرِ ___ نباید ___ باشیم.

② Obwohl dieses Gericht das schlechteste ist, das ich zubereitet habe, bitte ich Sie, ein wenig davon zu essen.

با ___ این ___ غذائیست (غذائی است) که پخته‌ام، از شما ___ تا از آن ___ ___.

آیا متوجه شدید؟

1 Was den Nutzen und den Schaden der Zunge angeht, sagt Sa'di dies:
2 "Solange er das Wort nicht auf der Zunge getragen hat, steht dieses dem Sprecher zur Verfügung."
3 Ich kann mit einer Hammelzunge sowohl ein köstliches Essen als auch ein schlechtes Essen zubereiten.

3 Jedesmal, wenn ich eine Anekdote von Sa'di oder von Mullah Nasreddin höre, werde ich ganz glücklich.

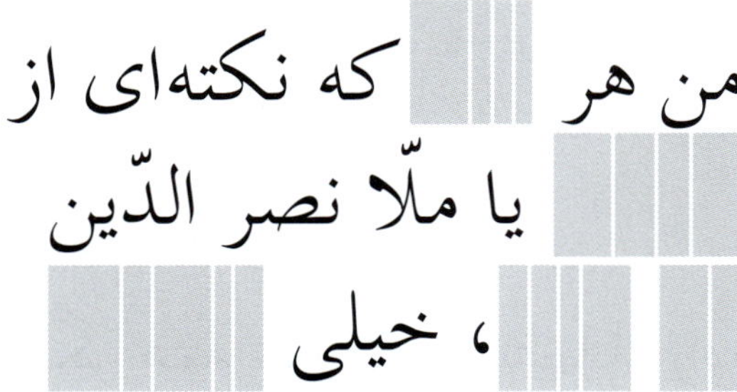

می شوم.

واژه هایِ مناسب

1 سُخن - خطرناک - اوقات - ساکت 2 اینکه - بدترین - می خواهم - کمی بخورید 3 باری - سعدی - می شنوم - دلخوش

Sa'dis Weisheit
Der Dichter Sa'di (etwa 1210–1291) leitet seinen Namen von سعد [*ßa'd*] "glücklich" ab. Zu seinen Hauptwerken gehören گلستان Golestan "Rosengarten" und بوستان Bustan "Duftgarten". Sa'dis Werke zeichnen sich besonders durch ihre Weisheit aus, die durch Anekdoten – auf Farsi نکته [*nokteh*] – vermittelt werden und von denen viele Iranern jeden Alters bekannt sind.

موجِ دوّم: امروز درسِ سی و ششم را فعال کنید!

۷۹ درسِ هفتاد و نهم

سود و زیانِ سُخن و زبان (ادامه)

۱ امیر با تعجّب سؤال کرد: ①

۲ – چطور غذایِ زبان بهترین و بدترین غذاست (غذا است)؟

۳ آشپزِ فیلسوف گفت:

۴ – مگر همهٔ خوبیها و زشتیها از راهِ زبان شنیده نمی شود؟ ②

۵ امیر سُخنش را پسندید و به او آفرین گفت.

۶ هر سُخن جائی و هر نکته مکانی دارد.

۷ دوبیت از یکی از غزلهایِ عاشقانهٔ سعدی: ③ ④

[… *haftåd-o nohom* **1** … *ßo' ål kard:* **3** … *fīlßūf* … **6** … *nokteh makånī* … **7** … *'åscheqhåneh-je* …]

79. Lektion

Vom Nutzen und Schaden des Wortes und der Zunge (Fortsetzung)

Der Prinz fragte ihn (Frage machte) erstaunt: 1

Wie kann ein Gericht mit Zunge das beste und gleichzeitig das schlechteste Gericht sein? – 2

Der philosophische Koch antwortete (sagte): 3

All die guten und all die schlechten Dinge, hört man sie nicht (von Weg+ Zunge gehört nicht- *VP*-wurde) über die Zunge? – 4

Dem Prinzen gefiel, was er gesagt hatte und beglückwünschte ihn dafür (nach er Bravo sagte). 5

Jedes Wort hat seinen Platz und jede Anekdote ebenso. 6

Ein Vierzeiler (zwei Distichen) aus einem der Ghasele über die Liebe von Sa'di: 7

① سؤال کردن [*ßo'ål kardan*] "fragen, eine Frage stellen" ist eine Alternative zu پرسیدن (پرس) [*porßīdan (porß)*] "fragen". سؤال [*ßo'ål*] "Frage" stammt aus dem Arabischen.

② خوبیها و زشتیها [*chūbī-hå wa seschtī-hå*] sind Adjektive, die durch das Suffix ی [-*ī*] zu Substantiven werden. Ebenso: شیرینی [*schīrīn-ī*] "(das) Süße" von شیرین [*schīrīn*] "süß".

③ بیت [*bejt*] wird manchmal als "Vers" übersetzt, meint aber einen Doppelvers, dessen Zeilen مصراع [*meßrå'*] genannt werden. Neben دوبیت [*dobejt*] bezeichnet man den "Vierzeiler" auch als رباعی [*robå'ī*] (Plural رباعیات [*robå'ījåt*]), die von عمر خیّام [*'omar chajjåm*] "Omar Chajjam" so häufig verwendete Versform.

④ Das Suffix انه [-*åneh*] verleiht Nomen die Funktion eines Adjektivs bzw. eines Adverbs:

"Liebende, -r; verliebt" [*'åscheqh*] عاشق

"Liebes-" oder "verliebt" [*'åscheqhåneh*] عاشقانه ➤

Ähnlich verhält es sich mit سالانه [*ßålåneh*] "Jahres-, jährlich" oder مردانه [*mardåneh*] "männlich". Endet ein Wort auf ـه [-*eh*], stellt man ihm گانه [-*gåneh*] nach.

۸ «ای ساربان آهسته ران کارامِ (که آرامِ)
جانم می رود. ⑤ ⑥ ⑦

۹ آن دل که با خود داشتم با دلستانم
می رود. ⑧

۱۰ در رفتنِ جان از بدن، گویند هر
نوعی سخن. ⑨

۱۱ من خود، به چشمِ خویشتن، دیدم
که جانم می رود». ⑩

تلفّظ

[**8** *ej ßårebån åheßteh rån* … **9** … *delßetånam* …]

⑤ ای [*ej*] findet sich v. a. in der Dichtkunst und wird der angesprochenen Person vorangestellt, so z. B. im شاهنامه [*schåhnåmeh*] "Schahnameh": ای پهلوان! [*ej pahlawån!*] "Oh (kühner) Krieger!". Aber auch in der Alltagssprache kann man es hören, dann jedoch eher mit der Bedeutung "He!" (wobei es im Persischen weniger salopp gemeint ist als im Deutschen!):
"He mein Sohn, komm!" [*ej peßar, bījå!*] ای پسر، بیا!

⑥ ران [*rån*] ist der Imperativ, allerdings wie oft in der literarischen Sprache ohne das Präfix بـ [*be-*], von راندن [*råndan*] "fahren; lenken".

"Oh Kameltreiber, geh langsam, denn mein Seelenfrieden (dass Ruhe+ Seele-mein) verlässt mich. 8

Dieses Herz, das meines war (dass mit selbst hatte), geht hochbeglückt fort. 9

Über die Art und Weise, in der die Seele den Körper verlässt, sagt man alle möglichen Wörter. 10

Ich sah mit meinen eigenen Augen, dass meine Seele fortgeht." 11

Bei کارام [*kåråm*] handelt es sich um die versbedingte Kontraktion von که آرام [*keh åråm*] "dass Ruhe". Sie wissen bereits, dass diese Kontraktionen speziell in der literarischen Sprache häufig vorkommen. ⑦

Wörtlich bedeutet دلستانم [*delßetånam*] "[das] mein Herz erfreut". Bei ستان [*ßetån*] handelt es sich um den Präsensstamm von ستاندن [*ßetåndan*] "(er)greifen, nehmen, erobern". ⑧

"alle möglichen Wörter" [*har nouī ßochan*] هر نوعی سُخن ⑨
Nach هر [*har*] "jeder, -e, -es" steht das entsprechende Substantiv mit dem Suffix ی [*-ī*]. In diesem Fall benötigt man kein **Esåfeh** für das darauffolgende Komplementärwort.

Bei خویشتن [*chīschtan*] handelt es sich um die literarisch-hochsprachliche Alternative zum umgangssprachlicheren خود [*chod*] "eigen, selbst". ⑩

جمله هایِ زیر را می فهمید؟

1 اکثرِ مردم نمی دانند چطور سُخن می تواند زیان آور باشد. از زیانِ احتمالیِ سُخن هیچ اطّلاعی ندارند.

2 ساعتِ هشتِ بامداد به دانشکده وارد و ساعتِ هفتِ بعد از ظهر از آن خارج شدند.

جاهایِ خالی را پر کنید

1 Nachdem der Koch ein sehr gutes Gericht zubereitet hatte, brachte er es (Nähe+) zu dem Prinzen und sagte:

___ ، بعد از ___ کردنِ ___ خیلی خوب، آن را نزدِ امیر آورد و ___ :

2 "Das heutige Gericht muss noch köstlicher sein als das gestrige."

«غذایِ ___ از دیروزی ___ خیلی لذیذتر ___ .»

③ یعنی* از بام تا شام دربارهٔ سعدی گفت و گو کردند.

* یعنی [ja'nī] "das heißt, das bedeutet; nämlich"

آیا متوجه شدید؟

① Die meisten Menschen wissen nicht, wie schädlich das Wort ist. Sie sind überhaupt nicht über den wahrscheinlichen Schaden des Wortes informiert.

② Sie sind um acht Uhr in die Fakultät hineingegangen und um sieben Uhr abends hinausgekommen.

③ Das bedeutet, dass sie von morgens bis abends über Sa'di diskutiert haben.

③ Der Koch fragte erstaunt: "Essen Sie nicht von dem Gericht aus Hammelzunge, das ich für Sie zubereitet habe?"

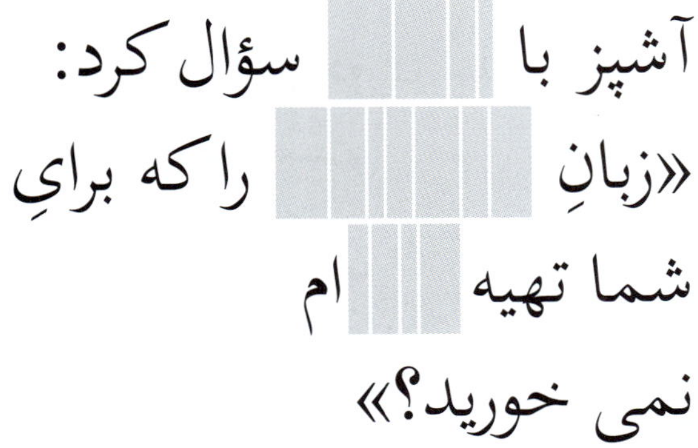

واژه هایِ مناسب

① آشپز - درست - غذایِ - گفت ② امروز - باید - باشد ③ تعجّب - گوسفندی - کرده

موجِ دوّم: امروز درسِ سی و هفتم را فعال کنید!

۸۰ درسِ هشتادم

نگاهی به اصفهان، عروسِ شهرهایِ ایران

۱ از قرنها پیش، زیبائیِ گلدسته‌ها و گنبدهایِ فیروزه‌ایِ اصفهان ①

۲ چشمِ جهانگردان را خیره کرده است.

۳ مرکزِ قدیمیِ شهر، محلّهٔ میدان کهنه و مسجدِ جمعه،

۴ از یادگارهایِ دورانِ سلجوقیست (سلجوقی است)

۵ و با بازارِ بزرگش به شهرِ جدید متّصل شده است. ②

۶ چهرهٔ کنونیِ شهر، با میدانِ وسیعِ نقشِ جهان و بناهایِ پر ارزش اطرافِ آن ③

[... *haschtådom* **1** ... *qharnhå* ... *goldaßteh-hå* ... *gonbad-hå-je fīrūseh'ī-je* ... **2** ... *dʃahångardån* ... *chīreh* ... **4** ... *jådegår-hå-je dourån-e ßaldʃūqhīßt (ßaldʃūqhī aßt)* **5** ... *mottaßel* ... **6** ... *konūnī-e* ... *waßī'-e naqhsch-e* ... *banå-hå-je por arsesch atråf-e* ...]

80. Lektion

Ein Blick auf Isfahan, die schönste Stadt von Iran
(Blick nach Isfahan Braut+ Städte+ Iran)

Seit Jahrhunderten blendet die Schönheit der Minarette 1
und der türkisblauen Kuppeln von Isfahan
das Auge der Reisenden. 2
Das alte Zentrum der Stadt, das heißt das Viertel um den 3
"Alten Platz" und die Freitagsmoschee,
ist eines der Überreste aus der Zeit der Seldschuken, 4
und sein großer Basar verbindet es mit der Neustadt. 5
Das aktuelle Aussehen der Stadt mit dem riesengroßen 6
"Naqsch-e-Dschahan-Platz" und den unschätzbaren
(voll Wert-sein) Sehenswürdigkeiten, die ihn umgeben,

ANMERKUNGEN

① Achten Sie bei فیروزه‌ای [*fīrūsehī*] "türkisblau" auf die Schreibung mit dem eingeschobenen **alef** ا zwischen **he do tscheschm** ه am Wortende und dem Suffix **je** ی.

② Möglicherweise erkennen Sie die Wortverwandtschaft zwischen متّصل [*mottaßel*] "verbunden" und وصل [*waßl*] "Verbindung".

③ نقشِ جهان [*naqhsch-e dʃahån*] heißt wörtlich "Darstellung der Welt". Ein anderer Name des Platzes ist میدانِ امام [*mejdån-e emåm*] "Platz des Imams".

۷ اثرِ ذوق و ارادهٔ شاه عبّاسِ بزرگ است.

۸ گرداگردِ این میدان، پر از دکّانها و کارگاههایِ هنرهایِ دستیست (دستی است) ④

۹ که سنّتهایِ قدیمی را نگهداری می کنند.

۱۰ در شمالِ میدان، سردرِ زیبایِ ورودیِ بازار،

۱۱ در شرقِ آن مسجدِ شیخ لطف الله و گنبدِ ظریف و خوشرنگش، ⑤

تلّفظ

[**7** *aßar-e souqh … erådeh-je …* **8** *gerdågerd-e … kårgåh-hå-je honar-hå-je daßtīßt (daßtī aßt)* **9** *… ßonnathå-je … negahdårī …* **10** *… ßardar-e ... worūdī-e ...* **11** *… sarīf-o choschrangasch,*]

sind das Werk des Geschmacks und der Willenskraft von Schah Abbas dem Großen. 7

Rund um diesen Platz befindet sich eine Vielzahl von Läden und Handwerksbetrieben, 8

die die alten Traditionen bewahren. 9

Im Norden des Platzes kann man das hübsche Eingangstor zum Basar sehen, 10

im Osten die Moschee Scheich Lotfollah mit ihrer schönen bunten Kuppel (Kuppel-ihre elegante und angenehme-Farbe), 11

④ Die Präposition گرداگردِ [*gerdågerd-e*] "rund um" beinhaltet zweimal das Wort گرد [*gerd*] "rund" mit einem langen [*å*] in der Mitte zur Verbindung. Ein weiteres Beispiel für diese Konstruktion: "bunt" [*rangårang*] رنگارنگ

⑤ Da es in diesem Text um die Schönheit Isfahans und seiner Sehenswürdigkeiten geht, können Sie sich auch gleich das Wort für "Verschönerung" merken: [*tas'īnåt*] تزئینات

۱۲ در جنوبِ مسجدِ شاه، با پیشطاقِ بلند و شاهکارهایِ کاشی کاریِ هفت رنگ را می توان دید. ⑥ ⑦ ⑧

تلفّظ
[**12** … *pīschtåqh-e … schåhkår-hå-je kåschī-kårī-e …*]

جمله هایِ زیر را می فهمید؟

❶ مسجدِ جمعه از دورانِ سلجوقی باقی مانده است.

❷ ولی چهرهٔ کنونیِ آن نتیجهٔ* تزئیناتِ هنرمندانِ دوره‌هایِ مغول، تیموری** و صفوی است.

❸ اصفهان در کشورهایِ غربی و شرقی، از قرنها پیش خیلی مشهور بوده

❹ و همیشه زیبائی‌هایِ آن چشمِ جهانگردان را خیره کرده است.

* نتیجه [*natīdĵeh*] "Ergebnis, Schlussfolgerung, Konsequenz"

** تیموریان [*tejmūrījån*] "Timuriden"

[und] im Süden kann man die Schah-Moschee/Königsmoschee mit ihrem hohen Tor und ihrer beeindruckenden siebenfarbigen Verkleidung aus Fayence-Fliesen sehen. 12

⑥ In پیشطاق [*pīschtåqh*] finden wir die Begriffe پیش [*pīsch*] "vor" und طاق [*tåqh*] "Arkade, Gewölbe". Es handelt sich dabei um eine Eigenart der persisch-islamischen معماری [*me'mårī*] "Architektur" und stellt ein Tor bzw. eine Art Säulengang dar. Am besten sollte man den Ausdruck so belassen, denn eine 100% zutreffende deutsche Übersetzung gibt es nicht.

⑦ شاهکار [*schåhkår*] "Meisterwerk" – hier sinngemäß mit "beeindruckend" übersetzt – beinhaltet das Wort [*schåh*] "König", das prinzipiell jedem anderen Begriff vorangestellt werden kann und dann mit "Königs-", aber auch mit "Groß-", "Haupt-" oder "Meister-" übersetzt werden kann, z. B.: شاهراه [*schåhråh*] "Hauptroute", شاه‌بیت [*schåhbejt*] "Meistervers" (eines Gedichts), شاهباز [*schåhbås*] "Königsfalke" oder شاهتوت [*schåhtūt*] "Hauptmauer" etc.

⑧ می توان دید [*mī-tawån dīd*] stellt hier die unpersönliche Form "man kann sehen" dar. Sie finden darin das Verb توانستن (توان) [*tawåneßtan (tawån)*] "können". Andere bereits bekannte unpersönliche Verbformen sind u. a. باید [*båjad*] "man muss", شاید [*schåjad*] "es kann sein, dass" und می شود [*mī-schawad*] "es ist möglich", das umgangssprachlich meist [*mī-scheh*] oder verneint [*nemī-scheh*] ausgesprochen wird.

آیا متوجه شدید؟

❶ Die Freitagsmoschee ist aus der Zeit der Seldschuken übrig geblieben.

❷ Aber ihr aktuelles Aussehen ist das Ergebnis von Verschönerungsmaßnahmen durch Künstler aus der Periode der Mongolen, der Timuriden (timuridisch) und der Safawiden (safawidisch).

❸ Isfahan war seit Jahrhunderten in den Ländern des Okzidents und in den arabischen Ländern sehr bekannt,

❹ und seine Schönheit hat die Reisenden immer geblendet.

جاهایِ خالی را پر کنید

1 Der überaus langgezogene Basar von Isfahan verbindet das Zentrum der Altstadt mit dem "Naqsch-e-Dschahan-Platz".

خیلی طولانیِ ،
مرکزِ قدیمیِ را به میدانِ
نقشِ وصل می کند.

2 Im Norden des Platzes befindet sich das Eingangstor zum Basar, das Ghejsarieh heißt.

در شمالِ ، سردرِ
بازار که اسمش قیصریه
است وجود دارد.

3 Rund um diesen Platz kann man die Meisterwerke der Architektur aus der Zeit der Safawiden sehen.

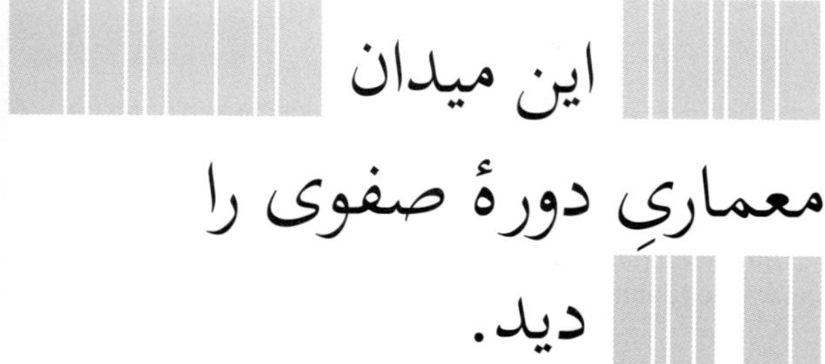

این میدان
معماریِ دورهٔ صفوی را
دید.

واژه هایِ مناسب

❶ بازارِ - اصفهان - شهر - جهان ❷ میدان - ورودیِ
❸ گرداگردِ - شاهکارهایِ - می توان

Isfahan – Hälfte der Welt
Seit der 18. Lektion haben Sie immer wieder von Isfahan gehört. In der Tat ist die Stadt eines der Kulturzentren des Landes und an die 3000 Jahre alt. Ihre Glanzzeit erlebte sie unter der Dynastie der Safawiden (1501–1722), die Isfahan 1598 zu ihrer Hauptstadt machten. Auf sie geht die Errichtung zahlreicher Prachtbauten (شکوه [*schokūh*] "Glanz, Pracht") und Gartenanlagen zurück. Das vielleicht außergewöhnlichste Highlight Isfahans ist der نقشِ جهان [*naqhsch-e dĵahån*] "Darstellung der Welt" genannte, fast neun Hektar große Hauptplatz mit seinem riesigen Wasserbecken (استخر [*eß-tachr*]).

سرمهٔ چشمِ جهان است اصفهان
آبیِ هفت آسمانست اصفهان.

[*ßormeh-je tschaschm-e dĵahån aßt eßfahån*
åbī-e haft åßemånaßt eßfahån.]

"Isfahan ist das Kajal des Auges der Welt,
Isfahan ist das Blau der sieben Himmel."

موجِ دوّم: امروز درسِ سی و هشتم را فعال کنید!

۸۱ درسِ هشتاد و یکم

اصفهان (ادامه)

۱ سر انجام، در غربِ میدان، عمارتِ
بلندِ عالی قاپو قرار دارد، ① ②

۲ که از تالارش شاه و بزرگان بازیِ
چوگان را تماشا می کردند.

۳ قسمتِ پائینِ این بنا، درِ ورودیِ
باغها و کاخهایِ سلطنتی نیز بود.

۴ از کاخهایِ دورانِ صفوی قصرهایِ
هشت بهشت و چهلستون باقی مانده
و دیدنیست (دیدنی است). ③ ④ ⑤

[... *haschtåd-o jekom* **1** *ßar andĵåm, ... 'emårat-e ... 'ålī qhåpū qharår dårad,* **2** *... tålårasch ... båsī-e tschougån ... tamåschå ...* **3** *... kåch-hå-je ßaltanatī nīs ...* **4** *... kåch-hå-je ... qhaßr-hå-je ... tschehel-ßotūn ...*]

① In سر انجام [*ßar andĵåm*] "schließlich, letztendlich" steht سر [*ßar*] "Kopf" vor انجام [*andĵåm*] "Beendigung". Auch eine Reihe anderer Begriffe werden mit سر [*ßar*] gebildet, z. B.: سر نوشت [*ßar neweschtt*] "Schicksal", سرِ میز [*ßar-e mīs*] "bei/zu Tisch" oder سرِ وقت [*ßar-e waqht*] "pünktlich".

81. Lektion

Isfahan (Fortsetzung)

Schließlich (Kopf Beendigung) befindet sich westlich des Platzes das hohe Gebäude von Ali Qapu, 1

mit seinem Aussichtspunkt, von dem aus der König und die hohen Würdenträger (Großen) sich das Polospiel (Spiel+ Polostab) ansahen. 2

Der untere Teil dieses Gebäudes stellte außerdem den Eingang zum Palast und den königlichen Gärten dar. 3

Aus der safawidischen Zeit sind noch der Palast der Acht Paradiese und der Vierzigsäulenpalast übrig geblieben, die eine Sehenswürdigkeit sind (Rest geblieben und sehen-ist). 4

② Mithilfe der beiden folgenden Ausdrücke wird beschrieben, dass sich etwas an einem bestimmten Ort befindet: قرار داشتن [*gharår dåschtan*] "sich befinden", وجود داشتن [*wodjūd dåschtan*] "vorhanden sein, vorkommen". Natürlich können beide auch mit den Formen von بودن [*būdan*] umschrieben werden.

③ Das arabische Wort قصر [*qhaßr*] wird meistens mit "Schloss" übersetzt, während das persische کاخ [*kåch*] meist den "Palast" bezeichnet. In der Alltagssprache werden jedoch beide Ausdrücke identisch gebraucht.

④ باقی مانده [*båqhī måndeh*] "geblieben" setzt sich aus dem arabischen Wort باقی [*båqhī*] "Rest" und dem Partizip Perfekt von ماندن (مان) [*måndan (mån)*] "bleiben" zusammen. Während das Verb alleine nur das vorübergehende Verweilen an einem Ort für eine bestimmte Zeit meint, bezieht sich باقی ماندن [*båqhī måndan*] auf etwas, das aus der Vergangenheit übrig geblieben ist.

⑤ Bei دیدنیست [*dīdanīßt*] handelt es sich um die kontrahierte Form von دیدنی است [*dīdanī aßt*] "sehenswert". Das Suffix ی [*-ī*] drückt hier in etwa das deutsche "zu" aus. Man kann z. B. sagen:

"Es ist zu sagen, dass ..." [*goftanī aßt keh ...*] گفتنی است که...

Man kann ebenso ein Substantiv aus dieser Form bilden, das im Plural steht: "Dinge zu lesen" [*chåndanīhå*] خواندنیها

۵ خیابانِ پر آب و درختِ چهار باغ،
کاخِ چهلستون را به زاینده رود
وصل می کند. ⑥ ⑦

۶ بر رویِ این رودخانه چندین پلِ
قدیمی وجود دارد ⑧

۷ که زیباترین و مهمترینِ آنها سی و سه
پل و پلِ خواجوست (خواجو است).

۸ یادی از پارکهایِ کنارِ رودخانه و
چایخانه هایِ زیرِ پلها

۹ و سر و صدایِ مردمی که برایِ
تفریح آمده اند

۱۰ و بدونِ تکلّف ره گذران را به خوردنِ
چای و آجیل دعوت می کنند.

تلّفظ

[**5** … *kåch-e tschehel-ßotūn* … *såjandeh rūd waßl* … **6** … *rūdchåneh* … *pol-e* …*wodĵūd* … **7** … *(chådĵū aßt)* … **9** … *ßar-o ßedå-je* … *tafrīh* … **10** … *takallof rah-gosarån* …]

Der Boulevard der Vier Gärten, schattig und von Bächen geziert, verbindet den Vierzigsäulenpalast mit dem Sajande-Fluss (mit gebärend Fluss Verbindung *VP*-macht). 5

Es gibt an diesem Fluss einige alte Brücken, 6

von denen die schönsten und die bedeutendsten die 7
33-Bogen-Brücke und die Chadschu-Brücke sind.

Man muss hier [auch] die Parks erwähnen, die den 8
Fluss säumen, sowie die Teehäuser unter den Brücken,

(sowie) die Geräusche der Stimmen der Stadtbewohner, 9
die hierher kommen, um sich zu vergnügen (dass für Freude gekommen-sie)

und die [ganz] zwanglos die Passanten einladen, um 10
einen Tee zu trinken oder einige Trockenfrüchte [zu knabbern].

Da زاينده [*såjandeh*] "gebärend" bedeutet, könnte man den Namen des Flusses sinngemäß mit "lebensspendender Fluss" wiedergeben. ⑥

وصل [*waßl*] "Verbindung" gehört zur gleichen Wortgruppe wie متّصل [*mottaßel*] "verbunden". Wir sind bereits kurz auf die Konsonantenstämme arabischer Wortgruppen eingegangen und werden dieses Thema nochmals in Lektion 84 behandeln. ⑦

بر رویِ [*bar rū-je*] "auf, über" ist die hochsprachliche Form des alltagssprachlichen رویِ [*rū-je*], z. B.: ⑧

"auf der Mauer" [*rū-je dīwår*] رویِ دیوار

Bei بر [*bar*] handelt es sich um eine der zehn Grundpräpositionen, die auch häufig als Teil einer Konstruktion gebraucht werden, beispielsweise in zusammengesetzten Verben wie بر آوردن [*bar åwardan*] "mitbringen" oder بر گشتن [*bar gaschtan*] "zurückkehren" etc.

۱۱ در اینجا ضروریست (ضروری است).

۱۲ واقعاً اصفهان سزاوارِ عنوانِ «نصفِ جهان» است!

[**11** … *sarūrīßt (sarūrī aßt).* **12** *wåqhe'an … ßasåwår-e …*]

جمله هایِ زیر را می فهمید؟

1 در جنوبِ میدانِ نقشِ جهان، مسجدِ شاه با پیشطاقِ بلند و گنبدِ فیروزه ئیش قرار دارد.

2 در ایران شاهکارهایِ هنریِ فراوانی را (مخصوصاً در زمینهٔ کاشی کاری، مینیاتور و فرش) می توان دید.

3 کاخِ چهلستون، که بیست ستونِ تالارش با عکسِ آنها در آبِ استخر به چهل می رسد، دیدنیست (دیدنی است).

جاهایِ خالی را پر کنید

1 Man muss hier an den schönen Boulevard der Vier Gärten erinnern.

_____ از خیابانِ زیبایِ _____ باغ در اینجا _____ (ضروری است).

[Denn] dies ist hier unumgänglich. 11
In der Tat: Isfahan verdient seinen Beinamen "Hälfte der Welt"! 12

کنارِ رودخانه، خانواده‌هایِ ایرانی معمولاً فرش یا پتو می اندازند و رویِ آنها غذا و چای می خورند

❹ از بالایِ تالارِ پر شکوهِ قصرِ عالی قاپو، شاه و بزرگان به تماشایِ بازیِ چوگان عادت داشتند.

آیا متوجه شدید؟

Südlich des "Naqsch-e-Dschahan-Platzes" befindet sich die Schah-Moschee mit ihrem hohen Tor und ihrer türkisfarbenen Kuppel. ❶

In Iran kann man zahlreiche künstlerische Meisterwerke sehen, insbesondere auf den Gebieten Fayence-Fliesen, Miniaturmalereien und Teppiche. ❷

Der Vierzigsäulenpalast, bei dem die 20 Säulen seiner Terrasse zu 40 werden, indem sie sich im Wasser eines Beckens spiegeln, ist sehenswert. ❸

Von dem prachtvollen Aussichtspunkt des Ali-Qapu-Palasts aus pflegten der König und die hohen Würdenträger dem Polospiel zuzusehen. ❹

Am Ufer des Flusses breiten die iranischen Familien normalerweise (معمولاً [*ma'mūlan*]) einen Teppich oder eine Decke aus, auf der sie picknicken und Tee trinken. 2

رودخانه، خانواده‌هایِ
ایرانی معمولاً یا پتو
می و رویِ آنها و
چای می خورند.

Über den Sajande-Fluss führen zwei große und schöne Brücken, die 33-Bogen-Brücke und Chadschu-Brücke heißen. 3

بر زاینده رود، دو تا پلِ
و زیبا که سی
و سه پل و پلِ خواجوست
دارد.

سپاهان مردمی با هوش دارد، سپاهانی دو لب ده گوش دارد.

[*ßepåhån* mardomī bå-hūsch dårad, ßepåhånī do lab dah gūsch dårad.*]

"Isfahan hat eine schlaue Bevölkerung,
der Isfahaner hat zwei Lippen und zehn Ohren."

(Isfahan Bevölkerung-eins mit Geist hat, Isfahaner/-in zwei Lippe zehn Ohr hat.)

* سپاهان ist der alte Name von Isfahan, abgeleitet von سپاه [*ßepåh*] "Armee".

Die Chadschu-Brücke, die der Bevölkerung von Isfahan als Vergnügungsort geschenkt wurde, ist das Werk des Geschmacks und der Willenskraft von Schah Abbas II. ④

پلِ خواجو که برایِ ⬚⬚⬚ به مردمِ ⬚⬚⬚ پیشکش ⬚⬚⬚ است، اثرِ ⬚⬚ و ارادهٔ شاه عبّاسِ دوّم است.

واژه هایِ مناسب

① یادی - چهار - ضروریست ② کنارِ - فرش - اندازند - غذا ③ رویِ - بزرگ - اسمشان - وجود ④ تفریح - اصفهان - شده - ذوق

موجِ دوّم: امروز درسِ سی و نهم را فعال کنید!

۸۲ درسِ هشتاد و دوّم

آفرین بر شما!

۱ حالا شما می توانید به زبانِ فارسی حرف بزنید و گفتهٔ ایرانیان را بفهمید. ①

۲ زبانِ فارسی، جدا از مشکلِ خطّش،

۳ زبانی نسبتاً ساده و مقدّماتش آسان است. ② ③

۴ یکی از مهمّترین دشواریهایِ زبانِ فارسی فراوانیِ ترکیبات و اصطلاحاتِ آن است،

۵ که مایهٔ لطافت و ظرافتِ آن نیز می باشد.

تلّفظ

[... *haschtåd-o dowwom* **2** ... *dĵodå as moschkel-e chattasch,* **3** ... *moqhaddamåtasch* ... **4** ... *doschwårīhå-je* ... *tarkībåt* ... *eßtelåhåt-e* ... **5** ... *måjeh-je letåfat* ... *saråfat-e* ...]

82. Lektion

Ein "Bravo" an Sie!

Sie sind nun imstande, die persische Sprache zu sprechen und zu verstehen, was die Iraner sagen. 1
Das Persische [ist], abgesehen von der Schwierigkeit seiner Schrift, 2
eine relativ einfache Sprache, und man kommt leicht in sie hinein (Anfänge-sein einfach ist). 3
Eine der wesentlichen Schwierigkeiten des Persischen besteht in der Fülle von Wendungen und Ausdrücken der Sprache, 4
die außerdem eine Quelle der Feinheit und der Eleganz sind (Keimzelle+ Feinheit und Eleganz+ jener auch). 5

ANMERKUNGEN

① Prägen Sie sich gut ein, dass man nicht wie bei uns "auf Persisch" spricht, sondern "zu/gegen Persisch":
[*beh sabån-e fårßī harf sadan*] به زبانِ فارسی حرف زدن

② Arabische Adverbien enden auf ـاً [*-an*], z. B.: نسبتاً [*neßbatan*] "relativ" (von نسبت [*neßbat*] "Beziehung"), شخصاً [*schachßan*] "persönlich" (von شخص [*schachß*] "Person, Individuum") oder معمولاً [*ma'mūlan*] "normalerweise" (von معمول [*ma'mūl*] "gewöhnlich").

③ In dieser Lektion lernen wir eine weitere Pluralbildung arabischer Wörter kennen, und zwar mithilfe der Endung ات [*-åt*]. Entweder ersetzt diese Endung ـه [*-eh*] bzw. ت [*-at*] oder sie wird einfach an das entsprechende Wort angehängt: مقدّمه [*moqhaddameh*] "Anfang, Beginn; Vorwort" > مقدّمات [*moqhaddamåt*]; اصطلاح [*eßtelåh*] "Ausdruck" > اصطلاحات [*eßtelåhåt*] oder موقعیت [*mouqhe'ījat*] "Bedingung" > موقعیات [*mouqhe'ījåt*].

۶ استفاده از این اصطلاحات به مرورِ زمان،

۷ خواه در برخوردِ روزانه و تماس با اهلِ زبان، ④

۸ خواه با خواندنِ متنهایِ گوناگون و نوشته هایِ ادبی تر، ④ ⑤

۹ کم کم ممکن می گردد، که این خود مرحلهٔ دیگری از آموزش و یادگیریِ ادبیست (ادبی است). ⑥ ⑦

۱۰ اکنون شما آشنائیِ کافی برایِ روبرو شدن با موقعیت‌هایِ مختلفِ زندگی ⑧

۱۱ و بیانِ خواست‌هایِ خود به صورتِ صحیح – البته با جمله‌هایِ ساده –

[**6** *eßtefådeh … eßtelåhåt beh morūr-e samån,* **7** *chåh … barchord-e … tamåß …* **8** *… matnhå-je gūnågūn wa … adabī-tar,* **9** *… marhaleh-je … jådgīrī-e adabīßt (adabī aßt).* **10** *aknūn … åschnå'ī-e kåfī … mouqhe'ījat-hå-je …* **11** *… bajån-e chåßt-hå-je … ßahīh … djomleh-hå-je …*]

Die Anwendung dieser Ausdrücke wird mit der Zeit (Verlauf+ Zeit) immer besser möglich, 6

sei es dank des täglichen Umgangs und Kontakts mit Muttersprachlern (Menschen+ Sprache), 7

sei es durch das Lesen unterschiedlicher Texte und literarischer Werke, 8

was langsam eine weitere Etappe bei der Aneignung literarischer Kenntnisse darstellen [kann] (Etappe+ anderer-ein von Lernen-sein und Memorisierung+ literarisch-ist). 9

Nun besitzen Sie ausreichende Kenntnisse, um sich in (mit) den unterschiedlichsten Lebenssituationen zu bewähren, 10

um Ihre eigenen Wünsche in korrekter Form auszudrücken – selbstverständlich mit einfachen Sätzen – 11

④ Die Konstruktion ... خواه ... خواه [*chåh ... chåh ...*] kann mit "sei es ... sei es ... " bzw. "entweder ... oder ... " übersetzt werden.

⑤ گوناگون [*gūnågūn*] "unterschiedlich" basiert auf گون [*gūn*] "Art, Weise, Sorte" und wird prinzipiell wie رنگارنگ [*rangårang*] "bunt" oder گرداگردِ [*gerdågerd-e*] "rund um" gebildet (siehe dazu Lektion 80).

⑥ In آموزش و یادگیری [*åmūsesch-o jådgīrī-e*] sehen Sie erneut ein Beispiel dafür, dass das Persische gerne zwei ähnliche Begriffe miteinander verbindet, um die Aussage zu unterstreichen.

⑦ ادب [*adab*] "Höflichkeit": Entsprechend sagt man با ادب [*bå adab*] "höflich" und بی ادب [*bī adab*] "unhöflich".

⑧ Es ist möglich, bei arabischen Lehnwörtern auch die persischen Pluralformen anzuwenden: [*mouqhe'ījat-hå-je*] موقعیت هایِ

۱۲ و به کار بردنِ اصطلاحاتِ بسیار معمولی را دارید. ⑨

۱۳ وقتِ آن رسیده است که، شخصاً و بدونِ واسطه، با ایجادِ رابطهٔ دوستانه با ایرانیان،

۱۴ به دنبالِ شناختنِ هر چه بیشترِ آنان و کشورشان باشید. ⑩

[**12** … *beh kår bordan-e eßtelåhåt-e … ma'mūlī …* **13** … *schachßan … wåßeteh, … īdǰåd-e råbeteh-je …* **14** … *ånån …*]

جمله هایِ زیر را می فهمید؟

❶ اگر به اندازهٔ کافی اصطلاحاتِ فارسی را یاد بگیرید، کم کم به زبانِ فارسیِ ظریفی حرف خواهید زد.

❷ خطِ زیبایِ فارسی متاسفانه یکی از دشواریهایِ آموزشِ خواندن و نوشتنِ زبانِ فارسیست.

und um sehr gängige Ausdrücke zu benutzen. 12
Es ist der Moment gekommen, in dem Sie – persönlich und ohne Hilfe (Mittelsperson) – versuchen, Iran und seine Einwohner näher kennenzulernen, indem Sie freundschaftliche Beziehungen zu Iranern knüpfen, 13
Sie machen sich (also) auf die Suche, um so viel wie möglich über sie und ihr Land zu erfahren. 14

Lassen Sie sich durch die Länge dieses Satzes nicht irritieren. Der Akkusativmarker را [*rå*] bezieht sich auf آشنائیِ کافی [*åschnå'ī-e kåfī*] "ausreichende Kenntnisse" in Satz 10. ⑨

هر چه بیشتر [*har tscheh bīschtar*] "das Meiste, das Maximum; so viel wie möglich / so schnell wie möglich" wird generell wie das bekannte هر چه زودتر [*har tscheh sūdtar*] "das Schnellste" gebildet. Wir sind in Lektion 50 auf die Bildung der Konstruktion "so ... wie möglich" eingegangen. ⑩

❸ اگر به ایران می روید، باید از هر امکانی استفاده کنید و با ایرانیان هر چه بیشتر صحبت کنید.

آیا متوجه شدید؟

❶ Wenn Sie genügend Ausdrücke auf Persisch lernen, werden Sie nach und nach ein elegantes Persisch sprechen.
❷ Die schöne Schrift des Persischen stellt leider eine der Schwierigkeiten beim Erlernen des Lesens und Schreibens dieser Sprache dar.
❸ Wenn Sie nach Iran fahren, müssen Sie von allen Gelegenheiten profitieren, um so viel wie möglich mit den Iranern zu sprechen.

جاهایِ خالی را پر کنید

Von nun an können Sie mit einfachen Sätzen und gängigen Ausdrücken in allen Situationen Ihre Wünsche ausdrücken. ❶

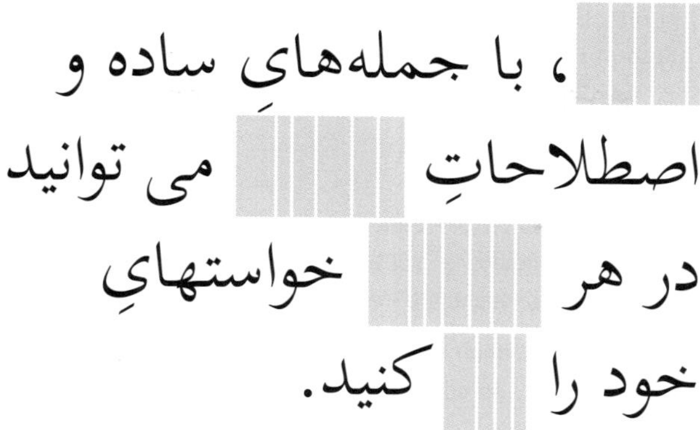

Jetzt können Sie gut verstehen, was die Iraner sagen. Bravo (an Sie)! ❷

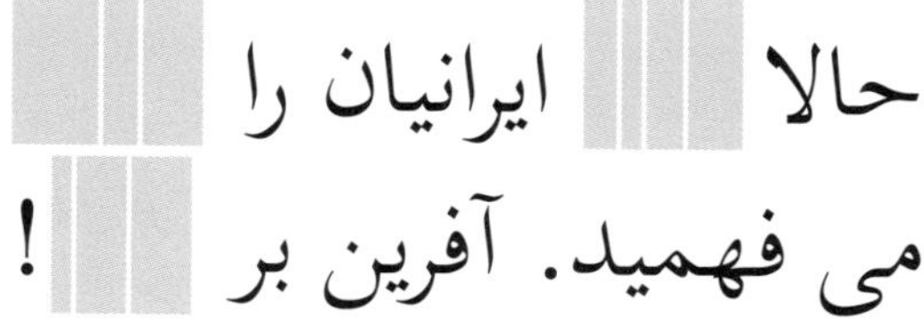

Die Verwendung all dieser Ausdrücke wird mit der Zeit zunehmend möglich. ❸

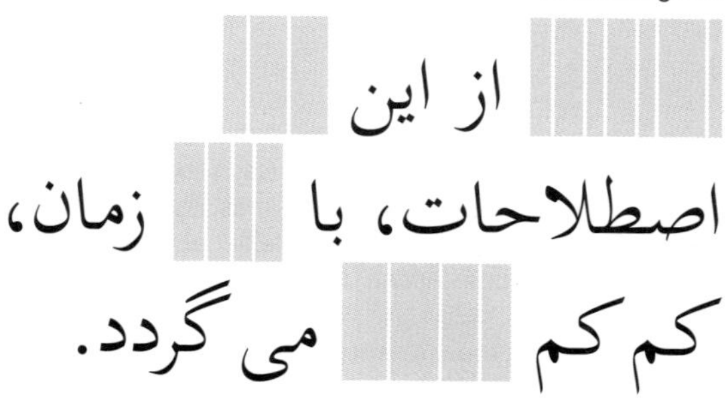

واژه هایِ مناسب

❶ اکنون - معمولی - موقعیتی - بیان ❷ گفتهٔ - خوب - شما ❸ استفاده - همه - مرورِ - ممکن

Sie haben bereits ein beachtliches Wissen über die persische Sprache und die iranische Kultur und Gesellschaft erworben. Lesen Sie hier, was Ferdousi sagt:

توانا بُوَد هر که دانا بُوَد، ز دانش دلِ پیر برنا بُوَد.

[*tawånå bowad* har keh dånå bowad*,*
*se** dånesch del-e pīr bornå bowad*.*]

"Voller Macht wird derjenige sein, der Wissen hat;
mit Wissen wird das Herz des Alten das eines Jungen."

* بُوَد [*bowad*]
Bis jetzt kannten Sie nur بود [*būd*] "er/sie/es war". In der alten persischen Sprache gab es noch die Form بُوَد [*bowad*] mit zwei Kurzvokalzeichen, das normalerweise genau wie بود [*būd*] geschrieben wird. Die Form بُوَد [*bowad*] ist aber nicht Präteritum, sondern entweder Präsens (es steht also anstelle des "modernen" است [*aßt*]) oder auch Optativ (vergleichbar mit dem Konjunktiv), also "es möge sein". Zur Unterscheidung von [*būd*] setzt man bei [*bowad*] die Kurzvokalzeichen hinzu: بُوَد.

** ز [*se*] = literarisch/poetisch für از [*as*]

موجِ دوّم: امروز درسِ چهلم را فعال کنید!

۸۳ درسِ هشتاد و سوّم

گذشتهٔ ایران

۱ ایران از دورانِ هخامنشیان و
ساسانیان تا عهدِ صفویه،

۲ که به اصفهان شکوهِ امروزی را
داده‌اند، دارایِ گذشته ای درخشان
است. ①

۳ در طولِ بیش از بیست و پنج قرن،
ایران بارها

۴ قربانیِ تهاجم و اشغالِ اقوامِ گوناگون
(یونانی، عرب، مغول، ترک و ازبک)
شده است.

تلّفظ

[... *haschtåd-o ßewwom gosaschteh-je* ... **1** ... *hachåmaneschījån* ... *ßåßånījån* ... *'ahd-e ßafawījeh,* **2** ... *dårå-je* ... *derachschån* ... **3** ... *tūl-e* ... *bår-hå* **4** ... *tahådjom* ... *eschghål-e aqhwåm-e* ... *(jūnånī, 'arab, moghūl, tork wa osbak)* ...]

83. Lektion

Irans Vergangenheit

Iran besitzt eine ruhmreiche Vergangenheit, von der Periode der Achämeniden und Sassaniden bis zur Epoche der Safawiden, 1

die Isfahan ihre gegenwärtige Pracht verliehen haben. 2

Im Verlauf von (in Verlauf+) mehr als 25 Jahrhunderten hat Iran mehrmals 3

die Invasionen und Eroberungen verschiedener Völker (Griechen, Araber, Mongolen, Türken und Usbeken) erleiden müssen (Opfer+ Angriff und Eroberung+ Völker+ verschieden geworden ist). 4

ANMERKUNGEN

① دارا [*dårå*] "habend, besitzend". Das Suffix ا [-*å*] kann an den Präsensstamm einiger Verben angehängt werden und bildet so – wie hier دار [*dår*] von داشتن [*dåschtan*] – das Partizip Präsens (neben den bisher bekannten Formen mit انده [-*andeh*]). Siehe dazu auch گیرا [*gīrå*] "anziehend, verführerisch", بینا [*bīnå*] "sehend" (und entsprechend auch نابینا [*nåbīnå*] "blind"), دانا [*dånå*] "wissend" oder گویا [*gūjå*] "sagend".

۵ با این همه نه تنها فرهنگ و هنرِ خود را تقریباً دست نخورده نگاه داشته ②

۶ بلکه با استفاده از عناصرِ نو آنرا غنیتر هم کرده است. ② ③

۷ ضمناً بسیاری از اشغال کنندگان را تا حدودی ایرانی کرده است. ④

۸ نتیجه آنکه، ابنیه و آثارِ هنری مانندِ خطّ و مینیاتور و فرش ⑤ ⑥

۹ در زیبائی و ظرافت مشهورِ جهان شده است.

۱۰ شعرِ فارسی از دیرباز در بیرونِ مرزهایِ ایران شناخته شده و دوست دارانِ فراوان داشته و دارد

[**5** … *taqhrīban daßt nachordeh* … **6** *balkeh* … *'anåßer-e* ... *ghanī-tar* ... **7** … *konandegån* … **8** ... *månand-e* ... *mīnjåtūr-o* ... **10** … *dīrbås* … *mars-hå-je* …]

[Jedoch] sind nicht nur seine Kultur und seine Kunst 5
fast unversehrt geblieben,
sondern sie sind auch durch neue Elemente bereichert 6
worden (mit Nutzen von Elemente+ neu jene-*Akk.*
reicher auch gemacht ist).
Darüber hinaus haben sich zahlreiche Eindringlinge 7
zum großen Teil "iranisiert".
Das Ergebnis ist, dass die Kulturdenkmäler (Gebäude) 8
und Kunstwerke, wie die Kalligrafie, die Miniaturmale-
reien und die Teppiche,
in der gesamten Welt wegen ihrer Schönheit und Er- 9
lesenheit berühmt geworden sind.
Die persische Poesie ist seit langer Zeit über die 10
Grenzen von Iran hinaus bekannt, und sie hatte und
hat zahlreiche Liebhaber, und

Merken Sie sich نه تنها ... بلکه ... [*nah tanhå ... balkeh ...*] ②
"nicht nur ... sondern auch ...".

عناصر [*'anåßer*] ist der arabische Plural von عنصر [*'onßor*] ③
"Element, Grundstoff; Prinzip".

Hier die neuen Adverbien dieser Lektion, die auf اً [*-an*] enden: ④
تقریباً [*taqhrīban*] "fast" (von قریبِ [*qharīb-e*] "nahe bei"; Satz 5) und ضمناً [*semnan*] "darüber hinaus, außerdem" (von ضمن [*semn*] "zwischen", das meist als در ضمنِ [*dar semn-e*] "während" gebraucht wird).

Beispiele für arabische Wörter, die einen internen Plural bilden, ⑤
sind: قوم [*qhoum*] "Volk" ➤ اقوام [*aqhwåm*] (Satz 4) und بنا(ء) [*banå'*] "Gebäude" ➤ ابنیه [*abnījeh*].

مانند [*månand*] "ähnlich" wird genau wie مثل [*meßl*] gebraucht. ⑥
Entsprechend heißen بی مانند [*bī månand*] oder بی مثل [*bī meßl*] "unähnlich". Mit angehängtem **Esåfeh** heißen beide Begriffe – مانندِ [*månand-e*] und مثلِ [*meßl-e*] – "wie". Vorsicht, denn مثل kann auch [*maßal*] ausgesprochen werden und bedeutet dann "Sprichwort". Außerdem gibt es noch مثال [*maßål*] "Beispiel".

۱۱ و در دل و جانِ هر ایرانی از پیر و جوان و عارف و عامی جایی دارد. ⑦

۱۲ ایرانیان توانسته اند سنّتهایِ دیرینِ مهمان نوازی و گرامیداشتِ دیگران را

۱۳ همراه با نوعی هنرِ زندگیِ خانوادگی نگهداری کنند. ⑧

[**11** … 'åref-o 'åmī…. **12** … dīrīn-e mehmån-nawåsī … geråmīdåscht-e …]

جمله هایِ زیر را می فهمید؟

❶ در طولِ قرنها، فرهنگ و هنرِ ایران با استفاده از عناصرِ نو غنی‌تر شده است.

❷ هر ایرانی، از پیر و جوان و عارف و عامی، دوست دارِ شعرِ فارسیست (فارسی است).

❸ با اینکه ایران بارها از طرفِ اقوامِ گوناگون اشغال شده است، هنرش نسبتاً دست نخورده مانده است.

hat ihren Platz in den Herzen und den Seelen aller Iraner, bei den Alten ebenso wie bei den Jungen, bei der [gebildeten] Elite sowie beim Volk (von alt und jung und wissend und volkstümlich). 11

Die Iraner konnten die alten Gebräuche der Gastfreundschaft und der Höflichkeit bewahren, 12

ebenso wie eine bestimmte Kunst des Familienlebens. 13

⑦ پیر و جوان [*pīr-o dǰawån*] "alt und jung" sowie عارف و عامی [*'åref-o 'åmī*] "wissend und volkstümlich", "gebildet und ungebildet" sind wieder Beispiele für die im Persischen so beliebten Wortpaare. Wenn Sie sich einige dieser Ausdrücke einprägen können, werden Sie Ihre Gesprächspartner sicherlich beeindrucken.

⑧ با نوعی هنرِ زندگی [*bå nou'ī honar-e sendegī*] "mit einer bestimmten Kunst zu leben" weist erneut die Konstruktion auf, in der die zusammengehörigen Begriffe هنرِ زندگی [*honar-e sendegī*] "Kunst zu leben, Lebenskunst" durch das **Esåfeh** verbunden werden, während نوعی [*nou'ī*] "Art und Weise" hier mit dem Suffix ی [*-ī*] steht. Wir sind auf dieses Phänomen bereits in Lektion 68 und 75 näher eingegangen.

4 و از پیش از دورانِ ساسانیان تا این زمان شاهکارهایِ فراوانی ایجاد کرده است.

آیا متوجه شدید؟

1 Im Verlauf der Jahrhunderte haben neue Elemente die Kultur und die Kunst in Iran bereichert.

2 Jeder Iraner, sei er alt oder jung, gebildet oder ungebildet, ist ein Liebhaber der persischen Poesie.

3 Obwohl Iran mehrfach von verschiedenen Völkern erobert wurde, ist seine Kunst relativ unversehrt geblieben.

4 Und von der Zeit vor der Epoche der Sassaniden bis heute sind zahlreiche Kunstwerke geschaffen worden.

جاهایِ خالی را پر کنید

1 Wenn Sie ausreichende Kenntnisse in der persischen Sprache erworben haben, können Sie zusammen mit diesem Buch nach Iran aufbrechen.

که آشنائیِ ___ با زبانِ ___ پیدا کردید، می توانید همراهِ این ___ به سمتِ ایران راه بیفتید.

Die Zoroastrier

Der Zoroastrismus, dessen Anfänge in der Zeit zwischen 1800 und 600 v. Chr. lagen und dessen Stifter زردشت [*sar-doscht*] Zarathustra ist, ist eine Schriftreligion und basiert auf der heiligen Schrift Avesta. Der Schöpfergott der Zoroastrier ist اهورا مزدا Ahura Masda. Die Religion ist geprägt vom Dualismus zwischen Ahura Masda und dem bösen Dämon Ahriman. Das Zentrum des iranischen Zoroastrismus ist heute die Oasenstadt یزد Yazd. Das Feuer im dortigen Feuertempel ist angeblich seit Jahrhunderten nicht erloschen. Seine drei Flammen symbolisieren "gutes Denken, gutes Reden und gutes Handeln", die Grundsätze der Lehre Zarathustras. Viele Anhänger der Religion flohen nach der Islamisierung Persiens im 7. Jahrhundert nach Indien, wo sie Parsen genannt werden. Faravahar, das Symbol des Zoroastrismus – ein geflügelter Mann mit Bart und Kappe, der seine Hand ausstreckt – ist in Iran allgegenwärtig.

Wenn Sie einige Monate in einer iranischen Familie leben können, werden Sie sehr gut Persisch erlernen. ②

اگر ... در یک خانوادهٔ ... چند ماهی ... کنید، خیلی خوب فارسی یاد ... خواهید ... .

Schließlich werden Sie die Sprech- und Verhaltensweisen der Iraner schätzen, die alte Traditionen der Gastfreundschaft bewahren. ③

سر ... ، گفتار و رفتارِ ایرانیان ... سنّتِ دیرینِ ... را نگهداری کرده اند ... خواهید ... .

واژه هایِ مناسب

① وقتی - کافی - فارسی - کتاب ② بتوانید - ایرانی - زندگی - گرفت ③ انجام - که - مهمان نوازی - پسندید

موجِ دوّم: امروز درسِ چهل و یکم را فعال کنید!

۸۴ درسِ هشتاد و چهارم

[... *haschtåd-o tschahårom*]

مرور

Dies ist Ihre letzte Wiederholungslektion, und wir gratulieren Ihnen zu Ihrer Geduld und zu Ihrem Fleiß. Sie haben diesen Kurs fast gemeistert und sind nun in der Lage, die Strukturen der persischen Sprache zu durchschauen. Sie haben eine solide Basis an Grammatik und Wortschatz, die Sie eigenständig erweitern können. Sie sprechen bereits korrektes Persisch und verstehen selbst anspruchsvollere Texte und Unterhaltungen relativ problemlos.

Zur Festigung der noch offenen grammatischen Strukturen aus den letzten Lektionen folgt hier wie immer eine Zusammenfassung.

1. Arabische Lehnwörter

Zwar gehört das Persische zur indoeuropäischen Sprachfamilie, doch wurde es seit der islamischen Eroberung im 7. Jahrhundert massiv durch das Arabische, eine semitische Sprache, beeinflusst. Hierzu gehört einerseits die Adaption der arabischen Schrift, aber auch die Übernahme einer beachtlichen Anzahl arabischer Lehnwörter, die heute einen festen Bestandteil im Wortschatz des Persischen bilden. Zwar gab es im Laufe der Jahrhunderte immer wieder Bestrebungen, die Sprache von arabischen Einflüssen zu "bereinigen" – so kam Ferdousi in den 60.000 Versen seines شاهنامه Schahnameh (siehe Landeskunde Lektion 72) fast ausschließlich ohne arabisches Vokabular aus – doch ist es bis heute unerlässlich, sich auch ein wenig mit einigen Strukturen des Arabischen zu befassen, wenn man tiefer in die Grammatik des Persischen einsteigt.

84. Lektion

• Wortfamilien

Das Arabische kennt Wortfamilien, denen in der Regel Verbstämme (meist auf drei Konsonanten, in seltenen Fällen auch auf vier Konsonanten) zugrunde liegen. Diesen unveränderlichen Stammkonsonanten – die in etwa die Grundidee eines Wortfeldes definieren – können zusätzliche Wortteile wie Präfixe, Infixe, Suffixe, lange Vokale oder Konsonantenverdopplungen angefügt werden. Dadurch werden sog. Ableitungen geschaffen, die wiederum als Verbformen (Perfekt, Präsens, Partizipien), Substantive oder Adjektive bzw. Adverbien fungieren. Wichtig dabei ist aber, dass man durch Erkennen der Wortwurzel zuerst einmal die Zugehörigkeit eines Begriffs zu dessen Wortfamilie definieren und damit auch in etwa seine Bedeutung erahnen kann. Wir haben in diesem Zusammenhang z. B. die folgenden drei Begriffe kennengelernt, denen allen die Wortwurzel **schīn – kāf – re** ش – ک – ر [*sch-k-r*] zugrunde liegt. Wie man erkennen kann, beinhalten Sie alle die Bedeutung "danken":

متشکّر	<	تشکّر	<	شکر
[*moteschakker*] (L. 44)	<	[*taschakkor*] (L. 65)	<	[*schokr*] (L. 45)
"dankbar"	<	"Dank"	<	"Danke"

Natürlich ist es anfangs nicht einfach, diese Parallelen zu erkennen, und selbst viele persische Muttersprachler werden diese Nuance ihrer eigenen Grammatik nicht zwangsläufig kennen. Doch ist es auf einer höheren Sprachebene durchaus sinnvoll, arabische Lehnwörter – z. B. durch die Identifizierung ihrer Wortwurzel – zu erkennen und entsprechend zu verwenden. Hier ein Beispiel mit der Wurzel **nūn – se – re** ن – ز – ر [*n-s-r*], bei dem die Gemeinsamkeiten der Wortfamilie nicht so eindeutig sind:

منتظر	‹	انتظار	‹	منظره	‹	نظر
[*montaser*]	‹	[*entesår*]	‹	[*mansareh*]	‹	[*nasar*]
"wartend"	‹	"(Er-)Warten"	‹	"Aussicht"	‹	"Blick"

Zwar mögen die beiden Bedeutungen "schauen" und "warten", die dieser Wortgruppe zugrunde liegen, nicht unbedingt gleich sinnvoll erscheinen, aber oftmals ändern sich bei den einzelnen Ableitungen eben auch die Grundverben leicht.

Man kann Beispiele dieser Wortgruppen praktisch unendlich weiterführen, doch sollte das Wichtigste daran sein, dass man die Zusammenhänge der einzelnen Begriffe erkennen und deren Stammkonsonanten identifizieren kann. Beachten Sie also, dass es für zahlreiche Wörter im Persischen neben den "echten" persischen Entsprechungen auch arabische Synonyme gibt, wie z. B.:

(L. 66) "Welt" (Arabisch) [*'ålam*] عالم
(L. 18) "Welt" (Persisch) [*dĵahån*] جهان ‹

• Komplexe Wortwurzeln

Im Laufe der letzten Lektionen haben wir die beiden folgenden Wörter kennengelernt:

"Verbindung" (L. 80) [*waßl*] وصل

"verbunden" (L. 80) [*mottaßel*] متّصل

Die Wortwurzel von beiden ist **wāw – ßād – lām** و – ص – ل [*w-ß-l*]. Doch immer dann, wenn eine Wortwurzel einen sog. Halbkonsonanten – also **alef**, **wāw** oder **je** – beinhaltet, kann dieser in einigen Ableitungsformen entfallen. Man spricht dann auch von komplexen Wortwurzeln.

Im Weiteren führen wir einige bekannte arabische Lehnwörter auf und geben dazu die jeweiligen grammatischen Strukturen an. Hier geht es in erster Linie darum, Ihnen das Erkennen eines solchen Wortes zu erleichtern. Sie müssen aber die Struktur darin nicht verstehen oder gar aktiv anwenden können.

• Partizipien

• Fügt man nach dem ersten Stammkonsonanten ein **alef** an, handelt es sich häufig um ein aktives Partizip, das in etwa dem deutschen Partizip Präsens entspricht:

عارف [*'åref*] ◄ ع – ر – ف [*' – r – f*] "wissend" (L. 83)

عامّی [*'åmmī*] (Arab.) / عامی [*'åmī*] (Pers.)
◄ ع – م – م [*' – m – m*] "volkstümlich" (L. 83)

• Steht das Präfix مـ [*ma-*], مـ [*mo-*] oder متـ [*mota-*] vor der Wortwurzel, handelt es sich häufig um ein passives Partizip, das in etwa dem Partizip Perfekt des Deutschen entspricht:

مشروح [*maschrūh*]
◄ ش – ر – ح [*sch – r – h*] "Anmerkung" (L. 76)

مأمور [*ma'mūr*]
◄ ء – م – ر [*' – m – r*] "Beauftragter, Beamter" (L. 69)

موفّق [*mowaffaqh*]
◄ و – ف – ق [*w – f – qh*] "erfolgreich" (L. 59)

موافق [*mowåfeqh*]
◄ و – ف – ق [*w – f – qh*] "einverstanden" (L. 73)

متشکّر [*motaschakker*]
◄ ش – ک – ر [*sch – k – r*] "dankbar" (L. 44)

متوقّف [*motawaqhqhef*]
◄ و – ق – ف [*w – qh – f*] "blockiert" (L. 72)

مستخدم [*moßtachdem*]
◄ خ – د – م [*ch – d – m*] "Angestellter" (L. 69)

etc.

• Verbalsubstantive (مصدر [*maßdar*])

Grundsätzlich kann man von jedem arabischen Verb ein Substantiv bilden. Diese sog. Verbalsubstantive bildet man ab und zu aus der reinen Konsonantenwurzel und einem **fatheh** auf dem ersten Stammkonsonanten:

شَرح [*scharh*] ➤ ش – ر – ح [*sch – r – h*] (L. 75)
"Erklärung, Beschreibung, Kommentar"

– In zahlreichen Fällen wird dem Wortstamm auch die Silbe [*ta*-] vorangestellt:

تفریح [*tafrīh*] ➤ ف – ر – ح [*f – r – h*] (L. 81) "Freude"

تعریف [*ta'rīf*] ➤ ع – ر – ف [*' – r – f*] (L. 74)
"Lob; Mitteilung, Beschreibung"

تأخیر [*ta'chīr*] ➤ ء – خ – ر [*' – ch – r*] (L. 72) "Verspätung"

– Doch es treten auch viele andere Bildungsmuster auf:

اعلام [*e'låm*] ➤ ع – ل – م [*' – l – m*] (L. 76) "Anzeige"

افتتاح [*eftetåh*] ➤ ف – ت – ح [*f – t – h*] (L. 75)
"Eröffnung"

استفاده [*eßtefådeh*] ➤ ف – ی – د [*f – j – d*] (L. 82) "Anwendung"

Wie aus dem Beispiel mit استفاده [*eßtefådeh*] ersichtlich ist, kann es bei Wortwurzeln, die ein **hamseh**, **je** oder **wāw** beinhalten, zu Veränderungen kommen, so dass man die Stammkonsonanten nicht ohne Weiteres erkennt.

• Adjektive

Viele Adjektive haben ein **je** zwischen dem zweiten und dritten Stammkonsonanten, z. B.:

دقیق [*daqhīqh*] ➤ د – ق – ق [*d – qh – qh*] (L. 75) "genau"

وسیع [*waßī'*] ➤ و – س – ع [*w – ß – '*] (L. 80) "riesengroß"

قریب [*qharīb*] ➤ ق – ر – ب [*qh – r – b*] (L. 83) "nahe"

• Adverbien auf اً [-*an*]

Die arabische Endung اً [-*an*] ist einerseits der Akkusativmarker im Arabischen, verwandelt aber im Persischen Substantive oder Partizipien in Adverbien. Im Laufe der letzten Lektionen haben wir dazu einige Beispiele kennengelernt:

شخصاً [schachß-an] ➤ ش – خ – ص [sch – ch – ß] (L. 82)
"persönlich"

نسبتاً [neßbat-an] ➤ ن – س – ب [n – ß – b] (L. 67, L. 82)
"relativ"

تصادفاً [taßådof-an] ➤ ص – د – ف [ß – d – f] (L. 72) "zufällig"

عجالتاً ['edĵålat-an] ➤ ع – ج – ل ['– dĵ – l] (L. 74) "vorläufig"

معمولاً [ma'mūl-an] ➤ ع – م – ل ['– m – l] (L. 81)
"normalerweise"

• Berufsbezeichnungen

Viele Berufsbezeichnungen werden gebildet, indem man den zweiten Stammkonsonanten verdoppelt und zwischen dem zweiten und dritten ein **alef** einfügt:

"Metzger" [qhaßßåb] قصّاب

"Zeltmacher" [chajjåm] خيّام

"Lebensmittelhändler" [baqhqhål] بقّال

• Pluralbildung

Das Arabische bildet – im Unterschied zum Persischen – den Plural von Substantiven recht kompliziert. Manche Wörter bilden einen äußeren (externen) Plural und andere einen inneren (internen) Plural.

• Äußerer Plural

Hierbei werden an das entsprechende Wort entweder die Pluralendung ين [-īn] oder die Pluralendung ات [-åt] angehängt.

"Reisende" (L. 50) [moßåfer-īn] مسافرين

"Polizisten" (L. 75) [ma'mūr-īn] مأمورين

"Ausdrücke" (L. 82) [eßtelåh-åt] اصطلاحات

Endet ein arabisches Lehnwort auf ـت [-at] oder ـه [-eh], werden diese beiden Endungen im Plural durch [-åt] ersetzt:

خسارت (L. 75) [cheßårat] "Schaden"
➤ خسارات [cheßåråt]

مقدّمه (L. 82) [moqhaddameh] "Anfang, Beginn, Vorwort"
➤ مقدّمات [moqhaddamåt]

موقعیت (L. 82) [mouqhe'ījat] "Bedingung"
➤ موقعیات [mouqhe'ījåt]

• Innerer Plural

Hierbei verändert sich die Struktur des Wortes, und man muss die entsprechenden Wörter am besten zusammen mit ihrer Pluralform auswendig lernen. Es ist aber wichtig zu beachten, dass auch bei internen Pluralformen die Reihenfolge der Stammkonsonanten immer unverändert bleibt. Hier einige bekannte Wörter mit ihrem entsprechenden Plural:

خبر (L. 49, L. 57) [chabar] ➤ اخبار (L. 57, L. 75) [achbår] "Nachrichten"

قوم (L. 83) [qhoum] ➤ اقوام (L. 83) [aqhwåm] "Völker"

طرف (L. 83) [taraf] ➤ اطراف (L. 80) [atråf] "Seiten"

وقت (L. 19, L. 21) [waqht] ➤ اوقات (L. 78) [ouqhåt] "Zeiten"

Wie Sie vielleicht erkennen, werden bei all diesen Wörtern vor dem ersten Stammkonsonanten sowie zwischen dem zweiten und dritten jeweils ein **alef** eingeschoben. Bei einer anderen Gruppe ergänzt man ein **wāw**:

حادثه (L. 71) [hådeßeh] ➤ حوادث (L. 72) [hawådeß] "Ereignisse"

ناحیه (L. 67) [nåhījeh] ➤ نواحی (L. 76) [nawåhī] "Zonen, Sektoren"

مادّه (L. 75) [måddeh] ➤ موادّ (L. 75) [mawådd] "Substanz"

Wörter, deren zweiter und dritter Stammkonsonant verdoppelt ist (und in Folge mit **taschdīd** geschrieben wird), trennen diese im Plural häufig durch ein eingeschobenes **wāw**:

حدّ (L. 72) [hadd] ◄ حدود (L. 47, 49, 60) [hodūd] "Grenzen"

حقّ (L. 50) [haqhqh] ◄ حقوق (L. 69) [hoqhūqh] "Rechte; Gehälter"

Und hier noch einige andere Beispiele für Wörter mit internem Plural:

منطقه (L. 76) [mantaqheh] ◄ مناطق (L. 76) [manåteqh] "Regionen"

ملّت (L. 75) [mellat] ◄ ملل (L. 68, L. 75) [melal] "Nationen"

اهل (L. 58) [ahl] ◄ اهالی (L. 76) [ahålī] "Einwohner"

عنصر (L. 83) ['onßor] ◄ عناصر (L. 83) ['anåßer] "Elemente"

حاضر (L. 27) [håser] ◄ حضّار (L. 75) [hossår] "Anwesende"

Anmerkung: Man kann grundsätzlich auch für arabische Lehnwörter die persische Pluralendung ها [-hå] verwenden. Es entspricht einfach einem gehobeneren Sprachniveau, wenn man die arabische Pluralform kennt und verwendet.

• Schreibweise arabischer Lehnwörter

Ähnlich wie das Deutsche englische, französische oder lateinische Lehnwörter meist wie in der Originalsprache schreibt, versucht auch das Persische, sich an die authentische Schreibweise des Arabischen zu halten. Doch es gibt einige Vereinfachungen, die zumindest teilweise auftreten. Dazu gehören die Folgenden:

– Das **hamseh** entfällt häufig:

أهل (Arab.) ['ahl] ◄ اهل (Pers.) [ahl] "Leute"

تأخیر (Arab.) [ta'chīr] ◄ تاخیر (Pers.) [ta'chīr] "Verspätung"

بناء (Arab). [banå'] ◄ بنا (Pers.) [banå] "Gebäude"

– Die Konsonantenverdopplung mithilfe von **taschdīd** wird nicht immer markiert:

"Geschäft" (Pers.) دکان ⮜ (Arab.) [*dokkån*] دكّان

– Die arabische Endung [*-at*] (im Original ـة geschrieben) wird im Persischen zu ـه [*-eh*]:

(Pers.) [*houßeleh*] حوصله ⮜ (Arab.) [*houßelat*] حوصلة

"Lust, Geduld"

2. Wortdopplungen mit و [-o]

Das Persische liebt Wiederholungen, Redundanzen und blumige Ausdrücke. Hierzu gehören Wortdopplungen, von denen viele so sehr Teil der Alltagssprache sind, dass sie das "Originalwort" längst verdrängt haben. Diese Wortdopplungen bestehen dabei aus diversen Kombinationen von Begriffen, die allesamt mit و verbunden werden. Wichtig ist hierbei, dass man و als [-*o*] und nicht als [*wa*] ausspricht, da es in dieser Aussprache eine Einheit mit den einzelnen Wörtern bildet. Wortdopplungen bestehen u. a. aus …

• … Synonymen – oft zusammengesetzt aus einem persischen Wort und seiner arabischen Entsprechung:

"nackt" (Pers. + Arab.) [*locht-o 'ūr*] لخت و عور

"Schaden" (Arab. + Pers.) [*sarar-o sījån*] ضرر و زیان

• … zwei gegensätzlichen Begriffen:

"Nutzen und Schaden" (L. 78) [*ßūd-o sījån*] سود و زیان

"tief und hoch" [*på'īn-o bålå*] پائین و بالا

"Schlafen und Wachsein" [*chåb-o bīdårī*] خواب و بیداری

"alt und jung" (L. 83) [*pīr-o djawån*] پیر و جوان

"gebildet und ungebildet" (L. 83) [*'åref-o 'åmī*] عارف و عامی

• ... zwei Partizipien:

"müde und gerädert" (L. 72) [*chaßteh-o kūfteh*] خسته و کوفته

(wörtl. "gewaschen und gefegt") [*schoßteh-o rofteh*] شسته و رفته
"strahlend sauber"

• ... dem Präteritum- und dem Präsensstamm desselben Verbs:

"Gespräch" (L. 43) [*goft-o gū*] گفت و گو

"Suche" (L. 39) [*dǰoßt-o dǰū*] جست و جو

"Verlust" [*ßūcht-o ßūs*] سوخت و سوز

"(das) Kochen" [*pocht-o pas*] پخت و پز

"(das) Waschen" [*schoßt-o schū*] شست و شو

• ... dem Präteritum- und dem Präsensstamm unterschiedlicher Verben:

[*ßūcht-o ßås*] سوخت و ساز
"Stoffwechsel" (wörtl. "hat-verbrannt und erbau-")

[*rīcht-o påsch*] ریخت و پاش
"Vergeudung" (wörtl. "hat-verschüttet und vergieß-")

[*charīd-o forūsch*] خرید و فروش
"Handel" (wörtl. "hat-gekauft und verkauf-")

• ... dem Präteritumstamm zweier Verben:

(L. 67) [*åmad-o raft*] / [*raft-o åmad*] آمد و رفت\رفت و آمد
"Verkehr"

"Handel" (wörtl. "nahm und gab") [*dåd-o ßetad*] داد و ستد

Außerdem finden sich Dopplungen, die aus zwei Präsensstämmen bestehen, und bei denen man dem ersten بـ [*be-*] und dem zweiten مـ [*ma-*] voranstellt:

[*be-gū ma-gū*] بگو مگو
"Auseinandersetzung" (wörtl. "sag- und nicht-sag-")

3. Suffix ی [-ī]

Wir sind in den Wiederholungslektionen 56 und 77 bereits näher auf dieses Suffix und seine Funktionen eingegangen. In den letzten Lektionen haben Sie noch zwei weitere Eigenschaften von ی [-ī] kennengelernt:

• Hängt man ی [-ī] an ein Adjektiv an, verwandelt es dieses in ein Substantiv:

خوبی‌ها و زشتی‌ها [*chūbī-hå wa seschtī-hå*] (L. 79)
"die guten und die schlechten Dinge"

• Angehängt an einen Infinitiv hat ی [-ī] in etwa die Funktion des deutschen "zu":

دیدنی [*dīdan-ī*] (L. 81) "zu sehen" (sehenswert)

گفتنی [*goftan-ī*] (L. 81) "zu sagen"

خواندنی‌ها [*chåndan-ī-hå*] "(die Dinge) zu lesen"

4. Konjunktion اگر چه [*agar tscheh*]

اگر چه [*agar tscheh*] + Verb im Präsens bedeutet "obwohl; selbst wenn":

زبان اگر چه عضوِ بسیار کوچکی از بدنِ آدم است، خطرِ آن می تواند بسیار بزرگ باشد.

[*sabån agar tscheh 'osw-e beßjår kūtschakī as badan-e ådam aßt, chatar-e ån mī-tawånad beßjår bosorg båschad.*]
"Die Zunge kann, obwohl sie ein sehr kleines Organ des menschlichen Körpers ist, eine sehr große Gefahr darstellen." (L. 78)

Verwechseln Sie اگر چه [*agar tscheh*] "obwohl, selbst wenn" nicht mit با اینکه [*bå īnkeh*] "trotz, obwohl".

5. Unpersönliche Verbformen

Wir kennen bereits zahlreiche unpersönliche Verbformen, darunter die folgenden:

• می شود\نمی شود [mī-schawad/nemī-schawad] "es ist möglich/unmöglich"

• باید [båjad] + Präteritumstamm "man muss"

باید دانست که ... (L. 78) [båjad dåneßt keh ...] "man muss wissen, dass ..."

• شاید [schåjad] + Konjunktiv "es kann sein, dass ... / vielleicht" (L. 80)

شاید برف ببارد. [schåjad barf bebårad.] "Es kann sein, dass es schneit."

Neu ist in diesem Lektionsabschnitt außerdem die Konstruktion ... می توان [mī-tawån ...] + Präteritumstamm: "man kann ..." (L. 80):

در جنوبِ میدان، مسجدِ شاه را می توان دید.

[dar dʃonūb-e mejdån, maßdʃed-e schåh rå mī-tawån dīd.] "Im Süden des Platzes kann man die Königsmoschee sehen."

6. Passiv

Erinnern Sie sich an die Bildung des Passivs mit شدن [schodan]?

غذا پخته شد. [ghaså pochteh schod.] "Das Gericht wurde gekocht."

Im Persischen wird das Passiv meist so wie in diesem Beispiel ohne das Agens, also den ausführenden Teil, ausgedrückt. Möchte man explizit ausdrücken, von wem etwas gemacht wurde, benutzt man eine der folgenden Präpositionen:

از [as] "aus, durch"; از طرفِ [as taraf-e] "durch, von"; به دستِ [beh daßt-e] "durch, mithilfe von"; به وسیلهٔ [beh waßīleh-je] "durch, mithilfe von"; به عملِ [beh 'amal-e] "durch, mittels"; به توسطِ [beh tawaßot-e] "durch, mittels" etc.

ایران بارها از طرفِ اقوامِ گوناگون اشغال شده است.

[īrån bår-hå as taraf-e aqhwåm-e gūnågūn eschghål schodeh aßt.]
"Iran wurde mehrfach von verschiedenen Völkern erobert." (L. 83)

7. Wichtige Ausdrücke

In den letzten Lektionen sind wieder einige neue Ausdrücke, Redewendungen und Floskeln vorgekommen, von denen wir hier nochmals einige zusammenfassen möchten:

• Präpositionen und Redewendungen

این بار [*īn bår*] (L. 78) "dieses Mal"

خواه ... خواه ... [*chåh ... chåh ...*] (L. 82)
"sei es ... sei es ...", "entweder ... oder ..."

نه تنها ... بلکه ... [*nah tanhå ... balkeh ...*] (L. 83)
"nicht nur ... , sondern ..."

در طولِ [*dar tūl-e*] (L. 83) "im Verlauf"

جدا از [*djodå as*] (L. 82) "abgesehen von"

اختیار [*echtījår*] (L. 78) "Auswahl, Befugnis, Vollmacht"

تا سخن را به زبان نیاورده‌ایم در اختیارِ ماست.

[tå ßochan rå beh sabån najåwardeh'īm dar echtījår-e måßt.]
"Solange wir nicht das Wort auf der Zunge getragen haben, steht dieses zu unserer Verfügung." (L. 78)

من در اختیارِ شما هستم.

[man dar echtījår-e schomå haßtam.]
"Ich stehe zu Ihrer Verfügung."

خانهٔ ما در اختیارِ شماست.

[chåneh-je må dar echtījår-e schomåßt.]
"Unser Haus steht zu Ihrer Verfügung."

اختیار دارید. [*echtījår dårīd.*] "Wie Sie wünschen."

Wir ergänzen hier noch einige Höflichkeitsfloskeln, die mithilfe von زحمت [*sahmat*] "Mühe" gebildet werden. Wir kennen dieses Wort seit Lektion 64.

زحمت را کم می کنم. [sahmat rå kam mī-konam.]
"Ich möchte (Sie) nicht weiter stören."

Bietet man Ihnen z. B. Tee oder etwas anderes an, gehört es zum guten Ton, dies mit den folgenden Worten abzulehnen, selbst wenn man es eigentlich gerne hätte:

اسبابِ زحمت است (زحمته).
"Das wird Sie stören." [aßbåb-e sahmat aßt (sahmateh).]

Oder einfach:

نه، نمی خواهم زحمت بدهم.
[nah, nemī-chåham sahmat bedaham.]
"Nein, ich möchte Sie nicht belästigen."

Der gute Ton fordert, dass man Ihnen darauf Folgendes antwortet und das Angebot erneut ausspricht:

چه زحمتی؟ [tscheh sahmat-ī?]
"Wieso sollte mich das stören?"

Grundsätzlich kann man darauf nochmals eine Absage formulieren, um nicht als unhöflich zu gelten. Man sagt z. B.

نه، به اندازۀ کافی زحمت دادم، دیگر (بیشتر) مرا خجالت ندهید.
[nah, beh andåseh-je kåfī sahmat dådam, dīgar (bīschtar) marå chedĵålat nadahīd.]
"Nein, ich habe Sie bereits genug belästigt. Beschämen Sie mich nicht noch mehr (durch Ihre Freundlichkeit/Gastfreundschaft/Güte)."

In diesem bereits häufig angesprochenen, der Höflichkeit geschuldeten, verbalen "Schlagabtausch" verwendet man auch häufig das Adjektiv مزاحم [mosåhem] "lästig, aufdringlich", das übrigens die gleiche Konsonantenwurzel wie زحمت [sahmat] "Mühe" hat, nämlich ز – ح – م [s – h – m].

بیش از این مزاحمت نمی شوم.
[bīsch as īn mosåhem-at nemī-schawam.]
"Ich will dir nicht länger lästig sein."

8. Kombinationsübung

Finden Sie die jeweils zusammengehörigen Sätze bzw. Satzteile.

1. اگر از مقبرهٔ حافظ بازدید می کنی،
[*agar as maqhbareh-je håfes båsdīd mī-konī,*]

2. وزیرِ فرهنگ و آموزش و پرورش جشنوارهٔ سالانهٔ شبِ شعر را
[*wasīr-e farhang wa åmūsesch-o parwaresch dĵaschnwåreh-je ßålåneh-je schab-e sche'r rå*]

3. در جنوبِ میدانِ نقشِ جهان مسجدِ شاه قرار دارد
[*dar dĵonūb-e mejdån-e naqhsch-e dĵahån maßdĵed-e schåh qharår dårad*]

4. به چایخانهٔ جدیدی که زیرِ پلِ خواجو باز کرده‌اند برویم.
[*beh tschåjchåneh-je dĵadīdī keh sīr-e pol-e chådĵū bås kardeh'and berawīm.*]

5. تا مرد سُخن نگفته باشد،
[*tå mard ßochan nagofteh båschad,*]

6. دوستِ عزیزم، خانهٔ ما
[*dūßt-e 'asīsam, chåneh-je må*]

7. مگر همهٔ خوبیها و زشتیها
[*magar hameh-je chūbī-hå wa seschtī-hå*]

8. در کارگاههایِ هنرهایِ دستی
[*dar kårgåh-hå-je honar-hå-je daßtī*]

9. مردم بدونِ تکلّف رهگذران (ره گذران) را
[*mardom bedūn-e takallof rah-gosarån rå*]

10. واقعاً اصفهان سزاوارِ
[*wåqhe'an eßfahån ßasåwår-e*]

a به خوردنِ چای دعوت می کنند.
[beh chordan-e tschåj da'wat mī-konand.]

b عنوانِ «نصفِ جهان» است!
['onwån-e "neßf-e dĵahån" aßt!]

c سنّتهایِ قدیمی نگهداری می شوند.
[ßonnathå-je qhadīmī negahdårī mī-schawand.]

d از راهِ زبان شنیده نمی شود؟
[as råh-e sabån schenīdeh nemī-schawad?]

e در اختیارِ شماست.
[dar echtījår-e schomåßt.]

f عیب و هنرش نهفته باشد (می باشد).
['ejb-o honarasch nehofteh båschad (mī-båschad).]

g و در غربِ آن میدان قصرِ عالی قاپو را می توان دید.
[wa dar gharb-e ån mejdån qhaßr-e 'ålī qhåpū rå mī-tawån dīd.]

h در دانشگاهِ شیراز افتتاح کرد.
[dar dåneschgåh-e schīrås eftetåh kard.]

i فال بگیر و یک غزل بخوان!
[fål begīr-o jek ghasal bechån!]

j –با کمالِ میل چون از زیرِ پل منظره خیلی زیباست.
[– bå kamål-e mejl tschūn as sīr-e pol mansareh chejlī sībåßt.]

Lösung zur Kombinationsübung

1 / i – 2 / h – 3 / g – 4 / j – 5 / f – 6 / e – 7 / d – 8 / c – 9 / a – 10 / b.

Kompletter Text der Kombinationsübung

Hier sehen Sie die vollständigen Sätze. Versuchen Sie nun, diese zu übersetzen.

❶ اگر از مقبرهٔ حافظ بازدید می کنی، فال بگیر و یک غزل بخوان!

❷ وزیرِ فرهنگ و آموزش و پرورش جشنوارهٔ سالانهٔ شبِ شعر را در دانشگاهِ شیراز افتتاح کرد.

❸ در جنوبِ میدانِ نقشِ جهان مسجدِ شاه قرار دارد و در غربِ آن میدان قصرِ عالی قاپو را می توان دید.

❹ به چایخانهٔ جدیدی که زیرِ پلِ خواجو باز کرده اند برویم. – با کمالِ میل چون از زیرِ پل منظره خیلی زیباست.

❺ تا مرد سُخن نگفته باشد، عیب و هنرش نهفته باشد (می باشد).

❻ دوستِ عزیزم، خانهٔ ما در اختیارِ شماست.

❼ مگر همهٔ خوبیها و زشتیها از راهِ زبان شنیده نمی شود؟

❽ در کارگاههایِ هنرهایِ دستی سنّتهایِ قدیمی نگهداری می شوند.

❾ مردم بدونِ تکلّف رهگذران را به خوردنِ چای دعوت می کنند.

❿ واقعاً اصفهان سزاوارِ عنوانِ «نصفِ جهان» است!

Aussprache der Sätze aus der Kombinationsübung

[**1** *agar as maqhbareh-je håfes båsdīd mī-konī, fål begīr-o jek ghasal bechån!* **2** *wasīr-e farhang wa åmūsesch-o parwaresch dĵaschnwåreh-je ßålåneh-je schab-e sche'r rå dar dåneschgåh-e schīrås eftetåh kard.* **3** *dar dĵonūb-e mejdån-e naqhsch-e dĵahån maßdĵed-e schåh qharår dårad wa dar gharb-e ån mejdån qhaßr-e 'ålī qhåpū rå mī-tawån dīd.* **4** *beh tschåjchåneh-je dĵadīdī keh sīr-e pol-e chådĵū bås kardeh'and berawīm. – bå kamål-e mejl tschūn as sīr-e pol mansareh chejlī sībåßt.* **5** *tå mard ßochan nagofteh båschad, 'ejb-o honarasch nehofteh båschad (mī-båschad).* **6** *dūßt-e 'asīsam, chåneh-je må dar echtījår-e schomåßt.* **7** *magar hameh-je chūbī-hå wa seschtī-hå as råh-e sabån schenīdeh nemī-schawad?* **8** *dar kårgåh-hå-je honar-hå-je daßtī ßonnathå-je qhadīmī negahdårī mī-schawand.* **9** *mardom bedūn-e takallof rah-gosarån rå beh chordan-e tschåj da'wat mī-konand.* **10** *wåqhe'an eßfahån ßasåwår-e 'onwån-e "neßf-e dĵahån" aßt!*]

Übersetzung der Sätze aus der Kombinationsübung

❶ Wenn du die Grabstätte von Hafes besuchst, befrage das Orakel und lies ein Ghasel! ❷ Der Minister für Kultur und Bildung hat das jährlich [stattfindende] Festival "Lange Nacht der Poesie" der Universität von Schiras eröffnet. ❸ Im Süden des Naqsch-e-Dschahan-Platzes befindet sich die Königsmoschee, und im Osten dieses Platzes kann man den Ali-Qapu-Palast sehen. ❹ Gehen wir zu dem neuen Teehaus, das unter der Chadschu-Brücke eröffnet wurde. – Mit großem Vergnügen, denn unter der Brücke ist die Aussicht sehr schön. ❺ Solange der Mensch nicht gesprochen hat, bleiben seine Fehler und seine Qualitäten verborgen. ❻ Mein lieber Freund, unser Haus steht Ihnen zur Verfügung. ❼ Hört man nicht all die guten und all die schlechten Dinge über die Zunge? ❽ In den Werkstätten/Handwerksbetrieben werden die alten Traditionen bewahrt. ❾ Die Menschen laden die Passanten zwanglos auf einen Tee ein. ❿ Isfahan verdient wirklich seinen Beinamen "Hälfte der Welt"!

موجِ دوّم: امروز درسِ چهل و دوّم را فعال کنید!

Die beiden folgenden Lektionen bilden das i-Tüpfelchen auf Ihren Persischkenntnissen. Sie sind der "krönende Abschluss" und sollten Ihnen vor allem zur Wortschatzerweiterung dienen.

۸۵ درسِ هشتاد و پنجم

عیدِ نوروز

۱ تهران ۱۲ فروردین ۱۳۸۱

۲ بیژنِ عزیزم، پس از سلام، امیدوارم که حالت خوبست و از زندگیت راضی هستی.

۳ هفتهٔ پیش کارتِ زیبایِ تبریکِ عیدت رسید و همه را خوشحال کرد. ①

۴ آفرین به تو، که پس از چندین سال دوری از وطن ②

۵ هنوز سنّتهایِ کهن‌مان را فراموش نکرده‌ای

۶ و مراسمِ جشنِ بهاریِ نوروز را انجام می دهی!

[*... haschtåd-o pandĵom* *'ejdī-e ...* **3** *... kårt-e ... tabrīk-e 'ejdat ...* **5** *... kohan-emån ...* **6** *... maråßem-e dĵaschn-e ...*]

85. Lektion

Das Neujahrsgeschenk

Teheran, den 1. April 2002 1
Lieber Bischan, nach dem Grußwort hoffe ich, dass es 2
dir gut geht und du zufrieden bist mit deinem Leben.
Letzte Woche ist deine schöne Neujahrskarte (Karte+ 3
schön+ Glückwunsch+ Fest-dein) angekommen, die uns
allen Freude bereitet hat (alles *Akk*. glücklich machte).
Bravo an dich, dass du, nachdem du einige Jahre fern 4
der Heimat (Ferne-die aus Heimat) verbracht hast,
unsere alten Traditionen noch nicht vergessen hast, 5
die du entsprechend den Gebräuchen des Frühlings- 6
festes des neuen Jahres begehst (Ausübung *VP*-gibst)!

ANMERKUNGEN

عید [*'ejd*] "Fest" ist arabischen Ursprungs und bezeichnet im Besonderen Nourus, obwohl dieses Fest vorislamischen Ursprungs ist. Man findet es aber auch in عیدِ قربان [*'ejd-e qhorbån*] "Opferfest" und عیدِ فطر [*'ejd-e fetr*] "Fest des Fastenbrechens." Das original persische Synonym zu عید [*'ejd*] lautet جشن [*dǰaschn*]. ①

Erinnern Sie sich daran, dass man bei Mengenangaben kein **Esåfeh** setzt? ②
"einige Jahre fern" [*tschandīn ßål dūrī*] چندین سال دوری

۷ من هم متقابلاً، از جان و دل، سالِ
نو را به تو شادباش می گویم ③

۸ و همصدا با همهٔ خانواده برایت
آرزویِ تندرستی و کامیابی می کنم:

۹ «هر روزت نوروز و نوروزت پیروز
(باد)!» ④

۱۰ مثلِ هر سال، در دید و بازدیدهایِ
عید همه جا گفت و گویِ تو بود ⑤

۱۱ و دوستان و همسایگان هم، مثلِ
ما، به یادت بودند.

۱۲ فردا سیزده بدر است و باز جایِ تو
خالی خواهد بود. ⑥

۱۳ برایِ این که زیاد دلتنگ نشوی نوارِ
غزلی از حافظ را ⑦

تلّفظ

[**7** ... *motaqhåbelan, ... schåd-båsch* ... **8** ... *åresū-je tandoroßtī ... kåmjåbī* ... **9** ... *pīrūs* ... **10** ... *dīd-o båsdīd-hå-je 'ejd* ... **12** ... *ßīsdah bedar* ...**13** ... *deltang naschawī nawår-e* ...]

Auch ich wünsche dir im Gegenzug von ganzem Herzen ein glückliches neues Jahr (Jahr+ neu *Akk*. nach du fröhlich-sei *VP*-sage), 7

und im Chor mit der gesamten Familie formuliere ich für dich Wünsche für Gesundheit und Erfolg: 8

"Auf dass jeder Tag [wie] Neujahr ist und auf dass dein neues Jahr ein erfolgreiches ist (Tag-dein siegreich sei)!" 9

Wie jedes Jahr während der Neujahrsbesuche (Sehen- und Wiedersehen+ Fest), die wir uns gegenseitig abstatten, kam die Rede auf dich, 10

und die Freunde sowie die Nachbarn erinnern sich, ebenso wie wir, an dich (nach Erinnerung-dein waren). 11

Morgen ist "Sisdah bedar", und wieder werden wir dich vermissen (Platz+ du leer *Fut*. ist). 12

Damit du nicht zu nostalgisch wirst, sende ich dir als Neujahrsgeschenk eine Ghaselen-Kassette von Hafes, 13

Mit شادباش [*schåd-båsch*] wünscht man sich traditionell zu allen möglichen Ereignissen Glück und Segen. شادباش [*schåd-båsch*] kann ebenfalls "Glückwunsch" bedeuten. "Beglückwünschen" heißt شادباش گفتن [*schåd-båsch goftan*]: ③

به تو شادباش می گویم. [*beh to schåd-båsch mī-gujam.*]

"Ich beglückwünsche dich. / Ich wünsche dir alles Gute."

باد [*båd*] ist ein alter Optativ (Wunschform), der dem heutigen باشد [*båschad*] entspricht. Verwechseln Sie es nicht mit باد [*båd*] "Wind"! ④

دید و بازدیدِ عید [*dīd-o båsdīd-e 'ejd*] sind die traditionellen Neujahrsbesuche, bei denen man mit Familie, Freunden und Nachbarn تبریک [*tabrīk*] "Glückwünsche" austauscht. Merken Sie sich in dem Zusammenhang auch تبریک گفتن [*tabrīk goftan*] "gratulieren, beglückwünschen". ⑤

Als سیزده بدر [*ßīsdah bedar*] (wörtl. "13-zur-Tür") bezeichnet man den 13. Tag nach Nourus, an dem man mit der ganzen Familie einen Ausflug ins Grüne, z. B. zum Picknicken, macht. ⑥

برایِ این که زیاد دلتنگ نشوی ⑦

[*barå-je īn keh sījåd deltang naschawī*]

"damit du nicht zu nostalgisch/sehnsüchtig wirst" weist darauf hin, dass die angesprochene Person bei einem Ereignis vermisst wird. Es findet sich auch als Höflichkeitsfloskel.

۱۴ که با آوازِ خوشِ عمو جواد ضبط کرده‌ام

۱۵ به عنوانِ عیدی برایت می فرستم و مطمئنم که می پسندی.

۱۶ بیش از این مزاحمت نمی شوم و به خدا می سپارمت.

۱۷ به امیدِ رسیدنِ خبرهایِ خوب،

۱۸ قربانِ تو، برادرت بهمن.

۱۹ در زیر نشانیِ جدیدم را برایت می نویسم:

۲۰ ایران – تهران
میدانِ انقلاب
خیابانِ خورشید، کوچهٔ گلستان
کاشیِ (پلاکِ)۱۲، طبقهٔ سوّم
بهمنِ کشوری ⑧

[**14** … *åwås-e* … *ßabt* … **15** *beh 'onwån-e 'ejd-ī* … *fereßtam* … *motma'enam* … **16**… *mosåhem-at* … *ßepåram-at* **20** … *enqhelåb*… *kåschī-je (plåk-e)* …]

die ich mit dem schönen Gesang von Onkel Dschawad aufgenommen habe, 14

und ich bin sicher, du wirst dies zu schätzen wissen (nach Titel+ Fest-ein für-dein schicke). 15

Ich will dich nicht länger belästigen (mehr aus lästig-ich nicht-*VP*-werde) und vertraue dich Gott an. 16

In der Hoffnung, gute Nachrichten zu erhalten, 17

dein Diener (Opfer), 18

Dein Bruder Bahman.

Ich schreibe dir unten meine neue Adresse: 19

Iran - Teheran 20

Platz der Revolution

Chorschid-Straße, Golestan-Gasse Nr. 12, zweite Etage

Bahman Keschwari

⑧ Beachten Sie die Reihenfolge bei iranischen Adressen. Anders als bei uns wird zuerst das Land genannt, dann die Stadt sowie danach die Straße und erst dann der Name des Empfängers. Wie im angloamerikanischen Kulturkreis ist طبقهٔ اوّل [*tabaqheh-je awwal*] das "Erdgeschoss" und *nicht* der "1. Stock", denn dieser ist entsprechend طبقهٔ دوّم [*tabaqheh-je dowwom*] usw.

جمله هایِ زیر را می فهمید؟

1 اگر چه بیژن چندین سال دور از وطن زندگی می کند، جشن‌ها و سنّت‌های کهنِ ایرانی را فراموش نکرده است.

جاهایِ خالی را پر کنید

1 Wie jedes Jahr haben wir uns alle während der Besuche und Gegenbesuche zum Nourus-Fest an unseren Bruder erinnert.

2 Dieses Jahr schicke ich diese Glückwunschkarte als Neujahrsgeschenk an Onkel Bahman und bin mir sicher, dass er dies sehr zu schätzen weiß (dass sie ihm sehr gefallen wird).

امسال این کارتِ تبریک به ... عیدی برایِ عمو بهمن می ... و ... که خیلی می ... .

۲ خانوادهٔ بیژن در دید و بازدیدهای عید خیلی دلتنگش شد.

۳ ما هم همصدا با دوستان و همسایگانِ ایرانی تان به شما از جان و دل تبریکِ نوروز می گوییم\می گوئیم: هر روز تان نوروز!

آیا متوجه شدید؟

1 Obwohl Bischan (schon) einige Jahre fern der Heimat lebt, hat er die iranischen Feste und alten Traditionen nicht vergessen.

2 Bischans Familie wurde während der Besuche und Gegenbesuche zu Neujahr sehr sehnsüchtig nach ihm.

3 Auch wir gratulieren Ihnen im Chor mit (Ihren) iranischen Freunden und Nachbarn von ganzem Herzen zum persischen Neujahr: Auf dass jeder Ihrer Tage [wie] Neujahr [ist]!

3 Zum alten iranischen Fest "Sisdah bedar" (Dreizehn-an-der-Tür) werden wir die Freunde fern der Heimat vermissen.

در جشنِ ___ ایرانیِ سیزده ___ جایِ دوستانِ دور از ___ خواهد بود.

واژه هایِ مناسب

۱ هر - بازدیدهایِ - نوروز - یادِ ۲ عنوانِ - فرستم - مطمئنم - پسندد ۳ کهنِ - بدر - وطن - خالی

موجِ دوّم: امروز درسِ چهل و سوّم را فعال کنید!

یک غزل از حافظ

[*jek ghasal as håfes*]

"Ein Ghasel von Hafes"

Hören Sie sich das Ghasel von Hafes in der folgenden Lektion zunächst an und versuchen Sie, sich in den Rhythmus einzufinden. Auf den Audiodateien wird es zuerst gelesen und dann gesungen. Das reimende Element am Ende eines jeden Reims (قافیه [*qhåfījeh*]) ist immer (Konsonant) + [*-ej konam*], d. h. [*konam*] ist Teil des Reims. Das Reimschema bei Ghaselen ist somit immer aa, ba, ca, da, ea, usw.

Persische Gedichte verfügen über mehr als nur eine Lesart. Mystische Dichter spielen mit versteckten Andeutungen und stellen Verbindungen zur iranischen Mythologie, Geschichte

۸۶ درسِ هشتاد و ششم

موسمِ گل

۱ حاشا که من به موسمِ گل ترکِ می کنم

۲ من لافِ عقل می زنم این کار کی کنم

۳ مطرب کجاست تا همه محصولِ
زهد وعلم ①

تلّفظ

[... *haschtåd-o scheschom* *moußem-e* ... **1** *håschå* ... *moußem-e* ... *tark-e mej* ... **2** ... *låf-e 'aqhl* ... **3** *motreb* ... *mahßūl-e sohd-o 'elm*]

und natürlich auch zum Koran her. Auch in den Werken von Hafes spielen Symbole und Doppelbedeutungen eine große Rolle, weshalb sie häufig nicht ohne Interpretationen oder Kommentare verstanden werden können. Weiterhin muss man wissen, dass der Wein immer schon Teil der iranischen Kultur war, häufig aber von streng islamischen Kräften untersagt wurde.

Zum leichteren Verständnis geben wir durchgehend die wörtliche Übersetzung an, auch wenn diese nur bedingt die Doppeldeutigkeit und Tiefe des Originaltextes wiedergeben kann. جم [*dʃam*] und کاووس [*kåwūß*] bzw. کیکاووس [*kej-kåwūß*] sind Könige aus der iranischen Mythologie.

Wundern Sie sich nicht, dass in dem Ghasel kein einziges Satzzeichen auftaucht. Diese gab es zu Hafes' Zeiten nämlich noch nicht.

86. Lektion

Zur Zeit der Rosen (Jahreszeit+ Rose)

Zur Zeit der Rosen mitnichten würd' ich auf Wein verzichten. 1

(niemals dass ich zu Jahreszeit+ Rose Verzicht+ Wein *Konj.*-mache)

Ich frage mich mit dem Verstande, warum sollt' ich dies verrichten? 2

(ich Prahlerei+ Verstand *VP*-schlage diese Arbeit wann *Konj.*-mache)

Wo, wenn nicht in [meinem] Gesang, gehen Wissenschaft und Frömmigkeit 3

(Sänger wo-ist damit alle Ergebnis+ Frömmigkeit-und Wissenschaft)

ANMERKUNGEN

① مطرب [*motreb*] "Sänger, Musiker"

۴ در کارِ چنگ و بربط و آوازِ نی کنم ②

۵ از قیل و قالِ مدرسه حالی دلم گرفت ③

۶ یک چند نیز خدمتِ معشوق و
می کنم

۷ کِی بود در زمانه وفا جامِ می بیار ④

۸ تا من حکایتِ جم و کاووسِ کی
کنم ⑤

۹ از نامهٔ سیاه نترسم که روزِ حشر ⑥

تلّفظ

[**4** ... *tschang-o barbat-o* … *nej* ... **5** ... *qhīl-o qhål-e* … **6** … *nīs* … *ma'schūqh-o mej* … **7** … *wafå dĵåm-e mej* … **8** … *hekåjat-e dĵam-o kåwūß-e* ... **9** … *natarßam* … *haschr*]

② نی [*nej*] bezeichnet das "Schilfrohr" und ebenso die daraus gefertigte "Flöte". Sie ist eines der häufig gebrauchten Instrumente der iranischen Musik, genauso wie تار [*tår*], eine Art "Gitarre", سه تار [*ßeh-tår*] "Sitar", کمانچه [*kamåntscheh*], eine Art "Geige", دف [*daf*] "große Trommel" und تنبک [*tombak*] "kleine Trommel", die man mit den Fingern schlägt. نی [*nej*] kann auch mit "Gurgel, Hals, Kehle" übersetzt werden.

Im Ton der Harfe und der Laute, im Gesang der Flöte unter. 4
(in Arbeit+ Harfe-und Laute-und Stimme+ Schilfrohrflöte *Konj.*-mache)

Das laute Geschwätz der Schule habe ich hinter mir gelassen, 5
(von Lärm-und Lärm+ Schule jetzt Herz-mein nahm)

Nun will ich dem Geliebten (= Gott) und dem Weine Dienst verrichten. 6
(eins einige auch Dienst+ Geliebte(r)-und Wein *Konj.*-mache)

Wann gab es jemals Treue? Bring mir den Kelch voll Wein! 7
(wann war in Zeit Treue? Kelch+ Wein bring)

Möcht' ich die Geschichte von Dscham und Kaj-Kawus berichten. 8
(damit ich Erzählung+ Dscham-und Kawus+ Kaj *Konj.*-mache)

Ich will mich nicht fürchten vor der Liste der Sünden, 9
(von Brief+ schwarz *Konj.*-nicht-fürchte dass Tag+ Auferstehung)

③ دل گرفتن [*del gereftan*] "sich abgewöhnen, verzichten, aufgeben, sich lossagen von".

④ زمانه [*samåneh*] "Zeit(alter), Epoche; Zeitabschnitt; Schicksal" kennen Sie bereits aus den Lektionen 53 und 82.

⑤ Die mythischen Könige Dschamschid und Kaj (Kej)-Kawus waren nach der Überlieferung überaus gerechte Herrscher. Doch auch sie zogen den Zorn Gottes auf sich: Kaj-Kawus wird vom Teufel in Versuchung geführt, seine Herrschaft auch auf den Himmel auszudehnen, was kläglich scheitert. Zu Dschamschids größter Sünde zählt, dass er sich aufgrund seiner vielen guten Taten im Verlauf seiner mehrere 100 Jahre andauernden Herrschaft als "Erschaffer der Welt" und somit gottgleich fühlte. Am Ende wird jedoch beiden Herrschern von Gott vergeben.

⑥ Das "schwarze Buch" نامهٔ سیاه [*nåmeh-je ßījåh*] ist das Buch der Missetaten und Fehler. Der Legende nach begleiten jeden Menschen zwei Engel, einer, der die guten, und einer, der die schlechten Taten aufschreibt.

۱۰ با فیضِ لطفِ او صد از این نامه
طی کنم ⑦

۱۱ کو پیکِ صبح تا گله‌هایِ شبِ
فراق ⑧

۱۲ با آن خجسته طالعِ فرخنده پی کنم ⑨ ⑩

۱۳ این جانِ عاریت که به حافظ سپرد
دوست

۱۴ روزی رخش ببینم و تسلیمِ وی کنم ⑪

تلّفظ

[**10** ... *fejs-e lotf-e* … *tej* ... **11** *kū pajk-e* … *geleh-hå-je* … *feråqh* **12** … *chodʃaßteh tåle'-e farchondeh pej* ... **13** … *'årīåt* … *ßepord* … **14** ... *taßlīm-e wej* ...]

Denn durch die Gnade Gottes mag er wohl Hunderte vernichten. 10
(mit Gunst+ Güte+ er 100 von dieser Brief Faltung *Konj.*-mache)

Wo ist der Bote des Morgens, damit die Klagen der nächtlichen Trennung 11
(wo Bote+ Morgen damit Klagen+ Nacht+ Trennung)

Der (Fuß-)Spur glücklich folgen, jenes glückverheißenden Sterns. 12
(mit jener günstig Glück+ glücklich Fußspur *Konj.*-mache)

Meine Seele, die mir, Hafes, vom Freund (= Gott) geliehen ward, 13
(dies Seele+ Leihgabe dass nach Hafes anvertrauter Freund)

Ihm geb' ich sie an jenem Tage, da ich Sein Antlitz seh', zurück. 14
(Tag-eins Gesicht-sein *Konj.*-sehe-und Übergabe+ er *Konj.*-mache)

Die Bedeutungen von فیض [*fejs*] sind "Überfluss, Fülle" und "Gunst". ⑦

Der Morgenbote könnte für den Morgenwind stehen. Im übertragenen Sinne ist damit der Morgen des Auferstehungstages gemeint, an dem die lange Nacht der Trennung vorbei, also das Leben auf Erden vorüber ist und die Seele wieder mit dem glückverheißenden Boten (dem Wind) zu Gott zurückkehrt. ⑧

Das veraltete پی [*pej*] "Fußspur, Ferse, Bein" steht hier für پا [*på*] "Fuß", kann aber in Verbindung mit فرخنده [*farchondeh*] auch "glückbringend, willkommen" heißen. ⑨

خجسته طالع [*chodjaßteh tåle'*] kann auch "Glücklicher, Glückbringender" bedeuten. ⑩

Für "Gesicht" gibt es die Wörter رخ [*roch*] und چهره [*tschehreh*] (L. 61) und auch das arabische Wort صورت [*ßūrat*]. ⑪

جمله هایِ زیر را می فهمید؟

1 در شعر بسیار مشهورش موسمِ گل حافظ از کارِ چنگ و بربط حرف می‌زند.

2 مطرب لافِ عقل می‌زند و از قیل و قالِ مدرسه دلش گرفته است.

3 حافظ می‌خواهد رخِ معشوق را ببیند و جانِ خود را به او تسلیم کند.

جاهایِ خالی را پر کنید

1 Nie möge Hafes am Tag der Auferstehung das schwarze Buch fürchten.

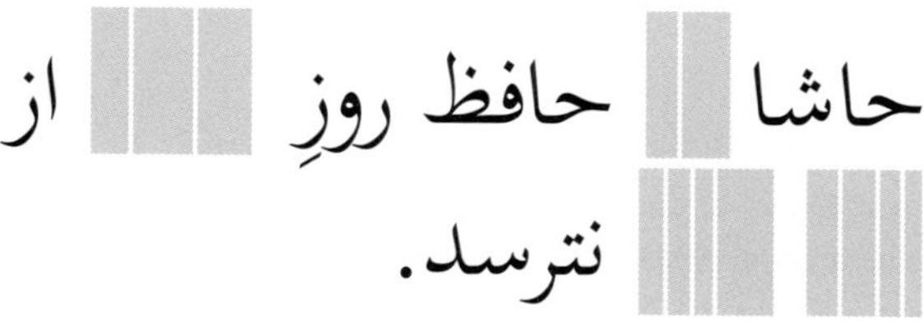

2 He Musiker, bring einen Kelch Wein und erzähle (Erzählung mach) vom Kelch des Dscham[schid]!

آیا متوجه شدید؟

In seinem überaus berühmten Gedicht "Zur Zeit der Rosen" spricht Hafes über die Musik (= die Arbeit) der Harfe und Laute. ❶

Der Musiker prahlt mit seinem Verstand und ist des Lärms der Schule überdrüssig geworden. ❷

Hafes will das Gesicht des Geliebten sehen und ihm seine Seele zurückgeben. ❸

Gedichte (Gedicht) von Hafes muss man mit dem Herzen lesen, gebt/geben Sie nicht mit eurem/Ihrem Verstand an (prahlt nicht mit eurem/Ihrem Verstand)! ❸

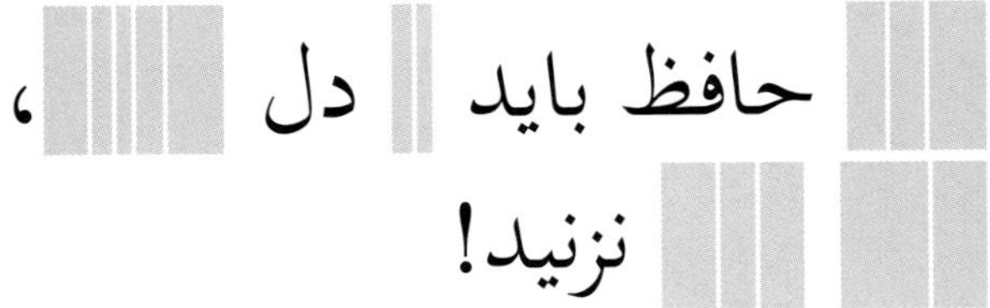

واژه های مناسب

❶ که - حشر - نامهٔ - سیاه ❷ ای - جامِ - می - حکایتِ
❸ شعرِ - با - خواند - لافِ - عقل

Wir geben den Text dieses Ghasels nun noch einmal in einer anderen Schrift namens نستعلیق [*naßta'līqh*] wieder, die häufig in der Poesie verwendet wird. Denken Sie daran, dass in Iran – ebenso wie in der gesamten islamischen Welt – die Kalligrafie eine wichtige Kunstform ist. Natürlich mag es Ihnen vorerst schwer fallen, die einzelnen Buchstaben in dieser Schreibweise zu erkennen, doch mit etwas Übung dürfte auch diese Hürde für Sie leicht zu meistern sein. Grundsätzlich überwiegt die bis jetzt auch in diesem Buch gebrauchte einfachere Schrift, نسخ [*naßch*] genannt.

موسم گل

حاشا که من بموسم گل ترک می کنم — من لاف عقل میزنم این کار کی کنم

مطرب کجاست تا همه محصول زهد و علم — در کار چنگ و بربط و آواز نی کنم

از قیل و قال مدرسه حالی دلم گرفت — یکچند نیز خدمت معشوق و می کنم

کی بود در زمانه وفا جام می بیار — تا من حکایت جم و کاووس کی کنم

از نامه ی سیاه نترسم که روز حشر — با فیض لطف او صد ازین نامه طی کنم

کو پیک صبح تا گله های شب فراق — با آن خجسته طالع فرخنده پی کنم

این جان عاریت که بحافظ سپرد دوست

روزی رخش ببینم و تسلیم وی کنم

Hinweis, falls Sie das Buch zum ersten Mal öffnen

Vielleicht erwarten Sie hier die erste Lektion und wundern sich über die Seitennummerierung? Die Erklärung: Die Lese- und Schreibrichtung des Persischen verläuft von rechts nach links und persischsprachige Veröffentlichungen werden nach unserem Verständnis "andersherum" gedruckt und gelesen. So ist es auch bei diesem Lehrbuch. Wir weisen Sie darauf hin, dass **die Lektionen ganz hinten im Buch beginnen**.

آفرین بر شما!

[åfarīn bar schomå!]

"Gut gemacht!"

Der Weg ist das Ziel … Sie müssen – wenn Sie sich noch in der passiven Phase befinden – die aktive Phase bis zum Ende des Kurses fortsetzen! Diese Wiederholungen sind besonders wichtig, denn wenn das Gelernte nicht gefestigt wird, ist bald alles vergessen und die investierte Zeit war umsonst.

موجِ دوّم: امروز درسِ چهل و چهارم را فعال کنید!

Selbst wenn Sie sich am Ende der aktiven Phase befinden, können Sie Ihre Persischkenntnisse weiterhin selbstständig ausbauen. Hören Sie nicht auf, Ihr Wissen zu erweitern, und nutzen Sie alle sich bietenden Mittel: Lesen Sie regelmäßig persische Texte in Büchern, Zeitungen oder Zeitschriften, sehen Sie sich iranische Filme oder Fernsehsendungen an oder hören Sie so oft wie möglich iranischen Rundfunk im Internet und – was natürlich am besten ist – trauen Sie sich, mit iranischen Muttersprachlern zu kommunizieren. Bestimmt werden Sie viel Lob und Anerkennung für Ihre Persischkenntnisse ernten!

فراگیرندهٔ ارجمند، خدا حافظِ شما!

[farågīrandeh-je ardĵomand, chodå håfes-e schomå!]

"Lieber Lernender, möge Gott Sie schützen!"

ANHANG A. GRAMMATIKALISCHER INDEX

Dieser grammatikalische Index enthält sämtliche in den Wiederholungslektionen von "Persisch ohne Mühe" behandelten Grammatikthemen. Mit seiner Hilfe können Sie sich auf die Schnelle detaillierte Informationen über ein bestimmtes Thema heraussuchen.

GRAMMATIKALISCHER INDEX

ANHANG B. WÖRTERVERZEICHNIS PERSISCH-DEUTSCH

In diesem Wörterverzeichnis finden Sie alle Wörter, die Sie in den 86 Lektionen sowie in den Anmerkungen und Landeskunden dieses Lehrbuchs kennengelernt haben, ergänzt durch weitere zum Grundwortschatz des Persischen gehörende Begriffe.

Das Wörterverzeichnis ist auf der Grundlage der persischen Wörter sortiert; die Anordnung der Spalten verläuft also von rechts nach links. Die Sortierreihenfolge folgt der Reihenfolge in einem klassischen persischen Wörterbuch. Alle persischen Wörter werden auch in vereinfachter Lautschrift angegeben.

Hinter der deutschen Übersetzung – die den Sinn des Wortes im jeweiligen Lektionskontext wiedergibt – folgt die Nummer der Lektion, in der das Wort zum ersten Mal auftaucht. Mitunter gibt es für ein persisches Wort mehrere voneinander abweichende deutsche Übersetzungen. Diese sind durch ein Semikolon voneinander getrennt.

Zu den Nomen, bei denen es sich um arabische Lehnwörter handelt, wird beim Singularwort auch die jeweilige Pluralform angegeben. Das persische Wort für "Plural" lautet جمع [*dʃam'*]; in der Liste ist dies mit ج abgekürzt. Auf die deutsche Übersetzung des jeweiligen Pluralwortes haben wir hier verzichtet.

Bei Nomen, von denen im Deutschen eine männliche und eine weibliche Form existiert (z. B. Berufsbezeichnungen), haben wir nur die männliche Form angegeben. Das Persische unterscheidet in den meisten Fällen nicht zwischen einer männlichen und einer weiblichen Variante (Ausnahme: bestimmte Verwandtschaftsbezeichnungen).

Bei den meisten Verben ist neben dem Infinitiv auch der Präsensstamm des Verbs in Klammern aufgeführt.

Das Wörterverzeichnis listet auch Wörter auf, die Teil einer längeren Wendung sind, die in Klammern aufgeführt ist. Dort steht die Tilde (~) stellvertretend für das jeweilige Wort.

Verwendete Abkürzungen:

arab.	arabisch	*Pers.*	Person	*Subst.*	Substantiv
höfl.	höflich	*pers.*	persisch	*ugs.*	umgangssprachlich
Inf.	Infinitiv	*Pl.*	Plural	*zeitl.*	zeitlich
jmdn.	jemanden	*Prät.*	Präteritum		
örtl.	örtlich	*Sg.*	Singular		

آ\ا

åb	Wasser	آب	1
åb dådan	gießen	آب دادن	9
åb kardan	mit Wasser füllen	آب کردن	69
åb-e ma'danī	Mineralwasser	آبِ معدنی	
åb-e mīweh	Fruchtsaft	آبِ میوه	
åb-o hawå	Klima	آب و هوا	16
åbedĵou	Bier	آبجو	
åbdår	saftig	آبدار	69|77
åbdårchåneh	Teeküche	آبدارخانه	69
abr; abrī	Wolke; bedeckt	ابر؛ ابری	76
abrīscham; abrīschamī	Seide; seiden, aus Seide	ابریشم؛ ابریشمی	66
absår	Werkzeug; Instrument	ابزار	
absår forūsch	Haushaltwarenhändler	ابزار فروش	56
absår forūschī	Haushaltwarengeschäft	ابزار فروشی	56
åbschår	Wasserfall	آبشار	
åbī	blau	آبی	48
åpårtemån	Wohnung	آپارتمان	26
otåqh	Zimmer	اتاق\اطاق	32
otåqh-e pasīrå'ī	Wohnzimmer; Empfangszimmer	اتاقِ\اطاقِ پذیرائی	48|61
otåqh-e neschīman	Wohnzimmer	اتاقِ\اطاقِ نشیمن	
otrīsch; otrīschī	Österreich; österreichisch	اتریش؛ اتریشی	35
åtasch-båsī	Feuerwerk	آتش بازی	

ا

åtasch-neschånī	Feuerwehr	آتش‌نشانی
otobūß	Bus	31|50| اتوبوس
otobūßrånī (scherkat-e ~)	Bus-(gesellschaft)	50| اتوبوسرانی (شرکتِ ~)
aßåß	Sachen, Habseligkeiten	71| اثاث
aßar-e (dar ~)	aufgrund	75| اثرِ (در ~)
aßar, Pl. åßår	(Aus-)Wirkung; Werk	75|80| اثر، ج آثار
edĵåreh	Vermietung	67| اجاره
edĵåseh	Erlaubnis	65| اجازه
edĵbårī	notwendig, obligatorisch	60| اجباری
ådĵīl	getrocknete Früchte	43| آجیل
ehtemalī	vermutlich	75| احتمالی
achbår	Fernseh-/Radio-/Rundfunknachrichten (*arab. Bezeichnung*)	57| اخبار
echtījår	Auswahl; Befugnis; Vollmacht	78|84| اختیار
åchar	Ende, Schluss; letzter, -e, -es	44|53| آخر
åchar-e hafteh	Wochenende	43| آخرِ هفته
åcharīn	letzter, -e, -es	53|56| آخرین
edåreh	Büro; Institut	76| اداره
ådåmß	Kaugummi	آدامس
edåmeh	Fortsetzung (*eines Textes*)	72|74|79| ادامه
edåmeh dåschtan	fortfahren	74| ادامه داشتن
adab	Manieren, Anstand, Höflichkeit	82| ادب
adab (bå ~)	höflich	82| ادب (با ~)
adab (bī ~)	unhöflich	82| ادب (بی ~)
adabī	literarisch	82| ادبی
adabījåt	Literatur	ادبیات
ådam	Mensch, Person; Mann	61|63| آدم

adwījeh	Gewürz	ادویه
ådīneh	Freitag (*pers. Bezeichnung*)	آدینه 28
asån	Gebetsruf	اذان 36
erådeh	Willenskraft	اراده 80
åråm	ruhig	آرام 67
åråjeschgåh	Friseursalon	آرایشگاه 56
artesch	Armee	ارتش 76
ård	Mehl	آرد
ordak	Ente	اردک
ars	ausländisches Geld, Devisen, Währung	ارز 68
arsån; arsånī	billig, preiswert; Verbilligung 38 70	ارزان؛ ارزانی
arsesch	Wert	ارزش
arsesch (por ~)	unschätzbar; wertvoll	ارزش (پر ~) 80
åresū	Wunsch	آرزو 85
årscheh	Geigenbogen	آرشه
orūpå; orūpajī	Europa; Europäer/europäisch	اروپا؛ اروپایی
åreh/årī	ja	آره\آری 48
as	aus, von	از 8 20
as båm tå schåm	von morgens bis abends	از بام تا شام 67
as jåd raftan	vergessen, aus dem Gedächtnis verlieren	از یاد رفتن 62
åsåd; åsådī	frei; Freiheit	آزاد؛ آزادی 33
åjånß	Agentur; (Reise-)Büro; Niederlassung	آژانس 27
åjånß-e tūrīßt	Reisebüro	آژانسِ توریست 27
åjdehå	Drache	اژدها
åßån	leicht	آسان 11
aßbåb	Gegenstände	اسباب 48

aßbåb båsī	Spielzeug	اسباب بازی
aßbåbkaschī	Umzug	48 اسبابکشی
aßbåbkaschī kardan	umziehen	48 اسبابکشی کردن
aßt	[er/sie] ist	2 است
oßtåd	Professor	استاد
eßtachr	Wasserbecken; Schwimmbad	80 استخر
oßtochån	Knochen	استخوان
eßteråhat	Ruhepause	57 استراحت
eßteråhat kardan	sich ausruhen	57 استراحت کردن
eßtefådeh	Anwendung; Nutzen	82 83 استفاده
as … eßtefådeh kardan	profitieren von ..., nutzen	82 استفاده کردن (از ~)...
eßtekån	Teeglas	65 استکان
eßfenådj	Spinat	اسفناج
eßkenåß	Geldschein, Banknote	68 اسکناس
eßlåm; eßlåmī	Islam; islamisch	75 اسلام؛ اسلامی
eßm	Name	10 اسم
åßemån	Himmel	62 80 آسمان
åßīb	Schaden	آسیب
åschpas	Koch	78 آشپز
åschpas-chåneh	Küche	67 آشپزخانه
eschtebåh	Irrtum, Fehler	64 اشتباه
eschtebåh kardan	einen Fehler machen, sich irren	64 اشتباه کردن
eschtebåh gereftan	sich verwählen	64 اشتباه گرفتن
eschghål	Eroberung, Invasion	83 اشغال
eschghål kardan	erobern, besetzen	83 اشغال کردن
eschkål nadårad	Kein Problem, Das macht nichts	68 اشکال ندارد

åschnå	bekannt; Bekannter	آشنا 82
åschnåī	Kenntnisse	آشنائی 82
eßtelåh, Pl. *eßtelåhåt*	Ausdruck	اصطلاح، ج اصطلاحات 82
aßlan	absolut; überhaupt	اصلاً 66
esåfeh kårī	Überstunden	اضافه کاری
atråf (Pl. von طرف *taraf*)	Seiten, Umgebung, Gegend	اطراف 80
atråf-e	um … herum	اطرافِ 80
ettelå'	Ahnung, Wissen	اطّلاع 71
ettelå' būdan (bå ~)	informiert sein über	اطّلاع بودن (با ~) 71
ettelåī dåschtan (as ~)	sich auskennen mit, Ahnung haben von	اطّلاعی داشتن (از ~) 71
otū	Bügeleisen	اطو، اتو
otū kaschī	Reinigung, Heißmangel	اطو کشی 56
e'låm	Anzeige	اعلام 84 76
e'låm schodan	angekündigt werden, angegeben werden	اعلام شدن 76
e'låm kardan	ankündigen, mitteilen	اعلام کردن 76
åftåb	Sonne	آفتاب 53
åftåbgīr	sonnig	آفتابگیر 77 67
oftådan (oft)	fallen	افتادن (افت) 39
eftetåh	Eröffnung	افتتاح 84
eftetåh kardan	eröffnen	افتتاح کردن 75
åfarīn (beh)!	Bravo!, Glückwunsch!	آفرین (به)! 61 51
afghåneßtån	Afghanistan	افغانستان 33
åqhå	(mein) Herr (*Anrede*)	آقا 20
oqhīånūß	Ozean	اقیانوس

akßar-e ouqhåt	(in) den meisten Fällen, die meiste Zeit	اکثرِ اوقات 78
aknūn	jetzt, nun	اکنون 82
agar	wenn, falls	اگر 33/34
agar tscheh	obwohl, selbst wenn	اگر چه 78/84
albatteh	selbstverständlich, natürlich	البتّه 48/49
alhamdo lellåh!	Gott sei gelobt!	الحمد لله! 45/46
Allah	Gott	الله 46
almåß	Diamant	الماس
ålmån; ålmånī	Deutschland; deutsch	آلمان؛ آلمانی 34
ålū	Pflaume, Zwetschge	آلو
alo	Hallo (*am Telefon*)	الو 8
ålūdegī-je hawå	Luftverschmutzung	آلودگیِ هوا
ammå	aber	امّا 45/50
åmådeh	fertig, bereit	آماده 24/37
åmår	Statistik	آمار
emåm	Imam	امام 72/80
emtehån	Versuch; Prüfung	امتحان 46/62
emtehån kardan	versuchen	امتحان کردن 46
emtījås	Vorteil, Privileg	امتیاز 76
åmad-o raft	Verkehr	آمد و رفت 84
åmadan (å)	(an)kommen	آمدن (آ) 1/29
emrūs	heute	امروز 16/21/43
emßål	dieses Jahr	امسال 59
emså'	Unterschrift	امضاء 68
emså' kardan	unterschreiben, unterzeichnen	امضاء کردن 68
emkån	Möglichkeit	امکان

omlet	Omelett	املت 14|26
åmūchtan (åmūs)	unterrichten	آموختن (آموز) 75
omūr	Geschäft, Operation	امور 68
omūr-e arsī	Valutageschäfte, Geldwechsel	امورِ ارزی 68
åmūsesch	Bildungswesen	آموزش 75
omīdwår	hoffend	امیدوار 59
omīdwår būdan	hoffen	امیدوار بودن 59|63
ån	jener, -e, -es (dort)	آن 20
anår	Granatapfel	انار
ånån	sie, jene	آنان 82
ambeh	Mango	انبه
entechåb	Wahl	انتخاب 51
entechåb kardan	(aus)wählen	انتخاب کردن 51
entesår	warten	انتظار 68
åndĵå	dort	آنجا 22
andĵåm	Beendigung	انجام 81
andĵåm dådan	ausführen, vornehmen	انجام دادن 68
andĵīr	Feige	انجیر
andåchtan (andås)	werfen	انداختن (انداز) 74|81
andåseh	Abmessungen, Maß, Größe	اندازه 66|70
enschå'llåh!	So Gott will!	انشاء الله! 46|49
angoscht	Finger	انگشت
angoscht-e schaßt	Daumen	انگشتِ شست
engeleßtån; engelīßī	England; Englisch/englisch	انگلستان؛ انگلیسی
angūr	Weintraube	انگور
ånhå	sie (*Pl.*), jene	آنها 27|28

ا

ū	er, sie, es	او	17
åwås	Gesang, Stimme	آواز	85
åwås chåndan (chån)	etw. singen	آواز خواندن(خوان)	70
dar åwardan	entfernen, wegbringen	آوردن (در ~)	69
åwardan (åwar)	bringen	آوردن (آور)	37, 77
ouqhåt (Pl. von وقت *waqht*)	Zeit	اوقات	78
awwal	erster, -e, -es	اوّل	1, 28, 58
awwalīn	erster, -e, -es	اوّلین	53
åwīchtan (åwīs)	(auf)hängen	آویختن (آویز)	66
åwīs	Kleiderbügel	آویز	
åwīsån	hängend	آویزان	66
åheßteh	langsam	آهسته	79
ahl, Pl. *ahålī*	Einwohner, Einheimischer	اهل، ج اهالی	58, 76, 84
åhan robå	Magnet	آهن ربا	
åhang	Lied	آهنگ	
ej!	Oh! (*poetisch*); He! (*ugs.*)	ای!	79
åjå	Fragepartikel: Es ist doch so, dass …?	آیا	17, 20
īdĵåd	Aufbau, Gründung	ایجاد	82
īdĵåd kardan	(Beziehungen) knüpfen, aufbauen, bilden	ایجاد کردن	82
īrådī nadårad	Kein Problem, Das macht nichts	ایرادی ندارد	68
īrån; īrånī	Iran; iranisch	ایران؛ ایرانی	14, 34
īßtgåh-e råh-åhan	Bahnhof	ایستگاهِ راه آهن	
īßtgåh	Haltestelle	ایستگاه	65, 77
īschån	sie (*Pl.*), er/sie (*höfl.*)	ایشان	27, 28
īmån	Glaube	ایمان	52

īmenī	Sicherheit, Sicherheits-	ایمنی
īn	dieser, -e, -es (hier)	این 17|20
īn bår	dieses Mal	این بار 78
īndǰå	hier	اینجا 17
åjandeh	nächster, -e, -es	آینده 29
īnqhadr	so (sehr)	اینقدر 55|56
īnkeh (bå ~)/ bå īn keh	obwohl, trotz	اینکه\با این که (با ~) 68|69|78
ejwån	überdachte Terrasse	ایوان 61
å'jneh	Spiegel	آئینه 53

ا **ب** پ ت ث ج چ ح خ د ذ ر ز ژ س ش
ص ض ط ظ ع غ ف ق ک گ ل م ن و ه ی

ب

bå	mit	با 3
bå adab	höflich	با ادب 82
bå ettelå' būdan	informiert sein	با اطّلاع بودن 71
bå īnkeh/bå īn keh	obwohl, trotz	با اینکه\با این که 68|69|78
bå ham	miteinander, zusammen	با هم 33|70
bå hūsch	intelligent	با هوش 37|77
båbå	Papa, Vater	بابا 1
båtrī	Batterie	باتری
bådǰeh	Schalter	باجه 68
båd	Wind	باد 53|85
båd	es sei (*alter Optativ, nur in Glückwünschen/Ausrufen*)	باد 43|49|85
bådåm	Mandel	بادام

bådåm samīnī	Erdnuss	بادام زمینی
bådbån	Segel	بادبان
bådkonak	Luftballon	بادکنک
bådemdĵån	Aubergine	51| بادنجان
bår	Last, Ladung; Gepäck; Mal	71| بار
bår (īn ~)	dieses Mal	78| بار (این ~)
bårån	Regen	53| باران
bårbar	Gepäckträger	باربر
bårdårī	Schwangerschaft	بارداری
båresch	Niederschlag; Schneefall	75| بارش
bårak allåh!	Bravo!, Glückwünsch!	51| بارک الله!
bårhå	mehrmals, vielfach	83| بارها
bårīdan	schneien, regnen	باریدن
bårīdan (bårån ~)	regnen	53| باریدن (باران~)
bårīdan (bår)	schneien, regnen	53| باریدن (بار)
bås	offen, geöffnet; wieder, erneut	37|46|54| باز
bås kardan	öffnen	46| باز کردن
bås ham	wieder, erneut	37| باز هم
båsår	Basar, orientalischer Markt	2| بازار
båsdīd	Besichtigung	60| بازدید
båsdīd kardan (as ~)	besichtigen	60|72| بازدید کردن (از ~)
bås neschaßteh	pensioniert	69| بازنشسته
båsū	Arm	بازو
båsī-e schatrandĵ	Schachspiel	بازیِ شطرنج
båsī	Spiel	9| بازی
båsī-e tschougån	Polospiel	81| بازیِ چوگان
båsī kardan	spielen	9| بازی کردن

båßtån schenåßī	Archäologie	باستان شناسی
båschad!	So sei es!, Einverstanden!	43|85| باشد!
bågh	Garten	48| باغ
bågh-e wahsch	Zoo	باغِ وحش
bågheban	Gärtner	77| باغبان
båghtscheh	Gärtchen	48| باغچه
båftan (båf)	weben, spinnen	66| بافتن (باف)
båqhålī polou	Pilaw mit Bohnen und Dill	51| باقالی پلو
båqhelå, Pl. *båqhålī*	dicke Bohne / Saubohne	51| باقلا، ج باقالی
båqhī	Rest	81| باقی
båqhī måndan	übrig bleiben	81| باقی ماندن
båqhī måndeh	hinterblieben, übriggeblieben	81| باقی مانده
bålå	hoch, oben	57| بالا
belåchareh	schließlich, endlich, letztlich	68| بالاخره
bålesch	Kissen	بالش
båm	Dach	40|67| بام
båmdåd	Morgen	67| بامداد
båmījeh	Okraschote	بامیه
bånk	Bank	68| بانک
bånk-e mellī	Nationalbank	68| بانکِ ملّی
bång	Ruf	36| بانگ
båjad	man muss, es ist notwendig	20| باید
bajeßtan (båjad)	müssen	44| بایستن (باید)
bebachschīd!	Verzeihen Sie!, Entschuldigen Sie!	22|30| ببخشید!
babr	Tiger	ببر
batschtschegåneh	kindisch, kindlich	77| بچّگانه

batschtscheh	Kind	31|37| بچّه
bad	schlecht	13| بد
badtar/battar, badtarīn/battarīn	schlechter, am schlechtesten	56| بدتر، بدترین
badan	Körper	45|78| بدن
bedūn-e	ohne	67| بدونِ
basr	Samen	بذر
bar	Seite, Teil, Anteil, gegen-	بر
bar chord	Begegnung; Kontakt	82| بر خورد
bar chordan	begegnen	82| بر خوردن
bar rū-je	auf, über	81| بر رویِ
bar 'akß	im Gegenteil	37| بر عکس
baråbarī	Gleichheit	76| برابری
barådar	Bruder	25|54| برادر
barå-je	für; um (zu)	17| برایِ
barå-je īnkeh	weil	56|57| برایِ اینکه\برایِ این که
bordan (bar)	(fort/weg)tragen, wegbringen	50|82| بردن (بر)
bordan (beh kår ~)	benutzen	82| بردن (به کار ~)
boroß	Bürste	بُرس
barf	Schnee	53| برف
barf bårīdan	schneien	53| برف باریدن
barqh	Blitz, Elektrizität	62| برق
barakat	Segen	46| برکت
barg	Blatt	53| برگ
bar gaschtan (bar gard)	zurückkommen	62| برگشتن (برگرد)
barnåmeh	Programm	33| برنامه
barnåmeh-je telewīsjūn	Fernsehprogramm	33| برنامهٔ تلویزیون

barnåmeh rīsī	Planung	برنامه ریزی
barandeh	Gewinner, Sieger	76| برنده
berawīm!	Gehen wir!, Los geht's!, Lass uns gehen!	33| برویم!
britånīå-je kabīr	Großbritannien	بریتانیایِ کبیر
bos	Ziege	بز
bosorg	groß	20|23| بزرگ
beĵ	beige	26| بژ
baßtan (band)	schließen; binden	56|62| بستن (بند)
baßtanī	Eiscreme	بستنی
baßteh	geschlossen; Paket, Packung	56|65| بسته
beßjår	sehr, viel	68| بسیار
boschqhåb	Teller	بشقاب
botrī	Flasche	52| بطری
ba'd as	nach (+ *Inf./Subst.* = danach)	20|41| بعد از
ba'd (as sohr)	Nachmittag, nachmittags	27|43| بعد از ظهر
ba'dan	später, danach	64| بعداً
befarmåjīd!/ befarmå'īd!	Bitte sehr! (*Floskel bei Aufforderungen*)	32|47| بفرمایید!\بفرمائید!
baqhqhål	Lebensmittelhändler	48| بقّال
baqhqhålī	Lebensmittelladen	48| بقّالی
begū magū	Auseinandersetzung	84| بگو مگو
bolbol	Nachtigall	60| بلبل
balad	wissend, kennend	11| بلد
balkeh	sondern, aber	83| بلکه
boland	hoch, groß	57| بلند
boland schodan	aufstehen, sich erheben	57| بلند شدن
boland-gū	Lautsprecher	بلندگو

balūtscheßtån	Belutschistan (*Region in Iran/Pakistan*)	77	بلوچستان
bolūr	Kristall		بلور
baleh	ja	11	بله
balī	ja		بلی
belīt	Fahrkarte, Ticket	50|56	بلیط\بلیت
bon baßt	Sackgasse		بن بست
banå beh	laut, gemäß	75	بنا به
banå, Pl. *abnījeh*	Gebäude, Bauwerk	80|83	بناء، ج ابنیه
band	Leine, Schnur; Band		بند
bandar	Hafen		بندر
bandeh	Sklave	56	بنده
bū	Geruch, Duft	24|79	بو
būdan (båsch)	sein	5	بودن (باش)
būß	Kuss	58	بوس
būßīdan (būß)	küssen	58	بوسیدن (بوس)
beh	nach, zu (örtl.)	2	به
beh … maschghūl schodan	mit etw. beschäftigt sein, sich daran machen zu …	69	به ... مشغول شدن
beh ettelå' raßåndan	informieren, benachrichtigen	75	به اطّلاع رساندن
beh djå gosåschtan	auslösen	75	به جا گذاشتن
beh djå-je	anstatt, anstelle von etw.	62	به جایِ
beh rū-je	auf; vor, im Angesicht	47|49	به رویِ
beh ßalåmat	Auf Wiedersehen	13	به سلامت
beh ßamt-e	nach, in Richtung	72	به سمتِ
beh kollī	völlig, komplett	64	به کلّی\بکلّی
beh jåd åmadan	sich erinnern	62	به یاد آمدن

bahå	Wert	بها	68
bahår	Frühling	بهار	29|53
beh/bå hamråhī-je	in Begleitung von	به\با همراهیِ	61|63
behtar	besser	بهتر	14
behtarīn	am besten	بهترین	50|56
behdåscht	Sauberkeit, Hygiene	بهداشت	
behescht	Paradies	بهشت	53
bī	ohne	بی	28|38
bī adab	unhöflich	بی ادب	82
bījåbån	Wüste	بیابان	
bajån	Ausdruck	بیان	82
bajån kardan	ausdrücken	بیان کردن	82
bejt	(zweizeiliger) Distich, Vers	بیت	79|86
bītschåreh	bedauernswert, in einer ausweglosen Lage	بیچاره	30
bīdår schodan	aufwachen, erwachen	بیدار شدن	56|58
bīdår kardan	jdn. (auf)wecken	بیدار کردن	36|56
bīrūn	draußen	بیرون	12|57
bīrūn kardan	hinausbringen	بیرون کردن	12
bīschtar	mehr	بیشتر	33
bīschtar-e mardom	die meisten Leute	بیشترِ مردم	
bīschtar dūßt dåschtan	bevorzugen	بیشتر دوست داشتن	33
bīkårī	Arbeitslosigkeit	بیکاری	
bīl	Schaufel	بیل	49
bīltscheh	Schäufelchen	بیلچه	49
bīmår	krank	بیمار	16
bejn olmelalī	international	بین المللی	68

bīnå	sehend	بینا 77|83|
bīnī	Nase	بینی

ا ب پ ت ث ج چ ح خ د ذ ر ز ژ س ش
ص ض ط ظ ع غ ف ق ک گ ل م ن و ه ی

پ

på	Fuß, Bein	پا 30|
pårtsch	Kännchen, Krug	پارچ
pårtscheh	Stoff	پارچه 38|
pårtscheh forūschī	Stoffhändler	پارچه فروشی 38|
pårßål	letztes Jahr	پارسال 63|
pårk	Park	پارک 43|
pårk-e 'omūmī	öffentlicher Park	پارکِ عمومی 43|
pårk kardan	parken	پارک کردن 49|
påreh kardan	zerreißen	پاره کردن 42|
påsel	Puzzle	پازل
påßebån	Polizist	پاسبان 44|
påkat	Briefumschlag	پاکت 26|
påkeßtån	Pakistan	پاکستان 33|
pånßad	500	پانصد 66|
påjån	Ende	پایان 62|
på'īs/påjīs	Herbst	پائیز\پاییز 53|
på'īn/påjīn	unten	پائین\پایین 58|
patū	Decke	پتو 43|
pocht-o pas	das Kochen	پخت و پز 84|
pochtan (pas)	kochen, zubereiten	پختن (پز) 70|78|84|
pedar	Vater	پدر 4|

pedar bosorg	Großvater	58| پدر بزرگ
pedar bosorg-o mådar bosorg	Großeltern	63| پدر بزرگ و مادر بزرگ
pasīråʾī	Empfang	48| پذیرائی
pasīråʾī kardan	empfangen (Gast)	50| پذیرائی کردن
par	Feder	پر
por	voll	55| پر
por arsesch	unschätzbar	80| پر ارزش
por harfī	Klatsch, Tratsch; Plauderei, Schwatzhaftigkeit	55|71| پر حرفی
por harfī kardan	plaudern, schwatzen, Klatsch erzählen	55|56| پر حرفی کردن
por kardan	voll machen, füllen; (*Zeit*) verbringen	21|69| پر کردن
por as	voll von	60| پراز
porteqhål	Orange	پرتقال
partschom	Flagge, Fahne	پرچم
partschīn	Umzäunung; Hecke	پرچین
pardeh	Vorhang, Gardine, Jalousie	پرده
porßīdan (as chod ~)	sich fragen	57| پرسیدن (از خود ~)
porßīdan (porß)	(be)fragen	44| پرسیدن (پرس)
porßīdan (as ~)	jmdn. fragen	44| پرسیدن (از ~)
paresch	Sprung	پرش
parwås	Abflug, Flug, Abheben	62| پرواز
parwåneh	Schmetterling, Ventilatorflügel	67| پروانه
parwaresch	Bildung und Erziehung	75| پرورش
parwarīdan (parwar)	erziehen	75| پروریدن (پرور)

parwandeh	Aktenordner	پرونده
parī	Fee	16 پری
parīrūs	vorgestern	63 پریروز
parīschab	vorgestern Abend	63 پریشب
peseschk	Arzt, Ärztin	پزشک
peseschkī	Medizin	59 پزشکی
paß	also, dann; hinter; nach	13 35 پس
paß as	(da)nach, nach dem/der	47 49 پس از
poßt	Post	20 پست
poßttschī	Postbote	77 پستچی
poßtchåneh	Postamt	20 پستخانه
peßar	Junge; Sohn	3 پسر
peßar chåleh	Cousin (*mütterlicherseits*)	63 پسر خاله
peßar dåʾī	Cousin (*mütterlicherseits*)	58 پسر دائی
peßarak	kleiner Junge, Bürschchen	42 پسرک
paßfardå/paß fardå	übermorgen	33 پسفردا\پس فردا
paßandīdan (paßand)	gefallen, gutheißen	61 پسندیدن (پسند)
poscht	Rücken, Rückseite; (da)hinter	68 پشت
poscht-e	hinter	28 پشتِ
paschto	Paschtunisch (*Landessprache Afghanistans*)	19 پشتو
paschm	Wolle	66 پشم
paschmī	aus Wolle	66 پشمی
pol	Brücke	81 پل
palang	Leopard	پلنگ
polou	Pilaw, Reis mit Kräutern und Gemüse	24 51 پلو

pelleh	Stufe, Treppe	پلّه 40
polīß	Polizist; Polizei	پلیس 44
polīß-e råhnemå'ī	Verkehrspolizist	پلیسِ راهنمائی 44
pomp-e bensīn	Tankstelle	پمپِ بنزین
pambeh	Baumwolle	پنبه
pandĵ	fünf	پنج 7|20
pandĵareh	Fenster	پنجره 62
pandĵ-schambeh	Donnerstag	پنجشنبه 28
pandĵom	fünfter, -e, -es	پنجم 5
pantschar schodan	platzen, platt werden (Reifen)	پنچر شدن 71
pankeh	Ventilator	پنکه
panīr	Käse	پنیر 37
pūdr	Pulver	پودر
pūßt	Haut; Fell	پوست
pūßt-e mous	Bananenschale	پوستِ موز
pūschak	Windel	پوشک
pūschīdan (pūsch)	anziehen, anlegen	پوشیدن (پوش) 69
pūl	Geld	پول 38
pūl-e tū djībī	Taschengeld	پولِ تو جیبی 59
pūldår	reich, wohlhabend	پولدار 59|63
pūneh	Minze	پونه 16
pahn	weit, breit	پهن 48
pej	Fußspur, Ferse, Bein (*veraltet*)	پی 86
pījådeh	zu Fuß	پیاده 44
pīådeh rawī	Wanderung	پیاده روی
pījådeh roū	Gehweg, Bürgersteig	پیاده رو 39

pījådeh schodan (as)	aussteigen (*aus einem Fahrzeug*)	پیاده شدن (از) 65
pīås	Zwiebel	پیاز
pītsch	(Straßen-)Kurve	پیچ
pejdå	sichtbar	پیدا 30
pejdå kardan	finden	پیدا کردن 30
pīr	alt	پیر 45 65
pīr san	alte Frau	پیر زن 65
pīrår ßål	vor zwei Jahren	پیرار سال 63
pīråhan	Hemd	پیراهن
pīrūsī	Sieg	پیروزی
pīrī	(Lebens-)Alter	پیری 45
pījåmeh/pījåmah	Pyjama	پیژامه 62
pīsch	vor, vorn, bei (*zeitl. u. örtl.*)	پیش 47
pīsch as	vor (*zeitl. u. örtl.*)	پیش از 47
pīsch åmadan	herbeikommen, dazukommen	پیش آمدن 47
pīsch bīnī	Vorhersage	پیش بینی 76
pīschtåqh	Tor; Säulengang	پیشطاق 80
pīschkesch	Geschenk, Gabe	پیشکش 61
pīschkesch kardan	schenken	پیشکش کردن 61
pejghåm	Nachricht	پیغام 64
pejmūdan (pejmå)	durchlaufen, zurücklegen, passieren	پیمودن (پیما) 62
ping-pong	Tischtennis	پینگ‌پنگ

ت

tå	Stück, Einheit; bis	تا 5|28|31
tå (+ Konj.)	damit, um zu	تا ... 57
tå īnkeh	damit, um zu	تا اینکه 57
tåb	Schaukel	تاب
tåbån	leuchtend	تابان 70
tåbeßtån	Sommer	تابستان 53
tåblou	Tafel, Schild; Bild	تابلو 68
tåbūt	Sarg	تابوت
te'åtr	Theater	تآتر\تئاتر 73
tådj̑	Krone	تاج
tådj̑er	Geschäftsmann, Händler	تاجر
tådj̑īkī	tadschikisch	تاجیکی 63
tår	Tar (*iranische Laute*)	تار 36
tårīch	Datum	تاریخ 77
tårīch-e båßtån	Altertum	تاریخِ باستان
tåseh	frisch	تازه 42
tås	(Spiel-)Würfel	تاس
tåftan (tåb)	leuchten, scheinen	تافتن (تاب) 70
tåkßī	Taxi	تاکسی 20|50
tab	Fieber	تب 16
tabrīk	Glückwünsche	تبریک 85
tabrīk goftan	gratulieren, beglückwünschen	تبریک گفتن 85
tapeh/tappeh	Hügel; Düne	تپه\تپّه
tedj̑årat	Handel	تجارت

tadĵamol	Luxus	تجمل
tahßīl, Pl. tahßīlåt	Studium	59| تحصیل،ج تحصیلات
tacht	Bett; Thron	12|29| تخت
tacht-e dĵamschīd	Persepolis (*Ort in Iran*)	29| تختِ جمشید
tacht-e chåb	Bett	48| تختِ خواب
tachteh	Brett, Tafel, Schreibtafel	تخته
tachfīf	Ermäßigung, Rabatt	تخفیف
tochm	Samen, Korn, Saat; Ei	52| تخم
tochm-e barsak	Leinsamen	تخمِ بزرک
tochm-e morgh	Hühnerei	52| تخمِ مرغ
tar	feucht, nass	تر
taråsū	Waage	ترازو
teråfīk	Verkehr	44| ترافیک
taråneh	Melodie, Lied	ترانه
tardĵomeh	Übersetzung	ترجمه
tardĵomeh kardan	übersetzen	2|36| ترجمه کردن
tarßīdan (tarß)	Angst haben, sich fürchten	69|70|76| ترسیدن (ترس)
tark	Aufgeben, Unterlassen, Verzicht	86| ترک
tarkīb, Pl. tarkībåt	Wendung, Ausdruck	82| ترکیب، ج ترکیبات
termīnål	Bahnhof; (Flughafen-)Terminal	50| ترمینال
tasrīqh	Spritze	تزریق
tas'īnat, Pl. tas'īnåt	Verschönerung, Verzierung, Zierde	80| تزئینت، ج تزئینات
taßlīm kardan	Übergabe, Zurückgabe	86| تسلیم کردن
taschrīf åwardan	jmdn. (wieder) beehren	تشریف آوردن
taschrīf dåschtan	anwesend sein	64| تشریف داشتن
taschakkor	Dank	65| تشکّر

taschakkor kardan	danken, sich bedanken	65| تشکّر کردن
teschnegī	Durst	تشنگی
teschneh	durstig	تشنه
taßådof	Zusammenprall, Unfall	72| تصادف
taßådofan	zufällig	84| تصادفاً
taßmīm	Entscheidung	55| تصمیم
taßwīr	Bild	تصویر
ta'årof	Höflichkeiten, Förmlichkeiten	47| تعارف
ta'årof kardan	bescheiden sein; höflicher Schlagabtausch; Gästen etw. anbieten	47|49|61| تعارف کردن
ta'adĵdĵob	Erstaunen	58| تعجّب
ta'adĵdĵob kardan	erstaunt sein	58| تعجّب کردن
te'dåd	Anzahl, Zahl	75| تعداد
ta'rīf	Lob, Mitteilung, Beschreibung, Definition	74|84| تعریف
ta'rīf kardan	eine Lobrede halten; erzählen	74| تعریف کردن
ta'tīl	frei; Feiertag; geschlossen	68| تعطیل
ta'tīlåt	Ferien	تعطیلات
ta'wīs-e ars	Devisen-, Wechselgeschäfte	68| تعویضِ ارز
tafåwot	Unterschied	تفاوت
tafrīh	Freude, Vergnügen	81|84| تفریح
taqhdīm kardan	anbieten; widmen; schenken; überreichen	66| تقدیم کردن
taqhrīban	fast	83| تقریباً
taqhßīr	Schuld	67| تقصیر
taqhßīr dåschtan	Schuld haben	67| تقصیر داشتن
taqhwīm	Kalender	75| تقویم
tekrår kardan	wiederholen	1|69| تکرار کردن

takallof	Zwanglosigkeit	81 تکلّف
takmīl kardan	vervollständigen	1|36 تکمیل کردن
tekkeh jach	Eiswürfel	تکّه یخ
talåsch	Mühe	تلاش
tallafos	Aussprache	8 تلّفظ
telefon	Telefon	64 تلفن
telefon kardan	telefonieren, anrufen	64 تلفن کردن
telewīsjūn	Fernsehen	33|34 تلویزیون
telewīsjūnī	Fernseh-	56 تلویزیونی
tamåß	Kontakt, Beziehung	82 تماس
tamåschå	Aussicht, Besichtigung, Schau	77|81 تماشا
tamåschå kardan	sich etw. ansehen, betrachten	81 تماشا کردن
tamåschåtschī	Zuschauer	77 تماشاچی
tamåm	alle, ganz, sämtlich	55|56 تمام
tamåm schodan	beendet sein	59 تمام شدن
tambr	Briefmarke	تمبر
tamrīn	(Sport-)übung, Training	تمرین
temßåh	Krokodil	تمساح
tamīs	rein, sauber	66 تمیز
tombak	kleine Trommel	86 تنبک
tond	schnell	70 تند
tan-doroßt; tandoroßtī	gesund; Gesundheit	13 تندرست؛ تندرستی
tang	eng	67 تنگ
taneh	(Baum-)Stamm	تنه
tanhå	allein	17 تنها
to	du	6 تو

tawåneßtan (tawån)	können	توانستن (توان) 35|43|
tūp	Ball, Kanone, Kugel	توپ
tūt	Beere	توت
tūt farangī	Erdbeere	توت فرنگی
tūrīßt	Tourist	توریست 27|
tawaqhqhof	Anhalten, Halt	توقّف 72|
tawallod	Geburtstag	تولّد 51|
tūmån (= 10 rījal)	Toman (*alte pers. Goldmünze*)	تومان (= ده ریال) 38|42|
tū-je	in, innen	توی 26|
tahådĵom	Angriff	تهاجم 83|
tahådĵom kardan	angreifen	تهاجم کردن 83|
tehrån; tehrånī	Teheran; Einwohner von Teheran	تهران؛ تهرانی 14|22|
tahījeh	Vorbereitung, Zubereitung	تهیه 69|
tīm	Mannschaft, Team	تیم 76|
tejmūrījån	Timuriden	تیموریان 80|
ta'chīr	Verspätung	تأخیر 72|84|

ا ب پ ت **ث** ج چ ح خ د ذ ر ز ژ س ش
ص ض ط ظ ع غ ف ق ک گ ل م ن و ه ی

ث

ßabt	Registrierung	ثبت 62|
ßarwatmand	vermögend	ثروتمند 59|63|

ج

djå	Ort; (Sitz-)Platz	21|22|50|	جا
djårū	Besen		جارو
djårū barqhī	Staubsauger		جارو برقی
djåleb	interessant	50|	جالب
djålebåßī	Kleiderständer	69|	جالباسی
djåmeh	Kleidung	62|	جامه
djån	Seele, Leben	57|	جان
djå-je dīgar	woanders	34|	جایِ دیگر
djabr	Algebra	59|	جبر
djodå as	abgesehen von	82|	جدا از
djadwal	Tabelle		جدول
djadwal-e kalamåt	Kreuzworträtsel		جدولِ کلمات
djadīd	neu	48|	جدید
djarråh	Chirurg		جرّاح
djarīmeh	Geldbuße	72|	جریمه
djarīmeh kardan	eine (Geld-)Buße auferlegen	72|	جریمه کردن
djos (beh)	außer	57|	جز (به)
djasīreh	Insel		جزیره
djoßt-o djū	Suche	39|43|	جست و جو
djoßt-o djū kardan	suchen	39|40|	جست و جو کردن
djoßtan (djū(j))	suchen	39|77|	جستن (جو(ی))
djaschn/ djaschnwåreh	Fest, Feier, Festival	78|84|85|	جشن\جشنواره
dja'beh	Schachtel		جعبه

djaʼfarī	Petersilie	جعفری
djak	Wagenheber	71 جک
djalb	Anziehung; Aufmerksamkeit; Festnahme	60 جلب
djalb-e nasar kardan	den Blick auf … ziehen	60 جلبِ نظر کردن
djalaßeh	Besprechung	64 جلسه
djelou-je	vor	28 جلوِی
djalīqheh-je nedjåt	Schwimmweste	جلیقهٔ نجات
djamʼ	Summe	76 جمع
djomʼeh	Freitag (*arab. Bezeichnung*)	27 جمعه
djomleh	Satz	82 جمله
djomhūr(ī)	Republik	75 جمهور(ی)
djenåb-eʼålī	Eure Exzellenz; Sehr geehrter Herr (*sehr höfl. Anrede*)	64|70|77 جنابِ عالی\جنابِعالی
djenß	Gattung	65 جنس
djangal	Wald, Dschungel	جنگل
djonūb	Süden	76|80 جنوب
djawån	jung	45|59 جوان
djawånån	Jugend(generation), die jungen Leute	جوانان
djawånī	Jugend (*als Lebensphase*)	جوانی
djawåher	Schmuckstück, Juwel	56 جواهر
djawåher forūsch	Schmuckhändler, Juwelier	56 جواهر فروش
djawåher forūschī	Schmuckgeschäft	56 جواهر فروشی
djūdjeh	Hähnchen, Küken	51|52 جوجه
djūdjeh kabåb	Hähnchen-Kabab	52 جوجه کباب
djūråb	Socke	جوراب
djū(j)	Bach, Fluss; Kanal	39 جو(ی)

dĵahån	Welt, Universum, Erde	18| جهان
dĵahångard	Reisender, Tourist	80| جهانگرد
dĵahat	Richtung	جهت
dĵahīsjeh	Aussteuer	61| جهيزيه
dĵīb	(Hosen-)Tasche	59| جيب

چ

tschåpgar	Drucker	چاپگر
tschådor	Tschador; Zelt; Schleier	38|42|76| چادر
tschåqhū	Messer, Taschenmesser	چاقو
tschåneh sadan	feilschen, handeln	66| چانه زدن
tschåj	Tee	37| چای
tschåjchåneh	Teehaus	81|84| چایخانه
tschap	links	20| چپ
tschatr	Regenschirm	چتر
tscherå?	warum?	17| چرا؟
tscherå!	Aber nein!, Doch!, Ja!; Schon!, Natürlich!	37|51| چرا!
tscherågh	Lampe, Leuchte, Licht; Ampel	60| چراغ
tscherågh-e rū mīsī	Tischlampe	چراغِ رومیزی
tschort	Nickerchen	چرت
tschort-e ba'd as nahår	Mittagsschlaf	57| چرتِ بعد از نهار
tscharch	Rad, Reifen	71| چرخ
tscharm	Leder	چرم

tschaßb	Leim	چسب
tschaschm/ tscheschm	Auge	48| چشم
(beh) tschaschm!	Einverstanden!	55| چشم (به ~)!
tscheschm andås	Ansicht; Ausblick	چشم انداز
tscheschm peseschk	Augenarzt; Optiker	چشم پزشک
tschaschm-e to rouschan båschad!	Glückwunsch! Freu dich!	55| چشمِ تو روشن باشد!
tscheschmeh	(Spring-)Brunnen, Quelle	چشمه
tschetour?	wie?	13|14| چطور؟
tschek	Scheck	68| چک
tschakosch	Hammer	چکش
tschakmeh	Stiefel	چکمه
tschelou	Tschelou (gedämpfter Reis)	24| چلو
tscheloukabåb	Tschelou Kabab (*Gericht mit Reis und Fleisch*)	24| چلوکباب
tscheloukabåbī	Tschelou-Kabab-Restaurant	34| چلوکبابی
tschamadån/ tschamedån	Koffer	62| چمدان
tschaman	Gras, Rasen	چمن
tschonån	solcher, -e, -es	57|63| چنان
tschand?	wie viel, -e?	63|66| چند؟
tschand prīseh	Mehrfachstecker	چند پریزه
tschand tå	einige, ein paar (*in Aussagesätzen*)	15|21| چند تا
tschand tå?	wie viele? (*in Fragesätzen*)	15|21| چند تا؟
tschandīn?	wie viel, -e?	63| چندین؟
tschonīn	solcher, -e, -es	78| چنین
tschūn	weil, da	40|41| چون

tscheh	was?, was für ein, -e?, welch … !	9| چه
tschahår	vier	27| چهار
tschahår schambeh	Mittwoch	27| چهارشنبه
tschahår-ßad	400	66| چهارصد
tschahårom	vierter, -e, -es	4| چهارم
tschehreh	Gesicht	61| چهره
tschīs	Ding, Sache	30|32|35| چیز
tschīsī (jek ~)	etwas; eine Sache	30|35| چیزی (یک ~)
tschīsī na- … (+ Verb)	nichts	49| چیزی نـ …
tschīsī nīßt	nicht viel; Das macht nichts; Keine Sorge	32| چیزی نیست
tschīßt?	was ist …?	10| چیست ؟

ا ب پ ت ث ج چ **ح** خ د ذ ر ز ژ س ش
ص ض ط ظ ع غ ف ق ک گ ل م ن و ه ی

ح

hådĵdĵ, hådĵdĵī	Pilger; höfl. Anrede für älteren Herren	66| حاجّ، حاجّی
hådeßeh, Pl. *hawådeß*	Ereignis	71|72| حادثه، ج حوادث
håser (siehe auch حضّار *hossår*)	anwesend; bereit, fertig	27|37| حاضر
hål	Zustand	13| حال
hålå	jetzt	19| حالا
hobåb	(Luft-/Seifen-)Blase	حباب
hatman	sicher(lich)	43| حتماً
hadd, Pl. *hodūd*	Grenze	47|72| حدّ، ج حدود

hodūd-e	etwa, ungefähr	47| حدودِ
harf	Buchstabe; Wort; Rede, Gespräch	14|41| حرف
harf sadan	sprechen	41| حرف زدن
herfeh	Beruf	حرفه
harfī (por ~)	Klatsch, Tratsch; Plauderei, Schwatzhaftigkeit	55|71| حرفی (پر ~)
harakat	Bewegung	46|72| حرکت
harakat kardan	aufbrechen, abreisen; bewegen	46|72| حرکت کردن
heßåb	Konto	68| حساب
heßåb-e dĵårī	Girokonto	68| حسابِ جاری
heßåbī	vernünftig	46| حسابی
haßīr	Matte	حصیر
hossår (Pl. von حاضر *håser*)	Anwesende	75|77| حضّار
hefåsat	Schutz	حفاظت
haqhqh	Recht	50| حقّ
haqhqh-e 'obūr	Vorfahrt	حقِّ عبور
hoqhūqh (Pl. von حقّ *haqhqh*)	Rechte; Gehalt	69|70|84| حقوق
hekåjat	Geschichte, Erzählung	86| حکایت
hekåjat kardan	erzählen	86| حکایت کردن
halwå	Halwa (*Süßigkeit*)	42| حلوا
hammåm	Bad, Badezimmer; türk. Dampfbad	26|32| حمّام
hamleh	Angriff	حمله
hamleh kardan	angreifen	حمله کردن
hawåß part	zerstreut, geistesabwesend	64| حواس پرت
houßeleh	Lust; Laune; Geduld	74| حوصله
houßeleh kardan	Geduld haben; Lust haben	74| حوصله کردن

hous	Becken, Teich	48	حوض
houleh	Handtuch		حوله
houleh-je hammåm	Badetuch		حولهٔ حمّام
hajåt	Hof	40 48	حیاط
hejwån	Tier		حیوان

ا ب پ ت ث ج چ ح **خ** د ذ ر ز ژ س ش
ص ض ط ظ ع غ ف ق ک گ ل م ن و ه ی

خ

chåredĵ	Ausland; außen, außerhalb; Ausgang	77 78	خارج
chåredĵ schodan	hinausgehen	78	خارج شدن
chåleh	Tante (*mütterlicherseits*)	61 63	خاله
chålī	frei, leer, unbesetzt	32 70	خالی
chåmūsch	schweigsam, stumm, sprachlos; aus		خاموش
chåmūsch kardan	abschalten, ausmachen		خاموش کردن
chåmeh	Sahne		خامه
chånom	Frau, Fräulein	15 16	خانم
chånewådegī/ chånewådeh	familiär; Familie	47 52 57	خانوادگی\خانواده
chåneh	Haus, Heim	12	خانه
chabar, Pl. *chabarhå*	Mitteilung, Nachricht, Neuigkeit (*pers. Bezeichnung*)	49	خبر، ج خبرها
chabar tschīnī	Klatsch, Gerede	55	خبر چینی
chabar kardan	ankündigen, in Kenntnis setzen	57	خبر کردن
chabartschīn	Klatschweib	55	خبرچین
chabargosår	Bekanntmachung, Pressemitteilung	77	خبرگزار
chabargosårī	Presseagentur	75	خبرگزاری

chodĵaßteh tåle'	Glücklicher, Glückbringender	86| خجسته طالع
chodå	Gott	22| خدا
chodå håfes!	Auf Wiedersehen!	22| خدا حافظ!
chodå rå schokr!	Gott sei Dank!	45| خدا را شکر!
chodå negahdår!	Auf Wiedersehen!	32|46| خدا نگهدار!
chedmatkår	Bediensteter, Diener	61|63| خدمتکار
char	Esel	خر
charåb	defekt, kaputt	52| خراب
charåb schodan	kaputtgehen, ruiniert/zerstört werden	52|56| خراب شدن
charåb kardan	kaputt machen, ruinieren, zerstören	52|56| خراب کردن
charåbkårī	Schaden, Sabotage	54| خرابکاری
charåbeh	Ruine	خرابه
charåbī	Panne	خرابی
charboseh	Zuckermelone	خربزه
chord	klein	68| خرد
chargūsch	Kaninchen	خرگوش
chorūdĵ	Ausfahrt, Ausgang	خروج
chorūß	Hahn	خروس
charīd	Einkäufe	38| خرید
charīd-o forūsch	Handel	84| خرید و فروش
charīdan (char)	kaufen	38| خریدن (خر)
cheßårat, Pl. *cheßåråt*	Schaden	75| خسارت، ج خسارات
chaßtegī	Müdigkeit, Erschöpfung	56| خستگی
chaßteh	müde	41| خسته
chaßteh-o kūfteh	müde und gerädert	72| خسته و کوفته

chatt	(Bus-)Linie; (Hand-)Schrift	خطّ 31|82|
chatt kesch	Lineal	خطّ کش
chattåt; (-ī)	Kalligraf; Kalligrafie	خطّاطی
chatar	Gefahr, Risiko	خطر 78|
chatarnåk	gefährlich	خطرناک 78|
cholåßeh	Zusammenfassung	خلاصه 75|
chalabån	Pilot	خلبان
chalīdĵ	größere Meeresbucht	خلیج
chamīr	Teig	خمیر
chonak	kühl, frisch (*Temperatur*)	خنک 43|57|
chåb	Schlaf, Traum	خواب 41|
chåbīdan (chåb)	schlafen	خوابیدن (خواب) 41|
chåßt	Wille	خواست 82|
chåßtegår	Brautwerber	خواستگار 63|
chåßtegårī	Heiratsantrag	خواستگاری 61|63|
chåßtan (chåh)	Bildung des Futurs; wollen, möchten	خواستن (خواه) 29|32|
chåndan (chån)	lesen; lernen	خواندن (خوان) 54|57|
chånandeh	Sänger	خواننده
chåh ... chåh ...	sei es ... sei es ...	خواه ... خواه ... 82|
chåhar	Schwester	خواهر 54|
chåhesch kardan	bitten	خواهش کردن 36|42|
chūb (beßjår)	(sehr) gut	خوب (بسیار) 68|
chod	selbst	خود 46|
chodkår	Kugelschreiber	خودکار
chodnewīß	Füller	خودنویس
chordan (chor)	essen; trinken	خوردن (خور) 37|

choresch	Eintopf, Ragout	51 خورش
choresch-e feßendĵån	Geflügelragout	51 خورشِ فسنجان
choresch-e qhormeh ßabsī	Hammelfleischragout	51 خورشِ قرمه سبزی
chorschīdī	Sonnen-, sonnig	75 خورشیدی
chosch	angenehm	34 خوش
chosch åmad goftan	(jndn.) willkommen heißen	61 خوش آمد گفتن
chosch-bīnī	Optimismus	خوش بینی
choschbachtåneh	glücklicherweise	73 خوشبختانه
choschhål	froh, glücklich	34 خوشحال
choschhål būdan (as … ~)	über etwas glücklich sein	34 خوشحال بودن (از ... ~)
choschrang	bunt	80 خوشرنگ
choschmaseh	lecker, wohlschmeckend	52 خوشمزه
chūk	Schwein	خوک
chūn	Blut	خون
chīschtan	eigen, selbst (*literarisch*)	79 خویشتن
chījåbån	Straße	34 خیابان
chījår	Gurke	52 خیار
chajjåm	Zeltmacher	84 خیّام
chīreh kardan	blenden	80 خیره کردن
chejlī	sehr; viel	11 13 خیلی
chejlī chosch åmad!	(Sehr) herzlich willkommen!	48 خیلی خوش آمد!
chejlī sījåd	sehr viel, zu viel	37 خیلی زیاد

ا ب پ ت ث ج چ ح خ د ذ ر ز ژ س ش
ص ض ط ظ ع غ ف ق ک گ ل م ن و ه ی

د

dåd	Justiz, Gerechtigkeit; Rechts-; Schrei	داد
dåd-o ßetad	Handel	84 داد و ستد
dådåsch	Brüderchen (*liebevoll*)	37 داداش
dådgah	Gerichtshof	دادگاه
dådgoßtarī	Justiz	71 دادگستری
dådan (dah)	geben	1|33 دادن (ده)
dår	Baum, Holz, Galgen	دار
dår (als Suffix)	definiert den Besitzer	83 دار \ -دار
dårå	habend, besitzend	83 دارا
dårbaßt	Gerüst	داربست
dårū	Medikament	56 دارو
dårūchåneh	Apotheke	56 دارو خانه
dårū forūsch	Apotheker	56 دارو فروش
dåßtån	Geschichte, Erzählung	داستان
dåßtån-e dĵenåʾī	Kriminalroman	داستانِ جنایی
dåschtan (dår)	haben	22|28 داشتن (دار)
dånå	wissend, klug	77|82|83 دانا
dåneßtan (dån)	wissen	31|42 دانستن (دان)
dånesch	Wissen	69 دانش
dåneschnåmeh	Diplom	دانش نامه
dåneschdĵū	Student	65 دانشجو
dåneschkadeh	Fakultät	69 دانشکده
dåneschgåh	Universität	59|69 دانشگاه
dåneschmand	Wissenschaftler	69 دانشمند

då'ī/dåjī	Onkel (*mütterlicherseits*)	59| دائی\دایی
dabīr	Redakteur, Sekretär; Gymnasiallehrer	63| دبیر
dabīr chåneh	Sekretariat	63| دبیرخانه
dabīreßtån/ dabīreßtånī	Gymnasium; Gymnasiast	59|63| دبیرستان\دبیرستانی
dochtar	Tochter; Mädchen	2|37| دختر
dochtar chåleh	Cousine (*mütterlicherseits*)	63| دختر خاله
dochtar då'ī	Cousine (*mütterlicherseits*)	63| دختر دائی
dochtar 'amū	Cousine (*väterlicherseits*)	4|63| دختر عمو
dochtar 'ammeh	Cousine (*väterlicherseits*)	دختر عمّه
dar	in; Tür	2|46| در
dar-e otåqh	Zimmertür	51| درِ اتاق\اطاق
dar aßar-e	aufgrund	75| در اثرِ
dar īn ßūrat	in diesem Fall	39| در این صورت
dar semn-e …	während	83| در ضمنِ ...
dar tūl-e …	im Verlauf von …	83| در طولِ ...
darbåreh-je	was … betrifft, bezüglich	78| دربارهٔ
deracht	Baum, (Baum-)Struktur	48|60| درخت
deracht-e chormå	Palme	درختِ خرما
deracht-e sejtūn	Olivenbaum	درختِ زیتون
derachschån	glänzend	70|83| درخشان
derachschīdan (derachsch)	glänzen, funkeln	70| درخشیدن (درخش)
dard	Schmerz	45| درد
dard kardan	wehtun, schmerzen	45| درد کردن
dardnåk	schmerzhaft, schmerzlich	77| دردناک
darß	Lektion	1| درس
darß dådan	unterrichten	59| درس دادن

doroßt	richtig, korrekt; wahr	45|48	درست
doroßt kardan	zubereiten, kochen; reparieren, anfertigen	51	درست کردن
darwåseh	Tor, Tür	60	دروازه
darreh	Tal		درّه
darī	Dari (*eine der Landessprachen Afghanistans*)	19	دری
darjå	Meer, Ozean, Fluss	49	دریا
darjåtscheh	(Binnen-)See	49	دریاچه
dosd	Dieb		دزد
daßt	Hand; Portion	20|52	دست
daßt sadan	berühren, anfassen		دست زدن
daßt nachordeh	intakt, unversehrt	83	دست نخورده
daßtband	Handschellen; Armband		دستبند
daßtschūʾī	Toilette; Badezimmer; Waschbecken	67	دستشوئی
daßtkesch	Handschuh		دستکش
daßtgīr	Inhaftierung	75|77	دستگیر
daßtgīr kardan	verhaften, festnehmen	75	دستگیر کردن
daßtmål	Serviette, Taschentuch	69	دستمال
daßtūr	Befehl, Anweisung	62	دستور
daßtur-e sabån	Grammatik		دستورِ زبان
daßtūr dådan	anordnen, befehlen	66	دستور دادن
daßteh	Griff, Henkel	71	دسته
daßteh gol	Blumenstrauß		دسته گل
daßtī (honar-e ~)	Kunsthandwerk	80	دستی (هنرِ ~)
deßer	Nachtisch		دسر
dascht	Feld		دشت

doschwår; doschwårī	schwer; Schwierigkeit	دشوار؛ دشواری 82
da'wå	Streit	دعوا 54
da'wå kardan	streiten	دعوا کردن 54
da'wat	Einladung	دعوت 47 81
da'wat kardan	einladen	دعوت کردن 47 81
daf	große persische Trommel/ Tamburin, "Daf"	دف 86
daftar	Heft; Büro	دفتر 41 69
daftar-e kår	Büro	دفترِ کار
daqhīqh	präzise, exakt, genau	دقیق 75 84
daqhīqheh	Minute	دقیقه 20 22
dokkån	Geschäft	دکّان 5
doktor	Doktor, Arzt	دکتر
dokmeh	Knopf	دکمه
del	Herz	دل
del-e ... mī chåhad	auf etw. Lust haben	دلِ ... می خواهد 34
del gereftan	sich abgewöhnen, verzichten, aufgeben	دل گرفتن 86
dolår	Dollar	دلار 68
deltang schodan	nostalgisch, sehnsüchtig werden	دلتنگ شدن 85
delchosch	glücklich	دلخوش 78
delßūs	mitfühlend, teilnahmsvoll	دلسوز 77
dombål	hinter	دنبال 39
dombål-e ...	auf der Suche nach	دنبالِ ... 39
dombål-e ... gardīdan	suchen	دنبالِ ... گردیدن 39 42
dombål-e ... gaschtan	suchen	دنبالِ ... گشتن 39

dandån	Zahn	دندان 52
dandånpeseschk	Zahnarzt	دندانپزشک
do	zwei	دو 2 6
dobåreh	erneut, noch einmal	دوباره 44 49
dobejt	Vierzeiler (*i. d. Poesie*)	دوبیت 79
dūd	Rauch	دود
dūdkesch	Schornstein	دودکش
dūr	weit, fern	دور 20
dourån	Zeitalter, Zeit, Epoche	دوران 80
dūrbīn	Fotoapparat	دوربین
doureh	Zeitabschnitt, Periode	دوره 80
dūrī	auseinander; fern; Entfernung, Abstand, Distanz	دوری 77 85
dūßt	Freund	دوست 4 8
dūßt dåschtan	etw. lieben / gern haben	دوست داشتن 4
dūßtåneh	freundschaftlich	دوستانه 77
dūßtī	Freundschaft	دوستی 66
doschambeh	Montag	دوشنبه 27
dūgh	Dugh (*salziges Joghurtgetränk*)	دوغ 24 34 52
doqholū	Zwilling	دوقلو
dowwom	zweiter, -e, -es	دوّم 2 28
dowwomīn	zweiter, -e, -es	دوّمین 56
dawīdan (daw)	laufen, rennen, joggen	دویدن (دو) 70
dewīßt	200	دویست 66
dah	zehn	ده 7 21
deh	Dorf	ده 55
dahån	Mund	دهان

dahom	zehnter, -e, -es	10| دهم
dī	gestern (*poetisch*)	19| دی
dej	Dej, 10. Monat des pers. Kalenders	75| دی
dīd-o båsdīdhå-je 'ejd	Neujahrsbesuche	85| دید و بازدیدهایِ عید
dīdår	Treffen, Begegnung	74| دیدار
dīdår kardan	treffen	74| دیدار کردن
dīdan (bīn)	sehen	12| دیدن (بین)
dejr	Kloster	36| دیر
dīr	spät, verspätet	36| دیر
dīrbås (as ~)	seit langer Zeit	83| دیرباز (از ~)
dīrūs	gestern	16|19| دیروز
dīschab	gestern Abend, letzte Nacht	19| دیشب
dīg-e åschpasī	Kochtopf	دیگِ آشپزی
dīgar	anderer, -e, -es	29| دیگر
dīn	Religion	دین
dīwår	Wand, Mauer	64|66| دیوار
dīwån	Gedichtsammlung	60| دیوان

ا ب پ ت ث ج چ ح خ د **ذ** ر ز ژ س ش
ص ض ط ظ ع غ ف ق ک گ ل م ن و ه ی

ذ

sorrat	Mais	ذرّت
souq	Geschmack; Begeisterung	80| ذوق

ر

råbeteh	Beziehung, Verhältnis	82 رابطه
rådījåtor	Heizkörper	رادیاتور
rådīo/rådjoʼī	Radio-, Rundfunk-	75 رادیو\رادیویی
rås	Geheimnis	راز
råsījåneh	Fenchel	رازیانه
råßt	rechts; richtig, wahr; gerade, aufrecht	20 73 راست
råßtī	übrigens	74 راستی
råsī	erfreut, zufrieden	55 69 راضی
råndan (rån)	fahren, lenken	72 راندن (ران)
rånandegī	Autofahren, fahren (*m. e. Verkehrsmittel*)	71 رانندگی
rånandeh	Fahrer	71 راننده
råh	Weg	17 راه
råh oftådan	aufbrechen, sich auf den Weg machen	50 راه افتادن
råh bandån	Verkehrsstau	72 راه بندان
råh råh	gestreift	راه راه
råh raftan	gehen, laufen	45 راه رفتن
råhnemå	Leiter, Wegführer	44 راهنما
råhnemåʼī kardan	führen, leiten	44 راهنمائی کردن
robåʼī	Vierzeiler (*i. d. Poesie*)	79 رباعی
rob'	Viertel	19 ربع
roch	Gesicht	86 رخ
racht	Wäsche; Kleid	48 رخت

racht-e chåb	Bett	رختِ خواب 48
rachtschū'ī (måschīn-e ~)	Waschmaschine	رختشوئی (ماشینِ ~) 67
rachsch	Blitz; fuchsrot	رخش 72
radd schodan (as ~)	passieren, hindurchlaufen	ردّ شدن (از ~) 60
radīf	Reihe; Zeile; Refrain	ردیف
reßåleh	Abhandlung	رساله 59
reßån/reßån	Nahrung (*ugs.*)	رسان 32
reßåndan (reßån)	weiterleiten, weitergeben	رساندن (رسان) 64
reßtorån	Restaurant	رستوران 34
reßīd	Quittung	رسید
reßīdan (reß)	ankommen	رسیدن (رس) 55|64
reßīdan beh chejr	Willkommen	رسیدن به خیر 58
raft-o åmad	Verkehr	رفت و آمد 44|49|67|84
raftår-o goftår	Verhalten und Ausdrucksweise	رفتار و گفتار 61
raftan (raw)	gehen, fahren	رفتن (رو) 3|20|31
raftan (as jåd ~)	vergessen, aus dem Gedächtnis verlieren	رفتن (از یاد ~) 62
raqhß	Tanz	رقص
rang	Farbe, Farbton	رنگ 49|53|63
rang kardan	bemalen, färben	رنگ کردن 53
rangårang	bunt	رنگارنگ 80
rūberū-je	gegenüber	روبروی 48
rūpūsch	Arbeitskittel	روپوش 69
rūd	Fluss, Strom	رود 81
rūdchåneh	Flussbett	رودخانه
rūs	Tag	روز 14

rūs beh chejr	Guten Tag	روز به خیر 58
rūs-e haschr	Tag des Jüngsten Gerichts	روزِ حشر 86
rūs-e hafteh	Wochentag	روزِ هفته 28
rūsåneh	(all)täglich	روزانه 77
rūsnåmeh	Zeitung	روزنامه 74
rūseh	Tages-, -tägig; Fasten	روزه 72
rūsī	pro Tag; ein Tag	روزی 32
rouschan	hell	روشن 40|48
rouschan kardan	anmachen, einschalten	روشن کردن 69
rumīsī	Tischdecke	رومیزی
rū-je	auf	رویِ 24
rū-je (bar ~)	auf, über	رویِ (بر~) 81
ro'īyå	Traum	رؤیا
rahgosar	Passant	رهگذر 84
rījåsījåt	Mathematik	ریاضیات
rījål	Rial (*Währung in Iran*)	ریال 38
rīcht-o påsch	Vergeudung	ریخت و پاش 84
rīchtan (rīs)	ausschütten, fallen lassen	ریختن (ریز) 53
rīsesch	Fall, Streuung	ریزش 76
rīsch	Bart	ریش
rīscheh	Wurzel	ریشه
rejl	Gleis	ریل
ra'īß	Direktor	رئیس 64
ra'īß-e djomhūr	Präsident der Republik	رئیسِ جمهور 75|77

ز

sårī	Jammern, Klagen, Heulen	71	زاری
sånū	Knie		زانو
såjandeh	gebärend, lebensspendend	81	زاینده
så'īdan (så(j))	geboren werden / gebären	81	زائیدن (زا(ی))
sobåleh	Müll		زباله
sobåleh dån	Mülltonne		زباله دان
sabån	Sprache	15	زبان
sahmat	Mühe	64	زحمت
daßt sadan	berühren, anfassen		زدن (دست ~)
sadan (san)	schlagen, stoßen	31|41	زدن (زن)
sard	gelb	49	زرد
sard-ålū	Aprikose		زردآلو
sardoscht	Zarathustra	83	زردشت
sescht	hässlich	48	زشت
selseleh	Erdbeben	75	زلزله
solf	Haarlocke	71	زلف
samån	Zeit	53|82	زمان
samåneh	Zeit(alter), Epoche; Zeitabschnitt; Schicksal	86	زمانه
semeßtån	Winter	53	زمستان
samīn	Boden, Erde, Erdboden; Globus	37|51	زمین
samīn-e båsī	Spielplatz		زمینِ بازی
samīn chordan	stürzen, hinfallen	37	زمین خوردن
samīn larseh	Erdbeben	75	زمین لرزه

samīneh	Gebiet, Hintergrund, Sektor	81| زمینه
san	Frau	5| زن
san-o schouhar	Ehepaar	زن و شوهر
sandĵīr	Kette	زنجیر
sendegī	Leben	53| زندگی
sendegī kardan	leben; wohnen	53| زندگی کردن
sang	Klingel, Glocke	47| زنگ
sang-e tafrīh	Pausenglocke (*Schule*)	زنگِ تفریح
sang sadan	an der Tür klingeln	47| زنگ زدن
soudĵ	Ehepaar	زوج
sūd	früh; rasch, schnell; bald	36|41| زود
seh	Saite (*Musikinstrument*)	زه
sījåd	viel	37| زیاد
sījådtar; sījådtarīn	mehr; am meisten	56| زیادتر؛ زیادترین
sījårat	Wallfahrt, Pilgerfahrt	60| زیارت
sījån	Vorurteil; Schaden, Verlust	55|77|78| زیان
sījån åwar	schädlich, nachteilig	55|77| زیان آور
sībå	schön	18|28| زیبا
sīp	Reißverschluss	زیپ
sejtūn	Olive	زیتون
sīr-e …	unter …	12| زیرِ ...
sīr samīn	Untergeschoss, Keller	53| زیر زمین
sīr gosar	Unterführung	زیرگذر
sīreh	Kümmel	زیره

ژ

ĵåĵ	dummes Zeug, Unsinn	ژاژ 75
ĵåĵchå	Schwätzer; Quacksalber	ژاژخا 75
ĵåndårmerī	Gendarmerie	ژاندارمری 75
ĵīweh	Quecksilber	ژیوه 75

س

ßåhel	Küste	ساحل
ßåchtan (ßås)	(er)bauen	ساختن (ساز) 77|84
ßårebån	Kameltreiber	ساربان 79
ßås	Musikinstrument	ساز 84
ßå'at	Uhrzeit; Stunde; Uhr	ساعت 19|21
ßåk-e daßtī	Handtasche	ساکِ دستی 68
ßåket	still	ساکت 69
ßål	Jahr	سال 29
ßålåd	Salat	سالاد 26
ßålåneh	(all)jährlich; Jahres-	سالانه 75|77|79
ßålon	(Konzert-)saal	سالن
ßåjebån	(großer) Sonnenschirm	سایبان
ßåjeh	Schatten	سایه 60
ßåjeh-dår	Schatten spendend	سایه دار 60
ßabab	Grund	سبب 38

ßabad	Korb	سبد 51
ßabs	grün	سبز 49
ßabseh	Grün, Pflanzen, Schössling	سبزه 53
ßabsī	Gemüse	سبزی 51
ßabsī polou bå måhī	Pilaw mit Kräutern und Fisch	سبزی پلو با ماهی 51
ßabsī forūsch; ßabsī forūschī	Gemüsehändler; Gemüseladen	سبزی فروش؛ سبزی فروشی 51
ßabsīdĵåt	Gemüse	سبزیجات
ßepåh	Armee	سپاه 81
ßepåhån	"Militärlager" (*ehem. Name Isfahans*)	سپاهان 53
ßepåhī	Soldat, Militär (*urspr. Reiter*)	سپاهی
ßepordan (ßepor)	anvertrauen	سپردن (سپر) 85
ßetåndan (ßetån)	(er)greifen, nehmen, erobern	ستاندن (ستان) 79
ßetwån/ßotwån	(Herr) Leutnant	ستوان 44
ßotūn	Säule	ستون 81
ßacht	schwierig	سخت 11
ßochan	Rede, Wort, Sprache	سخن 77
ßochangū	Sprecher	سخنگو 78
ßad	Staudamm	سد
ßar	Kopf	سر 24
ßar-e	bei, an, am Kopf von	سرِ 24 28
ßar andĵåm	schließlich, letztendlich	سر انجام 81
ßar raßīdan	auftauchen, erscheinen	سر رسیدن 72
ßar-e ßå'at-e	pünktlich um	سرِ ساعتِ 47 49
ßar-e tåß	Kahlkopf	سرِ طاس
ßar neweschtt	Schicksal	سر نوشت 81
ßar-o ßedå	Lärm	سر و صدا 81

ßar-e waqht	pünktlich	81| سرِ وقت
ßerâīdâr	Hausmeister	سرایدار
ßorch	rot	49| سرخ
ßard	kalt	7|13| سرد
ßardar	Eingangstor	80| سردر
ßor'at	Schnelligkeit, Geschwindigkeit	72| سرعت
ßarkâr	(Herr) Polizist	44| سرکار
ßarkâr chânom	verehrte Dame (*höfl. Anrede*)	70| سرکار خانم
ßerkeh	Essig	53| سرکه
ßarmâ	Kälte	37|53| سرما
ßarmâ chordan	sich erkälten	37| سرما خوردن
ßormeh	Kajal	80| سرمه
ßerwīß	Service	19| سرویس
ßesâwâr-e ... būdan	es verdient haben, zu …	72| سزاوارِ ... بودن
ßoß	Soße	سُس
ßeschoâr	Fön	سشوار
ßatl	Eimer	سطل
ßa'd	glücklich	79| سعد
ßefâresch dâdan	bestellen	سفارش دادن
ßofâlī	Töpferwaren	74| سفالی
ßafar	Reise, Ausflug	50| سفر
ßafar beh chejr	Gute Reise	58| سفر به خیر
ßafar kardan	reisen	50| سفر کردن
ßefīd	weiß	49| سفید
ßekeh	Münze	53| سکه
ßalâm	Gruß, Begrüßung; Guten Tag	8|13| سلام

س

ßalåm (wa) 'alejk!	Begrüßung	سلام (و) علیک! ‌47
ßalåm 'alejkom!	Friede sei mit euch!	سلام علیکم! ‌47
ßalåmat; ßalåmatī	Gesundheit; gesund/Gesundheit	سلامت؛ سلامتی ‌13
ßoltån	Herrscher, König, Sultan	سلطان
ßaltanat; ßaltanatī	Herrschaft, Regentschaft; königlich	سلطنت؛ سلطنتی ‌81
ßalīqheh	guter Geschmack	سلیقه ‌61
ßomåqh	Sumach (*Gewürz*)	سماق ‌53
ßamåwar	Samowar	سماور ‌43
ßamanū	Süßigkeit aus Weizenkeimen mit Nüssen	سمنو ‌53
ßamūr	Zobel	سمور ‌12
ßombol	Hyazinthe	سنبل ‌53
ßonnat	Tradition	سنّت ‌80
ßandĵåqh-e ßīneh	Brosche	سنجاقِ سینه
ßendĵed	Mehlbeere	سنجد ‌53
ßangīn	schwer	سنگین ‌65‌70
ßū	Richtung, Seite	سو ‌40
ßawår schodan	einsteigen	سوار شدن ‌62
ßo'ål	Frage	سؤال ‌79
ßo'ål kardan	fragen	سؤال کردن ‌79
ßūt	Trillerpfeife	سوت
ßūcht	Treibstoff	سوخت ‌84
ßūcht-o ßås	Stoffwechsel	سوخت و ساز ‌84
ßūcht-o ßūs	Verlust	سوخت و سوز ‌84
ßūchtan	verbrennen	سوختن ‌77
ßūd	Nutzen, Profit	سود ‌78
ßūsan	Nadel	سوزن

WÖRTERVERZEICHNIS

ßewwom	dritter, -e, -es	سوّم 3
ßewwomīn	dritter, -e, -es	سوّمین 56
ßūīß; ßūīßī	Schweiz; schweizerisch	سوئیس؛ سوئیسی 35
ßeh	drei	سه 19
ßeh-tår	Sitar	سه تار 86
ßeh schambeh	Dienstag	سه شنبه 27
ßījåh	schwarz	سیاه 49
ßīb	Apfel	سیب 5
ßīb samīnī	Kartoffel	سیب زمینی 51
ßīch	Spieß	سیخ 52
ßīr	Knoblauch	سیر 53
ßīßad	300	سیصد 66
ßīgår	Zigarette, Zigarre	سیگار 62
ßīm	Draht	سیم
ßīnemå	Kino	سینما 33
ßīneh	Brust	سینه
ßīnī	Tablett	سینی 61

ا ب پ ت ث ج چ ح خ د ذ ر ز ژ س **ش**
ص ض ط ظ ع غ ف ق ک گ ل م ن و ه ی

ش

schåch	Horn	شاخ
schåcheh	Zweig	شاخه
schåd; schådī	fröhlich; Freude	شاد؛ شادی 85
schåd-båsch	Glückwünsch	شادباش 85
schåd-båsch goftan	beglückwünschen	شادباش گفتن 85

schårĵer	Ladegerät		شارژر
schå'er	Dichter	66	شاعر
schågerd	Schüler; Gehilfe	59|66	شاگرد
schåm	Abendessen; Abend	47|50|67	شام
schåm chordan	zu Abend essen	47	شام خوردن
schånß	Glück	18	شانس
schåneh	Kamm		شانه
schåh	König; Königs-, Groß-, Haupt-	77	شاه
schåhbejt	Hauptvers (*eines Gedichts*)	77|80	شاه بیت
schåhbås	Königsfalke	77|80	شاهباز
schåhtūt	Hauptmauer	80	شاهتوت
schåhråh	Hauptstraße, -route	77|80	شاهراه\شاه راه
schåhkår	Meisterwerk; Hauptverantwortlicher	80|77	شاهکار
schåjad	vielleicht; es kann sein, dass ...	63|80	شاید
schab	Nacht	12|33	شب
schab beh chejr	Gute Nacht (*zum Abschied*)	58	شب به خیر
schabakeh	Netz		شبکه
schotor	Kamel		شتر
schachß, Pl. *aschchåß*	Person, Individuum	82	شخص، ج اشخاص
schachßan	persönlich	82|84	شخصاً
scheddat	Kraft; Gewalt	75	شدّت
schodan (schaw)	werden	16|30|41	شدن (شو)
scharåb	Wein		شراب
scharbat	Sirup	61	شربت
scharh	Erklärung, Beschreibung, Kommentar	75|84	شرح
scharh-e sīr (beh ~)	wie unten erklärt/angeführt/ beschrieben	75	شرحِ زیر (به ~)

scharqh; scharqhī	Osten; östlich	76|80| شرق؛ شرقی
scherkat	Gesellschaft, Unternehmen, Firma; Teilnahme	50|59| شرکت
scherkat-e otobūßrånī	Busgesellschaft	50| شرکتِ اتوبوسرانی
scherkat kardan	teilnehmen	59| شرکت کردن
schorū'	Anfang, Beginn	40| شروع
schorū' (beh...) kardan	anfangen, beginnen (zu)	40|42| شروع (به ...) کردن
schaßt	Daumen, großer Zeh	84| شست
schoßt-o schū	das Waschen	84| شست و شو
schoßtan (schū)	waschen	67|84| شستن (شو)
schoßteh-o rofteh	strahlend sauber	84| شسته و رفته
schesch	sechs	5|7| شش
schesch-ßad	600	66| ششصد
scheschom	sechster, -e, -es	6| ششم
sche'r	Poesie; Gedicht	60|86| شعر
schoghl	Beruf	23| شغل
schefå	Heilung	شفا
schakk	Zweifel	شکّ
schekår	Jagd	شکار
schekar	(Streu-)Zucker	37| شکر
schokr	Dank	45| شکر
schekaßtan (schekan)	zerbrechen	65| شکستن (شکن)
schekaßteh	zerbrochen, kaputt	51|70| شکسته
schekam	Bauch	52| شکم
schokūh	Pracht, Glanz	81| شکوه
schalwår	Pluderhose, Hose	62| شلوار

schalwår-e djīn	Jeans	شلوارِ جین
scholūgh	voll, überfüllt	40|65| شلوغ
schomå	Sie (*höfl.*), ihr (*2. Pers. Pl.*)	13| شما
schomåreh	Nummer	64| شماره
schomåreh gereftan	eine Telefonnummer wählen	64| شماره گرفتن
schomål; schomålī	Norden; nördlich	75|76| شمال؛ شمالی
scham'	Kerze	53| شمع
schen	Sand	شن
schenåchtan (schenåß)	wissen, kennen	58|77| شناختن (شناس)
schenåßnåmeh	Personalausweis	72| شناسنامه
schambeh	Samstag	27| شنبه
schenawandeh	Zuhörer	75| شنونده
schenīdan (schenaw)	hören, vernehmen	48| شنیدن (شنو)
schūchī	Spaß, Scherz	73| شوخی
schūchī kardan	scherzen	73| شوخی کردن
schawad (mī- ~)	es ist möglich	80| شود (می-~)
schofåĵ	Heizung	شوفاژ
schok	Schreck	شوک
schouhar	Ehemann	55| شوهر
schahr	Stadt	10| شهر
schīr	Milch; Löwe; Wasserhahn	37| شیر
schīr-e åb	Wasserhahn	شیرِ آب
schīrīn; schīrīnī	süß; Süßigkeit	79|61| شیرین؛ شیرینی
schīscheh	Glas (*Material*)	65| شیشه

ا ب پ ت ث ج چ ح خ د ذ ر ز ژ س ش
ص ض ط ظ ع غ ف ق ک گ ل م ن و ه ی

ص

ßåhebchåneh	Vermieter	صاحبخانه
ßobh	Morgen	صبح |31
ßobhåneh	Frühstück	صبحانه |37
ßabr	Geduld	صبر |42|31
ßabr kardan	warten	صبر کردن |31
ßohbat	Unterhaltung	صحبت |57
ßohbat kardan	sich unterhalten, plaudern	صحبت کردن |57
ßahīh	richtig, zutreffend, korrekt	صحیح |82
ßad	hundert	صد |35
ßad (dar ~)	Prozent	صد (در ~) |66
ßedå	Stimme, Ruf, Laut, Geräusch	صدا |41|36
ßedå kardan	Lärm machen; schreien	صدا کردن |42|41
ßarfeh djūʾī	Sparen	صرفه جوئی |67
ßarfeh djūʾī kardan	(Geld) sparen	صرفه جوئی کردن |67
ßafheh	Seite, Blatt	صفحه
ßafheh-je namåjesch	Bildschirm	صفحهٔ نمایش
ßafheh-je web	Webseite	صفحهٔ وب
ßafheh-je kelīd	Tastatur	صفحهٔ کلید
ßefr	null	صفر |35
ßafawījån	Safawide	صفویان |86
ßolh	Frieden	صلح
ßamad	ewig	صمد |71
ßandal	Sandale	صندل

ص ض ط

ßandalī-je tåschou	Liegestuhl		صندلیِ تاشو
ßandalī	Sitz, Platz	62	صندلی
ßandūqh	Koffer, Truhe, Kiste, Kofferraum	71	صندوق
ßandūqh-e poßtī	Briefkasten		صندوقِ پستی
ßūrat	Fall; Form, Gestalt, Zähler (*Math.*); Gesicht	39|86	صورت

ا ب پ ت ث ج چ ح خ د ذ ر ز ژ س ش
ص **ض** ط ظ ع غ ف ق ک گ ل م ن و ه ی

ض

sabt kardan	aufnehmen (*Tonaufnahme*)	85	ضبط کردن
sarar-o sījån	Schaden	84	ضرر و زیان
sarūrī	unumgänglich	81	ضروری
semn	zwischen	83	ضمن
semn-e (dar ~ …)	während	83	ضمنِ (در ~ …)
semnan	außerdem, darüber hinaus	68|83	ضمناً

ا ب پ ت ث ج چ ح خ د ذ ر ز ژ س ش
ص ض **ط** ظ ع غ ف ق ک گ ل م ن و ه ی

ط

tåßī	Glatze		طاسی
tåqh	Tor; Arkade, Gewölbe	80	طاق
tåle'	Stern	86	طالع
tåwūß	Pfau		طاووس
tebqh-e	gemäß, laut	75|77	طبقِ
tabaqheh	Etage	32	طبقه
tabaqheh-je awwal	Erdgeschoss	85	طبقهٔ اوّل

tabaqheh-je dowwom	erste Etage	85| طبقهٔ دوّم
tabl	Trommel	طبل
taråhī	Zeichnung	طراحی
taraf, Pl. *atråf*	Seite, Richtung (Umgebung, Gegend, Umkreis)	80| طرف، ج اطراف
talå	Gold	طلا
tūl	Länge	83| طول
tūl-e (dar ~)	im Verlauf von …	83| طولِ (در ~)
tūl keschīdan (kesch)	dauern, Zeit beanspruchen	83| طول کشیدن (کش)
tūlånī	lang, langgezogen	57| طولانی

ظ

saråfat	Eleganz	82| ظرافت
sarf, Pl. *sorūf*	Gefäß, Behälter, Geschirr	67| ظرف، ج ظروف
sarfschū'ī (måschīn-e ~)	Geschirrspüler	67| ظرفشوئی (ماشینِ ~)
sarīf	elegant	80| ظریف
sohr	Mittag	27| ظهر
sohr (ba'd as ~)	Nachmittag, nachmittags	27|43| ظهر (بعد از ~)

ع

'åber-e pījådeh	Fußgänger	عابرِ پیاده
'ådat beh … dåschtan	die Angewohnheit haben etw. Bestimmtes zu tun, etw. gewöhnt sein	55| عادت به … داشتن
'ådat kardan	an etw. gewöhnt sein	69| عادت کردن
'åref	wissend, gebildet	83| عارف
'årīat	geliehen	86| عاریت
'åscheqh	verliebt; Liebende, -er	71|79| عاشق
'åscheqhåneh	Liebes-, verliebt	79| عاشقانه
'ålam	Welt	66| عالم
'åmī	volkstümlich, ungebildet	83| عامی
'atīqheh	Antiquität	عتیقه
'edĵålatan	vorläufig, erst einmal	74|84| عجالتاً
'adĵab	Überraschung	57| عجب
'adĵaleh	Eile, Hast, Hetze	22| عجله
'adad	Zahl	عدد
'osr	Entschuldigung	64| عذر
'osr (as … ~ chåßtan)	um Entschuldigung bitten	64| عذر (از … ~ خواستن)
'arseh	Angebot	74| عرضه
'arseh kardan	ausstellen	74| عرضه کردن
'arūßak	Puppe	عروسک
'arūßak-e cherßī	Teddybär	عروسکِ خرسی
'arūßī	Hochzeit	38| عروسی
'asīsam	Liebling, Schatz	عزیزم

'eschqh	Liebe	عشق 77
'osw, Pl. a'så'	Organ, Körperorgan	عضو، ج اعضاء 78
'oswīat	Mitgliedschaft	عضویت
'attår; 'attårī	Gewürzhändler; Gewürzhandlung	عطّار؛ عطّاری 56
'atr	Parfüm, Geruch	عطر
'oqhåb	Adler	عقاب
'aqhab	Hinter-, hinterer, -e, -es	عقب 71
'aqhab-e (dar/as ~ ...)	hinter, nach; infolge von	عقبِ (در\از ~)
'akkåß	Fotograf	عکّاس
'akß	Foto	عکس 26
'ellat	Grund; Ursache; Gebrechen	علّت 38|45
'ellat-e (beh ~ ...)	aufgrund, infolge	علّتِ (به ~ ...) 72
'elm	Wissenschaft	علم 86
'emårat	Gebäude	عمارت 81
'amal-e dʃaråhī	Operation (*Medizin*)	عملِ جراحی
'amū	Onkel (*väterlicherseits*)	عمو 19|25
'amū (peßar ~)	Cousin (*väterlicherseits*)	عمو (پسر ~) 58
'omūmī	öffentlich	عمومی 43
'ammeh	Tante (*väterlicherseits*)	عمّه 54|58
'ammeh (peßar ~)	Cousin (*väterlicherseits*)	عمّه (پسر ~) 58
'ammeh (dochtar ~)	Cousine (*väterlicherseits*)	عمّه (دختر ~) 63
'onßor, Pl. 'anåßer	Element, Grundstoff, Prinzip	عنصر، ج عناصر 83
'onwån	(Meisterschafts-)Titel, Überschrift, Schlagzeile	عنوان 76
'awas	Änderung; Wechsel	عوض 50

'awas kardan	um/austauschen	50| عوض کردن
'ahd	Epoche	83| عهد
'ejb	Fehler	44|78| عیب
'ejb nadårad!	Das ist nicht schlimm!	44| عیب ندارد!
'ejd	Fest	53|85| عید
'ejd-e nourūs	Nourus-Fest; iran. Neujahrsfest	53| عیدِ نوروز
'ejdī	(Neujahrs-)Geschenk	85| عیدی
'ejnak	Brille	30| عینک
'ejnak forūschī	Optiker	38| عینک فروشی

غ

ghår	Höhle	غار
ghås	Gans	غاز
ghaså	Gericht, Speise	24| غذا
ghaså-je hejwånåt	Futter	غذایِ حیوانات
gharb; gharbī	Westen; westlich	75|76| غرب؛ غربی
ghasal	Ghasel (*Gedichtform*)	60| غزل
ghalleh	Getreide	غلّه
gham	Kummer	77| غم
ghamnåk	traurig	77| غمناک
ghanī	reich	83| غنی
ghūreh	unreife saure Weintraube	42| غوره
ghejr	anders, ungleich, un-, nicht-	غیر
ghejr-e ßīgårī	Nichtraucher	غیرِ سیگاری

ف

fårßī	Persisch (*Sprache*)	فارسی 11
fåßeleh	Entfernung, Distanz	فاصله 60
fål	Orakel, Weissagung	فال 60
fål gereftan	das Orakel befragen	فال گرفتن 60
faråch	breit	فراخ 60
faråmūsch kardan	vergessen	فراموش کردن 60
faråmūschkår	vergesslich	فراموشکار 64
farånßawī	Französisch, französisch	فرانسوی 40
farånßeh	Frankreich	فرانسه 40 54
faråwån	reichlich	فراوان 53 75
fardå	morgen	فردا 27
farsand, Pl. *farsandån*	(eigenes) Kind	فرزند، ج فرزندان 63
fereßtådan (fereßt)	senden, schicken	فرستادن (فرست) 85
farsch	Teppich	فرش 48
farsch forūsch; farsch forūschī	Teppichhändler; Teppichgeschäft	فرش فروش؛ فرش فروشی 56
fereschteh	Engel	فرشته
formūl	Formel	فرمول
farangī	Europäer	فرنگی 51
forū raftan	in etw. versinken	فرو رفتن 62
forūchtan (forūsch)	verkaufen	فروختن (فروش) 38 42
forūdgåh	Flughafen	فرودگاه 36
farwardīn	erster Monat des iran. Jahres (21.03.-20.04.)	فروردین 77 85

forūsch (gol ~)	Blumenhändler	56| فروش (گل ~)
forūsch; forūschī	Verkauf, Handel; Händler, Geschäft, Laden	38| فروش؛ فروشی
farhang; farhangī	Kultur; kulturell	73|74| فرهنگ؛ فرهنگی
farjåd	Schrei	فریاد
feßendĵån	Landestypische Ragoutzubereitung	51| فسنجان
feschår	Druck (*Kraft*)	فشار
faßl, Pl. *foßūl*	Jahreszeit; Kapitel	53| فصل، ج فصول
fasā	Weltraum; Platz, Raum	فضا
fekr	Idee; Gedanke, Einfall, Meinung	43| فکر
felåßk	Thermoskanne	فلاسک
feles	Metall	فلز
felesch	Pfeil (*gedruckt/geschrieben, auf Schildern etc.*)	فلش
felfel	Pfeffer	فلفل
fendĵån	Tasse	فنجان
fandoqh	Haselnuss	فندق
fandak	Feuerzeug	فندک
fourī	eilig, rasch, sofort; akut, dringend	22|54| فوری
fahmīdan (fahm)	verstehen	32|64| فهمیدن (فهم)
fīrūseh	Türkis (*Stein*)	80| فیروزه
fīrūsehʾī	türkisblau	80| فیروزه ای
fejs	Überfluss, Fülle; Gunst	86| فیض
fīl	Elefant	فیل
fīlßūf	Philosoph	79| فیلسوف
fīlm	Film	33|53| فیلم

ق

qhåbel	annehmbar, passend, fähig, geeignet, wert, würdig, zuständig	47	قابل
qhåbeleh	Hebamme; Behälter, Topf	47	قابله
qhåtschåqhtschī	Schmuggler	75	قاچاقچی
qhårch	Pilz		قارچ
qhårreh	Kontinent		قارّه
qhåschoqh	Löffel		قاشق
qhålī	Teppich	49	قالی
qhålītscheh	kleiner Teppich, Kelim	49	قالیچه
qhåjeqh	Kahn	49	قایق
qhåjeqh-e bådbånī	Segelboot		قایقِ بادبانی
qhåjeqhtscheh	kleiner Kahn, Bötchen	49	قایقچه
qhabr	Grabmal	60	قبر
qhabl as	vor (*zeitl.*)	57	قبل از
qhablan	vorher, früher, davor (*zeitl.*)	68	قبلاً
qhatl	Mord		قتل
qhad	Körpergröße	57	قد
qhadam bar tschaschm!	Willkommen!	55	قدم بر چشم!
qhadam sadan	spazieren gehen		قدم زدن
qhadīm	alt; ehemalig, früher	53	قدیم
qhadīmī	alt; damalig, früher	53	قدیمی
qharår	Termin, Verabredung; Abmachung, Vereinbarung	36|74	قرار
qharår dåschtan	einen Termin haben; sich befinden	36|81	قرار داشتن

qharårgåh	Treffpunkt	74|77| قرارگاه
qhoråseh	Schrott	قراضه
qhor'ån	Koran	73| قرآن
qhorbån-e schomå!	Vielen Dank!; Bemühen Sie sich nicht!	45|47| قربانِ شما!
qhorbån-e to!	Vielen Dank!; Bemühe dich nicht!	45| قربانِ تو!
qhorbånī, Pl. *qhorbånījån*	Opfer	45|75| قربانی، ج قربانیان
qhorß	Pille	قرص
qhermes	rot	49|53| قرمز
qhormeh	Ragoutfleisch	51| قرمه
qharn	Jahrhundert	80| قرن
qharīb-e	in der Nähe von	83| قریبِ
qheßtī	auf Kredit	67| قسطی
qhaßam	Schwur, Eid, Gelübde	73| قسم
qhaßam chordan	schwören	73| قسم خوردن
qheßmat	Teil, Abteilung, Bereich	52| قسمت
qheßmat-e chånewådegī	Familienbereich	52| قسمتِ خانوادگی
qhaschang	hübsch, schön	26| قشنگ
qhaßßåb; qhaßßåbī	Metzger, Fleischer, Schlachter; Metzgerei	56|84| قصّاب؛ قصّابی
qhaßd	Absicht	71| قصد
qhaßd-e (beh ~)	in der Absicht; um	71| قصدِ (به ~)
qhaßr	Schloss, Palast (*arab. Bezeichnung*)	81| قصر
qhatreh	Tropfen	76| قطره
qhafaßeh	Regal	قفسه
qhofl	(Tür-)Schloss	46| قفل
qhofl kardan	abschließen, versperren	46| قفل کردن

qhalb	Herz	قلب
qholeh	Gipfel, Bergspitze	قله
qhaljån	Wasserpfeife, Schischa	61| قلیان
qhamarī	Mond-	75| قمری
qhand	Würfelzucker	37| قند
qhūrī	Teekanne	قوری
qhouß	Biegung, Bogen	قوس
qhūtī	Konservendose	قوطی
qhoul	Wort, Versprechen, Zusicherung	73| قول
qhoum, Pl. *aqhwåm*	Volk, Ethnie	83|84| قوم، ج اقوام
qhahramån	Held	72| قهرمان
qhejtschī	Schere	قیچی
qhejmat	Preis	66| قیمت

ا ب پ ت ث ج چ ح خ د ذ ر ز ژ س ش
ص ض ط ظ ع غ ف ق ک گ ل م ن و ه ی

ک

kåteb	Schreiber, Schriftsteller	64| کاتب
kåch	Palast, Schloss (*pers. Bezeichnung*)	81| کاخ
kådo	Geschenk	61| کادو
kådo dådan	Geschenk überreichen, schenken	61| کادو دادن
kår	Arbeit, Angelegenheit	13|46| کار
kår kardan	funktionieren	31| کار کردن
kårt-e tabrīk-e ʻejd	Neujahrskarte	85| کارتِ تبریکِ عید
kårt-e tabrīk	Glückwunschkarte	کارتِ تبریک
kård-o tschangål	Besteck; Messer u. Gabel	کارد و چنگال

kårgåh	Werkstatt, Handwerksbetrieb	80|84| کارگاه
kårmand	Angestellter, Arbeitnehmer	69| کارمند
kåßnī	Chicorée	کاسنی
kåßeh	Schüssel	کاسه
kåsch (keh) ...	Ach ... , Oh wenn doch ...	67| کاش (که)...
kåschī-kårī	Verkleidung aus Fayence-Fliesen, Keramikglasur	80| کاشی کاری
kåghas	Papier	54| کاغذ
kåghas-e tūålet	Toilettenpapier	کاغذِ توالت
kåfī	ausreichend	82| کافی
kåmjåbī	Wohlstand, Erfolg	85| کامیابی
kåmjūn	LKW	71| کامیون
kebrīt	Streichholz	کبریت
kabūtar	Taube	کبوتر
kabīr	groß	69| کبیر
kapßūl-e åtasch neschånī	Feuerlöscher	کپسولِ آتش‌نشانی
kot	Jacke	69| کت
kot-o schalwår	Anzug	62| کت و شلوار
ketåb	Buch	15| کتاب
ketåb forūschī	Buchhandlung	38| کتاب فروشی
ketåb-e moßawwar	Bilderbuch	کتابِ مصوّر
ketåbchåneh	Bibliothek	20| کتابخانه
ketrī	Wasserkessel	کتری
kaßīf; kaßīfī	schmutzig; Schmutz	39|54| کثیف؛ کثیفی
kodjå	wo	6| کجا
kodjåßt?	wo ist ... ?	10| کجاست؟

kodåm	welcher, -e, -es	کدام 44
keråjeh	Preis; Miete	کرایه 32 67
kordeßtån	Kurdistan	کردستان 33
kardan (kon)	machen, tun	کردن (کن) 9 17
karafß	Sellerie	کرفس
kargas	Geier	کرگس
kerm	Wurm	کرم 4
kareh	Butter	کره 37
kaßī	jemand	کسی 49
kaßī (as ~ chåßtan)	jmdn. bitten, etw. zu tun	کسی (از ~ خواستن) 78
kaßī na- (+ Verb) ...	niemand	کسیی نـ... - 49
keschåwarsī	Landwirtschaft	کشاورزی
koschtan (kosch)	töten, umbringen	کشتن (کش) 76
koschtī	Ringen	کشتی 76
kaschf	Entdeckung	کشف
keschmesch	Rosine	کشمش
keschwar	Land	کشور 75
keschīdan (kesch)	ziehen	کشیدن (کش) 36 48
keschīdan (ßīgår ~)	rauchen	کشیدن (سیگار ~) 62
kaf-e kafsch	Schuhsohle	کفِ کفش
kafsch	Schuh	کفش
kelåß	Unterricht; (Schul-)Klasse	کلاس 41
kalåm	Wort	کلام 66
kolåh	Hut, Mütze, Kappe, Kopfbedeckung	کلاه 7 73
kolåh gīß	Perücke	کلاه گیس
kelīd	Schlüssel	کلید 32 39
kam	wenig	کم 3

kam būdan	fehlen, mangeln, wenig sein	کم بودن 3
kam kam	nach und nach, Schritt für Schritt	کم کم 58 63
kamål	Perfektion, Vollkommenheit	کمال 73
kamån	Bogen (*beim Bogenschießen*)	کمان
kamåntscheh	geigenähnliches Musikinstrument	کمانچه 86
kamtarīn	am wenigsten	کمترین 56
kamar	Rücken, Kreuz (*anat.*)	کمر 45
kamar dard	Rückenleiden	کمر درد 45
kamarband-e īmenī rå baßtan	sich anschnallen	کمربندِ ایمنی را بستن 62
kamarband	Schließe, Schnalle, Gürtel	کمربند 62
komak	Hilfe	کمک 30
komak kardan	helfen	کمک کردن 30
kenår	Rand	کنار 62
kenår-e	neben, an, am; an der Seite von	کنارِ 62 63
kontorol	Kontrolle, Fernbedienung	کنترل 62
kondĵed	Sesam	کنجد
kondĵkåwī	Neugier	کنجکاوی
konßert	Konzert	کنسرت 73
konßerw	Konservendose	کنسرو
konkūr	Aufnahmeprüfung	کنکور 59
kangar	Artischocke	کنگر
konandeh, Pl. *konandegån*	Macher, Ausführender, Ausübender	کننده، ج کنندگان 83
konūnī	aktuell	کنونی 80
kūtåh	kurz, niedrig	کوتاه 57
kūtschek	klein	کوچک 34
kūtscheh	Straße, Gasse	کوچه 44 56

kūdetå	Putsch, Staatsstreich	26| کودتا
kūseh	Topf, Krug	51|71| کوزه
kūseh-gar	Töpfer	51| کوزه گر
kūftan (kūb)	(er)schlagen; stampfen; klopfen 72|	کوفتن (کوب)
kūler	Klimaanlage	کولر
kūleh poschtī	Rucksack	کوله پشتی
kūh	Berg	53| کوه
kūheßtån; kūheßtånī	Gebirge, Hochland, Bergregion; bergig, gebirgig	53| کوهستان؛ کوهستانی
keh	dass	39|45| که
keh dar ån	in dem, in der, worin	53| که در آن
kohan	alt, altertümlich	85| کهن
kohneh	alt	71|80| کهنه
kī	wer?	8| کی
kej?	wann?	19| کی؟
kīßeh-je chåb	Schlafsack	کیسهٔ خواب
kīßeh-je kåghasī	Papiertüte	کیسهٔ کاغذی
kīf	Tasche, Porte-monnaie, Aktentasche	68| کیف
kīf-e daßtī	Handtasche	کیفِ دستی
kīlo, kīlū	Kilogramm	51| کیلو
kīlometr	Kilometer	60| کیلومتر

گ

gårßon	Kellner	52| گارسون
gås	Gas	67| گاز

gåw	Rind, Kuh	گاو
gåwßandūqh	Tresor, Safe	گاوصندوق
gah	Zeit, Zeitraum, Platz	گاه
gåhī	manchmal	گاهی 53
gatsch	Kreide; Gips; Putz	گچ
gosårdan (gosår)	erlauben, zulassen; legen	گذاردن (گذار) 75 77
gosåschtan (beh djå ~)	auslösen	گذاشتن (به جا ~) 75
gosåschtan (gosår)	lassen	گذاشتن (گذار) 65
gosaråndan (gosarån)	verbringen (*Zeit*)	گذراندن (گذران) 71
gosaråndan (as nasar ~)	(in Gedanken) durchgehen	گذراندن (از نظر ~) 72
gosarnåmeh	Reisepass	گذرنامه
gosaschtan (gosar)	vergehen, vorbeigehen, passieren	گذشتن (گذر) 29
gosaschteh	vorbei, vergangen; Vergangenheit	گذشته 29 63
geråmī	lieb, verehrt	گرامی 75
geråmīdåscht	Höflichkeit	گرامیداشت 83
gerån	teuer, kostspielig	گران 38 42 50
gerånī	Teuerung	گرانی 38
gorbeh	Katze	گربه 12
gerdågerd	rundherum, rund um	گرداگرد 80
gardesch	Spaziergang, Reise, Ausflug	گردش 67 77
gardeschgarī	Tourismus	گردشگری
gardgīrī	Abstauben	گردگیری 69
gardan	Hals	گردن 71
gerdū	Walnuss	گردو

gardīdan	spazieren gehen, Runde drehen	گردیدن 77
goroßnegī	Hunger	گرسنگی
goroßneh	hungrig	گرسنه 52
gereftan (gīr)	nehmen	گرفتن (گیر) 50|77
gorg	Wolf	گرگ
garm	warm	گرم 4
gorm	Kummer, Leid	گرم 7
gorūh	Gruppe, Truppe, Musikband	گروه 75
gereh	Knoten	گره
gerjån	weinend	گریان 70
gerīßtan (gerī)	weinen	گریستن (گری) 70
gosåresch	Bekanntmachung	گزارش 75
gosīneh	Auswahl	گزینه
goßtardan (goßtar)	verteilen	گستردن (گستر)
gaschtan (gard)	drehen, rotieren, zirkulieren	گشتن (گرد) 39
goft-o gū	Gespräch	گفت و گو 43
goftan (bå chod ~)	sich sagen	گفتن (با خود ~) 61
goftan (gū(j))	sagen	گفتن ((گو)ی) 6|42
gel	Lehm, Schlamm	گل 53
gol	Blume; Rose	گل 9|53|60
gol forūsch	Blumenhändler	گل فروش 56
gol kalam	(Blumen-)Kohl	گل کلم
golåbī	Birne	گلابی
goldån	Blumentopf; Blumenvase	گلدان
goldaßteh	Minarett	گلدسته 80
goleßtån	Golestan (*Provinz in Iran; Werk von Sa'di*)	گلستان 33
galū	Hals	گلو

geleh Klage 86| گله

golī rosa, rosenfarbig 49|73| گلی

gom verloren 30| گم

gom kardan verlieren 30| گم کردن

gandĵ Schatz, wertvoller Fund گنج

gowåhīnåmeh Zertifikat, Schein, Urkunde 72| گواهی‌نامه

gowåhīnåmeh-je rånandegī Führerschein 72| گواهینامهٔ رانندگی

goudĵeh Pflaume 51| گوجه

goudĵeh farangī Tomate 51| گوجه فرنگی

gūreßtån Friedhof گورستان

gūßfand Schaf 78| گوسفند

gūsch Ohr 41| گوش

gūsch dådan zuhören 41|42| گوش دادن

gūsch konīd! Hören Sie (zu)! 1| گوش کنید!

gūscht Fleisch 52|56| گوشت

gūscht forūsch; gūscht forūschī Metzger; Metzgerei 56| گوشت فروش؛ گوشت فروشی

gūschī (Telefon-)Hörer 64| گوشی

gūschī rå bar dåschtan (Telefon-)Hörer abnehmen 68| گوشی را بر داشتن

gūn Art, Weise, Sorte 82| گون

gūnågūn unterschiedlich 82| گوناگون

gūj-e schenåwar Rettungsring گویِ شناور

gūj Globus, Kugel, Ball گوی

gūjå sprechend, eindeutig; anscheinend; man würde sagen … 77|83| گویا

gahwåreh Wiege گهواره

gījåh Pflanze گیاه

gīrå	anziehend, verführerisch	61|77|83| گیرا
gīreh	Wäscheklammer	گیره
gīlåß	Kirsche; Trinkglas	گیلاس

ل

låsem	nötig, notwendig; mit "haben": brauchen	20| لازم
låsem būdan	nötig sein, notwendig sein	20| لازم بودن
låß	Flirt	لاس
låßtīk-e pantschar	Reifenpanne, platter Reifen	لاستیکِ پنچر
låf	Prahlerei, Aufschneiderei, Eigenlob, Gefasel	86| لاف
låk	Schale, Panzer; Lack	لاک
låk poscht	Schildkröte	لاک پشت
låmp	Glühbirne	لامپ
låneh	Nest	لانه
lab	Lippe	81| لب
lebåß	Kleidung	56| لباس
labchand	das Lächeln	لبخند
locht-o 'ūr	splitternackt	84| لخت و عور
lasīs	köstlich, lecker	78| لذیذ
letåfat	Eleganz, Finesse	82| لطافت
lotf	Gunst, Wohlwollen, Güte	50|80| لطف
lotfan	bitte	19|21| لطفاً
lakkeh	Fleck	لکّه
lūbījå	Bohne	لوبیا

lūleh kesch	Klempner	لوله کش
līmū	Zitrone	ليمو
līwån	Glas	37| ليوان

م

må	wir	2|22| ما
måschå'llåh!	Bravo!, Was Gott alles möchte/macht!	46| ما شاء الله!
mådar	Mutter	6| مادر
mådar bosorg	Großmutter	59| مادر بزرگ
måddeh, Pl. *mawådd*	Materie, Stoff, Substanz	75|84| مادّه، ج موادّ
mår	Schlange	مار
måßt	Joghurt	52| ماست
måßt-o chījår	Gurkenjoghurt	52| ماست و خيار
måschīn-e heßåb	Taschenrechner	ماشينِ حساب
måschīn; måschīnī	Auto, Maschine; maschinell, Auto-	39|66|70| ماشين؛ ماشينى
mål	Besitz, Eigentum, Wertsachen, Gut/Güter	25| مال
mål-e	drückt mit e. Nomen/Pronomen e. Besitzverhältnis aus	25| مالِ
målek	Eigentümer	67| مالک
måmån	Mama	26|52| مامان
måndan (mån)	bleiben	29|46| ماندن (مان)
månand	ähnlich, wie	83| مانند

månand-e	wie	مانندِ 83
måh	Mond; Monat	ماه 53|57|67
måh(-e) nīmeh	Halbmond (*am Nachthimmel*)	ماهِ نیمه\ماه نیمه
måhī	Fisch	ماهی 51
måhī qhermes	Goldfisch	ماهی قرمز 53
måjel	geneigt, schräg, schief	مایل 60
måjel būdan	Lust haben, geneigt sein	مایل بودن 60
måjeh	Impfstoff; Geld, Kapital; Keimzelle	مایه 82
mobårak	segensreich, Glück bringend; Glückwunsch	مبارک 47|67
metr	Meter; Maßband	متر 62|66
metro	U-Bahn	مترو 44
motaschakkeram	ich bin dankbar	متشکّرم 44
mottaßel schodan	verbunden sein / verbinden	متّصل شدن 80
motaqhåbelan	im Gegenzug, gegenseitig	متقابلاً 85
matn	Text	متن 82
motewadĵdĵeh	aufmerksam	متوجّه 69
motewadĵdĵeh schodan	verstehen, merken, sich bewusst werden	متوجّه شدن 64
motawåqhqhef måndan	blockiert sein	متوقّف ماندن 72
mote'aßefåneh	leider, bedauerlicherweise	متأسفانه 59|63
maßål	Beispiel	مثال 83
maßal	Sprichwort	مثل 83
meßl-e	(ebenso) wie	مثلِ 25
moßalaß	Dreieck	مثلث
madĵbūr	verpflichtet; gezwungen	مجبور 58|60
modĵaßßameh	Statue, Skulptur	مجسّمه 73

modǰaßßameh ßås	Bildhauer	77 مجسّمه ساز
madǰmū'eh	Sammlung	74 مجموعه
modǰahas	ausgerüstet, ausgestattet	67 مجهز
mohåßebeh	Berechnung, Zusammenzählen	محاسبه
mahßūl	Ernte	محصول
mahall	Ort, Stelle	23 محلّ
mahall-e kår	Arbeitsplatz	23 28 محلِّ کار
mahalleh	Ort; (Stadt-)Viertel	23 67 محلّه
mochtalef	verschiedene	68 مختلف
machßūß	besonders, speziell	69 مخصوص
medåd	Stift	40 مداد
medåd-e rangī	Buntstift	مدادِ رنگی
moddat	Weile, Frist, Dauer	68 مدّت
madraßeh	Schule	41 مدرسه
modern	modern	25 مدرن
model-e mū	Frisur, Haarschnitt	مدلِ مو
morådǰe'eh kardan	sich an … wenden	68 مراجعه کردن
morådǰe'īn	Besucher; Person, die ein Anliegen hat	69 مراجعين
maråßem	Zeremonie, Ritual, Feier	85 مراسم
moråqhebeh	Meditation	مراقبه
moratab; nåmoratab	ordentlich, sorgfältig; unordentlich	مرتب؛ نامرتب
marhaleh	Etappe	82 مرحله
mard	Mann	1 مرد
mard-e heßåbī	vernünftiger/intelligenter Mensch; *ironisch*: Schlaumeier	46 مردِ حسابی
mardåneh	männlich	79 مردانه

mardom	Menschen, Leute	46|49| مردم
mars	Grenze	83| مرز
merßī	danke	13|14| مرسی
morgh	Huhn, Henne	52| مرغ
morgh-e darjåjī	Möwe	مرغِ دریایی
markas	Zentrum	10| مرکز
markas-e schahr	Stadtzentrum, Innenstadt	10| مرکزِ شهر
marg	Tod	مرگ
morūr	Lauf, Verlauf; Durchgang, Durchsicht; Wiederholung	14| مرور
marīs	krank	26| مریض
mosåhem	lästig, störend	85| مزاحم
masår	Grab	71| مزار
masra'eh	Bauernhof	مزرعه
moßåfer, Pl. *moßåferīn*	Reisender	32|50| مسافر، ج مسافرین
moßåferat	Reise	50| مسافرت
moßåferchåneh	kleines (Land-)Hotel, Pension	32| مسافرخانه
moßåwī schodan	punktgleich spielen	76| مساوی شدن
moßtachdem	Diener, Bediensteter, Angestellter	69|84| مستخدم
moßtaqhīm	geradeaus	44| مستقیم
maßdĵed	Moschee	36| مسجد
meßwåk	Zahnbürste	مسواک
maßīr-e dotscharcheh	Radweg	مسیرِ دوچرخه
moscht	Faust	مشت
maschrūh	detailliert	76| مشروح
moschkel	schwierig, Problem	82| مشکل

maschhad	Maschhad (*Ortsname*)	71| مشهد
maschhūr	berühmt	29|83| مشهور
meßrå'	Halbvers	79|85| مصراع
motreb	Sänger, Musiker	86| مطرب
motma'en būdan	sicher sein	85| مطمئن بودن
mo'åßer	zeitgenössisch	74| معاصر
mo'åwen	Gehilfe, Stellvertreter, Vize-	69| معاون
ma'bad	Tempel	معبد
ma'serat	Entschuldigung	64| معذرت
ma'serat chåßtan	sich entschuldigen	54| معذرت خواستن
ma'rūf	bekannt, berühmt	معروف
mo'allem	(Grundschul-)Lehrer	23|41| معلّم
mo'ammå	Rätsel	معمّا
me'mårī	Architektur	80| معماری
ma'mūlan	normalerweise	82| معمولاً
ma'mūlī	gewöhnlich, normal	82| معمولی
maghs	Gehirn	مغز
maqhbareh	Mausoleum, Grabstätte	72| مقبره
meqhdår	Menge	75| مقدار
moqhaddameh, Pl. *moqhaddamåt*	Vorwort, Einleitung, Einführung; Anfang, Beginn	82| مقدّمه، ج مقدّمات
moqhawå	Pappe	مقوا
mokålemeh-je telefonī	Telefongespräch	64| مكالمهٔ تلفنی
makån	Platz, Stelle	79| مكان
mekånīk-e ßajjår	Abschleppdienst	مكانيكِ سيّار
moka'ab	Würfel (*geometr. Figur*)	مكعب
magar	außer, denn; etwa	39|42| مگر

mollå	Mullah	ملاّ 39|55|
malåfeh	Bettwäsche, Betttuch	ملافه
molåqhåt	Treffen	ملاقات 45|55|
malåqheh	Schöpflöffel	ملاقه
mellat, Pl. *melal*	Nation	ملّت، ج ملل 75|76|
malek	König	ملک 71|
malekeh	Königin	ملکه
mellī	National-	ملّی 68|
momken	möglich, machbar	ممکن 64|
mamnū'	verboten, untersagt	ممنوع 62|
mamnū'ījat	Verbot	ممنوعیت
mamnūn	dankbar, verbunden	ممنون 33|
man	ich	من 6|
monåßeb	angemessen	مناسب 66|
montaser būdan	warten	منتظر بودن 27|
mansel	Haus; Zuhause; Wohnort, Wohnung	منزل 6|12|
monschī	Sekretärin	منشی
mantaqheh, Pl. *manåteqh*	Region, Gebiet	منطقه، ج مناطق 75|76|
mansareh	Aussicht, Landschaft	منظره 84|
menqhår	Schnabel	منقار
mu	Haar	مو
mawåd-e mochadder	Drogen, Rauschgift	موادِ مخدّر 75|
mowåseb būdan	aufpassen, vorsichtig sein	مواظب بودن 54|
mowåfeqh būdan	einverstanden sein	موافق بودن 73|
moudĵ	Welle	موج
mo'assen	Muezzin	مؤذّن 36|

mous	Banane	موز
mousūn	harmonisch	36| موزون
mūseh	Museum	موزه
mūßīqhī	Musik	موسیقی
mowaffaqh schodan	bestehen, erfolgreich sein	59| موفّق شدن
mowafaqhījat	Erfolg	موفقیت
mowaqhqhatan	vorübergehend	75| موقّتاً
mouqhe'ījat, Pl. *mouqhe'ījåt*	Bedingung, Situation, Lage, Umstand	82| موقعیت، ج موقعیات
mahtåb/måh tåb	Mondschein	74| مهتاب\ماه تاب
mohreh-je schatrandĵ	Schachfigur	مهرهٔ شطرنج
mahrījeh	im Ehevertrag vereinbarte Abstandssumme	61| مهریه
mohemm	wichtig	32| مهمّ
mehmån	Gast	32|47| مهمان
mehmån-nawås	gastfreundlich	83| مهمان نواز
mehmån-nawåsī	Gastfreundschaft	83| مهمان نوازی
mehmånchåneh	Hotel, Gasthaus; Wohnzimmer, Empfangsraum	32|61| مهمانخانه
mehmåndår	Gastgeber; Flugbegleiter	62| مهماندار
mehmånßarå	luxuriöses Palasthotel	32| مهمانسرا
mehhmånßaråj	Palast	32| مهمانسرای
mej	Wein	86| می
mīch	Nagel (*Metallstift*)	میخ
mejdån	Platz (*in einer Stadt*)	23| میدان
mīs	Tisch	24| میز
mīs-e otū	Bügelbrett	میزِ اتو

mīsbån	Gastgeber	47| میزبان
mejl	Wunsch, Lust, Neigung	51| میل
mejl dåschtan	einen Wunsch haben, etw. wünschen	51| میل داشتن
mejmūn	Affe	میمون
mīnå	Emaille	مینا
mīweh	Obst, Früchte	43|61| میوه
mīweh forūsch; mīweh forūschī	Obsthändler; Obsthandlung	میوه فروش؛ میوه فروشی
mīhan	Heimat	میهن
ma'mūr, Pl. *ma'mūrīn*	Angestellter; Beauftragter; Beamter, Polizist	69|75| مأمور، ج مأمورین

ا ب پ ت ث ج چ ح خ د ذ ر ز ژ س ش
ص ض ط ظ ع غ ف ق ک گ ل م **ن** و ه ی

ن

nåbīnå	blind	77|83| نابینا
nåtschår	gezwungen, notgedrungen	71| ناچار
nåhījeh, Pl. *nawåhī*	(Stadt-)Viertel, Region, Zone, Sektor, Bezirk	67|76| ناحیه، ج نواحی
nåchon	Finger-/Zehennagel	ناخن
nådån	unwissend	63| نادان
nådīdeh	unsichtbar	63| نادیده
nåråhat	leidend; traurig; besorgt	45|49| ناراحت
nåråhatī	Unruhe, Besorgnis	65| ناراحتی
nåråsī	unzufrieden	69| ناراضی
nås	Koketterie, Ziererei	73| ناز
nås kardan	kokett sein, sich zieren	73| ناز کردن

Transkription	Deutsch	Lektion	Persisch
nås-o adå	Getue, Grimassen, Faxen, Albereien	73	ناز و ادا
nåsanīn/nåsenīn	zart, lieblich, sanft	73	نازنین
nåschenåß	unbekannt	63	ناشناس
nåqhūß	(Kirchen-)Glocke		ناقوس
någahån	plötzlich	57|63	ناگهان
nåm	Name	31	نام
nåmsad	Verlobter	31	نامزد
nåmeh	Brief; Buch (*im übertr. Sinne*)	26|86	نامه
nån	Brot	4	نان
nån-e ßangak	auf kleinen Steinen gebackenes, längliches Fladenbrot	4	نانِ سنگک
nån-e lawåsch	dünnes Fladenbrot	4	نانِ لواش
nånwå	Bäcker	77	نانوا
nånwå'ī	Bäckerei	38|42	نانوائی
nåhår/nahår	Mittagessen	52|63	ناهار\نهار
nåjåb	selten, unauffindbar	58|63	نایاب
nabåt	Pflanze; Kandiszucker		نبات
natīdjeh	Ergebnis; Schlussfolgerung; Konsequenz	80|83	نتیجه
nachejr	nein	49|73	نخیر
nerch	Preis, Kurs, Tarif, Rate	68	نرخ
nerch-e ars	Wechselkurs		نرخِ ارز
nardebån	(Tritt-)Leiter		نردبان
nasd-e	bei, zu	78	نزدِ
nasdīk	nah, -e	20	نزدیک
nasdīk-e	in der Nähe von	23|28	نزدیکِ
nasdīkån	Angehörige (*Pl.*)		نزدیکان
neßbat	Beziehung	82	نسبت

neßbatan	relativ	نسبتاً 67|84
naßta'līqh	Nasta'liq-Schrift	نستعلیق 86
naßch	Exemplar, Abschrift	نسخ 86
neschån	Marke, Zeichen, Auszeichnung, Merkmal	نشان
neschån dådan	(vor)zeigen	نشان دادن 33
neschånī	Adresse	نشانی 44
neschaßtan (neschīn)	sich (hin)setzen	نشستن (نشین) 65
neßf	Hälfte	نصف 18
neßf-e schab	Mitternacht	نصفِ شب 19
nesåfat	Reinigung	نظافت 69
nesåfat-tschī	Putzfrau	نظافت چی
nasar	Blick, Sicht; Meinung	نظر 60|84
naghmeh	Lied, Melodie	نغمه 36
naft	Erdöl	نفت
nafar	Person	نفر 52
neqhåb	Maske	نقاب
naqhqhåsch	Maler	نقّاش 74
naqhqhåschī	Malerei, Gemälde, Zeichnung	نقّاشی 74
naqhd	Bargeld	نقد 68
naqhd kardan	Bargeld auszahlen	نقد کردن 68
noqhreh	Silber	نقره
naqhsch	Bild	نقش 80
naqhsch-e dĵahån	"Darstellung der Welt" (*Platz in Isfahan*)	نقشِ جهان 80
naqhscheh-je schahr	Stadtplan	نقشهٔ شهر
naqhl	Fahrt	نقل

nokteh	Anekdote	78|79| نکته
negår	Bild; Geliebte	71| نگار
negårchåneh	Kunstgalerie	74| نگارخانه
negåh	Blick	33|51| نگاه
negåh kardan	anschauen, ansehen	33|51| نگاه کردن
negåhbån/ negahbån	Wächter	77| نگاهبان\نگهبان
negarån	besorgt	36|37| نگران
negarånī	Besorgnis, Beunruhigung; Ungeduld	69| نگرانی
negahdår	Beschützer	32| نگهدار
negahdårī	Erhalt, Bewahrung	80| نگهداری
namås	Gebet	نماز
namåjeschgåh	Ausstellung(-sgebäude), Messe	74|77| نمایشگاه
namak	Salz	52| نمک
namak (bå ~)	anmutig; charmant; geistreich	52|61| نمک (با ~)
namakdån	Salzstreuer	63| نمکدان
nemūdan/namūdan (nemå(j))	zeigen, ausstellen	77| نمودن (نما(ی))
nemūneh	Muster, Beispiel	69| نمونه
nou	neu	48| نو
nawådegån	Enkelkinder	77| نوادگان
nawådeh-je peßarīneh	Enkel	63| نوادهٔ پسرینه
nawådeh-je dochtarīneh	Enkelin	63| نوادهٔ دخترینه
nawår (kåßet)	Audiokassette	85| نوار (کاست)
nūr	Licht	نور
nourūs	iran. Neujahrsfest	53|85| نوروز
nousåd	Kleinkind, Neugeborenes, Baby	نوزاد

nūschåbeh	Getränk; Limonade	نوشابه 52
neweschtan (newīß)	schreiben	نوشتن (نویس) 26
neweschteh	Niederschrift, Geschriebenes, Werke, Schriften	نوشته
nou'	Sorte, Art	نوع 68
naweh	Enkel (*Sg.*)	نوه 63
nah	nein	نه 9
noh	neun	نه 7 47
nah tanhå ... balkeh ...	nicht nur … , sondern auch …	نه تنها ... بلکه ... 83
nahr	Bach, Fluss	نهر
noh-ßad	900	نهصد 66
nehoftan	verstecken, verbergen	نهفتن 78
nohom	neunter, -e, -es	نهم 9
nej	Flöte, Schilfrohr; Gurgel, Hals, Kehle, Strohhalm	نی 86
nīåkån	Großeltern (*schriftsprachl.*)	نیاکان 63
nīs	auch, außerdem	نیز 81
nīßt	ist nicht	نیست 11
nīsch	(Insekten-)Stich, Biss	نیش
nīk(ū)	gut	نیک(و)
nīm	halb	نیم 19
nīmrū	Spiegelei	نیمرو

و

wa/o	und	و |6
wåred schodan	eintreten, hineingehen	وارد شدن |61|78
wåĵeh	Wort	واژه
wåĵeh nåmeh	Wörterbuch	واژه نامه
wåßeteh	Vermittler, Mittelsperson	واسطه |82
wåqhe'an	in der Tat	واقعاً |81
wåledejn	Eltern (*sehr offiziell*)	والدین |63
wån	(Bade-)Wanne	وان
wåj!	Ach!	وای! |54
wodĵūd dåschtan	sich befinden, vorhanden sein, vorkommen	وجود داشتن |80|81
warsesch	Sport, Gymnastik	ورزش |67|77
warsīdan (wars)	üben, Übungen machen	ورزیدن (ورز) |77
waraqh-e båsī	Spielkarte	ورقِ بازی
waraqheh	Zettel	ورقه
warkshåp (Dari)	Werkstatt	ورکشاپ |19
worūdī	Eingang, Einfahrt	ورودی |80
wasn	Gewicht	وزن
wasīr	Minister	وزیر |75
waßat	Zentrum, Mitte	وسط |60
waßī'	riesengroß	وسیع |80|84
waßl	Verbindung	وصل |80
waßl kardan	verbinden	وصل کردن |80|81
waqht, Pl. awqhåt	Zeit	وقت، ج اوقات |20|78|84

waqht schenåßī	Pünktlichkeit	وقت شناسی
waqhtī keh/ waqhtīkeh	wenn, als, sobald	53|60|63| وقتی که\وقتیکه
wakīl	Regent; Rechtsanwalt	60|72| وکیل
wakil-e dådgostarī	Rechtsanwalt	71| وکیلِ دادگستری
walī	aber	26| ولی
wītrīn	Auslage, Schaufenster	ویترین

ا ب پ ت ث ج چ ح خ د ذ ر ز ژ س ش
ص ض ط ظ ع غ ف ق ک گ ل م ن و ه ی

he ه

hå	hä?, ne?, oder?	73| ها
hotel	Hotel	32| هتل
hedĵå	Silbe	هجا
hedĵrat	Flucht	75| هجرت
hedfon	Kopfhörer	هدفون
hedjeh	Geschenk	61| هدیه
hedjeh dådan/ hedjeh kardan	Geschenk überreichen, schenken	61| هدیه دادن\هدیه کردن
har	jeder, -e, -es	79| هر
har tscheh...-tar	so … wie möglich	50| هر چه ... -تر
har tscheh bīschtar	das Meiste, das Maximum; so viel wie möglich / so schnell wie möglich	82| هر چه بیشتر
har kaßī	jeder; irgendwer	49|57|63| هر کسی
harges	niemals	42|53| هرگز
hesår, Pl. *hesåran*	tausend	33|45| هزار، ج هزاران
hesår-o-jek schab	Tausendundeine Nacht	33| هزار و یک شب

hascht	acht	7|21	هشت
hascht-ßad	800	66	هشتصد
haschtom	achter, -e, -es	8	هشتم
haft	sieben	7|19	هفت
haft-ßad	700	66	هفتصد
haftom	siebter, -e, -es	7	هفتم
hafteh	Woche	29	هفته
helål	"roter Halbmond", islam. Mondsichel		هلال
holū	Pfirsich		هلو
ham	auch	25|37	هم
ham (bå ~)	miteinander, zusammen	33|70	هم (با ~)
ham samån	gleichzeitig	59|63	هم زمان\همزمان
hamdīgar	einander	67|70	همدیگر
hamråh	Begleiter, Begleitung	61|63	همراه
hamråh- (+ Poss.pron.) daschtan	etw. bei sich haben	68	همراه (...) داشتن
hamßåjeh	Nachbar	36	همسایه
hamschahrī	Mitbürger	75|77	همشهری
hamßedå	im Chor, einstimmig	77|85	همصدا
hamkår	Kollege	77	همکار
hamkårī	Zusammenarbeit		همکاری
hamwatan	Landsmann, -männin	75	هموطن
hameh	alle	24	همه
hamīscheh	immer	38	همیشه
hamīn keh	sobald	60	همین که
hamīn/hamån	dieser, -e, -es (gleiche), genau dieser, -e, -es	38|42|48|64	همین\همان

hendewåneh	Wassermelone	هندوانه
honar	Kunst	74|77|78|80| هنر
honar-e daßtī	Kunsthandwerk	80| هنرِ دستی
honar-e sendegī	Lebenskunst	83| هنرِ زندگی
honarmand	Künstler	74| هنرمند
hengåm-e/ hangåm-e	in dem Moment, als …	62| هنگامِ …
hengåmī keh	während	62| هنگامی که
hanūs	noch; vor Zahl: kaum, nicht einmal	45|71| هنوز
hanūs ... na-	noch nicht	19|29| هنوز … نـ
hawå	Luft; Wetter	16| هوا
hawå schenåßī	Meteorologie	76| هوا شناسی
hawåpejmå	Flugzeug	62| هواپیما
hūsch	Intelligenz, Geist	37| هوش
hawīdĵ	Karotte	هویج
hītsch	nichts, keinerlei; überhaupt (nicht)	31|35|52| هیچ
hītsch dĵå	nirgends	31|32| هیچ جا
hītsch tschīs na- …	nichts	49| هیچ چیز نـ …
hajūlå	Monster	هیولا

ا ب پ ت ث ج چ ح خ د ذ ر ز ژ س ش
ص ض ط ظ ع غ ف ق ک گ ل م ن و ه ی

ی

jå	oder lieber	29| یا
jåd	Erinnerung, Gedächtnis	62| یاد
jådegår	Erinnerung, Souvenir, Andenken, Monument, Denkmal	80| یادگار
jådgīrī	Aneignung, Lernen	82| یادگیری

jår	Freund, -in, Geliebter, -e	یار 71
jåftan (jåb)	finden	یافتن (یاب) 58 63
jåwar	Helfer	یاور
jach	Eis; eiskalt	یخ 67
jachtschål	Kühlschrank	یخچال 67
jadakī	Ersatz-	یدکی 71
ja'nī	das heißt, das bedeutet; nämlich	یعنی 79
jek	eins; ein, eine (*unbest. Artikel*)	یک 5 7
jek tschīsī	etwas, eine Sache	یک چیزی 30 32
jek kamī	ein bisschen	یک کمی 11 21 32
jek-schambeh	Sonntag	یکشنبه 27
jeknawåcht	eintönig	یکنواخت 69
jawåsch	leise; langsam	یواش 57 58
jawåsch jawåsch	ganz langsam	یواش یواش 58 63

ANHANG C. LITERATURHINWEISE

Sie möchten mehr über die persische Sprache, über Land und Leute erfahren?

Dann finden Sie hierfür in der folgenden Literaturliste bestimmt das Richtige!

Wörterbücher und Nachschlagewerke

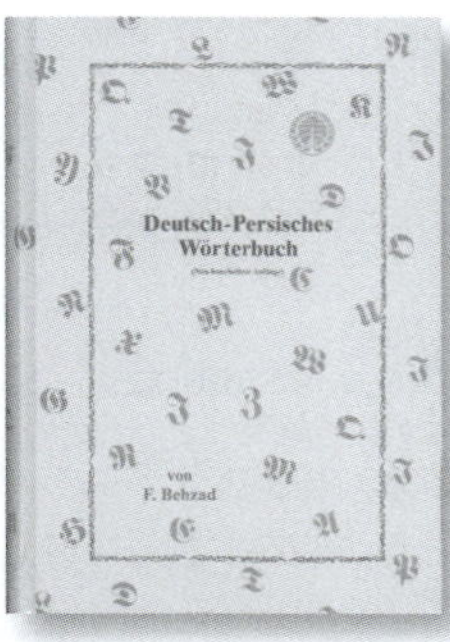

Faramarz Behzad:
Deutsch-Persisches Wörterbuch.
3. Auflage. Alefba Verlag Bamberg 2013, ISBN 978-3-94012-706-8.

Über 30.000 Stichwörter mit präzisen Bedeutungsabgrenzungen und zahlreichen Beispielsätzen, Zusammensetzungen, idiomatischen Wendungen, Redensarten und Sprichwörtern.

Langenscheidt Redaktion: **Langenscheidt Praktisches Wörterbuch Persisch: Persisch-Deutsch/Deutsch-Persisch**.
Langenscheidt bei Pons Stuttgart 2023,
ISBN 978-3-12-514486-6.
Farsi und Dari in einem! Rund 25.000 Stichwörter und Wendungen, hochaktueller Wortschatz, Lautschrift bei allen persischen Stichwörtern und Übersetzungen. Inklusive umfangreichem Sprachführer mit den wichtigsten Fragen und Ausdrücken für Alltag und Reise. Handliches Format.

Khosro Naghed, Mohsen Naghed: **Langenscheidt Universal-Wörterbuch Persisch: Persisch-Deutsch/Deutsch-Persisch**.
Langenscheidt Verlag Berlin-München-Wien u. a. 2019,
ISBN 978-3-12-514283-1.
Das Universal-Wörterbuch Persisch (Farsi) bietet aktuellen Wortschatz zu Alltag und Reise. Es enthält rund 18.000 Stichwörter und Wendungen. Die Umschrift der persischen Wörter ermöglicht die einfache Aussprache. Klein und handlich, ideal für unterwegs.

Grammatik

Mohammad Reza Majidi: **Laut- und Schriftsystem des Neupersischen**. Buske Verlag Hamburg 2000, ISBN 978-3-96769-056-9.

Das Lehrbuch richtet sich an Anfänger ohne Vorkenntnisse, die das Laut- und Schriftsystem des modernen Persisch systematisch erlernen wollen.

Faramarz Behzad, Soraya Divshali: **Sprachkurs Persisch: Lehrbuch und Glossar**. 6., unveränd. Neuaufl. Alefba Verlag e. K. Bamberg 2016, ISBN 978-3-94012-700-6.

Ein Lehrbuch mit lebendigen Textpassagen, zahlreichen Leseübungen und Übungssätzen zu den geläufigsten grammatischen Strukturen und zum Wortschatz. Auch mit Tonaufnahmen erhältlich.

Bozorg Alavi, Manfred Lorenz: **Lehrbuch der persischen Sprache**. Langenscheidt Verlag, Verlag Enzyklopädie Leipzig-Berlin-München u. a. 1996, ISBN 978-3-32400-253-0.

Umfassende und systematische Einführung in die persische Sprache, bei der stufenweise die Schrift und die Aussprache vermittelt werden. Neben einer Darstellung der Grammatik präsentiert das Buch die Alltagssprache und die Sprache der Presse. Es enthält auch Textbeispiele aus der klassischen persischen Literatur.

Politik/Geschichte

Gerhard Schweizer: **Iran verstehen: Geschichte, Gesellschaft, Religion**. 2. Auflage. Klett-Cotta Verlag Stuttgart 2020, ISBN 978-3-60898-101-8.

Der Kulturwissenschaftler Gerhard Schweizer verknüpft seinen historischen Rückblick mit der Analyse von Zeitgeschichte und Politik und wagt eine vor- und umsichtige Prognose für Iran. Unmittelbar und authentisch gelingen ihm Einblicke in die neuesten Entwicklungen des schiitischen Gottesstaates.

Walter M. Weiss: **Iran**. 2. Auflage. Theiss Verlag Darmstadt 2017, ISBN 978-3-80623-554-8.

Iran ist eine der reichsten Kulturregionen der Welt. In seinem Buch führt Walter M. Weiss, der die Region seit vielen Jahren bereist, durch die Geschichte des Landes. Vom Großpersischen Reich über die Zeit der Abbasiden bis zur heutigen islamischen Republik liefert er dem Leser fundierte historische Informationen.

Monika Gronke: **Geschichte Irans: Von der Islamisierung bis zur Gegenwart**. 5. aktual. Auflage. C. H. Beck Verlag München 2023, ISBN 978-3-40648-021-8.

Kein anderes Land des islamischen Orients hat eine ähnlich eigenständige Geschichte und Kultur aufzuweisen wie Iran. Monika Gronke erzählt diese anschaulich und lebendig von der Islamisierung im 7. Jahrhundert bis zur Gegenwart und zeigt, welche kulturellen, religiösen und gesellschaftlichen Entwicklungen die Geschichte Irans geprägt und das kulturelle Selbstverständnis der Iraner geformt haben.

Reiseberichte/Iranischer Alltag

Stephan Orth: **Couchsurfing im Iran: Meine Reise hinter verschlossene Türen**. Malik Verlag München 2017, ISBN 978-3-49231-083-3.

Obwohl offiziell verboten, reist Stephan Orth als Couchsurfer kreuz und quer durch Iran, schläft auf Dutzenden von Perserteppichen, erlebt irrwitzige Abenteuer und lernt dabei das Land kennen. Ein mitreißend erzähltes Buch über die kleinen Freiheiten und großen Sehnsüchte der Iraner.

Navid Kermani: **Entlang den Gräben: Eine Reise durch das östliche Europa bis nach Isfahan**. 5. Auflage. C. H. Beck Verlag München 2023, ISBN 978-3-406-80345-1.

Ein immer noch fremd anmutendes, von Kriegen und Katastrophen zerklüftetes Gebiet beginnt östlich von Deutschland und erstreckt sich über Russland bis zum Orient. Mit untrüglichem Gespür für sprechende Details erzählt Navid Kermani in seinem Reisetagebuch von vergessenen Regionen, in denen auch heute Geschichte gemacht wird.

Ebenfalls bei Assimil erschienen

Dominique Halbout, Jean-Jacques Schmidt: **Arabisch ohne Mühe heute**. 3. Auflage. Assimil Verlag Köln 2022, ISBN 978-3-89625-025-4.

Komplettsprachkurs für Anfänger und Wiedereinsteiger, der in einem Band die Niveaustufen A1–B2 des Europäischen Referenzrahmens für Sprachen umfasst. Nach der bewährten Assimil-Methode führt der Kurs in das moderne Hocharabisch ein und vermittelt einen Wortschatz von ca. 2.400 Vokabeln. Tonaufnahmen auf Audio-CDs und/oder einer MP3-CD erhältlich.

Weitere Informationen finden Sie auf **www.assimilwelt.com**.

VORLAGE FÜR SCHREIBÜBUNGEN

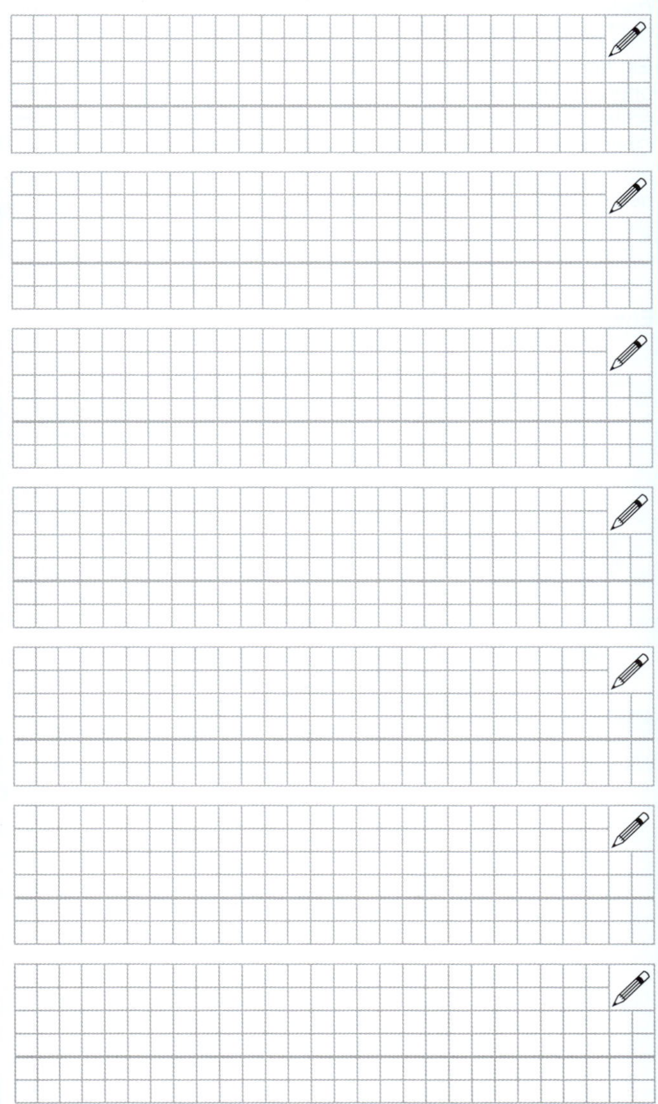

PERSÖNLICHE NOTIZEN

VORLAGE FÜR SCHREIBÜBUNGEN

PERSÖNLICHE NOTIZEN